Theodor Fontane

Vor dem Sturm

Roman aus dem Winter 1812 auf 13

Theodor Fontane

Vor dem Sturm

Roman aus dem Winter 1812 auf 13

ISBN/EAN: 9783959131896

Auflage: 1

Erscheinungsjahr: 2017

Erscheinungsort: Treuchtlingen, Deutschland

Literaricon Verlag UG (haftungsgeschränkt), Uhlbergstr. 18, 91757 Treuchtlingen. Geschäftsführer: Günther Reiter-Werdin, www.literaricon.de. Dieser Titel ist ein Nachdruck eines historischen Buches. Es musste auf alte Vorlagen zurückgegriffen werden; hieraus zwangsläufig resultierende Qualitätsverluste bitten wir zu entschuldigen.

Printed in Germany

Cover: Friedrich Preller d. J., Ausschnitt aus: Ostseeküste auf der Insel Vilm, Abb. gemeinfrei

Theodor Fontane

Vor dem Sturm

Roman
aus dem Winter 1812 auf 13

Berlin, 1905, F. Fontane & Co.

Alle Rechte
besonders das der Übersetzung
vorbehalten

Vor dem Sturm.

Roman aus dem Winter 1812 auf 1813.

I.

Heiligabend.

Es war Weihnachten 1812, heiliger Abend. Einzelne Schneeflocken fielen und legten sich auf die weiße Decke, die schon seit Tagen in den Straßen der Hauptstadt lag. Die Laternen, die an lang ausgespannten Ketten hingen, gaben nur spärliches Licht; in den Häusern aber wurde es von Minute zu Minute heller, und der „heilige Christ", der hier und dort einzuziehen begann, warf seinen Glanz auch in das draußen liegende Dunkel.

So war es auch in der Klosterstraße. Die „Einguhr" der Parochialkirche setzte eben ein, um die ersten Takte ihres Liedes zu spielen, als ein Schlitten aus dem Gasthof „Zum grünen Baum" herausfuhr und gleich darauf schräg gegenüber vor einem zweistöckigen Hause hielt, dessen hohes Dach noch eine Mansardenwohnung trug. Der Kutscher des Schlittens, in einem abgetragenen, aber mit drei Kragen ausstaffierten Mantel, beugte sich vor und sah nach den obersten Fenstern hinauf; als er jedoch wahrnahm, daß alles ruhig blieb, stieg er von seinem Sitz, strängte die Pferde ab und schritt auf das Haus zu, um durch die halb offen stehende Tür in dem dunklen Flur desselben zu verschwinden. Wer ihm dahin gefolgt wäre, hätte notwendig das stufenweise Stapfen und Stoßen hören müssen, mit dem er sich, vorsichtig und ungeschickt, die drei Treppen hinauffühlte.

Der Schlitten, eine einfache Schleife, auf der ein mit einem sogenannten „Plan" überspannter Korbwagen befestigt war, stand all die Zeit über ruhig auf dem Fahrdamm, hart an der Öffnung einer hier aufgeschütteten Schneemauer. Der Korbwagen selbst, mutmaßlich um mehr Wärme und Bequemlichkeit zu geben, war nach hinten zu, bis an die Plandecke hinauf, mit Stroh gefüllt; vorn lag ein Häckselsack, gerade breit genug, um zwei Personen Platz zu gönnen. Alles so primitiv wie möglich. Auch die Pferde waren unscheinbar genug, kleine Ponys, die gerade jetzt in ihrem winterlich rauhen Haar ungeputzt und dadurch ziemlich vernachlässigt aussahen. Aber wie immer auch, die russischen Sielen, dazu das Schellengeläut, das auf rot eingefaßten, breiten Ledergurten über den Rücken der Pferde hing, ließen keinen Zweifel darüber, daß das Fuhrwerk aus einem guten Hause sei.

So waren fünf Minuten vergangen oder mehr, als es auf dem Flur hell wurde. Eine Alte in einer weißen Nachthaube, das Licht mit der Hand schützend, streckte den Kopf neugierig hinaus; dann kam der Kutscher mit Mantelsack und Pappkarton; hinter diesem, den Schluß bildend, ein hochaufgeschossener, junger Mann von leichter, vornehmer Haltung. Er trug eine Jagdmütze, kurzen Rock und war in seiner ganzen Oberhälfte unwinterlich gekleidet. Nur seine Füße steckten in hohen Filzstiefeln. „Frohe Feiertage, Frau Hulen," damit reichte er der Alten die Hand, stieg auf die Deichsel und nahm Platz neben dem Kutscher. „Nun vorwärts, Krist; Mitternacht sind wir in Hohen-Vietz. Das ist recht, daß Papa die Ponys geschickt hat."

Die Pferde zogen an und versuchten es, ihrer Natur nach, in einen leichten Trab zu fallen; aber erst als sie die Königsstraße mit ihrem Weihnachtsgedränge und Waldteufelgebrumm im Rücken hatten, ging es in immer rascherem Tempo die Landsberger Straße entlang und endlich unter immer munterer werdendem Schellengeläut zum Frankfurter Tore hinaus.

Draußen umfing sie Nacht und Stille; der Himmel klärte sich, und die ersten Sterne traten hervor. Ein leiser, aber scharfer Ostwind fuhr über das Schneefeld, und der Held unserer Geschichte, Lewin von Vitzewitz, der seinem väterlichen Gute Hohen=Vietz zufuhr, um die Weihnachtsfeiertage daselbst zu verbringen, wandte sich jetzt, mit einem Anflug von märkischem Dialekt, an den neben ihm sitzenden Gefährten. „Nun Krist, wie wär' es? Wir müssen wohl einheizen." Dabei legte er Daumen und Zeigefinger ans Kinn und paffte mit den Lippen. Dies „wir" war nur eine Vertraulichkeitswendung; Lewin selbst rauchte nicht. Krist aber, der von dem Augenblick an, wo sie die Stadt im Rücken hatten, diese Aufforderung erwartet haben mochte, legte ohne weiteres die Leinen in die Hand seines jungen Herrn und fuhr in die Mantel=tasche, erst um eine kurze Pfeife mit bleiernem Abguß, dann um ein neues Paket Tabak daraus hervorzuholen. Er nahm beides zwischen die Knie, öffnete das mit braunem Lack gesiegelte Paket, stopfte und begann dann mit der=selben langsamen Sorglichkeit nach Stahl und Schwamm zu suchen. Endlich brannte es; er tat, indem er wieder die Leine nahm, die ersten Züge, und während jetzt kleine Funken aus dem Drahtdeckel hervorsprühten, ging es auf Friedrichsfelde zu, dessen Lichter ihnen über das weiße Feld her entgegen schienen.

Das Dorf lag bald hinter ihnen. Lewin, der sich's inzwischen bequem gemacht und durch festeren Aufbau einiger Strohbündel eine Rückenlehne hergerichtet hatte, schien jetzt in der Stimmung, eine Unterhaltung aufzunehmen. Ehe des Kutschers Pfeife brannte, wär' es ohnehin nicht rätlich gewesen.

„Nichts Neues, Krist?" begann Lewin, indem er sich fester in die Strohpolster drückte. „Was macht Willem, mein Päth?"

„Dank schön, junger Herr, he is ja nu wedder bi Weg."

„Was war ihm denn?"

„He hett' sich verfiert. Und noch dato an sinen Gebortsdag. Et is nu en Wochner drei; ja, up'n Dag hüt, drei Wochen. Oll Doktor Leist von Lebus hett'em aber wedder to recht bracht."

„Er hat sich verfiert?"

„Ja, junger Herr, so glöwen wi all'. Et wihr wol so um de fiefte Stunn' as mine Fru seggen däd: Willem geih, un hol uns en paar Appels, awers von de Renetten up'n Stroh, dicht bi de Bohnenstakens. Und unf' Lütt-Willem ging ooch, un ick hürt'em noch flüten un singen un dat Klapsen von sine Pantinen ümmer den Floor lang. Awer dunn hürt ick nix mihr, un as he nu an de olle wackel'sche Döör käm un in den groten Saal rinnwull, wo unf' Appels liggen un wo de Lüt' seggen, dat de oll' Matthias spöken deiht, da möt' em wat passiert sinn. He käm nich un käm nich; un as ick nu nahjung un sehn wull, wo he bliwen däd, da läg he, gliefs achter de Schwell, as dod up de Fliesen."

„Das arme Kind! Und Eure Frau...."

„De käm ooch, un wi drögen em nu torügg in unse Stuw' und rewen em in. Mine Fru hätt ümmer en beten Miren-Spiritus to Huus. As he nu wedder to sich käm, biwwerte em de janze lütte Liew un he seggte man ümmer: „Ick hebb' em sehn."

Lewin hatte sich zurechtgerückt. „Es geht also wieder

besser," warf er hin, und wie um los zu kommen von allerhand Bildern und Gedanken, die des Kutschers Erzählung in ihm angeregt hatte, fuhr er hin und her in Erkundigungen, worauf Krist mit so viel Ausführlichkeit antwortete, wie ihm die Raschheit der Fragen gestattete. Dem Schulzen Kniehase war einer von seinen Braunen gefallen; bei Hoppen-Marieken hatte der Schornstein gebrannt; bei Witwe Gräbschen hatte Nachtwächter Pachaly einen mittelgroßen Sarg, mit einem Myrtenkranz darauf, vor der Haustür stehen sehn „un wihl et man en mittelscher Sarg west wihr, so hebben se all' an de Jüngscht', an Hanne Gräbschen 'dacht. De is man kleen, und piept all lang."

Die Sterne traten immer zahlreicher hervor. Lewin lupfte die Kappe, um sich die Stirn von der frischen Winterluft anwehen zu lassen und sah staunend und andächtig in den funkelnden Himmel hinauf. Es war ihm, als fielen alle dunklen Geschicke, das Erbteil seines Hauses, von ihm ab und als zöge es lichter und heller von oben her in seine Seele. Er atmete auf. Zwei, drei Schlitten flogen vorüber, grüßten und sangen, sichtlich Gäste, die im Nebendorf die Bescherung nicht versäumen wollten; dann, ehe fünf Minuten um waren, glitt das Gefährt unserer zwei Freunde unter den Giebelvorbau des Bohlsdorfer Kruges.

Bohlsdorf war drittel Weg. Niemand kam. An den Fenstern zeigte sich kein Licht; die Krügersleute mußten in den Hinterstuben sein und das Vorfahren des Schlittens, trotz seines Schellengeläutes überhört haben. Krist nahm wenig Notiz davon. Er stieg ab, holte eine der Stehkrippen heran, die beschneit an dem Hofzaun entlang standen und schüttete den Pferden ihren Hafer ein.

Auch Lewin war abgestiegen. Er stampfte ein paarmal in den Schnee, wie um das Blut wieder in Umlauf

zu bringen und trat dann in die Gaststube, um sich zu
wärmen und einen Imbiß zu nehmen. Drinnen war alles
leer und dunkel; hinter dem Schenktisch aber, wo drei
Stufen zu einem höher gelegenen Alkoven führten, blitzte
der Christbaum von Lichtern und goldenen Ketten. In
diesem Weihnachtsbilde, das der enge Türramen einfaßte,
stand die Krügersfrau in Mieder und rotem Friesrock und
hatte einen Blondkopf auf dem Arm, der nach den Lichtern
des Baumes langte. Der Krüger selbst stand neben ihr
und sah auf das Glück, das ihm das Leben und dieser
Tag beschert hatten.

Lewin war ergriffen von dem Bilde, das fast wie eine
Erscheinung auf ihn wirkte. Leiser als er eingetreten war,
zog er sich wieder zurück und trat auf die Dorfstraße.
Gegenüber dem Kruge, von einer Feldsteinmauer eingefaßt,
lag die Bohlsdorfer Kirche, ein alter Cistercienserbau aus
den Tagen der ersten Kolonisation. Es klang deutlich von
drüben her, als würde die Orgel gespielt, und Lewin,
während er noch aufhorchte, bemerkte zugleich, daß eines
der kleinen, in halber Wandhöhe hinlaufenden Rundbogenfenster matt erleuchtet war. Neugierig, ob er sich täusche
oder nicht, stieg er über die niedrige Steinmauer fort und
schritt zwischen den Gräbern hin auf die Längswand der
Kirche zu. Ziemlich inmitten dieser Wand bemerkte er
eine Pforte, die nur eingeklinkt, aber nicht geschlossen war.
Er öffnete leise und trat ein. Es war, wie er vermutet
hatte. Ein alter Mann, mit Samtkäpsel und spärlichem
weißen Haar, saß vor der Orgel, während ein Licht-
stümpfchen neben ihm eine kümmerliche Beleuchtung gab.
In sein Orgelspiel vertieft, bemerkte er nicht, daß jemand
eingetreten war, und feierlichen aber gedämpften Tones
klangen die Weihnachtsmelodien nach wie vor durch die
Kirche hin.

Übte sich der Alte für den kommenden Tag, oder feierte er hier sein Christfest allein für sich mit Psalmen und Choral? Lewin hatte sich die Frage kaum gestellt, als er, der Orgel gegenüber, einen zweiten Lichtschimmer wahrnahm; auf der untersten Stufe des Altars stand eine kleine Hauslaterne. Als er näher trat, sah er, daß Frauenhände hier eben noch beschäftigt gewesen sein mußten. Ein Handfeger lag da, daneben eine kurze Stehleiter, die beiden Seitenhölzer oben mit Tüchern umwunden. Das Licht der Laterne fiel auf zwei Grabsteine, die vor dem Altar in die Fliesen eingelegt waren; der eine zur Linken enthielt nur Namen und Datum, der andere zur Rechten aber zeigte Bild und Spruch. Zwei Lindenbäume neigten ihre Wipfel einander zu, und darunter standen Verse, zehn oder zwölf Zeilen. Nur die Zeilen der zweiten Strophe waren noch deutlich erkennbar und lauteten:

> Sie sieht nun tausend Lichter,
> Der Engel Angesichter
> Ihr treu zu Diensten stehn;
> Sie schwingt die Siegesfahne
> Auf güldnem Himmelsplane
> Und kann auf Sternen gehn.

Lewin las zwei-, dreimal, bis er die Strophe auswendig wußte; die letzte Zeile namentlich hatte einen tiefen Eindruck auf ihn gemacht, von dem er sich keine Rechenschaft geben konnte. Dann sah er sich noch einmal in der seltsam erleuchteten Kirche um, deren Pfeiler und Chorstühle ihn schattenhaft umstanden und kehrte, die Türe leise wieder anlehnend, erst auf den Kirchhof, dann, mit raschem Sprung über die Mauer, auf die Dorfstraße zurück.

Der Krug hat indessen ein verändertes Ansehen gewonnen. In der Gaststube war Licht; Krist stand am Schenktisch im eifrigen Gespräch mit dem Krüger, während die Frau, aus der Küche kommend, ein Glas Kirschpunsch auf den Tisch stellte. Sie plauderten noch eine Weile über den alten Küster drüben, der, seitdem er Witmann geworden, seinen heiligen Abend mit Orgelspiel zu feiern pflege; dann, unter Händeschütteln und Wünschen für ein frohes Fest, wurde Abschied genommen, und an den stillen Dorfhütten vorbei ging es weiter in die Nacht hinein.

Lewin sprach von den Krügersleuten; Kirst war ihres Lobes voll. Weniger wollt' er vom Bohlsdorfer Amt= mann wissen, am wenigsten vom Petershagener Müller, an dessen abgebrannter Bockmühle sie eben vorüberfuhren. Aus allem ging hervor, daß Krist, der allwöchentlich dieses Weges kam, den Klatsch der Bierbänke zwischen Berlin und Hohen=Vietz in treuem Gedächtnis trug. Er wußte alles und schwieg erst, als Lewin immer stiller zu werden begann. Nur kurze Ansprachen an die Ponys belebten noch den Weg. Die regelmäßige Wiederkehr dieser An= rufe, das monotone Schellenläuten, das alsbald wie von weit her zu klingen schien, legte sich mehr und mehr mit einschläfernder Gewalt um die Sinne unseres Helden. Allerhand Gestalten zogen an seinem halbgeschlossenen Auge vorüber; aber eine dieser Gestalten, die glänzendste, nahm er mit in seinen Traum. Er saß vor ihr auf einem niedrigen Taburett; sie lachte ihn an und schlug ihn leise mit dem Fächer, als er nach ihrer Hand haschte, um sie zu küssen. Hundert Lichter, die sich in schmalen Spiegeln spiegelten, brannten um sie her, und vor ihnen lag ein großer Teppich, auf dem Göttin Venus in ihrem Tauben= gespann durch die Lüfte zog. Dann war es plötzlich, als löschten alle diese Lichter aus; nur zwei Stümpfchen brannten noch; es war wie eine schattendurchhuschte Kirche, und an der Stelle, wo der Teppich gelegen hatte, lag ein Grabstein, auf dem die Worte standen:

Sie schwingt die Siegesfahne
Auf güldnem Himmelsplane
Und kann auf Sternen gehn.

Süß und schmerzlich, wie kurz vorher bei wachen Sinnen ihn diese Worte berührt hatten, berührten sie ihn jetzt im Traum. Er wachte auf.

„Noch eine halbe Meile, junger Herr," sagte Krist.

„Dann sind wir in Dolgelin?"

„Nein, in Hohen-Vietz."

„Da hab' ich fest geschlafen."

„Dritthalb Stunn'."

Das erste, was Lewin wahrnahm, war die Sorglichkeit, mit der sich der alte Kutscher mittlerweile um ihn bemüht hatte. Der Futtersack war ihm unter die Füße geschoben, die beiden Pferdedecken lagen ausgebreitet über seinen Knien.

Nicht lange, und der Hohen-Vietzer Kirchturm wurde sichtbar. An oberster Stelle eines Höhenzuges, der nach Osten hin die Landschaft schloß, stand die graue Masse schattenhaft im funkelnden Nachthimmel.

Dem Sohne des Hauses schlug das Herz immer höher, so oft er dieses Wahrzeichens seiner Heimat ansichtig wurde. Aber er hatte heute nicht lange Zeit, sich der Eigentümlichkeit des Bildes zu freuen. Die beschneiten Parkbäume traten zwischen ihn und die Kirche und einige Minuten später schlugen die Hunde an, und zwischen zwei Torpfeilern hindurch beschrieb der Schlitten eine Kurve und hielt vor der portalartigen Glastüre, zu der zwei breite Sandsteinstufen hinaufführten.

Lewin, der sich schon vorher erhoben hatte, sprang hinaus und schritt auf die Stufen zu. „Guten Abend, junger Herr," empfing ihn ein alter Diener in Gamaschen und Frackrock, an dem nur die großen blanken Knöpfe verrieten, daß es eine Livree sein sollte.

„Guten Abend, Jeetze; wie geht es?"

Aber über diesen Gruß kam Lewin nicht hinaus, denn im selben Augenblick richtete sich ein prächtiger Neufundländer vor ihm auf und überfiel ihn, die Vorderpfoten auf seine Schultern legend, mit den allerstürmischsten Liebkosungen.

„Hektor, laß gut sein, du bringst mich um." Damit trat unser Held in die Halle seines väterlichen Hauses. Ein paar Scheite, die im Kamin verglühten, warfen ihr Licht auf die alten Bilder an der Wand gegenüber. Lewin sah sich um, nicht ohne einen Anflug freudigen Stolzes, auf der Scholle seiner Väter zu stehen.

Dann leuchtete ihm der alte Diener die schwere, doppelarmige Treppe hinauf, während Hektor folgte.

II.

Hohen=Vietz.

In der Halle schwelen noch einige Brände; schütten wir Tannäpfel auf und plaudern wir, ein paar Sessel an den Kamin rückend, von Hohen=Vietz.

Hohen=Vietz war ursprünglich ein altes, aus den Tagen der letzten Askanier stammendes Schloß mit Wall und Graben und freiem Blick ostwärts auf die Oder. Es lag auf demselben Höhenzuge wie die Kirche, deren schattenhaftes Bild uns am Schluß des vorigen Kapitels entgegentrat, und beherrschte den breiten Strom, wie nicht minder die am linken Flußufer von Frankfurt nach Küstrin führende Straße. Es galt für sehr fest, und jahrhundertelang hatten sie einen Reim im Lebusischen, der lautete:

> De sitt so fest up sinen Sitz,
> As de Vitzewitz' up Hohen=Vietz.

Die Pommern lagen zweimal davor; die Hussiten berannten es, als sie sengend und brennend in Lebus und Barnim vordrangen, aber die heilige Jungfrau im Kirchenbanner schützte das Schloß, und als der damalige Vitzewitz, über dessen Vornamen die Urkunden verschiedene Angaben bringen, ein griechisches Feuer in das Lager der Hussiten warf, zogen sie ab, nachdem sie alle umhergelegenen Dörfer verwüstet hatten. Die Kunst des griechischen Feuers aber hatte der Schloßherr von Rhodus mit heimgebracht, wo er unter den Rittern an zwei Feldzügen gegen die Türken teilgenommen hatte.

Das war 1432. Ruhigere Zeiten kamen. Der hohe Ruf von Hohen-Vietz lebte fort, ohne daß er Gelegenheit gehabt hätte, sich neu zu bewähren. Erst der Dreißigjährige Krieg brachte neue und schwerere Prüfungen.

Am 29. März 1631, fast genau zweihundert Jahre nach der Hussitenüberschwemmung, erschienen von Frankfurt aus sechs Kompanien Kaiserlicher vor Hohen-Vietz, das am Tage vorher, den Protesten des Schloßherrn Rochus von Vitzewitz zum Trotz, von den von Stettin und Garz her heranziehenden Schweden besetzt worden war. Oberst Maradas, der die Kaiserlichen führte, forderte die Übergabe des Schlosses. Als diese verweigert wurde, legten die Kaiserlichen, die aus je zwei Kompanien der Regimenter Butler, Lichtenstein und Maradas zusammengesetzt waren, die Leitern an, stürmten das Schloß, brannten es bis auf die nackten Mauern aus und ließen die schwedische Besatzung über die Klinge springen.

Einen Augenblick stand Rochus von Vitzewitz in Gefahr, das Schicksal der Besatzung zu teilen; seine beiden halberwachsenen Söhne aber, sie mochten siebzehn und sechzehn Jahre zählen, warfen sich dazwischen und retteten ihn durch ihre Geistesgegenwart. Oberst Maradas, an den jungen Leuten Gefallen findend, bot ihnen an, im Kaiserlichen Heere Dienst zu nehmen, ein Anerbieten, das von seiten des jüngeren, Matthias, ohne langes Säumen auch ohne Widerspruch des Vaters angenommen wurde. Es waren nicht Zeiten, um über erfahrene Unbill, wie sie der Lauf des Krieges für Freund und Feind gleichmäßig mit sich brachte, lange zu grübeln. Matthias trat als Kornett in das Regiment Lichtenstein ein, Anselm aber, der ältere, erklärte, bei dem Vater ausharren und demselben bei Wiederaufbau des Schlosses zur Seite stehen zu wollen.

Dieser Wiederaufbau jedoch verzögerte sich. Als er endlich nach dem Abzug der feindlichen, nunmehr Süddeutschland zum Schauplatz ihrer Kämpfe wählenden Heere beginnen sollte, hatten sich unter den fortwährenden Opfern des Krieges die Verhältnisse derart verschlechtert, daß es an den nötigen Mitteln zu einem Schloßbau gebrach. Rochus entschied sich also, von der Hohen-Vietzerhöhe, von der aus die Seinen dreihundert Jahre und länger ins Land geblickt hatten, herabzusteigen und zu Füßen derselben, am Nordrande des sich hier hinziehenden alten Wendendorfes, ein einfaches Herrenhaus herzurichten. Dies war 1634.

Anselm ging ihm dabei in allen Stücken zur Hand, und schon Sonntag Exaudi, elf Monate nach Beginn des Baues, konnte die neue Heimstätte der Vitzewitze bezogen werden.

Es war ein Fachwerkhaus, lang, niedrig, mit hohem Dach. In dem Balken aber, der über der Türe hinlief, war ein Spruch eingeschnitten:

> Dies ist der Vitzewitzen Haus,
> Aus dem alten zog es aus;
> Gottes Segen komm herein,
> Wird es wohl geschützet sein.

Und fast schien es, als ob der Spruch sich erfüllen und inmitten aller Kriegstrübsal, die über dem Lande lag, an dieser neugegründeten Stätte ein neues Glück erblühen solle. Von Matthias, der aus dem Regiment Lichtenstein in das Regiment Tiefenbach übergetreten, bei Nördlingen verwundet und ein halbes Jahr später, erst zwanzig Jahre alt, zum kaiserlichen Hauptmann aufgestiegen war, trafen Nachrichten ein, die des alten Rochus Herz, trotzdem es den Schweden zuneigte, mit Stolz und Freude erfüllten. Anselm, ohne darum nachgesucht zu haben, sah sich an den Hof gezogen und trat in dieselbe Leibtrabantengarde, in der schon seit hundert Jahren alle Vitzewitze ihrem Herrn, dem Kurfürsten, gedient hatten; was aber vor allem zu Dank und Hoffnung stimmte, das waren zwei gesegnete Fruchtjahre, die der Himmel der Hohen-Vietzer Feldmark schenkte, wahre Prachternten, aus deren Erträgen nunmehr die Mittel zur Aufführung eines stattlichen, rechtwinklig an das eigentliche Wohnhaus sich anlehnenden Anbaues entnommen werden konnten. Dieser Anbau, eine einzige mit Emporen, Wappen und Hirschgeweihen geschmückte Halle, richtete das Gemüt des alten Rochus, der eine hohe Vorstellung von den Repräsentationspflichten seines Hauses hatte, wieder auf und gemahnte ihn an alte gastliche Zeiten. Als er das erste Mal den Nachbaradel in diesem „Bankettsaal", wie er die Halle gern nennen hörte, bewirtete, hielt er eine Ansprache an die Versammelten, die der Überzeugung Ausdruck gab, daß das Haus Vitzewitz auch wieder „bergan" ziehen und nicht immer „geduckt unterm Winde" stehen werde. All Ding, so etwa schloß er, habe seine Zeit, auch Krieg und Kriegesnot, und der Tag werde kommen, wo seine lieben Freunde und Nachbarn wieder auf der Höhe bei ihm zu Gaste sein und frei ostwärts mit ihm blicken würden.

Alles stimmte ein. Aber wenn jemals unprophetische Worte gesprochen wurden, so waren es diese. Der Krieg kam wieder, mit ihm Hunger und Pest, und zerstörte entweder den Wohlstand der Dörfer oder diese selbst. Ganze Gemarkungen wandelte sich in eine Wüste, und die Hälfte der Hohen=Vietzer Hofestellen stand leer, weil ihre Insassen verflogen oder verstorben waren. Inmitten dieses Elendes, ehe noch der Schimmer besserer Zeiten heraufdämmerte, schloß Rochus die müden Augen, und sie trugen ihn bergan in die Gruft unterm Altar und stellten den kupfernen Sarg, mit Beschlägen und Wappentafeln und mit aufgelötetem silbernen Kruzifix, in die lange Reihe der ihm vorangegangenen Ahnen. Nichts fehlte; denn der Zeiten Not hatte dem Vater die Ehren des Begräbnisses nicht kürzen sollen. So wollte es der älteste Sohn; der jüngere, mit seinem Regiment an der Fränkischen Saale stehend, hatte der Bestattung nicht beiwohnen können.

Anselm war nun Herr auf Hohen=Vietz.

Es war nicht frohen Herzens, daß er das erste Korn in den nur schlecht gepflügten Boden warf; aber siehe da, die Saat ging auf, ohne daß Freund oder Feind — denn zwischen beiden war längst kein Unterschied mehr — die jungen Halme zerstampft hätte; der Krieg, so schien es, hatte sich ausgebrannt wie ein Feuer, das keine Nahrung mehr findet, und ehe das Jahrzehnt schloß, ging die Mär von Mund zu Munde, die Mär, daß Friede sei.

Und es war Friede. Was niemand mehr mit Augen zu sehen gehofft hatte, es war da. Und als abermals zwei Jahre ins Land gezogen waren, ohne daß Schwede oder Kaiserlicher im Lebusischen gelagert oder geplündert hätte, und jeder, selbst der Ungläubigste, seiner Zweifel sich entschlagen mußte, da traf ein Brief im Hohen=Vietzer Herrenhause ein, der führte die Aufschrift: „Dem wohl=

edlen, gestrengen und festen Anselm von Vitzewitz, erbsessen auf Hohen-Vietz im Lande Lebus." Der Brief selbst aber lautete: „Mein insonders vielgeliebter Bruder! Von heut ab in zween Wochen, so Gott seinen Segen zu meinem Plane gibt, bin ich bei Dir in Hohen-Vietz. Ich erwarte nur noch die Permission aus Wien, die mir Kayserliche Majestät nicht refüsieren wird. Vielleicht, daß uns tempora futura wieder zusammenführen, wie uns die Tage der Kindheit und adolescentia zusammen sahen. Wir Lutherischen — trotzdem sie zu Münster und Osnabrügge den Religionsfrieden mit vollen Backen proklamiert haben — sind wenig gelitten im Kayserlichen Heere, und kein Tag vergeht ohne Andeutung, daß man uns nicht mehr braucht. Ich höre, daß Unser gnädigster Herr Kurfürst, dem ich nie säumig gewesen, als meinen Lehns- und Landesherrn zu konsiderieren, eine brandenburgische Armee wirbt, derowegen er aus schwedischem und Kayserlichem Heer Offiziers und Generals im Beträchtlichen herübernimmt. Es sollte mir eine rechte Freude sein, so die Reihe auch an mich käme; denn daß ich es sage, es zieht mich wieder heimb in mein liebes Land Lebus. Unsere Vettern und Nachbarn, die Burgsdorffs, die post mortem Schwarzenbergii das A und das O bei Hofe sind, werden doch etwas thun wollen für eine alte Kriegsgurgel, die den Dienst kennt wie den Catechismum Lutheri. Interim bene vale. Der ich bin Dein Bruder Matthias von Vitzewitz, Kayserlicher Oberst."

Und Matthias kam wirklich und hielt die angegebene Zeit. Ein Fest sollte seine Anwesenheit feiern. In dem großen Anbau waren drei Tische gedeckt; zwei standen unten und liefen, der Länge des Saales nach, nebeneinander her, der dritte Tisch aber stand quer auf einer mit Wappen und Bannern geschmückten Empore, zu der drei

Stufen hinaufführten. Die ganze Freundschaft aus Barnim und Lebus war geladen; die Brüder saßen einander gegenüber; neben ihnen, an der Quertafel: Adam und Beteke Pfuel von Jahnsfelde, Peter Jhlow von Ringenwalde, Balthasar Wulffen von Tempelberg, Hans und Nikolaus Barfus von Hohen- und Nieder-Predikow, dazu Tamme Strantz, Achim von Kracht, zwei Schapelows, zwei Beerfeldes und fünfe von Burgsdorf. Sie waren alle, schon um Glaubens willen, mehr schwedisch als kaiserlich, besonders Peter Jhlow, der — ein Neffe Feldmarschall Jhlows — einen Groll gegen den Wiener Hof hatte, ihn anklagend, seinen Oheim in Schloß Eger meuchlings gemordet zu haben. Er wiederholte auch heute seine Anklage, wobei es dahingestellt bleiben mag, ob er die Gegenwart des Gastes momentan vergaß oder sie vergessen wollte.

Matthias von Vitzewitz, als er seinen Kriegsherrn, den Kaiser, in so herausfordernder Weise schmähen hörte, erhob sich und rief:

„Peter Jhlow, hütet Eure Zunge. Ich bin kaiserlicher Offizier."

„Du bist es," rief jetzt Anselm, aus dem der Wein, aber noch mehr das protestantische Herz sprach, über den Tisch hinüber; „du bist es, aber besser wäre es, du wärest es nie gewesen."

„Besser oder nicht, ich bin es. Des Kaisers Ehre ist meine Ehre."

„Ein Glück, daß du die Ehre satt hast. Die Fremden sind wenig gelitten im kaiserlichen Heere."

Matthias, der sich bis dahin mühsam bezwungen hatte, verlor alle Herrschaft über sich, als er sich durch Vorhaltung seiner eigenen Briefworte in so wenig großmütiger Weise besiegt und gefangen sah. Die Augen traten ihm aus der Stirn, und sein Kinn auf den Knauf des Degens stützend, schrie er: "Wer das sagt, der lügt."

"Wer es leugnet, der lügt."

In diesem Augenblicke zogen beide. Die Zunächstsitzenden sprangen auf, aber ehe noch ein Dazwischenspringen möglich war, hatte des jüngeren Bruders Degen die Brust des älteren durchdrungen. Anselm war töblich getroffen.

Matthias, außer sich über das Geschehene, wollte sich dem Kurfürsten stellen; nur widerwillig gab er den Vorstellungen derer nach, die auf Flucht drangen. In seine Garnisonstadt Böhmisch-Grätz zurückgekehrt, machte er nach Wien hin Meldung von dem Vorgefallenen; dabei hatte es sein Bewenden. Ihm zu zeigen, wie wenig die Kriegskanzlei den Vorfall beanstande, der ja in Verteidigung kaiserlicher Ehre seine erste Veranlassung hatte, ließ man ihn zum General aufsteigen und gab ihm ein Kommando in Ungarn. Aber diese Gnadenbezeugungen, dankbar, wie er sie entgegennahm, gaben ihm doch die Ruhe nicht wieder, nach der er dürstete, und von Peterwardein aus, wo er im Feldlager lag, schrieb er an den Kurfürsten und rief seine Gnade an, "um dessentwillen, der aller Menschen Heil und Gnade sei."

Der Kurfürst schwankte; als aber durch die eidlichen Aussagen von Peter Jhlow, Beteke Pfuel und Ehrenreich von Burgsdorf erwiesen war, daß beide Brüder zu gleicher Zeit gezogen hätten, kam es zu einem Generalpardon, "gleichweis als ob die Geschichte nie geschehen wäre", und Matthias kehrte nach Hohen-Vietz zurück, das er seit dem Tage, an dem Maradas das Schloß gestürmt hatte, nur einmal, in jener unheilvollen Festesstunde, wiedergesehen hatte.

Er kam und brachte, wie die Hohen-Vietzer sich noch lange erzählten, "eine Tonne Goldes mit sich"; denn

Dotationen und Landerwerbungen, wie sie damals herkömmlich waren, hatten ihn reich gemacht. Der Kurfürst empfing ihn in ausgezeichneter Weise und setzte ihn unter Innehaltung herkömmlicher Formen in den Vollbesitz des verfallenen Gutes ein. Unmittelbar darauf schritt der Neubelehnte zur Aufführung eines schloßartigen, mit breiter Treppe und hohen Stuckzimmern reich ausgestatteten Renaissanceneubaues, der, mit dem ärmlichen Fachwerkhaus parallel laufend, einen hufeisenförmigen Gebäudekomplex herstellte, in dem die „Banketthalle", der mehrgenannte Saalanbau des alten Rochus, die verbindende Linie war. Diesen Saalanbau selbst aber, eingedenk dessen, was hier geschah, schuf Matthias von Vitzewitz in eine Kapelle um. Über dem Altar stiftete er ein Bild, dessen Inhalt der Erzählung vom verlorenen Sohn entnommen war; daneben hing er die Klinge auf, mit der er den Bruder erstochen hatte. Er betrat die Kapelle nie anders als in der Dämmerstunde; er liebte nicht, daß man es wußte oder gar davon sprach, aber wer auf dem anstoßenden Fliesenflur des alten Fachwerkhauses zu tun hatte oder müßig lauschte, der hörte seine lauten Gebete.

Seine Buße währte sein Lebenlang, und sein Leben kam zu hohen Jahren. Noch spät hatte er sich vermählt. Im Herbste desselben Jahres, das seinen Herrn den Kurfürsten hinscheiden sah, schied auch er aus dieser Zeitlichkeit, und die Hohen-Vietzer, an ihrer Spitze der achtzehnjährige Sohn des Hauses, trugen ihn bis zur alten Hügelkirche hinauf und setzten ihn in die Gruft neben den Kupfersarg des Vaters derart, daß Anselm zur Rechten, Matthias aber zur Linken stand.

Er war in der Zuversicht gestorben, daß Gott seine Buße angenommen habe; auch die, die nach ihm kamen, waren dieses Glaubens voll. Aber dieser Glaube, wie festen Lebensgrund er ihnen gab, konnte ihnen doch den Frohsinn des Lebens nicht wiedergeben. Sie blickten ernst um sich her. Und dieser Zug begann sich fortzuerben. Der Familiencharakter, der in alten Zeiten ein joviales Aufbrausen gewesen war, wich einem Grübeln und Brüten, und ihr Hang zu Gelagen schlug in einen Hang zur Selbst= pein und Askese um. Auch sahen sie sich durch manchen Vorgang, durch Spuk und Wirklichkeit in diesem Hange genährt und gefestigt. In dem zur Kapelle umgeschaffenen Saalanbau, der, verstaubend und verfallend, längst wieder den Kapellencharakter abgestreift hatte und zu einem Vor= ratsraum für die kleinen Leute des Hauses geworden war, ging der alte Matthias um wie zu Lebzeiten und kniete vor dem Altar, den er gestiftet. Niemand im Hause zweifelte daran. Aber wenn auch ein einzelner den Spuk verneint und, sei es aus Glauben oder Unglauben, die Erscheinung als ein abergläubisch Gebilde verworfen hätte, so hätten doch andere Zeichen zu ihm gesprochen. Seit anderthalb hundert Jahren stand das Geschlecht auf zwei Augen; es sah darin einen Finger Gottes; zwei Brüder sollten nicht wieder in Waffen gegeneinanderstehen.

Die Dorfbewohner, wie kaum versichert zu werden braucht, hegten dies alles wie einen Schatz, und in den Spinnstuben wurde nichts eifriger verhandelt als die Frage, ob der alte Matthias gesehen worden sei oder nicht. Es war eine Art Ehrensache, ihn gesehen zu haben. Man scherzte über ihn und fürchtete sich. Die Bauern selbst waren nicht anders wie ihre Mägde. Auf dem Höhen= zuge, dicht neben der Kirche, stand eine alte Buche, die teilte sich halbmannshoch über der Wurzel und wuchs in zwei Stämmen nach rechts und links. Das paßte den Hohen=Vietzern, und die Sage ging, daß beide Brüder, als sie noch Kind waren, diesen Baum gemeinschaftlich

gepflanzt hätten. Als aber Anselm von der Hand des
Jüngern gefallen sei, da habe sich der Stamm geteilt.
Und noch andere wußten, daß Matthias, wenn er unten
in der Kapelle gebetet, die große Nußbaumallee bis zur
Kirche hinaufsteige und den Buchenstamm da, wo er sich
teilt, zu umfassen und zusammenzupressen suche. Aber
umsonst. Er sitze dann zu Füßen des Baumes und
klage laut.

Aber wenn sich das nach dem Spukhaften und
Schauerlichen drängende romantische Bedürfnis in diesen
trüben Bildern mit Vorliebe aussprach, so drängte doch
auch ein anderer Zug in den Herzen der Hohen-Vitzer
ebenso entschieden auf endliche Versöhnung hin, und einen
Reimspruch kannte jung und alt, der dieser Hoffnung
auf Versöhnung Ausdruck gab. Auch im Herrenhause
kannten sie ihn sehr wohl, und der Reimspruch lautete:

Und eine Prinzessin kommt ins Haus,
Da löscht ein Feuer den Blutfleck aus,
Der auseinander getane Stamm
Wird wieder eins, wächst wieder zusamm',
Und wieder von seinem alten Sitz
Blickt in den Morgen Haus Vitzewitz.

III.

Weihnachtsmorgen.

An Lewins Seele waren inzwischen unruhige Träume
vorübergegangen. Die Fahrt im Ostwind hatte ihn fiebrig
gemacht und erst gegen Morgen verfiel er in einen festen
Schlaf. Eine Stunde später begann es bereits im Hause
lebendig zu werden; auf dem langen Korridor, an dessen
Nordostecke Lewins Zimmer gelegen war, hallten Schritte
auf und ab, schwere Holzkörbe wurden vor die Feuerstellen

gesetzt und große Scheite von außen her in den Ofen ge=
schoben. Bald darauf öffnete sich die Tür, und der alte
Diener, der am Abend zuvor seinen jungen Herrn empfangen
hatte, trat ein, einen Blaker in der Hand. Hektor blieb
liegen, reckte sich auf dem Rehfell und wedelte nur, als
ob er rapportieren wolle: Alles in Ordnung. Jeetze setzte
das Licht, dessen Flamme er bis dahin mit seiner Rechten
sorglich gehütet hatte, hinter einen Schirm und begann
alles, was an Garderobestücken umherlag, über seinen linken
Arm zu packen. Er selbst war noch im Morgenkostüm;
zu den Samthosen und Gamaschen, ohne die er nicht
wohl zu denken war, trug er einen Arbeitsrock von doppel=
tem Zwillich. Als er alles beisammen hatte, trat er, leise
wie er gekommen war, seinen Rückzug an, dabei nach Art
alter Leute unverständliche Worte vor sich her murmelnd.
An dem zustimmenden Nicken seines Kopfes aber ließ sich
erkennen, daß er zufrieden und guter Laune war.

Die Türe blieb halb offen, und das erwachende Leben
des Hauses drang in immer mahnenderen, aber auch in
immer anheimelnderen Klängen in das wieder still ge=
wordene Zimmer. Die großen Scheite Fichtenholz sprangen
mit lautem Krach auseinander, von Zeit zu Zeit zischte
das Wasser, das aus den naßgewordenen Stücken in kleinen
Rinnen ins Feuer lief, und von der Korridornische her
hörte man den sichern und regelrechten Strich, mit dem
Jeetzes Bürste der Hacheln und Härchen, die nicht los=
lassen wollten, Herr zu werden suchte.

Alles das war hörbar genug, nur Lewin hörte es
nicht. Endlich beschloß Hektor, der Ungeduld Jeetzes und
seiner eigenen ein Ende zu machen, richtete sich auf, legte
beide Vorderpfoten aufs Deckbett und fuhr mit seiner
Zunge über die Stirn des Schlafenden hin, ohne weitere
Sorge, ob seine Liebkosungen willkommen seien oder nicht.

Lewin wachte auf; die erste Verwirrung wich einem heiteren Lachen. „Kusch dich, Hektor," damit sprang er aus dem Bett. Der Morgenschlaf hatte ihn frisch gemacht; in wenig Minuten war er angekleidet, ein Vorteil halb soldatischer Erziehung. Er durchschritt ein paarmal das Zimmer, betrachtete lächelnd einen mit vier Nadeln an die Tischdecke festgesteckten Bogen Papier, auf dem in großen Buchstaben stand: „Willkommen in Hohen-Vietz," ließ seine Augen über ein paar Silhouettenbilder gleiten, die er von Jugend auf kannte und doch immer wieder mit derselben Freudigkeit begrüßte, und trat dann an eines der zugefrorenen Eckfenster. Sein Hauch taute die Eisblumen fort, ein Fleckchen, nicht größer wie eine Glaslinse, wurde frei, und sein erster Blick fiel jetzt auf die eben aufgehende Weihnachtssonne, deren roter Ball hinter dem Turmknopf der Hohen-Vietzer Kirche stand. Zwischen ihm und dieser Kirche erhoben sich die Bäume des hügelansteigenden Parkes, phantastisch bereift, auf einzelnen ein paar Raben, die in die Sonne sahen und mit Gekreisch den Tag begrüßten.

Lewin freute sich noch des Bildes, als es an die Türe klopfte.

„Nur herein!"

Eine schlanke Mädchengestalt trat ein, und mit herzlichem Kuß schlossen sich die Geschwister in die Arme. Daß es Geschwister waren, zeigte der erste Blick: gleiche Figur und Haltung, dieselben ovalen Köpfe, vor allem dieselben Augen, aus denen Phantasie, Klugheit und Treue sprachen.

„Wie freue ich mich, dich wieder hier zu haben. Du bleibst doch über das Fest? Und wie gut du aussiehst, Lewin! Sie sagen, wir ähnelten uns; es wird mich noch eitel machen."

Die Schwester, die bis dahin wie musternd vor dem Bruder gestanden hatte, legte jetzt ihren Arm in den seinen und fuhr dann, während beide auf der breiten Strohmatte des Zimmers auf und ab promenierten, in ihrem Geplauder fort.

„Du glaubst nicht, Lewin, wie öde Tage wir jetzt haben. Seit einer Woche flog uns nichts wie Schneeflocken ins Haus."

„Aber du hast doch den Papa . . ."

„Ja und nein. Ich hab' ihn und hab' ihn nicht; jedenfalls ist er nicht mehr wie er war. Seine kleinen Aufmerksamkeiten bleiben aus; er hat kein Ohr mehr für mich, und wenn er es hat, so zwingt er sich und lächelt. Und an dem allen sind die Zeitungen schuld, die ich freilich auch nicht missen möchte. Kaum daß Hoppenmarieken in den Flur tritt und das Postpaket aus ihrem Kattuntuch wickelt, so ist es mit seiner Ruhe hin. Er geht an mir vorbei, ohne mich zu sehen. Briefe werden geschrieben; die Pferde kommen kaum noch aus dem Geschirr; zu Wagen und zu Schlitten geht es hierhin und dorthin. Oft sind wir tagelang allein. Ein Glück, daß ich Tante Schorlemmer habe, ich ängstigte mich sonst zu Tode."

„Tante Schorlemmer! So findet alles seine Zeit."

„O, sie braucht nicht erst ihre Zeit zu finden, sie hat immer ihre Zeit, das weiß niemand besser als du und ich. Aber freilich, eines ist meiner guten Schorlemmer nicht gegeben, einen öden Tag minder öde zu machen. Möchtest du, eingeschneit, einen Winter lang mit ihr und ihren Sprüchen am Spinnrad sitzen?"

„Nicht um die Welt. Aber wo bleibt der Pastor? Und wo bleibt Marie? Ist denn alles zerstoben und verflogen?

„Nein, nein, sie sind da, und sie kommen auch und sind die alten noch; lieb und gut wie immer. Aber unsere Hohen=Vietzer Tage sind so lang und am längsten, wenn im Kalender die kürzesten stehen. Marie kommt übrigens heute abend; sie hat eben anfragen lassen."

„Und wie geht es unserm Liebling?"

„In den drei Monaten, daß du nicht hier warst, ist sie voll herangewachsen. Sie ist wie ein Märchen. Wenn morgen eine goldene Kutsche bei Kniehases vorgefahren käme, um sie aus dem Schulzenhause mit zwei schleppentragenden Pagen abzuholen, ich würde mich nicht wundern. Und doch ängstigt sie mich. Aber je mehr ich mich um sie sorge, desto mehr liebe ich sie."

Soweit waren die Geschwister in ihren Plaudereien gekommen, als Jeetze — nunmehr in voller Livree — in der Türe erschien, um seinen jungen Herrschaften anzukündigen, daß es Zeit sei.

„Wo ist Papa?"

„Er baut auf. Krist und ich haben zutragen müssen."

„Und Tante Schorlemmer?"

„Ist im Flur. Die Singekinder sind eben gekommen."

Lewin und Renate nickten einander zu und traten dann heiteren Gesichts und leichten Ganges, ein jeder stolz auf den andern, in den Korridor hinaus. In demselben Augenblick, wo sie an dem Treppenknopf angelangt waren, klang es weihnachtlich von hellen Kinderstimmen zu ihnen herauf. Und doch war es kein eigentliches Weihnachtslied. Es war das alte „Nun danket alle Gott", das den märkischen Kehlen am geläufigsten ist und am freiesten aus ihrer Seele kommt. „Wie schön," sagte Lewin und horchte bis die erste Strophe zu Ende war.

Als die Geschwister im Niedersteigen den untersten Treppenabsatz erreicht hatten, hielten sie abermals und überblickten nun das Bild zu ihren Füßen. Die gewölbte Flurhalle, groß und geräumig, trotz der Eichenschränke, die umherstanden, war mit Menschen, jungen und alten, gefüllt; einige Mütterchen hockten auf der Treppe, deren unterste Stufen bis weit in den Flur hinein vorsprangen. Links, nach der Park- und Gartentür zu, standen die Kinder, einige sonntäglich geputzt, die andern notdürftig gekleidet, hinter ihnen die Armen des Dorfes, auch Sieche und Krüppel; nach rechts hin aber hatte alles, was zum Hause gehörte, seine Aufstellung genommen: der Jäger, der Inspektor, der Maier, Krist und Jeetze, dazu die Mägde, der Mehrzahl nach jung und hübsch, und alle gekleidet in die malerische Tracht dieser Gegenden, den roten Fries-rock, das schwarzseidene Kopftuch und den geblümten Manchester-Spenzer. In Front dieser bunten Mädchen-gruppe gewahrte man eine ältliche Dame über fünfzig, grau gekleidet mit weißem Tuch und kleiner Tüllhaube, die Hände gefaltet, den Kopf vorgebeugt, wie um dem Gesange der Kinder mit mehr Andacht folgen zu können. Es war Tante Schorlemmer. Nur als die Geschwister auf dem Treppenabsatz erschienen, unterbrach sie ihre Haltung und erwiderte Lewins Gruß mit einem freund-lichen Nicken.

Nun war auch der zweite Vers gesungen, und die Weihnachtsbescherung an die Armen und Kinder des Dorfes, wie sie in diesem Hause seit alten Zeiten Sitte war, nahm ihren Anfang. Niemand drängte vor; jeder wußte, daß ihm das Seine werden würde. Die Kranken erhielten eine Suppe, die Krüppel ein Almosen, alle einen Fest-kuchen, an die Kinder aber traten die Mägde heran und schütteten ihnen Äpfel und Nüsse in die mitgebrachten Säcke und Taschen.

Das Gabenspenden war kaum zu Ende, als die große, vom Flur aus in die Halle führende Flügeltüre von innen her sich öffnete und ein heller Lichtschein in den bis dahin nur halb erleuchteten Flur drang. Damit war das Zeichen gegeben, daß nun dem Hause selber beschert werden sollte. Der alte Vitzewitz trat zwischen Türe und Weihnachtsbaum, und Lewins ansichtig werdend, der am Arm der Schwester dem Festzug voraufschritt, rief er ihm zu: "Willkommen, Lewin, in Hohen=Vietz." Vater und Sohn begrüßten sich herzlich; dann setzten die Geschwister ihren Umgang um die Tafel fort, während draußen im Flur die Kinder wieder anstimmten:

>Lob, Ehr und Preis sei Gott
>Dem Vater und dem Sohne,
>Und auch dem heil'gen Geist
>Im hohen Himmelsthrone.

Der Zug löste sich nun auf und jeder trat an seinen Platz und an seine Geschenke. Alles gefiel und erfreute, die Schals, die Westen, die seidenen Tücher. Da lagerte kein Unmut, keine Enttäuschung auf den Stirnen; jeder wußte, daß schwere Zeiten waren, und daß der viel heimgesuchte Herr von Hohen=Vietz sich mancher Entbehrung unterziehen mußte, um die gute Sitte des Hauses auch in bösen Tagen aufrecht zu erhalten.

Zu beiden Seiten des Kamins, über dessen breiter Marmorkonsole das überlebensgroße Bild des alten Matthias aufragte, waren auf kleinen Tischen die Gaben ausgebreitet, die der Vater für Lewin und Renaten gewählt hatte. Lieblingswünsche hatten ihre Erfüllung gefunden, sonst waren sie nicht reichlich. An Lewins Platz lag eine gezogene Doppelbüchse, Suhler Arbeit, sauber, leicht, fest, eine Freude für den Kenner.

"Das ist für dich, Lewin. Wir leben in wunderbaren Tagen. Und nun komm und laß uns plaudern."

Beide traten in das nebenan gelegene Zimmer, während in der Halle die Weihnachtslichter niederbrannten.

IV.
Berndt von Vitzewitz.

Der Vater Lewins war Berndt von Vitzewitz, ein hoher Fünfziger. Mit dreizehn Jahren bei den zu Landsberg garnisonierenden Knobelsdorff-Dragonern eingetreten, hatte er, nach beinahe dreißigjährigem Dienst, das Kommando des berühmten Regiments eben übernommen, als ihn im Frühjahr 1795 der Abschluß des Basler Friedens veranlaßte, seinen Abschied zu fordern. Voller Abscheu gegen die Pariser Schreckensmänner sah er in dem „Paktieren mit den Regiziden" ebenso eine Gefahr, wie eine Erniedrigung Preußens. Er zog sich verstimmt nach Hohen-Vietz zurück. Vielleicht war es ein Ausdruck seiner Verstimmung, daß er es, wenigstens im geselligen Verkehr, vorzog, seinen militärischen Rang ignoriert und sich lediglich als Herr von Vitzewitz angesprochen zu sehen. Das Gut selbst war ihm schon sieben Jahre früher zugefallen, unmittelbar fast nach seiner Vermählung mit Madeleine von Dumoulin, ältesten Tochter des Generalleutenants von Dumoulin, der bei Zorndorf, als jüngster Offizier in der Schwadron des Rittmeisters von Wakenitz, Wunder der Tapferkeit verrichtet und nach zweimaligem Durchbrechen der russischen Karrees den Pour le mérite auf dem Schlachtfelde empfangen hatte.

Madeleine von Dumoulin, groß, schlank, blond, eine typische deutsche Schönheit, wie so oft die Töchter des altfranzösischen Adels, war der Abgott ihres Gemahls. Und doch sah sie zu ihm hinauf; ohne Prätensionen, fast ohne Laune, beugte sie sich vor der Überlegenheit seines Charakters. Die Geburt eines Sohnes, noch in der Garnisonstadt des Regiments, schuf ein gesteigertes Glück, das aus beider Augen noch lebhafter sprach, als ihnen, bald nach ihrer Übernahme von Hohen-Vietz, auch eine Tochter geboren wurde. Es war im Mai 1795, ein Frühlingsregen sprühte, und das Zeichen des Bundes zwischen Gott und den Menschen, ein Regenbogen, stand verheißungsvoll über dem alten Hause. Aber die Verheißung, wenn sie dem Kinde gelten mochte, galt nicht dem Vater. Ein Allerschmerzlichstes blieb auch ihm, wie so vielen seiner Ahnen, unerspart. Es traf ihn anders, aber nicht minder schwer.

Der Tag von Jena hatte über das Schicksal Preußens entschieden; elf Tage später hielten bereits angemeldete französische Offiziere vor dem Herrenhause in Hohen-Vietz, zu deren Bewillkommnung, um nicht Anstoß zu geben, auch die kaum von einem hitzigen Fieber wiederhergestellte, noch die Blässe der Krankheit zeigende Dame vom Hause erschienen war. In der Halle war gedeckt. Frau von Vitzewitz blieb und schien ihren Zweck, ein leidliches Einvernehmen zwischen Wirt und Gästen herzustellen, erreichen zu sollen, als sich, während schon der Nachtisch aufgetragen wurde, ein ihr gegenüber sitzender Kapitän von der spanischen Grenze, olivenfarbig, mit dünnem Spitzbart, erhob und in unziemlichster Huldigung Worte lallte, die der schönen Frau das Blut in die Wangen trieben. Berndt von Vitzewitz fuhr auf den Elenden ein, andere Offiziere, dazwischen springend, trennten die miteinander Ringenden, und Partei ergreifend für den beleidigten Gemahl, steckten sie draußen im Park den Platz ab, wo der Handel auf der Stelle ausgemacht werden sollte. Berndt, ein Meister auf den Degen, verwundete seinen Gegner schwer am Kopf, und die Franzosen, in der ihnen eigenen ritterlichen Gesinnung, beglückwünschten ihn, ohne die geringste Verstimmung zu zeigen, zu seinem Triumph. Aber es war ein kurzer Sieg, zum mindesten ein teuer erkaufter. Die heftigen, von solchen Vorgängen unzertrennlichen Erregungen warfen die schöne Frau aufs Krankenbett zurück, am dritten Tage war sie aufgegeben, am neunten trugen sie sie die alte Nußbaumallee hinauf, bis an die Hohen-Vietzer Kirche und senkten sie unter Innehaltung aller von ihr gegebenen Bestimmungen ein. Nicht in die Gruft, sondern in „Gottes märkische Erde", wie sie so oft gebeten hatte. Die Glocken klangen den ganzen Tag ins Land, und als der Frühling kam, lag ein Stein auf der Grabesstelle, ohne Namen, ohne Datum, nur tief eingegraben: „Hier ruht mein Glück."

Berndts Charakter hatte sich unter diesen Schlägen aus dem Ernsten völlig ins Finstere gewandelt. Die Lage des zerbröckelten, nahezu aus der Reihe der Staaten gestrichenen Vaterlandes war nicht dazu angetan, ihn aufzurichten. Sein eigner Besitz entwertet, die Ernten geraubt, das Gehöft von Räuberhänden halb niedergebrannt — so verfiel er auf Jahr und Tag in brütenden Trübsinn und lebte erst wieder auf, als Sorge und Mißgeschick, die beinahe unausgesetzt auf ihn eindrangen, einen großen Haß in ihm gezeitigt hatten. Er wurde rührig regsam, er hatte Ziele, er lebte wieder.

Der Haß, dem er dieses dankte, richtete sich gegen alles, was von jenseits des Rheines kam, aber doch war ein Unterschied in dem, was er gegen den Machthaber und gegen die französische Nation empfand. Für diese letztere, deren Mut, Begeisterung und Opferfähigkeit er so oft gepriesen, so oft vorbildlich hingestellt hatte, hatte er, wie fast alle Märker, im tiefsten Herzen eine nicht zu ertötende Vorliebe, und aller Haß, den er dieser Liebe zum Trotz, stark und ehrlich zur Schau trug, war vielmehr Absicht und Kalkül, als unmittelbare Empfindung, emporgewachsen

aus der unabläſſigen, mit Gefliſſentlichkeit gehegten Betrachtung, daß — um ihn ſelber ſprechen zu laſſen —
„das undankbarſte aller Völker einen guten König ge-
ſchlachtet habe, um ſich vor den Triumphwagen eines
freiheitsmörderiſchen Tyrannen zu ſpannen". Ganz anders
ſein Haß gegen den Bonaparte ſelbſt. Ungemacht und
ungekünſtelt ſprang er wie ein heißer Quell aus ſeinem
Herzen. Schon der Name widerte ihn an. Er war kein
Franzos, er war Italiener, Korſe, aufgewachſen an jener
einzigen Stelle in Europa, wo noch die Blutrache Sitte
und Geſetz; und ſelbſt die Größe, die er ihm zugeſtehen
mußte, war ihm ſtaunens- aber nicht bewundernswert,
weil ſie alles himmliſchen Lichtes entbehrte. Er ſah in
ihm einen Dämon, nichts weiter; eine Geißel, einen
Würger, einen aus Weſten kommenden Dſchingiskhan.
Als Mitte November bekannt wurde, daß der Kaiſer
Küſtrin paſſieren werde, um bis an die Weichſel zu gehen,
führte Berndt ſeine beiden halberwachſenen Kinder, Renate
zählte elf, Lewin eben ſechzehn Jahre, nach der alten Oder-
feſtung und nahm Stand an dem Müncheberger Tore,
um ihnen den zu zeigen, „den Gott gezeichnet habe". Und
als dieſer nun unter dem gewölbten Portal hin in die
ſtille Stadt einritt und das gelbe Wachsgeſicht wie ein
unheimlicher Lichtpunkt zwiſchen dem Bug des Pferdes
und dem tief in die Stirn gerückten Hute ſichtbar wurde,
da ſchob er die Kinder in die vorderſte Reihe und rief
ihnen vernehmlich zu: „Seht ſcharf hin, das iſt der
Böſeſte auf Erden."

Aber wer zu haſſen verſteht, ſo es nur der rechte
Haß iſt, der weiß auch zu lieben, und die leidenſchaftliche
Zuneigung, die Berndt ſo viele Jahre lang gegen die zu
früh Heimgegangene als ſein höchſtes irdiſches Glück im
Herzen getragen hatte, er übertrug ſie jetzt auf die Kinder,

Vor dem Sturm.

die als die Ebenbilder der Mutter heranwuchsen. Schlank aufgeschossen, blond und durchsichtig, wichen sie in jedem Zuge von der äußeren Erscheinung des Vaters ab, zu dessen gedrungener Gestalt sich dunkelster Teint und ein schwarzes, kurz geschnittenes, mit nur wenig Grau erst untermischtes Haar gesellte. Und wie verschieden die Erscheinung, so verschieden auch waren die Charaktere. Leichtbeweglich und leichtgläubig, immer geneigt zu bewundern und zu verzeihen, hatten die Kinder das heitere Licht der Seele, wo der Vater das düstere Feuer hatte. Demütig und trostreich, angelegt um zu beglücken und glücklich zu sein, leuchtete ihren Wegen die alles verklärende Phantasie. Der Vater freute sich dessen. Er träumte von einer Wandlung, die mit ihnen über das Haus kommen werde.

Berndt von Vitzewitz, wie alle, die ihr Herz an etwas setzen, machte wenig davon; er hatte das Schamgefühl der Liebe. Aber ebensowenig gefiel er sich darin, eine rauhe Außenseite herauszukehren. Weil er Autorität hatte, durfte er darauf verzichten, sie jeden Augenblick geltend zu machen. Er liebte es, im Gespräch den Unterschied der Jahre zu überspringen und bespöttelte jene Väter und Mütter, die, aus der Not eine Tugend machend, ihre Gefühls- und Gedankenwelt in zwei Rubriken, in eine für die „Intimen" und in eine andere für die Kinder bestimmte Hälfte zu teilen pflegen. Er war offen, entgegenkommend gegen Lewin, reich an Aufmerksamkeiten gegen Renate. Nur in den letzten Wochen, wie die Schwester dem Bruder bereits geklagt hatte, war eine Änderung eingetreten; er mied jede Begegnung, sprach wenig und saß halbe Nächte lang, wenn ihn nicht Besuche in die Umgegend führten, an seinem Schreibtisch oder durchschritt im Selbstgespräch das einfensterige Kabinett, das sein Arbeitszimmer bildete.

Dies Arbeitszimmer war ebenso tief wie schmal, so

daß die gelben, von Tabak= und Lampenrauch längst grau
gewordenen Wände, bei dem wenigen Licht, das einfiel,
noch dunkler erschienen, als sie waren. Von Luxus keine
Spur. Nur für Bequemlichkeit war gesorgt, für jenes
Alleszurhandhaben geistig beschäftigter Männer, denen nichts
unerträglicher ist, als erst holen, suchen oder gar warten
zu müssen. Die beiden Türen des Kabinetts, von denen
die eine nach der Halle, die andere nach dem Damen=
zimmer führte, lagen dem Fenster zu, wodurch zwei breite
Wandflächen zur Aufstellung eines Schreibtisches und eines
Ledersofas, beide von beträchtlicher Länge, gewonnen
waren. Ein dazwischenstehender gartenstuhlartiger Holz=
schemel würde die Kommunikation vollständig geschlossen
haben, wenn nicht die Tischplatte eine entsprechende Ein=
buchtung gehabt hätte. Über dem Schreibtisch hing ein
schönes Frauenporträt, Brustbild, nachgedunkelt, über dem
Sofa ein schmaler länglicher Spiegel, dessen völlig ver=
blaktes Glas über seine Nutzlosigkeit an dieser Stelle
keinen Zweifel ließ. Ein Schlüsselbrett, dazu zwei, drei
Hirschgeweihe mit allerhand Mützen und Hüten daran,
vollendeten die Einrichtung. In den Ecken standen Stöcke
umher, eine Entenflinte und ein Kavalleriedegen, wäh=
rend an den Panelen der Fensternische mehrere Spezial=
karten von Rußland, mit Oblaten und Nägelchen, je nach=
dem es sich am bequemsten gemacht hatte, befestigt waren.
Zahllose rote Punkte und Linien zeigten deutlich, daß mit
dem Zeitungsblatt in der Hand zwischen Smolensk und
Moskau bereits viel hin= und hergereist worden war.

Dies war das Zimmer, in das, wie am Schlusse des
vorigen Kapitels erzählt, Vater und Sohn eintraten. Beide
nahmen auf dem Sofa Platz, gegenüber dem Frauen=
porträt, das jetzt auf sie niedersah. Berndt, der in seinem
gewöhnlichen Hauskostüm war: weite Beinkleider von

schottischem Stoff, dunkler Samtrock, dazu ein rotseidenes Tuch leicht um den Hals geschlungen, streckte den rechten Fuß auf ein hohes, tabourettartiges Doppelkissen. Lewin, aus Respekt und Gewöhnung, saß gerade aufrecht neben ihm.

„Nun, was gibt es, Lewin, was bringst du?"

„Vielleicht eine Neuigkeit. Morgen werden unsere Blätter das Bulletin bringen, das die Vernichtung des Heeres zugesteht. Ladalinskis hatten den französischen Text; Kathinka las uns die Hauptstellen vor. Es hat mich erschüttert."

„Auch mich, aber noch mehr hat es mich erhoben."

„So kennst du schon den Inhalt? und ich komme wieder zu spät."

„Tante Amelie empfing den Zeitungsausschnitt schon gestern; du kennst ihre alten Beziehungen. Graf Drossel=
stein, der gestern bei ihr war, erbot sich, mir persönlich die Nachricht zu bringen. Wir haben wohl eine Stunde ge=
plaudert. Und glaube mir, das Bulletin sagt nicht die Hälfte. Wir haben Briefe aus Minsk und Bialystock; sie sind total vernichtet."

„Welch ein Gericht!"

„Ja, Lewin, du sprichst das Wort. — Die große Hand, die beim Gastmahl des Belsazar war, hat wieder ihre Zeichen geschrieben und diesmal keine Rätselzeichen. Jeder kann sie lesen: „Gezählt, gewogen und hinweggetan." Ein Gottesgericht hat ihn verworfen. Und doch fürchte ich, Lewin, wir haben Neunmalweise am Ruder, die dem zornigen Gott in den Arm fallen wollen. Sie dürfen es nicht. Wagen sie es, so sind sie verloren, sie und wir. — Wie ist die Stimmung?"

„Gut. Es ist mir, als wäre eine Wandlung über die Gemüter gekommen. Das ganze Fühlen ist ein höheres;

wo noch Niedrigkeit der Gesinnung ist, da wagt sie sich nicht hervor. Was fehlt, ist eins: ein leitender Wille, ein entschlußkräftiges Wort."

„Das Wort muß gesprochen werden, so oder so. Wenn die Menschen stumm sind, so schreien es die Steine. Gott will es, daß wir seine Zeichen verstehen. Lewin, wir alle sind hier entschlossen. Wir alle stehen hier des Wortes gewärtig; wird es **nicht** gesprochen, so folgen wir dem lauten Wort, das in uns klingt. Es begräbt sich leicht im Schnee. Nur kein feiges Mitleid. Jetzt oder nie. Nicht viele werden den Niemen überschreiten, **über die Oder darf keiner**."

Lewin schwieg eine Weile; er mied es, dem Blick des Vaters zu begegnen. Dann sprach er halb vor sich hin: „Wir sind die Verbündeten des Kaisers. Wir wollen das Bündnis lösen, Gott gebe es, aber —"

„So mißbilligst du, was wir vorhaben?"

„Ich kann nicht anders. Das, was du vorhast und was tausende der Besten wollen, es ist gegen meine Natur. Ich habe kein Herz für das, was sie jetzt mit Stolz und Bewunderung die spanische Kriegsführung nennen. Alles, was von hinten her sein Opfer faßt, ist mir verhaßt. Ich bin für offenen Kampf, bei hellem Sonnenschein und schmetternden Trompeten. Wie oft habe ich in Entzücken geweint, wenn ich auf der Fußbank neben Mama saß und sie von ihrem Vater erzählte, wie er, kaum achtzehnjährig, in die russischen Vierecke einbrach und wie dann Ritt=meister von Wakenitz vor der Schwadron ihn küßte und ihm zurief: ‚Junker von Dumoulin, lassen Sie uns die Degen tauschen.' Ja, ich will Krieg führen, aber deutsch, nicht spanisch, auch nicht slavisch. Du weißt, Papa, ich bin meiner Mutter Sohn."

„Das bist du, und ein Glück, daß du es bist. Über

Vor dem Sturm. 37

deiner Mutter Kindheit haben helle Sterne gestanden und ich bitte Gott, daß der Segen ihres Hauses über dir und über Renaten sei."

Lewin sah wieder vor sich hin. Berndt von Vitzewitz aber fuhr fort: „Ich weiß, was eine Natur zu bedeuten hat; alles An= und Eingeborene, das nicht gegen die Gebote Gottes streitet, ist mir heilig; gehe deinen Weg, Lewin, ich zwinge dich in nichts. Aber ich, in stillen Nächten habe ich mir's geschworen, ich will den meinen gehen!"

Eine kurze Pause folgte, während welcher Berndt in dem schmalen Zimmer auf= und niederschritt. Dann, ohne des Schweigens zu achten, in dem Lewin verharrte, sprach er weiter: „Ihr in den Städten, und du bist ein Stadtkind geworden, Lewin, ihr wißt es nicht, ihr habt es nicht recht erlebt. Unter den Augen der Machthaber nahm die Unterdrückung Maß und das Ungesetzliche gesetzliche Formen an. Sie rühmen sich dessen sogar und glauben es beinahe selbst, daß sie unsere Ketten gebrochen haben. Aber wir auf dem Lande, wir wissen es besser, und ich sage dir, Lewin, die rote Hand, die Feuer an die Scheunen legte, die die Goldringe von den Fingern unserer Toten zog, sie ist unvergessen hier herum und eine rötere Hand wird ihr die Antwort geben."

Lewin wollte dem Vater antworten; aber dieser, die Heftigkeit seiner Rede plötzlich umstimmend, fuhr mit ersichtlicher Bewegung fort: „Du warst noch ein Knabe, als der böse Feind ins Land kam; der Glanz seiner Taten ging vor ihm her. Was er damals im Übermut seines Glückes unsere Königin zu fragen sich erdreistete: ‚Wie mochten Sie's nur wagen, den Kampf gegen mich aufzunehmen?' diese Frage ist seitdem von tausend Schwachen und Elenden im Lande selber nachgesprochen worden, als ob sie das A und das O aller Weisheit wäre. Und in dieser Vorstellung unserer Ohnmacht bist du herangewachsen, du und Renate. Ihr habt nichts gesehen, als unsere Kleinheit, und ihr habt nichts gehört, als die Größe unseres Siegers. Aber, Lewin, es war einst anders und wir Alten, die wir noch das Auge des großen Königs gesehen haben, wir schmecken bitter den Kelch der Niedrigkeit, der jetzt täglich an unseren Lippen ist."

„Und ich bin es sicher," fiel jetzt Lewin ein, „er wird von uns genommen werden. Wir werden einen frohen, einen heiligen Krieg haben. Aber zunächst sind wir unseres Feindes Freund, wir haben mit und neben ihm in Waffen gestanden; er rechnet auf uns, er schleppt sich unserer Türe zu, hoffnungsvoll wie der Schwelle seines eigenen Hauses; das Licht, das er schimmern sieht, bedeutet ihm Rettung, Leben, und an der Schwelle eben dieses Hauses faßt ihn unsere Hand und würgt den Wehrlosen."

In diesem Augenblick begannen die Glocken zu klingen, die von dem alten Hohen-Vietzer Turm her zur Kirche riefen. Sie klangen laut und voll in dem klaren Wetter. Berndt horchte auf; dann mit der Hand nach Osten deutend, von wo die Klänge herüberhallten, fuhr er seinerseits fort: „Ich weiß, daß geschrieben steht, ‚die Rache ist mein‘, und in menschlicher Gebrechlichkeit, ‚das weiß der, der in die Herzen sieht‘, bin ich allezeit seinem Wort gefolgt. Ich fürchte nicht, daß ich lästere, wenn ich ausspreche: es gibt auch eine heilige Rache. So war es, als Simson die Tempelpfosten faßte und sich und seine Feinde unter Trümmern begrub. Vielleicht, daß auch unsere Rache nichts anderes wird, als ein gemeinschaftliches Grab. Sei's drum; ich habe abgeschlossen; ich setze mein Leben daran, und, Gott sei Dank, ich darf es. Diese Hand, wenn ich sie aufhebe, so erhebe ich sie nicht, um persönliche Unbill zu rächen, nein, ich erhebe sie gegen den bösen

Feind aller Menschheit, und weil ich ihn selber nicht treffen kann, so zerbreche ich seine Waffe, wo ich sie finde. Der große Schuldige reißt viel Unschuldige mit in sein Verhängnis; wir können nicht sichten und sondern. Das Netz ist ausgespannt und je mehr sich darin verfangen, desto besser. Wir sprechen weiter davon, Lewin. Jetzt ist Kirchzeit. Laß uns Gottes Wort nicht versäumen. Wir bedürfen seiner."

So trennten sie sich, als die Glocken zum zweitenmal ihr Geläut begannen.

V.
In der Kirche.

Das Summen der Glocken war noch in der Luft, als Berndt von Vitzewitz, Renaten am Arm, aus einem in den Schnee gefegten Fußsteig in die große Nußbaumallee einbog, die, leise ansteigend, von der Einfahrt des Herrenhauses her in gerader Linie zur Hügelkirche hinaufführte. Dem voranschreitenden Paare folgten Lewin und Tante Schorlemmer. Alle waren winterlich gekleidet; die Hände der Damen steckten in schneeweißen Grönlandsmuffen; nur Lewin, alles Pelzwerk verschmähend, trug einen hellgrauen Mantel mit weitem Überfallkragen.

Die mehrgenannte Hügelkirche, der sie zuschritten, war ein alter Feldsteinbau aus der ersten christlichen Zeit, aus den Kolonisationstagen der Cistercienser her; dafür sprachen die sauber behauenen Steine, die Chornische und vor allem die kleinen hochgelegenen Rundbogenfenster, die dieser Kirche, wie allen vorgotischen Gotteshäusern der Mark, den Charakter einer Burg gaben. Wenig hatten die Jahrhunderte daran geändert. Einige Fenster waren verbreitert, ein

paar Seiteneingänge für den Geistlichen und die Guts=
herrschaft hergerichtet worden; sonst, mit Ausnahme des
Turmes und eines neuen Gruftanbaues der nördlichen
Langwand, stand alles wie es zu den Mönchzeiten ge=
standen hatte.

War nun aber das Äußere der Kirche so gut wie un=
verändert geblieben, so hatte das Innere derselben alle
Wandlungen eines halben Jahrtausends durchgemacht. Von
den Tagen an, wo die Askanier hier ihre regelmäßig wieder=
kehrenden Fehden mit den Pommerherzögen ausfochten, bis
auf die Tage herab, wo der große König an eben dieser
Stelle, bei Zorndorf und Kunersdorf, seine blutigsten
Schlachten schlug, war an der Hohen=Vietzer Kirche kein
Jahrhundert vorübergegangen, das ihr nicht in ihrer
inneren Erscheinung Abbruch oder Vorschub geleistet, ihr
nicht das eine oder andere gegeben oder genommen hätte.

Ein gleiches, was hier eingeschaltet werden mag, gilt
von der Mehrzahl aller alten märkischen Dorfkirchen, die
dadurch ihren Reiz und ihre Eigentümlichkeit empfangen.
Besonders im Gegensatz zu den weltlichen oder Profan=
bauten unseres Landes. Überblickt man diese, so nimmt
man alsbald wahr, daß die eine Gruppe zwar die Jahre,
aber keine Geschichte, die andere Gruppe zwar die Ge=
schichte, aber keine Jahre hat. Burg Soltwedel ist uralt,
aber schweigt. Schloß Sanssouci spricht, aber ist jung
wie ein Parvenü. Nur unsere Dorfkirchen stellen sich uns
vielfach als die Träger unserer ganzen Geschichte dar
und die Berührung der Jahrhunderte untereinander zur
Erscheinung bringend, besitzen und äußern sie den Zauber
historischer Kontinuität.

Die Hohen=Vietzer Kirche hatte drei Eingänge, der
erste für die Gemeinde von Westen her. Der Turm, durch
den dieser Eingang ging, war aus Feldstein roh zusammen=

Vor dem Sturm. 41

gemörtelt; es fehlte die Sauberkeit, die den älteren Bau auszeichnete. Von der Decke herab hing ein Seil, an dem die Betglocke geläutet wurde. Rechts an der Wand hin stand ein Grabscheit, eine Totenbahre; auf ihr lagen Leinentücher, um die Särge hinabzulassen. An der Wand gegenüber waren wurmstichige Holzpuppen, Überreste eines Schnitzaltars aus der katholischen Zeit her, zusammengesetzt; daneben aufgeschichtetes Knubbenholz, wahrscheinlich um die Sakristei zu heizen. Das eigentliche Schaustück dieser Vorhalle war aber die „Türkenglocke", berühmt wegen ihres Tones und ihrer Größe, die, nachdem sie lange oben im Turm gehangen und die Oder hinauf- und hinabgeklungen hatte, jetzt gesprungen aus ihrer Höhe herabgelassen war. Sie war — so wenigstens ging die Sage — aus Geschützen gegossen, die Isaschar von Vitzewitz (des alten Matthias Sohn) aus dem Türkenkriege mit heimgebracht hatte. Inschriften bedeckten den Rand; eine lautete:

Ruf ich, öffne deinen Sinn,
Gott zu dienen ist Gewinn.

Der schwere Eisenklöppel stand in einer Ecke daneben. Aus dem Turm trat man in den Mittelgang der Kirche; dicht an der Schwelle lag ein granitner Taufstein, ohne Fuß oder Träger, mitten durchgebrochen, noch aus der Zeit der Cistercienser her. Weiter links, in der Ecke, wo Turm und Kirchenschiff zusammenstießen, war eine Nische in die nördliche Längswand gehauen; an einem Eisenstab hing eine Maria (das Christkind war ihrem Arm entfallen), und ihr zu Häupten stand einfach die Jahreszahl 1431. Das war das Hussitenjahr. Kein Zweifel, daß die Vitzewitze diesen Votivaltar nach Abzug des Feindes gestiftet hatten. Rechts und links vom Mittelgange, bis über die Hälfte der Kirche, liefen die Kirchenstühle hin, alle sauber und verschlossen; nur die Tür des vordersten stand halb offen und hing in den Angeln. Dieser hieß der „Majorsstuhl" seit den Tagen, die der Kunersdorfer Schlacht unmittelbar gefolgt waren. Bis hierher, durch Flucht und Graus hatten Grenadiere vom Regiment Itzenplitz ihren verwundeten Major getragen, auf diese Bank hatten sie ihn niedergelegt, hier hatte er sich aufgerichtet und die Binden abgerissen. „Kinder, ich will sterben." Die Bank hatte einen Blutfleck seitdem, und jeder mied die Stelle.

Einen Hauptschmuck der Hohen=Vietzer Kirche bildeten ihre Grabsteine. Einst hatten sie vom Altar an bis mitten in das Kirchenschiff hinein gelegen; seitdem aber das alte Gewölbe zugeschüttet und die neue Gruft, deren wir schon erwähnten, angebaut worden war, standen sie aufrecht an der Nordwand der Kirche hin. Es waren meist einfache Steine, je nach der Sitte der Zeit mit langen oder kurzen Inschriften versehen, die von Malplaquet und Mollwitz erzählten oder auch von stilleren Tagen, in Hohen=Vietz begonnen und beendet.

An zwei dieser Steine knüpfte die Sage an. Neben der Mariennische stand einer, größer als die andern und dicht beschrieben. Wer die Inschrift las, der wußte, daß Katharina von Gollmitz, eine Freundin des Hauses, einst unter diesem Steine gelegen hatte. Grete von Vitzewitz, der Verstorbenen in besonderer Liebe zugetan, hatte ihr, als sie während eines Besuches in Hohen=Vietz erkrankte und starb, einen Ehrenplatz in der Kirche angewiesen; aber die Freundin im Grabe hatte kein Gefühl für diese Aus= zeichnung und sehnte sich nach Haus. Immer wenn Grete Vitzewitz über den Grabstein hinschritt, hörte sie eine Stimme: „Grete, mach auf!" Da machten sie endlich auf und brachten den Sarg nach Jargelin, wo Katharina von Gollmitz ihre Heimat hatte. Nun wurde es still. Den Grabstein aber mauerten sie in die Wand.

Ein anderer Stein, dessen Inschrift längst weggetreten war, lag noch dicht vor dem Altar. Er war der einzige, den man an alter Stelle belassen hatte, vielleicht, weil er zerbrochen war. Er weigerte sich hartnäckig, mit den neben ihm liegenden Fliesen gleiche Linie zu halten, und bildete nach und nach eine Mulde. Wie oft auch seine zwei Hälften aufgenommen und Sand und Gerölle in die Vertiefung hineingestampft wurden, der Stein sank immer wieder. Das Volk sagte: „Da liegt der alte Matthias; der geht immer tiefer."

Dies war nun freilich ein Irrtum, der alte Matthias lag an anderer Stelle, wohl aber gehörte ihm das große Grabmonument an, das, nach der künstlerischen Seite hin, den Hauptschmuck der Hohen-Vietzer Kirche bildete. Es war ein Marmordenkmal, überladen, rokokohaft, dabei jedoch von großer Meisterschaft der Arbeit. Dem Gegenstande nach zeigte es eine gewisse Verwandtschaft mit dem Altarbilde des Saalanbaues. Matthias von Vitzewitz und seine Gemahlin kniend, dabei voll Andacht zu einer Kreuzigung Christi emporblickend. Alles Basrelief, nur die Knienden fast in losgelöster Figur. Darunter ihre Namen und die Daten ihres Lebens und Sterbens. Ein niederländischer Meister hatte das Werk gefertigt und es persönlich zu Schiff bis in die Oder hinaufgebracht.

Als die Bewohner des Herrenhauses die Kirche betraten, begann eben der Gesang der Gemeinde. Eine schmale Treppe, an einem der kleinen Seitengänge ausmündend, führte zu dem herrschaftlichen Stuhle hinauf. Dieser, ein auf Pfeilern ruhender, sehr einfacher Holzbau, war ursprünglich durch hohe Schiebefenster geschlossen gewesen, längst aber waren diese beseitigt und nur noch zwei schmale Bretter, die von der Brüstung bis zur vollen Höhe der Decke aufstiegen, teilten den Raum in drei große

Rahmen ab. Vorn an der Wandung war das Vitzewitzſche
Wappen angebracht, ein Andreaskreuz, weiß auf rotem
Grunde.

In Front dieſes herrſchaftlichen Stuhles, hart an
der Brüſtung hin, nahmen die Eintretenden geräuſchlos
Platz: erſt Berndt von Vitzewitz, links neben ihm Renate,
dann Tante Schorlemmer. Lewin ſtellte ſeinen Stuhl in
die zweite Reihe. So vernachläſſigt alles war, ſo war es
doch nicht ohne einen gewiſſen Reiz. Gleich zur Rechten
Altar und Kanzel; in Front des Altars das Taufbecken,
eine ſilberne, mit allegoriſchen Figuren und unentzifferbaren
Inſchriften reich ausgeſchmückte Schüſſel, die nur mit
großer Mühe vor den Händen des Feindes gerettet worden
war. An der Wand gegenüber das vorerwähnte Marmor=
denkmal des alten Matthias und ſeiner Gemahlin, das
beſte aber, was dieſer unſcheinbaren Stelle eigen war,
war doch das große, faſt einen Halbkreis bildende Fenſter,
das einen Blick auf den Kirchhof und weiter hügelabwärts
auf einzelne zerſtreute, wie Vorpoſten ausgeſtellte Hütten
und Häuſer des Dorfes geſtattete. Neben dieſem Fenſter,
hart an der Kirchwand, ſtand ein Eibenbaum, der von
der Seite her die längſten ſeiner Zweige vorſchob und
regelmäßig an die Scheiben klopfte, wenn Paſtor Seiden=
topf ſeine dreigeteilte Predigt den Hohenvietzern ans Herz
legte. Lewin ſetzte ſich immer ſo, daß er einen Blick auf
das Fenſter frei hatte. Er ſtand wohl feſt auf dem
Catechismo Lutheri, wie alle Vitzewitze, ſeitdem die ge=
reinigte Lehre ins Land gekommen war, aber da war doch
ein anderes in ihm, das ihn von Zeit zu Zeit trieb, mehr
auf den Eibenbaum draußen, als auf die Stimme von der
Kanzel her zu achten, wäre dieſe Stimme auch mächtiger
geweſen, als die ſeines alten Lehrers und Freundes, dem
die ſonntägliche Erbauung oblag.

Die Sonne schien hell, und ein einfallendes Streiflicht erleuchtete in plötzlichem Glanz die halbe Nordwand, vor allem das große Grabdenkmal dem herrschaftlichen Chorstuhl gegenüber. Die lebensgroßen Figuren waren wie von rosigem Leben angehaucht. Lewin hatte die Schönheit dieses Bildwerkes nie so voll empfunden; er las die langen Inschriften, wie er sich gestand, zum erstenmal.

Der Gesang schwieg; schon während des letzten Verses war Prediger Seidentopf auf die Kanzel getreten, ein Sechziger, mit spärlichem weißen Haar, von würdiger Haltung und mild im Ausdruck seiner Züge. Lewin hing an der wohltuenden Erscheinung, senkte dann den Blick und folgte in andächtiger Betrachtung dem stillen Gebet. Die Gemeinde tat ein Gleiches, neigte sich und schaute voll herzlichem Verlangen zu ihrem Geistlichen auf, als dieser sein Gebet beendet und sein Haupt wiederum erhoben hatte. Denn die Gemüter waren damals offen für Trost und Zuspruch von der Kanzel her und rechneten nicht nach, ob die Worte lutherisch oder kalvinistisch klangen, so sie nur aus einem preußischen Herzen kamen. Das wußte Seidentopf, der in gewöhnlichen Zeiten manche Widersacher unter den strenggläubigen Konventiklern seines Dorfes zu bekämpfen hatte, und ein heller Glanz, wie ihn ihm die innere Freude gab, umleuchtete seine Stirn, als er nach Lesung des Evangeliums die Textesworte zu erklären begann. Er sprach von dem Engel des Herrn, der den Hirten erschien, um ihnen die Geburt eines neuen Heiles zu verkünden. Solche Engel, so fuhr er fort, sende Gott zu allen Zeiten, vor allen dann, wenn die Nacht der Trübsal auf den Völkern läge. Und eine Nacht der Trübsal sei auch über dem Vaterlande; aber ehe wir es dächten, würde inmitten unseres Bangens der Engel erscheinen und uns zurufen: „Fürchtet euch nicht, siehe, ich verkündige euch große Freude." Denn das Gericht des Herrn habe unsere Feinde getroffen, und wie damals die Waſſer zuſammen= ſchlugen und „bedeckten Wagen und Reiter und alle Macht des Pharao, daß nicht einer aus ihnen übrigblieb," ſo ſei es wiederum geſchehen.

An dieſer Stelle, auf das Weihnachtsevangelium kurz zurückgreifend, hätte Paſtor Seidentopf ſchließen ſollen; aber unter der Wucht der Vorſtellung, daß eine richtige Predigt auch eine richtige Länge haben müſſe, begann er jetzt, den Vergleich zwiſchen dem alten und dem neuen Pharao bis in die kleinſten Züge hinein durchzuführen. Und dieſer Aufgabe war er nicht gewachſen. Dazu ge= brach es ihm an Schwung der Phantaſie, an Kraft des Ausdrucks und Charakters. Schemenhaft zogen die Ägypter= ſcharen vorüber. Die Aufmerkſamkeit der Gemeinde wich einem toten Horchen, und Lewin, der bis dahin kein Wort verloren hatte, ſah von der Kanzel fort und begann ſeine Aufmerkſamkeit dem Fenſter zuzuwenden, vor dem jetzt ein Rotkehlchen auf der beſchneiten Eibe ſaß und in leichtem Schaukeln den Zweig des Baumes bewegte.

Nur Berndt folgte in Friſche und Freudigkeit der Rede ſeines Paſtors. Seine eigene Energie half nach; wo die Konturen nicht ausreichten, zog er ſeine ſcharfen Linien in die unſicher ſchwankenden hinein. Was als Schatten kam, wurde zu Leben und Geſtalt. Er ſah die Ägypter. Bataillone mit goldenen Adlern, Reitergeſchwader, über deren weiße Mäntel die ſchwarzen Roßſchweife fielen, ſo ſtiegen ſie in endlos langem Zuge vor ihm auf und über all ihrer Herrlichkeit ſchloſſen ſich die Wellen des Meeres. Nur über einem ſchloſſen ſie ſich nicht; er gewann das Ufer, ein nördliches Eisgeſtade, und ſiehe da, über glitzernde Felder hin flog jetzt ein Schlitten und zwei

Vor dem Sturm. 47

dunkle tiefliegende Augen starrten in den aufstäubenden Schnee. Pastor Seidentopf hatte keinen besseren Zuhörer als den Patron seiner Kirche, der — und nicht heute bloß — die freundlich schöne Kunst des Ergänzens zu üben verstand. Aus der Skizze schuf er ein Bild und glaubte doch dies Bild von außen her, aus der Hand seines Freundes, empfangen zu haben.

Nun war der Sand durch die Uhr gelaufen, die Predigt selbst geschlossen. Da trat der Pastor noch einmal an den Rand der Kanzel, und mit eindringlicher Stimme, der sofort alle Herzen wieder zufielen, hob er an: „Mit Christi Geburt, die wir heute feiern, beginnt das christliche neue Jahr. Ein neues Jahr, was wird es uns bringen? Es wissen zu wollen, wäre Torheit; aber zu hoffen ist unserem Herzen erlaubt. Gott hat ein Zeichen gegeben; mögen wir es zum Rechten deuten, wenn wir es deuten: er will uns wieder aufrichten, unsere Buße ist angenommen, unsere Gebete sind erhört. Die Geißel, die nach seinem Willen sechs lange Jahre über uns war, er hat sie zerbrochen; er hat sich unserer Knechtschaft erbarmt und die Weihnachtssonne, die uns umscheint, sie will uns verkündigen, daß wieder hellere Tage unserer harren. Ob sie kommen werden mit Palmen, oder ob sie kommen werden mit Schwerterklang, wer sagt es? Wohl mischt sich ein Bangen in unsere Hoffnung, daß der Sieg nicht einziehen wird ohne letzte Opfer an Gut und Blut. Und so laßt uns denn beten, meine Freunde, und die Gnade des Herrn noch einmal anrufen, daß er uns die rechte Kraft leihen möge in der Stunde der Entscheidung. Das Wort des Judas Makkabäus sei unser Wort: ‚Das sei ferne, daß wir fliehen sollten. Ist unsere Zeit kommen, so wollen wir ritterlich sterben um unserer Brüder willen und unsere Ehre nicht lassen zuschanden werden.' Gott will kein Weltenvolk, Gott will keinen Babelturm, der in den Himmel ragt, und wir stehen ein für seine ewigen Ordnungen, wenn wir einstehen für uns selbst. Unser Herd, unser Land sind Heiligtümer nach dem Willen Gottes. Und seine Treue wird uns nicht lassen, wenn wir getreu sind bis in den Tod. Handeln wir, wenn die Stunde da ist, aber bis dahin harren wir in Geduld."

Er neigte sich jetzt, um in Stille das Vaterunser zu sprechen; die Orgel fiel mit feierlichen Klängen ein; die Gemeinde, sichtlich erbaut durch die Schlußworte, verließ langsam die Kirche. Auf den verschiedenen Schlängel= wegen, die von der Kirche ins Dorf hernieder führten, schritten die Bauern und Halbbauern ihren halbverschneiten Höfen zu. Die Frauen und Mädchen folgten. Wer von der Dorfstraße aus diesem Herabsteigen zusah, dem erschloß sich ein anmutiges Bild: der Schnee, die wendischen Trachten und die funkelnde Sonne darüber.

Die Gutsherrschaft nahm wieder ihren Weg durch die Nußbaumallee. Als sie, einbiegend, an die Hoftür kamen, stand Krist an der untersten Steinstufe und zog seinen Hut. Die silberne Borte daran war längst schwarz, die Kokarde verbogen. Berndt, als er seines Kutschers ansichtig wurde, trat an ihn heran und sagte kurz:

„Fünf Uhr vorfahren! Den kleinen Wagen."

„Die Braunen, gnädiger Herr?"

„Nein, die Ponys."

„Zu Befehl!" Mit diesen Worten traten unsere Freunde ins Haus zurück.

VI.

Am Kamin.

Punkt fünf Uhr war Krist vorgefahren; Berndt liebte nicht zu warten. Von den Kindern hatte er kurzen Abschied genommen, um seiner Schwester auf Schloß Guse oder der „Tante Amelie", wie sie im Hohen-Vietzer Hause hieß, einen nachbarlichen Besuch zu machen. Daß er noch am selben Abend zurückkehren werde, war nicht anzunehmen; er hatte vielmehr angedeutet, daß aus der kurzen Ausfahrt eine Reise nach der Hauptstadt werden könne. Die Unruhe seiner Empfindung trieb ihn hinaus. Den Weihnachtsaufbau, wie seit Jahren, hatte er sich auch heute nicht nehmen lassen wollen, aber kaum frei, im Gefühl erfüllter Pflicht, schlugen seine Gedanken die alte Richtung ein. Es drängte ihn nach Aktion oder doch nach Einblick in die Welthändel; ein Bedürfnis, das ihm die Enge seines Hauses nicht befriedigen konnte. In der Unterhaltung, das hatte Lewin bei Tische empfunden, tat er sich Zwang an, und das Gefühl davon nahm auch dem Gespräch der Kinder jede freie Bewegung. Eine gewisse Befangenheit griff Platz. So kam es, daß man die Abwesenheit des Vaters, bei aufrichtigster Liebe zu ihm, fast wie eine Befreiung empfand; Herz und Zunge konnten ihren Weg gehen wie sie wollten. Unsere Hohen-Vietzer Geschwister empfanden übrigens, wie kaum erst versichert zu werden braucht, nicht kleiner oder selbstsüchtiger, als andere im Lande; sie wollten nur nicht gezwungen sein, über den „Bösesten der Menschen" immer wieder und wieder zu sprechen, als wäre nichts Sprechenswertes in der Welt als dieser eine.

Sie hatten sich samt Tante Schorlemmer im Wohnzimmer eingefunden und saßen jetzt, es mochte die siebente Stunde sein, um den hohen altmodischen Kamin. Mit ihnen war Marie, die Freundin Renatens, des reichen Kniehase dunkeläugige Tochter, deren Besuch für diesen Abend angekündigt war. Jede der drei Damen war nach ihrer Weise beschäftigt. Renate, dem Kamin zunächst sitzend, hielt einen Palmenfächer in der Rechten, mit dem sie die Flamme bald anzufachen, bald sich gegen dieselbe zu schützen suchte; Tante Schorlemmer strickte mit vier großen Holznadeln an einem Schal, der wie ein Vließ neben ihrem Lehnstuhl niederfiel; Marie blätterte neugierig in einer grönländischen Reisebeschreibung, die ihr Tante Schorlemmer zum heiligen Christ beschert und mit einem Widmungsverse aus Zinzendorf ausgestattet hatte. Zwischen Marie und Lewin, aber keineswegs als eine Scheidewand, stand der Weihnachtsbaum, den Jeetze von der Halle her hereingetragen hatte. Das Plündern, das Sache Lewins war, nahm eben seinen Anfang. Jede goldene Nuß, die er pflückte, warf er in hohem Bogen über die Spitze des Baumes fort, an dessen entgegengesetzter Seite Marie mit glücklicher Handbewegung danach haschte. Im Werfen und Fangen jedes gleich geschickt.

Lewin freute sich dieses Spieles; zudem war er von alters her nie besserer Laune, als wenn er sich den Süßigkeiten des Weihnachtsbaumes gegenüber sah. Das Naschen war sonst nicht seine Sache, aber die Pfennigreiter, die Nonnen, die Fische, machten ihn kritiklos und ließen ihn einmal über das andere versichern, „daß in dem plattgedrückten Pfefferkuchenbild immer noch ein Tropfen vom himmlischen Manna sei".

Die gute Laune Lewins steigerte sich bald bis zur Neckerei, unter der niemand mehr zu leiden hatte als Tante Schorlemmer. „Du sollst den Feiertag heiligen,"

Vor dem Sturm. 51

rief er ihr zu und wies dabei auf die vier hölzernen Stricknadeln, die, wie sich von selbst versteht, nach dieser scherzhaften Reprimande nur um so eifriger zu klappern begannen. Endlich wurde es ihr zuviel. Sie verfärbte sich und resolvierte kurz: „Meine Grönländer können nicht warten."

Da wir nun im langen Verlauf unserer Erzählung nirgends einen Punkt entdecken können, der Raum böte für eine biographische Skizze unter dem Titel „Tante Schorlemmer", so halten wir hier den Augenblick für gekommen, uns unserer Pflicht gegen diese treffliche Dame zu entledigen. Denn Tante Schorlemmer ist keine Nebenfigur in diesem Buche, und da wir ihr, nach flüchtiger Bekanntschaft in Flur und Kirche, an dieser Stelle bereits zum dritten Male begegnen, so hat der Leser ein gutes Recht, Aufschluß darüber zu verlangen, wer Tante Schorlemmer denn eigentlich ist.

Tante Schorlemmer war eine Herrnhuterin. Eines Tages, das lag um dreißig Jahre zurück, war ihr, der damaligen Schwester Brigitte, die Mitteilung gemacht worden, daß Bruder Jonathan Schorlemmer, zurzeit in Grönland, eine eheliche Gefährtin wünsche, bereit, ihm in seinem schweren Werke zur Seite zu stehen. Sie hatte diesem Rufe gehorsamt, ihre Wäsche gezeichnet und war mit dem nächsten dänischen Schiff von Hamburg aus gen Norden gefahren. An einem Tage, der keine Nacht hatte, war sie in Grönland gelandet, Bruder Schorlemmer hatte sie empfangen und ihren Bund persönlich eingesegnet. Die Ehe blieb kinderlos, dessen sich jedoch beide in christlicher Ergebung getrösteten. So vergingen ihnen zehn glückliche Jahre. Zu Beginn des elften starb Jonathan Schorlemmer an einem Lungenkatarrh und wurde in einem mit Seehundsfell beschlagenen Sarge begraben. Seine Witwe aber, nachdem sie die Bevölkerung mit allem, was sie hatte, beschenkt und jedem einzelnen versichert hatte, ihn nie vergessen zu wollen, kehrte mit dem Grönlandschiff zunächst nach Kopenhagen und von dort aus in die deutsche Heimat zurück.

In die deutsche Heimat, aber nicht nach Herrnhut. Auf der weiten Rückreise Berlin berührend, wo ihr einige Anverwandte lebten, beschloß sie, im Kreise derselben zu verbleiben und bezog in jenem Stadtteile, der fünfzig Jahre früher den einwandernden böhmischen Brüdern und Herrnhutern als Wohnplatz angewiesen worden war, ein bescheidenes Quartier. In diesen kleinen Häusern der Wilhelmstraße würde sie ihr stilles und treues Leben sehr wahrscheinlich beschlossen haben, wenn ihr nicht eines Tages ein Blatt ins Haus geflogen wäre, auf dem sie das Folgende las: „Eine ältere Frau, am liebsten Witwe, wird zur Führung eines Haushaltes auf dem Lande gesucht. Eine Tochter von zwölf Jahren soll ihrer besonderen Obhut anvertraut werden. Bedingungen: Verträglichkeit und Christlichkeit. Anfragen sind zu richten an: B. v. V., poste restante Küstrin." Tante Schorlemmer schrieb; alles Geschäftliche erledigte sich schnell. Um Weihnachten 1806 traf sie in Hohen-Vietz ein, in dessen Herrenhause gerade damals ein trübes Christfest gefeiert wurde. Man trat sich gegenseitig vertrauungsvoll entgegen, und nach wenig Wochen schon begann der Einfluß unserer Freundin sich geltend zu machen. Nicht das Glück, aber Ruhe und Frieden waren in ihrem Geleit. Renate hing ihr an, Lewin verehrte ihre Fürsorge, Berndt von Vitzewitz hatte einen tiefen Respekt vor ihrem Herrnhutertume.

Und darin unterschied er sich freilich von seinen Kindern. Diese beugten sich wohl vor der Aufrichtigkeit, aber nicht vor der Tiefe von Tante Schorlemmers christlichem Gefühl. Ihre Leidenschaftslosigkeit, die dem Vater so wohl tat, erschien den Geschwistern einfach als Schwäche. Nach Ansicht beider gebrauchte sie ihr Christentum wie eine Hausapotheke, und darin lag etwas Wahres. Für alle mehr gewöhnlichen Fälle hatte sie das Sal sedativum einer frommen Alltagsbetrachtung, wie „Rechte Treu kennt keine Scheu" oder „So dunkel ist keine Nacht, daß Gottes Auge nicht drüber wacht"; für ernstere Fälle jedoch griff sie nach dem starken und nervenerfrischenden Sal volatile irgendeines Kraftspruches: „Was will Satan und seine List, wenn mein Herr Jesus mit mir ist". Das unterscheidende Merkmal zwischen den schwachen und starken Mitteln bestand im wesentlichen darin, daß in den letzteren jedesmal der Böse herausgefordert und ihm die Nutzlosigkeit seiner Anstrengungen entgegengehalten wurde. Alle diese Sprüche aber, ob schwach oder stark, wurden ebenso sehr im festen Glauben an ihre innewohnende Kraft, wie mit der äußersten Seelenruhe vorgetragen. Und da steckte die Schuld oder doch das, was den Geschwistern als Schuld erschien. Diese Seelenruhe, die sich neben dem Maß geforderter Teilnahme oft wie Teilnahmlosigkeit ausnahm, reizte die jungen Gemüter und stellte ihre Geduld auf manche harte Probe. Berndt verstand dies stille Christentum besser und hatte an sich selbst erfahren, daß der Trost aus dem Worte Gottes mehr war, als der Worttrost der Menschen.

So war Tante Schorlemmer. — Das Scherzen über ihre vorgeblich freie Stellung zum dritten Gebot, hatte sie einen Augenblick ernstlich verdrossen; Lewin aber, ohne dessen zu achten, fuhr in seinen Neckereien fort: „Unsere Freundin scheint übrigens keine Ahnung zu haben, welch hoher Besuch inzwischen vor dem Herrnhuter Gemeindehause gehalten hat."

„Wer?" riefen die beiden Mädchen.

„Niemand Geringeres als Napoleon selbst. In der Nacht vom elften zum zwölften. Und die Herrnhuter haben wieder versäumt, sich heroisch in die Weltgeschichte einzuführen. Sie haben den Kaiser angegafft, soweit es bei Nacht und Schneetreiben möglich war, und haben ihn weiterfahren lassen. Das macht, weil der herrnhutische Mut im Auslande lebt, in China, in Grönland, in Hohen-Vietz. Überall ist er, nur nicht daheim. Tante Schorlemmer, dessen bin ich gewiß, hätte ihn verhaften und als Weltfriedensbrecher vor Gericht stellen lassen."

Die Angeredete drohte mit einer ihrer großen Nadeln zu Lewin hinüber, dem es übrigens nahe bevorstand, sich aus dem Angriff in die Verteidigung gedrängt zu sehen. Der „Empereur" war nicht umsonst zitiert worden; einmal in das Gespräch hineingezogen, gleichviel ob im Ernst oder Scherz, begann er seine Macht zu üben, und Lewin, wenigstens momentan des neckischen Tones vergessend, begann ein Bild jener fluchtartigen Reise zu geben, die den zum ersten Male von seinem Glück verlassenen Kaiser in vierzehntägiger Fahrt von Smolensk bis in seine Hauptstadt zurückgeführt hatte. Er gab Altes und Neues, bei einzelnen Punkten länger verweilend, als vielleicht nötig gewesen wäre.

Tante Schorlemmer und Marie waren der Erzählung aufmerksam gefolgt; Renate aber warf hin: „Vorzüglich und wie belehrend! Ein wahrer Generalbericht über russisch-deutsche Poststationen. O, ihr großstädtischen Herren, wie seid ihr doch so schlechte Erzähler, und je schlechter, je klüger ihr seid. Immer Vortrag, nie Geplauder!"

„Sei's drum, Renate; ich will nicht widersprechen. Aber wenn wir schlechte Erzähler sind, so seid ihr Frauen noch schlechtere Hörer. Ihr habt keine Geduld, und die Wahrnehmung davon verwirrt uns, läßt uns den Faden verlieren und führt uns, links und rechts tappend, in die Breite. Ihr wollt Guckkastenbilder: Brand von Moskau, Rostopschin, Kreml, Übergang über die Beresina, alles in drei Minuten. Die Erzählung, die euch und euer Interesse tragen soll, soll bequem wie eine gepolsterte Staatsbarke, aber doch auch handlich wie eine Nußschale sein. Ich weiß wohl, wo die Wurzel des Übels steckt: der Zusammenhang ist euch gleichgültig; ihr seid Springer."

Renate lachte. „Ja, das sind wir; aber wenn wir zu viel springen, so springt ihr zu wenig. Eure Gründlichkeit ist beleidigend. Immer glaubt ihr, daß wir in der Weltgeschichte weit zurück seien, und wir wissen doch auch, daß der Kaiser in Paris angekommen ist. O, ich könnte Bulletins von Hohen-Vietz aus datieren. Aber lassen wir unsere Fehde, Lewin. Was ist es mit den roten Scheiben im Schloßhof von Berlin? In der Zeitung war eine Andeutung; Kathinka schrieb ausführlicher davon."

„Was schrieb sie?"

„Wie du nur bist. Nun kümmert dich wieder, was Kathinka schrieb. Das ich so töricht war, den Namen zu nennen."

Lewin suchte seine flüchtige Verlegenheit zu verbergen. „Du irrst, ich schweife nicht ab; mich hat das Phänomen lebhaft beschäftigt. Es kam dreimal; am dritten Tage habe ich es gesehen."

„Und was war es?"

„An allen drei Tagen, etwa eine halbe Stunde nach Sonnenuntergang, erglühten plötzlich die oberen Fenster des alten Schloßhofes. Die Wachen meldeten es. Da die Sonne längst unter war, so dachte man an Feuer. Aber es fand sich nichts. Auf dem neuen Schloßhof blieben die Fenster dunkel. Die Leute sagen, es bedeute Krieg."

„Ein leichtes Prophezeien," bemerkte Tante Schorlemmer ruhig. „Wir hatten Krieg in diesem Jahre und werden ihn mit in das neue hinübernehmen."

„Ich glaube," fuhr Lewin fort, „der ganze Vorgang wäre schnell vergessen worden, wenn nicht eines unserer Blätter, das euch nicht zu Händen kommt, am zweitfolgenden Tage schon eine Geschichte gebracht hätte, die bei allem Dunklen ersichtlich darauf berechnet war, der Erscheinung im Schloß eine tiefere Bedeutung zu geben, so etwas wie Zeichen und Wunder."

„O, erzähle!"

„Ja. Aber du darfst nicht ungeduldig werden."

„Bist du empfindlich?"

„Wohlan denn. Es ist eine Geschichte aus dem Schwedischen. Die Überschrift, die das Blatt ihr gab, war: ‚Karl XI. und die Erscheinung im Reichssaale zu Stockholm'. Ich bürge nicht dafür, daß ich alles genau so wiedergebe, wie's in dem Blatte stand, aber in den Hauptstücken bin ich meiner Sache gewiß. Was man gern hat, behält man. ‚Gedächtnis ist Liebe', sagte Tubal noch gestern, und selbst Kathinka stimmte bei."

Bei dem Namen Tubal kam das Erröten an Renate. Lewin aber, als ob er es nicht bemerkt habe, fuhr fort: „Karl XI. war krank. Er lag schlaflos zu später Stunde in seinem Zimmer und sah nach der anderen Seite des Schloßhofes hinüber, auf die Fenster des Reichssaales. Bei ihm war niemand als der Reichsdrost Bjelke. Da schien es dem König, daß die Fenster des Reichssaales zu glühen anfingen, und darauf hindeutend, fragte er den Reichsdrosten: ‚Was ist das für ein Schein?' Der Reichsdrost antwortete: ‚Es ist der Schein des Mondes, der gegen

Vor dem Sturm.

die Fenster glitzert.' In demselben Augenblick trat der Reichsrat Oxenstierna herein, um sich nach dem Befinden des Königs zu erkundigen, und der König, wieder auf die glühenden Scheiben deutend, fragte den Reichsrat: ‚Was ist das für ein Schein? Ich glaube, das ist Feuer.' Auch der Reichsrat antwortete: ‚Nein, gottlob, das ist es nicht; das ist der Schein des Mondes, der gegen die Fenster glitzert.' Die Unruhe des Königs wuchs aber, und er sagte zuletzt: ‚Gute Herren, da geht es nicht richtig zu; ich will hingehen und erfahren, was es sein kann.' Sie gingen darauf einen Korridor entlang, der an den Zimmern Gustav Erichsons vorüberführte, bis daß sie vor der großen Türe des Reichssaales standen. Der König forderte den Reichsdrosten auf, die Tür zu öffnen, und als dieser bat, in dieser Nacht die Tür geschlossen zu lassen, nahm der König selbst den Schlüssel und öffnete. Als er den Fuß auf die Schwelle setzte, trat er hastig zurück und sagte: ‚Gute Herren, wollt ihr mir folgen, so werden wir sehen, wie es sich hier verhält; vielleicht, daß der gnädige Gott uns etwas offenbaren will.' Sie antworteten: „Ja‘."

Hier wurde Lewin unterbrochen. Jeetze trat ein, um eine Schale mit Obst auf den Tisch zu stellen, Erdbeer=äpfel und Gravensteiner, die in Hohen=Vietz vorzüglich gediehen. Tante Schorlemmer benutzte die Unterbrechung, um einige wirtschaftliche Ordres zu geben, Renate aber bemerkte: „Ich vermisse die Beziehungen; aber freilich, je geheimnisvoller, desto anregender für die Phantasie."

Lewin nickte zustimmend. „Dieser Eindruck wird sich bei dir steigern." Dann fuhr er fort: „Als König Karl und die beiden Räte eingetreten waren, wurden sie eines langen Tisches gewahr, an dem eine Anzahl ehrwürdiger Männer saßen, in ihrer Mitte ein junger Fürst; als solchen bezeichnete ihn der Thron, der mit Wappenschildern und roten Teppichen behangen, unmittelbar in seinem Rücken aufgerichtet war. Es war ersichtlich, man saß zu Gericht. Am unteren Ende des Tisches stand ein Richtblock, und um den Block her, in weitem Halbkreis, standen Angeklagte, reich gekleidet, aber nicht in der Tracht, die damals in Schweden getragen wurde. Die zu Gericht sitzenden Männer zeigten auf die Bücher, die sie in Händen hielten; sie wollten dem jungen Fürsten nicht zu Willen sein, der aber schüttelte hochmütig den Kopf und wies an das untere Ende des Tisches, wo jetzt Haupt um Haupt fiel, bis das Blut längs des Fußbodens fortzuströmen begann. König Karl und seine Begleiter wandten sich voll Entsetzen von dieser Szene ab; als sie wieder hinblickten, war der Thron zusammengebrochen. Der König aber, indem er des Reichsdrosten Bjelke Hand ergriff, rief laut und bittend: ‚Welche ist des Herren Stimme, die ich hören soll? Gott, wann soll das alles geschehen?'

„Und als er Gott zum dritten Male angerufen hatte, klang ihm die Antwort: ‚Nicht soll dies geschehen in deiner Zeit, wohl aber in der Zeit des sechsten Herrschers nach dir. Es wird ein Blutbad sein, wie nie dergleichen im schwedischen Lande gewesen. Dann aber wird ein großer König kommen und mit ihm Frieden und eine neue Zeit.' Und als dies gesprochen war, verschwand die Erscheinung. König Karl hielt sich mühsam. Dann, über denselben Korridor, kehrte er in sein Schlafgemach zurück. Die beiden Räte folgten."

Lewin schwieg. Im Wohnzimmer war es still geworden; der Fächer ruhte, selbst die Stricknadeln ruhten; jeder blickte vor sich hin. Nach einer Pause fragte Renate: „Wer war der sechste Herrscher in Schweden?"

„Gustav IV.; sein Thron ist zusammengebrochen."

„So hältst du das Ganze für echt und ehrlich, für eine wirkliche Vision?"

Vor dem Sturm. 59

„Ich sage nicht ja und nicht nein. Das Schriftstück, das über diesen Hergang berichtet, liegt im Stockholmer Archiv. Es ist von des Königs Hand in selbiger Nacht geschrieben; seine beiden Begleiter haben es mit unterzeichnet. Die Handschriften sind beglaubigt. Ich habe weder das Recht noch den Mut, solchen Erscheinungen die Möglichkeit abzusprechen. Laß mich sagen, Renate, w i r haben nicht das Recht."

Lewin betonte das „wir". Dann aber wandte er sich, einen scherzhaften Ton wieder aufnehmend, an Tante Schorlemmer und Marie, und drang in sie, ihren Glauben oder Unglauben solchen Erscheinungen gegenüber auszusprechen.

Marie stand auf.. Jeder sah erst jetzt, welchen tiefen Eindruck die Erzählung auf sie gemacht. Sie drückte die Tannenzweige, die sie mittlerweile, ohne zu wissen warum, zerpflückt hatte, zu einem Knäuel zusammen, und warf alles in die halb niedergebrannte Glut. Der rasch aufflackernden Flamme folgte eine Rauchwolke, in der sie nun, einen Augenblick lang, selbst wie eine Erscheinung stand, nur die Umrisse sichtbar und die roten Bänder, die ihr über Haar und Nacken fielen. Es bedurfte ihrerseits keines weiteren Bekenntnisses; sie selber war die Antwort auf die Frage Lewins.

Tante Schorlemmer aber, die Stricknadeln wieder aufnehmend, schüttelte unmutig den Kopf und zitierte dann, als ob sie ein Gespenster beschwörendes Vaterunser vor sich hinbete, mit rascher und deutlicher Stimme:

Unter Gottes Schirmen
Bin ich vor den Stürmen
Alles Bösen frei.
Laß den Satan wittern,
Laß den Feind erbittern,
Mir steht Jesus bei.

VII.

Im Kruge.

Dorf Hohen-Vietz (es hatte auch „ausgebaute Lose") beschränkte sich in seinem Innenteil auf eine einzige langgestreckte Straße, die, dem Fuße des Hügels folgend, nach Norden hin mit dem Vitzewitzischen Rittergute, nach Süden hin mit einem großen Mühlengehöft abschloß.

Das Rittergut, soweit seine Baulichkeiten in Betracht kommen, bestand aus zwei hufeisenförmigen Hälften, von denen die eine sich aus den drei Flügeln des Herrenhauses, die andere aus Ställen und Scheunen des gutsherrlichen Gehöftes zusammensetzte. Die offenen Seiten beider Hufeisen waren einander zugekehrt, zwischen beiden lief ein zugleich als Auffahrt dienender Steindamm, der in seiner Verlängerung hügelansteigend in die mehrgenannte Nußbaumallee überging.

Freundlicher noch als das Rittergut lag die Mühle, die eine Öl- und Schneidemühle war. Ein Wasser, das mit starkem Gefälle am Dorf vorüberfloß, trieb beide Werke. Jetzt war der Bach gefroren. Schnee und Eis aber, die in phantastischen Formen an den großen Triebrädern hingen, steigerten, wenn nicht den idyllischen, so doch den malerischen Reiz des weitschichtigen, aus Häusern, Schuppen und Lagerräumen bunt zusammengewürfelten Gehöftes.

Rittergut und Mühle die Flügelpunkte; dazwischen die Straße, die ihre dreißig Häuser oder mehr, ziemlich unregelmäßig auf beide Seiten verteilt hatte. Die linke Seite, die östliche, war die bevorzugte. Hier lagen die Pfarre, die Schule, der Schulzenhof, während die rechte Seite, die fast ausschließlich von Büdnern und Tage-

Vor dem Sturm.

löhnern bewohnt wurde, nur ein einziges stattliches Ge=
bäude aufwies: den Krug.

In diesen treten wir jetzt ein. Er hatte nicht das
Ansehen, wie sonst wohl Dorfkrüge, dazu fehlte ihm der
auf Holzsäulen ruhende, jedem vorfahrenden Wagen als
Wetterdach dienende Giebelbau, vielmehr sprang eine
doppelarmige, aus Backsteinen aufgemauerte Treppe vor,
die fast ein Drittel der unteren Hausfront ausfüllte.
Auch das Geländer war von Stein. Dieser äußeren Er=
scheinung, die mehr Städtisches als Dörfisches hatte, paßte
sich auch die innere Einrichtung an. Von den zwei Gast=
zimmern, die durch den fliesenbedeckten Flur getrennt
waren, zeigte das eine mit seinen blankgescheuerten Tischen
und hochlehnigen Schemelstühlen, in die ein Herz ge=
schnitten war, allerdings noch den Krugcharakter, das
andere aber mit Mullgardinen und eingerahmten Kupfer=
stichen, darunter Schill und der Erzherzog Karl, glich fast
in allem einer Bürgerressourcenstube und hatte sogar einen
Lesetisch, auf dem, neben dem Lebuser Amtsblatt, der
Beobachter an der Spree und die Berlinischen Nachrichten
von Staats= und gelehrten Sachen ausgebreitet lagen.
Alles verriet Behagen und Wohlhabenheit, und durfte es
auch, denn über beides verfügten die Hohen=Vietzer Bauern,
die hier ihr Solo spielten, in ausgiebigster Weise. Ihre
Hörigkeit, wenn sie je vorhanden gewesen war, hatte in
diesen Gegenden, wo dem herrenlosen Bruch= und Sumpf=
lande immer neue Strecken fruchtbaren Ackers abgewonnen
wurden, seit lange glücklicheren Verhältnissen Platz ge=
macht, und Berndt von Vitzewitz, weil er selbst frei fühlte,
freute sich nicht nur dieser wachsenden Selbständigkeit,
sondern kam ihr überall entgegen. Ein Ereignis aus seinen
jüngeren Jahren her hatte dazu beigetragen. Kurz vor
dem zweiundneunziger Feldzug, als er — noch von seiner

Garnison aus — einen Besuch in der Salzwedler Gegend machte, hatte ein Schloß-Tylsener Knesebeck, ein ehemaliger Regimentskamerad, ihn vom Schloß aus ins Dorf geführt und dabei die Worte zu ihm gesprochen: „Seht, Vitzewitz, hier werdet ihr etwas kennen lernen, was ihr euer Lebtag noch nicht gesehen habt: freie Bauern." Und diese Worte, dazu die Bauern selbst, hatten eines tiefen Eindrucks auf ihn nicht verfehlt. Das lag nun zwanzig Jahre zurück, war aber unvergessen geblieben und den Hohen-Vietzern mehr als einmal zugute gekommen.

Auch heute, am Weihnachtstage 1812, hatten sich einige bäuerliche Honoratioren, alles Männer von Mitte fünfzig und darüber, in der Gaststube versammelt. Es waren ihrer vier: Ganzbauer Kümmeritz, Anderthalbbauer Kallies, Ganzbauer Reetzke und Ganzbauer Krull, lauter echte Hohen-Vietzer, die seit unvordenklichen Zeiten an dieser Stelle sessig, mit den Vitzewitzen das alte Höhendorf bewohnt und verlassen, dazu auch gemeinschaftlich mit ihnen die guten und schlechten Zeiten durchgemacht hatten. Alle waren festtäglich gekleidet, trugen lange, dunkelfarbige Röcke, und saßen, mit Ausnahme eines von ihnen, gerade, aufrecht in den breiten, gartenstuhlartigen Holzsesseln, die zu acht oder zehn um einen großen rotbraun gestrichenen Rundtisch herumstanden.

Als fünfter hatte sich ihnen der Wirt selber, der Krüger Scharwenka, zugesellt, der durch Erbschaft von Frauensseite her ein Doppelbauer und überhaupt der reichste Mann im Dorfe war, nichtsdestoweniger aber, trotz seiner sechshundert Morgen Bruchacker unterm Pflug, nicht für voll und ebenbürtig angesehen wurde. Das hatte zwei gute Bauerngründe. Der eine lief darauf hinaus, daß erst sein Großvater, bei Urbarmachung des Oderbruchs, mit andern böhmischen Kolonisten ins Dorf

gekommen war; der andere wog schwerer und gipfelte darin, daß er, allem Abmahnen zum Trotz, von dem wenig angesehenen Geschäft des „Krügerns" nicht lassen wollte. Scharwenka, so oft dieser heikle Punkt zur Sprache kam, pflegte sich auf seinen Großvater selig zu berufen, der ihm von Kindesbeinen an beigebracht habe: Dukaten seien nie despektierlich. Der eigentliche Grund aber, warum er den Bierschank und das „Knechte bedienen" nicht aufgeben wollte, lag keineswegs bei den Dukaten. Es war dem reichen Doppelbauer viel weniger um den hübschen Krug=
verdienst, als um die tagtägliche Berührung mit immer neuen Menschen zu tun; das Plaudern, vor allem das Horchen, das Bescheidwissen in anderer Leute Taschen, das war es, was ihn bei der Gastwirtschaft festhielt. Er setzte seinen Stolz darin, die Nachricht von einer bäuer=
lichen durch die Verhältnisse notwendig gewordenen Mes=
alliance vierundzwanzig Stunden früher zu haben als jeder andere. Subhastationen konnte er voraus berechnen wie die Kalendermacher das Wetter; seine eigentliche Spezialität aber waren die der Feuerlegung verdächtigen Windmüller. Die Liste, die er darüber führte, umfaßte so ziemlich das ganze Gewerk.

So Krüger Scharwenka.

Seinen Platz hatte er gerade der Türe gegenüber genommen, um jeden Eintretenden sehen und begrüßen zu können. Unmittelbar neben ihm saßen Reetzke und Krull, die schon seit einer Stunde rauchten und schwiegen, ganz im Gegensatz zu Kümmeritz und Kallies, die beide von den Gesprächigen waren. Auch von ihnen ein Wort.

Ganzbauer Kümmeritz, trotz seiner Fünfzig, hatte durchaus die Haltung und das Ansehen eines alten Sol=
daten. Und beides kam ihm zu. Er war erst Grenadier, dann Gefreiter im Regiment Möllendorf gewesen, hatte

die Rheinkampagne mitgemacht und zweimal die Weißen=
burger Linien mit erstiegen. War dann bei Kaiserslautern
verwundet worden und hatte den Abschied genommen.
Er vertrat in diesem Kreise, neben dem Schulzen Knie=
hase, der heute zufällig ausgeblieben war, die Traditionen
der preußischen Armee, kontrollierte den Kaiser Napoleon,
malte seine Schlachten auf den Tisch, und hielt die An=
sicht aufrecht, daß Jena, „wo wir den Sieg ja schon in
Händen hatten", nur durch einen Schabernack verloren=
gegangen sei.

Das volle Gegenteil von Kümmeritz war Anderthalb=
bauer Kallies, ein schmalschultriger, langaufgeschossener
Mann. Geistig regsam, aber schwach und widerstandslos
von Charakter, mußte er es sich gefallen lassen, geneckt
und gehänselt zu werden, wozu schon, alles andere un=
erwogen, sein Beiname herauszufordern schien. Er war
nämlich, als er kaum laufen konnte, in eine große Rahm=
butte oder Sahnenschüssel gefallen und hieß seitdem in
sehr bezeichnender Weise „Sahnepott". Denn es war ihm
sein Lebelang etwas Milchernes geblieben.

Alle fünf dampften jetzt aus langen holländischen
Pfeifen; neben jedem lag Zündspan. Kallies hatte das
Wort. Aus allem ging hervor, daß eben ein anderer
Gast, ein Reisender, ein Kaufmann wie es schien, das
Zimmer verlassen haben mußte.

„Immer wenn ich ihn so stehen sehe," sagte Kallies
mit Wichtigkeit, „fällt mir sein Vater, der alte Tiegel=
Schultze ein; der stand auch immer so da, mit beiden
Händen in den Hosentaschen, und war auch so ein
schnackscher Kerl, und sah aus, als hätt' er den Gottsei=
beiuns beim Dreikart betrogen. Scharwenka, du mußt
ja den alten Tiegel=Schultze auch noch gekannt haben."

Scharwenka nickte; Kümmeritz aber, der eben eine

neugestopfte Pfeife anrauchte, sprach in kurzen Pausen vor sich hin: „Tiegel=Schultze? Soll mich das Wetter, wenn ich den Namen all mein Lebtag gehört habe. Und bin doch auch ein Hohen=Vietzer Kind."

„Das war, als du bei den Soldaten warst, Kümmeritz. So um die achtziger Jahre. Nachher war Tiegel=Schultze tot, wenn er überhaupt gestorben ist."

Kümmeritz, der wenigstens einen Teil seines wendischen Aberglaubens bei den Soldaten gelassen hatte, schmunzelte vor sich hin und sagte dann: „Sahnepott, keine Dummheiten. Immer räsonabel. Wer tot ist, ist tot. Spuken kann er; aber sterben muß er. Warum hieß er Tiegel=Schultze?"

„Er hieß Schultze. Aber alle Welt nannt' ihn Tiegel=Schultze. Ich bin oft bei ihm gewesen, wenn ich ihm den Rübsen brachte. Immer bar Geld. Die Schwedter sagten: ‚Der hat gut bezahlen.' Er stand dann hinterm Tisch, immer die Hände in den Hosen, und sah einen so verflixt an, daß man ganz irre wurde. Aber nie kein Handel. Scharwenka, das mußt du ja wissen."

Scharwenka nickte wieder. Sahnepott fuhr fort: „Die Kontorstube sah aus wie ein Gefängnis, hoch, weiß und Eisenstangen am Fenster. Nichts war drin als drei Wandbretter, und auf den Brettern standen viele hundert Tiegel, große und kleine, irdene und tönerne, darum hieß er Tiegel=Schultze. Ein paar sahen schwarz aus und waren aus Kohle geschnitten."

„War er denn ein Schmelzer, ein Goldmacher?"

„Das war er, und für den Schwedter Markgrafen hat er manchen blanken Klumpen ausgeschmolzen. Als aber der Markgraf dachte, er könnt' es nun selber und hätte Schultzen alles abgesehen, da wollt' er ihn beiseite schaffen, lud ihn aufs Schloß, suchte Streit mit ihm und feuerte die beiden Läufe seines Suhler Doppelgewehrs auf ihn ab, die mit zwei goldenen Zwickeln geladen waren. Es waren solche, wie die pohlschen Edelleute an ihren Röcken tragen. Tiegel=Schultze aber lachte, fing die beiden Zwickel mit seiner Linken auf, denn er war ein Linkepot, zeigte sie dem Markgrafen und sagte: ‚Die trag' ich nun zum Andenken an meinen gnädigen Herrn'."

Es war ersichtlich, daß Kallies, der jetzt volles Fahr=wasser unterm Kiel hatte, den Zeitpunkt für gekommen hielt, sich über das Geschlecht der Tiegel=Schultzen, über Raps, Goldmachen und die Undankbarkeit des Schwedter Markgrafen des weiteren verbreiten zu dürfen. Aber ehe es geschehen konnte, trat ein neuer Gast ein, der nun der Unterhaltung eine andere Wendung gab.

Der Neueintretende war der Müller Miekley, dem die Öl= und Schneidemühle am Südende des Dorfes zugehörte. Er war unter Mittelstatur, trug einen hellgrauen Rock und hatte in seinem Gesicht jenen eigentümlichen Ausdruck, den man bei fast allen Landleuten findet, die innerhalb der religiösen Kontroverse stehen, Sektierer sind oder es werden wollen. Wo geistige Arbeit von Jugend auf ihre Züge in das Antlitz schreibt, da ist der Sektiererzug nur ein Zug unter anderen Zügen, einer unter vielen, in deren Gesamtheit er wie verloren gehen oder doch übersehen werden kann; bei Landleuten aber tritt er ganz unver=kennbar hervor, und um so mehr, je weniger er die Herr=schaft zu teilen hat. Dieser Sektiererzug, in dem sich Sinnlichkeit und Entsagung, Hochmut und Demut mischen, lag auch in Müller Miekley ausgesprochen, der im übrigen ein gewissenhafter Mann war, auf Hausehre hielt und sich der besonderen Protektion Tante Schorlemmers zu erfreuen hatte. Es konnte dies geschehen, ohne nach irgendeiner Seite hin Anstoß zu geben, da Miekley nicht eigentlich aus der Landeskirche ausgetreten war, vielmehr regelmäßig die Predigten Seidentopfs hörte und nur alle Vierteljahr einmal aus dem „tieferen Quell" des Kandidaten Uhlenhorst schöpfte, wenn dieser, das Bruch und die Neumark bereisend, in Hohen-Sathen alle Konventikler von diesseits und jenseits der Oder um sich versammelte. Das war denn freilich ein Fest- und Ehrentag. Alles ruhte, das beste Gespann kam aus dem Stall, und wenn die Wege grundlos gewesen wären, unser altlutherischer Müller hätte sich's zur ewigen Sünde gerechnet, das Manna versäumt zu haben.

Miekley setzte sich links neben Kümmeritz. Dieser, wohl wissend, daß jetzt ein geistlicher Diskurs unvermeidlich geworden sei, kam ihm zuvor und fragte: „Nun, Miekley, wie hat euch heute die Predigt gefallen?"

„Gut, Kümmeritz, von Herzen gut, trotzdem er nichts davon gesagt hat, daß uns an diesem Tage zu Bethlehem im judäischen Lande das Heil geboren wurde. Noch weniger hat er von dem ‚eingeborenen Sohne Gottes' gesprochen. Uhlenhorst würde den Kopf geschüttelt haben. Aber er hat gesprochen wie ein braver Mann. Ich kenn' ihn wohl, er hat ein preußisches Herz."

„Und ein christliches dazu," riefen die anderen alle wie aus einem Munde.

„Er zetert nicht," nahm Kallies das Wort, „er verdammt nicht; er ist kein Pharisäer. Er hat die Demut, Miekley, und das ist die Hauptsache."

„Sahnepott hat recht," bekräftigte Kümmeritz. „Da ist kein zweiter hier herum, der sich mit unserm Seidentopf messen könnte. Er hat nur einen Fehler, er ist zu gut und zu leichtgläubig, und sieht alles, wie er es wünscht. ‚Über der Ägypter Heer,' so sagte er, ‚seien die großen Wasser zusammengeschlagen, aber König Pharao sitzt wieder in seiner Hauptstadt und spinnt die alten Fäden. Noch sind wir im Bündnis mit ihm, und der Himmel mag wissen, ob wir gnädig von ihm loskommen. Geb uns Gott einen ehrlichen Krieg.'"

„Den wirst du haben, Kümmeritz," warf hier Mickley ein, der sich trotz seines Luthertums einen starken Glauben an Spuk= und Gespenstergeschichten bewahrt hatte, „den wirst du haben und wir alle mit dir. Die Alt=Landsberger Mäher haben wieder gemäht, und jeder von euch weiß, was das bedeutet. Sie haben sieben Tage gemäht, ehe der alte Fritz in den Krieg zog, und die Stoppeln waren damals so rot, als ob es Blut geregnet hätte. In diesem November haben sie wieder gemäht auf kahlem Felde."

„Und von Sonnenuntergang her," rief Scharwenka dazwischen, „das will sagen, daß der Feind von Westen kommt. Wir werden die Franzosen wieder im Lande haben, neues, frisches Volk, mit all seinen alten Kniffen und Pfiffen, und wer eine Tochter im Hause hat, der mag sich vorsehen. Sie haben eine freche Art, und die Weiber laufen ihnen nach."

„Das sollen sie nicht," versicherte Mickley, „und wo sie's tun, da falle die Schande auf uns. Wo böse Lust über Nacht in die Halme schießt, da lag von Anfang an eine schlechte Saat in den Herzen; wo aber Zucht ist und Gebet, da hat der Böse keine Macht, auch wenn er sich in einen schlechten Franzosen verkleidet."

Alle nickten zustimmend. „Aber," fuhr Müller Mickley fort, „sie sind doch ein Greuel, nicht, weil sie leichtfertig sind, nein, weil sie ein unheiliges Volk sind. Sie haben sich vermessen, den ewigen Gott des Himmels und der Erde von Thron und Herrschaft abzusetzen, und beinahe schlimmer noch, sie haben sich vermessen, ihn wieder ein=

zusetzen. Nun haben sie wieder einen Gott, aber er ist auch danach; es ist kein rechter Christengott, es ist bloß ein französischer Gott, ein ab= und eingesetzter. Sie kennen nur den Götzendienst ihres Kaisers, aber keinen Gottes= dienst, und so oft ich all die Jahre über einen Franzosen in unseren Kirchen gesehen habe, so war es nur, um Unheil anzurichten."

„Sie haben die Fransen von der Altardecke getrennt; sie haben die goldenen Stickereien ausgeschnitten; sie haben die Leuchter eingeschmolzen," riefen mehrere da= zwischen.

„O, sie haben Schlimmeres getan, nicht hier, aber in unserer Nachbarschaft. Den Görlsdorfer Pastor, der das Kirchengut versteckt hatte, haben sie bis unter die Achsel= höhlen eingegraben und sind erst in sich gegangen, als er sie bat, ihn totzuschlagen, anstatt ihn zu martern. In Hohen=Finow haben sie den Abendmahlswein getrunken und schlechte Lieder gesungen; dann haben sie den Altar= tisch aus der Kirche auf den Kirchhof getragen, haben ihre Teufelsknöchel in den Abendmahlskelch getan und haben gewürfelt. In die Gruft sind sie hinabgestiegen und haben der jungverstorbenen Frau die seidenen Kleider abgerissen."

„Das haben sie getan," fiel jetzt Sahnepott mit Wichtig= keit ein, der wie alle schwachen Naturen eine Neigung zum Übertrumpfen hatte, „aber in Haselberg haben sie es büßen müssen, wenigstens einer. Die Haselberger Gruft ist, was sie eine Mumiengruft nennen, es soll ihrer mehrere auf dem Hohen=Barnim geben. Die Franzosen nun, als sie die Särge aufbrachen, da sahen sie, daß die Toten un= verwest waren. Das gab ein Lachen. Da trugen sie den einen Sarg aus der Gruft in die Kirche, nahmen den Toten heraus, und da seine Arme beweglich waren, be= schlossen sie, ihn zu kreuzigen. Sie stellten ihn an die

Altarwand und schlugen zwei Nägel durch seine Hände. Die eine Hand aber löste sich wieder ab und gab im Niederfallen dem einen der Missetäter einen Backenstreich. Das entsetzte ihn, daß er tot zu Boden stürzte."

„Den hat Gott gerichtet," rief Miekley. Und solch Schlag wird sie alle treffen, und müßten die Toten auferstehen."

„Ehe aber Gott seine Wunder tut," so schloß Kümmeritz das Gespräch, „sollen wir uns seiner Wunder würdig machen. Nicht wahr, Miekley? Wir sollen die Hände nicht in den Schoß legen. Die Alt=Landsberger Mäher haben gemäht; wenn der König ruft, wer von uns noch Kraft hat zu mähen, der mähe mit. Ich bin's entschlossen. Das letzte für Preußen und den König."

Die Bauern standen auf und gingen nach entgegengesetzten Richtungen die Dorfgasse entlang. Nach Norden hin glühte ein roter Schein am Himmel auf.

„Ist das Feuer?" fragte Krull.

„Nein," sagte Miekley, „es ist ein Nordlicht, der Himmel gibt seine Zeichen."

VIII.

Hoppenmarieken.

Hoppenmarieken wohnte auf dem „Forstacker", an dessen Rande sich seit hundert Jahren und länger eine aus bloßen Lehmkaten bestehende Straße gebildet hatte. Diese Straße, von den Hohen=Vietzern immer als etwas Fremdes angesehen, stand rechtwinklig zu dem eigentlichen Dorf, nahm hundert Schritt hinter dem Mühlengehöft ihren Anfang und stieg hügelan, in Parallellinie mit der mehrerwähnten, die Auffahrt zum Herrenhause fortsetzenden

Nußbaumallee. Es war das Armenviertel von Hohen-Vietz, zugleich die Unterkunftsstätte für alle Verkommenen und Ausgestoßenen, eine Art stabil gewordenes Zigeunerlager, das Abgang und Zugang erfuhr, ohne daß sich die Dorfobrigkeit im einzelnen darum gekümmert hätte. Der „Forstacker war immer so". So ließ man es gehen und griff nur ein, wenn ein grober Unfug eine Bestrafung durchaus erforderte.

Wie der moralische Stand des Forstackers, so war auch seine Erscheinung. Die Hütten seiner Bewohner unterschieden sich von den in Front und Rücken derselben stehenden Kofen in nichts als in dem Herdrauch, der aus ihren Dächern aufwirbelte. Der Schnee, der jetzt alles überdeckte, stellte vollends eine Gleichheit her.

In der letzten, schon auf halber Höhe des Hügels gelegenen Lehmkate, wohnte, womit wir unser Kapitel begannen, Hoppenmarieken. Die Kofen fehlten; statt dessen faßte ein Heckenzaun das Häuschen ein, welches letztere nach vorn hin eine Tür und ein Fenster, sonst aber nirgends einen Eingang oder eine Lichtöffnung hatte. Ein Würfel mit bloß zwei Augen. Das Innere bestand aus wenig Räumen. Der Flur, der nach hinten zu zugleich die Kochgelegenheit hatte, war ebenso schmal wie tief, dazu völlig dunkel; in Sommerszeit aber erhielt er Licht durch die offenstehende Tür, während im Winter das auf dem Herd brennende Feuer aushelfen mußte. Neben dem Flur lag die Stube; hinter dieser der Alkoven.

So war Hoppenmariekens Haus. Wer aber war Hoppenmarieken?

Hoppenmarieken war eine Zwergin. Wo sie eigentlich herstammte, wußte niemand mit Bestimmtheit zu sagen. Die älteren Hohen-Vietzer erzählten, daß sie vor etwa dreißig Jahren ins Dorf gekommen und als eine halbe

Landstreicherin, wie manche andere vor ihr und nach ihr, mit wenig günstigen Augen angesehen worden sei. Der damals lebende Gutsherr aber, Berndt von Vitzewitz's Vater, habe Mitleid mit ihr gehabt und die entgegenstehenden Bedenken mit der halb scherzhaften Bemerkung niedergeschlagen: „Dafür haben wir den Forstacker." Schon damals, so hieß es, habe sie so ausgesehen wie jetzt, ebenso alt, ebenso häßlich, habe dieselben hohen Wasserstiefel, dasselbe Kopftuch getragen und sei damals wie heute schon auf weithin kennbar gewesen durch den roten Friesrock, die Kiepe auf ihrem Rücken und den mannshohen, krummstabartigen Stock in ihrer Hand.

Hoppenmarieken, soviel stand fest, hatte sich seitdem auf dem Forstacker eingebürgert und war in der ganzen Südhälfte des Oderbruchs die allergekannteste Person. Dafür sorgte neben ihrer Erscheinung auch ihr Geschäft. Sie hatte deren mehrere. Zunächst war sie Botenläuferin. Dreimal die Woche, wie immer auch Weg und Wetter sein mochte, brach sie, je nach dem Postengange, früh morgens oder spät abends auf, empfing Briefe, Zeitungen, Pakete und kehrte zwölf Stunden später, es sei von Frankfurt oder Küstrin, nach Hohen=Vietz zurück. Und dieser Botendienst, wie er sie überall bekannt gemacht hatte, machte sie schließlich, trotz allem, was dann und wann gegen sie laut wurde, auch wohlgelitten. Jedes freute sich, Hoppenmarieken über den Hof kommen und durch eine eigentümliche Bewegung ihres Stockes, die etwas Tambourmajorhaftes hatte, angedeutet zu sehen: „Ich bringe Neuigkeiten." Alle Landposten sind wohlgelitten.

Diese Botendienste bildeten aber nur die Basis ihrer Existenz; wichtiger für sie oder doch wenigstens einträglicher war das Kommissionsgeschäft, das sie nebenbei betrieb. Der Eierhandel aller Dörfer anderthalb Meilen um Hohen=

Vietz herum lag eigentlich in ihrer Hand, wobei sie sich doppelter Provisionen zu versichern wußte. Dies ermöglichte sich dadurch, daß das ganze Geschäft auf Tausch beruhte. Eine Bauerfrau in Zechin oder Wuschewier, die sich ein neues Kopftuch wünschte, setzte sich, wenn Hoppenmarieken des Weges kam, mit dieser in Verbindung, packte ihr einen bereitgehaltenen Hahn samt ein paar Stiegen Eier in die Kiepe und überließ es nun ebenso ihrem Genius wie ihrer Diskretion, das Kopftuch zu beschaffen. Es kam vor, daß in diesem oder jenem Artikel Hoppenmarieken den ganzen Markt bestimmte. Man sah in diesen Vorteilen, die ihr zufielen, einen ehrlichen Verdienst, und hatte recht darin. Aber nicht all ihr Verdienst war so ehrlicher Natur. Auf dem Forstacker wohnten Leute, die, selbst übel beleumdet, ihr böse Dinge nachsagten. Aber auch im Dorfe selbst wußte man davon zu erzählen. Die liederlichen Dirnen schlichen sich abends in ihr Haus; sie wahrsagte, sie legte Karten. Sonntags war sie immer in der Kirche und sang mit ihrer rauhen Stimme die Gesangbuchlieder mit, von denen sie die bekanntesten auswendig wußte; aber niemand glaubte, daß sie eine ehrliche Christin sei. Man hielt sie für einen Mischling von Zwerg und Hexe. Selbst im Herrenhause, wo man ihr als einer Dorfkuriosität, zum Teil aber auch um ihrer Brauchbarkeit willen manches nachsah, dachte man im ganzen genommen wenig günstiger über sie. Nur Lewin stand ihr mit einer gewissen poetischen Zuneigung zur Seite. Er liebte scherzhaft über sie zu phantasieren. Ihr Alter sei unbestimmbar, sie sei ein geheimnisvolles Überbleibsel der alten wendischen Welt, ein Bodenprodukt dieser Gegenden, wie die Krüppelkiefern, deren einige noch auf dem Höhenrücken ständen. Bei anderen Gelegenheiten wieder, wenn ihm vorgehalten wurde, daß die Wenden sehr wahrscheinlich schöne Leute gewesen seien, begnügte er sich, sie als ein Götzenbild auszugeben, das, als der letzte Czernebogtempel fiel, plötzlich lebendig geworden sei und nun die früher beherrschten Gebiete durchschreite. Er fügte auch wohl hinzu: Hoppenmarieken werde nie sterben, denn sie lebe nicht. Sie sei nur ein Spuk. Darin versah er es aber nun ganz und gar; sie lebte nicht nur, sie lebte auch gern und gut und dabei ganz mit jener sinnlichen Lust, wie sie den Zwergen immer und den Geizigen in der Regel eigen ist. Und sie war beides, zwergig und geizig.

Die Bauern hatten sich nach ihrem Diskurs im Scharwenkaschen Kruge kaum getrennt, als Hoppenmarieken in dem schweren Schritt ihrer Wasserstiefel die Dorfgasse heraufkam. Sie ging rasch wie immer, nüsterte und sprach unverständliche Worte vor sich hin. Ihr langer Hakenstock bewegte sich dabei taktmäßig auf und ab, und ihr roter Friesrock leuchtete.

Als sie das Mühlengehöft passiert hatte, schwenkte sie links und schritt nun die verschneite Lehmkaten- und Kosenstraße hinauf auf ihr Häuschen zu. Die Tür desselben war nur eingeklinkt und mit Recht, denn alles, was sich drinnen befand, stand im Schutze seiner eigenen Unheimlichkeit. Völliges Dunkel empfing sie; sie tappte sich mit dem Stocke fühlend bis in die Mitte des Flurs, stellte hier Stock und Kiepe beiseite und fuhr dann mit ihrer Hand, die eine Hornhaut hatte, in der Herdasche umher, bis ein paar glühende Kohlen zum Vorschein kamen. Sie blies nun, nahm einen Schwefelfaden und zündete mit Hilfe desselben eine Blechlampe an, ohne übrigens von dem bescheidenen Lichte, das dieselbe gab, zunächst Gebrauch zu machen. Sie kroch vielmehr in ein großes, unmittelbar neben dem Herd befindliches Ofenloch hinein, rührte auch hier mit einem langen, halb verkohlten Scheit in der tief nach hinten liegenden Glut, warf Reisig, Tannenäpfel und ein paar Stücke steinharten Torfes auf und trat nun erst in die Stube.

Diese war geräumig. Hoppenmarieken leuchtete darin umher, sah in alle Winkel, tat einen Blick in den nach hinten zu gelegenen Alkoven und drückte zuletzt, beständig vor sich hinsprechend, ihre Zufriedenheit mit dem Sachbefunde aus. Die Lampe gab gerade Licht genug, um alles in der Stube befindliche erkennen zu können. Neben dem Fenster, dicht an an die Ecke geschoben, stand ein Wandschapp mit Tassen und Tellern; der eichene Tisch war blank gescheuert; an der Alkoventür hing ein großer, mitten durchgeborstener Rundspiegel, von dem es zweifelhaft bleiben mochte, ob er um Eitelkeits oder Geschäfts willen an dieser Stelle hing. Denn er sah aus, als ob er beim Wahrsagen und Kartenschlagen notwendig eine Rolle spielen müsse. Im übrigen war eine gewisse weihnachtsfestliche Herrichtung, für die Hoppenmarieken am Tage vorher gesorgt zu haben schien, unverkennbar. Das Himmelbett hatte frische Vorhänge, die Dielen waren mit Tannenzweigen bestreut und an den Deckenhaken hing ein Ebereschenzweig, dessen Beeren trotz vorgeschrittener Winterzeit noch ihre schöne rote Farbe zeigten. Alles dies hätte fast einen gemütlichen Eindruck machen müssen, wenn nicht dreierlei gewesen wäre: erstens Hoppenmarieken in Person, dann ihre Vogelkäfige und drittens und letztens der Alkoven. Hoppenmarieken selbst kennen wir; aber von den beiden anderen noch ein Wort.

An allen vier Wänden hin, dicht unter der Decke, lief eine Reihe von Vogelbauern. Wohl zwanzig an der Zahl. Nur wo Bett und Ofen standen, war die Reihe unterbrochen. Was eigentlich in den Bauern drin steckte, war nicht klar zu erkennen gewesen, als Hoppenmarieken mit der Lampe daran hingeleuchtet hatte. Nur allerhand dunkle Vogelaugen hatten groß und schläfrig in das Licht gestarrt. Es mußte sich einem aufdrängen, das seien wohl die Augen, die bei Abwesenheit der Herrin hier Wache hielten.

Dieser seltsame Fries von Vogelbauern, in denen bloß schweigsames Volk zu Hause zu sein schien, war unheimlich genug, aber unheimlicher war der Alkoven. Schon der Rundspiegel, der an der Türe hing, bedeutete nichts Gutes. Drinnen war alles leer. Nur Kräuterbüschel zogen sich hier in ähnlicher Weise um die Wände herum, wie nebenan die Vogelkäfige. Es waren gute und schlechte Kräuter: Melisse, Schafgarbe, Wohlverleih, aber auch Allermannsharnisch, Sumpfporst und Klosterwacholder. Dazwischen Bündel von Roggenhalmen, deren gesunde Körner längst ausgefallen waren, während das giftige blaue Mutterkorn noch an den Ähren haftete; der Geruch im ganzen war betäubend. Was einem schärferen Beobachter vielleicht mehr als alles andere aufgefallen wäre, war, daß sämtliches Kräuterwerk, statt an einfachen Nägeln, an dicken Holzpflöcken hing, deren mehrere Zoll betragender Durchmesser in gar keinem Verhältnis zu der winzigen, von ihnen zu tragenden Last stand.

Hoppenmarieken, die es sich mittlerweile bequem gemacht und die hohen Wasserstiefel mit ein paar aus Filztuch genähten Schuhen vertauscht hatte, holte jetzt die Kiepe vom Flur herein und schien, ihrem ganzen Hantieren nach gewillt, einen Schmaus für sich selber vorzubereiten. Sie wühlte behaglich in ihrer Kiepe, bis sie die Gegenstände, die sie suchte, gefunden hatte. Was zuerst aus der Tiefe heraufstieg, war eine blaue Spitztüte, dann kamen zwei Eier, die sie prüfend gegen das Licht hielt, zuletzt

ein altes bedrucktes Sacktuch, in das aber etwas Wich=
tigeres eingeschlagen war. Wenigstens hielt sie das Paket
mit beiden Händen ans Ohr und schüttelte. Der Ton,
den es gab, beruhigte sie. Sie legte nun alles auf den
Tisch, eines neben das andere, und holte vom Schapp her
einen alten Fayencetopf mit abgebrochenem Henkel, dazu
einen Quirl und einen Blechlöffel. Jetzt war alles bei=
sammen. Sie tat aus der blauen Tüte einen Löffel Zucker
in den Topf, schlug die beiden Eier hinein, wickelte aus
dem Sacktuch eine Rumflasche heraus, liebäugelte mit ihr,
goß ein und quirlte. Nur etwas fehlte noch: das siedende
Wasser. Aber auch dafür war gesorgt. Sie trat in den
Flur, kroch abermals in das Ofenloch und kam mit einem
rußigen Teekessel zurück, dessen Inhalt zischend und spru=
delnd in dem großen Fayencetopf verschwand.

Hiermit waren die Vorbereitungen als geschlossen an=
zusehen. Das eigentliche Fest konnte beginnen. Sie machte
den Tisch wieder klar, baute sich einen großen, braunen
Napfkuchen auf und sah, während sie den Kopf in beide
Arme stützte, mit sinnlicher Zufriedenheit auf das her=
gerichtete Mahl. Auch jetzt noch war sie beflissen nichts
zu übereilen. War es nun, daß sie in der Hinausschiebung
des Genusses eine Steigerung sah oder hatte sie so ihre
eigenen Hoppenmariekeschen Vorstellungen davon, wie nun
einmal ein erster Weihnachtstag gefeiert werden müsse;
gleichviel, sie begnügte sich vorläufig damit, den auf=
steigenden Dampf von der Seite her einzusaugen und zog
dabei den Tischkasten weit auf, in dem, durch eine Scheide=
wand getrennt, links das Gesangbuch, rechts die Karten
lagen. Sie nahm das Gesangbuch, schlug das Christlied
auf: „Vom Himmel hoch da komm' ich her", las in rezi=
tativischer Weise, die sie selber für Gesang halten mochte,
die drei ersten, dann die letzte Strophe, klappte wieder zu

und tat einen ersten tüchtigen Zug. Gleich darauf ging sie zu einem allerenergischsten Angriff auf den Napfkuchen über, der nun innerhalb zehn Minuten von der Tischfläche verschwunden war. Sie strich die Krümel in ihre linke Handfläche zusammen und schüttete alles sorgfältig in den Mund.

Jetzt, wo der Fayencetopf keinen Nebenbuhler mehr hatte, war sie erst in der Lage, ihm zu zeigen, was er ihr war. Sie legte streichelnd und patschelnd ihre Hände um ihn herum, untersuchte mit den Knöcheln alle Stellen, die einen kleinen Sprung hatten, bog sich über ihn und nippte, schlürfte und tat dann wieder volle Züge. Nachdem sie so den ganzen Kursus des Behagens durchschmarotzt hatte, zog sie den Schubkasten zum zweiten Male auf, nahm jetzt aber, statt des Gesangbuches, das Kartenspiel heraus. Es waren deutsche Karten: Schippen, Herzen, Eichel; sie lagen in Form einer Mulde fest aufeinander, was jedoch für Hoppenmariekens Hände keine Schwierigkeiten bot. Als sie wohl eine halbe Stunde lang aufgelegt hatte, ohne daß die Karten kommen wollten, wie sie sollten, stieg ihr das Blut zu Kopf.

Der Schippenbube wich ihr nicht von der Seite. Das mißfiel ihr; sie wußte ganz genau, wer der Schippenbube war. Was? Da lag er wieder neben ihr. Sie stand unruhig auf, nahm die Lampe, leuchtete hinter den Ofen, sah zwei=, dreimal in den Alkoven hinein und setzte sich dann wieder. Aber die Beklemmung wollte nicht weichen. Sie schnürte deshalb das großgeblumte Kattunmieder auf, das sie trug, nestelte, zerrte, zupfte und fühlte nach einem Täschchen, das sie an einem Lederstreifen auf der Brust trug. Es war da. Sie nahm es ab, zählte seinen Inhalt und fand alles, wie es sein mußte.

Dies gab ihr ihre Ruhe wieder. Sie wollte es noch

einmal versuchen und begann abermals die Karten zu legen. Diesmal traf es; der Schippenbube lag weit ab. Ein häßliches Lachen zog über ihr Gesicht; dann tat sie den letzten Zug, schob einen großen Holzriegel vor die Türe und löschte das Licht.

Als eine Stunde später der Mond ins Fenster schien, schien er auch auf das verwitterte Antlitz der Zwergin, das jetzt, wo sich das schwarze Kopftuch verschoben und die weißen Haarsträhnen bloßgelegt hatte, noch häßlicher war als zuvor. Der Mond zog vorüber; das Bild gefiel ihm nicht. Hoppenmarieken selbst aber träumte, daß Schippenbube sie am Halse gepackt habe und an dem Lederriemen zerre, um ihr die Tasche abzureißen. Sie rang mit ihm; der Angstschweiß trat ihr auf die Stirn; dabei aber rief sie: „Wart, ich sag's: Diebe, Diebe!"

Durch das öde Haus hin klangen diese Rufe. Die Vögel stiegen langsam von ihren Sprossen und starrten durch ihre Gitter auf das Bett, von wo die Rufe kamen.

IX.

Schulze Kniehase.

Dem Kruge gegenüber lag der Schulzenhof. Er bestand aus einem Ziegeldachhaus, an das sich nach rückwärts zwei lange, schmale Stallgebäude anlehnten, die durch eine Scheune miteinander verbunden waren. Ein hinter dieser Scheune gelegenes, mit Obstbäumen und Himbeersträuchern besetztes Ackerstück streckte wieder zwei schmale Blumenstreifen bis dicht an die Dorfstraße vor, so daß in Sommerszeit, wenn man vom Kirchhügel aus auf das Schulzengehöft hernieder sah, alles einem großen Garten glich, der Haus und Hof wie zwischen zwei ausgebreiteten

Armen hielt. Selbst Miekleys Mühle war dann nicht freundlicher. Bis unter das Dach blühten die Malven, die Bienen summten um den Stock, die Trauben hingen am Spalier, während sich von dem alten, rechts an der Hoftür wachestehenden Birnbaum von Zeit zu Zeit die schweren Früchte lösten und mit Geklatsch auf die Schwellsteine niederfielen. Von den Insassen des Hauses achtete niemand dieses Tones; nur ein Mädchen, das auf der vorgebauten Steintreppe des Hauses unter einem Gerank von Flieder und Geißblatt saß, sah einen Augenblick horchend auf, ehe es fortfuhr das Garn zu wickeln oder die Naht zu säumen.

So war es im Spätsommer. Aber auch im Winter bot der Schulzenhof ein freundliches Bild, auch heute am zweiten Weihnachtsfeiertage. Auf dem Hofe war der Schnee zusammengeschippt, so daß er eine Mauer bildete; die Stalltüren standen auf, aus denen die warme Luft wie ein Nebel ins Freie zog. An der Schwelle saßen Sperlinge und pickten einzelne Körner auf. Sonst alles still; auch der Hofhund feierte. In einer der Ecken zwischen Stall und Scheune stand seine Hütte; etwas von seinem Lagerstroh hatte er vor die Öffnung geschoben, und auf diesem Kissen lag nun sein spitzer Wolfskopf und sah behaglich in den Morgen hinein.

Und still und festtäglich wie draußen auf dem Hofe, so war auch das Haus. Schon seine Treppe war mit Sand bestreut; in den Ecken der Vordiele standen junge Kiefern und füllten die Luft mit ihrem Harzgeruch; in der Mitte des Flurs aber hing ein Mistelbusch. Die Wohnstuben waren schon geheizt und die Kamintüren geschlossen; nur zur Rechten, wo das große Besuchszimmer lag, knisterte noch ein Feuer und warf seinen Schein. Eine Katze strich ihre Flanken an den warmen Ecken, schnurrend mit gekrümmtem Rücken, zum Zeichen ihres besonderen Behagens.

In dem vordersten Wohnzimmer, um einen schweren Eichentisch herum, befanden sich drei Personen. Dem Fenster zunächst, und diesem den Rücken zukehrend, saß ein breitschultriger Mann, ein Fünfziger. Sein Gesicht drückte Kraft, Festigkeit und Wohlwollen aus. Spärliches blondes Haar legte sich an seine Scheitel, er war sonntäglich gekleidet und trug einen langen schwarzbraunen Rock. Die Frau zu seiner Linken, trotz ihrer vierzig, war noch hübsch, von dunklem Teint und wendisch gekleidet. Ein breiter Kragen fiel über ihr Mieder von schwarzem Tuch, und der kurze Friesrock war in hundert Falten gelegt. Unter der engen Tüllmütze versteckte sich nur halb das glänzend schwarze Haar. Aller Schmuck war silbern. Um den Hals schlang sich eine starke, vorn auf der Brust durch einen Schieber zusammengehaltene Kette; die Ohrgehänge glichen großen silbernen Tropfen.

Dies war das Schulze Kniehasesche Paar. Dem Alten gegenüber, im vollen Fensterlicht, saß die Tochter des Hauses, Maria, ebenso aufrecht wie Tages zuvor am Kamin des Herrenhauses. Sie trug dasselbe Taftkleid, dasselbe rote Band im Haar; und mit derselben Aufmerksamkeit, mit der sie gestern den Erzählungen Lewins gefolgt war, folgte sie heute der Vorlesung ihres Vaters, der zuerst das Weihnachtsevangelium, dann das 8. Kapitel aus dem Propheten Daniel las. Der alte Kniehase hatte dies Kapitel mit gutem Vorbedachte gewählt. Mariens Hände lagen still in ihrem Schoß. Und als die Stelle kam: „Und nach diesem wird aufkommen ein frecher und tückischer König, der wird mächtig sein, doch nicht durch seine Kraft, und nur durch seine List wird ihm der Betrug geraten und er wird sich auflehnen wider den Fürsten aller Fürsten; **aber er wird ohne Hand zerbrochen werden**" — da wurden ihre Augen größer, wie sie es bei der Erzählung von dem Feuerschein im Schlosse zu Stockholm geworden waren, denn, erregbaren Sinnes, nahm jegliches, wovon sie hörte, lebendige Gestalt an. Sonst blieb alles in gleichem Schlag. Das Rotkehlchen, mit leisem Gezirp, hüpfte aus dem Ring auf die Sprossen und wieder von den Sprossen in den Ring; in gleichmäßigem Takt ging der Pendel der Gehäuseuhr. Und so ging auch des Schulzen Kniehase Herz.

Kniehase war ein „Pfälzer". Wie kam er in dieses Wendendorf? Und wie war er der Schulze dieses Dorfes geworden?

Um dieselbe Zeit, als die Scharwenkas mit anderen tschechischen Familien von Böhmen her übersiedelten, wanderten die Kniehases mit rheinischen Familien ein. Das war um 1750, als Friedrich der Große zur Trockenlegung der Sumpfstrecken des Oderbruches und zu ihrer Kolonisierung schritt. Die tschechischen Familien, weil ihrer nur wenig waren, fanden in den altwendischen Dörfern ein Unterkommen und so kamen die Scharwenkas nach Hohen-Vietz. Die rheinischen Kolonistenfamilien aber, die, ohne Rücksicht darauf, ob sie aus dem Cleveschen oder Siegenschen, aus Nassau oder der Pfalz stammten, sämtlich „Pfälzer" genannt wurden (etwa wie in Irland alle Herübergekommenen „Sachsen" heißen), gründeten eigene Dörfer, unter denen Neu-Barnim das größte war. In diesem Dorfe wurde unser Kniehase geboren und zwar am Tage des Hubertusburger Friedens. Der Vater schloß daraus, daß der Sohn ein Prediger werden müsse und ließ ihn nach den bescheidenen Mitteln, die sich darboten, etwas Tüchtiges lernen. Aber der junge Kniehase war weitab davon, ein Mann des Friedens werden zu wollen;

Vor dem Sturm.

nur das Soldatische hatte Reiz für ihn und mit zwanzig Jahren schon, nachdem er den Widerstand des Vaters unschwer besiegt, trat er in die Grenadierkompanie des Regiments Möllendorf ein, das damals zu Berlin in Garnison stand. Der Dienst, trotz aller Strenge, gefiel ihm wohl, und schon 1792, bei Ausbruch der Rheinkampagne, war er unter den Fahnenunteroffizieren des Regiments. Bei Valmy erhielt er ein Ehrenzeichen, bei Kaiserslautern ein zweites. Das kam so. Die Kompanie von Thadden sah sich gezwungen, eine Hügelstellung zu räumen, auf der sie sich seit Beginn des Kampfes behauptet hatte; feindliche Artillerie fuhr auf und beherrschte jetzt das abgeschrägte, wohl 1500 Schritt breite Terrain, auf dem die zurück= gehende Kompanie, zum Teil in bloße Trupps aufgelöst, ihren Rückzug bewerkstelligte. In Mittelhöhe des Ab= hanges lag ein durch einen Schenkelschuß verwundeter Gefreiter und beschwor seine Kameraden, ihn nicht liegen zu lassen. Einige hielten inne; aber das Kartätschenfeuer brach wieder den guten Willen; auch den Tapfersten ver= sagte der Mut. Da sprang Unteroffizier Kniehase vor, lief eine Strecke zurück, lud den Verwundeten auf die Schulter und trug ihn aus dem Feuer. Stabskapitän von Thadden, als die Kompanie sich wieder sammelte, trat an Kniehase heran und schüttelte ihm die Hand; die Grenadiere aber brachen in Jubel aus und nahmen eine halbe Stunde später die verlorengegangene Höhenstellung wieder.

Dieser Tag führte unseren Kniehase, wenn nicht gleich, so doch im regelrechten Lauf der Ereignisse, nach dem alten Wendendorfe, dessen Obrigkeit er jetzt bildete. Denn der Gefreite, den er so mutig aus dem feindlichen Feuer ge= tragen hatte, war niemand anderes als unser Freund aus dem Hohen=Vietzer Kruge her: Peter Kümmeritz. Invalide geworden, erhielt er seinen Abschied; zwei Jahre später aber kam der Frieden, und die ganze Rheinarmee kehrte in ihre Garnisonen zurück. Mit ihr das Regiment Möllendorf.

Es war nach der Ernte, Anno 95; die Sommerfäden flogen schon durch die Luft, als an einem jener klaren Tage, wie sie der September bringt, an Miekleys Mühle vorbei, ein breitschultriger Mann in seines Königs Rock in die Hohen-Vietzer Dorfstraße einbog. Auf seiner Brust blitzten ein paar Medaillen, und wer sich auf Litzen und Rabatten verstand, der sah, daß es ein Chargierter vom Regiment Möllendorf war. Es war aber kein anderer als unser Unteroffizier Kniehase. Als er, gefolgt von der halben Dorfjugend, die scheubeflissen auf seine Fragen Antwort gab, in das Gehöft seines ehemaligen Gefreiten eintreten wollte, trat ihm an der Schwelle des Hauses nicht Peter Kümmeritz in Person, wohl aber Trude Kümmeritz, seine Schwester, entgegen. Nach allem, was folgte, muß angenommen werden, daß diese Stellvertretung den Wünschen unseres Kniehase nicht zuwiderlief, denn ehe er nach Wochenfrist den gastlichen Kümmeritzschen Hof verließ, um zu seinem Regiment zurückzukehren, hatte er nicht nur mit Peter die Kriegskameradschaft erneuert, sondern auch mit Trude sich zu ehelicher Kameradschaft versprochen. Er ging überhaupt nur in seine Garnison zurück, um aus dem Urlaub einen Abschied zu machen, demnächst aber einen Neubarnimschen Hof zu kaufen und seine Trude aus dem Wendendorf in das Pfälzerdorf hinüberzuziehen. Es kam aber umgekehrt. Eine Hohen-Vietzer Stelle wurde unerwartet frei, die Truhen der Häuser Kümmeritz und Kniehase steuerten zusammen, und als im Sommer 96 der Raps blühte, und sein Duft auf allen Feldern lag, da stieg ein Hochzeitszug den Kirchen-

Hügel hinan, die Glocken läuteten und die Musikanten bliesen, bis das Brautpaar über die Schwelle war. Kniehase trug seine Uniform, Trude die reiche wendische Tracht, und alt und jung waren einig, daß Hohen=Vietz ein solches Brautpaar seit Menschengedenken nicht gesehen habe. Seit Menschengedenken kein stattlicheres, aber auch kein glücklicheres Paar. Vor allen Dingen kein besseres. Neid und üble Nachrede schwiegen, und wenn anfangs dieser und jener klagte, „daß nun ein Pfälzer ins Dorf gekommen sei," so verstummte diese Klage doch bald, als sie den Pfälzer kennen lernten. Wo es einen Rat galt, da war er da, und wo es eine Tat galt, da war er zweimal da. Er verstand sich aufs Schreiben und Eingabenmachen, aufs Rechnen und Registrieren, und als Anno 1800 der alte Schulze Wendelin Pyterke starb, der seit dem siebenjährigen Krieg volle vierundzwanzig Jahre im Amte, und nach der Kunersdorfer Schlacht, als die Russen kamen, die Rettung des Dorfes gewesen war, da wählten sie den Kniehase zu ihrem Schulzen, ohne sich ums Herkommen zu kümmern, das nur zwei oder drei unter ihnen gewahrt wissen wollten. Berndt von Vitzewitz aber sagte: „Meine Bauern waren immer gescheidt, doch für so gescheidt hab' ich sie all mein Lebtag nicht gehalten."

Kniehase hatte keinen Feind; selbst die Forstackers Leute sprachen gut von ihm. Im Herrenhause hieß es: „Er ist ein tüchtiger Mann," in der Mühle hieß es: „Er ist ein frommer Mann," Peter Kümmeritz aber mit immer wachsendem Respekt sah zu seinem Schwager auf, als ob er den Tag von Kaiserslautern durch eigenes Eingreifen entschieden habe. Er schloß dann wohl ab: „Ich schulde ihm mein Leben und meine Schwester schuldet ihm ihr Glück."

Die Kniehases waren ein glückliches Paar; aber kein Glück ist vollkommen: sie blieben kinderlos. Da traf es sich, daß auch eine Tochter ins Haus kam, kein eigenes Kind und doch geliebt wie ein solches.

Es war um Weihnachten 1804, zwei Jahre früher, als die Frau von Vitzewitz starb, da kam ein „starker Mann" ins Dorf, einer von jenen fahrenden Künstlern, die zunächst in rotem Trikot mit fünf großen Kugeln spielen und hinterher ein Taubenpaar aus einem Schub= fach auffliegen lassen, in das sie vorher eine Uhr oder ein Taschentuch gelegt haben. Der starke Mann schien bessere Tage gesehen zu haben; seine ganze Haltung deutete darauf hin, daß er nicht immer in einem Planwagen von Dorf zu Dorf gefahren war. Er hielt jetzt vor dem Scharwenkaschen Kruge, führte das magere Pferd in den Stall, und am Abend war Vorstellung. Ein kleines Mädchen, das zehn Jahre sein mochte, wechselte mit ihm ab, sang Lieder und deklamierte; zuletzt erschien sie in einem kurzen Gazekleid, das mit Sternchen von Goldpapier besetzt war, und führte den Schaltanz auf. Die Hohen= Vietzer Bauern, ganz besonders die alten, waren wie be= nommen und streichelten das Kind mit ihren großen Händen. Es sollte ihnen bald Gelegenheit werden, ihr gutes Herz noch weiter zu zeigen.

Der „starke Mann" war längst kein starker Mann mehr; er war siech und krank. Er legte sich und es ging rasch bergab. Pastor Seidentopf saß an seinem Bett und sprach ihm Trost zu; der Sterbende aber, der wohl wußte, wie es mit ihm stand, schüttelte den Kopf, zog den Pastor näher an sich heran und sagte fest: „Ich bin froh, daß es zu Ende geht." Dann wies er mit einer leisen Seitwärts= bewegung des Kopfes auf die Kleine, die am Fenster saß, preßte beide Hände aufs Herz und setzte mit halberstickter

Stimme hinzu: „Wenn nur das Kind nicht wäre." Dabei brach er, alle Kraft über sich verlierend, in ein krampfhaftes Schluchzen aus. Die Kleine, als sie das Weinen hörte, kam herzugesprungen und küßte in leidenschaftlicher Liebe die Hand des Sterbenden. Dieser streichelte ihr das Haar, sah sie an und lächelte. Es war, als ob er in eine lichte Zukunft geblickt hätte. So starb er. Auf dem Tische neben ihm stand die kleine Zauberkommode, aus der immer die Tauben aufflogen. Pastor Seidentopf war tief erschüttert.

An die Hohen-Vietzer aber traten jetzt zwei Fragen heran, von denen es schwer zu sagen, welche die Gemüter mehr beschäftigte. Die erste Frage war: „Was machen wir mit dem Toten?"

Die alten Wendenbauern waren gutmütig, aber sie dachten doch ernst in solchen Sachen. Den starken Mann bloß einzuscharren, erschien ihnen als untunliche Härte, ihn aber auf ihrem christlichen Kirchhofe zu begraben, als noch untunlichere Entweihung. War er überhaupt ein Christ? Die Mehrzahl zweifelte. Da fand Pastor Seidentopf unter dem Kopfkissen des Toten eine Tasche mit allerhand Papieren, auch Tauf- und Trauschein. Die Briefe gaben weiteren Aufschluß. Es zeigte sich, daß er Schauspieler gewesen war, daß er eine Tochter aus gutem Hause wider den Willen der Eltern geheiratet hatte, und daß die Frau schließlich hingestorben war in Gram und Elend, aber ohne Vorwurf und ohne Reue. Die letzten Briefe, viel durchlesene, waren aus einem schlesischen Klosterspitale datiert. Ein gescheitertes Leben sprach aus allen, aber kein unglückliches, denn was sie zusammengeführt, hatte Not und Tod überdauert.

Pastor Seidentopf, als er die Briefe gelesen, trat wieder unter seine Bauern, die unten im Krug seiner

harrten, und am dritten Tage hatte der starke Mann ein
christliches Begräbnis, als ob er ein Kümmeritz oder ein
Miekley gewesen wäre. Die Schulkinder sangen ihn
hügelan, trotzdem ein großes Schneetreiben war, Frau
von Vitzewitz, gütig wie immer, stand mit am Grabe und
warf dem Toten die erste Hand voll Erde nach, Berndt
von Vitzewitz aber ließ ihm ein Kreuz errichten, darauf
folgender, vom alten Küster Jeserich Kubalke gedichteter
Spruch zu lesen war:

> Ein Stärk'rer zwang den starken Mann,
> Nimm ihn Gott in Gnaden an.

So erledigte sich die erste Frage. — Die zweite Frage
war: „Was machen wir mit dem Kinde?" Pastor Seiden=
topf erwog die Frage hin und her; hundert Pläne gingen
ihm durch den Kopf, aber keiner wollte passen. Die Bauern
waren scheu und schwierig. Da trat Schulze Kniehase da=
zwischen, und das weinende Kind vom Krug aus in sein
Haus hinüberführend, sagte er: „Mutter, die schickt uns
Gott."

Und am anderen Tage, weil es dicht vor dem Christ=
fest war, begann er ihr einen Baum zu putzen und nannte
sie seine Weihnachtspuppe und sein Zauberkind.

Die Bauern sahen anfangs ängstlich zu; „sie wird
ihm wegfliegen," meinten die einen, „und das wäre noch
das beste," versicherten die anderen. Aber sie flog nicht
fort, und Pastor Seidentopf sagte: „Sie wird ihm Segen
bringen, wie die Schwalben am Sims."

X.

Marie.

„Sie wird dem Hause Segen bringen, wie die Schwalben
am Sims," so hatte Prediger Seidentopf gesprochen, und

seine Worte sollten in Erfüllung gehen. Das Kopfschütteln der Bauern nahm bald ein Ende. Es geschah das, was unter ähnlichen Verhältnissen immer geschieht: dunkle Geburt, seltsame Lebenswege, wie sie den Argwohn wecken, wecken auch das Mitgefühl, und ein schöner Trieb kommt über die Menschen, ein unverschuldetes Schicksal auszugleichen. Der Zauber des Geheimnisvollen unterstützt die wachgewordene Teilnahme.

Das erfuhr auch Marie. Ehe noch der erste Winter um war, war sie der Liebling des Dorfes; keiner spöttelte mehr über das Gazekleid mit den Goldpapiersternchen, in dem sie zuerst vor ihnen aufgetreten war. Vielmehr erschien ihnen jetzt dieser bloße Hauch einer Kleidung als ihr natürliches Kostüm, und wenn Schulze Kniehase, der das Kind von Anfang an über die Maßen liebte, drüben im Kruge saß und halb ernsthaft, halb scherzhaft versicherte, „sie sei ein Feenkind," so widerredete niemand, weil er nur aussprach, was alle längst schon an sich selbst erfahren hatten. Daß sie fortfliegen würde, daran glaubte freilich niemand mehr, mit alleiniger Ausnahme der Mädchen in den Spinnstuben, die voll Spuk- und Gespensterbedürfnis immer Neues und Wunderbares von ihr zu erzählen wußten. Und nicht alles war Erfindung. So hatte sie wirklich eine unbezwingbare Vorliebe für den Schnee. Wenn die Flocken still vom Himmel fielen oder tanzten und stöberten, als würden Betten ausgeschüttet, dann entfernte sie sich aus dem Vorderhause, kletterte die lange Schrägleiter hinauf, die bis auf den First des Scheunendaches führte, und stand dort oben schneeumwirbelt. Die Mädchen versicherten auch, sie hätten sie singen hören. Es bedarf keiner Ausführung, welche phantastisch weitgehenden Schlüsse daraus gezogen wurden.

So war es im Winter. Als der Sommer kam, der

eine freiere Bewegung gönnte, gewann sie vollends alle Herzen. Sie besuchte nicht nur die einzelnen Bauernhöfe, sondern auch die ausgebauten Lose, die weiter ins Bruch hineinlagen, spielte mit den Kindern und erzählte Geschichten. Das Fremde und Geheimnisvolle, das sie von Anfang an gehabt hatte, blieb ihr, aber niemand wunderte sich mehr darüber. Auch die Dorfmädchen nicht. Einmal verirrte sie sich; im Kniehasejchen Hause war große Aufregung; alles lief und suchte bis an die Oder hin. Endlich fand man sie, keine tausend Schritt vom Dorfe. Sie lag schlafend im Korn, ein paar Mohnblumen in der Hand; ein kleiner Vogel saß ihr zu Füßen. Niemand kannte den Vogel, als er aufflog und aller Augen ihn verfolgten. „Der hat sie beschützt!" sagten die Hohen-Vietzer.

In der Regel spielte sie auf dem Abhange zwischen der Kirche und dem Dorfe, am liebsten auf dem Kirchhofe selbst. Sie las die Inschriften, umarmte den Rasen von ihres Vaters Grabe, kletterte auf die hohe Feldsteinmauer und sah auf die Segel der Oberkähne nieder, die, angeglüht von der sich neigenden Sonne, unten auf dem Strome vorüberzogen. Kam dann des alten Küsters Kubalke Magd, um zu Abend zu läuten, so folgte sie dieser, zog ein paarmal mit an dem Glockenstrang und huschte dann in die schon halbdunkle Kirche hinein. Hier setzte sie sich mit halbem Körper auf das äußerste Ende der Frontbank, auf der am Tage nach der Kunersdorfer Schlacht der Major vom Regiment Itzenplitz verblutet war, blickte seitwärts scheu nach dem dunkeln Fleck, den alles Putzen nicht hatte wegschaffen können, und sah dann, um das selbstgewollte Grauen wieder von sich zu bannen, nach dem großen Vitzewitzschen Marmorbilde hinüber, das die Inschrift trug: „So du bei mir bist, wer will wider

mich sein". So blieb sie, bis der Glockenton verklang. Dann trat sie wieder auf den Kirchhof hinaus, sah der Magd nach, die den Schlängelpfad ins Dorf hernieder=
stieg und umkreiste bang, aber immer enger und enger die alte Buche, deren zweigeteilter Stamm, der Sage nach, an den Bruderzwist der Vitzewitze gemahnte. Fiel dann ein Blatt oder flog ein Vogel auf, so fuhr sie zusammen.

Es waren schöne Tage, dieser erste Sommer in Hohen=
Vietz; aber diese schönen Tage konnten nicht dauern. Die Schulzenleute, Mann wie Frau, hatten längst ihre Sorge darüber. All dies Umherstreifen währte schon zu lange; Arbeit, Ordnung, Schule mußten an seine Stelle treten. Aber wie? Beide Kniehases waren weitab davon, ein Prinzeßchen aus ihrem Pflegekind machen zu wollen, aber ebenso bestimmt fühlten sie auch, daß die Dorfschule kein Platz für sie sei. Sie paßte nicht unter die Holzpantoffel=
kinder, ganz abgesehen davon, daß sie, ohne je eine Schul=
stunde gehabt zu haben, um ein Beträchtliches besser lesen konnte, als der alte Jeserich Kubalke, zumal wenn er seine Hornbrille vergessen hatte.

In dieser Not half die gute Frau von Vitzewitz. Sie hatte längst daran gedacht, das sonderbare Kind, von dessen phantastischem Wesen sie so manches gehört hatte, als Spiel= und Schulgenossin Renatens in ihr Haus zu ziehen, allerhand Erwägungen aber, die dagegen sprachen, hatten es damals nicht dazu kommen lassen. Der Knie=
hasesche Pflegling, so gewinnend er sein mochte, war doch immer eines Taschenspielers, im günstigsten Falle eines verarmten Schauspielers Kind, und so wenig sie persönlich einen Anstoß daran nahm, so glaubte sie dennoch in Er=
ziehungsfragen weniger ihr eigenes, durchaus freies und vornehmes Empfinden, als vielmehr allgemeine, aus Pflicht und Erfahrung hergeleitete Anschauungen zu Rate ziehen

zu müssen. So zerschlug es sich denn wieder. Pastor Seidentopf hätte es freilich wohl schon damals in der Hand gehabt, einen andern Ausgang herbeizuführen; er wollte jedoch in einer so verantwortungsvollen Angelegenheit nicht ungefragt eingreifen und zog es vor, sich die Dinge selber machen zu lassen.

Und sie machten sich auch, und zwar in sehr eigentümlicher Weise. Am Rande des Vitzewitzschen Parks, schon in einiger Erhöhung, stand eine Florastatue und sah einen breiten Kiesweg hinunter auf die Gartenfront des Herrenhauses. Zu Füßen der Statue waren fünf dreieckige Blumenbeete angelegt, die in ihrer Gesamtheit einen einfassenden Halbkreis bildeten. An dieser Stelle hatte Marie bei ihren täglichen Streifereien häufig ein paar Blumen gepflückt, Balsaminen oder Reseda, und war dabei niemals einem Verbot begegnet. Im Gegenteil. Der Gärtner, des zierlichen und fremdartigen Kindes sich freuend, hatte ihr zugenickt und einmal sogar ihr ein paar Fuchsiaknospen über das linke Ohr gehängt. Nun war es September geworden; die roten Verbenen blühten und dazwischen, aus eingegrabenen Töpfen, wuchsen ein paar unscheinbare Blumen auf, die dem spielenden Kinde als dunkle Vergißmeinnicht erschienen. Sie pflückte sie ab. Es war aber Heliotrop, damals noch etwas Seltenes, und Frau von Vitzewitz wollte wissen, wer ihr das angetan und sie um den Anblick ihrer Lieblingsblume gebracht habe. Als Marie davon hörte, faßte sie rasch einen Entschluß. Sie setzte sich auf eine Bank in unmittelbarer Nähe der Statue und als Frau von Vitzewitz auf ihrem Spaziergang den breiten Kiesweg hinaufschritt, sprang sie auf, eilte der Herankommenden entgegen, küßte ihr die Hand und sagte: „Ich habe es getan." Sie war dabei hochrot und zitterte, aber sie weinte nicht. Von diesem

Augenblick an war die Freundschaft geschlossen. Frau von Vitzewitz streichelte ihr das Haar und sah sie fest und freundlich an; dann führte sie sie zu der Bank zurück, von der sie aufgestanden war, stellte Fragen und ließ sich erzählen. Alles bestätigte ihr den ersten Eindruck. So trennten sie sich. Noch am selben Nachmittage aber sagte Frau von Vitzewitz zu Seidentopf: „Das ist ein seltenes Kind," und ehe acht Tage um waren, war sie die Spiel- und Schulgenossin Renatens.

Sie war anfangs zurück; alles, was sie konnte, war eben Lesen und Deklamieren. Aber ihre schnelle Fassungsgabe, durch Gedächtnis und glühenden Eifer unterstützt, gestattete ihr, das Versäumte wie im Fluge nachzuholen, und ehe noch ein halbes Jahr um war, war sie in den meisten Disziplinen Renaten gleich. Und wie sie den von Frau von Vitzewitz an ihre Fähigkeiten geknüpften Erwartungen entsprach, so auch denen, die sich auf ihren Charakter bezogen. Sie war ohne Laune und Eigensinn; etwas Heftiges, das sie hatte, wich jedem freundlichen Worte. Die beiden Mädchen liebten sich wie Schwestern.

Nichts war mißglückt, über Erwarten hinaus hatten sich die Wünsche der Frau von Vitzewitz erfüllt, dennoch stellten sich immer wieder Bedenken bei ihr ein, die freilich jetzt nicht mehr das Glück Renatens, sondern umgekehrt das Glück Mariens betrafen. Es galt nicht nur den Augenblick, sondern auch die Zukunft befragen. Wie sollte sich diese gestalten? War es recht, dem Schulzenkinde die Erziehung eines adeligen Hauses zu geben? Wurde Marie nicht in einen Widerspruch gestellt, an dem ihr Leben scheitern konnte? Sie teilte diese Bedenken ihrem Gatten mit, der, von Anfang an dieselben Skrupel hegend, sofort entschlossen war, mit Schulze Kniehase, zu dessen Verständigkeit er ein hohes Vertrauen hatte, die Sache durchzusprechen.

Berndt ging in den Schulzenhof, traf Kniehase mitten in Rechnungsabschlüssen, die das nach Küstrin hin gelieferte Stroh- und Haferquantum betrafen, rückte mit ihm in die Fensternische und stellte ihm alles vor, wie er es mit der Frau von Vitzewitz besprochen hatte.

Schulze Kniehase hörte aufmerksam zu, dann sagte er, als sein Gutsherr schwieg: „Er habe sich's, als von der Sache zuerst gesprochen wurde, auch überlegt, ob er dem Kinde nicht die Ruhe nehme, die doch mehr sei als alles Lernen und Wissen. All sein Überlegen aber habe doch immer wieder dahin geführt, daß es das Beste sein würde, die gnädige Frau, die es so gut meine, ruhig gewähren zu lassen. So sei es ein halbes Jahr gegangen. Es jetzt nun nach der entgegengesetzten Seite hin zu ändern, sei nur ratsam, wenn es der ausgesprochene Wille der gnädigen Frau sei. Sein eigener Wunsch und Wille sei es schon seit Monaten nicht mehr; die Bedenken, die er anfangs gehabt, seien mehr und mehr von ihm abgefallen. Er wisse auch wohl warum. Das Kind, das ihm die Hand Gottes fast auf die Schwelle seines Hauses gelegt habe, sei kein bäuerlich Kind; es sei nicht bäuerlich von Geburt und nicht bäuerlich von Erscheinung. Er säße so mitunter in der Dämmerstunde und mache sich Bilder, wie auch wohl andere Leute täten, aber wie vielerlei auch an ihm vorüber zöge, nie sähe er seine Marie mit geschürztem Rock und zwei Milcheimern unter dem Zuruf lachender Knechte über den Hof gehen. Er liebe das Kind als ob es sein eigen wäre; aber er betrachte es doch als ein fremdes, das eines Tages ihm wieder abgefordert werden würde. Nicht von den Menschen, wohl aber von der Natur. Es wird so sein, wie mit den Enten im Hühnerhof, die eines Tages fortschwimmen, während die Henne am Ufer steht."

Als Kniehase so gesprochen, hatte ihm Berndt von Vitzewitz die Hand gereicht, und im Herrenhause schwiegen von jenem Tage an alle Bedenken.

Auch der Tod der Frau von Vitzewitz, schmerzlich wie er von Marie empfunden wurde, änderte nichts in ihrem Verhältnis zu den Zurückgebliebenen. Tante Schorlemmer kam ins Haus, und frei von jener Liebedienerei, die sich in Bevorzugung Renatens hätte gefallen können, betrachtete sie vielmehr beide Mädchen wie Geschwister und umfaßte sie mit gleicher Herzlichkeit.

Nach der Einsegnung hörten die Unterrichtsstunden auf, aber die beiden Mädchen waren zu innig aneinander gekettet, als daß der Wegfall dieses äußerlichen Bandes das Geringste an ihrer Verkehrs= und Lebensweise hätte ändern können. Der Geburts= und Standesunterschied wurde von Renate nicht geltend gemacht, von Marie nicht empfunden. Sie sah in die Welt wie in einen Traum und schritt selber traumhaft darin umher. Ohne sich Rechenschaft davon zu geben, stellten sich ihr die hohen und niederen Gesellschaftsgrade als bloße Rollen dar, die wohl dem Namen nach verschieden, ihrem Wesen nach aber gleichwertig waren. Es war im Zusammenhange damit, daß unter allen Bildern, die sich im Vitzewitzeschen Hause befanden, eine Nachbildung des „Lübecker Totentanzes", bei allem Erschütternden, doch zugleich den erhebendsten Eindruck auf sie gemacht hatte. Die Predigt von einer letzten Gleichheit aller irdischen Dinge sprach das aus, was dunkel in ihr selber lebte. Dabei war sie ohne An= spruch und ohne Begehr. Alles Schöne zog sie an; aber es drängte sie nur, daran teilzunehmen, nicht es zu be= sitzen. Es war ihr wie der Sternenhimmel; sie freute sich seines Glanzes, aber sie streckte nicht die Hände danach aus.

Diese Unbegehrlichkeit hatte sich auch an ihrem sechs= zehnten Geburtstage gezeigt. Bei dieser Gelegenheit er=

hielt sie als großes Geschenk des Tages ihr eigenes Zimmer. Beide Kniehases führten sie mit einer gewissen Feierlichkeit in die nördliche Giebelstube, die geradeaus den Blick auf den Park, nach rechts hin auf die Kirche hatte, und sagten: „Marie, das ist nun dein; schalte und walte hier; erfülle dir jeden kleinen Wunsch; uns soll es eine Freude sein."

Marie, im ersten Sturm des Glückes, hatte ein Hin- und Herschieben mit Schrank und Nähtisch, mit Bücherbord und Kleidertruhe begonnen, aber dabei war es geblieben. Es kam ihr nicht in den Sinn, ihrem alten, ihr lieb gewordenen Besitz etwas Neues hinzuzufügen. Was sie hatte, freute sie, was sie nicht hatte, entbehrte sie nicht.

„Sie hat Mut und sie ist demütig," hatte nach jener ersten Begegnung im Park Frau von Vitzewitz zu Pastor Seidentopf gesagt. Sie hätte hinzusetzen dürfen: „Vor allem ist sie wahr." Jenes Wunder, das Gott oft in seiner Gnade tut, es hatte sich auch hier vollzogen: innerhalb einer Welt des Scheins war ein Menschenherz erblüht, über das die Lüge nie Macht gewonnen hatte. Noch weniger das Unlautere. Tante Schorlemmer sagte: „Unsere Marie sieht nur, was ihr frommt, für das, was schädigt, ist sie blind." Und so war es. Phantasie und Leidenschaft, weil sie sie ganz erfüllten, schützten sie auch. Weil sie stark fühlte, fühlte sie rein.

Im Hohen-Vietzer Herrenhause — es war im Winter vor Beginn unserer Erzählung — sang Renate ein Lied, dessen Refrain lautete:

> Sie ist am Wege geboren,
> Am Weg, wo die Rosen blühn ...

Sie begleitete den Text am Klavier.

„Weißt du, an wen ich denken muß, so oft ich diese Strophen singe," fragte Renate den hinter ihrem Stuhl stehenden Lewin.

„Ja," antwortete dieser, „du gibst keine schweren Rätsel auf."

„Nun?"

„An Marie."

Renate nickte und schloß das Klavier.

XI.

Prediger Seidentopf.

In der Mitte des Dorfes, neben dem Schulzenhof, lag die Pfarre, ein über hundert Jahre altes, etwas zurückgebautes Giebelhaus, das an Stattlichkeit weit hinter den meisten Bauernhöfen zurückblieb. Es war das einzige größere Haus im Dorfe, das noch ein Strohdach hatte. Zu verschiedenen Malen war davon die Rede gewesen, dieses der Dorfgemeinde sowohl um ihres Pastors wie um ihrer selbst willen despektierlich erscheinende Strohdach durch ein Ziegeldach zu ersetzen; unser Freund Seidentopf aber, der in diesem Punkte wenigstens ein gewisses Stilgefühl hatte, hatte beständig gegen solche Modernisierung protestiert. „Es sei gut so, wie es sei." Und darin hatte er vollkommen recht. Es war eben ein Dorfidyll, das durch jede Änderung nur verlieren konnte. Der Giebel des Hauses stand nach vorn; dicht unter dem Strohdach hin lief eine Reihe kleiner, überaus freundlich blickender Fenster, während die Fachwerkwände bis hoch hinauf mit Brettern bekleidet und den ganzen Sommer über mit Wein, Pfeifenkraut und Spalierobst überdeckt waren. Neben der Haustüre stand ein Rosenbaum, der, bis an den First hinaufwachsend, im ganzen Oderbruche berühmt war wegen seines Alters und seiner Schönheit. Auch das winterliche Bild, das die Pfarre bot, war nicht ohne Reiz. Eine mächtige Schneehaube saß auf seinem

Dache, während die niedergelegten, mit Stroh umwundenen Weinranken, dazu die Matten, die sich schützend über dem Spalierobst ausbreiteten, dem Ganzen ein sorgliches und in seiner Sorglichkeit wohnlich anheimelndes Ansehen gaben.

Dem entsprach auch das Innere. Die Haustür, wie oft in den märkischen Pfarrhäusern, hatte eine Klingel; keine von den großen, lärmenden, die den Bewohnern zurufen: „Rettet euch, es kommt wer," sondern eine von den kleinen, stillgestimmten, die dem Eintretenden zu sagen scheinen: „Bitte schön, ich habe Sie schon gemeldet." Der Tür gegenüber, an der entgegengesetzten Seite des langen, fast durch das ganze Haus hinlaufenden Flurs, befand sich die Küche, deren aufstehende Türe immer einen Blick auf blanke Kessel und flackerndes Herbfeuer gönnte. Die Zimmer lagen nach rechts hin. An der linken Flurwand, die zugleich die Wetterwand des Hauses war, standen allerhand Schränke, breite und schmale, alte und neue, deren Simse mit zerbrochenen Urnen garniert waren; dazwischen in den zahlreichen Ecken hatten ausgegrabene Pfähle von versteinertem Holz, Walfischrippen und halbverwitterte Grabsteine ihren Platz gefunden, während an den Querbalken des Flurs verschiedene ausgestopfte Tiere hingen, darunter ein junger Alligator mit bemerkenswertem Gebiß, der, so oft der Wind auf die Haustür stand, immer unheimlich zu schaukeln begann, als flöge er durch die Luft. Alles in allem eine Ausstaffierung, die keinen Zweifel darüber lassen konnte, daß das Hohen-Vietzer Predigerhaus zugleich auch das Haus eines leidenschaftlichen Sammlers sei.

Machte schon der Flur diesen Eindruck, so steigerte sich derselbe beim Eintritt in das nächstgelegene Zimmer, das einem Antikenkabinett ungleich ähnlicher sah als einer christlichen Predigerstube. Zwar war der Bewohner desselben ersichtlich bemüht gewesen, Amt und Neigung in ein gewisses Gleichgewicht zu bringen, war aber damit gescheitert. Es sei gestattet, einen Augenblick bei diesem Punkte zu verweilen.

Die Studierstube besaß zwei nach dem Garten hinaussehende Fenster, zwischen denen unser Freund eine bis in die Mitte des Zimmers gehende Scheidewand gezogen hatte. So waren zwei große, fast kabinettartige Fensternischen gewonnen, von denen die eine dem **Prediger** Seidentopf, die andere dem **Sammler** und **Altertumsforscher** gleichen Namens angehörte. Innerhalb dieser Nischen war das Valancierjystem, das sich schon in ihrer äußeren Anlage zu erkennen gab, ebenfalls festgehalten, indem auf dem Arbeitstische in der Camera archaeologica „Bekmanns historische Beschreibung der Kurmark Brandenburg, Berlin 1751 bis 53", auf dem Arbeitstisch in der Camera theologica „Dr. Martin Luthers Bibelübersetzung, Augsburg 1613," aufgeschlagen lag. Beides Prachtbücher, wie sie nur ein Sammler hat: groß, dick, in festem Leder, mit hundert Bildern. Über eine Äußerung des Kandidaten Uhlenhorst, der auf einer Versammlung in Hohen-Sathen gesagt haben sollte: „Prediger Seidentopf greife mitunter fehl und schlage in ‚Bekmann' statt in der Bibel nach," gehen wir wie billig an dieser Stelle hin.

Es war dies ein rechter Uhlenhorstscher Sarkasmus, wie ihn die Konventikler wohl zu haben pflegen; aber darin hatten sie recht, daß nicht nur der in der archäologischen Abteilung stehende Lehnstuhl viel tiefer eingesessen, sondern daß auch der ganze, diesseits der Fensternischen verbliebene Rest des Zimmers ein heidnisches Museum, eine bloße Fortsetzung alles dessen war, was schon der Flur geboten hatte. Nur die Walfischrippe und der Alligator fehlten. Zwei mächtige, rechts und links neben der Tür stehende, über den Sims hin durch einen Mittelbau verbundene Glasschränke bildeten eine Art Arcus triumphalis, durch den man in die Studierstube eintrat; und alles, von dem Steinmesser und dem Aschenkrug an, was die märkische Erde nur je an Altertumsfunden herausgegeben hat, das fand sich hier zusammen. Daneben konnte freilich die theologische Bibliothek des Zimmers nicht bestehen, die, ihrer äußersten Verstaubung ganz zu geschweigen, auf einem schmalen zweibrettrigen Real zwischen Wandvorsprung und Ofen ihre Unterkunft gefunden hatte.

Unser Seidentopf war ein archäologischer Enthusiast trotz einem, und ausgerüstet mit all den Schwächen, die von diesem Enthusiasmus so unzertrennlich sind wie die Eifersucht von der Liebe. Er phantasierte, er ließ sich hinters Licht führen; aber in einem unterschied er sich von der großen Armee seiner Genossen: er sammelte nicht, um zu sammeln, sondern um einer Idee willen. Er war Tendenzsammler.

Innerhalb der Kirche, wie Uhlenhorst sagte, ein Halber, ein Lauwarmer, hatte er, sobald es sich um Urnen und Totenköpfe handelte, die Dogmenstrenge eines Großinquisitors. Er duldete keine Kompromisse, und als erstes und letztes Resultat aller seiner Forschungen stand für ihn unwandelbar fest, daß die Mark Brandenburg nicht nur von Uranfang ein deutsches Land gewesen, sondern auch durch alle Jahrhunderte hin geblieben sei. Die wendische Invasion habe nur den Charakter einer Sturzwelle gehabt, durch die oberflächlich das eine oder andere geändert, dieser oder jener Name slawisiert worden sei. Aber nichts weiter. In der Bevölkerung, wie durch die Sagen von Fricke und Wotan bewiesen werde, habe deutsche Sitte und Sage fortgelebt; am wenigsten seien die Wenden, wie so oft behauptet werde, in die Tiefen der Erde eingedrungen. Ihre sogenannten „Wendenkirchhöfe", ihre Totentöpfe niedrigen Grades wolle er ihnen zugestehen, alles andre aber, was sich mit instinktiver Vermeidung des Oberflächlichen eingebohrt und eingegraben habe, alles, was zugleich Kultur und Kultus ausdrücke, sei so gewiß germanisch, wie Teut selber ein Deutscher gewesen sei. Um diese Sätze drehte sich für ihn jede Debatte von Bedeutung. Er war sich bewußt, in seinem archäologischen Museum durchaus unanfechtbare Belege für sein System in Händen zu haben, unterschied aber doch zwischen einem kleinen und einem großen Beweis. Der kleine war ihm persönlich der liebere, weil er der feinere war; er kannte jedoch die Welt genugsam, um dem blöden Sinn der Masse gegenüber je nach einem anderen als nach dem großen Beweis zu greifen. Die Stücke, die diesen bildeten, befanden sich sämtlich in den zwei großen Glasschränken des Arcus triumphalis, waren jedoch selbst wieder in unwiderlegliche und ganz unwiderlegliche geteilt, von denen nur die letzteren die Inschrift führten: „Ultima ratio Semnonum". Es waren zehn oder zwölf Sachen, alle numeriert, zugleich mit Zetteln beklebt, die Zitate aus Tacitus enthielten. Gleich Nr. 1 war ein Hauptstück, ein bronzenes Wildschweinsbild, auf dessen Zettel die Worte standen: „Insigne superstitionis formas aprorum gestant", „Ihren Götzenbildern gaben sie (die alten Germanen) die Gestalt wilder Schweine." Die anderen Nummern wiesen Spangen, Ringe, Brustnadeln, Schwerter auf, woran sich als die Sanspareils und eigentlichen Prachtbeweisstücke der Sammlung drei Münzen aus der Kaiserzeit schlossen, mit den Bildnissen von Nero, Titus und Trajan. Die Trajansmünze trug um das lorbeergekrönte Haupt die Umschrift: „Imp. Caes. Trajano Optimo," auf dem danebenliegenden Zettel aber hieß es: „Gefunden zu Reitwein, Land Lebus, in einem Totenkopf." Das „in einem Totenkopf" war dick unterstrichen. Und vom Standpunkte unseres Freundes aus mit vollkommenem Recht. Denn es führte den Beweis, oder sollte ihn wenigstens führen, daß nicht alle Totenköpfe wendisch, vielmehr die „Totenköpfe höherer Ordnung" ebenfalls deutsch-semnonischen Ursprungs seien.

Auflehnung gegen so beredte Zeugen erschien unserem Seidentopf unmöglich, und dennoch hatte er sie zu befahren, wobei es sich so glücklich oder so unglücklich traf, daß sein heftigster Angreifer und sein ältester Freund ein und dieselbe Person waren. Es sprach für beide, daß ihre Freundschaft unter diesen Kämpfen nicht nur nicht litt, sondern immer wurzelfester wurde; allerdings weniger ein Verdienst unseres Pastors als seines gut gelaunten Antagonisten, der, weltmännisch über der Sache stehend, nicht gewillt war, die Semnonen- und Lutizenfrage unter Drangebung vieljähriger herzlicher Beziehungen durchzufechten. In Wahrheit interessierte ihn die „Urne" erst dann, wenn sie anfing, die moderne Gestalt einer Bowle anzunehmen.

Dieser alte Freund und Gegner war der Justizrat Turgany aus Frankfurt a. O., der, ein Feind aller Prozeßverhandlungen bei trockenem Munde, speziell in dem Prozeß „Lutizii contra Semnones" manche liebe Flasche ausgestochen hatte, gelegentlich im Pfarrhause zu Hohen-Vietz, am liebsten aber im eigenen Hause, nach dem Grundsatze, daß er über seinen eigenen Weinkeller am unterrichtesten sei. Schon die Studentenzeit hatte beide Freunde, Mitte der siebziger Jahre, in Göttingen zusammengeführt, wo sie unter der „deutschen Eiche" Schwüre getauscht und, Klopstocksche Bardengesänge rezitierend, sich dem Vaterlande Hermanns und Thusneldas auf ewig geweiht hatten. Seidentopf war seinem Schwure treu geblieben. Wie damals in den Tagen jugendlicher Begeisterung erschien ihm auch heute noch der Rest der Welt als bloßer Rohstoff für die Durchführung germanisch=sittlicher Mission; Turgany aber hatte seine bei Punsch und Klopstock geleisteten Schwüre längst vergessen, schob alles auf den ersteren und gefiel sich darin, wenigstens scheinbar, den Apostel des Panslawismus zu machen. Die Möglichkeit europäischer Regeneration lag ihm zwischen Don und Dnjepr und noch weiter ostwärts. „Immer," so hatte er bei seiner letzten Anwesenheit in Hohen=Vietz versichert, „kam die Verjüngung von den Ufern der Wolga, und wieder stehen wir vor solchem Auffrischungsprozeß"; halb scherz=, halb ernsthaft vorgetragene Paradoxien, die von Seidentopf einfach als politische Ketzereien seines Freundes bezeichnet wurden.

Aber dieser Freund war nicht halb so schwarz, wie er sich selber malte. Er debattierte nur nach dem Prinzip von Stahl und Stein: hart gegen hart; das gab dann die Funken, die ihm wichtiger waren als die Sache selbst. Zudem wußte der panslawistische Justizrat, daß Streit und immer wieder in Frage gestellter Sieg längst ein Lebensbedürfnis Seidentopfs geworden waren, und gefiel sich deshalb in seiner Oppositionsrolle mehr noch aus Rücksicht gegen diesen als aus Rücksicht gegen sich selbst.

XII.

Besuch in der Pfarre.

Und es war der Justizrat Turgany, der heute, am zweiten Weihnachtsfeiertage 1812, in der Hohen=Vietzer Pfarre erwartet wurde; auch Lewin und Renate hatten zugesagt, mit ihnen Tante Schorlemmer und Marie.

Vier Uhr war vorüber; es dunkelte schon, der Besuch

konnte jeden Augenblick kommen. In den Zimmern war alles festlich vorbereitet. Wo noch ein Stäubchen lag, fuhr unser Freund mit einem Federwedel darüber hin; dann wieder zog er das Taschentuch und polierte an den Scheiben seiner geliebten Schränke. Wer auf Waffen hält, der sorgt auch, daß sie blank sind. Nur an das theologische Bücherbrett, wo der Staub zu dicht lag, vermied er es heranzutreten. Ein Zwischenfall ließ ihn einen Augenblick aufsehen von seiner Arbeit. An ihm vorbei, als wäre eine Welt versäumt, drang in ziemlich herrischer Weise eine Frau mit rotem Gesicht und weißer Haube in das Studierzimmer ein, goß auf ein vorgehaltenes Schippenblech eine Räucheressenz, wie sie damals Mode war, fuhr ein paarmal durch die Luft und schoß dann in das Nebenzimmer weiter, um ihre Bewegungen, die zwischen Stoßfechten und Weihrauchfaßschwenken eine gute Mitte hielten, in den dahintergelegenen Räumen fortzusetzen. Pastor Seidentopf lächelte, als er ihr nachsah; ein scherzhaftes Wort schien ihm eben auf die Lippe zu treten, aber ehe es laut werden konnte, klingelte die Haustür, und das Aufstampfen auf Dielen und Strohdecke, um den Schnee und die Kälte abzuschütteln, verriet deutlich, daß der Besuch gekommen sei.

Aber nicht der Frankfurter Justizrat. Es waren zunächst die Freunde aus dem Herrenhause. Lewin führte Tante Schorlemmer; Renate und Marie folgten. Man begrüßte sich herzlich. Renate, die es warm fand, nahm ihr Schaltuch ab und stand einen Augenblick, mit der Broschnadel in der Hand, wie in Verlegenheit, wo sie dieselbe hintun solle. Dann öffnete sie den Glasschrank und legte die Nadel in eine der zerbrochenen Urnen. Sie war wie Kind im Hause. Alles lachte; Seidentopf stimmte mit ein.

„Sehen Sie, teuerster Prediger," hob Renate an, „wenn das nun ein Aschenregen wäre, was jetzt in Flocken vom Himmel fällt, welche Hypothesen gäbe das bei den Seidentopfs der Zukunft, diese Gemmenbrosche in einem wendischen Totentopf!"

„Nicht wendisch, ganz und gar nicht. Aber meine schöne Renate lockt mich nicht heraus," erwiderte Seidentopf gut gelaunt. „Ich erwarte Turgany noch und darf meine Kräfte nicht an Plänkeleien setzen, auch nicht an die verlockendsten. Aber wo nehmen wir unseren Kaffee?"

„Hier, hier, im Studier= und Rauchzimmer," riefen die Stimmen durcheinander, mit besonderer Betonung des letzten Worts. Seidentopf lehnte ab. Renate aber bestand darauf. „Wir wollen keine Opfer."

„Und wenn es ein solches wäre: je mehr Opfer, je mehr Glück."

„O wie verbindlich! Ganz die gute alte Zeit. Und da bilden sich unsere Residenzler ein (ein schelmischer Blick Renatens streifte dabei Lewin), uns feine Sitten lehren zu wollen; hier ist ihr Lehrstuhl, hier im Pfarrhause zu Hohen=Vietz."

Stühle wurden gestellt; man nahm Platz an einem Rundtisch, der in die Camera archaeologica gerückt worden war, und die schon erwähnte Frau erschien, um den Kaffeetisch zu servieren. Sie wurde sofort und in einer Weise von allen Anwesenden begrüßt, die über ihre Wichtigkeit innerhalb der Hohen=Vietzer Pfarre keinen Zweifel ließ. Ihrer Geburt und Haltung nach hätte sie freilich noch den Friesrock und das schwarzseidene Kopftuch tragen müssen; alle Haushälterinnen aber wachsen schließlich über sich hinaus, und die Hohen=Vietzer machte keine Ausnahme.

Sie nahm allerhand kleine Huldigungen in Anspruch und erwartete beispielsweise von seiten der Gäste ein aus=

zeichnendes Entgegenkommen, später von seiten ihres Pastors die Aufforderung, an der festlichen Tafel teilzunehmen. Aber hiermit war ihrem Selbstgefühl Genüge getan. Sie lehnte regelmäßig ab und war befriedigt, daß die Aufforderung überhaupt stattgefunden hatte.

Sie legte jetzt die Kaffeeserviette, stellte zwei doppelarmige Leuchter, zugleich auch eine Zuckerdose mit kleinen Löwenfüßen in die Mitte des Tisches und flankierte diese stattliche Zentrumsposition mit zwei silbernen Körben, von denen der eine allerhand Krausgebackenes, der andere eine Pyramide von Kaffeekuchen enthielt; zuletzt kam die Meißner Kanne selbst, auf deren Deckel Gott Amor sich schelmisch auf seinen Bogen lehnte. Der Pastor hatte nie Anstoß daran genommen, vielleicht es nie bemerkt.

Renate machte die Wirtin, verteilte den Zucker sogleich in die Tassen (die großen Blockstücke waren noch nicht Mode) und handhabte dabei die Zuckerzange mit jener Grazie, die allein aussöhnen kann mit diesem Werkzeuge der Unbequemlichkeit. Die Unterhaltung nach den ersten kecken Plänkeleien lenkte sehr bald wieder ins Regelrechte ein und begann mit dem Wetter. Das hatte im Jahre 1812 noch eine ganz besondere Bedeutung. Man könnte sagen, vom Wetter sprechen war damals patriotisch. Schnee und Kälte waren die großen russischen Bundesgenossen.

Der Schnee, der anfangs in kleinen Federchen umhergestäubt war, wirbelte allmählich dichter an den Fenstern vorbei, und aus der Geborgenheit von Pastor Seidentopfs Studierstube — doppelt geborgen, nachdem sie auch zum Kaffeezimmer geworden war — sahen jetzt Wirt und Gäste in den Wirbeltanz hinaus.

Es entstand eine Pause. „Immer mehr Schnee," begann Lewin, der den Platz zunächst dem Fenster hatte; „es ist doch, als ob Gott selber sie alle begraben wollte.

Die Vernichtung kommt über sie; sie fällt in leisen Flocken vom Himmel. Und dazwischen höre ich eine Stimme, die uns zuruft: ‚Drängt euch nicht ein, wollt nicht mehr tun, als ich selber tue; ich vollbringe es allein.' Ich weiß es wohl, teuerster Pastor, die Stimme, die ich höre, ist nur die Stimme meines Mitleids. Muß ich mich ihr verschließen? Ist dieses Mitleid Schwäche? Muß ich es abtun?"

„Nein, Lewin, dein Herz hat den rechten Zug wie immer. Wenn es etwas gibt, dem zu folgen uns nicht reuen darf, so ist es das Mitleid. Zudem, unsere Feinde sind unsere Verbündeten. Und so lehren uns denn diese Tage treu sein, treu auch gegen den Feind, wie diese Jahre uns gelehrt haben, demütig zu sein. Harren wir. Es werden Zeiten kommen, wo uns sein wird, als lege Gott selber sein Schwert in unsere Hände. Aber dieser Tag, der vielleicht nahe ist, ist noch nicht da. Eins aber gilt heute und immerdar: Offen sei unser Tun. Das ist d e u t s ch."

Lewin wollte antworten, aber Peitschenknall und Schellengeläut, das eben die Dorfgasse heraufkam, unterbrach die Unterhaltung, und Seidentopf rief: „Da sind sie."

Es waren drei Herren, von denen zwei, in grauen Mänteln und schwarzen Tuchmützen, den Polsterstuhl des Schlittens innehatten, während der dritte, in Pelzrock und Filzkappe, auf der Pritsche saß. Dieser sprang zuerst von seinem Holzbock herunter, reichte dem herbeigekommenen Pfarrknecht die Leinen und war dann den beiden anderen, viel jüngeren, aber schwerfälligeren Herren behilflich, aus ihren Fußsäcken heraus und glücklich ans Land zu kommen.

Alles das verfolgten unsere Freunde, soweit die fallenden Schneeflocken es zuließen, vom Fenster aus mit jenem ungeheuchelten Interesse, das nur der kennt, der die Winterstille der Dörfer an sich selber erfahren hat.

„Wer sind nur die beiden Fremden, die Turgany sich aufgeladen hat?" fragte Lewin. „In seinem eleganten Nerzpelz paßt unser justizrätlicher Freund schlecht zum Kämmerer dieser Graumäntel."

„Es sind Amtsbrüder von mir," erwiderte Seidentopf, dem errötenden Lewin die kleine Verlegenheit gönnend, „ein halber und ein ganzer. Der ganze, den du kennen solltest, ist unser Nachbar, der Dolgelinsche Pastor; der halbe Konrektort vorläufig noch, rückt aber nächstens in die Heilige-Geist-Pfarre ein. Konrektor Othegraven, ein besonderer Freund Turganys."

Die neuen Gäste hatten inzwischen aus Pelz und Mänteln sich ausgewickelt, und auf dem Flur erklang die Stimme des Justizrats mit jener Deutlichkeit, die immer auf ein halbes Zuhausesein deutet. Dann öffnete sich die Tür, und alle drei traten ein. Nach vorgängiger Begrüßung rückte man dichter zusammen, schob rechtwinklig einen zweiten Tisch heran und war sofort im Fahrwasser einer lebhaften Unterhaltung. Turgany, wie er selber mit Stolz zu versichern liebte, duldete keine Pausen.

Er hatte sich mit jenem Feldherrnblick, der ihn in solchen Dingen auszeichnete, den besten Platz gewählt und saß nicht bloß unter einem Urnenreal seines Freundes, worauf er schließlich verzichtet haben würde, sondern auch zwischen Renate und Marie, was er durch geschickte Beseitigung von Tante Schorlemmer — ihr zuflüsternd, daß sein Freund Othegraven glücklich sein würde, sich mit ihr über grönländische Mission unterhalten zu können — herbeizuführen gewußt hatte. „Othegraven habe selber Missionar werden wollen." In den durch diese Kriegslist eroberten Platz war er ohne weiteres eingerückt und unterhielt nun die beiden Damen von den eben überstandenen Abenteuern. Er verfuhr dabei nicht mit sonderlicher Diskretion, die

Vor dem Sturm.

überhaupt nicht seine starke Seite war, und nahm nicht den geringsten Anstand, den durch seine Gesamterscheinung freilich dazu herausfordernden Dolgeliner Pastor zum komischen Helden seiner Erzählung zu machen. Ein Windstoß habe seines Reisegefährten Kopfbedeckung querfeldein geführt, und eine Art Mützentreiben sei natürlich die Folge davon gewesen. Er werde dieses Anblicks nie vergessen. Der Wind, in den hochgeklappten Doppelkragen sich setzend, habe den unter Segel genommenen Pastor, als ob er in gerader Linie vom Doktor Faust abstamme, immer weiter und weiter getragen, bis endlich das phantastische Bild in den Tiefen eines Oderbruchgrabens verschwunden sei. In diesen sei nämlich der Pastor hineingefallen. Aber die Auserwählten fielen immer nur, um ihr Glück zu finden. So auch hier. In eben diesem Graben habe die Mütze gelegen.

Der Dolgeliner Pastor war inzwischen in einer Kornpreisunterhaltung mit Lewin begriffen; Tante Schorlemmer und der Konrektor ergingen sich in Parallelen zwischen Nordpol- und Südpolmission, während Turgany eben einen improvisierten Kinderball zu schildern begann, den er am Heiligabend mitgemacht hatte. Er ließ die kleinen Mädchen in ihrer Sprache sprechen und ahmte mit einem gewissen Darstellungstalent, das er hatte, die Wichtigkeit ihrer Mienen und ihrer Haltung nach. So ging die Unterhaltung. Des Justizrats Ideal war erreicht: keine Pausen.

Turgany, um sein Bild um ein paar Striche weiter auszuführen, war ein starker Fünfziger und wußte sich etwas auf die Jugendlichkeit seiner Erscheinung. Abwehrend gegen alle Schmeichelei, duldete er doch die eine, die ihn nach dem Siebenjährigen Kriege geboren sein ließ. Es ergab dies für ihn einen Reingewinn von zehn Jahren. Er hielt sich gerade, trug eine goldene Brille und ein Toupet von

flachsblonden Locken. Diese Locken hatten einst um andere
Schläfen gespielt, und unser Freund, wenn ihn die Laune
anwandelte, spöttelte selbst über diese blonde Fülle, die den
echten Flachs seiner Jugend weit aus dem Felde schlug;
er scherzte darüber, aber liebte es keineswegs, wenn andere
seinem Beispiele folgten. Sein frisch erhaltenes Gesicht
wäre regelmäßig zu nennen gewesen, wenn nicht sein linker
Nasenflügel, der ihm abgehauen und von einem Paukdoktor
schlecht angenäht worden war, eine Art Portal gebildet
hätte, gerade groß genug, um einen gewöhnlichen Nasen=
flügel darunterzustellen. Das Kecke, das sein Wesen hatte,
wuchs dadurch und paßte zu dem Zug übermütiger Laune,
der um seine Mundwinkel spielte.

Die beiden Geistlichen waren von sehr anderem Ge=
präge und ebenso verschieden untereinander wie von ihrem
Freunde, dem Justizrat. Sie hatten nichts gemeinsam als
den schwarzen Rock und das weiße Halstuch. Der Kon=
rektor gehörte einer Richtung an, wie sie damals in mär=
kischen Landen nur selten betroffen wurde: Strenggläubig=
keit bei Freudigkeit des Glaubens. Ein mehrjähriger
Aufenthalt im Holsteinischen, wo er den Wandsbecker
Boten und später auch Claus Harms auf seiner Dithmarsi=
schen Pfarre kennen gelernt hatte, war nicht ohne Einfluß
auf ihn geblieben. Er sprach wenig über Christentum und
Glaubensfragen, aber auch dem Profanen gab er eine Weihe
durch die Art, wie er es behandelte. Er sah alle Dinge
in ihrer Beziehung zu Gott; das gab ihm Klarheit und
Ruhe. Wenn er sprach, war etwas Helles um ihn her,
das mit seinem sonst steifen und pedantischen Äußeren ver=
söhnen konnte.

Der Dolgeliner Pfarrer entbehrte vieler Gaben, aber
was er am gewissesten entbehrte, das war die Leuchtekraft
des Glaubens. Er war für praktische Seelsorge, worunter

er verstand, daß er den Bauern ihre Prozesse führte, und mußte sich's gefallen lassen, von Turgany abwechselnd als „Kollege", „Dolgeliner Orakel" und „Lebuser Markt- und Kurszettel" bezeichnet zu werden. Er war weder Orthodoxer noch Rationalist, sondern bekannte sich einfach zu der alten Landpastorenrichtung von Whist à trois. Und nicht immer mit der nötigen Vorsicht. Einmal, so wenigstens erzählte Turgany, hatte er einer älteren unverheirateten Dame geklagt, daß er in Dolgelin keine „Partie" finden könne, was zu den ergötzlichsten Mißverständnissen Veranlassung gegeben hatte. Im übrigen war er ebenso brav wie beschränkt und wohlgelitten. Es fehlte nur der Respekt.

Solcher Art waren die neuen Ankömmlinge. Der Justizrat erhob sich eben, um vor Renate und Marie den kleinen verwachsenen Musikenthusiasten zu kopieren, der an jenem Frankfurter Kinderballabend drei Stunden lang das Violoncell gespielt hatte, als Tante Schorlemmer, einen der Doppelleuchter ergreifend, das Zeichen gab, die Studierstube von den Verpflichtungen gesellschaftlicher Repräsentation freizumachen. Die alte Dame selbst schritt erst dem angrenzenden, dann einem zweiten, dahintergelegenen Zimmer zu; alle jüngeren Elemente der Gesellschaft folgten, Othegraven und selbst Pastor Zabel nicht ausgeschlossen.

Nur Turgany und Seidentopf, die alten Freunde und Gegner, blieben in der Studierstube zurück.

XIII.

Der Wagen Odins.

Die Stunden vor Tische — nach einem alten Herkommen, von denen übrigens Turgany heute nicht ungern abgegangen wäre — gehörte dem wissenschaftlichen Aus-

tausch, will sagen: der Kriegsführung. In dieser kurzen
Spanne Zeit wurden jene Schlachten geschlagen, denen
der Justizrat mit heiterer Entschlossenheit, der Pastor, bei
allem Verlangen danach, doch zugleich mit immer erneutem
Bangen entgegensah. Denn so laut er auch die Un=
erschütterlichkeit seines Systems proklamieren mochte, gerade
hinter seinen bestimmtesten Versicherungen barg sich der
quälendste Zweifel. Alle Systeme sind gefallen, sagte er
zu sich selbst, und vor jeder neuen Debatte beschlich ihn
die Vorstellung: wenn nun jetzt dein Bau zusammenstürzte!

Diese Vorstellung kam ihm auch heute, und das ent=
sprechende Bangen wuchs einen Augenblick, als Turgany,
der inzwischen eine kleine Kiste vom Flur hereingeholt
hatte, diese mit einer gewissen Feierlichkeit auf den Tisch
stellte und einfach die Worte sprach: „Dies ist nun für
dich, Seidentopf. Nimm es, so unchristlich sein Inhalt
ist, als eine Christbescherung von mir an. Ob du in
dir oder außer dir einen Platz dafür finden wirst, steht
freilich dahin. Wenn es in dein System paßt, so schmiede
Waffen gegen mich; es soll dann mein Stolz sein, dir
selbst zum Siege verholfen zu haben. Entgegengesetzten=
falls aber habe den Mut eines offenen Bekenntnisses.
Und nun öffne."

Seidentopf zog den Deckel und nahm aus der Kiste
einen kleinen Bronzewagen heraus, der auf drei Rädern
lief und eine kurze Gabeldeichsel hatte, auf der, dicht an
der Achse, sechs ebenfalls bronzene Vögel saßen, alle von
einer Haltung, als ob sie eben auffliegen wollten. Das
Ganze, quadratisch gemessen, wenig über handgroß, ver=
riet ebensosehr technisches Geschick wie Sinn für Formen=
schönheit.

Der Pastor war geblendet; auf einen Augenblick ging
alles, was kritisch oder systematisch an und in ihm war,

in der naiven Freude des Sammlers unter, und die Hand des Justizrats ergreifend, sagte er: „Das ist ein Unikum; das wird die Zierde meiner Sammlung."

Dann ließ er den Wagen über den Tisch rollen mit einem Gefühl und einem Gesichtsausdruck, als ob er um fünfzig Jahre jünger gewesen wäre.

Turgany freute sich des Glückes, das er geschaffen; aber rasch wieder von seinem alten Widersachergeist erfaßt, riß er unseren Seidentopf durch ein kurzes „und nun?" aus seiner Unbefangenheit.

Der Pastor, zunächst noch in jener weichen Stimmung, wie sie Freude und Dank hervorrufen, versuchte dem inquisitorischen „und nun?" durch allerhand Zwischenfragen über Erwerb und Fundort auszuweichen. Aber vergeblich. Die letztere Frage griff schon in das kritische Gebiet hinüber, und Turgany bemerkte deshalb mit nachdrücklicher Betonung einzelner Worte: „Er ist von jenseit der Oder; Wegearbeiter fanden ihn zwischen Reppen und Drossen; er steckte im Mergel; Drossen ist wendisch und heißt: ‚Stadt am Wege'. Die Oder war immer Grenzfluß."

„Das ist ohne Bedeutung," bemerkte Seidentopf ruhig. „Du weißt, es gab eine Zeit, wo diesseits und jenseits des Flusses Deutsche wohnten; nur die Stämme waren verschieden. Welche Stämme hüben und drüben, darüber mag gestritten werden; ich betone nur das Germanische überhaupt."

Turgany lächelte. „So glaubst du wirklich, daß deine Semnonen oder ihresgleichen, die nachweisbar unter Fichten und Eichen wohnten und sich in Tierfelle kleideten, der Schöpfung solcher Kunstwerke fähig gewesen wären?" Er wies dabei auf den Wagen. „Wie ich dir oft gesagt habe, sie sind hingegangen wie das Laub an ihren Bäumen, wie der Ur, der mit ihnen gemeinschaftlich die

Wälder bewohnte. Es ist möglich, daß der Welt die Überraschung vorbehalten ist, hier oder dort, in Moor oder Mergel, einmal einem durch Erdsalze petrifizierten Semnonen zu begegnen; ich würde mich freuen, solchen Fund noch zu erleben, er würde jedoch nach der Seite hin, die hier in Frage kommt, nicht das geringste beweisen. Es gab Semnonen, gewiß, aber sie schufen nichts. Sie pflanzten sich fort, das war alles. Ein Schaffen im Sinne der Kunst, der Erfindung kannten sie nicht. Dieser Wagen ist Produkt höherer Kultur. Wer brachte die Kultur in diese Gegenden? so stellt sich die Frage. Du kennst meine Antwort."

Seidentopf schwieg.

„Ich habe dir so oft gesagt," fuhr Turgany fort, „und ich muß es wiederholen, es zählt bei mir zu den Unbegreiflichkeiten, daß ein Mann von deinem wissenschaftlichen Ernst, der sich in hundert anderen Stücken durch Vorurteilslosigkeit auszeichnet, die Kultur der slawischen Vorlande bestreiten kann. Dein System ist eine Anhäufung von Sophistereien. Von unserer alten Priegnitz an, in der wir geboren wurden, bis zu diesem Lande Lebus, in dem wir jetzt beide wohnen, tragen sowohl die Landesteile selbst, wie ihre Städte und Dörfer, zum ewigen Zeichen dessen, daß sie aus wendischen Händen hervorgingen, gutslawische Namen; in erster Reihe dies alte Hohen=Vietz, dessen Bewohner, neben ihren vielen anderen Tugenden, auch die der Langmut in Stammes= und Rassefragen üben. Ich meinerseits kann ihnen darin nicht folgen. Es bleibt wie es ist. Die Deutschen dieser Gegenden waren Wilde; sie hatten Menschenopfer, sie schlitzten ihren Feinden die Bäuche mit Feuersteinen auf. Sie aber, die gesitteten Wenden, die du verleugnest, sie hatten Tempel, trugen feine Gespinste und schmückten sich und ihre Götter mit goldenen Spangen. Was hat dein ganzes Semnonentum aufzuweisen, das heranreichte an die sagenhafte Pracht Vinetas, an die phantastische Tempelgröße Rethras und Oregungas?"

„Sagenhafte Pracht," wiederholte Seidentopf, „mir könnte das Zugeständnis, das in diesem Beiwort liegt, genügen; indessen ich verzichte gern auf den Gebrauch von Waffen, die mir, verzeihe, eine Unachtsamkeit meines Gegners in die Hand gibt. Und so gedenke ich nicht an der Kultur von Rethra und Julin herumzudeuteln. Aber dieses spätere, unter den Anregungen unserer germanischen Welt über sich selbst hinauswachsende Wendentum, ist ein Wendentum dieses Jahrtausends, während dieser bronzene Wagen augenscheinlich bis in die ersten Säkula unserer Zeitrechnung zurückdatiert. Ich setze ihn drittes Jahrhundert, vielleicht noch früher."

„Gut. Und wofür hältst du ihn? Was ist er? Was bedeutet er?"

„Ich hätte es gewünscht, diesen Streit gerade heute, wo ich mich dir so tief verpflichtet fühle, vermieden zu sehen. Da sich dies nicht tun läßt, so nehme ich nicht Anstand, ihn, mit jedem erdenklichen Grade von Bestimmtheit, als ein Symbol des altgermanischen Kultus zu bezeichnen. Er versinnbildlicht nichts anderes, als den Wagen Odins."

„Du greifst etwas hoch," setzte jetzt Turgany mit schärfer werdender Stimme ein. „Wie es in den Wald hineinschallt, so schallt es wieder heraus. Und so nehme ich denn nicht Anstand, auch meinerseits mit jedem erdenklichen Grade von Bestimmtheit zu behaupten, daß dies ein Odinswagen etwa mit demselben Rechte ist, wie ein in irgend einem Mergellager aufgefundenes Wiegenpferd eine sinnbildliche Darstellung der wendischen Sonnen=

rosse sein würde. Du darfst den Bogen nicht überspannen. Dieser Wagen ist einfach das Kinderspielzeug eines Lutizischen oder Obotritischen Fürstensohnes, irgend eines jugendlichen Pribislaw oder Mistiwoi."

Seidentopf wollte antworten, aber Turgany fuhr fort: „Ein Bild heiteren Familienlebens tut sich vor meinen Blicken auf. Holzsäulen mit reichgeschnitzten Kapitälen tragen die phantastisch gezierte Decke und an den Tischen entlang, bei Würfel und Wein, sitzen die wendischen Schwertmänner, zu oberst der Fürst. Er trinkt auf das Wohl seines einzigen Sohnes, zu dessen Geburtstagsfeier heute die Gäste so zahlreich erschienen sind. Durch die Halle hin, nach rechts und links sich verneigend, schreitet Pribislawa, die Fürstin, und bei jeder grüßenden Bewegung blitzten die goldenen Franzen ihres weißen Gewandes. An ihrer Rechten führt sie den Knaben, dessen Locken unter seiner Otterfellmütze hervorquellen, während hinter ihm her das reiche Spielzeug rollt und rasselt, das dieser Glückstag ihm bescherte. Und dieses Spielzeug ist h i e r." Damit hob Turgany den vorgeblichen Odinswagen auf und setzte ihn wieder auf den Tisch.

Der Pastor lächelte. Auch Turgany, dem im Anschauen seines durch ihn selbst heraufbeschworenen Bildes heiterer ums Herz geworden war, sah wieder ruhiger drein und sagte in versöhnlichem Tone:

„Seidentopf, ich habe Trumpf gegen Trumpf gesetzt. Du hast mich herausgefordert. Wenn ich, dir folgend, von jedem erdenklichen Grade von Bestimmtheit sprach, so wirst du wissen, was ich damit gemeint habe. Es fehlt uns beiden nur eine Kleinigkeit: ‚der Beweis‘."

„Ich kann ihn geben."

„Wohlan, so gib ihn."

„Du gibst zunächst die Bronze zu?"

Der Justizrat nickte.

"Du gibst ferner zu, daß die Bronze der germanischen Zeit mit derselben Ausschließlichkeit angehört, wie das Eisen der wendischen?"

Turgany nickte wieder, aber unter Zeichen wachsender Ungeduld.

"Gut. Dies von deiner Seite zugegeben," fuhr Seidentopf fort, "scheint mir unser Streit durch dein eigenes Entgegenkommen geschlichtet. Ich danke dir für diesen Akt der Unparteilichkeit und Selbstbeherrschung. Dieser Wagen ist bronzen; und weil er bronzen ist, ist er germanisch. Das ist der Punkt, auf den es ankommt. Was er innerhalb der germanischen Welt war, das ist erst von zweiter Bedeutung. Doch muß ich dabei bleiben, daß auch darüber nicht wohl ein Zweifel sein kann. Hier diese Vögel auf Achse und Gabeldeichsel führen den Beweis. Es sind die Raben Odins. Sie fliegen vor ihm her; wenn ich mich des Ausdrucks bedienen darf, sie ziehen das rätselvolle Gefährt."

"Du hältst dies also für Raben?"

"Der Augenschein überhebt mich jeder weiteren Ausführung," erwiderte der Pastor.

"Nun, so erlaube mir die Bemerkung, daß nach meiner ornithologischen Kenntnis, die wenigstens auf dem ganzen zwischen Fasan und Bekassine liegenden Gebiete der deinigen überlegen ist, diese sogenannten Raben Odins nicht mehr und nicht weniger als alles sein können, was je mit Flügeln schlug, vom Storch und Schwan an bis zum Kernbeißer und Kreuzschnabel. Und so ruf' ich dir denn zu: ‚Heil diesem Isis- und Osiriswagen, denn sechs Ibis sitzen auf seiner Deichsel, Heil diesem Jupiterwagen, denn sechs Adler fliegen vor ihm her'."

Während dieser Kontroverse hatte die Haushälterin

nebenan mit Tellern und Tassen geklappert und die Beine des Ausziehtisches mit jener rücksichtslosen Lautheit eingeschraubt, die seit alter Zeit her das Vorrecht des von seiner Wichtigkeit überzeugten Küchendepartements bildet. Trotz dieses Lärmens indes waren die scharfen Töne Turganys bis in das dahinter gelegene Gesellschaftszimmer gedrungen, und veranlaßten hier um so rascher einen allgemeinen Aufbruch, als das immer gern gehörte „zu Tisch" ohnehin jeden Augenblick gesprochen werden konnte. Renate und Marie, die den Zug führten, erschienen auf der Schwelle des Studierzimmers, als der Justizrat eben seine letzten spöttischen Trümpfe ausspielte.

„Willkommen!" rief Turgany. „Unsere jungen Freundinnen, die Vertreter heiterer Unbefangenheit in diesem Kreise, sollen einen Gerichtshof bilden und zwischen dir und mir entscheiden. Cour d'amour, Sängerstreit; Seidentopf und Turgany in den Schranken."

Seidentopf war es zufrieden. Alles versammelte sich um den Tisch, und Renate, den Vorsitz nehmend, forderte die streitenden Parteien auf, ihre Sache zu führen. Turgany sprach zuerst; dann schloß Seidentopf: „und so spitzt sich denn die Frage einfach dahin zu: ist dieser Wagen ein Gegenstand des Kultus oder ist es ein bloßer Tand? Wurde andächtig zu ihm aufgeschaut oder wurde mit ihm gespielt? Und nun, ihr Raben Odins, zieht eure Kreise und kündet das rechte Wort."

Renate warf einen Blick auf die Streitenden, dann sagte sie: „Welche Blindheit, ihr Freunde, daß ihr den Wald vor Bäumen nicht seht! War je eine Frage leichter zu entscheiden? Wozu das Suchen in dunkler Ferne? Dieser Wagen, von allerdings symbolischer Bedeutung, ist nichts anderes als ein Streitwagen, das zwischen

Droſſen und Reppen aufgefundene Bild eurer eigenen
urewigen Fehde."

Alles ſtimmte heiter zu, und die gemeinſchaftlich Ver=
urteilten reichten ſich die Hand. Renate aber, den Winken
der im Hintergrunde beſchäftigten Alten endlich die ge=
bührende Aufmerkſamkeit ſchenkend, nahm jetzt den Arm
Seidentopfs und ſchritt dem Nebenzimmer zu, darin auf
gaſtlich hergerichteter Tafel das Linnen glänzte und die
Lichter brannten.

XIV.

„Alles was fliegen kann, fliege hoch."

Das Nebenzimmer war das Eßzimmer, das von dem
Vorrecht aller Speiſeräume, kahl und ſchmucklos ſein zu
dürfen, den ausgiebigſten Gebrauch machte. Nur zweierlei
unterbrach die vorherrſchende Nüchternheit: über der nach
dem Korridor hinausführenden Tür hing eine große, ſtark
nachgedunkelte, von irgend einem Niederländer aus der
Rubensſchule herrührende Bärenhatz, während am Spiegel=
pfeiler der gegenüberliegenden Schmalwand eine hohe
Nußbaum=Etagere ſtand, auf deren oberſten Brett ein
durchbrochener Korb mit bemaltem Alabaſterobſt, Birnen,
Orangen und Weintrauben paradierte. Die „Bärenhatz"
hatte ſich, vor mehr als fünfzig Jahren, bei Renovierung
des Vitzewitzeſchen Speiſeſaales, aus dem Herrenhauſe nach
dem Predigerhauſe verirrt, in dem damals ein lebeluſtiger
Amtsvorgänger Seidentopfs, ſoweit ihn nicht Fuchs= und
Haſenjagd in Anſpruch nahmen, der Hohen=Vietzer Seel=
ſorge oblag.

So kahl und nüchtern das Zimmer war, einen ſo
entgegengeſetzten Eindruck machte es von dem Augenblick

an, wo die Seidentopfschen Gäste dasselbe zu füllen und zu beleben begannen. Die Armleuchter, die grünen und weißen Gläser, vor allem ein die Mitte der Tafel einnehmender, in der Fülle seiner langen und braunen Zacken eine Hohen-Vietzer Pfarrspezialität bildender Baumkuchen gaben ein überaus heiteres Bild, das aus seiner wunderlich komponierten Umrahmung: kahle Wände, nachgedunkelter Rubens und Alabasterobst, eher Vorteil als Nachteil zog.

Turgany, der sich wieder des Platzes zwischen den beiden jungen Damen zu versichern gewußt hatte, flüsterte, nachdem eine Tasse Tee glücklich an ihm vorübergegangen war, der in Person aufwartenden Alten einige Worte ins Ohr, die von dieser, wie es schien, verständnisvoll aufgenommen und mit Kopfnicken erwidert wurden.

„Neue Anschläge im Werke?" fragte Renate.

„Vielleicht," bemerkte Turgany. „Aber doch nur solche, die die Neugier meiner schönen Nachbarin nicht lange auf die Probe stellen werden. In jedem Falle Überraschungen von allgemeinerem Interesse als ‚der Wagen Odins'."

Während dies Gespräch noch geführt wurde, erschien die Haushälterin wieder zu Häupten der Tafel, eine flache Schüssel herumreichend, deren schwarzkörniger, mit Zitronenschnitten reich garnierter Inhalt über die Art der Überraschung nicht länger im Zweifel lassen konnte.

„Aber Turgany," murmelte Seidentopf mit liebevollem Vorwurf.

„Keinen vorzeitigen Dank," nahm der Justizrat das Wort. „Du ahnst nicht, Freund, die geheime Tücke, die hinter diesen schwarzen Körnern lauert. Allen Tafelparagraphen zum Trotz, die schon jede lebhafte Debatte von den Freuden des Mahles ausgeschlossen wissen wollen, trage ich den alten Turgany=Seidentopf=Streit an diesen deinen gastlichen Tisch und entnehme neue Waffen gegen dich diesem Überraschungsgericht, das ich mir, im Vertrauen auf deine Nachsicht, einzuschieben erlaubt habe. Ja, Freund, hier ist das Salz der Erde, das einzige, das noch nicht dumpf geworden. Diese schwarzen Körner, was sind sie anders, als ein Vortrab aus dem Osten, als eine Avantgarde der großen slawischen Welt. Sendboten von der Wolga her; Astrachan rückt ein in dieses alte Land Lebus. Ein tiefsinniges Symbol dieses alles! Schon folgen die Steppenreiter, die dieselbe Heimat haben; erwarten wir sie, bereiten wir unsre Herzen. Es lebe das Salz der neuen Zeit; es lebe die große Slawa, die Urmutter unsrer wendischen Welt, es lebe Rußland!"

Seidentopf, viel zu liebenswürdig, um nicht für Neckereien wie diese ein bereitwilliges Verständnis zu haben, erhob sich sofort. „Ich bitte die Gläser zu füllen," begann er, „versteht sich die grünen. Unser Freund hat das Salz unsrer Zeit, hat Rußland, hat die astrachanische Prärie leben lassen. Ich könnte hervorheben, daß optische Täuschungen, riesenmäßige Vergrößerungen zu den charakteristischen Zügen jener Steppengegenden gehören, von denen uns beispielsweise Reisende berichten, daß einfache Heidekrautbüschel das Ansehen stattlicher Bäume gewönnen; aber ich verzichte auf Bemerkungen, die unsern Streit nur schüren könnten. Ich dürste nicht nach Fehde, sondern nach Versöhnung. Gut denn, es lebe das Wolgasalz, das erfrischt, aber zugleich durchglühe uns dieser deutsche Wein, der erheitert und erhebt. Zu dem Herben geselle sich das Feuer, zu der Kraft die Begeisterung. So vermähle sich die slawische und germanische Welt. Es ist ein alter Wein noch, der in unsern Gläsern perlt, und die Gelände waren unser, die ihn trugen und reiften. Sie sollen es wieder sein. Möge der Most des nächsten Jahres in deutschen Keltern stehen."

Die Gläser klangen zusammen, auch die Turganys und Seidentopfs. Beide Gegner umarmten sich, alles schüttelte sich die Hände, und das Gefühl patriotischer Erhebung wuchs, als, unter Zugrundelegung des 29. Bulletins, die Tischunterhaltung in das Gebiet der Konjekturalpolitik hinüberglitt.

Erst der Schluß der Tafel machte dem Gespräch ein Ende, an dem sich auch die Damen um so lieber beteiligt hatten, als die Abwesenheit eigentlich zuverlässigen Materials es sowohl jedem reichlich eingestreuten „on dit", wie nicht minder dem Fluge der Einbildungskraft erlaubte, alles Fehlende aus eigenen Mitteln zu ersetzen. Und auf derartig schwachen Fundamenten aufgeführte Unterhaltungen pflegen meist mehr zu befriedigen, als solche, die durch oft unbequeme Tatsachen in ihrem Gange bestimmt werden.

Die Gesellschaft begab sich jetzt aus dem Eßzimmer in die die Zimmerreihe abschließende Putzstube, die im wesentlichen noch die Einrichtung zeigte, die ihr die vor zehn Jahren, beinahe unmittelbar nach der Feier ihrer silbernen Hochzeit, aus der Zeitlichkeit geschiedene Frau Pastorin Seidentopf gegeben hatte. An der einen Längswand standen ein Sofa und ein Birkenmaserklavier, jenes hochlehnig, mit fünf harten, großblümig überzogenen Seegraskissen, dieses auf schmalen, ellenartigen Beinen, deren Dünne nur noch von der seines Tones übertroffen wurde. Dem Sofa gegenüber befand sich der „Jubiläumsschrank", in dem alles ein Unterkommen gesucht und gefunden hatte, was bei Gelegenheit der mit seiner silbernen Hochzeit zusammenfallenden fünfundzwanzigjährigen Amtsführung unserm Seidentopf an Geschenken und Huldigungen dargebracht worden war. Außer dem Kranz und dem Ehrenpokal standen hier: zwei Blumenvasen mit Zittergras, ein Fidibusbecher, ein Album, eine Briefmappe, mit zwei großen Perlenarbeiten geschmückt, von denen die eine die Hohen=Vietzer Kirche, die andre das Landsberger Korrektions= haus darstellte, an dem unser Seidentopf einige Jahre lang amtiert hatte. Aus eben dieser Zeit her stammte auch ein kleines, aus Brotkrume geformtes Kruzifix, das, unscheinbar an sich selbst, in ebenso unscheinbarer Um= rahmung hart über der Sofalehne hing. Es war die Arbeit eines in Ketten geschlossenen, auf Lebenszeit ver= urteilten Sträflings, der einfach um Beschäftigung willen beginnend, unter dem Tun seiner Hände sich zum gläubigen Christen herangebildet hatte. Turgany pflegte die Be= merkung daran zu knüpfen, daß es ein neuer Beweis sei, wie sich jeder seinen Gott und seinen Glauben schaffe; Seidentopf aber, weil hier sein Innerstes mitspielte, ließ sich in seinen entgegenstehenden Anschauungen nicht beirren, war vielmehr fest überzeugt, daß auch diesem Schächer das Wort erklungen sei: „Noch heute wirst du mit mir im Paradiese sein", und pries sich glücklich, dies Brot= krumenkruzifix aus den Händen eines gläubig Sterbenden empfangen zu haben. Er sah es für nichts Geringeres als einen Talisman, oder, um christlicher zu sprechen, als einen segenspendenden Hort seines Hauses an.

So war das Zimmer. Tante Schorlemmer nahm Platz auf dem Sofa, die beiden jungen Damen neben ihr, während die Herren um den Tisch herum den Kreis schlossen.

„Was spielen wir?" fragte Renate, „wir haben die Wahl zwischen Tellerdrehn, Talerwandern und Tuch= zuwerfen."

„Also doch jedenfalls ein Pfänderspiel," fragte Pastor Zabel, dem etwas bange werden mochte.

„Gewiß," antwortete Turgany.

„Dann bin ich," entschied Renate, „alles in allem erwogen, für Lewins Lieblingsunterhaltung: Alles, was fliegen kann, fliege hoch! Er hält dies nämlich für das Spiel aller Spiele."

„Da wäre ich doch neugierig," bemerkte Turgany.

„Ich bekenne mich," nahm Lewin jetzt das Wort, „allerdings zu dem Geschmack, den mir Renate zugeschrieben. Es ist, wie sie sagt. Alle Spiele sind gut, wenn man sie richtig ansieht, aber mein Lieblingsspiel ist doch der besten eines. Es hat zunächst eine natürliche Komik, die sich freilich dem nur auftut, der ein bescheidenes Maß von Phantasie und plastischem Sinne mitbringt. Wem die Tiere, groß und klein, die genannt werden, nur Worte, nur naturhistorische Rubrik sind, wem sozusagen erst nachträglich als Resultat seiner Kenntnis und Überlegung beifällt, daß die Leoparden nicht fliegen, dem bleibt der Zauber dieses Spiels verschlossen. Wer aber in demselben Augenblick, in dem der Finger zur Unzeit gehoben wurde, inmitten von Kolibris, Kanarienvögeln einen Siam-Elefanten wirklich fliegen sieht, dem wird dieses Spiel, um seiner grotesken Bilder willen, zu einer andauernden Quelle der Erheiterung."

„Sehr gut, sehr gut," sagte Turgany, sichtlich angeregt durch diese Betrachtung.

„Und doch ist diese Seite des Spiels," fuhr Lewin fort, „nur eine nebensächliche. Viel wichtiger ist eine andre. Es diszipliniert nämlich unsern Geist und lehrt uns eine rasche und straffe Zügelführung. In körperlichen wie in geistigen Dingen herrscht dasselbe Gesetz der Trägheit. Aus Trägheit rollt die Kugel weiter. So genau auch hier. Siebenmal, in wachsender Geschwindigkeit, haben wir den Finger gehoben, er ist in eine rotierende

Bewegung geraten, er fliegt beinahe selbst; da drängt sich das schwerfällig Kompakteste in die Gesellschaft uns leicht und zierlich umschwirrender Vögel ein, und siehe da, unser Finger tut das, was er nicht sollte, und fliegt weiter. Da liegt es! Diese dem Gesetz der Trägheit entstammende Bewegung, unter dem Eindruck eines rasch entstehenden Bildes mit gleich rascher Willenskraft zu hemmen, das ist die geistige Schulung, die wir aus diesem Spiel gewinnen. Ich kann mir denken, daß wir durch Übungen wie diese unsrer Charakterbildung zu Hilfe kommen."

Der Konrektor lächelte. Er schien die pädagogische Seite des Spiels doch etwas geringer zu veranschlagen. Nur Turgany wiederholte seine Zustimmung. Das Spiel begann und nahm seinen Gang, dabei seine alte Anziehungskraft bewährend. Der alte Streit, ob Drachen fliegen können oder nicht, wurde den Mitspielenden nicht geschenkt. Als man abbrach, lag eine ganze Zahl von Pfändern in einem flachen Arbeitskorb, den Marie herbeigeholt hatte.

„Unser Freund Lewin," nahm jetzt Turgany das Wort, „hat von dem Spiel der Spiele gesprochen, dabei seinen Gegenstand vom künstlerischen, vom pädagogischen und moralischen Standpunkte, also von drei Seiten her beleuchtend, wie es sich in einem Predigerhause geziemt. Ich kann der Versuchung nicht widerstehen, mich über ein verwandtes Thema in ähnlich eindringlicher Weise zu verbreiten. Wollen Sie es glauben, meine Damen, daß sich die tiefsten Geheimnisse der Natur in der Abgabe der Pfänder offenbaren?"

„Das wäre?" bemerkte der Dolgeliner Pastor, der nach dieser Seite hin kein ganz reines Gewissen haben mochte.

„Etwas bezent Indifferentes wählen," fuhr Turgany fort, „ohne dabei der Trivialität zu verfallen, das ist die Kunst. Ein Battisttuch, ein Notizbuch, ein Flacon, eine Brosche dürfen als wahre Musterstücke gelten. Sie sind nur selten zu übertreffen. Ich kannte freilich eine fremdländische, aus dem Süden her an unser Oderufer verschlagene Dame, die lächelnd eine große Perlennadel aus ihrem schwarzen Haare nahm und diese Nadel dann überreichte. Ich hätte die Hand küssen mögen. Das war ein Ausnahmefall nach der glänzenden Seite hin. Desto leichter ist es, hinter der goldenen Mitte des Flacons und der Brosche zurückzubleiben. Ich entsinne mich einer im Embonpoint-Alter stehenden Professorenfrau, die mal auf mal ihren Trauring als Pfand vom Finger zog. Erlassen Sie mir, Ihnen das eheliche Glück des Hauses zu schildern. In derselben Gesellschaft befand sich ein Herr, der nicht müde wurde, sein englisches Taschenmesser, zehn Klingen mit Korkzieher und Feuerstahl, in den Schoß der Damen zu deponieren, bis das Klingenmonstrum, nach Zerreißung mehrerer Seidenkleider, endlich vor dem allgemeinen Entrüstungsschrei verschwand."

Der Justizrat hatte diesen Vortrag halten dürfen, ohne Furcht dadurch anzustoßen. Er war nämlich der Abgabe der Pfänder mit besonderer Aufmerksamkeit gefolgt und kannte genau die Resultate. Selbst Pastor Zabel hatte nichts Schlimmeres eingeliefert, als einen großen Karneol-Uhrschlüssel, den er nicht an der Uhr sondern selbständig, wie eine Art Sackpistole, in einer seiner großen Taschen trug.

Man schritt nun zur Einlösung.

Lewin, der am meisten verschuldet war, hatte „Steine zu karren", mußte „Brücke bauen" und „Kette machen", während es dem Dolgelinischen Pfarrer zufiel, als „polnischer Bettelmann" sein Glück zu versuchen.

Endlich hieß es: „Was soll der tun, dem dies Pfand gehört?"

„Schinken schneiden!"

Es war ein Knüpftuch Maries. Diese erhob sich, trat in die Mitte des Zimmers und begann: „Schneide, schneide Schinken, wen ich lieb hab', werd' ich winken."

Dabei winkte sie dem Frankfurter Konrektor und bot ihm in voller Unbefangenheit ihren Mund. Othegraven, der sonst Gewalt über sich hatte, fühlte sein Blut bis in die Schläfe steigen. Er küßte ihr die Stirn; dann kehrten beide auf ihre Plätze zurück.

Außer Renaten hatte nur Turgany die flüchtige Verlegenheit Othegravens bemerkt.

XV.

Schmidt von Werneuchen.

Das letzte einzulösende Pfand, ein Notizbuch, gehörte Renaten, die nunmehr aufgefordert wurde, ein Lied zu singen. Sie war dazu bereit, aber wie immer entstand die Frage: was? Zum Glück lagen auf dem kleinen Birkenmaser=Klavier allerhand Noten aufgeschichtet, unter denen Renate zu suchen begann. Es waren Liederkompositionen, die, soweit der Text in Betracht kam, mit einer Art von gesellschaftlicher Diplomatie beiden Dichterschulen entnommen waren, die damals in beinahe unmittelbarer Nähe von Hohen=Vietz ihre Geburts=, jedenfalls ihre Pflegestätte hatten. Die eine Schule, vom Lokalstandpunkte aus angesehen, war die Nieder=Barnimsche, die andere die Lebusische, jene, die derb=realistische, durch Pastor Schmidt von Werneuchen, diese, die aristokratisch=romantische, durch Ludwig Tieck und den in Ziebingen ansässigen Mäcenatenkreis der Burgsdorffs und ihrer Freunde vertreten. Zwischen beiden Schulen suchte der Hohen=Vietzer Pfarrherr, der es überhaupt mit Ausnahme der Semnonen zu keiner entschiedenen Parteinahme bringen konnte, nach Möglichkeit zu vermitteln, hatte abwechselnd Worte der Anerkennung für Werneuchen, Worte der Bewunderung für Ziebingen, und gab dieser seiner Halbheit, die, sobald es sich um kirchliche Fragen handelte, den Spott Mickleys und Uhlenhorsts herausforderte, auch auf literarischem Gebiete durch Anschaffung heute des Schmidtschen „Kalenders der Musen und Grazien", morgen des Tieckschen „Zerbino" oder „Phantasus" Ausdruck. Übrigens stammten die Klaviernoten meist noch aus der Zeit der verstorbenen Frau her, die selbst auf dem Barnim gebürtig, zugleich auch minder abwägend als ihr Eheherr, den Werneuchener Poeten um ein weniges bevorzugt hatte.

Renate, nachdem sie hin und her geblättert, wählte schließlich, um dem Suchen ein Ende zu machen, einige Pastor Schmidtsche Strophen, die sich an den Freund aller unglücklich Liebenden richteten, „an den Mond". Der Überschrift war die Klammerbemerkung hinzugefügt: „Abends elf Uhr am Fenster".

> So manchen Abend traur' ich hier
> In stummer Liebe Leid;
> In meiner Schwermut blickst du dann
> Mich freundlich durch die Weiden an,
> Daß mich's im Herzen freut.
>
> Wenn doch, wie du, mein Mädchen mild,
> Wie du so freundlich wär'!
> O such' sie, lieber Mondenschein
> Und schau ihr ernst ins Aug' hinein
> Und mach' das Herz ihr schwer.

Renate, die das Lied in Text wie Komposition zu kennen schien, sang es mit großer Sicherheit, aber zugleich auch mit jenem übertriebenen Aufwand von Stimme und Gefühl, wodurch der Vortragende auszudrücken wünscht, daß er über der Sache stehe.

Dies war den Zuhörern nicht entgangen, von denen die Mehrzahl dieser ironischen Behandlung des Liedes zuzustimmen schien. Nur Seidentopf trat an das Klavier und sagte: „Unser Barnimer Freund scheint vor unserem Lebusischen Fräulein keine Gnade zu finden."

„Wie kann er auch," nahm Renate das Wort; „wie bescheiden er sich stellen mag, er hat die Prätension, ein Poet zu sein, und er ist keiner. Es ist sinnig, sich den Dichter auf einem geflügelten Pferde zu denken, weil es die erste Aufgabe aller Poesie ist, das platt Alltägliche hinter sich zu lassen; und nun frag' ich Sie, teuerster Pastor, auf welchem Pferde, geflügelt oder nicht, sind Sie imstande, sich unsern Schmidt von Werneuchen vorzustellen? Ist es vielleicht
> der weiße königliche Zelter,
> Mit Federbüschen bunt im Winde flatternd,
> Die Brust, wie Schnee, mit blauem Schleier schmückend?"

„Nein, liebe Renate," antwortete Seidentopf, „dieser weiße königliche Zelter ist es sicherlich nicht. Die Kreuzzugsjahrhunderte, die drüben bei den Ziebinger Freunden fast nur noch Geltung haben, sind nicht das Zeitalter unseres einfachen und, wie nicht bestritten werden soll, an Haus und Hof gebundenen Schmidt; er ist ganz Gegenwart, ganz Genre, ganz Mark. Er ist so unromantisch wie möglich, aber er ist doch ein Dichter."

„Das ist er," fiel jetzt der Dolgeliner Pastor ein, zu dessen kleinen Eitelkeiten es gehörte, seine Bekanntschaft mit dem Werneuchener Amtsbruder ins rechte Licht zu stellen. Außerdem hatte er den Wunsch, doch endlich auch seinerseits in den Gang der Unterhaltung einzugreifen, und der rechte Augenblick dafür schien ihm gekommen. „Unser viel angefochtener Freund," fuhr er fort, „ist ein Poet trotz einem; aber ich sehe wohl, unser Fräulein Renate hat zu viel da drüben nach Frankfurt hin verkehrt und ist aus der Barnimer Schule, die so recht eigentlich eine brandenburgische Schule ist, in die neue Lebuser übergegangen, wo sie nur noch spanische Stücke lesen und mit dem Herrn Tieck einen Götzendienst treiben, als hätt' es vor seiner ‚mondbeglänzten Zaubernacht' noch gar keine Dichtung und noch gar keinen rechten Mond gegeben. Und dieser Hochmut reizt mich, und wiewohlen Dolgelin ein alt-lebusisches Dorf ist, so stehe ich doch in dieser Dichterfehde ganz auf Seite von Nieder-Barnim, und wenn sie mir sagen wollen, daß noch nie so Schönes gedichtet worden ist, wie

Ihr kleinen goldnen Sterne,
Ihr bleibt mir ewig ferne,

was sie jetzt auf allen Leiern spielen, so sag' ich: nein, ihr Herren, euer Geschmack ist nicht mein Geschmack, und es fällt mir ganz anders auf die Sinne, wenn unser Werneuchener Freund in seiner brallen Dichterweise anhebt:

Auf seinem Waldhorn bläst des Dorfes Hägereiter,
Die Paare treten an, die Augen werden heiter,
Des Amtmanns Schreiber kommt, die Bauern rufen: Tusch,
Fort mit den Tischen, itzt beginnt der Kiekebusch!

Das nenn' ich Sprache. Ich sehe den Bräutigam mit der rotkalmankenen Weste und höre, wie sie mit den Hacken zusammenschlagen. Da ist echtes Gold drin, gegen das sich die ‚kleinen goldnen Sterne‘ verstecken können."

Turgany lachte herzlich. Im übrigen trat eine kleine Verlegenheitspause ein, die Seidentopf endlich — mit geflissentlicher Umgehung des ganzen Intermezzos, als welches die Dolgeliner Verteidigungsrede anzusehen war — unterbrach, indem er sich an seine schöne Widersacherin wendete:

„Sie unterschätzen ihn, liebe Renate, wie so viele mit Ihnen tun. Vielleicht, daß ich meinerseits in den entgegengesetzten Fehler verfalle, weil ich die Vorzüge seines Herzens auch in seinen Dichtungen wiederfinde. Man muß ihn eben kennen."

„Nun, so lassen Sie uns an Ihrer Kenntnis teil= nehmen, erzählen Sie von ihm."

„Das muß Turgany tun," fuhr der Pastor fort, „er hat die Gabe eindringlicher Schilderung, er kennt ihn, er schätzt ihn auch, wenn ich mich früherer Gespräche recht entsinne."

Turgany machte zunächst eine ablehnende Handbewegung und setzte dann erklärend hinzu: „Lieber Seidentopf, es muß eine Verwechselung vorliegen, vielleicht mit deinem Amtsbruder Pastor Zabel, den wir soeben in dankbarer Erinnerung an die rotkalmankene Weste sich enthusiasmieren sahen. An i h n wäre dein Appell in der Ordnung gewesen."

Aber diese Ablehnung, wie vorauszusehen, war um= sonst; alles drang in Turgany, der endlich, wohl oder übel, dem allgemeinen Wunsche nachgeben mußte. Vielleicht nicht ungern. Denn er tat nichts lieber als medisieren. „Nun denn," so hob er an, „Sie wissen alle, daß unser Wer= neuchener Freund ein Prediger und Dichter ist, aber was Sie vielleicht n i c h t wissen und was so recht eigentlich den Schlüssel zum Verständnis seiner Dichtungen bildet, das ist das, daß er auch Gatte und Vater ist. Die Kanzel steht ihm nahe, aber die Wiege steht ihm näher. Sein Haus ist eine Kinderstube, oder wie es hierlandes heißt: mehr Quarre als Pfarre. Versteht sich, ist er kreuzbrav. Er züchtet Bienen und Blumen und ladet seine Gäste statt in Prosa in Versen, meist in Sonetten, ein. Er ist bescheiden und selbstbewußt, nachgiebig und eigensinnig, harmlos und schlau, in Summa ein Märker. Nicht zufrieden damit,

für sein eigen Teil der Pastor Schmidt von Werneuchen
zu sein, ist sein bester Freund auch noch der Pastor Schultze
von Döbritz. Nomen et omen. Er raucht aus langer
Pfeife und trägt Käpsel und Schlafrock, und wenn er den
letzteren ausnahmsweise nicht trägt, so macht er den Ein=
druck, als trüge er zwei. Unter seinen Dichtungen hat
mir die kleine Gruppe, die die Überschrift aufweist: „Lieder
für Landmädchen, abends beim Melken zu singen" immer
den größten Eindruck gemacht. In einer angefügten Notiz
findet sich nämlich die Bemerkung, daß er sie gedichtet habe,
um verschlafene Milchmädchen beim Melken wach zu er=
halten. Ich bezweifle, daß er seinen Zweck erreicht hat."

Seidentopf mühte sich, einen kleinen Unwillen zu zeigen.
„Das führt uns nicht weiter, Turgany; du selbst wirst
nicht behaupten wollen, in deiner Schilderung auch nur
einigermaßen Gerechtigkeit geübt zu haben."

„Ich weiß doch nicht," fiel Lewin hier ein. „Wir
kennen alle den lebhaften Farbenauftrag unseres justizrät=
lichen Freundes, aber, einer gewissen drastischen Ausdrucks=
weise entkleidet, hat er nichts gesagt, was ich nicht von
ganzem Herzen unterschreiben möchte. Diese Werneuchener
Poesie hat in der Tat kein anderes Ideal als den be=
käpselten Familienvater, und die Abfertigung, die ihr von
Weimar her zu teil wurde, war wohlverdient. Es ist
wahr, manches glückt ihm. Wie hübsch klingt es:

> Was lieb sich hat mit Treuen,
> Das sucht ein einsam Örtchen gern,
> Wo's heimlich sich kann freuen
> Von Lärm und Lauschern fern.
>
> Da hat sich's lieb im Stillen,
> So inniglich, so minniglich,
> Da hat es seinen Willen,
> Sein Wesen ganz für sich.

Das ist sinnig; aber daneben liegen Abgründe. Er hat eine gefällige Gabe für den Reim und ein Auge für die Natur. Das ist alles. Seine Schilderungen mögen gelegentlich als Oasen gelten, seine Gedanken sind die Wüste. Sand und wieder Sand. Aber wie denkt nur Marie über ihn? Ich glaube mich zu entsinnen, daß sie seine Lieder mehr als einmal gelesen, auch zu Renate darüber gesprochen hat."

Die Angeredete wurde rot bis an die Schläfe. Es konnte nicht wohl anders sein. Lewin, der von manchem Plauderabend her die Schärfe ihres Urteils kannte, übersah, daß es ein größerer Kreis war, vor dem zu sprechen er sie so plötzlich aufgefordert hatte. Sie sammelte sich aber schnell und sagte dann fest und schüchtern zugleich: "Ich gehe ganz mit Renaten: er ist kein Dichter, weil er nichts als die Wirklichkeit kennt."

"Und seine Gabe der Schilderung?" unterbrach Seidentopf.

"Auch sie erquickt mich nicht. Sie ist das Beste an ihm, gewiß, aber les' ich dann ‚bis auf am Himmelsbogen die goldnen Sterne zogen', so fühle ich plötzlich den unendlichen Unterschied zwischen diesen Sternen und den Alltagssternen unseres Schmidt. Freilich, ich zweifle, ob ich diesen Unterschied werde aussprechen können."

"Du wirst es können; beginne nur," riefen ihr Lewin und Renate zu.

"Ich will es versuchen. Der Dichter soll ein Spiegel aller Dinge sein. Schmidt aber spiegelt nichts; er gibt nur die Natur selber."

"Gut, gut," fiel Turgany ein, "ich habe mehr als eine Untersuchung gelesen, die zurückbleibt hinter diesem kritischen Debut. Der Schmidtsche Spiegel, wenn ich recht verstanden, ist gar kein Spiegel, sondern nur ein Spiegel=

rahmen, und die Bilder, die er gibt, sind nichts anderes als eingefaßte Stücke leibhaftiger Natur. Natur, wie wir sie vor uns haben, wenn wir, zurücktretend, auf drei Schritt Entfernung durch ein offenstehendes Fenster sehen. Sehr gut."

Seidentopf, immer unruhiger werdend, wollte antworten; Turgany aber, als merke er nichts von der Verstimmung seines Freundes, fuhr jetzt in der ihm eigenen Weise fort: "Wir haben nun unser Verdikt abgegeben und Inkulpat, trotz der günstigen, aber als durchaus parteiisch anzusehenden Aussagen seiner Amtsbrüder von Hohen=Vietz und Dolgelin, ist als schuldig befunden worden. Othegravens zustimmendes Kopfnicken, als die ‚goldenen Sterne' der Bürgerschen Leonore heraufzogen, hab' ich, hoffentlich nicht mit Unrecht, im Sinne der Anti=Schmidt=Partei gedeutet. Ausständig ist nur noch eine gewichtige Stimme. Ich erhebe hiermit die bestimmte Frage: ‚Wie stellt sich Herrnhut zu Werneuchen?'"

Tante Schorlemmer schüttelte den Kopf hin und her und klapperte lebhafter denn zuvor mit ihrem Strickzeug, daß sie, nach Auslösung der Pfänder, wieder zur Hand genommen hatte. Sie schien auch jetzt noch jede Antwort verweigern zu wollen.

Turgany aber, uneingeschüchtert, fuhr in Nachahmung richterlicher Würde fort: "So müssen wir denn zu den stärksten Mitteln greifen. Im Namen Zinzendorfs..."

Die so feierlich Beschworene, eine der eben abgestrickten Nadeln erhebend, drohte bei dieser Formel scherzhaft zu dem Justizrat hinüber und sagte dann: Renate und Marie haben recht; er ist garstig."

"Er ist garstig," wiederholte Turgany. "Mit Hilfe dieser verspäteten Zeugenaussage, in der ich beiläufig einen Saxonismus zu erkennen glaube, tritt unsere Verhandlung in eine neue Phase ein. Es scheint sich der ästhetischen Anklage, wenn auch nur leise, ein moralisches Element beigesellen zu sollen."

„Das nicht," fuhr jetzt Tante Schorlemmer mit Entschiedenheit fort, „aber er mißfällt mir ganz und gar. Er mißfällt mir, weil er sein geistlich Kleid ohne geistliche Würde trägt. Der Justizrat hat es getroffen: die Wiege steht ihm näher als die Kanzel. Selbst das heilige Weihnachtsfest ist ihm kein Fest des Kindes Gottes, es ist ihm nur ein Fest seiner eigenen Kinder. Er scheut selbst vor Anstößigkeiten nicht zurück, und ich schäme mich dann in seine Pastorsseele hinein. Nein, nein, das ist nichts für ein herrnhutisch Herz, dem noch die Weihnachtslieder der eigenen Kindheit im Ohre klingen."

Turgany schwieg. Renate trat an Tante Schorlemmer heran und sagte: „Gib uns das Lied, das du den ersten Weihnachten sangst, als du zu uns gekommen warst. Ich lieb' es so. Bitte, ich sing' auch mit."

Tante Schorlemmer strickte eifrig weiter. Dann sagte sie: „Gut, ich will es; sind wir doch hier in einem christlichen Predigerhause." Damit stand sie auf und setzte sich an das Klavier. Mit zitternder Stimme hob sie an, bis die schöne Altstimme Renatens wie eine Glocke einfiel. Leise begleitend klang das Klavier. So sangen sie beide:

> Holder Knabe
> Mit dem Stabe,
> Der die Löwen weiden kann,
> Denk' der kleinen
> Armen deinen,
> Der du Jüngling warst und Mann.
> Laß sie weiden
> In den Freuden

Deiner Kindheit, Jesu Christ!
Lehr' sie stündlich,
Treu und kindlich
Sein, wie du gewesen bist.

Und damit schloß der zweite Weihnachtstag im Pfarr=
hause zu Hohen=Vietz.

XVI.

Ein Zwiegespräch.

Es mochte halb elf sein, als halblauter Peitschenknall und ein jedesmal plötzliches Erklingen des Schellengeläutes, wenn die beiden Braunen ungeduldig ihre Hälse zur Seite warfen, die Frankfurter Gäste des Pfarrhauses daran ge= mahnte, daß der Schlitten vorgefahren sei.

Nicht lange, so ward es auf dem Flur lebendig, und das Lachen Turganys — der, aus dem zweiten Zimmer tretend, eben an den Alligator gestoßen und das Ungetüm in eine unheimlich schwankende Bewegung gesetzt hatte — klang bis auf die Straße hinaus, wo der Pfarrknecht, auf und ab stampfend, die Fahrleine hielt und durch Hauchen und Blasen seine halbverklammten Finger vor dem völligen Starrwerden zu schützen suchte. Gleich darauf öffnete sich die Tür, sofort den dünnen Ton ihrer Klingel mit dem Schellengeläute des draußen harrenden Schlittens mischend, auf dessen niedriger Polsterbank Turgany und der Kon= rektor sich nunmehr rasch zurechtrückten. Ein Gruß noch nach dem Flur hin, ein Schlag mit der Leine auf den Rücken der Pferde, und fort ging es auf verschneiter Straße dem Ausgange des Dorfes zu. Der Dolgeliner Pastor, der noch Geschäftliches mit Seidentopf zu erledigen hatte, war bei seinem Amtsbruder zurückgeblieben.

Hohen-Vietz schlief schon. Alle Gehöfte lagen im Dunkel; nur bei Müller Miekley war noch Licht, und ein heller Schimmer fiel auf einen würfelförmigen, wohl seit hundert Jahren an dieser Stelle liegenden Stein, von dem aus der Fußweg nach dem Forstacker hin abzweigte.

„Der Müller hat noch Licht," sagte Turgany, „wahr= scheinlich ein Konventikel, Uhlenhorst in Person."

In demselben Augenblick aber scheuten die Pferde und bogen prustend nach rechts hin aus, so daß es einiger Anstrengung bedurfte, die Stelle zu passieren. Als sie glücklich vorüber waren, sah sich der Justizrat neugierig um und erkannte nun erst Hoppenmarieken, die auf dem Stein gesessen und beim Ansichtigwerden des Schlittens, sehr zur Unzeit, mit ihrem Hakenstock salutiert hatte.

„Wer ist der Kobold?" fragte Othegraven.

„Hoppenmarieken," antwortete Turgany, „ihres Zeichens Hohen-Vietzer Botenfrau, auch wohl sonst noch allerlei. Man munkelt dies und das, aber die Beweise fehlen. Sie geht oft Nachts und ist am andern Morgen wieder da."

„Ein unheimliches Wesen."

„Das ist sie. Aber auch ein Original, und das kommt ihr zustatten. Der alte Vitzewitz sieht ihr manches durch die Finger. Ihr eigentlicher Anwalt aber ist Lewin."

Turganys Schlitten flog rasch dahin, bei jeder Seitwärts= bewegung den Schnee fußhoch zusammenschaufelnd. Ge= köpfte Weiden, abwechselnd mit hohen Pappeln, faßten von rechts und links her den Weg ein und bezeichneten die Richtung, in der sich die Fahrt, im übrigen auf gut Glück hin, vorzubewegen hatte. Dann und wann flog eine Krähe auf, stumm, verschlafen, um sich auf dem nächsten Baum= wipfel wieder niederzulassen. Darüber stand der Sternen= himmel, funkelnd in aller winterlichen Pracht. Ein träumerischer Zustand überkam die beiden Reisenden. Es war ihnen, als erstürbe das Schellengeläut ihres Schlittens, während der leise Widerhall von weit, weit her immer lauter, immer brausender zu werden schien. Die Nähe verlor ihre Macht über das Ohr; nur das Ferne, das kaum Hörbare läutete wie Glocken.

Turgany gewann es zuerst über sich, diesen lähmenden Halbtraum abzuschütteln.

„Eine herrliche Nacht!" hob er an.

„Der schöne Abschluß eines schönen Tages," antwortete Othegraven, der nun auch, als ob das Befreiungswort gesprochen sei, aus dem Banne heraus war. „Welch eine liebenswürdige Natur, Ihr Freund Seidentopf! Welche Frische, welche Teilnahme an jedem Kleinen und Allerkleinsten, und wenn es ein Pfänderspiel wäre."

Dem Justizrat konnte nichts lieber kommen, als diese Wendung des Gesprächs. „Seidentopf," so nahm er jetzt das Wort, „ist ein Mann wie ein Kind. Ich habe ihn nun ein Leben lang bewährt gefunden. Vierzig Jahre immer derselbe. Dieselbe Treue. Aber warum zählen Sie Pfänderspiele zum ‚allerkleinsten'? Da haben Sie unrecht; Pfänderspiele sind eine große Sache."

Othegraven sah, soweit seine Mantelverpackung es zuließ, den Justizrat fragend an.

Dieser legte seinen linken Pelzarm auf des Konrektors Schulter und fuhr dann mit einer Herzlichkeit, die sonst nicht zu seinen Eigenheiten gehörte, fort: „Ich hätte die Frage nicht tun sollen, oder doch nicht in dieser Form. Die Sache verbietet's und Ihre Person. So denn rund heraus, Othegraven: Sie lieben Marie."

Othegraven schwieg einen Augenblick und sagte dann mit fester Stimme, in der auch kein leisester Ton von Verlegenheit mitklang: „Ja, von Herzen."

So weit waren Frage und Antwort gediehen, als

die Fortsetzung des Gesprächs beider Freunde durch ihre Einfahrt in das nächstgelegene Dorf unterbrochen wurde. Schon bei den ersten Häusern hörten sie Baß und Klarinette vom Kruge her, unter dessen Erkervorbau, ja bis auf den Fahrdamm hinaus, einzelne Paare trotz bitterer Kälte standen. Die Mädchen kurzärmelig. Ein verzeihlicher Leichtsinn, denn aus der Tanzstube, deren Fenster ausgehoben waren, quoll eine dicke Wolke von Qualm und Rauch. „Da drinnen sind sie beim ‚Kiekebusch‘‟ sagte Turgany, „schade, daß wir unsern Dolgeliner Pastor nicht mit uns haben.‟

Derweilen war der Schlitten an dem Kruge vorbei; der Lärm verhallte, und das weite Schneefeld lag wieder vor ihnen. Turgany, auch bei Othegraven voraussetzend, daß er mit seinen Gedanken an alter Stelle haften geblieben sei, fuhr, als ob überhaupt keine Unterbrechung stattgefunden hätte, ohne weiteres fort: „Und wie gut sie sprach. Jedes Wort ein Treffer.‟

„Sie wird immer das richtige treffen.‟

„Ei, Konrektor, schon so tief in Bewunderung! Aber kennen Sie denn die Vorgeschichte dieses Kindes? Sie wissen doch, sie ist eine Waise.‟

„Ich weiß alles,‟ erwiderte der Konrektor. „Ich war vor drei Wochen auf dem Schulzenhofe, und das Kniehasesche Paar hat mir ohne Rückhalt von seinem Pflegling erzählt. Ich weiß, daß sie getanzt und deklamiert hat, und daß sie mit einem Tellerchen herumgegangen ist, um die Münzen einzusammeln. Ich bekenne, daß ich keinen Anstoß daran nehme. Es steigert nur meine Teilnahme.‟

„Auch die meinige,‟ sagte Turgany. „Aber, lieber Othegraven, wir sind sehr verschiedene Leute. Ich bin ein Lebemann, nicht viel besser als ein Heide. Sie sind ein Geistlicher, vorläufig noch in der Konrektorverpuppung, aber der Schmetterling kann jeden Augenblick ausfliegen."

Othegraven schwieg einen Augenblick. Dann nahm er das Wort: „Lassen Sie mich offen sein, lieber Freund es drängt mich dazu, und ich finde, es spricht sich gut unter diesen Sternen. Sie nennen sich einen Heiden; ich habe meine Zweifel daran. Aber wie immer auch, Sie irren, wenn Sie das Christentum, zumal nach dieser Seite hin, als eng und befangen ansehen. Im Gegenteil, es ist frei. Und daß es diese Freiheit üben kann, ist im Zusammenhang mit dem tiefsten Punkte unseres Glaubens."

Der Justizrat schien antworten zu wollen. Othegraven aber fuhr fort: „Wir sind alle in Sünde geboren, und was uns hält, ist nicht die eigene Kraft, sondern eine Kraft außer uns, rund heraus die Barmherzigkeit Gottes. Sie kennen unsere schöne Schildhornsage? Nun, wie mit dem Wendenfürsten Jaczko, so ist es mit uns allen: wir sinken unter in der schweren Rüstung unseres eiteln Ichs, unseres selbstischen Trotzes, wenn uns der Finger Gottes nicht nach oben zieht."

Turgany nickte. „Sie werden mich nicht im Verdacht haben, Othegraven, für die Selbstgerechtigkeit der Menschen und für das Unkraut von Vorurteilen, das aus ihr sprießt, eine Lanze brechen zu wollen. Ich weiß seit lange, wie wenig es mit dem Stolz unserer Tugend auf sich hat, und wenn ich irgend eines Bibelwortes gedenke, so ist es das: ‚der hebe den ersten Stein auf sie‘. Es würde gerade mir schlecht anstehen, die Lebensläufe meiner Mitmenschen durch ein Examen rigorosum gehen zu lassen. Und nun gar die Vergangenheit dieses liebenswürdigen Kindes! Alles was ich mit meiner Frage sagen wollte, ist etwa das: ‚es ist ein Glück, aus einem guten Hause zu sein‘. Und an der einfachen Wahrheit dieses Satzes ist nicht wohl zu rütteln. Kniehases Haus ist ein gutes Haus. Das Haus des ‚starken Mannes‘ aber, der oben auf dem Hohen-Vietzer Kirchhof unter dem Holzkreuz liegt, ist schwerlich ein solches Haus gewesen."

„Es fragt sich," bemerkte Othegraven. „Ich möchte fast das Gegenteil glauben. Es war ein Haus schwerer Prüfungen, wachsender Demütigung; aber wo so viel Liebe, so viel schöner Eifer waltete, von einem jungen Leben den drohenden Makel der Geburt, jeden Verdacht des Ungesetzlichen fernzuhalten, das kann kein Haus der Unsitte gewesen sein. Ich habe die Geschichte von dem ‚starken Mann‘ nicht ohne Rührung gehört. Unglück, nicht Unsegen; Heimsuchung, nicht Fluch."

„Sie überraschen mich," nahm der Justizrat wieder das Wort. „Ich bin Ihnen dogmatisch nicht gewachsen; aber würden Sie, auch ohne Neigung zu Marie, zwischen Unglück und Unsegen immer so scharf unterscheiden wie in diesem Augenblick? Würden Sie nicht geneigt sein, die Heimsuchung als eine Folge der Verschuldung, als Strafe, als Verwerfung anzusehen? Irr' ich darin, wenn ich annehme, daß gerade Männer Ihrer Richtung Gewicht legen auf Patriarchalität?"

„Nein, darin irren Sie nicht," erwiderte Othegraven. „Gewiß ist ein Unterschied zwischen dem Hause des Lot und dem Hause von Sodom, und diesen Unterschied ohne ein klarsprechendes Zeichen mißachten zu wollen, wäre Auflehnung gegen Sitte und Gebot. Aber was entscheidet, ist doch immer die Gnade Gottes. Und diese Gnade Gottes, sie geht ihre eigenen Wege. Es bindet sie keine Regel, sie ist sich selber Gesetz. Sie baut wie die Schwalben an allerlei Häusern, an guten und schlechten, und wenn sie an den schlechten Häusern baut, so sind es keine schlechten Häuser mehr. Ein neues Leben hat Einzug gehalten.

Die Patriarchalität ist viel, aber die Erwähltheit ist alles."

"Und diese finden Sie in Marie?"

"Ich brauche diese Frage gerade Ihnen, teuerster Freund, nicht erst zu beantworten, denn wir empfinden gleich, jeder von uns auf seine Weise. Und wenn die Vergangenheit dieses Kindes dunkler und verworrener wäre als sie ist, ich würde diese Verworrenheit nicht achten. Es gibt eben Naturen, über die das Unlautere keine Gewalt hat; das macht die reine Flamme, die innen brennt. Ich habe Marie nie gesehen, ohne mit einer Art von freudiger Gewißheit die Empfindung zu haben, sie wird beglücken und wird glücklich sein."

Turgany drückte dem Freunde die Hand. "Othegraven, ich habe immer große Stücke von Ihnen gehalten, von heute ab lasse ich Sie nicht wieder los."

So ging die Unterhaltung; das Schlittengeläute klang über die Schneefelder hin; in den Dörfern war alles still; kein Licht als die glitzernden Sterne.

Dieselben Sterne schienen auch in ein Giebelfenster von Schulze Kniehases Haus. Marie schlief; die Bilder des letzten Abends, wie sie Leben und Dichtung geboten hatten, zogen in einem phantastischen Zuge an ihr vorüber: voran der Dolgeliner Pastor mit dem Schmidt von Werneuchenschen Hägereiter, der jetzt sein Waldhorn, statt es zu blasen, über der Schulter trug; dann der "Wagen Odins", riesig vergrößert, auf dessen Achse Prediger Seidentopf stand. Den Schluß aber machte "der Knabe mit dem Stabe", und das Weihnachtslied, das Tante Schorlemmer und Renate gesungen hatten, klang im Traume nach.

XVII.

Tubal an Lewin.

Der dritte Feiertag fiel auf einen Sonntag. Es war ein klarer Morgen. Die Scheiben nach der Parkseite hinaus standen im goldenen Schein der eben über den Kirchhügel steigenden Sonne, überall aber, selbst wo sonst Schatten lag, leuchtete der am Abend vorher frisch gefallene Schnee.

Es mochte neun Uhr sein. In dem großen Wohnzimmer, in das wir unsre Leser schon in einem früheren Kapitel führten, saßen Lewin und Renate, aber nicht um den Kamin herum, wie am Abend des ersten Weihnachtstages, sondern in der Nähe des eine tiefe Nische bildenden Eckfensters. Sie hatten hier nicht nur das beste Licht, sondern vermochten auch mit Hilfe der mehrgenannten breiten Auffahrt auf die Dorfstraße zu blicken, deren Treiben in der Einsamkeit des ländlichen Lebens immer eine Zerstreuung und oft den einzigen Stoff der Unterhaltung bietet.

Das Frühstück schien beendet; die Tassen waren zurückgeschoben, und Lewin legte eben ein elegant gebundenes Buch aus der Hand. „Ich fürchte, Renate, wir haben ihm doch unrecht getan. Aber diese unglückliche Begeisterung des Dolgeliner Pastors! Da reißt einem die Geduld. Und doch ist viel Sinniges darin. Nun hinke ich mit meiner Ehrenerklärung nach; amende honorable retardée oder ‚moutarde après le diner‘, wie Tante Amelie mit Vorliebe sagen würde."

Renate nickte.

„Apropos die Tante," fuhr Lewin fort, „ich habe den kleinen Schlitten bestellt, zwei Uhr; in einer Stunde sind wir drüben, ich fahre selbst. Und Marie war noch immer nicht in Guse?" fügte er nach einer kurzen Pause hinzu.

„Nein," erwiderte Renate.

„Du schriebst aber doch, sie habe einen guten Eindruck auf die Tante gemacht. Wenn die ‚Gräfin Pudagla' nicht Anstand nahm, unserm Liebling in diesem Zimmer zu begegnen, so sollte ich meinen, das Eis müßte gebrochen sein."

„Die Begegnung war unabsichtlich; Marie, die mir ein Buch unsres Seidentopf brachte, trat unerwartet ein. Im übrigen solltest du nicht immer wieder vergessen, daß die Tante alt ist und einer andern Zeit als der unsrigen angehört. Warum willst du Standesvorurteile nicht gelten lassen?"

„Die lasse ich gelten, vielleicht mehr als recht ist. Aber was ich nicht gelten lasse, das sind die Halbheiten. Tante Amelie — die Vitzewitze mögen mir diese Bemerkung verzeihen — ist durch ihr Hineinheiraten in die Pudaglafamilie in gewissem Sinne über uns selbst hinausgewachsen, sie ist eine vornehme Dame, und wenn es ihre gräfliche Gewohnheit wäre, fächernd und ein Bologneserhündchen im Arm, über das Zweimenschensystem geheimnisvolle Unterhaltungen zu führen, so würde ich ihr respektvollst die Hand küssen und am allerwenigsten eine Widerlegung versuchen. Ich wiederhole dir, ich kann all das würdigen, wenn meine eigenen Empfindungen auch andre Wege gehen. Aber Tante Amelie gehört nicht zu diesen Gräfinnen aus der alten Schule. Sie hält sich für aufgeklärt, für freisinnig. Da vergeht kein Tag, keine Stunde, wo nicht aus Montesquieu, aus Rousseau zitiert, wo nicht freiheitlich-erhaben von der ‚vaine fumée' gesprochen wird ‚que le vulgaire appelle gloire et grandeur, mais dont le sage connaît le néant', und wenn nun nach all dieser

Philosophenherrlichkeit die Probe auf das Exempel gemacht werden soll, so erweist sich alles als leere pomphafte Redewendung, als bloße Maske, hinter der sich der alte Dünkel birgt."

Die Schwester wollte antworten, Lewin aber fuhr fort: „Nein, nein, Renate, suche davon nichts abzudingen; ich kenne sie, so sind sie samt und sonders, diese Rheinsberger Komtessen, denen die französischen Bücher und Prince Henri die Köpfe verdreht haben. Humanitätstiraden und dahinter die alte eingeborene Natur. Es ist mit ihnen, wenn du das prätentiöse Bild verzeihen willst, wie mit den Palimpsesten in unsern Bibliotheken, alte Pergamente, darauf ursprünglich heidnische Verse standen, bis die frommen Mönche ihre Sprüche darüber schrieben. Aber die Liebesseufzer an Chloe und Lalage kommen immer wieder zum Vorschein. Rund heraus, das Vorurteilsvolle lasse ich gelten; nur das Unwahre verdrießt mich."

„Daß ich dir's nur bekenne," nahm jetzt Renate das Wort, „ich hatte ein Gespräch mit der Tante über eben diesen Gegenstand. Sie hat sich zu dem Widerspruchsvollen, das in ihrer Haltung liegt, bekannt, und dies Bekenntnis, das sie sehr liebenswürdig gab, wird dich schließlich auch entwaffnen müssen. Ich müßte dich nicht kennen."

Lewin lächelte. „Wo war es, hier oder in Guse drüben?"

„Hier. Es war bei Gelegenheit derselben Begegnung, von der du aus meinem Briefe weißt; nur über das Gespräch, das folgte, ging ich kurz hinweg. Wir waren zu dreien, Papa, die Tante und ich. Unsere gute Schorlemmer fehlte wie gewöhnlich; die ‚beiden Tanten', wie du weißt, stimmen nicht gut zusammen. Marie trat ein und stutzte einen Augenblick. Sie ist zu klug, als daß sie nicht lange schon empfunden hätte, wie die Tante zu ihr steht. Rasch faßte sie sich aber, verneigte sich, richtete des Pastors Auftrag an mich aus und entfernte sich wieder unter einer freimütigen Entschuldigung, unser Beisammensein gestört zu haben."

„Und die Tante?"

„Sie schwieg, wiewohl ihre scharfen Augen jede Bewegung gemustert hatten. Erst als Papa fort war, sagte sie, ohne daß ich es gewagt hätte, eine Frage an sie zu richten: ‚Die Kleine ist charmante, eine beauté aus dem Märchen, welche Wimpern!‘ — ‚Wir lieben sie sehr,‘ wagte ich schüchtern zu bemerken, worauf die Tante nicht ohne Herzlichkeit, zugleich in ihrem allerfranzösischsten Stil, den ich dir erspare, fortfuhr: ‚Ich weiß, ich weiß, und jetzt, wo ich sie gesehen habe, begreife ich, was ich bisher für eine Laune hielt. Bei Lewin hielt ich es für mehr. Kann sein, daß ich mich irre,‘ setzte sie hinzu, als sie bemerkte, daß ich den Kopf schüttelte. Eine kurze Pause folgte, in der die Tabatiere ein paarmal auf- und zugemacht wurde; dann sagte sie lebhaft: „Ich habe mir's diese Minuten überlegt, ob ich euch auffordern sollte, die Kleine mit nach Guse hinüberzubringen; es fehlt uns dergleichen, und so sehr ich alte Damen hasse, so sehr liebe ich junges Volk. Aber Renate, ma chère, es geht nicht. Ich nehme wahr, daß gewisse Vorstellungen und Geschmacksrichtungen in mir stärker sind als meine Grundsätze. Es bestätigt sich: On renonce plus aisément à ses principes, qu'à son goût. Wohl entsinne ich mich des Tages, wo uns Prince Henri durch ein ähnliches Geständnis überraschte. Der Prinz und der Philosoph lagen immer in Fehde. Nun sieh, dieses Kind hat einen Zauber; aber ich fühle doch, daß, wenn sie selbst im längsten Kleide käme, ich mich des Gedankens nicht erwehren könnte, jetzt verkürzt sich die Robe und sie beginnt den Schaltanz zu tanzen. Ich will dem Kinde durch solche Gedanken nicht wehe tun, ich denke also, wir lassen's beim alten."

Lewin, der aufmerksam gefolgt war, war eben im Begriff, im allerversöhnlichsten Sinne zu antworten, als das Erscheinen Hoppenmariekens, die von der Dorfstraße her in den Hof einbog, die Unterredung unterbrach. In ihrer herkömmlichen Ausrüstung: kurzen Friesrock und hohe Stiefeln, Kiepe und Hakenstock, kam sie geraden Weges auf das Herrenhaus zu, salutierte die jungen Herrschaften, die sie gleich hinter dem Eckfenster erkannte, und in der nächsten Minute lagen Briefe und Zeitungen ausgebreitet auf dem Tisch.

Die Zeitungen, so wichtig ihr Inhalt war, enthielten nichts, was Lewin nicht schon gewußt hätte; von den Briefen war einer vom Papa, der in aller Kürze anzeigte, daß er am Abend in Schloß Guse zu sein hoffe, der andere vom Vetter Ladalinski, dem Studiengenossen und Herzens= freunde Lewins. Dieser strahlte, als sein Auge auf die engbeschriebenen zwei Bogen fiel; Renate errötete leise und sagte: „nun lies".

Und Lewin las.

„„Lieber Lewin! Vielverwöhnter der Du bist, werden diese Zeilen, die in sich selber schon eine Huldigung bedeuten, Deiner Eitelkeit keinen unerheblichen Vorschub leisten. Aber ich habe eine rechte Plauderlust und empfinde stündlich, daß Du mir fehlst. Bist Du doch der wenigen einer, die das Talent des Zuhörens haben, doppelt selten bei denen, die selber zu sprechen verstehen.

Wir haben einen prächtigen Weihnachtsheiligabend gehabt, und um dieses Abends willen schreibe ich. Du wirst nun zunächst denken, daß der Christbaum, wie es ja auch

10*

sein sollte, uns so recht hell ins Herz hineingeschienen hätte; aber so war es nicht. In einem Hause, in dem die Kinder fehlen, wird das Christkind immer einen schweren Stand haben, so nicht etwa der Kindersinn den Erwachsenen verblieben ist. Und Kathinka, die so vieles hat (vielleicht w e i l sie so vieles hat), hat diesen Sinn nicht. Was mich angeht, so bin ich von der Segenshand, die diese Gabe leiht, wenigstens leise berührt worden. Gerade genug, um eine Sehnsucht danach zu fühlen.

Wir waren allerengster Kreis: Papa, Kathinka, eine neue Freundin von ihr, die Du noch nicht kennst, und ich. Als die Türen eben geöffnet wurden, kam Graf Bninski. Er hatte Aufmerksamkeiten für uns alle, zuweitgehende für mein Gefühl; aber Kathinka schien es nicht zu empfinden. Der erleuchtete Saal, der flimmernde Baum lachten mir ins Auge, aber wie ich Dir wiederholen muß, es drang nicht weiter. Es hatte alles den Charakter einer reichen Dekoration. Selbst der Spitzenüberwurf à la Reine Hortense (Notiz für Renate), den Papa von Paris her bezogen hatte, konnte an diesem Eindruck nichts ändern. Die Unterhaltung, nach den ersten Auswechselungen gegenseitigen Dankes, war nicht frei. Der Graf kannte den Inhalt des Bulletins; wir vermieden ein Gespräch darüber, um ihn nicht zu verletzen.

Unter diesen Umständen war es fast wie Erlösung, als ein lose zusammengeschnürter Zettel an mich abgegeben wurde, der in der lapidaren Schreibweise unseres Jürgaß lautete: „Heute, Donnerstag den 24., W e i h n a c h t s b o w l e. Mundts Weinkeller, Königsbrücke 3. Neun Uhr; besser spät als gar nicht. Gäste willkommen. v. J." Ich reichte dem Grafen, der erst tags vorher den Wunsch geäußert hatte, unseren Klub kennen zu lernen, den Zettel hin, wies auf die beiden Schlußworte und fragte ihn, ob es ihm genehm sein würde, mich zu begleiten. Er sagte zu, fast zu meiner Überraschung, da seine Stimmung wenig gesellig schien. Übrigens hatte ich später keine Ursache, seine Zusage zu bedauern.

Bald nach neun Uhr waren wir am Rendezvous, das nicht glücklicher gewählt sein konnte. In solchen Sachen kann man sich auf Jürgaß verlassen. Du entsinnst Dich, daß die Flußufer der Königsbrücke zu beiden Seiten einen hohen Quai bilden, auf dem die Giebel und Seitenflügel einzelner alter Gebäude stehen. So auch das Mundtsche Haus. Wir stiegen, von der Straße her, in den Weinkeller hinunter, tappten uns in einem dunklen Gange vorwärts und traten endlich in einen großen, aber niedrigen und holzgetäfelten Salon, der, alte Bilder in mir weckend, mich lebhaft an die Kajüten englischer Kriegsschiffe erinnerte. Einige Freunde waren schon versammelt: v. Schach, Bummke, Dr. Saßnitz und Buchhändler Rabatzki. Jürgaß fehlte noch. Ich stellte Bninski vor; dann nahmen wir Platz. Ich hatte nun erst den vollen Eindruck von dem Anheimelnden des Lokals, eine gute Beleuchtung, ein Feuer im Ofen, ein langer, weißgedeckter Tisch, dessen Plätze so gelegt waren, daß sie den Gästen einen freien Blick auf die Spree gönnten.

An den Fenstern vorbei, die fast die ganze Höhe des Zimmers hatten und bis auf den Fußboden niedergingen, bewegte sich ein bunter Weihnachtsverkehr, eine Art Newamesse. Schlittschuhläufer mit Stocklaternen, Waldteufeljungen, kleine Mädchen mit Wachsengeln, alles zog wie eine Erscheinung, 'mal hell, 'mal dunkel, an unsern Fenstern vorüber, und von der Königsbrücke her klang das Schellengeläute der Schlitten und der gedämpfte Lärm der Stadt.

Endlich kam Jürgaß; in der Hand hielt er eine große blaue Tüte. „Hier bring' ich Weihnachten; die Hauptsache aber, die ich meinen Gästen bringe — denn ich bitte, Sie heut' als solche betrachten zu dürfen — ist selber ein Gast. Versteht sich ein Poet." Damit wies er auf einen Herrn, der mit ihm zugleich eingetreten war. Ehe ich noch Zeit hatte, Bninski und Jürgaß miteinander bekannt zu machen, fuhr dieser fort: „Ich habe die Ehre, Ihnen hier Herrn Grell oder mit seinem vollen Rang und Namen den Theologiekandidaten Herrn Detleff Hansen=Grell vorzustellen, eine Art Hintersassen von mir, einen Hörigen derer von Jürgaß auf Gantzer. Genealogisches über die Grells, beziehungsweise über die Hansen=Grells behalte ich mir vor." Alles sah lachend, wenn auch einigermaßen überrascht, auf Jürgaß, der, ohne eine Antwort abzuwarten, in demselben Tone fortfuhr: „Unsere ‚Kastalia' vertrocknet; es fehlt ihr frisches Blut. Man könnte die Herren Poeten unseres Kreises in Verdacht haben, sie scheuten die Rivalität neu auftretender Kräfte. Wenn ich nicht wäre und Bummke, und hier unser Freund Rabatzki, der, um die letzte Spalte seines ‚Sonntagsblatts' zu füllen, dann und wann einen jungen Lyriker einfängt, so wär' es mit dem Sprudeln unseres Musenquells, trotz seines hochtönenden Namens, bald vorbei. Ist es nicht unerhört, daß ich, um die drohendste Gefahr abzuwenden, von meines Vaters Gütern einen lyrischen Sukkurs verschreiben muß?"

Das Eintreten eines Küfers, in vorschriftsmäßiger Lederschürze, unterbrach die Rede. Er trug eine Bowle auf, und die große Weihnachtstüte begann zu kursieren, die, neben rheinischen Wallnüssen, einige Pakete französischer Pfefferkuchen enthielt. Jürgaß hatte den Vorsitz. „Ich heiße Sie willkommen," nahm er abermals das Wort. „Hinsichtlich der Tüte empfehl' ich weise Sparsamkeit; ihr

Inhalt ist momentan unersetzlich. Aber die Bowle hat einen Zuschuß zu gewärtigen, eventuell mehrere."

Die Gläser klangen zur Begrüßung zusammen. Ich hatte gleich bei unserem Eintritt an einer der Schmalseiten des Tisches Platz genommen; Buinski mir gegenüber. Dieser Platz gestattete mir, den „lyrischen Sukkurs", der unserer Kastalia wieder aufhelfen sollte, ohne Auffälligkeit zu beobachten. Er war, trotz eines guten Profils, eher häßlich als hübsch. Das Haar strohern, die blassen Augen vorstehend und wenig Wimpern. Dabei die Lider leicht gerötet und etwas Stoppelbart. Sein Schlimmstes war der Teint. Gesamteindruck: alltäglich.

Mein Auge glitt zu Buinski hinüber, der ihn auch gemustert haben mochte. Ich erriet seine Gedanken.

Wir hatten leichte Konversation. Bummke beklagte lebhaft, daß Du fehltest; außerdem wurde Kandidat Himmerlich am meisten vermißt; aus welchem Grunde, konnt' ich nicht erraten. Vielleicht glaubte man, daß einem Kandidaten der Theologie wie Grell nichts Besseres vorgesetzt werden könne als seinesgleichen. Ich bezweifle aber, daß dieser Satz richtig ist.

Es war wohl elf Uhr, und das Schellengeläute von Brücke und Straße her schwieg bereits ganz, als Jürgaß anhob: „Ich denke, wir improvisieren eine Kastalia-Sitzung. Herr Hansen-Grell wird die Güte haben, uns einiges vorzulesen."

Diese Mitteilung wurde mit bemerkenswerter aber freilich auch verzeihlicher Kühle aufgenommen. Der Gast sah so unpoetisch wie möglich aus, und die Empfehlung unseres Jürgaß, wie Du nachempfinden wirst, war nicht eben dazu angetan, ihm Vorschub zu leisten. Er zog nun ein Manuskript von bedenklichem Umfang aus der Tasche; ich glaube, daß ein Bangen durch alle Herzen ging.

Aber wir sollten bald anderen Sinnes werden. Er
bat unbefangen um die Erlaubnis, uns eine Ballade, die
einen norwegischen Sagen= oder Märchenstoff behandle,
vorlesen zu dürfen: „Hakon Borkenbart." Du mußt näm=
lich wissen, er hat eine Zeitlang in Kopenhagen gelebt.
Wie das so gekommen, das erfährst Du, neben manchem
anderen, zu anderer Zeit. Er hob nun an und las aus=
drucksvoll, fest, mit wohltönender Stimme und wachsendem
Feuer. Es waren wohl an zwanzig Strophen. Gleich die
erste, die bei der Debatte wiederholt wurde, ist mir im
Gedächtnis geblieben:

>Der König Hakon Borkenbart,
>Hat Roß und Ruhm, hat Waff' und Wehr,
>Und hat allzeit zu Krieg und Fahrt
>Viel hohe Schiff' auf hohem Meer,
>Es prangt sein Feld in Garben,
>Er aber prangt in Narben,
>In Narben von den Dänen her.

In der zweiten Strophe zieht Hakon aus, um, trotz
seiner fünfzig Jahre, um Schön=Ingeborg zu freien. Ich
mühe mich vergeblich, die Reime zusammenzufinden, aber
mit der dritten Strophe, die mir besonders zusagte, wird
es mir wieder gelingen. Wenigstens ungefähr.

>Schon grüßt ihn fern so Turm wie Schloß
>Und stolz und lächelnd blickt er drein;
>Er spricht herab von seinem Roß:
>„Und bin ich alt, so mag ich's sein!
>Und wär' ich alt zum Sterben,
>Auch Ruhm und Narben werben,
>Und werben gut wie Jugendschein."

An dieser Stelle, wie Du Dir denken kannst, brach
unser alter Bummke in lautes Entzücken aus. Ich bin ganz
sicher, daß er sich in dem Augenblicke als Hakon Borken=
bart fühlte. Das Gedicht verläuft nun so, daß die schöne

Ingeborg ihn abweist, wofür er Rache gelobt. Er verkleidet sich als Bettler und setzt sich mit einer goldenen Spindel vor Ingeborgs Schloß. Sie begehrt die Spindel; er verweigert sie ihr. Ihre Begierde entbrennt so heftig, daß sie sich dem Bettler hingibt, um die Spindel zu besitzen. Nun kommen die bekannten Konflikte: Der Vater in Zorn; Verstoßung. Zuletzt entpuppt sich der Bettler als Hakon Borkenbart, und alles gelangt zu einem glücklichen Schluß.

Es war mir ein Genuß gewesen, dem Gedicht zu folgen, und ich darf sagen: Uns allen. Neben dem Dichter selbst interessierte mich Bninski am meisten. Er wurde immer ernster. „Seltsam," so las ich auf seiner Stirn, „welche Prosa der Erscheinung und dahinter welch' heiliges Feuer!"

Dies Feuer war nun in der Tat der Zauber des Gedichts und des Vortrags. Sonst bot es angreifbare Punkte die Menge. Dr. Saßnitz, auch an diesem Abend der Avantgardenführer unserer Kritik, nahm zuerst das Wort. Er hob mit Recht hervor, daß unser verehrter Gast sein großes Darstellungsvermögen an einen Gegenstand gesetzt habe, dem mit einem geringeren Kraftaufwand mehr gedient gewesen wäre. Das Ganze sei, wie er selber bemerkt habe, ein Märchenstoff. Ein solcher müsse aber in der Schlichtheit, die seinen Reiz bilde, nicht durch Pracht des Ausdrucks gestört werden. Das Gedicht, bei unbestreitbaren Vorzügen, sei zu lang und namentlich zu schwer.

Hätte unser Gast in unser aller Augen noch gewinnen können, so wär' es durch die Art gewesen, wie er den Tadel aufnahm. Er nickte zustimmend und sagte dann zu Saßnitz: „Ich danke Ihnen sehr; Ihre Ausstellungen haben es getroffen. Ich wußte nicht, woran es lag, daß mich die eigene Arbeit nicht befriedigte; nun weiß ich es."

Das Gespräch setzte sich fort. Bald danach war die Bowle geleert, und Jürgaß, der wenigstens des Ausharrens von Bummke sicher war, befahl eine zweite. Bninski und ich aber warteten ihr Erscheinen nicht ab; Mitternacht war ohnehin bald heran. Als wir auf den stillen Platz hinaus= traten, lag der Sternenschein fast wie Tageslicht auf den Straßen. Ich sah hinauf; mir war zu Sinn, als stiege das Christkind aus diesem Sternenglanz in mein armes Herz hernieder. Bninski begleitete mich; wir sprachen kein Wort. Beim Abschied sagte er mit einem Ton, den ich bis dahin nicht an ihm gekannt hatte: „Ich danke Ihnen, Tubal, für diesen Abend; es würde mich freuen, Ihre Freunde öfter zu sehen."

Da hast Du die jüngste Sitzung der Kastalia, noch dazu eine improvisierte.

Und nun lebe wohl. Renate sei mit Dir. Die Form dieses Glückwunsches wiegt hoffentlich tausend Grüße an meine schöne Cousine auf. Dein Tubal.

Nachschrift. Eben ist Dein Papa bei dem meinigen. Sie politisieren viel, vielleicht zu viel. Er grüßt und hofft, wie er Dir schon geschrieben habe, morgen abend auf Schloß Guse zu sein. Einen Platz in seinem Wagen, den er mir angeboten, habe ich abgelehnt. Es ist mir zu viel ‚Freund= schaft‘ um Tante Amelie versammelt. Aber ich sehne mich nach Hohen=Vietz und seiner Stille. Kann ich Kathinka bestimmen, mich zu begleiten, so dürft Ihr uns e h e s t e n s erwarten. Dein T."‟

XVIII.

Schloß Guse.

Der Lauf unserer Erzählung führt uns während der nächsten Kapitel von Hohen=Vietz und dem östlichen Teile

Vor dem Sturm.

des Oberbruchs an den **westlichen Höhenzug** desselben, zu dessen Füßen, heute wie damals, die historischen Dörfer dieser Gegenden gelegen sind, altablige Güter, deren meist wendische Namen sich schon in unseren ältesten Urkunden finden. Hier saßen, um Wrietzen und Freienwalde herum, die Sparrs und Uchtenhagens, von denen noch jetzt die Lieder und Sagen erzählen, hier hatten zur Reformations- und Schwedenzeit die Barfus, die Pfuels, die Jhlows ihre Sitze, und hier, in den Tagen, die dem Siebenjährigen Kriege unmittelbar folgten, lebten die Lestwitz und Prittwitz freundnachbarlich beieinander; Prittwitz, der bei Kunersdorf den König, Lestwitz, der bei Torgau das Vaterland gerettet hatte. Oder wie es damals in einem Kurrentausdruck des wenigstens sprachlich französierten Hofes hieß: „Prittwitz a sauvé le roi, Lestwitz a sauvé l'etat."

Alle diese Güter begannen bald nach der Trockenlegung des Oderbruchs, also etwa dreißig Jahre vor Beginn unserer Erzählung, zu ihren sonstigen Vorzügen auch noch **den** landschaftlicher Schönheit zu gesellen. Wer hier um die Pfingstzeit seines Weges kam, wenn die Rapsfelder in Blüte standen und ihr Gold und ihren Duft über das Bruchland ausstreuten, der mußte sich, weit aus der Mark fort, in ferne, beglücktere Reichtumländer versetzt fühlen. Die Triebkraft des jungfräulichen Bodens berührte hier das Herz mit einer dankgestimmten Freude, wie sie die Patriarchen empfinden mochten, wenn sie, inmitten menschenleerer Gegenden, den gottgeschenkten Segen ihres Hauses und ihrer Herden zählten. Denn nur da, wo die Hand des Menschen in harter, nie rastender Arbeit der ärmlichen Scholle ein paar ärmliche Halme abgewinnt, kann die Vorstellung Platz greifen, daß er es sei, der diesen armen Segen geschaffen habe; wo aber die Erde hundertfältige Frucht treibt und aus jedem eingestreuten Korn einen

Reichtum schafft, da fühlt sich das Menschenherz der Gnade Gottes unmittelbar gegenüber und begibt sich aller Selbstgenügsamkeit. Es war an diesem westlichen Höhenrande des Bruches, daß der große König, über die goldenen Felder hinblickend, die Worte sprach: „Hier habe ich in Frieden eine Provinz gewonnen."

Ein Bild, das diesen Ausruf gerechtfertigt hätte, bot die Niederung am dritten Weihnachtstage 1812 freilich nicht. Alles lag begraben im Schnee. Aber auch heute noch war ein Blick von der das Bruch beherrschenden „Seelower Höhe" aus nicht ohne Reiz; über den zahlreichen ausgebauten Höfen und Weilern zog ein Rauch, die Stelle menschlicher Wohnstätten verkündend, während auf Meilen hin die nur halbverschneiten Kirchtürme der größeren Dörfer im hellen Sonnenschein blitzten.

Einer dieser Kirchtürme, der nächste, zeigte sich in kaum Büchsenschußentfernung von der ebengenannten Höhe, und eine Allee alter Eichen, deren braunes Laub, wo der Wind den Schnee abgeschüttelt hatte, klar zu erkennen war, lief in gerader Richtung auf die Kirche zu. Neben dieser, weit über den Wetterhahn der Turmspitze hinaus, erhoben sich mächtige, zum Teil fremdartig aussehende Bäume, allem Anscheine nach einem großen Parke zugehörig, der von links her das Dorf umfaßte.

Dieses Dorf war Guse.

Wie sein Name bekundet, wendischen Ursprungs, führten es doch erst begleitende Vorgänge des Dreißigjährigen Krieges, um welche Zeit die Schaplows hier ansässig waren, in unsere Landesgeschichte ein. Zwei Jahre vor Abschluß des Osnabrücker Friedens vermählte sich Georg von Derfflinger, damals noch General in schwedischen Diensten, mit Margarethe Tugendreich von Schaplow und übernahm das Gut. Nicht als Frauen-

Vor dem Sturm.

erbe, sondern gegen Kauf; die verschuldeten Minorennen konnten es nicht halten.

Zunächst war die Erstehung des Gutes wenig mehr als eine Kapitalanlage, vielleicht auch ein Versuch, sich im Brandenburgischen territorial und politisch festzusetzen; aber schon in den sechziger Jahren, lange bevor der Tag von Fehrbellin, der pommersche und der ostpreußische Feldzug den Ruhm Derfflingers auf seine Höhe gehoben hatten, sehen wir den Alten beflissen, hier nicht nur die Schäden vieljähriger Verwahrlosung auszugleichen, sondern auch durch Bauten und Anlagen — in allem dem Beispiele seines kurfürstlichen Herrn folgend — eine Musterwirtschaft herzustellen. Abzugsgräben wurden gezogen, Dämme und Wege durch den Sumpf gelegt, das Schloß entstand; die Kirche, zunächst erweitert, erhielt eine Gruft, und ein Kasernenbau, bis diesen Tag erkennbar, nahm die Dragoner= abteilung auf, die zu täglichem Dienst bei ihrem Chef und General aus dem benachbarten Garnisonsort nach Gusc hinbeordert war. Das eigentlichste Augenmerk des Alten war aber der Park, der ihn bald glücklicher machte als der Ruhm seiner Taten. Ein guter Wirt und Haushalter, wie fast alle diejenigen, die das Schwert mit der Pflug= schar vertauschen, war er doch freigebig, wenn es die Be= schaffung schöner Bäume galt. Zypressen und Magnolien wurden unter großen Kosten herbeigeschafft, und noch jetzt führt ein Zedernhain des Parkes den Namen „Neulibanon".

In Zurückgezogenheit zu leben und sich seiner Anlagen zu freuen, wurde mehr und mehr das einzige Verlangen des nun achtzigjährigen Feldmarschalls, der, wie er sich selber ausdrückte, bei Hofe „viel Saures und Süßes" ge= kostet hatte, „aber des Sauren mehr". Die Zeiten, wo er seinem Freunde, dem Grafen Baudissin, ins Stammbuch schreiben konnte:

> Wind und Regen
> Sind mir oft entgegen;
> Ich ducke mich, laß es vorübergahn,
> Das Wetter will seinen Willen han,

diese Tage beinahe heiterer Resignation lagen für ihn weit zurück, und er war versteift, eckig und reizbar geworden. Endlich gab der Kurfürst, der ihn trotz seiner hohen Jahre im Dienste festhalten wollte, nach, und der Alte hatte nun seinen Willen und seine Freiheit; er gab die Stadt auf und ging nach Guse. Hier, eine kleine Weile noch, sah er auf alles, was er geschaffen, und freute sich des Segens in Feld und Haus. Aber er war müde, müde auch seines Glückes. Noch vor Ablauf des Jahrhunderts schloß sich sein reiches Leben. Er wurde, wie er es angeordnet, ohne Gepränge beigesetzt, in der Gruft, die er selbst gebaut hatte. Auch der Geistliche mußte sich auf den Nachruf beschränken: „Gott habe den Entschlafenen innerhalb des Kriegsdienstes von der niedersten bis zur höchsten Stufe gelangen lassen." Der Alte hatte Ruhmes genug im Leben erfahren, um den Klang desselben im Tode entbehren zu können.

Sein einziger überlebender Sohn, Friedrich von Derfflinger, trat die reiche Erbschaft an, die außer Dorf und Schloß Guse noch fünf andere Oderbruchgüter umfaßte. Er war Reiterführer und Chef eines Dragonerregiments wie sein Vater; aber nur in Rang und äußerer Stellung ihm verwandt, besaß er wenig von dem kriegerischen Sinn und der feldherrlichen Einsicht, die den Vater zu so hohen Ehren gebracht hatten.

Der Wechsel der Zeiten konnte nicht wohl die Ursache davon sein, denn das neue Jahrhundert, nach einer kurzen Epoche des Friedens, begann mit einem der schlachtenreichsten Kriege, und bei Turin und Malplaquet lagen die Brandenburger gehäuft unter den Toten. Aber wenn die

Vor dem Sturm.

Kriegsannalen nicht von ihm sprechen, so doch Guse, wo er nicht nur die Schöpfungen seines Vaters fortzusetzen, sondern auch diesen Vater selbst zu ehren vom ersten Augenblick an beflissen war. Er erweiterte den Park, er verschönte das Schloß, vor allem aber ließ er dem Toten ein Monument errichten. Die besten Kräfte, wie sie das Berlin der Schlüter=Zeit aufwies, waren bei Ausführung dieses Denkmals tätig. Über einem offenen Steinsarkophag, in den die Hand des Sohnes den Feldmarschallstab legte, wurde die Büste des Vaters aufgestellt: eine Fama blies in die Posaune, und zwei Derfflinger=Standarten mit blau= seidenen Fahnentüchern und der Inschrift „agere aut pati fortiora" kreuzten sich zu einer Waffentrophäe. Bis diesen Tag ist der Guser Kirche dieses Denkmal erhalten geblieben.

Drei Jahrzehnte nach dem Tode des Vaters starb auch Friedrich von Derfflinger, und mit ihm erlosch der berühmte Name, der kaum länger als ein halbes Jahr= hundert geglänzt hatte, aber während dieser kurzen Dauer hell genug, um auch den Namen Dorf Guses für immer der Dunkelheit zu entziehen. Das alte Derfflinger=Erbe ging durch verschiedene Hände, bis es in Besitz des Grafen von Pudagla kam. Der Graf ließ es zunächst verwalten, und um diese Zeit, wo sich zuerst wieder das Nationale zu regen begann, war es auch, daß die Wallfahrten nach der Derfflinger=Gruft ihren Anfang nahmen. Nicht zum Vorteil dessen, der in ihr ruhte. Jeder, nach einem An= denken lüstern und seine Pietätslosigkeit mit der Vorgabe historischen Interesses deckend, vergriff sich an der Kleidung des Toten, so daß dieser, vor Ablauf eines Jahrzehntes, wie ein nackt Ausgeplünderter in seinem Sarge lag, nur noch mit dem angeschnallten Brustharnisch und seinen hohen Reiterstiefeln bekleidet.

So kam das Jahr 1790. Graf Pudagla starb, und

seine Witwe, das Gut übernehmend, machte dem Unfug ein Ende.

Diese Witwe war Tante Amelie.

XIX.

Tante Amelie.

Tante Amelie war die ältere Schwester Berndts von Vitzewitz. Um die Mitte des Jahrhunderts, also zu einer Zeit geboren, wo der Einfluß des fridericianischen Hofes sich bereits in den Adelskreisen geltendzumachen begann, empfing sie eine französische Erziehung und konnte lange Passagen der Henriade auswendig, ehe sie wußte, daß eine Messiade überhaupt existiere. Übrigens würde schon der Name ihres Verfassers sie an der Kenntnisnahme des Inhalts gehindert haben.

Sie war ein sehr schönes Kind, früh reif, der Schrecken aller nachbarlichen, in Wichtigkeit und Unbildung aufgebauschten Damen, und erfüllte mit zwanzig Jahren die auf eine glänzende Partie gerichteten Hoffnungen beider Eltern: im Herbst 1770 wurde sie Gräfin Pudagla.

Graf Pudagla, ein Vierziger, hatte die Feldzüge mitgemacht, am Tage von Leuthen sich ausgezeichnet, und stand bei Schluß des Krieges als Rittmeister im Dragonerregiment Anspach und Bayreuth. Eine glänzende militärische Laufbahn schien ihm gesichert. Bei der zeitfolgenden Revue aber sah er sich vom König, der einen groben Fehler wahrgenommen zu haben glaubte, mit harten Worten überhäuft, infolgedessen der Graf den Abschied nahm. Er zog sich auf seine reichen, die halbe Insel Usedom einnehmenden Besitzungen zurück, besuchte während mehrerer Jahre die westeuropäischen Hauptstädte und gab bei seiner Rückkehr

durch Annahme eines Prinz Heinrichschen Kammerherrn=
titels seiner Unzufriedenheit einen offenen Ausdruck. Er
wollte zu den „Frondeurs" gezählt sein, die der Prinz
bekanntermaßen um sich versammelte. Einige Wochen später
vermählte er sich mit der schönen Amelie von Vitzewitz,
woran sich nach einem kurzen Aufenthalt auf den pommerschen
Gütern die Übersiedlung nach Rheinsberg schloß.

Die Vorteile, die der kleine Hof aus der Anwesenheit
des Grafen zog, waren, soweit seine eigene Person in
Betracht kam, gering. Er hatte, wie seine Gemahlin ihm
gelegentlich vorwarf, „au fond de coeur" eine Abneigung
gegen den Prinzen, nahm Anstoß an den Sitten, an dem
Schmeichelkultus und der hochmütigen Kritik, die hier ihre
Stätte hatten, und war jedesmal froh, wenn er nach Wochen
kurzen Dienstes wieder auf seine heimatliche Insel zurück=
kehren, der paterna rura sich erfreuen und in die eng=
lischen Parlamentskämpfe sich vertiefen konnte. Denn er
liebte England und sah in seinem Volk, seiner Freiheit,
seiner Gesetzlichkeit das einzige Staatenvorbild, dem nach=
zueifern sei.

Aber so viel an Anregung und Huldigung der Graf
versäumen mochte, die Gräfin glich diese Versäumnisse mehr
als aus. Sie war in kürzester Frist die Seele der Gesell=
schaft und beherrschte wie den Hof, so auch die Spitze
desselben, den Prinzen, eine Erscheinung, die nur die=
jenigen überraschen konnte, die den gefeierten Bruder des
großen Königs einseitiger und äußerlicher nahmen, als er
zu nehmen war. Denn während er die Frauen haßte,
fühlte er sich doch ebenso zu ihnen hingezogen. Voll Ab=
neigung gegen das Geschlecht als solches, sobald es aller=
hand ihm unbequeme Forderungen stellte, war er doch
ästhetisch geschult und feinsinnig genug, um die eigentüm=
lichen Vorzüge des weiblichen Geistes: Unmittelbarkeit, Witz

und gute Laune, Schärfe und Treffendheit des Ausdruckes
herauszufühlen. So vollzog sich das Widerspruchsvolle,
daß an einem Hofe, der die Frauen als Frauen negierte,
ebendiese Frauen doch herrschten, ohne auch nur einen
Augenblick auf ihre allerweiblichsten Eigenarten und Unarten verzichten zu müssen. Der Prinz hatte nur das
Bedürfnis persönlichen Verschontbleibens; im übrigen
tolerierte er alle den Sittenpunkt nicht ängstlich wägenden
Lebens= und Umgangsformen, die ihm, weil einen uner-
schöpflichen Stoff für seine sarkastische Laune, ebendeshalb
einen bevorzugten Gegenstand der Unterhaltung boten.
Die Liebesintrige stand in Blüte; an unsere junge Gräfin
aber knüpfte ihn neben manchem anderen auch die Wahrnehmung, daß sie, an Kühnheit der Anschauungen mit
ihm wetteifernd, auf die Betätigung dieser Anschauungen
verzichtete und keinen Augenblick dem Verdachte Nahrung
gab, ihre Grundsätze nach ihrer Lebensbequemlichkeit ge-
modelt zu haben. Denn wie alle außerhalb des sittlichen
Herkommens Stehende, barg auch der Prinz hinter dem
Unglauben an einen reinen Wandel doch schließlich nur
den im Tiefsten ruhenden Respekt vor demselben. Uner-
schüttert in seinen Allgemeinanschauungen, sah er in der
Gräfin „den Ausnahmefall, der ihm die Regel bestätigte,"
und beglückwünschte sich, weit über landläufig=kleine Verhältnisse hinaus intimste Beziehungen zu einer Frau
unterhalten zu dürfen, die, mit allen Vorzügen der weiblichen Natur ausgestattet, zugleich frei von allen Schwächen
derselben war. Eine Spezialfreude gewährte ihm die
Gräfin noch dadurch, daß sie für ihren Gemahl dieselbe
heitere Kühle hatte wie für alle anderen Mitglieder des
Rheinsberger Hofes und die Frage nach der Fortdauer
des Hauses Pudagla mit nie gestörter Gleichgültigkeit behandelte.

Vor dem Sturm.

Einer ihrer hervorstechendsten Züge war die Offenheit. Sie wußte, daß sie mehr sagen durfte als andere, und sie bediente sich dieses Vorrechts. Eine Mischung von Pikanterie und Grazie, über die sie Verfügung hatte, gestattete ihr Gewagtheiten, die vielleicht keinem anderen Mitgliede des Hofes mit gleicher Bereitwilligkeit verziehen worden wären; das eigentliche Geheimnis ihrer andauernden Gunst aber war, daß sie die verschiedenen Gebiete der Unterhaltung auch verschieden zu behandeln und genau zu unterscheiden wußte, wo Gewagtheiten allenfalls noch am Platze waren und wo nicht. Wenn ihre Offenheit groß war, so war ihre Klugheit doch noch größer. Das philosophische Gebiet, die Kirche, die Moral bildeten einen weiten, nirgends durch Schnurleinen eingeengten Tummelplatz, während die Politik bereits einzelne, das militärische Gebiet aber, weil mit den Eitelkeiten des Prinzen zusammenhängend, eine ganze Anzahl von mit „Défendu" bezeichnete Partien hatte. Dieser Unterschiede war sich die Gräfin jederzeit bewußt, und während sie vielleicht eben noch in Beurteilung einer voltairisch aufgefaßten Jeanne d'Arc bis an die Grenze des Möglichen gegangen war, unterließ sie doch nicht, bei diskursiver Behandlung irgendeiner prinzlichen Schlachtengroßtat sofort den Ton zu wechseln und an die Stelle unerschrockenster Behauptungen die allerloyalsten Huldigungen treten zu lassen. Im Darbringen solcher Huldigungen — sei es von ungefähr im Gespräch oder sei es vorbereitet in großen Festlichkeiten — war sie unerschöpflich, und wenn sich der Prinz selbst nach ebendieser Seite hin eines wohlverdienten Rufes erfreute, so zeigte sie sich mindestens als seine gelehrige Schülerin. Ihre vollkommene Gleichgültigkeit gegen militärische Schaustellungen und kriegerische Aktionen besaß sie Kraft genug, hinter einem erheuchelten und deshalb um so lebhafter sich gebärdenden Interesse zu verbergen. Sie wußte, daß wer den Zweck wollte, auch die Mittel wollen mußte, und so waren denn die Prinzenschlachten ihrem Gedächtnisse bald sicherer eingeprägt als die Feste des christlichen Kalenders. Nie verging der sechste Mai, der Jahrestag der Prager Affäre, ohne irgendeine solenne Bezugnahme darauf. Da gab es immer neue Überraschungen: gestickte Teppiche mit dem Hradschin und der Moldaubrücke, samt vier Grenadier= mützen in den Ecken; Tableaux vivants, in denen Mars und Minerva, sich überholt fühlend, vor der höheren Rheinsberger Gottheit ihr Knie beugten; Dialoge, ganze Stücke, mit Griechen= und Römerhelden, mit Myrmidonen und Legionen, die sich dann schließlich immer als Prinz Heinrich und das die Prager Höhen erstürmende Regiment Itzenplitz entpuppten.

Sprach sich in diesem allen eine Kunst der Erfindung aus, so war die Kunst des Schweigens, des Unterdrückens und Verleugnens, die beständig geübt werden mußte, kaum geringer. „Schwerins mit der Fahne" durfte nie gedacht werden; ein Hinweis auf diesen großen Prager Rivalen würde nur zu den ernstesten Verstimmungen geführt haben, und der Prinz, von dem Wunsche erfüllt, einen solchen störenden Zwischenfall von vornherein ausgeschlossen zu sehen, hatte nicht Anstand genommen, „den auf allen Jahrmärkten besungenen Heldentod" einfach als eine „Bêtise" zu bezeichnen.

All diesen Eigenarten, auch wo sie sich bis zur Laune und Ungerechtigkeit steigerten, wußte sich die Gräfin zu bequemen, und ihrer Mühen Lohn war eine sechzehn= jährige Herrschaft. Erst das Jahr 1786, ohne diese Herr= schaft zu beseitigen, schuf doch einen Wandel der Verhält= nisse überhaupt. Der große König starb, und sein Hinscheiden ermangelte nicht, auch das Rheinsberger Leben empfindlich zu berühren. Der kleine Hof wurde wie auseinandergesprengt; alle freieren Elemente desselben, die großenteils mehr aus Opposition gegen den König als aus Liebe zum Prinzen sich um diesen geschart hatten, schlossen wieder ihren Frieden mit der Staatsautorität und waren froh, aus einem engen und aussichtslosen Kreis in den öffentlichen Dienst zurücktreten zu können. Unter diesen war auch Graf Pudagla. Er ging in demselben Herbst noch nach England, wozu ihn, neben seiner Vertrautheit mit Politik und Sprache, seine freundschaftlichen Beziehungen zu mehreren einflußreichen Familien befähigten. Als ihm diese auszeichnende Mission angetragen wurde, stellte er, besserer Repräsentation halber, an die Gräfin das Ansinnen, ihn zu begleiten. Sie lehnte jedoch ab, zum Teil aus wirklicher Anhänglichkeit an den Prinzen, mehr noch aus einer ihr angeborenen Abneigung gegen England.

Sie blieb also, blieb und huldigte, ohne ihres Bleibens und ihrer Huldigungen noch recht froh zu werden. Die glücklichen Tage lagen eben zurück. Alles war verändert, nicht nur der Hof, auch der Prinz. Seine Mißstimmungen wuchsen. Die staatlichen Interessen, so viele Jahre zurückgedrängt, traten wieder in den Vordergrund und beunruhigten ihn. Namentlich von dem Augenblick an, wo sich in Paris erkennbar die Gewitter zusammenzogen. Vor seinem großen, nun heimgegangenen Bruder, so wenig er ihn geliebt, so viel er ihn bekrittelt hatte, hatte er doch schließlich allem Besserwissen zum Trotz einen tiefgehenden, ganz ungeheuchelten Respekt empfunden; nichts davon flößten ihm die neuen Verhältnisse ein, noch weniger die Personen. Die Weiberherrschaft, weil alles Feinen und Geistigen entkleidet, war ihm ein Greuel, und unserer Gräfin huldvoll die Hand küssend, sagte er, als der Name der Madame Rietz in seiner Gegenwart genannt wurde:

„Je la déteste de tout mon cœur; mes attentions, comme vous savez bien, appartiennent aux dames, mais jamais aux femmes."

Dies waren Äußerungen besonderen Vertrauens; nichtsdestoweniger überkam die Gräfin das Gefühl, daß ihre Rheinsberger Tage gezählt seien. Sie sehnte sich nicht fort, aber sie bereitete sich in ihrem Herzen darauf vor. Und der Augenblick kam eher, als sie erwartet. Anno 1789 war der Graf auf kurzen Urlaub zurück. Er erkrankte, von einem Schlaganfall getroffen, im Vorzimmer des Königs; am anderen Tage war er tot. Die Nachricht davon erschütterte die Witwe mehr als diejenigen, die ihre Ehe kannten, erwartet hatten; sie wurde sich jetzt bewußt, in Hochmut und Kaprice, nicht seine Liebe, aber den Wert seiner edelmännischen Gesinnung unterschätzt zu haben. Sein Testament, das aufs neue ein vollkommener Ausdruck dieser Gesinnung war, konnte die Vorstellung ihres Unrechts, so frei sie ihrer ganzen Natur nach von sentimentaler Reue blieb, nur steigern. Schloß Guse, das, aus freier Hand erstanden, nicht zu den Familiengütern zählte, war der Gräfin samt einem bedeutenden Barvermögen zugeschrieben worden. Sie beschloß, ihr Erbe anzutreten und die Verwaltung des Gutes selbst in die Hand zu nehmen. Nur noch den Winter über wollte sie am Rheinsberger Hofe verweilen; bei Ablauf desselben schied sie nicht ohne Bewegung von dem Prinzen, der ihr neben anderen Souvenirs ein eigens gedichtetes Akrostichon überreicht hatte.

Am Osterheiligabend 1790 traf sie in Schloß Guse ein.

Das Schloß konnte zunächst nur den allerunwohnlichsten Eindruck machen. Die Administrationsjahre hatten es, einige wenige Räume abgerechnet, in eine Art Korn= und Futtermagazin umgewandelt; Raps und Weizen lagen auf=

Vor dem Sturm.

geschüttet in den Zimmern, während Heu- und Stroh-
massen die Korridore füllten. Am störendsten wirkte der
ganze linke Flügel, aus dessen zerbröckelten Dielen überall
die Pilze hervorwuchsen. Alte Bilder aus der Derfflinger-
Zeit, stockfleckig und eingerissen, die meisten ohne Rahmen,
hingen schief und vereinzelt an den Wänden und mehrten
nur den Eindruck des Verfalls.

Die Gräfin indessen ließ sich durch den Anblick dieser
Unbilden und Schädigungen, die das Schloß erfahren
hatte, nicht beirren; im Gegenteil, die Aussicht auf Tätig-
keit, die sich für sie eröffnete, hatte für ihre energische
Natur einen Reiz. Sie bezog zwei kleine Zimmer im
ersten Stock, die von der allgemeinen Zerstörung am
wenigsten gelitten, zugleich auch eine gute Luft und einen
freien Blick auf den schönen Park hatten. Von hier aus
mit allen Handwerkern der nächsten Ortschaften, bald auch
mit ihr bekannten hauptstädtischen Künstlern in Verbindung
tretend, leitete sie den inneren Um- und Ausbau, der,
soweit überhaupt beabsichtigt, in verhältnismäßig kurzer
Zeit beendet war. Am 31. Dezember 1790 zog sie, abergläubisch und tagewählerisch wie sie war, in die neuen
Räume ein, den Silvestertag jedes Jahres, aus allerhand
heidnisch-philosophischen Gründen, in denen sich Tiefsinn und
Unsinn paarte, zu den ausgesprochenen Glückstagen zählend.

Die neuen Räume lagen sämtlich auf der rechten
Seite und bestanden aus einem Billard-, einem Spiegel-
oder Blumen- und einem Empfangszimmer, woran sich
dann, in den entsprechenden Seitenflügel übergehend, der
Speisesaal und das Theater schlossen. Denn ohne Vor-
hang und Kulissen konnten sich Personen, die aus der
Schule des Rheinsberger Prinzen kamen, eine behagliche
Lebensmöglichkeit nicht wohl vorstellen. Die ganze linke
Hälfte des Schlosses, von Lüftung der Räume und

Beiseiteschaffung alles Ungehörigen abgesehen, hatte baulich keine Veränderungen erfahren, während die große, zwischen beiden Hälften gelegene Flurhalle zum Stapelplatz für alle Derfflinger=Reminiszenzen gemacht worden war. Hier befanden sich zwei Falkonetts, zwei ausgestopfte Dragoner mit Glasaugen und die besterhaltenen jener Porträts und Schlachtenbilder, die bis dahin in den Räumen des Schlosses zerstreut gewesen waren. In Front der beiden Dragoner, ziemlich die Mitte der Flurhalle einnehmend, stand ein der Antike nachgebildeter Faun, dessen spöttisches Lachen die beste Kritik alles dessen war, was ihn umstand.

Am folgenden Tage, dem Neujahrstage 1791, gab die Gräfin zur Einweihung der neubezogenen Räume ihre erste Soiree. Der benachbarte Adel war geladen, und Tante Amelie machte die Honneurs ganz auf dem vornehmen Fuße, den ihr ihre Mittel, ihr Geist und die höfische Gewohnheit gestatteten. Alles war entzückt. Wirtin wie Gäste versprachen sich ein anregendes, vielleicht selbst ein freundschaftliches Beieinanderleben; Pläne wurden entworfen; die Zukunft erschien als eine lange Reihe von musikalisch=deklamatorischen Matineen, von L'hombrepartien und Aufführungen französischer Komödien.

Aber es kam anders.

Schon vor Ablauf des Jahres mußten sich beide Parteien überzeugen, daß man nicht füreinander passe; die Gräfin war zu klug, der Nachbaradel nicht klug genug. Besonders die Frauen. Ihr Französisch (nur noch übertroffen durch ihr Deutsch), die geheuchelten literarischen Interessen, das beständige Sprechen über Dinge, die ihnen ebenso unbekannt wie gleichgültig waren, mußten den feinen Sinn einer Dame verletzen, die zwischen dem persönlichen Umgang mit einem Prinzen und dem geistigen Verkehr mit hervorragenden Geistern ihr Leben geteilt hatte. Nur die Flüchtigkeit erster Begegnungen hatte über diese Verhältnisse täuschen können. Die Gräfin, als sie den Tatbestand überschaute, brach allen Umgang ab und beschränkte sich, ihre Lesepassion wieder aufnehmend, mehrere Jahre lang auf einen allerengsten Kreis, der sich aus ihrem Bruder Berndt auf Hohen-Vietz, aus dem auf Hohen-Ziesar lebenden Grafen Drosselstein und dem dreiundachtzigjährigen Seelower Superintendenten, der schon die Schlacht bei Mollwitz als Feldprediger mitgemacht hatte, zusammensetzte. Ihrem tiefen Bedürfnisse nach Moquerie und Klatsch, dem in diesem frauenlosen Kreise (Berndts Gemahlin schloß sich aus) nur sehr unvollkommen entsprochen wurde, suchte sie durch ein briefliches Geplauder mit dem Prinzen zu Hilfe zu kommen, der, ein Feinschmecker auf dem Gebiete der Chronique scandaleuse, nicht müde wurde, sie zur Fortsetzung einer beiden Teilen gleich gewinnbringenden Korrespondenz zu ermutigen.

Das ging bis 1802, wo der Prinz starb. Erst nach dieser Zeit empfand sie wieder den Hang, aus ihrer Einsamkeit, die ganz und gar gegen ihre Natur und ihr durch die Verhältnisse nur aufgezwungen war, herauszutreten. Und so geschah es. Die Frauen, gegen die sie, mit den Jahren sich steigernd, eine fast zur Manie gewordene Abneigung hegte, blieben nach wie vor ausgeschlossen; aber den kleinen Männerkreis, der bis dahin ihren Umgang gebildet hatte, suchte sie zu erweitern. Der Wechsel im Besitz auf mehreren der ihr benachbarten Güter bot dazu eine bequeme Gelegenheit, und jener Gesellschaftszirkel begann sich zu bilden, der schon ein Jahrzehnt vor Beginn unserer Erzählung zu allerhand kritischen Bemerkungen von seiten ihres Bruders Berndt, zugleich aber auch zu dem Verteidigungskonklusum der Gräfin: „Tous les genres sont bons, hors l'ennuyeux" geführt hatte.

„Gut," hatte Berndt geantwortet, „aber dann erfülle auch die Bedingung. Du wirst doch nicht den Kammerherrn von Medewitz als ‚hors l'ennuyeux' bezeichnen wollen?"

„Doch," hatte die Schwester repliziert und eine Unterredung abgebrochen, in der beide Geschwister, jeder von seinem Standpunkte aus, im Rechte waren. Die Gräfin, selbstisch in all ihrem Tun, verfuhr nicht nach allgemeinen Gesichtspunkten, sondern nach allerpersönlichstem Geschmack. Ihr Umgangskreis, den Berndt ziemlich spitz als „allerlei Freunde" bezeichnete, war nicht danach gewählt worden, ob er anderen, sondern lediglich danach, ob er i h r gefiele. Was sie am meisten verachtete, waren herkömmliche Anschauungen; ihre Laune war souverän; wer ihr Lächeln abnötigte, ihr Gelegenheit zu einem Sarkasmus bot, war ihr ebenso unterhaltlich als derjenige, der ihr eine Fülle von Esprit, einen Schatz von Anekdoten entgegenbrachte. Nur die unausgesprochenen Menschen waren ihr interesselos, während alles Aparte, gleichviel, ob es nach der Beschränktheits- oder der Klugheitsseite hinlag, einen prickelnden Reiz für sie hatte.

Sehen wir im folgenden Kapitel des näheren, welcher Art diese „allerlei Freunde" von Schloß Guse waren.

XX.

Allerlei Freunde.

Die „allerlei Freunde" bildeten einen weiteren und einen engeren Kreis. Der engere Kreis war eine Siebenzahl und bestand aus folgenden Personen: Graf Drosselstein auf Hohen-Ziesar, Präsident von Krach auf Bingenwalde, Generalmajor von Bamme auf Quirlsdorf, Baron

Vor dem Sturm. 171

von Pehlemann auf Wuschewier, Domherr von Medewitz auf Alt-Medewitz, Hauptmann von Rutze auf Protzhagen, Dr. Faulstich in Kirch-Göritz.

Es wird unsere nächste Aufgabe sein, der bloßen Vorstellung dieser Herren, die, mit Ausnahme Dr. Faulstichs, alle das sechzigste Jahr erreicht oder überschritten hatten, eine kurze Charakterisierung folgen zu lassen. Wenn dies ein Verstoß gegen die Gesetze guter Erzählung ist, so möge der Leser Nachsicht üben und um so mehr, als der zu begehende Fehler vielleicht mehr scheinbar als wirklich ist. Denn mit wie großem Recht auch die Vorführung abgeschlossener, ihr Tun und Denken zettelartig am Mantel tragender Gestalten verworfen und statt dessen jene Erzählungskunst gepriesen werden mag, die die Phantasie des Lesers in den Stand setzt, das nur eben Angedeutete schöpferisch auszubilden und zu vollenden, so mögen doch Ausnahmen überall da gestattet sein, wo, wie hier, das Nebeneinanderstellen fertiger Figuren nicht viel mehr bedeuten will als eine weniger um der Bildnisse selbst als um des Ortes willen, wo sie sich finden, dem Leser vorgeführte Porträtgalerie.

Die vornehmste Erscheinung in Schloß Guse, zugleich dem Zirkel am längsten angehörig, war Graf Drosselstein. In Königsberg geboren, in dessen Nähe auch die Familiengüter lagen, war er, trotzdem er die Provinz gewechselt hatte, ein vollkommener Repräsentant des ostpreußischen Adels. Dieser Adel, dem Hofe und dem „Dienste" fernerstehend, hatte freilich — wenigstens damals noch — darauf verzichten müssen, seinen Namen gleich ruhmreich wie die märkisch-pommerschen Familien in unsere bis dahin wenig mehr als eine Reihe von Schlachten darstellende Geschichte einzutragen, aber was ihm dadurch an Volkstümlichkeit und historischem Klang verloren gegangen war, war wieder aufgewogen worden durch das Bewußtsein gewahrter Unabhängigkeit. Weniger ein= und untergeordnet in das Räderwerk des militärisch=bureaukratischen Staates, hatte sich ganz Ostpreußen und besonders sein Adel — im einzelnen zu seinem Nachteil, im ganzen zu seinem Vorzug — eine ausgesprochen provinzielle Eigentümlichkeit zu bewahren gewußt.

In dieser provinziellen Eigentümlichkeit, die sich vielleicht am besten als ein mitunter herber Ausdruck des Freiheitlichen bezeichnen läßt, stand auch Graf Drosselstein, und wenn er an der Tafel seiner Freundin, der Guser Gräfin, dem säbelbeinigen Generalmajor von Bamme gegenübersaß, der zweideutige Anekdoten erzählte und von Pferden, Prinzen und Tänzerinnen, weniger aus Renommisterei als aus Übermut und schlechter Erziehung, in krähstimmigem Jargon perorierte, so mochte er sich, nicht ohne Anwandlung ostpreußischen Stolzes, des Unterschiedes zwischen seiner heimatlichen Provinz und dem märkischen Stammlande bewußt werden. Aber solche Anwandlungen schwanden so rasch, wie sie kamen. Von seltener Unparteilichkeit, allem Engen und Selbstischen fern, in welcher Form es auch auftreten mochte, stand es für seine Erkenntnis längst fest, daß die Mark trotz aller ihrer Unleidlichkeiten als das Kern= und Herzstück der Monarchie anzusehen sei, mit oder ohne Bammes, ja zum Teil wegen derselben.

Der Graf hatte nur kurze Zeit dem Staate gedient. Mit zwanzig Jahren in das erste Bataillon Garde tretend, aber schon nach Ablauf eines Jahres gesundheitshalber den Abschied nehmend, war er froh gewesen, den Anblick des Potsdamer Exerzierplatzes mit dem der Marine von Nizza vertauschen zu können. Wiederhergestellt, durchzog er Italien, lebte, ganz dem Studium der Kunst hingegeben, erst in Rom, dann in Paris und beschloß seine „große

Tour" durch einen Ausflug nach Holland und England.

Er war Ausgangs der Dreißig, als ihn um 1788 Familienangelegenheiten an den Petersburger Hof führten. Hier machte er die Bekanntschaft einer Komtesse Lieven, die ihn durch ihre durchsichtige Alabasterschönheit in demselben Augenblicke gefangennahm, in dem er sie sah. Seine Werbung wurde nicht zurückgewiesen; die Kaiserin selbst beglückwünschte das schöne Paar, das sich unmittelbar nach der mit großer Pracht und unter Teilnahme des Petersburger Hofadels gefeierten Vermählung auf die ostpreußischen Güter des Grafen zurückzog.

Aber das stille Glück der Flitterwochen erschien der jungen Gräfin bald zu still. Sie sehnte sich nach dem zerstreuenden Leben der „Gesellschaft", und da weder die politischen Verhältnisse noch die Gesinnungen des Grafen ein erneutes Auftreten am russischen Hofe — das die junge Gräfin allerdings am liebsten gesehen haben würde — ausführbar erscheinen ließen, so wurde die Übersiedlung nach Hohen-Ziesar, einem ursprünglich den märkischen Drosselsteins zugehörigen Gute, das erst vor zwei oder drei Jahren an die ostpreußische Linie gekommen war, beschlossen.

Von Hohen-Ziesar aus ermöglichte sich ein verhältnismäßig leichter Verkehr mit der Hauptstadt, wo das Hofleben, das während der friderizianischen Zeit beinahe völlig geruht hatte, eben damals einen neuen Aufschwung zu nehmen begann. Es war nicht Petersburg, aber es war doch Berlin. Die junge Gräfin, wiewohl zeitweise von einem halb ermüdeten, halb zerstreuten Ausdruck, als ob ihre Seele nach etwas Fernerem und Verlornerem suche, gab sich nichtsdestoweniger den Zerstreuungen ohne Rückhalt hin. Sie galt für glücklich; sie schien es auch. Aber der durchsichtige Alabasterteint hatte nichts Gutes bedeutet;

ein Blutsturz überraschte sie kurz vor einer Opernhaus=
vorstellung; eine Abzehrung folgte, sie starb vor Ausgang
des Winters.

Der Graf war wie niedergeworfen. Er mied auf
lange Zeit hin jeden Umgang; selbst in Schloß Guse, wo
er damals schon verkehrte, blieb er aus. Als er wieder
in der Gesellschaft erschien, war seine Selbstbeherrschung
vollkommen; aber er hatte jenen lebemännischen Frohsinn
und die gesprächige Heiterkeit eingebüßt, die ihn früher
ausgezeichnet hatten. Er lachte nicht mehr. Er hatte nur
noch das Lächeln derer, die mit dem Leben abgeschlossen
haben. Hier und dort hieß es, daß es nicht der Tod der
jungen Gräfin allein sei, der diesen Wandel in seinem
Wesen geschaffen habe. Er wandte sich großen Bauten zu;
besonders waren es Parkanlagen, die ihn zu zerstreuen
begannen. Hohen=Ziesar bot ein gutes Material, und so
entstand im Geschmack jener Zeit eine kostspielige Schöpfung,
die sich, vom Flachdach des Schlosses oder, noch besser,
vom Kirchturm aus angesehen, als eine große in Stein
und Erde ausgeführte Alpenreliefkarte darstellte. Granit=
blöcke wurden zu irgendeinem Rigi aufgetürmt; über den
Grat des Gebirges liefen zwei Pässe, die nach Altorf und
Küßnacht führten, während ein aus unsichtbaren Quellen
gespeister See einen kataraktreichen Bergstrom in die Tiefe
schickte. Sennhütten und Matten lösten sich untereinander
ab; zu Füßen dieser Künsteleien aber, in das wirkliche
Oderbruch übergehend, dehnte sich eine reizende Flachland=
szenerie mit Feld und Wiesen, mit Fluß, Bach und
Brücken und einem stillen, weidenumstandenen Teich, dessen
japanisches Inselhäuschen die Schwäne umzogen.

An der Herstellung dieses Parkes nahm unsere Guser
Gräfin, die sich zu allem Rokokohaften hingezogen fühlte,
den regsten Anteil; der Verkehr wuchs, Briefe wurden ge=

wechselt, Konferenzen abgehalten, deren endliches Resultat nicht nur der Aufbau der Hohen-Ziesarschen „Schweiz", sondern auch die Etablierung einer Freundschaft war, die sich seitdem namentlich von seiten der Gräfin zu einer wirklichen, über Laune und Zerstreuungsbedürfnis weit hinausgehenden Intimität gesteigert hatte.

Dies konnte kaum ausbleiben. Denn so gewiß die Gräfin am Aparten hing, so wenig sie der Originalfiguren ihres Zirkels entraten mochte, so sehr empfand sie doch auch, was der Mehrzahl derselben fehlte: Schliff, Bildung, Ton, vor allem jegliches Verständnis für Kunst und Schönheit. All dies besaß der Graf. Er hatte nicht nur die Höhe der Rheinsberger Gesellschaft, er übertraf diese sogar durch jenes nachhaltig wirkende Ansehen, das allein aus Selbstsuchtlosigkeit und reinem Wandel sprießt.

Ein bestimmtes Ereignis gab der schon gefestigten Freundschaft ein neues Band. Der Graf nahm Veranlassung, die Gräfin ins Geheimnis zu ziehen; er erzählte ihr die Geschichte vom Hinscheiden seiner Frau, auch von dem, was diesem Hinscheiden unmittelbar vorausgegangen war. Es war das Folgende.

Die junge Gräfin, nach einem heftigen Hustenanfall, schien in einen Zustand tiefen Schlummers zu verfallen; auch der Graf, ermüdet von tagelangem Wachen, schlief in seinem Lehnstuhl ein. Es war spät; nur eine Schirmlampe brannte. Als er erwachte, bemerkte er, daß die Kranke aufgestanden war und sich der Tapetentür eines Wandschrankes näherte. Eine lethargische Schwere, zugleich ein dunkles Gefühl, daß er die Kranke in ihrem Tun nicht stören dürfe, hielten ihn in seinem Lehnstuhl fest. Er sah nun, daß sie zunächst ein Kästchen aus dem Schranke, dann aus einem verborgenen Fach des Kästchens eine Anzahl Briefe nahm, die mit einer roten Schnur zusammengebunden waren. Sie schritt wieder zurück, an ihm vorbei, glaubte sich zu überzeugen, daß er schlafe, und trat dann an den Kamin. Sie berührte die Briefe mit den Lippen, löste die Schnur und warf dann jeden einzelnen Brief vorsichtig, damit die Flamme nicht zu hell aufschlüge, in das halb erloschene Feuer. Als alles verglimmt war, kehrte sie an ihr Lager zurück, hüllte sich in die Decken und atmete hoch auf, wie befreit von einer bangen Last. Es war ihr letztes Tun. Ehe der Morgen kam, war sie nicht mehr. Welch ein Tag für den Überlebenden! Er hatte sich geliebt geglaubt; nun war alles Wahn und Traum! Wessen Hand hatte die Briefe geschrieben, die die Empfängerin bis zuletzt wie ein Allerteuerstes gehegt hatte? Er frug es immer wieder; aber keine Antwort. Das Geheimnis war bei der Toten und der Asche im Kamin.

So hatte der Graf erzählt. Die Erzählung selbst aber, wie schon angedeutet, besiegelte die Freundschaft, die von jenem Tage an unauflöslich zwischen dem Witwer-Grafen auf Hohen-Ziesar und der Gräfin-Witwe auf Schloß Guse bestand.

*   *   *

Schloß Guse hatte jedoch nur einen Drosselstein; alles andere, was sich von „allerlei Freunden" daselbst versammelte, konnte so ziemlich als Revers des Grafen gelten.

Ihm im Range am nächsten stand Präsident von Krach, ein Mann von Gaben und Charakter. Er galt als bedeutender Jurist, hatte durch hartnäckige Opposition den Zorn des großen Königs herausgefordert und seinerseits, in tiefer Verstimmung über die bei dieser Gelegenheit erfahrene Unbill, sich nach Bingenwalde zurückgezogen. Er war hager, groß, scharf, wenig leidlich. Sein hervorstechender Zug war der Geiz. Er beanstandete jede Rechnung und bezahlte sie, nach dem Grundsatze: „Zeit gewonnen, Zins gewonnen", immer erst nach eingeleitetem prozessualischem Verfahren. Die Betroffenen spotteten, daß es aus alter Anhänglichkeit an die Gerichte geschähe, zu denen sich sein juristisches Paragraphenherz doch immer wieder hingezogen fühle. Eines besonderen Rufes genossen auch seine Diners, die, wiewohl alljährlich nur einmal wiederkehrend, ein wahres Schrecknis der gesamten Oberbruch-Aristokratie bildeten. Einzig und allein der alte Bamme — den seine Trinkgelder und Kordialequivoken zum Liebling aller als Livreediener eingekleideten Kutscher und Gärtner machten — hatte sich bisher unter Anwendung von Flaschenescamotage diesem Schrecknis zu entziehen gewußt, so daß beispielsweise Baron Pehlemann auf das ernsthafteste versicherte: „Nie, während sämtlicher Krachschen Diners, sei seitens des ‚Generals‘ ein Tropfen anderen Weines als aus seinem eigenen, Bammeschen, Keller getrunken worden." Bamme selbst, ohnehin von einer beinahe krankhaften Neigung erfüllt, sein Husarentum coûte que coûte zur Geltung zu bringen, ließ sich solche Huldigungen gern gefallen, ermangelte aber anderseits nie, natürlich nur zugunsten neuer Malicen gegen Krach, seinen Schlauheitstriumph über diesen entschieden in Abrede zu stellen. Krach, so schwur er, sei viel zu scharf, um getäuscht werden zu können; er habe den Kriminal- und Inquisitorialblick einer dreißigjährigen Praxis, er sehe alles, er wisse alles; aber freilich, er schweige auch, weil er bei kleinem Ärger die großen Vorteile der Situation sofort überblickte und in Wahrheit nur von einer Frage bestürmt werde: „Warum sind sie nicht alle Bammes?"

Die Gräfin, persönlich von großer Freigebigkeit, nahm wenig Anstoß an diesem Geiz. Sie hatte lange genug gelebt, um zu wissen, daß das gegen sich selbst und andere gleich erbarmungslose Sparen den Körper fest und zäh, den Geist scharf und schneidig mache, vor allem auch der Ausbildung von Originalen günstig sei, freilich keiner angenehmen. Aber darauf kam es ihr nicht an. Was schließlich den Ausschlag zugunsten Krachs gab, war, daß auch der Prinz einen starken Hang zum Ökonomisieren gehabt hatte.

Die dritte Figur des Kreises war der schon mehrgenannte Generalmajor von Bamme, oder der „General", wie er kurzweg in Schloß Guse genannt wurde, ein kleiner, sehr häßlicher Mann mit vorstehenden Backenknochen und Beinen wie ein Rokokotisch; die ganze Erscheinung husarenhaft, aber doch noch mehr Kalmück als Husar.

Er gehörte einem alten havelländischen Geschlechte an, Haus Bamme bei Rathenow, das mit ihm erlosch. Die Wahrheit zu gestehen, erlosch nicht viel damit. Seine eigene Jugend war hingewüstet worden; wunderbare Geschichten gingen davon um. Ein adliges Fräulein, das sich von ihm geliebt glaubte, Tochter eines Nachbars, hatte er in Unehre gebracht; den Bruder, der auf Eheschließung drang, jagte er vom Hofe. Das Mädchen selbst, übrigens im Hause der Eltern bleibend, wurde irrsinnig.

Ein Jahr später starb der alte Bamme; Vater und Sohn waren einander wert gewesen. Sie setzten des Alten Sarg auf eine Gruftversenkung, und neben den Sarg, eine Fackel in der Hand, stellte sich der Sohn. Er trug die rote Uniform des Husarenregiments Zieten; die kleine Kirche war schwarz ausgeschlagen. In dem Augenblicke, in dem der Sarg niederstieg, rief die Irrsinnige, die sich auf dem Orgelchor versteckt hatte: „Seht, nun fährt er in die Hölle." Alles entsetzte sich; nur der, an den sie die Worte gerichtet hatte, lächelte. Er war übrigens ein ausgezeichneter Soldat, das hielt ihn.

Als er nach dem Baseler Frieden, der ihn wurmte,

seinen Abschied nahm, zog er aus dem Havellande ins Oderbruch und kaufte sich in der Nähe von Schloß Guse an. Die Groß-Quirlsdorfer hatten sich wenig über ihn zu beklagen. Er setzte zwar das alte Leben fort; aber die Oderbrücher, selber nicht diffizil, legten ihm durch Mißbilligung keinen Zwang auf. Sein Geschmack wurde immer wunderlicher. Starb wer Junges im Dorf, Bursch oder Mädchen, so ließ er ein großes Begräbnis anrichten, vorausgesetzt, daß die Leidtragenden ihre Zustimmung gaben, die Leiche zu schminken und in einem mit vielen Lichtern geschmückten Flur aufzubahren. Dann stellte er sich zu Füßen, rauchte aus einem Meerschaumkopf und sah, halb zugekniffenen Auges, die Leiche eine halbe Stunde lang an. Was dabei durch seine Seele ging, wußte niemand. Er galt für einen Tückebold, auch noch für Schlimmeres; indessen, er war General, märkisch und soldatisch vom Wirbel bis zur Zeh' und von einem humoristisch verwegenen Mut. Erst vor drei Jahren hatte sein letztes Rencontre stattgefunden. Die Veranlassung war ganz in seiner Art. Eine Scheune auf einem Nachbargute brannte nieder; Bamme, der den Besitzer nicht leiden konnte, sagte bei offener Tafel: „Hochversicherte Scheunen brennen immer ab." Er sollte zurücknehmen. Statt dessen maß er seinen Gegner und krähte nur: „Jede Feuerassekuranz sagt dasselbe."

Nun kam es zum Duell; Hauptmann von Rutze sekundierte. Der Beleidigte schoß Bammen den rechten Ohrzipfel samt dem kleinen goldenen Ohrring weg, den er „Rheumatismus halber" trug. Er ließ sich nun einen neuen Ring durch die stehengebliebene Ohrhälfte ziehen und sah seitdem skurriler aus denn je.

Eine gewisse Schelmerei, wie zugestanden werden muß, söhnte manchen seiner Gegner mit ihm aus; dazu kam, daß er sich gab, wie er war, und sein eigenes Leben rückhaltlos in den pikantesten Anekdoten aufdeckte. Seine geistigen Bedürfnisse bestanden in Necken, Spotten und Mystifizieren, weshalb er, wie kein zweiter, von allen Sammlern und Altertumsforschern in Barnim und Lebus gefürchtet war. Um seine Tücke besser üben zu können, war er Mitglied der Gesellschaft für Altertumskunde geworden. Feuersteinwaffen, bronzene Götzenbilder und verräucherte Topfscherben ließ er aussetzen und verstecken, wie man Ostereier versteckt, und war über die Maßen froh, wenn nun die „großen Kinder" zu suchen und die Perioden zu bestimmen anfingen. Turgany, wie sich denken läßt, zog den möglichsten Nutzen aus diesen Mystifikationen, und jedesmal, wenn Seidentopf etwas Urgermanisches aufgefunden haben und zum letzten Streiche gegen den zurückgedrängten Justizrat ausholen wollte, pflegte dieser wie von ungefähr hinzuzuwerfen: „Wenn nur nicht etwa Bamme...." ein Satz, der nie beendet wurde, weil schon die Einleitung desselben zur vollständigen Verwirrung des Gegners ausreichte.

Alles in allem war der „General" eine Lieblingsfigur auf Schloß Guse, auch der Hecht im Karpfenteich. Die Gefahren und Unbequemlichkeiten, die sich daraus ergaben, wurden durch das frische Leben, das er brachte, wieder aufgewogen. Es kam nicht in Betracht, daß er über Sittlichkeit seine eigenen Ansichten hatte. Man ließ dies gehen. Die Gräfin schlug jede Kritik darüber mit der Bemerkung nieder: „L'immoralité ouverte, c'est la seule garantie contre l'hypocrisie."

Nur den Vitzewitzes, alt und jung, war mit solcher Bemerkung nicht beizukommen; sie verharrten, bei äußerlich leidlicher Stellung zu dem alten Schabernack, in ihrer Abneigung gegen ihn, und Berndt pflegte zu sagen: „Bamme und Hoppenmarieken, das hätt' ein Paar gegeben!"

Neben Bamme, zugleich als sein natürlicher Gegensatz, stand Baron Pehlemann, die vierte Figur des Guser Kreises. Was Bamme an Mut zu viel hatte, hatte Pehlemann zu wenig. Daß er der Gräfin dadurch ein kaum geringeres Interesse einflößte als sein encouragiertes Widerspiel, braucht nicht erst versichert zu werden; aber auch der Kreis selbst war weit entfernt davon, dies Manko an Herzhaftigkeit ernstlich zu beanstanden. Am wenigsten die Militärs. Es läßt sich Ähnliches auch heute noch beobachten. Alle Stubenhocker dringen beständig auf „Opfertod"; alte geschulte Soldaten aber, die aus fünfzig Schlachten her wissen, einerseits, welch ein eigen und unsicher Ding der Mut ist, anderseits, welch niedrige Organisation, welch bloßer, wer weiß woher genommener Taumelzustand ausreicht, um ein Heldenstück gewöhnlichen Schlages zu verrichten, alle diese denken sehr ruhig über Bravourangelegenheiten und haben in der Regel längst aufgehört, alles, was dahin gehört, in einem besonderen Glorienschein zu sehen. So kam es, daß Bamme und Pehlemann die besten Freunde waren. Natürlich fehlte es nicht an Hänseleien. Erst einige Wochen vor Beginn unserer Erzählung hatte Pehlemann, der mitunter ein ihn plötzlich überkommendes Zutrauen zu sich selbst faßte, die Versicherung abgegeben: „Seine Abneigung gegen Schußwaffen beruhe lediglich auf einer allzu feinen Organisation seines Ohres", worauf von seiten Bammes mit so viel Ernst, wie möglich, erwidert worden war: „Gewiß, dergleichen kommt vor; so lassen Sie uns, wie alte Korpsburschen, einen Gang auf krumme Säbel machen; das ist ein stilles Geschäft; Ihr Ohr bleibt unbelästigt. Höchstens hau' ich es Ihnen ab." Solches Schrauben und Aufziehen war an der Tagesordnung, störte aber keinen Augenblick das gute Einvernehmen, da der „Wuschewierer Baron", wie er in der ganzen Umgegend hieß, bei aller sonstigen Grundverschiedenheit von Bamme, wenigstens **eine** gute Seite mit ihm gemein hatte: er war nicht empfindlich. Auch nicht als Dichter, wozu ihn, seinem eigenen Geständnisse nach, das Podagra gemacht hatte. Er wollte nämlich beobachtet haben, daß das Podagra seiner Muse jedesmal weiche, eine vertrauliche Mitteilung, die seitens des Guser Kreises zu folgendem Verse benutzt worden war:

Cedo majori.

Als des Barones Podagra
Nun seine Muse kommen sah,
Erschrak es sehr und sagte: „ach,
Daneben bin ich doch zu schwach,"
Und packte schnell das Zwickzeug ein
Und ließ die beiden ganz allein.

Es hieß angeblich, Bamme habe diesen Vers gemacht; in Wahrheit wußte jeder, daß er von Dr. Faulstich herrühre, der immer bereit war, seine kleinen Piratenboote unter fremder Flagge segeln zu lassen.

Der fünfte des Kreises war der Kammerherr von Medewitz auf Alt-Medewitz, ein langweiliger, pedantischer Herr, sehr durchdrungen von der Bedeutung der Medewitze, trotzdem die Blätter der vaterländischen Geschichte den Namen derselben nirgends aufzeichneten. Seine Spezialität waren Erfindungen, in betreff deren er, nach Art der Philosophen, nichts Großes und Kleines kannte. Er hatte für alles die gleiche Liebe. Sparheizung, luftdichter Fensterverschluß, Zerstörung des Mauersalpeters in Schaf- und Pferdeställen, künstliche Morchelzucht, das waren einige der Fragen, die seinen beständig auf Lösungen und Verbesserungen gerichteten Geist beschäftigten. Den Militärbehörden war er wohlbekannt durch seine mehrfach eingereichten Abhandlungen über erleichtertes Gepäcktragen und praktische Mantelrollung. Immer mit beigefügter Zeichnung. Sein eigentliches Steckenpferd aber waren die Dosen. Er war ein Sammler, und man durfte füglich sagen, was Seidentopf für die Urnen war, das war von Medewitz für die Tabatieren und alles ihnen Anverwandte. In bezug auf die friderizianische Zeit war seine Sammlung so gut wie komplett. Von der Mollwitz-Dose an, auf der der junge König am Gattertor von Ohlau mit Flintenschüssen empfangen wurde, bis zur Hubertsburg-Dose, auf der ein Kurier mit einem wehenden Tuche, und dem Worte „Friede" darauf, durch die Welt flog, hatte er sie alle, einzelne sogar doppelt.

Soweit war alles gut. Er begnügte sich aber nicht mit der „stillen Dose", er war vor allem auch ein leidenschaftlicher Verehrer jener damals auf der Höhe ihres Ruhmes stehenden, in Gold und Schildpatt ausgeführten Miniaturleierkästen, die unter dem Namen der Spieldosen ihre Reise um die Welt gemacht haben. Solche mit Musik geladene Überfallswerkzeuge führte von Medewitz beständig bei sich, und mit ihnen war es, daß er seine gesellschaftlichen Attentate verübte. Wie es Menschen gibt, vor deren Anekdoten man, und wenn man in einer Begräbniskutsche mit ihnen säße, nie ganz sicher ist, so war man nie sicher vor einer Medewitzschen Spieldose. Er war sich dieser Macht bewußt und übte sie, mitunter glücklich und taktvoll, durch Ausfüllung ängstlicher Pausen; aber viel häufiger noch folgte er den Eingebungen bloßer Laune oder verletzter Eitelkeit. Unfähig, aus eigenen Mitteln zur Gesellschaft beizusteuern, wachte er eifersüchtig über allem, was durch Wissen oder Darstellungsgabe sich auszeichnete, und wenn vielleicht der glänzend aufgebaute Satz eines guten Sprechers eben seinen Abschluß erhalten sollte, durfte man sicher sein, aus bloßer Neidteufelei, eine Papageno-Arie

ober „Die Schlacht bei Marengo" dazwischentreten zu
sehen. Was das Niederdrückendste war, war, daß das
Mittel, wenn nur ein einziger Fremder bei Tische saß,
trotz seiner Verbrauchtheit immer wieder wirkte. Der
Gräfin wäre es ein leichtes gewesen, dieser Mißgunsts=
musik ein Ende zu machen; aber so abgeschmackt sie das
Gebaren fand, so freute sie sich doch jedesmal, den ver=
legenen Ärger der um ihren Redetriumph Betrogenen be=
obachten zu können.

Der Unbedeutendste des Gujer Zirkels war von Rutze,
leidenschaftlicher Jäger, ein langer, sehniger, ziemlich schweig=
samer Mann, ehemals Hauptmann im pommerschen Re=
giment von Pirch. Er hatte Protzhagen, das übrigens
uralter Rutzescher Besitz war, erst vor etwa zwanzig Jahren
gekauft. Die Veranlassung dazu wurde, wie folgt, erzählt:

Nach Stargard hin, wo das Regiment von Pirch in
Garnison lag, verirrte sich eine Topographie des Oder=
bruchs. In dem Kapitel „Buckow und seine Umgebung"
hieß es auf Seite 114: „Bei Protzhagen, einem Gute,
das drei Jahrhunderte lang den Rutzes angehörte, zieht
sich eine tiefe Schlucht, die ‚Junker Hansens Schlucht'.
Sie führt diesen Namen, weil Junker Hans von Rutze
hier stürzte und verunglückte; dies war 1693. Es war
der letzte Rutze." Kaum war von einem der Kameraden
diese Notiz entdeckt worden, so hieß es in nicht endenden
Scherzreden: „Rutze sei untergeschoben; es gäbe keine
Rutzes mehr; der letzte läge längst in der Protzhagener
Kirche begraben." Unser Hauptmann, kein Meister im
Reparti, wurde mißmutig; er nahm den Abschied und kaufte
Protzhagen, um nunmehr an Ort und Stelle die Beweis=
führung anzutreten, daß es mit dem „letzten Rutze" noch
gute Wege habe. Aber er verbesserte sich dadurch nur
wenig. Die Stargarder Neckereien waren bekannt ge=

worden und hatten nun auf Schloß Guse ihren Fortgang. Bamme verschwor sich hoch und teuer, daß es mit einem der beiden „letzten Rutzes", dem jetzigen und dem früheren, notwendig eine sonderbare Bewandtnis haben müsse. Entweder sei der selige Hans von Rutze nichts als eine gespenstische Vorerscheinung, eine Spiegelung von etwas erst Kommendem gewesen oder aber der unter ihnen wandelnde Freund, ohnehin beinahe fleischlos, sei ein Revenant. Was ihn (Bamme) persönlich angehe, so gäbe er der ersteren Annahme den Vorzug, weil ihm danach die Wirklichkeit der Dinge noch eine Hirschjagd, einen Schluchtensturz und einen den Hals brechenden Rutze schuldig sei.

Der alte Hauptmann folgte diesen Auseinandersetzungen jedesmal mit süßsaurem Gesicht, hatte sich aber längst aller Proteste dagegen begeben. Dann und wann schritt er seinerseits zum Angriff, ohne jedoch mit Hilfe dieses Kunstgriffs dem gewandten Bamme beikommen zu können.

Unter seinen sonstigen kleinen Schwächen war die bemerkenswerteste die, daß er sich in Anbetracht seines aus Schluchten und Abhängen bestehenden Protzhagener Territoriums für eine Art Gebirgsbewohner hielt. „Wir auf der Höhe" zählte zu seinen Lieblingsredewendungen.

Der Gräfin war er wert durch einen besonderen Respekt, den er ihr entgegenbrachte. Denn wie sehr sie vorgeben mochte, über Huldigungen und Schmeicheleien hinweg zu sein, so war sie schließlich doch nicht unempfindlich dagegen.

Der siebente und letzte des „engeren Zirkels" war Doktor Faulstich. Ein späteres Kapitel wird von ihm ausführlicher erzählen.

XXI.

Vor Tisch.

Der ganze Freundeskreis, mit Ausnahme Dr. Faulstichs, welcher nach altem Herkommen den dritten Feiertag in Ziebingen zuzubringen pflegte, war nach Schloß Guse geladen. Auch Lewin und Renate, wie wir wissen.

Diese waren die ersten, die eintrafen. Die Einladung hatte auf vier Uhr gelautet, aber eine volle Stunde früher schon bog der Schlitten Lewins in eine der großen Avenuen ein. Es war nicht mehr die Planschleife mit Strohbündeln und Häckselsack, in der wir zuerst die Bekanntschaft unseres Helden machten; Tante Amelie, für sich selbst gelegentlich salopp, hielt auf Eleganz der Erscheinung bei anderen. Dem bequemten sich die Hohen-Vietzer nach Möglichkeit. Der Schlittenstuhl, mit einem Bärenfell überdeckt, zeigte die bekannte Muschelform; blaugesäumte Schneedecken blähten sich wie seitwärts gespannte Segel, und statt des rostigen Schellengeläutes, das am Heiligabend unseren Lewin in Schlummer geläutet hatte, stand heute ein Glockenspiel auf dem Rücken der Pferde, und zwei kleine Haarbüsche wehten rot und weiß darüber hin. Die körnerpickenden Sperlinge flogen zu Hunderten in der Dorfgasse auf; so ging es auf das Schloß zu. Jetzt war auch die Sphinxenbrücke passiert, und der Schlitten hielt. Lewin, rasch die Decke zurückschlagend, reichte Renaten die Hand, die nun mit der Raschheit der Jugend aus dem Schlitten auf eine über den harten Schnee hin ausgebreitete Binsenmatte sprang. So schritt sie dem Eingange zu. Sie erschien größer als sonst, vielleicht infolge des langen Seidenmantels, grau mit roten Paspeln, aus dessen aufgeschlagener Kapuze ihr klares Gesicht heute mit doppelter Frische hervorleuchtete. Denn die Fahrt war lang, und es ging eine scharfe Luft.

Der Flur umfing sie mit wohltuender Wärme; in dem altmodisch hohen Kamin, den die beiden Derfflinger=schen Dragoner flankierten, brannte seit Stunden schon ein gut unterhaltenes Feuer.

Ein Diener in Jägerlivree, der seinen Hirschfänger zu tragen wußte, nahm ihnen die Mäntel ab und meldete, daß sich die Gräfin auf einige Minuten entschuldigen lasse. Dies war die regelmäßig wiederkehrende Form des Emp=fanges. Lewin und Renate sahen verständnisvoll einander an und schritten durch das Billard= und Spiegelzimmer in den „Salon". Sich selbst überlassen, traten sie hier an das in einer breiten und tiefen Nische befindliche Eck=fenster, dessen untere Hälfte aus einer einzigen Scheibe bestand. Damals etwas Seltenes und sehr bewundert. Die Eisblumen waren halb weggeschmolzen und gestatteten einen Blick ins Freie. Über das Schwanenhäuschen hin, das nur noch mit seinem Spitzdach aus dem verschneiten Schloßgraben emporragte, sahen sie geradaus in eine kahle Kirschallee hinein, die sich bis an die Grenze des Parkes zog. An den vordersten Stämmen waren einige Drohnen=sprengsel mit ihren roten Ebereschenbüschelchen sichtbar, während am Ausgange der Allee der dunkle Carzower Kirchturm stand, dessen vergoldete Kugel eben in der untergehenden Sonne leuchtete. Um die Geschwister her war alles still; sie hörten nur, wie das mehr und mehr abtauende Eis in einzelnen Tropfen in die Blech=behälter fiel.

Dieser Platz am Fenster war anheimelnd genug; jeder andere Besucher aber würde es doch vorgezogen haben, das letzte Tageslicht noch zu einem Umblick in dem „Salon" selbst zu benutzen. Es war ein quadratischer Raum, der in seiner Einrichtung für ebenso geschmackvoll wie wohnlich gelten konnte. Die den Fenstern gegenübergelegene Seite wurde von einem halbkreisförmigen Diwan eingenommen, der, in der Mitte geteilt, einen Durchgang zu den Flügeltüren des Eßsaales offen ließ. In den ebenfalls freibleibenden Ecken standen Lorbeer= und Oleanderbüsche, nach links und rechts hin verteilt. Neben der Oleanderecke stieg eine Wendeltreppe auf, das zierlich durchbrochene Geländer von Nußbaumholz. Ein dicker Teppich, in dem das türkische Rot vorherrschte, deckte den Fußboden; sonst war alles blau: die Wände, die Gardinen, die Möbelstoffe. Rings umher, auf Säulen und Konsolen, erhoben sich Büsten und Statuetten, deren leuchtendes Weiß beim Eintreten den ersten Eindruck gab. Erst später traten auch die Bilder hervor, die, stark angedunkelt, in kaum geringerer Zahl als jene Marmor= und Alabasterarbeiten das Zimmer schmückten. Es waren sämtlich Erinnerungsstücke aus den Rheinsberger Tagen her. Da war zunächst das Porträt des Prinzen selbst, etwas barock in Auffassung und Behandlung, die Aufschläge von Tigerfell, die Hand auf ein Felsstück und einen Schlachtplan gestützt. Gegenüber Schloß Rheinsberg, seine Front im Wasser spiegelnd, und über den See hin glitt ein Kahn, darin eine schöne Frau mit aufgelöstem Haar, blond wie eine Nixe, am Steuer saß. Es hieß, es sei die Gräfin. An den Fensterpfeilern, im Schatten und wenig bemerkbar, hingen die Pastellporträts der prinzlichen Tafelrunde: Tauenzien, die Wreechs, Knyphausen, Knesebeck; meistens Geschenke der Freunde selbst.

Lewin und Renate sahen noch der untergehenden Sonne nach, als sie aus der Tiefe des Zimmers her den Zuruf hörten: „Soyez les bien-venus." Sie wandten sich und sahen die Tante, die von der Wendeltreppe her auf sie zuschritt.

Die Geschwister eilten ihr entgegen, ihr die Hand zu küssen.

Die Gräfin trug sich schwarz; selbst die Stirnschneppe fehlte nicht. Es war dies, dem Beispiele regierender Häuser folgend, die Witwentracht, die sie seit dem Hinscheiden des Grafen nicht wieder abgelegt hatte. Im übrigen hätten Haube und Krause frischer sein können, ohne den Eindruck zu schädigen.

In der Nähe des Eckfensters stand eine „Causeuse", die denselben Bleu=de=France=Überzug hatte wie alle übrigen Möbel. Dies war der Lieblingsplatz der Gräfin; Renate schob ein hohes Kissen heran, während Lewin sich der Tante gegenübersetzte. Das Gespräch war bald in vollem Gange, mit französischen Wörtern und Wendungen reichlich untermischt, die wir in unserer Erzählung nur sparsam wiedergeben. Die Tante schien gut gelaunt und tat Frage über Frage. Der Hohen=Vietzer Weihnachtsmorgen, sogar der Wagen Odins, mußte ausführlich besprochen werden. Dies letztere war das Überraschendste; denn in Sachen der Altertümlerei blieb die Guse Gräfin wenig hinter Bamme zurück. Auch Maries wurde gedacht, aber nur kurz; dann lenkte das Gespräch zu den Ladalinskis hinüber, an die das Haus Vitzewitz durch eine Doppelheirat zu ketten der sehnlichste Wunsch der Tante war. Ihr in diesem Wunsche nach Möglichkeit entgegenzukommen, würde sich, da sie die Erbtante war, unter allen Umständen empfohlen haben; es traf sich aber so glücklich, daß der Guse Familienplan und die Herzenswünsche der Hohen=Vietzer Geschwister zusammenfielen.

„Wie verließest du Tubal?" fragte die Tante.

„In bestem Wohlsein," erwiderte Lewin, „und ein Brief, der heute früh von ihm eintraf, läßt mich annehmen, daß die Feiertage nichts verschlimmert haben."

„Was schreibt er?"

„Ein langes und breites über literarische Freunde. Aber eine kurze Schilderung des Christabends, und wie die Weihnachtslichter bei den Ladalinskis ziemlich trübe brannten, schickt er voraus. Er sagt auch einiges über Kathinka. Darf ich es dir mitteilen?"

„Je vous en prie."

Lewin entfaltete den Brief. Es dunkelte schon im Zimmer. Er rückte deshalb näher an das Fenster, dessen Scheiben in dem letzten Rot erglühten. Dann las er, über die Eingangszeilen hinweggehend: „‚In einem Hause, in dem die Kinder fehlen, wird das Christkind immer einen schweren Stand haben, so nicht etwa der Kindersinn den Erwachsenen verblieben ist. Und Kathinka, die so vieles hat (vielleicht **weil** sie so vieles hat), hat diesen Sinn nicht.'"

Lewin schwieg einen Augenblick, weil es ihm schien, daß die Tante sprechen wolle. Dann sagte diese: „Es ist eine richtige Bemerkung; aber es überrascht mich, sie von Tubal zu hören. Es ist, als ob Seidentopf spräche. Kathinka ist eine Polin, ça dit tout, und gerade das macht sie mir wert. Kindersinn! Bêtise allemande. Wie mag nur ein Ladalinski so tief ins Sentimentale geraten. C'est étonnant! Ich würde die deutsche Mutter darin zu erkennen glauben, wenn nicht durch ein Spiel des Zufalls, par un caprice du sort in ebendieser Mutter mehr polnisch Blut lebendig gewesen wäre als in einem halben Dutzend ‚itzkis' oder ‚inskis'. Kindersinn! Dieu m'en garde! Ich bitte euch, meine Teuren, verschließt euch der eitlen Vorstellung, als ob diese deutschen Gefühls= spezialitäten die unerläßlichen Requisiten in Gottes ewiger Weltordnung wären."

Renate faßte sich zuerst und sagte: „Ich glaube, daß

mir diese Vorstellung fremd geblieben ist; aber schon die Bibel preist den Kindersinn als etwas Köstliches."

Die Tante lächelte. Dann nahm sie, wie sie zu tun pflegte, die Hand der Nichte, streichelte sie und sagte: „Du hast diesen Sinn, und Gott erhalte ihn dir. Aber muß ich euch, die ihr mich kennt, noch erst Erklärungen geben? A quoi bon? Gewiß ist es etwas Schönes um ein kindlich Herz, wie um alles, was den Vorzug des Natürlichen und Reinen hat. Aber das stete Sprechen davon oder das Geltendmachen, das immer nur da sich einfindet, wo der Schein an Stelle der Sache getreten ist, das ist klein= bürgerlich=deutsch et voilà ce qui me fâche. Und das war es auch, was den Prinzen verdroß. In seinem Unmut unterschied er dann nicht, ob er die Frommen oder die Heuchler traf; sonst so vorsichtig, wog er nicht länger ab, und auch ich je n'aime pas à marchander les mots. Ihr müßt Abzüge machen, wo es nottut. Inzwischen laß uns weiter hören, Lewin."

Lewin fuhr im Lesen fort: „‚Als die Türen eben ge= öffnet waren, kam Graf Bninski. Er hatte Aufmerksam= keiten für uns alle, zuweitgehende für mein Gefühl; aber Kathinka schien es nicht zu empfinden.'"

„‚Aber Kathinka schien es nicht zu empfinden,'" wieder= holte die Gräfin langsam, den Kopf schüttelnd. Dann fuhr sie fort: „Oh cet air bourgeois, ne se perdra-t-il-jamais? Mit neuen Karten das alte Spiel. Je ne le comprends pas. Solange die Welt steht, haben sich Jugend und Schönheit an Geschenken erfreut, an Pracht der Blumen, am Glanz der Steine. Sie passen zusammen. Aber Tubal erschrickt davor und wird nachdenklich, als ob er eine durch Brosche und Nadel in ihrer Tugend bedrohte Epiziertochter zu hüten hätte. Und das heißt Sitte! Sitte, Kindersinn, je les respecte, mais j'en déteste la caricature. Und davon haben wir hierlandes ein gerüttelt und geschüttelt Maß."

„Ich glaube," nahm jetzt Lewin das Wort, „Tubal empfindet wie du, wie wir alle. Sein Bedenken, wenn ich ihn recht verstehe, wurde nicht der Gabe, sondern des Gebers halber ausgesprochen. Graf Bninski nähert sich Kathinka, er bewirbt sich um ihre Hand. Vielleicht, daß ich mich irre, aber ich glaube nicht."

Die Tante war sichtlich überrascht. Dann fragte sie hastig: „Und der Vater?"

„Er steht dagegen, auch Tubal. Sie schätzen den Grafen persönlich; er ist reich und angesehen. Aber du kennst die Gesinnungen beider Ladalinskis oder doch des Vaters. Und Bninski ist Pole vom Wirbel bis zur Zeh'."

„Und Kathinka selbst?"

Es blieb bei dieser Frage; denn ehe Lewin antworten konnte, wurden im Spiegelzimmer Stimmen laut, und dem zwei Doppelleuchter vorantragenden Jäger paarweis folgend, traten jetzt Krach und Bamme, dann Medewitz und Rutze bei der Gräfin ein.

Nach kurzer Begrüßung wurde auf dem großen Sofa Platz genommen, und die Gräfin, abwechselnd an den einen oder anderen ihrer Gäste sich wendend, teilte denselben mit, daß Baron Pehlemann wegen eines neuen heftigen Podagraanfalles abgeschrieben, Drosselstein aber — durch Geschäfte zurückgehalten — erst für halb fünf Uhr sein Erscheinen zugesagt habe. „Ich denke," so schloß sie, „wir warten auf ihn. Der ersten Viertelstunde, die das Recht jeden Gastes ist, legen wir die zweite zu." Alles verneigte sich, wenn auch unter geheimem Protest.

Eine solche Wartehalbestunde pflegt der Unterhaltung nicht günstig zu sein. Die Schweigsamen schweigen mehr denn je; aber auch die Beredten halten ängstlich zurück,

unluftig, ihre vielleicht nur noch des Abschlusses harrende
glänzende Anekdote durch die Meldung des eintretenden
Dieners unterbrochen und zu ewiger Pointelosigkeit ver=
urteilt zu sehen. Bamme gehörte dieser letzteren Gruppe
an, bezwang sich aber und war der einzige, der den er=
sichtlichen Bemühungen der Gräfin hilfreich entgegenkam.
Freilich nur mit teilweisem Erfolg. Über eine sprungweise
Konversation kam man nicht hinaus, und die Fragen
drängten sich, ohne daß eine rechte Antwort abgewartet
wurde. Das Baron Pehlemannsche Podagra gab den dank=
barsten Stoff. „Warum mußte er beim letzten Dachs=
graben wieder zugegen sein? Ein Podagrist und zwei
Stunden im Schnee! Warum riß er wieder den Rauen=
thaler an sich? Aber das ist so Pehlemannsche Bravour:
ein freudiger Opfertod auf dem Altar der Gourmandise!
Im übrigen, wo blieb „Cedo majori?" Warum hat er
nicht seine Muse zitiert?"

„Er hat," entgegnete die Gräfin und nahm aus einer
vor ihr stehenden Alabasterschale ein zierlich zusammen=
gefaltetes Billet. Aber die beiden Stutzuhren, auf deren
gleichen Pendelgang Tante Amelie mit peinlicher Gewissen=
haftigkeit hielt, schlugen eben halb, die gewährte Frist
war um, und die Flügeltüren des hellerleuchteten Eßsaals
öffneten sich pünktlich und lautlos nach innen zu.

Die Gräfin und Krach führten sich. In demselben
Augenblick trat auch Drosselstein ein. Mit der Linken
hinübergrüßend, wie, um anzudeuten, daß er die Tisch=
prozession nicht zu stören wünsche, bot er Renaten seinen
Arm. Bamme und Lewin folgten, dann Medewitz. Rutze
machte den Schluß.

Dieser, ein leidenschaftlicher Schnupfer, benutzte die
Gelegenheit, um aus der stehengebliebenen Tabatiere der
Gräfin zu naschen. Nicht ungestraft. Ehe er noch die

Schwelle des Saales überschritten hatte, war schon das Gewitter herauf. Alles lachte, und Bamme rief: „Ertappt!" Nur Krach bewahrte, wie gewöhnlich, seine Haltung.

XXII.

Le dîner.

In dem Speisesaale herrschte, trotz Kaminfeuers, die im Eßzimmer sich ziemende niedrige Temperatur. An einem ovalen Tische war gedeckt. Die Gräfin saß, wie herkömmlich, zwischen Krach und Drosselstein, ihr gegenüber Renate. Jäger und gallonierte Diener waren geschäftig; ein Kronleuchter brannte.

Der Graf überblickte, während er das Serviettentuch einknotete, den Saal, dessen architektonische Verhältnisse, durch einfache Ausschmückung unterstützt, auch heute wieder den angenehmsten Eindruck auf ihn machten. Es waren vier Stuckwände, gelblich getönt, von Goldleisten eingefaßt, am Plafond ein Deckenbild, das „Gastmahl der Götter" darstellend, eine Kopie nach dem bekannten Fresko der Farnesina. Krach und Rutze, wie sich klar machend zum Gefecht, schoben die Gläser hin und her; Drosselstein aber wandte sich jetzt der Gräfin zu, um nach einigen der Erbauerin des Saales und ihrem Geschmacke geltenden Verbindlichkeiten nach dem Grafen Narbonne, dem ersten Adjutanten des Kaisers, zu fragen, der, wie die Zeitungen gemeldet, am Weihnachtsheiligabend auf seiner Rückkehr von Rußland beim Könige gespeist habe.

„Ich hörte davon," erwiderte die Gräfin; „auch General Desaix war zugegen. Graf Narbonne, oh je me le rapelle très-bien. Er gehörte dem alten Hofe an, war ein Liebling Marie Antoinettens und lancierte sich geschickt in das Empire hinüber. Wissen Sie, was ihm das Herz des Kaisers eroberte?"

Drosselstein verneinte.

„Eine Sache der Etikette. Also eine Bagatelle, ein Nichts, wie die Leute von heute sagen würden. Aber die Parvenus sind auf keinem Gebiete so bereitwillig, zu lernen und zu belohnen, als auf diesem. Ich habe die Anekdote aus Graf Haugwitz' eigenem Munde. Es war unmittelbar nach der Kaiserkrönung, als Narbonne, damals Oberst, dem Kaiser eine Depesche überbrachte. Er ließ sich auf ein Knie nieder und präsentierte den Brief auf seinem Hute. „Eh bien," rief der Kaiser, „qu'est ce que cela veut dire?" Der Oberst antwortete: „Sire, c'est ainsi qu'on présentait les dépêches à Louis XVI." „Ah, c'est très-bien," antwortete der Kaiser, und Narbonne war als Günstling installiert. Übrigens sind auch die Desaix vom ancien régime, alter Adel aus der Auvergne."

Rutze hatte gleich anfangs aufgehorcht, als General Desaix genannt worden war. Jetzt, wo die Gräfin den Namen wiederholte, wandte er sich mit der bestimmten und doch zugleich von einer Unglücksahnung durchzitterten Bemerkung zu ihr hinüber: daß seines Wissens General Desaix im Kriege gegen die Österreicher gefallen sei. Er entsinne sich eines Musikstückes: Die Schlacht bei Marengo, in dem es am Schluß in einer Paranthese geheißen habe: „Desaix fällt."

Selbst über Krachs unerschütterliches Antlitz flog ein Lächeln; Drosselstein wollte aufklären, Bamme jedoch kam ihm zuvor und begann mit jener erkünstelten Feierlichkeit, in der er Meister war: „Ja, Rutze, es ist eine tolle Welt. Da fällt einer Anno 1800 bei Marengo in voller Juni= hitze, und am heiligen Abend 1812 sitzt er bei Seiner

Majestät von Preußen zu Tisch. Es sind unglaubliche Kerls, diese Franzosen. Nicht 'mal ihre Toten ist man los. Sie drängen sich in Diners ein; wer weiß, was wir heute noch zu erwarten haben. Im übrigen wird es wohl ein älterer oder jüngerer Bruder gewesen sein."

Der Protzhagener Hauptmann verfärbte sich und antwortete pikiert: Er danke dem General von Bamme für die schließliche Lösung des Rätsels, müsse sich aber die Bemerkung erlauben, daß es hierzu keiner besonderen Husarenschlauheit bedurft hätte. Aufschlüsse wie diese lägen auch noch innerhalb des Infanteriebereichs.

Bamme lachte; jede Form der Entgegnung war ihm recht. Er nahm nichts übel und befand sich in der glücklichen Lage, um eines Mutes willen, den niemand bezweifelte, seine Pistolen nicht erst laden zu müssen.

Der Zwischenfall währte nicht lange; die Gräfin beschwichtigte, und ein vorzüglicher Chablis, der gereicht wurde, kam ihr zur Hilfe, während von Medewitz, ohne Furcht, dem Streite dadurch neue Nahrung zu geben, die Namen Narbonne und Desaix noch einmal in die Debatte zog. „Es sind doch Männer von Familie, der eine wie der andere," so hob er an, „aber mit wie sonderbaren Leuten hat Seine Majestät vom ersten Tage seiner Regierung zu Tische sitzen müssen! Mit einem war ich im Weißen Saale selbst zusammen, mit dem Abbé Sieyès. Ich erschrak, als ich seinen Namen hörte. 1793 sprach er einem Könige von Frankreich das Leben ab, und 1798 saß er einem Könige von Preußen als Ambassadeur gegenüber. Er trug eine trikolore Schärpe; ich sah nur das Rot darin, und so oft er sagte: ‚Votre Majesté', war es mir immer, als hörte ich: ‚La mort sans phrase'."

„Ich habe ihn auch gesehen," bemerkte Krach, mit Wichtigkeit an seinem Halstuch zupfend. „Medewitz will ihn nicht gelten lassen, aber er war doch wenigstens ein Abbé. Auch gehört etwas dazu, einem Könige von Frankreich das Leben abzusprechen. Doch diese Marschälle! Gastwirts- und Böttchersöhne."

„Je nun," fiel Drosselstein ein, „Böttchersöhne oder nicht, sie haben von halb Europa so viele Reifen abgeschlagen, daß die Dauben nach rechts und links hin auseinandergefallen sind. Ich liebe diese Marschälle nicht, an denen die Korporalslitzen immer wieder zum Vorschein kommen, aber eines sind sie: Soldaten."

„Das sind sie!" rief jetzt Bamme, sein Ragout en Coquille schärfer in Angriff nehmend, „und wer nur je einen Halbzug ins Feuer geführt hat, der hat Respekt vor ihnen, Schelme und Beutelschneider, wie sie sind."

„Wie sie sind," wiederholte der Domherr, eingedenk jener schweren Tage, in denen er seine Dosensammlung nur mit Mühe vor den Händen Soults gerettet hatte.

„Nur einem trag' ich einen Groll im Herzen," fuhr Bamme fort.

„Davoust?" fragte Lewin.

„Nein, Seiner neapolitanischen Majestät dem König Murat. Der will im großen und kleinen etwas Besonderes sein, unter anderem auch ein gewaltiger Reitergeneral, weil er das Mamelukengesindel in den Sand geritten hat. Aber ein Zietenscher hat ihm einen Streich gespielt, noch dazu ein Invalide. Ich meine den alten Kastellan Kettlitz in Charlottenburg."

Alles zeigte Neugier und drang in ihn, zu erzählen.

Es hätte dessen nicht bedurft. „Die Geschichte ist seinerzeit wenig bekannt geworden," hob er an; „ich habe sie von Kettlitz selber. Am 14. Oktober hatten wir die Affäre von Jena, und zehn Tage später war die französische Avantgarde in Berlin, Murat aber, damals noch

Herzog von Berg, in Charlottenburg. Er hatte sich in
den Zimmern eingerichtet, die nach der Parkseite hin
liegen, dieselben, in denen Kaiser Alexander ein Jahr
vorher gewohnt hatte. Der alte Kettlitz war außer sich
und machte sich einen Plan. Um fünf Uhr war Diner
im großen Saale, und das Bild König Friedrich Wilhelms I.
sah ernst und unwirsch auf den neugebackenen Herzog, der
neben Berg auch die altpreußisch-kleveschen Lande regierte.
Es waren noch nicht viel französische Truppen in der
Stadt. Da mit einem Male — die Trüffelpastete war
eben aufgetragen — beginnt ein Geschmetter, und zwanzig
Trompeten, mit Paukenschlag dazwischen, blasen den
Hohenfriedberger Marsch. Ist es unter den Fenstern?
Sind preußische Schwadronen in den Schloßhof ein=
geritten? Murat springt auf, um sich durch die Flucht
zu retten. Aber keine Schwadronen sind da; endlich
schweigt der Lärm, und alles klärt sich auf. Im Neben=
zimmer, ein ganzes Trompeterkorps in seinem Innern
bergend, stand ein musikalischer Schrank, an dessen ver=
borgener Feder der alte Kettlitz gedrückt hatte. Ich würde
mich freuen, zur Vervollständigung seiner Sammlung diese
Monstrespieluhr in die Hände unseres von Medewitz auf
Alt=Medewitz übergehen zu sehen, freilich unter der einen
Bedingung, in unserer Gegenwart nie die geheime Feder
springen zu lassen. Ich liebe Trompeten, aber nur im
Feld und Sonnenschein."

Der Domherr, unfähig, auf die Neckereien Bammes
einzugehen, begleitete sie nur mit einem verlegenen Lächeln
und fragte dann nach dem Schicksale des Kastellans.

„Nun, der hätte kein Zietenscher sein müssen. Er log
sich heraus, so gut er konnte. Unter allen Umständen
hatte er das Gaudium gehabt, den großen Reiterführer,
den Mamelukenvernichter, vor dem Hohenfriedberger Marsch

auf der Flucht zu sehen. Das war im Oktober 1806. Damals hatte es noch 'was auf sich mit einem Marschall. Ich hoffe, sie sind seitdem billiger geworden. Aber billiger oder nicht, an dem Tage, wo mir meine Quirlsdorfer den ersten Marschall tot oder lebendig einbringen, leg' ich dem Pfarracker zehn Morgen zu, obschon ich Seine Hochwürden nicht leiden kann."

„Aber Bamme, was haben Sie beständig mit Ihrem Geistlichen?" bemerkte Krach, der mit seinem eigenen Prediger auf einem guten Fuße stand, seitdem ihm dieser einen Streifen Gartenland ohne Entschädigung abgetreten hatte.

„Er ist mir noch nicht gefällig gewesen," antwortete Bamme scharf. „Diese Päffchenträger sind malitiöse Kerle, und je glauer sie aussehen, desto mehr. Der meinige ist ein Anspielungspastor."

„Das klingt, als ob Sie die Kirche besuchten, Bamme," schaltete die Gräfin ein. „Ich wette, Sie haben seit zehn Jahren keine Predigt gehört."

„Nein, gnädigste Gräfin. Aber ich habe ein Tendre für Begräbnisse. Jeder hat so seine Andacht; ich habe die meinige; und es ärgert mich, durch allerhand plumpes Zeug darin gestört zu werden. Mit dem Jüngling zu Nain oder dem bekannten weiblichen Pendant desselben fängt er an, aber ehe fünf Minuten um sind, ist er bei Babel, bei Sodom und ähnlichen schlecht renommierten Plätzen, starrt mich an, läßt etwas Schwefel vom Himmel fallen und sagt dann mit erhobener Stimme: ‚Selig sind, die reines Herzens sind, denn sie werden Gott schauen'. Und das alles an meine Adresse. So hat er es fünf Jahre getrieben. Aber seit letzte Ostern habe ich Ruhe."

„Nun?" fragte die Gräfin.

„Wir hatten wieder ein Begräbnis: eine hübsche junge

Dirne; es war also Jairi Töchterlein an der Reihe. Aber ihre Herrschaft währte nicht lange; schon auf halbem Wege war Pastor loci wieder bei Lot und seinen Töchtern und sah mich an, als wäre ich mit in der Höhle gewesen. Ich dachte, nun muß Rat werden. Und so lud ich ihn aufs Schloß, nicht zu einer Auseinandersetzung, sondern einfach zu Tisch. Als wir bei der zweiten Flasche waren — trinken kann er — sagte ich: ‚Und nun, Pastorchen, einen Toast von Herzen; stoßen wir an: es lebe Lot! Ein guter Kerl. Schade mit den beiden Töchtern. Und die Mutter kaum in Salz. Apropos, wie hieß doch der Sohn der ältesten Tochter?' Nun denken Sie sich meinen Triumph: er wußt' es nicht. Vielleicht war er bloß verwirrt. Ich aber, mich an seiner Verlegenheit weidend, schrie ihm ins Ohr: ‚Bamme.' Wir haben seitdem schon drei Leichen gehabt, aber er verhält sich ruhig."

Lewin und Renate, die den Bammeschen Ton mehr vom Hörensagen als aus eigener Erfahrung kannten, wechselten Blicke miteinander; sie sollten indessen bald gewahr werden, daß der Übermut des alten Husaren auch vor keckeren Sprüngen nicht zurückschreckte.

Die Gräfin wandte sich an den Domherrn, der, bis dahin wenig ins Gespräch gezogen, eine leise Mißstimmung zu verraten schien, und erbat sich seinen Rat zugunsten baulicher Veränderungen, die vorerst einen dem Einsturze nahen Derfflingerschen Bankettsaal im gegenübergelegenen Flügel, dann aber ganz allgemein die Frage „Kamin oder Ofen", ein entschiedenes Lieblingsthema des Domherrn, betrafen. Er hatte sogar darüber geschrieben. Medewitz war für Kamine, wobei er jedoch behufs Herstellung eines verbesserten Luftzuges auf Wiedereinführung der mit Unrecht verbannten portalartigen Flügeltüren dringen zu müssen glaubte. Er setzte nunmehr weitschweifig aus=

einander, wie nach den Ergebnissen neuerer Forschung alles Brennen auf einem starken Zustrom sauerstoffreicher Luft beruhe, und wie Kamine überall nur da gediehen, wo Türen und Fenster solchen Luftstrom gestatteten. Er schloß dann mit folgendem zugespitztem Satz: „Das dichte Moosfenster ist der Tod, aber die zugige alte Portaltür ist das Leben des Kamins."

Bamme, der, wie wir wissen, selber gern sprach, und vor allem einen Haß gegen wissenschaftliche Begründungen hatte, glaubte jetzt den Zeitpunkt gekommen, die Unterhaltung wieder an sich reißen zu dürfen. „Gnädigste Gräfin," hob er an, „scheinen geneigt, auf die Herstellung solcher Portaltüren einzugehen. Darf ich Sie warnen? Ich lege kein Gewicht darauf, daß die große zweiflügelige Rundtür doch eigentlich nichts anderes ist als das uralte, aus dem Wirtschaftshof in den Salon transponierte Scheunentor, aber worauf ich glaube hinweisen zu müssen, das sind die sozialen, um nicht zu sagen, die sittlichen Gefahren, die von dieser Türform mehr oder minder unzertrennlich sind. Im höchsten Grade solide von Erscheinung, ehrbar, würdig und gesetzt, führen sie zu Konsequenzen, die das gerade Gegenteil von dem allen bedeuten. Ich bitte, nach dem Vorgange des Domherrn auch mir eine wissenschaftliche Auseinandersetzung gestatten zu wollen."

Da sich kein Widerspruch erhob, fuhr er fort: „Jedes Ding hat in einem bestimmten Etwas die Wurzeln seiner Existenz. Bei dem Kamine, wie wir soeben vernommen haben, ist es der Luftzug, bei der Klapptüre meines Erachtens der Bolzen. Nun müssen Sie mir die Versicherung gestatten, daß der Bolzen ein höchst diffiziler Gegenstand ist, ein Gegenstand, der seine besondere Abwartung fordert, eine Pflichttreue ohnegleichen. Man könnte sagen: mit ihm steht und fällt die Klapptüre."

Er machte eine Pause. Medewitz schüttelte den Kopf.

"Es ist, wie ich sage," perorierte Bamme weiter. "Sie mögen schließen, riegeln, klinken, so viel Sie wollen, Sie mögen sich noch so sehr in der Sicherheit wiegen: ,alles fest', Sie werden diese Sicherheit als trügerisch erkennen, wenn die einzigen wirklichen Garanten derselben, die großen Haltebolzen, unbeachtet bleiben, wenn sträflicher Leichtsinn es versäumte, diese rettenden Anker zu guter Stunde auszuwerfen. Und dieses Versäumnis ist die Regel. In neunundneunzig Fällen von hundert hat der Diener, dessen Armlänge nicht ausreichte, darauf verzichtet, den Oberbolzen in seine Öffnung zu schieben, und in neunzehn Fällen von zwanzig ist er zu bequem gewesen, sich des Unterbolzens halber zu bücken. Er hat sich mit dem leichteren begnügt, hat sich darauf beschränkt, den Schlüssel im Schloß zu drehen und so eine bloß scheinbare Sicherheit geschaffen, hinter der alle Mächte des Verderbens lauern. Ich habe selbst dergleichen erlebt. Darf ich davon erzählen?"

Nicht ohne Zögern antwortete ihm ein zustimmendes Kopfnicken der Gräfin.

Bamme wartete dieses Kopfnicken aber nicht ab und fuhr, immer lebhafter werdend, fort: "Nun, die Leibkarabiniers zu Rathenow gaben uns einen Ball. Der große Gasthaussaal lief durch die halbe Etage, sieben Fenster Front; an der unteren Schmalseite aber befanden sich in Gestalt einer Portaltüre zwei jener Scheuntorflügel, auf deren Wiedereinführung unser Domherr dringen zu müssen glaubt. Ein Reisender, totmüde, fährt vor, und da alle Räume besetzt sind, ist er schließlich froh, unmittelbar neben dem Saal ein Zimmer zu finden. Das Bett steht an der Tür entlang. "Schlaf!" so seufzt er einmal über das andere, und so gering seine Chancen sind, er will es wenigstens versuchen. Mitunter kommt der Gott, wenn man ihn ruft. Nur nicht, wenn die Leibkarabiniers tanzen. Der Unglückliche schüttelt endlich alle Müdigkeit von sich; Tanzmusik und rauschende Kleider verwirren ihm die Sinne; die Neugier, die Wurzel alles Übels, kommt über ihn, und siehe da, er richtet sich auf, um durch die nie fehlende Türritze hindurch ein stiller Zeuge des Balles zu sein. Leichtsinnig Ahnungsloser! Hingegeben süßer Betrachtung, dringt er kräftiger mit Stirn und Schultern vor; er sieht, er lauscht; die Schelmereien kichernder Paare finden in ihm einen unbemerkten Vertrauten; da, o Unheil, gebiert sich plötzlich jene Tücke, deren unter allen Türen der Welt nur die große Portaltüre fähig ist, und langsam nachgebend, aber mit einer Feierlichkeit, als handle es sich um den Einzug eines Triumphators, öffnen sich jetzt die beiden großen Flügel nach rechts und links hin, und huldigend liegt der Reisende zu unsern Füßen. Erlassen Sie mir die Einzelheiten. Ich werde den Aufschrei hören bis an den letzten meiner Tage. Und solche Klapptüren, bloß um verbesserten Luftzuges willen, will unser Medewitz..."

Er kam nicht weiter. Die Gräfin, persönlich nicht abgeneigt, den alten General auf seinen gewagtesten Exkursionen zu begleiten, war sich doch anderseits ihrer gesellschaftlichen Pflichten, insonderheit gegen ihre Nichte, zu voll bewußt, als daß sie noch hätte zögern mögen, den Rückzug einzuleiten. Sie erhob sich, und dem Grafen ihren Arm reichend, bat sie die sich miterhebenden Gäste, ihre Plätze behalten und sich die bevorzugte Stunde des Desserts um keine Minute verkürzen zu wollen. Renate folgte mit Krach. Am Eingange des Salons verneigten sich beide Damen gegen ihre Kavaliere, die, der dadurch

angedeuteten Weisung folgend, an die Tafelrunde zurück=
kehrten.

XXIII.
Nullum vinum nisi hungaricum.

Hier waren inzwischen, neben anderem Dessert, Schalen
mit Obst sowie Ungar=, Port= und alter Rheinwein auf=
gestellt worden. Vor Bamme stand eine langhalsige Flasche
Ruster=Ausbruch in Originalverpackung. Er schenkte zu=
nächst ein Spitzglas bis zur Hälfte voll, befragte das Bukett,
zog einen Schluck langsam ein, und allen Kennzeichen der
Echtheit begegnend, setzte er das Glas mit einem Ausdruck
der Zustimmung wieder vor sich nieder. Lewin, Rutze,
Medewitz rückten näher, alle zu derselben Ungarfahne
schwörend. „Das ist recht,“ sagte Bamme und füllte die
Gläser bis an den Rand, „so 'was wächst nur in einem
Husarenlande.“

An der anderen Tischhälfte saßen jetzt Drosselstein
und Krach, jener einen Grafensteiner Apfel schälend, dieser
auf eigene Hand mit einer Flasche Liebfrauenmilch be=
schäftigt. Er gehörte zu denen, die nüchtern bleiben und
sich begnügen, erst zänkisch, dann zynisch und schließlich
apathisch zu werden. Übrigens stand er heute von Inne=
haltung seines Turnus ab.

„Daß diesen Rheinhessen so 'was in die Fässer läuft!“
hob er an und ließ den Inhalt seines Glases im Lichte
spielen. „Die schlechtesten Kerle den schönsten Wein! Von
allen Blutsaugern, die anno 1806 und nun wieder in
diesem Jahre durch Bingenwalde gekommen sind, sind keine
so verschrien wie diese. Man kann die Kinder mit ihnen
zu Bette jagen.“

"Sie haben toller gehaust als die Schweden," erhob Medewitz von der anderen Seite des Tisches her seine Stimme, "sie haben meinen Amtsverwalter über Stroh gesengt; sie taugen nichts, aber sie sind zäh und tapfer."

"Tapfer wie alles, was auf Bergen wohnt," schaltete Rutze bekräftigend ein. "Auch bloße Höhenzüge schon geben Charakter."

"Hauptmann!" rief jetzt Bamme und schob den vor ihm stehenden Dessertteller zurück. "Wir sind noch nicht tief genug im Wein, um Sie in Ihrem Protzhagener Schweizer= bewußtsein ruhig hinnehmen zu können. Ist der Pots= damer Exerzierplatz eine Gebirgsgegend?"

Rutze machte Augen und schien antworten zu wollen; seine Geisteskräfte ließen ihn aber im Stich, so daß der Handschuh von anderer Seite her aufgenommen werden mußte.

"Über die Berechtigung des Protzhagener Schweizer= gefühls," bemerkte Drosselstein, während er dem immer noch nach Worten suchenden Hauptmann freundlich zu= nickte, "wird sich streiten lassen; aber was mir unbestreitbar erscheint, ist die besondere Tapferkeit der Gebirgsvölker. Nur die hart an der See wohnenden Stämme sind ihnen ebenbürtig. Auch vollzieht sich darin nur ein Natürliches. Der stete Kampf mit den Elementen erzeugt Kraft und Mut, und aus Kraft und Mut wird die Kriegstüchtigkeit geboren. Bedarf es der Beispiele? Die Normänner um= fuhren Europa, gründeten Staaten und eroberten Byzanz, und wenn die Kuhhörner der alten Urkantone von den Bergen zu Tale klangen, so kam ein Schrecken über ganz Burgund. Vor dem Stoße der Gebirgsklane zitterte London. So war es immer, und so ist es bis diesen Tag. Als alles demütig zu Füßen des Eroberers lag, stieg der erste Widerstand von den Bergen nieder: Spanien und Tyrol wagten den Kampf. Die ganze Geschichte dieses Jahrhunderts plädiert für Berg und See."

"Ich weiß doch nicht, Herr Graf," nahm jetzt Lewin unter verbindlicher Handbewegung gegen Drosselstein das Wort, "ob ich Ihnen zustimmen darf. Der Mensch ist und bleibt ein Sohn der Erde. Und wo er seine Mutter Erde am reinsten und unmittelbarsten hat, da gedeiht er auch am besten, weil ihm hier die Bedingungen seines Daseins am vollkommensten erfüllt werden. Und so möchte ich denn vermuten, daß der scheinbare Triumph von Berg und See auf Ausnahmefällen oder zum Teil auch auf bloßen Täuschungen beruht. Berge sind natürliche Festungen, und alle Festungen wollen belagert sein. Wer sie glaubt voreilig stürmen zu können, der scheitert, aber er scheitert mehr noch an Wall und Graben als an der Tapferkeit ihrer Verteidiger. Das Gebirge repräsentiert die Defensive, das Element der Eroberung ist in der Ebene zu Hause. Unseres Freundes Seidentopf Semnonen, die Besieger einer Welt, wo stammten sie her, wo saßen sie? Hier, zu beiden Seiten der Oder, vielleicht in Guse, wo wir jetzt selber sitzen."

Bamme nickte; Lewin fuhr fort: "Kein Land wird von den Bergen aus regiert. Rom, als es Rom zu werden gedachte, stieg von der Höhe freiwillig an das Tiberufer nieder. Keine Hauptstadt liegt im Gebirge; aus großen Flachlandsterritorien wachsen die regierenden Zentren auf. Und in und mit ihnen die Feldherren und die Helden, von Hannibal und Cäsar bis auf Gustav Adolf und Friedrich."

"Bravo!" rief Bamme. "Vom Standpunkte meines Metiers aus könnte ich mich sogar bis zu dem Satze versteigen, daß die Weltgeschichte großen Stils, wie sie sich in Hunnen- und Mongolenzügen darstellt, immer und ewig vom Sattel herab, also, rund herausgesagt, durch eine Art von urzuständlichem Husarentum gemacht worden sei; aber ich entschlage mich aller persönlich eitlen Gedanken und proklamiere lieber den Frieden! Entfalten wir unser Preußenbanner: Suum cuique! Bei Lichte besehen, gilt von allen Völkern und Stämmen dasselbe, was von den Menschen gilt: sie sind alle zu brauchen. Aber freilich jeder an seiner Stelle. Da liegts. Wer in der Takelage des „Victory" bei wütender See und feuernden Breitseiten die Trafalgar=Affäre ausfechten will, der muß auf anderen Wassern geschwommen haben als auf dem Schwilow= oder Schermützelsee; wer aber umgekehrt bei Zorndorf durch die russischen Vierecke hindurch will, leicht und gewandt wie ein Kunstreiter durch den Papierreifen, dem hilft es nichts, und wenn er auf sämtlichen indischen Ozeanen den Hai= fischen die Bäuche aufgeschnitten hat. Es ist immer wieder die alte Fuchs= und Storchengeschichte; dem einen paßt der Teller, dem anderen die Flasche. Ich persönlich bin vielleicht der einzige Fuchs, zu dem auch die Flasche paßt. Vor allem solche. Stoßen wir an. Es ist etwas Schönes um ein ausgiebiges Latein: Nullum vinum nisi hungaricum."

XXIV.

Nach Tisch.

Der Kaffee wurde im Spielzimmer genommen. Als auch die Herren hier erschienen, um die nächste halbe Stunde wieder in Gesellschaft der Damen zu verplaudern, fanden sie die Szene anders, als sie erwarten durften. Renate, von einem leichten Unwohlsein befallen, hatte sich zurück= gezogen; statt ihrer kam ihnen Berndt von Vitzewitz ent= gegen, der, eben von Berlin her eingetroffen, die Auf=

forderung seiner Schwester, der Gräfin, an dem Schlußakte des Diners teilzunehmen, lächelnd abgelehnt hatte. Er war alt genug, um das Mißliche solchen verspäteten Eintretens aus Erfahrung zu kennen.

Lewin begrüßte den Vater. Auch die anderen Gäste gaben ihrer Freude Ausdruck, am lebhaftesten Bamme, der, ohne jede Spur von Kleinlichkeit, seine Schätzung anderer nicht davon abhängig machte, wie hoch oder niedrig er seinerseits taxiert wurde. Nur auf das, was er seine „gesellschaftlichen Gaben" nannte, war er eitel. Und nach dieser Seite hin, wenn auch mit Einschränkungen, ließ ihn Berndt von Vitzewitz gelten.

Das Spielzimmer in seinem zurückgelegenen Teile wurde von drei rechtwinklig zueinanderstehenden Estraden eingenommen, die, mit Blumen und Topfgewächsen dicht besetzt, einen hufeisenförmigen Separatraum bildeten, der sich in den Trumeaus der gegenübergelegenen Fensterpfeiler spiegelte. Innerhalb dieses Raumes, um einen länglichen, auf vier Säulen ruhenden Marmortisch, der fast die Form eines Altars hatte, nahmen die Gäste Platz und waren, während die kleinen Tassen präsentiert wurden, alsbald in einem Gespräch, das an Lebhaftigkeit die kaum beendigte Tischunterhaltung noch übertreffen zu wollen schien. Berndt hatte das Wort; alles war begierig, von ihm zu hören; er hatte den Minister gesprochen.

„Schlagen wir los?" fragte Bamme.

„Wir? Vielleicht. Oder wenn ich zu entscheiden habe: gewiß! Aber die Herren im hohen Rate? Nein. Am wenigsten der Minister. Er treibt Diplomatie, nicht Politik. Unfähig, feste Entschlüsse zu fassen, sucht er das Heil in Halbheiten. Er spricht von „Negoziationen", ein Lieblingswort, das ihm noch aus alten Zeiten her auf den Lippen sitzt. Wir haben nichts von ihm zu erwarten. Er läßt uns im Stich."

„Ich glaubte dich anders verstanden zu haben," bemerkte die Gräfin. „Er sei dir entgegengekommen."

„Entgegengekommen! Ja persönlich, und solange es sich um Worte handelte. Unter vier Augen schlägt er jede Schlacht. In der Idee sind wir einig: der Kaiser muß gestürzt, Preußen wiederhergestellt werden. Aber wie? Da werden die Herzen offenbar. Er will es auf dem Papier ausfechten, nicht mit der Waffe in der Hand, am grünen Tisch, nicht auf grüner Heide. Er hat keine Ahnung davon, daß nur ein rücksichtsloser Kampf uns retten kann. Rücksichtslos und ohne Besinnen. Noch haben wir das Spiel in der Hand; aber wie lange noch? Es fehlt ihm das Erkennen der Wichtigkeit dieser Tage. Jede Stunde, die unbenutzt vorübergeht, schreit gen Himmel und klagt ihn an als einen Schädiger und Verräter. Nicht aus bösem Willen, aber aus Schwäche."

„Und schilderten Sie ihm die Stimmung des Landes?" fragte Drosselstein.

„Gewiß und mit einer Dringlichkeit, die jeden anderen fortgerissen hätte. Aber er! Als ich ihm unsere Gedanken eines Volksaufstandes entwickelte, als ich ihn beschwor, das Wort zu sprechen, erschrak er und versuchte sein Erschrecken hinter einem Lächeln zu verbergen. ‚Rüsten wir!' rief ich ihm zu. Das gefiel ihm. Ich hatte jetzt selber das Wort gesprochen, durch das er mich in geschickter Ausnutzung, worin er Meister ist, zu beschwichtigen hoffte. Er trat mir näher und sagte mit geheimnisvoller Miene, meine Worte wiederholend: ‚Vitzewitz, wir rüsten.' Aber auch dieses Nichts war ihm schon wieder zuviel. ‚Wir rüsten,' fuhr er fort, ‚ohne höchstwahrscheinlich dieser Rüstungen zu bedürfen: Napoleon ist herunter, er muß Frieden machen, und wir werden ohne Blutvergießen zu unserem Zwecke kommen. Englands und Rußlands sind wir sicher.' Ich war starr. Wir trennten uns in gutem Vernehmen, scheinbar selbst im Einverständnis, während doch jeder die Kluft empfand, die sich zwischen unseren Anschauungen aufgetan hatte. Als ich die Treppe hinabstieg, sagte ich mir: ‚Also noch nicht belehrt! Die Zeit noch nicht begriffen! Napoleon noch nicht kennen gelernt!‘"

Drosselstein, Bamme, Krach, den Unmut Berndts teilend, schüttelten den Kopf; Medewitz aber, der seiner Unbedeutendheit gern ein Loyalitätsmäntelchen umhing, glaubte jetzt den Moment zur Geltendmachung seiner ministeriellen Rechtgläubigkeit gekommen.

„Ich kann ihre Entrüstung nicht teilen, Vitzewitz; Ihre Hitze reißt Sie fort. Die Kuriere und Stafetten, die beinahe stündlich aus allen Hauptstädten Europas eintreffen, — wissen wir, was sie bringen? Nein. Sie, wie wir alle, sehen die Dinge von einem Standpunkt mittlerer Erkenntnis aus. Der Minister aber hat jenen Überblick über die Gesamtverhältnisse, der uns fehlt. Er ist gut unterrichtet, ein Netz unserer Agenten umspannt Paris, der Kaiser ist auf Schritt und Tritt beobachtet. Wenn Seine Exzellenz ausspricht: ‚Er ist herunter, er muß Frieden machen,‘ so finde ich keine Veranlassung, dem zu widersprechen. Er ist Minister. Er muß es wissen, und verzeihen Sie, Vitzewitz, er weiß es auch."

Berndt lachte. „Es ist mit dem Wissen wie mit dem Sehen. Ein jeder sieht, was er zu sehen wünscht; darin sind wir alle gleich, Minister oder nicht. Seine Exzellenz wünscht den Frieden, und so erfindet er sich einen friedensbedürftigen Kaiser. Das ‚Netz seiner Agenten‘ ist ihm dabei mit entsprechenden Berichten gefällig; Kreaturen widersprechen nicht. Ein heruntergekommener Napoleon! O heilige Einfalt!

Er ist rühriger denn je und keck und herausfordernd wie immer. An den österreichischen Gesandten trat er während des letzten Empfanges heran. ‚Es war ein Fehler von mir, dies Preußen fortbestehen zu lassen‘, so warf er hin, und als der Angeredete, den diese Worte verwirren mochten, vor sich hinstotterte: ‚Sire, ein Thron ....‘ unterbrach er ihn mit einem ‚Ah bah.‘ und setzte übermütig hinzu: ‚Was ist ein Thron? Ein Holzgerüst, mit Sammet beschlagen.‘"

Bamme lächelte; die Gräfin aber bemerkte ruhig: „Darin hat er nun eigentlich recht, il faut en convenir. Wir machen zuviel von solchen äußerlichen Dingen und sehen Erhabenheiten, wo sie nicht sind. Wer so viele Throne zusammengeschlagen hat, kann nicht hoch von ihnen denken; ça se désapprend. Ich liebe ihn nicht, aber in einem hat er meine Sympathien, il affronte nos préjugés. Er fährt durch unsere Vorurteile wie durch Spinneweb hindurch."

„Das tut er," erwiderte Berndt, „und es ist nicht seine schlimmste Seite. Aber von dir, Schwester, eine Zustimmung dazu zu hören, überrascht mich. Denn wem verdanken wir diesen Fetischdienst, in dem auch wir drin stecken, diese tägliche Versündigung gegen das erste Gebot: ‚Du sollst nicht andere Götter haben neben mir,‘ wem anders als deinen gefeierten Franzosen, vor allem jenem aufgesteiften Halbgott, dem auch du die Schleppe trägst: Louis quatorze."

„Ce n'est pas ça, Berndt," sagte die Gräfin mit einem Anfluge von Heiterkeit, dem sich abfühlen ließ, wie erfreut sie war, einen Irrtum berichtigen zu können. „Es ist das Gegenteil von dem allen. Ich hasse diese Doktrinen, et ce Louis même, ce n'est pas mon idole. Sachez bien, ich liebe die französische Nation, aber ihren grand monarque liebe ich nicht, weil er seine Nation in seinem pomphaften Gebaren verleugnet. Denn das Wesen des Französischen ist Scherz, Laune, Leichtigkeit. In diesem Ludwig aber spukt von mütterlicher Seite her etwas Schwerfällig=Habsburgisches beständig mit. Und so waren alle Bourbons. Nur einer unter ihnen, der keinen Tropfen deutschen Blutes in seinen Adern hatte, und dieser ist mein Liebling."

„Le bon roi Henri," ergänzte Berndt.

„Ja er," fuhr die Gräfin fort, „der liebenswürdigste und zugleich der französischste aller Könige, ein gallischer Kampfhahn, kein radschlagender Pfau, naiv, ritterlich, frei von Grandezza und gespreizten Manieren."

„Freier vielleicht, als einem Könige geziemt," scherzte Berndt weiter. „Er spielte Pferd mit dem Dauphin, als der spanische Gesandte bei ihm eintrat, und Frau von Simier, nach dem Eindruck befragt, den der König auf sie gemacht habe, konnte nur erwidern: ‚J'ai vu le roi, mais je n'ai pas vu Sa Majesté.'"

„Was du als einen Tadel nimmst oder wenigstens comme un demi-reproche, war eher als ein Lob gemeint. Jedenfalls hielt es sich die Wage. Und wie konnt' es auch anders sein? Er ruhte sicher in sich selbst und gab sich offen in seinen Schwächen, weil er den Überschuß von Kraft fühlte, den ihm die Götter mit in die Wiege gegeben hatten, in seine Wiege, die beiläufig eine Schildkrötenschale war. Er verschwieg nichts und persiflierte sich selbst in dem heiteren Darüberstehen eines Grand=Seigneurs. Jeder kleinste Zug, den ich von ihm kenne, entzückt mich. Er hatte die Angewohnheit, überall Sachen mitzunehmen, und versicherte mit gascognischer Schelmerei: ‚Que s'il n'avait pas été roi, il eût été pendu.'"

Dies wurde von Krach, der sich nach Art aller Geizigen in Mein= und Deinfragen zu den rigorosesten Grundsätzen

Vor dem Sturm.

bekannte, mit so viel Indignation aufgenommen, wie die Rücksicht gegen die Erzählerin irgendwie gestattete. Er begann mit „unköniglich" und „frivol" und würde sich noch höher hinaufgeschraubt haben, wenn nicht Bamme gereizten Tones dazwischengefahren wäre: „Wer im großen gibt, mag im kleinen nehmen. Freilich erst geben; da liegt die Schwierigkeit."

Krach biß sich auf die Lippen; die Gräfin aber sprach verbindlich zu ihm hinüber: „Sie verkennen mich, Präsident; ich gebe Ihnen meinen Liebling in Moralfragen preis. Es sind ganz andere Dinge, die mich an ihm entzücken. Hören Sie, was Tallemant des Réaux in seinen Memoiren von ihm erzählt. Einer der Hofleute, Graf Beauffremont, wußte von der Untreue der schönen Gabriele. Er sagte es dem Könige. Dieser aber bestritt es und wollt' es nicht glauben; er liebte sie zu sehr. Der Graf erbot sich schließlich, den Beweis zu geben, und führte den König bis an das Schlafzimmer Gabrielens. In dem Augenblick, wo sie eintreten wollten, drehte sich le roi Henri um und sagte: ‚Non, je ne veux pas entrer; cela la fâcherait trop.'"

Medewitz, der selbst Trauriges erlebt hatte, bemerkte, daß er den König nicht begreife; die Gräfin aber fuhr fort: „In dieser Anekdote haben Sie den König tout à fait. Er hielt zu dem Wahlspruch, den Franz I. in ein Fenster zu Schloß Chenonceaux einschnitt:

Souvent femme varie
Et fol est qui s'y fie.

Überhaupt erinnert er an diesen König; nur übertrifft er ihn. Unser Geschlecht, in seinen Schwächen und seinen Vorzügen, ist nie besser verstanden, nie ritterlicher behandelt worden, und die Frauen aller Länder sollten ihm Bildsäulen errichten. Freilich würde es an Neidern nicht

fehlen, wie sein eigenes Frankreich einen solchen er=
stehen sah."

„Einen Neider?" fragte der in der französischen
Memoirenliteratur glänzend bewanderte Graf und schien
durch diese Frage einen Zweifel ausdrücken zu wollen.

„C'est ça," fuhr die Gräfin fort, „und zwar in Gestalt
seines eigenen Enkels, des ‚grand monarque'. Als die
Stadt Pau ihrem geliebten Henri eine Statue errichten
wollte, suchte sie bei Hofe darum nach. Ludwig XIV.
sagte nicht ja und nicht nein, sondern schickte statt aller
Antwort sein eigenes Bildnis. Aber er hatte den Witz der
guten Bürger von Pau nicht gebührend mit in Rechnung
gezogen. Diese richteten das Denkmal auf und gaben ihm die
Inschrift: ‚Celui-ci est le petit-fils de notre bon Henri.'"

„Und wie lief es ab?" fragte Rutze, der, nach Kinderart
zwischen Anekdote und Erzählung keinen Unterschied machend,
an dem Hergange selbst ein größeres Interesse nahm als an
der Pointe. Die Gräfin lächelte.

„Es ist eine Erzählung ohne Schluß, lieber Rutze.
Der König wird schwerlich von dieser Inschrift gehört
noch weniger sie gelesen haben. Es ist immer mißlich,
solche Scherze zu hinterbringen. Übrigens sorgte gerade
damals der Feldzug am Rhein für Aufregungen, die das
Auge des Königs nach anderer Seite hin abzogen. Es
war die Erntezeit seines Ruhmes, auch seines kriegerischen.
Und doch war keine Spur von einem Feldherrn in ihm.
Le bon roi Henri schlug die Schlachten, le grand roi
Louis ließ sie schlagen; aber Dichter und Maler sind nicht
müde geworden, Olymp und Heroenwelt nach Vergleichen
für ihn zu durchsuchen."

„Ich glaube gehört zu haben," bemerkte Berndt, „daß
er eines gewissen militärischen Talentes, wie es hohe
Lebensstellungen sehr oft ausbilden, nicht entbehrte."

Vor dem Sturm.

„Graf Tauenzien war der entgegengesetzten Meinung. Und ich darf annehmen, daß seine Meinung übereinstimmend mit dem Urteil des Prinzen war."

„Das Urteil des Königs würde mir kompetenter sein."

Die Gräfin schwieg pikiert; aber nach kurzer Weile fuhr sie fort: „Du weißt, Berndt, daß der König selber aussprach: „Le prince est le seul qui n'ait jamais fait de fautes." Es scheint mir darin zugestanden, daß er in der Theorie des Krieges, in allem, was Wissen und Urteil angeht, der Bedeutendere war."

Berndt zuckte. „Wer die Praxis hat, hat auch die Theorie. Was entscheidet, sind die Blitze des Genies."

„Aber das Genie hat mannigfache Formen der Erscheinung. Der Prinz würde bei Hochkirch nicht überrascht worden sein."

„Und bei Leuthen nicht gesiegt haben. Du überschätzest den Prinzen."

„Du unterschätzest ihn."

„Nein, Schwester, ich weise ihm nur die Stelle an, die ihm zukommt, die zweite. Zu allen Zeiten ist die Neigung dagewesen, in solchen Personalfragen die Weltgeschichte zu korrigieren. Aber Gott sei Dank, es ist nie geglückt. Das Volk, allem Besserwissen der Eingeweihten, allem Spintisieren der Gelehrten zum Trotz, hält an seinen Größen fest."

„Aber es sollte de temps à temps diese Größen richtiger erkennen."

„Gerade hierin erweist es sich als untrüglich, wenigstens das unsere, das in seiner Nüchternheit vor Überrumpelungen gesichert ist. Es zweifelt lange und sträubt sich noch länger. Aber zuletzt weiß es, wo seine Liebe und seine Bewunderung hingehört. Ich habe dies in den letzten Jahren des großen Königs, wenn Dienst oder

Festlichkeiten mich nach Berlin riefen, mehr als einmal beobachten können."

„Ich meinerseits habe von entgegengesetzten Stimmungen gehört, und mir sind Drohreden des ‚untrüglichen Volkes‘ hinterbracht worden, die sich hier nicht wiederholen lassen."

„Es wird auch an solchen nicht gefehlt haben. Ein gerechter König, während er sich Tausende zu Dank verpflichtet, wird von Hunderten verklagt. Aber, was er den Tausenden war, das ließ sich erkennen, wenn er, von der großen Revue kommend, seiner Schwester, der alten Prinzeß Amalie, die er oft das ganze Jahr über nicht sah, seinen regelmäßigen Herbstbesuch machte."

Rutze, der sich solcher Besuche erinnern mochte, nickte zustimmend mit dem Kopf; Berndt aber fuhr fort: „Ich seh' ihn vor mir wie heut': er trug einen dreieckigen Montierungshut, die weiße Generalsfeder war zerrissen und schmutzig, der Rock alt und bestaubt, die Weste voll Tabak, die schwarzen Sammethosen abgetragen und rot verschossen. Hinter ihm Generale und Adjutanten. So ritt er auf seinem Schimmel, dem Condé, durch das Hallesche Tor, über das Rundell, in die Wilhelmsstraße ein, die gedrückt voller Menschen stand, alle Häupter entblößt, überall das tiefste Schweigen. Er grüßte fortwährend, vom Tor bis zur Kochstraße, wohl zweihundertmal. Dann bog er in den Hof des Palais ein und wurde von der alten Prinzessin an den Stufen der Vortreppe empfangen. Er begrüßte sie, bot ihr den Arm, und die großen Flügeltüren schlossen sich wieder. Alles wie eine Erscheinung. Nur die Menge stand noch entblößten Hauptes da, die Augen auf das Portal gerichtet. Und doch war nichts geschehen: keine Pracht, keine Kanonenschüsse, kein Trommeln und Pfeifen; nur ein dreiundsiebzigjähriger Mann, schlecht gekleidet, staubbedeckt, kehrte von seinem mühsamen Tagewerk zurück. Aber jeder wußte, daß dieses Tagewerk seit fünfundvierzig Jahren keinen Tag versäumt worden war, und Ehrfurcht, Bewunderung, Stolz, Vertrauen regte sich in jedes einzelnen Brust, sobald sie dieses Mannes der Pflicht und der Arbeit ansichtig wurden. Chère Amélie, auch dein Rheinsberger Prinz ist eingezogen. Hast du je Bilder wie diese vor Augen gehabt oder auch nur von ihnen gehört?"

Die Gräfin wollte antworten, aber der eintretende Jäger meldete, daß die Schlitten vorgefahren seien. So wurde das Gespräch unterbrochen. Es erfolgte nur noch eine Einladung auf Silvester, bis zu welchem Tage Baron Pehlemann hoffentlich von seinem Anfall wiederhergestellt, Dr. Faulstich aber seiner Ziebinger Umgarnung entzogen sein werde. Eine Viertelstunde später flogen die Schlitten auf verschiedenen Wegen ins Oderbruch hinein. Berndt, behufs Erledigung von Kreis= und anderen Amtsgeschäften, begleitete Drosselstein nach Hohen=Ziesar. Den weitesten Weg hatten Lewin und Renate, quer durch den Bruch hindurch. Als sie vor dem Hohen=Vietzer Herrenhause hielten, berichtete Jeetze mit einem Anflug von Vertraulichkeit, daß die „jungen Berliner Herrschaften" vor einer Stunde angekommen, aber, ermüdet von der Reise, schon zur Ruhe gegangen seien.

„Also auf morgen!" Damit trennten sich die Geschwister.

XXV.

Chez soi.

Über dem Salon, aus dem die Wendeltreppe mit dem Nußbaumspalier ins obere Stock führte, befand sich das Schlafzimmer der Gräfin. Ein stiller Raum, hoch und geräumig, die Fenster nach Norden zu. Unter gewöhnlichen Verhältnissen hätte man diese Lage tadeln dürfen; hier aber, wo die Neigung vorherrschte, sich erst durch die Mittagssonne wecken zu lassen, gestaltete sich, was anderen Ortes ein Fehler gewesen wäre, zu einem Vorzug. In der Mitte des Zimmers, nur mit der einen Schmalseite die Wand berührend, stand das Bett, ein großer, mit schweren Vorhängen ausgestatteter Behaglichkeitsbau und nicht eine jener sargartigen Kisten, die das Schlafen als eine Nebensache oder gar als eine Strafe erscheinen lassen. Ein zuverlässiger Mensch wacht aber nicht nur ordentlich, sondern schläft auch ordentlich, und es war eine Feinheit unserer Sprache, das richtig drapierte Großbett ohne weiteres zum Himmelbett zu erheben.

Die Gräfin, noch unter dem Einfluß des Streits, den sie mit dem Bruder gehabt hatte, und verstimmt, an einer, wie sie nicht zweifelte, siegreichen Entgegnung verhindert worden zu sein, stieg die Wendeltreppe langsam hinauf, während ihr ihre Jungfer, ein hübsches blutjunges Ding von entschieden wendischem Typus, mit einem Ausdruck von Schelmerei und Schlauheit folgte. Es war Eva Kubalke, des alten Hohen-Vietzer Küsters jüngste Tochter und Schwester von Maline Kubalke.

Beide nahmen dieselbe bevorzugte Stellung ein. Eva war Liebling und Vertraute bei Tante Amelie, Maline bei Renaten.

Es verging eine geraume Zeit, während welcher die Gräfin nicht sprach. Endlich schien sie ihrer Verstimmung Herr geworden zu sein; sie setzte sich vor einen Spiegel und begann ihre Nachttoilette zu machen. Die Kleine sah ihr beständig nach den Augen. Endlich sagte die Gräfin unter freundlichem Zunicken: „Nun, Eva?"

„Gnädigste Gräfin sind so still."

„Ja. Aber nun sprich. Nimm den Kamm. Was gibt es?"

„O vielerlei, gnädigste Gräfin. Fräulein Renate war wieder so gut. Sie hat mir alles erzählt. Ich freue mich immer, wenn sie Kopfweh hat und aus dem Salon nach oben kommt. Da höre ich doch von Hohen=Vietz und meiner Schwester Maline."

„Wie steht es mit dem Bräutigam? War es nicht der junge Scharwenka?"

„Ja, aber sie hat ihm abgeschrieben."

„Ihm abgeschrieben? Dem reichen Krügerssohn?"

„Das war es eben. Es sind harte Leute, die Schar=wenkas, hart und bauernstolz. Er hat ihr vorgeworfen, daß sie arm sei. Aber da war es vorbei. Sie machte sich auch nicht viel aus ihm. Sie will nun in die Stadt."

„Wenn es nur gut tut."

„Aber wissen denn gnädigste Gräfin, daß der Hath=nower Pastor Hochzeit gehabt hat?"

„Der Hathnower?"

„Ja, gestern, am zweiten Feiertage. Es sollte was Apartes sein."

„Und mit wem denn?"

„Mit einer Berlinerin. Und wie er dazu gekommen ist! Es ist eine ganze Geschichte."

„Nun, so erzähle doch."

„Er war letzten Sommer in Berlin auf Besuch bei einem Freunde, auch Prediger. Den Namen habe ich vergessen, aber ich besinne mich noch."

„Laß ihn."

„Nun, der Freund wohnt in einem großen Hause, zwei Treppen hoch. Ein Gewitter zog herauf, und es goß wie mit Kannen. Als es vorüber war und der Regen nur noch leise fiel, legten sich beide Freunde ins offene Fenster und sahen auf die Straße, die unter Wasser stand, so daß die Brückenbohlen umherschwammen. Aber soll ich weitererzählen?"

„Gewiß."

„Sie sahen also auf die Straße und die Brücken= bohlen, aber auch auf ein paar große Rosenstöcke, die Regens halber umgelegt waren und gerade unter ihnen aus dem Fenster herausguckten. Die Freunde sprachen noch, und der Hathnower wollte sich eben nach den eine Treppe tiefer wohnenden Wirtsleuten erkundigen, als ein Arm herausgestreckt wurde, der dicht über den Rosen= stöcken hin einen kleinen irdenen Blumentopf, in dem nur zwei, drei Blätter wuchsen, in den Regen hinaus hielt. Ein paar Tropfen fielen auf die Blätter, und auch auf den Arm; und dann verschwand er wieder. ‚Es war wie eine Erscheinung,‘ soll der Hathnower gesagt haben. Den zweiten Tag hielt er an. Es ist eine Steuerratstochter."

„Das hätte ich dem Kleinen nicht zugetraut. Er ist sonst so schüchtern."

„Die Leute wissen auch nicht recht, was sie daraus machen sollen. Die einen meinen, es habe ihn so gerührt, die Liebe zu den drei kleinen Blättern, und er habe gleich gesagt, ‚die muß jeden glücklich machen‘; die anderen aber meinen, Frau Gräfin verzeihen, der Arm habe es ihm angetan."

„Es wird wohl der Arm gewesen sein," bemerkte die Gräfin mit ruhiger Überlegung.

Eva, die ein Schelm war, erwiderte, „daß es ja doch ein Prediger sei," und fuhr dann in ihrem Abendrapporte fort: „Auf der Manschnower Mühle ist eingebrochen."

„Beim alten Kriele?"

„Ja, gnädigste Gräfin. Sie haben ihm all sein Ge=

spartes genommen und das Pferd aus dem Stall dazu. Sie müssen die Gelegenheit gut gekannt haben, denn das Geld lag unter dem Fußboden; aber sie brachen die Dielen auf."

„Hat man auf wen Verdacht?"

„Die Diebe hatten alte Soldatenröcke an, halb zerrissen, so daß man nichts Bestimmtes erkennen konnte. Die Manschnower meinen, es wären Marodeurs gewesen, Franzosen, die das Mitnehmen noch immer nicht lassen könnten. Ihre Gesichter hatten sie schwarz gemacht."

„Dann waren es keine Franzosen. Wer sein Gesicht schwärzt, der fürchtet erkannt zu werden. Und du sagtest selbst, sie wußten Bescheid in der Mühle."

„Aber die Soldatenröcke."

„Das wird sich aufklären."

Damit brach das Gespräch ab. Die Toilette war beendet, das Haar leicht zusammengesteckt, und die Gräfin bot Eva gute Nacht. Diese, bevor sie das Zimmer verließ, trat noch an einen großen Stehspiegel heran und ließ, wie man ein Fensterrouleau herunterläßt, einen grünseidenen Vorhang über den Trumeau herabrollen.

Dies geschah jeden Abend, und es ist nötig, ein Wort darüber zu sagen. Wie alle alten Schlösser, so hatte auch Schloß Guse sein Hausgespenst, und zwar eine „schwarze Frau". Diese „weißen und schwarzen Frauen" gelten bei Kennern als die allerechtesten Spuke, gerade weil ihnen das fehlt, was dem Laien die Hauptsache dünkt: eine Geschichte. Sie haben nichts als ihre Existenz; sie erscheinen bloß. Warum sie erscheinen, darüber fehlen entweder alle Mitteilungen, oder die Mitteilungen sind widerspruchsvoll. So war es auch in Guse. Die Erzählungen gingen weit auseinander; nur das stand fest, daß das Erscheinen der „schwarzen Frau" jedesmal Tod oder Unglück bedeute. Die Gräfin, sonst eine beherzte

Natur, lebte in einem steten Bangen vor dieser Erscheinung; was ihr aber das Peinlichste war, war der Gedanke, daß sie möglicherweise einmal einem bloßen Irrtum, ihrem eigenen Spiegelbilde, zum Opfer fallen könne. Da sie sich immer schwarz kleidete, so hatte diese Besorgnis eine gewisse Berechtigung, und sie traf ihre Vorkehrungen danach. Die Anlage der mehrerwähnten Wendeltreppe stand im Zusammenhange damit; sie wollte das Spiegelzimmer nicht passieren, wenn sie sich spät abends aus dem Salon in ihr Schlafzimmer zurückzog. In diesem letzteren war nun natürlich der große Trumeau ein Gegenstand ihrer besonderen Aufmerksamkeit und Besorgnis, und ein durch Eva auch nur einmal versäumtes Herablassen des Vorhanges würde schwerlich ihre Verzeihung gefunden haben.

Es war heute noch früh, kaum elf Uhr, und die Gräfin, die ohnehin die Nacht am liebsten zum Tage gemacht hätte, hatte keinen Grund, die Ruhe vorzeitig aufzusuchen. Es waren noch Briefe zu schreiben.

Sie setzte sich an einen mit Schildpatt und Boularbeit ausgelegten Tisch, der zwischen Bett und Fenster stand, überflog einen kurzen Brief, der ihr zur Linken lag, und schrieb dann selbst:

„Mon cher Faulstich. Tout va bien! Demoiselle Alceste, wie sie mir heute in einem unorthographischen Billet (le style c'est l'homme) anzeigt, hat akzeptiert. Sie wird am 30. in Guse sein et comme j'espère den Dr. Faulstich bereits hier antreffen. Sie dürften mich nicht im Stiche lassen.

Meinen Dank für die Vorschläge, die Sie gemacht. Ihre Begeisterung für de la Harpe, den Sie zu favorisieren scheinen, kann ich nicht teilen, weder für die „Barmecides" noch für den „Comte de Warwick". Die rot angestrichenen Stellen (Tome VII erfolgt zurück) lasse ich gelten.

Ich habe mich, après quelque hésitation, für Lemierre entschieden, nicht für den „Barnevelt", der so viel Aufsehen gemacht hat, und der reifer ist, sondern für den „Guillaume Tell", justement parcequ'il n'a pas cette maturité. Er hat dafür Schwung, Feuer, Leidenschaft. Demoiselle Alceste, ohne daß ich ihr Urteil kaptiviert hätte, ist mir beigetreten. Ich leugne übrigens nicht, daß auch Rücksichten auf den Effekt meine Wahl bestimmt haben. Cléofés Paraphrasen an die Freiheit sind genau das, was man jetzt hören will, et comme Intendant en Chef du Théâtre du château de Guse, habe ich die Verpflichtung, Neues, Zeitgemäßes zu bringen, und ich mich dem Geschmacke meines Publikums anzubequemen. S'accomoder au goût de tout le monde, c'est la demande de notre temps. Das Beste wird Demoiselle Alceste tun müssen et encore plus la surprise. Also Verschwiegenheit, auch gegen Drosselstein.

Aber eines fehlt noch, cher Docteur, et c'est pour cela que je recours à bonté. Es fehlt ein Prolog, ein Epilog, ein Chorus, ein irgend etwas, das vorwärts oder rückwärts oder seitwärts weist; denn so könnte man den Chorus vielleicht definieren. Sie werden schon das Richtige finden. J'en suis sûre. Vielleicht täte es auch ein Lied. Aber es müßte etwas Leichtes sein, daß Renate vom Blatte singen könnte.

N'oubliez pas que je vous attends le 30. Je suis avec une parfaite estime votre affectionnée. A. P.

Ein zweiter Brief war an Demoiselle Alceste gerichtet. Er enthielt nur den Ausdruck der Freude, sie mit nächstem zu sehen. Die Gräfin siegelte beide Briefe, löschte die auf dem Schreibtische stehenden Kerzen und legte sich nieder. Nur noch die italienische Lampe brannte. Sie band, wie sie seit vielen Jahren tat, ein safranfarbenes Tuch um ihre Stirn und versuchte zu lesen; aber das Buch entfiel ihrer Hand. Die Eindrücke des Tages zogen an ihr vorüber; sie hörte die heftigen Reden Berndts; dann klangen sie ruhiger, und die großen Portaltüren, die Bamme mit so viel Eindringlichkeit geschildert hatte, öffneten sich langsam und leise. Aber in den Saal, in dem die Leibkarabiniers tanzten, trat niemand anders als Mademoiselle Alceste, die Worte Lemierres auf den Lippen, den Sieg auf der Stirn. Alles applaudierte.

Der Traum spann sich weiter; die Gräfin schlief.

XXVI.
Untreuer Liebling.

Der andere Morgen sah die beiden Geschwisterpaare, Lewin und Renate und Tubal und Kathinka, beim Frühstück versammelt. Nach herzlicher Begrüßung und sich überstürzenden Fragen, die teils der Christbescherung im Ladalinskischen Hause, teils der gestrigen Reunion in Schloß Guse galten, wurden die Dispositionen für den Tag getroffen. Kathinka und Renate wollten auf der Pfarre vorsprechen, dann Marie zu einer Plauderstunde abholen, während die beiden jungen Männer einen Besuch in dem benachbarten Städtchen Kirch=Göritz verabredeten. Die Anregung dazu ging von Tubal aus, der in der „Jenaer Literaturzeitung" einen mit dem vollen Namen Dr. Faulstichs unterzeichneten Aufsatz „Arten und Unarten der Romantik" gelesen und sofort den Entschluß gefaßt hatte, bei seiner nächsten Anwesenheit in Hohen=Vietz den Doktor aufzusuchen.

Erst nach Regelung aller dieser Dinge kam das bis dahin hastig und sprungweise geführte Gespräch in einen ruhigeren Gang, und die Hohen-Vietzer Geschwister drangen jetzt in Tubal, ihnen von der durch Jürgaß improvisierten Weihnachtssitzung, besonders aber von Hansen-Grell, dieser jüngsten Akquisition der „Kastalia" zu erzählen. Auch Kathinka wollte von ihm hören.

„Ich werde schlecht vor eurer Neugier bestehen," begann Tubal. „Es geht mein Wissen, trotzdem ich Jürgaß am ersten Feiertage gesprochen, nicht wesentlich über das hinaus, was ich in meinem langen Weihnachtsbriefe bereits geschrieben habe. Er ist unschön, von schlechtem Teint und hat wenig Grazie. Aber dieser Eindruck verliert sich, wenn er spricht. Manches an ihm erklärt sich aus seinem Namen, der als ein Abriß seiner Lebensgeschichte gelten kann. Sein Vater, ein einfacher Grell, in Gantzer gebürtig und ursprünglich Soldat, wurde, wer weiß wie, nach Dänemark verschlagen. Er heiratete daselbst, und zwar im Schleswigschen, eines wohlhabenden Handwerkers Tochter. In jenen Gegenden heißt alles Hansen; zugleich ist dort die Sitte verbreitet, den Kindern einen aus dem Familiennamen des Vaters und der Mutter gebildeten Doppelnamen mit auf den Lebensweg zu geben. So entstanden die Hansen-Grells. Einige Jahre später zog es den Vater, der inzwischen geschulmeistert, sich als Turmuhrmacher und Orgelspieler versucht hatte, wieder in sein märkisches Dorf zurück, und er schrieb an die Gutsherrschaft in Gantzer, in einem langen Briefe schildernd, wie groß sein Heimweh sei. Der alte Jürgaß, als er das las, war an seiner schwachen Stelle getroffen, und vier Wochen später trafen Grell und Frau nebst einer ganzen Kolonie von Hansen-Grells in Gantzer ein."

„Und der alte Jürgaß schaffte Rat; dessen bin ich sicher," warf Lewin dazwischen. „Es ist eine Familie, wie wir keine bessere haben. Ohne Lug und Trug. Sie sind mit den Zietens verschwägert und mit den Rohrs; von den einen haben sie die Hand, von den andern das Herz."

„Es ist, wie du sagst," fuhr Tubal fort. „Es fand sich ein Haus, ein Amt, ein Streifen Land, und unser Hansen=Grell kam auf die Havelberger Schule. Als er aber halbwachsen war, wurde seiner Mutter Blut und Namen in ihm lebendig, und er erschien eines Tages bei den Großeltern in Schleswig. Er hatte die ganzen fünfzig Meilen zu Fuß gemacht. Es war ein gewagtes Ding, aber es schlug ihm zum Guten aus, selbst in Gantzer, wo der alte Jürgaß dem alten Grell auseinandersetzte, daß jeder Mensch, aus dem etwas geworden sei, der eine früher, der andere später, eine Desertion begangen habe. Selbst Kron= prinz Friedrich. In der Großeltern Haus wuchs inzwischen unser Hansen=Grell heran und ging nach Kopenhagen; es war dasselbe Jahr, in dem die Engländer die Stadt bombardierten. Einzelne Vorgänge, die seiner Umsicht wie seinem Mut ein gleich glänzendes Zeugnis ausstellten, führten ihn als Erzieher in das Haus eines Grafen Moltke, in dem er glückliche Jahre verlebte. Seine skandinavischen Studien fallen in diese Zeit. Als aber Schill, dessen Auf= treten er mit glühendem Patriotismus verfolgt hatte, von dänischen Truppen umstellt und dann in den Straßen Stralsunds zusammengehauen wurde, kam der Grell in ihm so nachdrücklich heraus, daß er, übrigens unter Fort= dauer guter Beziehungen zu dem Moltkeschen Hause, seine Kopenhagener Stellung aufgab und ins Brandenburgische zurückkehrte."

„Es überrascht mich," bemerkte Lewin, „nie früher von ihm gehört zu haben. Wo war er all die Zeit über? Unser Jürgaß zählt sonst nicht zu den Schweigsamen."

„Ich möchte vermuten, daß er seine Zeit zwischen literarischen Beschäftigungen in Berlin und Aushilfe=

stellungen auf dem Lande teilte. Dann und wann war er in Gantzer. In Stechow, wenn ich recht verstanden habe, hat er gepredigt. Im übrigen wird er vor Ablauf einer Woche meine Mitteilungen vervollständigen können. Und wenn nicht er, so doch jedenfalls Jürgaß, der, während er ihn ironisch zu behandeln scheint, eine fast respektvolle Vorliebe für ihn hat. Er rühmt vor allem sein Erzähler= talent, wenn es sich um skandinavische Naturbilder oder um die Schilderung persönlicher Erlebnisse handelt. Schon in dem „Hakon Borkenbart", den er uns vorlas, trat dies hervor. Es war mir interessant, mit welcher Aufmerksam= keit Bninski folgte, erst dem Gedichte, dann dem Dichter, vielleicht noch mehr dem Menschen. Aber ich entsinne mich, ich schrieb schon davon."

„Es will mir scheinen, Tubal," nahm hier Kathinka das Wort, „daß du dem Grafen deine persönlichen Empfindungen unterschiebst. Er verlangt Schönheit, Form, Esprit, alles das, was dieser nordische Wundervogel, in dem ich schließlich eine Eidergans vermute, nicht zu haben scheint. Bninski ist durchaus für südliches Gefieder. Er hat gar kein Verständnis für preußische Kandidaten= und Konrektoralnaturen, die nie prosaischer sind, als wo sie poetisch oder gar enthusiastisch werden."

„Da verkennst du den Grafen doch," erwiderte Tubal, und Lewin setzte mit einer Verbeugung gegen die schöne Cousine hinzu: „Ich muß auch widersprechen, Kathinka; Bninskis Neigungen gehen den Weg, den du beschrieben hast, aber er ist zugleich eine tiefer angelegte Natur, und es dämmert in ihm die Vorstellung, daß es gerade die Hansen=Grells sind, die wir vor den slawischen Gesellschafts= virtuosen, vor den Männern des Salonfirlefanzes und der endlosen Liebesintrige voraushaben. Übrigens ist es Zeit, unser Thema abzubrechen. Kirch=Göritz ist eine Stunde,

und die Tage sind kurz. Wir nehmen doch die Jagd=
flinten? Möglich, daß uns ein Hase über den Weg läuft.

Tubal stimmte zu. Ihr Adieu für den Moment ihres
Aufbruchs sich vorbehaltend, verließen beide Freunde das
Zimmer, um sich für ihre Jagd= und Gesellschaftsexpedition
zu rüsten.

Auch die jungen Damen standen auf, und Renate
begann die Brotreste zu verkrumeln, mit denen sie jeden
Morgen ihre Tauben zu füttern pflegte.

Kathinka, in einem engauschließenden polnischen Über=
rock von dunkelgrüner Farbe, der erst jetzt, wo sie sich
erhoben hatte, die volle Schönheit ihrer Figur zeigte, war
ihr dabei behilflich. Alles, was Lewin für sie empfand,
war nur zu begreiflich. Ein Anflug von Koketterie, ge=
paart mit jener leichten Sicherheit der Bewegung, wie sie
das Bewußtsein der Überlegenheit gibt, machten sie für
jeden gefährlich, doppelt für den, der noch in Jugend
und Unerfahrenheit stand. Sie war um einen halben
Kopf größer als Renate; ihre besondere Schönheit aber,
ein Erbteil von der Mutter her, bildete das kastanien=
braune Haar, das sie, der jeweiligen Mode Trotz bietend,
in der Regel leicht aufgenommen in einem Goldnetz trug.
Ihrem Haar entsprach der Teint und beiden das Auge,
das, hellblau wie es war, doch zugleich wie Feuer leuchtete.

„Sieh," sagte Renate, während sie mit einer Schale
voll Krumen auf das Fenster zuschritt, „sie melden sich
schon." Und in der Tat hatte sich draußen auf das ver=
schneite Fensterbrett eine atlasgraue Taube niedergelassen
und pickte an die Scheiben. „Das ist mein Verzug,"
setzte sie hinzu und drehte die Riegel, um die Krumen
hinauszustreuen. Kathinka war ihr gefolgt. In dem
Augenblick, wo das Fenster sich öffnete, huschte die schöne
Taube herein, setzte sich aber nicht auf Renatens, sondern

auf Kathinkas Schulter und begann unter Gurren und zierlichem Sichdrehen ihren Kopf an Kathinkas Wange zu legen.

"Ungetreuer Liebling!" rief Renate, und in ihren Worten klang etwas wie wirkliche Verstimmung.

"Laß," sagte Kathinka. "Das ist die Welt. Untreue überall; auch bei den Tauben."

In diesem Momente traten die beiden Freunde wieder ein, um sich, wie angekündigt, bei den jungen Damen bis auf Spätnachmittag zu empfehlen. Sie trugen Jagdröcke, Pelzkappe, hohe Stiefel, dazu die Flinten über die Schulter gehängt. "Nehmen wir einen Hund mit?" fragte Tubal.

"Nein. Tiras lahmt, und Hektor scheucht alles auf und bringt nichts zu Schuß. Das beste Tier und der schlechteste Hund." So brachen sie auf.

XXVII.

Kirch-Göritz.

Kirch=Göritz liegt an der anderen Seite der Oder, südöstlich von Hohen=Vietz. Es standen zwei Wege zur Wahl, und die beiden Freunde beschlossen, auf dem Hin=marsche den einen, auf dem Rückmarsche den anderen ein=zuschlagen. Sie passierten zuerst das Dorf, dann den Forstacker. Als sie bei Hoppenmariekens Häuschen vorüber=kamen, das stumm und verschlossen dalag, standen sie neu=gierig still und lugten hinein. Sie sahen aber nichts. Dann schlugen sie einen Fußsteig ein, der diesseitig in halber Höhe des Oderhügels hinlief. Dann und wann flog eine Schack=Elster auf; nichts, was einen Schuß ver=lohnt hätte.

Sie sprachen von Faulstich, und Tubal skizzierte den

Artikel aus der „Jenaer Literaturzeitung", den Lewin nicht gelesen hatte. „Ich fürchte fast," sagte dieser, „daß der Verfasser hinter dem Eindruck, den seine Arbeit auf dich machte, zurückbleiben wird. Er ist ein kluger und interessanter Mann, aber doch schließlich von ziemlich zweifelhaftem Gepräge."

„Desto besser. Ich bin, wie du übrigens wissen könntest, unserer Tante Amelie gerade verwandt genug, um alles, was einen ‚Stich' hat, zum Teil um dieses Stiches willen zu bevorzugen. Und Faulstich wird keine Ausnahme machen. Er ist mir schon interessant dadurch, daß er in Kirch-Göritz lebt, ein Mann, der sich an die sublimsten Fragen wagt! Welche Schicksalswelle hat ihn an diesen Strand geworfen?"

„Wir wissen wenig von ihm, und das wenige bedarf wahrscheinlich auch noch der Korrektur. Er ist ein Altmärker, wenn ich nicht irre, aus der Gardelegener Gegend, wo sein Vater Prediger war, ein strenggläubiger, was dem Sohne von Jugend auf widerstand. Nichtsdestoweniger ging er, dem Willen des Vaters nachgebend, nach Halle und begann theologische Studien. Er kam aber, durch literarische Liebhabereien abgezogen, nicht recht vorwärts. Eine Art ästhetische Feinschmeckerei war schon damals seine Sache. Er lernte den um mehrere Jahre jüngeren Ludwig Tieck kennen, spielte den Beschützer, zugleich das oberste kritische Tribunal, und diese Bekanntschaft, so kurz und oberflächlich sie war, war es doch, was ihn schließlich nach allerhand Zwischenfällen nach Kirch-Göritz führte."

„Und diese Zwischenfälle laß mich hören."

„Gewiß; denn sie sind charakteristisch für den Mann. Es kam endlich zum völligen Bruch zwischen Vater und Sohn, und schon erwog dieser, ob er sich nicht einer herumziehenden Schauspielergesellschaft anschließen sollte, als er sich durch in Berlin angeknüpfte Verbindungen in den Kreis der Rietz-Lichtenau gezogen sah. Dieser Kreis, wie du von deinem Papa oft gehört haben wirst, war besser als sein Ruf. Die Rietz, zu manchem anderen, das sie besaß, hatte gute Laune, scharfen Verstand und ein natürliches Gefühl für die Künste. Sie paßte für ihre Rolle. Es war eben allerlei Verwandtes zwischen ihr und Faulstich, der sich bald unentbehrlich zu machen wußte. Er stellte Bilder, erfand Bonmots fürstlicher Personen, sorgte für Klatsch und Anekdoten und machte die Festgedichte. All dies hatte natürlich ein Ende, als die Seifenblase der Lichtenauschen Größe zerplatzte, und Faulstich, wie vier Jahre früher in Halle, sah sich zum zweiten Male den bittersten Verlegenheiten gegenüber."

„... Aus denen ihn nun Tieck, wie der besternte Fürst in der Komödie, befreite."

„Du sagst es. Die gelockerten Beziehungen knüpften sich wieder an; Faulstich tat den ersten Schritt. Tieck seinerseits, der eben damals den ‚Gestiefelten Kater' gebracht hatte und mit dem ‚Zerbino' und der ‚Genovefa' in Vorbereitung war, begriff leicht, was ihm Faulstich in den zu führenden Fehden wert sein mußte. Denn er war kein gewöhnlicher Kritiker. Voller Phantasie verstand er es, den Intentionen, selbst den Kaprizen der jungen Schule, zu folgen. So, halb aus Interesse, halb aus Gutmütigkeit, empfahl ihn Tieck an die Burgsdorffs nach Ziebingen hin. Den Rest errätst du leicht."

„Doch nicht; gib wenigstens eine Andeutung."

„Gut. Er kam also nach Ziebingen, was im weiteren zur Bekanntschaft mit Graf Drosselstein und bald auch zur Übersiedlung nach Hohen-Ziesar führte. Ich kann mich dessen noch entsinnen. Es fiel ihm zu, in der etwas wüst gewordenen Bibliothek wieder Ordnung zu schaffen, und der Graf, soweit ihm die Parkanlagen Zeit ließen, ging ihm dabei zur Hand. Sie entdeckten alte, mit Initialen reich ausgestattete Drucke, Ritterbücher aus dem Ende des 15. Jahrhunderts, die nun, im Triumphe nach Ziebingen geschafft, einen erwünschten Stoff zu neuen Dichtungen und noch mehr zu kritischen Untersuchungen boten. Etwa um 1804 wurde die zweite Lehrerstelle in Kirch=Göritz frei. Dem Familieneinfluß erwies es sich nicht schwer, das Einrücken Faulstichs in diese Stelle durchzusetzen. Auch Tante Amelie wirkte mit. Es ist eine halbe Sinekure, und die paar pflichtmäßigen Lektionen fallen gelegentlich noch aus. Die Kirch=Göritzer müssen sich eben damit trösten, daß jede Stunde, die ihrer Stadtschule verloren geht, der romantischen Schule zugute kommt."

„Ob es ihnen leicht wird?"

„Ich zweifle. Von dem Brombeerstrauche klein=städtischer Magistrate sind eben keine Trauben zu pflücken. Auch läßt sich nicht behaupten, daß Dr. Faulstich es ihnen leicht macht."

„Ist er hochmütig?"

„Im Gegenteil, er hat das Verbindliche, das allen Leuten innewohnt, die ihren ethischen aus dem ästhetischen Fonds bestreiten. Er ist entgegenkommend, immer scherz=haft, zum mindesten kein Spielverderber. Dem aller=krausesten Zeuge hört er nicht nur geduldig zu, sondern antwortet auch mit einem verbindlichen ‚Ihrem Gedanken=gange folgend‘, unter welchem Höflichkeitsdeckmantel er dann entweder erst Klarheit in das Chaos bringt oder auch gerade das Gegenteil von dem Gesagten festzustellen weiß. Seine Klugheit und seine affablen Manieren sind es, die ihn halten; aber er gibt Anstoß durch sein Leben, seinen Wandel."

„So war sein Sich=heimisch=fühlen im Hause der Rietz mehr als ein Zufall?"

„Ich fürchte, daß es so ist. Er lebt mit einer kinder= losen Witwe, einer Frau von beinahe vierzig; du wirst sie sehen. Sie beherrscht ihn natürlich, und seine gelegent= lichen Bestrebungen, ihr den bescheidenen Platz anzuweisen, der ihr zukommt, scheitern jedesmal."

„Aber warum schüttelt er sie nicht ab?"

„Dazu gebricht es ihm an Kraft. Er ist eine schwache Natur. Und in dieser schwachen Natur steckt auch das, was mehr Anstoß gibt als alles andere: sein Mangel an Gesinnung."

„Ist denn Kirch=Göritz der Ort, solche Schäden auf= zudecken?"

„Ein jeder Ort, möcht' ich meinen, ist dazu geschickt. Und Faulstich hält nicht hinterm Berge. Er bekennt sich offen zu seinem Sybaritismus, zu einer allerweichlichsten Bequemlichkeit, die von nichts so weit ab ist als von Pflichterfüllung und dem kategorischen Imperativ. Er kennt nur sich selbst. Alle Großtat interessiert ihn nur als dichterischer Stoff, am liebsten im dichterischen Kleide. Eine Arnold von Winkelried=Ballade kann ihn zu Tränen rühren, aber eine Bajonettattacke mitzumachen, würde seiner Natur ebenso unbequem wie lächerlich erscheinen."

„Das teilt er mit vielen. Es ließe sich darüber streiten, ob das ein Makel sei."

„Ich würde dir unter Umständen zustimmen können. Aber wenn wir im allgemeinen in der Aufstellung unserer Grundsätze strenger sind als in ihrer Betätigung, so gibt es doch auch Ausnahmen, wo wir dem Leben und seiner Praxis das nicht gestatten mögen, was uns der Theorie nach noch als statthaft erscheint. Ich weiß es nicht, aber ich gehe jede Wette ein, daß das, was in diesen Weihnachts=

tagen alle preußischen Herzen bewegt hat, von unserem Kirch=Göritzer Doktor entweder einfach als eine Störung empfunden oder aber gar nicht beachtet worden ist. Meine Shakespeare=Ausgabe gegen ein Uhlenhorstsches Traktätchen, daß er vom 29. Bulletin auch nicht eine Zeile gelesen hat. Eine Einladung nach Guse oder Ziebingen erscheint ihm wichtiger als eine Monarchenzusammenkunft oder ein Friedensschluß. Er ist in nichts zu Hause als in seinen Büchern; Volk, Vaterland, Sitte, Glauben — er umfaßt sie mit seinem Verstande, aber sie sind ihm Begriffs=, nicht Herzenssache. Heute als Kustos an die Pariser Bibliothek berufen, würde er morgen bereit sein, den Kaiser zu apotheosieren. Und das empfinden die kleinen Leute, unter denen er lebt. Es wird jetzt ein Landsturm geplant; über kurz oder lang werden auch die Kirch=Göritzer aus= rücken. Dr. Faulstich aber? Er wird ihnen nachsehen, lachen und zu Hause bleiben."

Während dieses Gesprächs hatten die beiden Freunde den Punkt erreicht, wo der am diesseitigen Abhang sich hinziehende Weg scharf ansteigend nach links hin ab= zweigte. Sie folgten dieser Abzweigung und standen nach wenigen Minuten auf dem Rücken des Hügels, den Fluß zu Füßen, jenseits desselben das neumärkische Flachland. Alles in Schnee begraben, die vereinzelten Terrainwellen in der weißen Fläche verschwindend. Auch das Oderbett hätte sich kaum erkennen lassen, wenn nicht inmitten des= selben eine durch den Schnee hin abgesteckte Kiefernallee die Fahrstraße von Frankfurt bis Küstrin und dadurch zugleich den Lauf des Flusses bezeichnet hätte. Recht= winklig auf diese Fahrstraße stießen Queralleen, welche die Kommunikation zwischen den Ufern unterhielten und in ihrer Verlängerung, hüben wie drüben, auf spärlich ver= streute Ortschaften zuführten.

Die Freunde freuten sich des Bildes, das trotz seiner Monotonie nicht ohne Reiz und einen gewissen Anflug von Feierlichem war.

„Wozu gehört der Kirchturm dort drüben, mit den großen Schallöchern und der goldenen Kugel?" fragte Tubal.

„Zu Dorf Ötscher."

„Ötscher? Ich habe nie den Namen gehört."

„Und doch spielt er in unserer Geschichte mit. Zwei Meilen weiter südlich liegt Kunersdorf, wo Kleist fiel und der König in die historischen, besser als alles andere den Moment schildernden Worte ausbrach: ‚Will denn keine verdammte Kugel mich treffen?' Hierher, auf Ötscher zu, zogen sich an jenem furchtbaren Augusttage die zu Kompagnien zusammengeschmolzenen Regimenter; Schiffbrücken wurden geschlagen, und angesichts der Stelle, wo wir jetzt stehen, gingen die Trümmer über den Strom. Das hier zur Rechten ist Reitwein. Ein Finkensteinsches Gut. Dort übernachtete der König."

„Es ist ein Glück, dich hier als Führer zu haben. Ich hätte dieser Öde jeden historischen Moment abgesprochen."

„Sehr mit Unrecht. Es liegen hier Schätze auf Schritt und Tritt. Da ist Kriegsrat Wohlbrück drüben in Frankfurt, der seit Jahren die Materialien zu einer Historie des Landes Lebus sammelt und auch in Hohen-Vietz war, um unser Gutsarchiv zu durchforschen. Den hab' ich mehr als einmal sagen hören: ‚Es fehlt uns nicht an Geschehenem, kaum an Geschichte, aber es fehlt uns der Sinn für beides.' Sieh hier drüben den verschneiten Häuserkomplex hinter den zwei schiefstehenden Weiden, das ist unser Ziel: Kirch=Göritz dans toute sa gloire. Es wirkt in diesem Augenblick wie eine Biber=

kolonie, und doch war es ein Bischofssommersitz, der im 14. Jahrhundert eine berühmte Wallfahrtskirche und im 16. Jahrhundert ein noch berühmteres Marienbild hatte. Aber laß uns jetzt hinabsteigen; der Habicht, der dort fliegt, ist außer unserem Bereich. Ich erzähle dir, so du noch hören willst, von dem Neste vor uns. Ohnehin spielen deine Landsleute vom Bug und der Weichsel her eine Rolle in der Geschichte der Stadt."

"Da bin ich neugierig," erwiderte Tubal, "obschon ich fürchten muß, wenig Schmeichelhaftes zu hören."

"Die Geschichte schmeichelt selten," fuhr Lewin fort, während sie ihren Weitermarsch antraten.

"Eines Tages, ich gehe gleich in medias res, waren also die Polen im Lande, sengten, plünderten, mordeten und brachen auch in ein Frauenkloster ein, das hier herum in unmittelbarer Nähe von Kirch=Göritz stand. Eine der Nonnen, hart bedrängt, suchte sich des Anführers zu er= wehren und beschwor ihn, von ihr abzulassen; sie wollte ihn zum Dank dafür einen festmachenden Spruch lehren, dessen Kraft er gleich an ihr selbst erproben möge. Dabei kniete sie nieder. Er war auch bereit und hieb zu, während sie die Worte sprach: ,In manus tuas, Domine, commendo spiritum meum.' Er aber entsetzte sich, als der Kopf vom Rumpfe flog."

Eine kurze Pause folgte; dann sagte Tubal: "Aber du sprachst von noch anderen Vorkommnissen; laß mich hoffen, daß sie polnischer Zutat entbehren."

"Es ist so. Was noch übrigbleibt, mag als ein neumärkisches Lokalereignis gelten; doch ebendeshalb ist es um so niederdrückender. Die Kirch=Göritzer hatten ein wundertätiges Marienbild, und dieses Bild schien allen Wechsel der Zeiten überdauern zu sollen. Auf allen

Nachbarkanzeln wurde bereits die neue Lehre gepredigt, aber die Pilgerfahrten zur heiligen Jungfrau, deren Mirakel in der eigenen Bedrängnis mit jedem Tage stiegen, hatten ihren Fortgang. Das reizte den Küstriner Markgrafen, einen scharfen Protestanten, und er gab dem Landeshauptmann im Lande Sternberg, Hansen von Minkwitz, Befehl, dem Unfug ein Ende zu machen. Minkwitz nahm zehn oder zwölf bewaffnete Bürger aus der Stadt Drossen, die zu seinem Amtsbezirke gehörte, und rückte mit ihnen auf Kirch-Göritz zu. Er gedachte das wundertätige Bildnis einfach wegzuführen. Aber es kam anders, als er wollte und sollte. Unterwegs schlossen sich nämlich in allen Dörfern, die er zu passieren hatte, Bauern und loses Gesindel seinem Zuge an, Leute, die noch vor wenig Wochen zu der allerheiligsten Jungfrau gebetet und ihre Pfennige zu den Füßen derselben niedergelegt hatten. Und so brachen denn infolge dieses Zuwachses die Minkwitzschen nicht mehr als ein geordneter Trupp, sondern als ein wilder, regelloser Haufen in Kirch-Göritz ein. Das Muttergottesbild sah sich von seinem Standort gestürzt und in unzählige Stücke zerschlagen; alles andere: Chorstühle, Schnitzereien, Trauerfahnen, wurde zerrissen oder verbrannt. In die goldgestickten Meßgewänder aber, die diesem Schicksal entgingen, kleidete sich schließlich das Gesindel und zog in wüstem Mummenschanz in seine Dörfer heim. Der ganze Hergang ein zum Himmel schreiendes Beispiel, wie wenig in den sogenannten Glaubenszeiten der Glaube und wie viel die Rohheit bedeutet. Nur daß sich jener in diese kleidet, gilt als Beweis seiner Kraft."

„Ich möchte dir widersprechen," warf Tubal ein.

„Es sei darum, aber nicht jetzt. Dies hier vor uns sind die ersten Häuser von Kirch-Göritz. Und wir können

nicht mit Pro und Contras auf den Lippen bei Dr. Faul=
stich eintreten."

XXVIII.

Doktor Faulstich.

Kirch=Göritz bestand aus wenig mehr als einer einzigen
Straße, die sich in ihrer Mitte zu einem schmalen, ein un=
regelmäßiges Dreieck bildenden Platz mit nur zwei Eck=
häusern erweiterte.

In einem dieser Eckhäuser wohnte Dr. Faulstich. Es
war zweistöckig, mit hohem Dach, und gehörte der ver=
witweten Seilermeister Griepe, die den oberen Stock an
den städtischen Rentamtmann, das nach dem Platze zu ge=
legene Frontzimmer des Erdgeschosses aber an unseren
Doktor vermietet hatte. Eine dahintergelegene große Stube
mit Kochgelegenheit bewohnte sie selbst. Was sonst noch an
Raum da war, wurde durch einen tiefen gewölbten Torweg
eingenommen, in dem die harkenartigen Ständer aus der
ehemaligen Reperbahn des seligen Meisters umherstanden.

Tubal und Lewin traten in den Torweg ein und
klopften an der ersten Türe links. Eine etwas hohe, aber
im übrigen wohlklingende Stimme rief „Herein!", und im
nächsten Augenblicke sahen sich unsere Freunde durch Dr. Faul=
stich begrüßt. Dieser entsprach auch in seiner äußeren Er=
scheinung dem Charakterbilde, das Lewin von ihm ent=
worfen hatte. Trotz allem auf den ersten Blick Gewinnenden
fehlte doch mancherlei, und wenn das leichtgekräuselte
Haar und mehr noch die weiten Beinkleider aus groß=
kariertem Stoff ihn momentan als einen Mann erscheinen
ließen, der sich daran gewöhnt hatte, mit seinen Ansprüchen
nicht allzu weit hinter denen seines Umgangs zurückzubleiben,
so kennzeichneten ihn daneben Chemise und Halstuch und

ein hervorguckender Rockhängsel als einen Gelehrten von herkömmlicher Parure, der gegen Sauberkeit au fond gleichgültig und für seine Scheineleganz zu größerem Teile dem Drosselsteinschen Schneider verpflichtet war.

Er schien aufrichtig erfreut, die beiden jungen Männer zu sehen, und über die Lobsprüche leicht hinweggehend, die Tubal seiner kritischen Arbeit spendete, schob er mit einem scherzhaften: „Sie sehen, meine Herren, die Ehrenplätze des Sofas sind okkupiert," zwei Binsenstühle an den Tisch. Tubal und Lewin nahmen Platz, während der Doktor, über den eine gewisse Wirtlichkeitsunruhe gekommen war, an die Hinterwand des Zimmers eilte und, mit dem Zeigefingerknöchel dreimal anklopfend, zugleich aufmerksam hinhorchte, ob drinnen auch geantwortet würde. Diese Antwort schien nicht auszubleiben; denn er kehrte, befriedigten Gesichts, zu seinen Gästen zurück, ihnen mit einem Anfluge von Ironie mitteilend, daß er vor kaum einer Stunde einen Brief „aus dem Kabinett der Frau Gräfin Tante" erhalten habe. Inhalt: Silvestergeheimnis.

Es würde nun dies Geheimnis das Schicksal aller ähnlichen gehabt haben, nämlich das, sofort ausgeplaudert zu werden, wenn nicht das Erscheinen der Witwe Griepe das eben anhebende Gespräch unterbrochen hätte.

Sie blieb in der Türe stehen, und mit einem Ausdruck äußerster Respektlosigkeit, der ihr im übrigen immer noch hübsches Gesicht geradezu verzerrte, auf den ängstlich dasitzenden Doktor blickend, faßte sie alles, was sie zu sagen hatte, in ein halb wie Frage und halb wie Drohung klingendes „Na?" zusammen.

„Ich möchte Sie bitten, Frau Griepe, uns etwas Obst zu bringen, Hasenköpfe, Reinetten. Auch Brot und Butter."

„Gleich?"

„Ich bitte darum. Die Herren kommen von Hohen-Vietz."

Diese halbe Vorstellung blieb nicht ohne Wirkung, um so weniger, als Tubal, der es in solchen Dingen nicht genau nahm, sich leise gegen Frau Griepe verbeugte. Eine solche Huldigung gefiel ihr, noch mehr der, von dem sie ausging. Sie musterte Tubal mit jenem Blicke suchenden Einverständnisses, in dem, je nachdem, der Reiz und die Widerwärtigkeit Frau Griepens lag, und verschwand dann wieder, ohne die Bitte Faulstichs mit einem „Ja" oder „Nein" beantwortet zu haben.

Lewin hatte sich inzwischen in dem Zimmer des Doktors umgesehen, das, trotzdem es geräumig war, nirgends Platz und Bequemlichkeit bot. Eine durchweg vorherrschende Unordnung sorgte noch mehr dafür als Anhäufung von Sachen. Auf dem runden Tische nicht bloß, auch auf den umherstehenden Stühlen lagen Schulhefte, Bücher, samt ganzen Haufen durcheinandergeschobener belletristischer Blätter; am buntesten aber sah es auf dem mit einem häßlichen blaugelben Wollenstoff überzogenen Schlafsofa aus, in betreff dessen Faulstich selbst mit nur allzu großem Rechte bemerkt hatte, „daß die Ehrenplätze bereits okkupiert seien". Nur von der einen Ecke zu sprechen, die sich unmittelbar neben dem Arbeitsschemel des Doktors befand, so stand hier ein rasch beiseitegesetztes Kaffeegeschirr, auf dessen porzellanerner Zuckerdose ein eleganter Einband lag. Ein Teelöffel als Lesezeichen. Erfreulicher als dieser Anblick wirkte die kleine Porträtgalerie, die sich in zwei Reihen über der Sofalehne hinzog. Es waren Silhouetten, Kalenderbilder, auch in Gips- oder Wachsmasse ausgeführte Medaillons, die Lewin in ihrer Gesamtheit leicht als einen Parnaß unserer romantischen Dichter erkannte; die Köpfe der beiden Schlegel, auch Tiecks und Wackenroders traten ihm in ihren charakteristischen Profilen entgegen.

Er begann eben Fragen an einzelne dieser Bildnisse

Vor dem Sturm.

zu knüpfen und hörte mit Interesse, wie schwer es dem Doktor geworden sei, diese Sammlung in einiger Vollständigkeit herzustellen, als ein Klappern draußen an der Tür die Rückkehr der Frau Griepe verkündete. Sie trat ein, setzte den erbetenen Imbiß, indem sie einen Haufen Blätter mit wenig verhehlter Geringschätzung beiseiteschob, auf den Tisch, ließ dem „Na!" und „Gleich?" ihrer ersten Unterhaltung jetzt ein ebenso kurzes „So" folgen und entfernte sich dann wieder mit jenem überheblichen Gesichtsausdruck, den gewöhnliche Frauen ihrem Opfer nie schenken, wenn sie aus diesem oder jenem Grunde ihre Herrscherrolle momentan mit der Rolle einer Dienerin vertauschen müssen.

Faulstich atmete auf; er begann ungezwungener zu werden und bat, das durch Frau Griepe Gebotene nunmehr seinerseits auf eine höhere Stufe heben zu dürfen. „Ich bin nicht immer so gut assortiert wie heute," damit trat er an einen Wandschrank heran, der, einem scheuen Blicke nach, womit Lewin darüber hinstreifte, ein Chaos zu enthalten schien, und kam mit einem ganzen Arm voll Sachen, die sich unschwer als Ziebinger Weihnachtsreste erkennen ließen, an den Tisch zurück. Es waren Gewürzkuchen, Marzipan und eine langhalsige Flasche Maraschino in Originalverpackung. Auch ein paar Spitzgläser brachte er herbei. Aber die Flasche Maraschino war noch nicht geöffnet. Er nahm also ein kleines Karlsbader Messer, an dem sich ein Duodezkorkenzieher befand, und begann zu ziehen. Was sich voraussehen ließ, geschah; der Korkzieher brach ab. Was tun? Er warf das Messerchen beiseite, besann sich einen Augenblick und sagte in ziemlich bedrückt klingendem Scherz: „Ich habe nicht den Mut, die Sanftmut Frau Griepens auf eine letzte Probe zu stellen; wir müssen es anderweitig versuchen." Und damit setzte er zwei Gabeln ein und zog den Kork.

Er nahm nun selber Platz, füllte die Spitzgläschen und stieß an auf das Haus Hohen-Vietz. Lewin dankte; Tubal aber ließ „die Arten und Unarten der romantischen Schule" leben. Faulstich war nicht unempfindlich gegen solche Huldigungen und lächelte, während Tubal fortfuhr: „Ich möchte Sie, geehrtester Herr Doktor, nicht gern in ein Gespräch über Dinge verwickeln, die Sie abgetan haben; Roma locuta est; aber eine Bemerkung müssen Sie meiner Neugier zugutehalten: Haben Sie nicht Novalis auf Kosten Tiecks überschätzt?"

„Ich glaube kaum," erwiderte Faulstich, der klug genug war, in solchen Fragen eher ein Lob als einen Tadel zu erblicken; „ich zweifle, daß er überhaupt überschätzt werden kann. Die ganze Schule vereinigt sich in dieser Anschauung."

„Auch Tieck? Empfindet er nicht solche Neudekretierung als eine Thronentsetzung?"

„Keineswegs; denn diese Neudekretierung geht von ihm selber aus. Er ist Kritiker genug, um in Novalis die Spitze, die Vollendung der Schule zu erkennen, und er ist ehrlich genug, das, was er erkannt hat, auch auszusprechen. Selbst auf die Gefahr hin einer Einbuße eigenen Ruhms."

„Es überrascht mich doch, einer so besonderen Wertschätzung des zu früh Verstorbenen zu begegnen."

„Es bedarf einer besonderen Organisation und kaum minder einer allereingehendsten Beschäftigung mit ihm, um diesem Lieblinge der Schule, wie ich ihn nennen darf, folgen zu können. Es gilt dies gleichmäßig von seiner Prosa wie von seinen Versen. Aus dem Eindruck, den ich von Ihnen gewonnen habe, möchte ich schließen, daß Sie von Natur darauf angelegt sind, in die kleine Novalis-Gemeinde einzutreten. Und das ist die Hauptsache. Ob andererseits Ihre Beschäftigung mit dem Dichter Ihrer natürlichen Beanlagung für ihn entspricht, ist mir nach mehr als einmal gemachter Erfahrung zweifelhaft. Ich weiß, wie selbst die zurückschrecken, die sich zu ihm bekennen."

„Ich kann keinen Grund haben," erwiderte Tubal in guter Laune, „mit dem Bekenntnis einer Oberflächlichkeit zurückzuhalten, die hier, wie überall, eine meiner Tugenden ist. Ich kenne seinen Roman und zwei, drei Lieder: ‚Kreuzgesang‘, ‚Bergmannslied‘ und Ähnliches."

„Das alles zählt zu seinen besten Sachen, aber das Beste ist nicht immer das Eigentlichste. Als ich Sie die Straße heraufkommen sah, las ich eben in seinen ‚Hymnen der Nacht‘. In diesen Hymnen haben Sie den eigentlichen Novalis."

Bei diesen Worten nahm der Doktor das elegant gebundene Buch, legte das sonderbare Lesezeichen ohne jeglichen Anflug von Verlegenheit beiseite und sagte dann, in dem Buche blätternd: „Ich widerstehe nicht der Versuchung, Sie mit einigem, was ich eben las, bekanntzumachen."

Die beiden Freunde stimmten zu.

„Wir gelten ohnehin als Fanatiker," fuhr Dr. Faulstich fort, „und wo Fanatismus ist, da ist auch Proselytenmacherei. Übrigens werde ich Ihre Geduld nicht ungebührlich in Anspruch nehmen. Es sind nur wenige Zeilen, eine Verherrlichung des Griechentums." Faulstich las nun die betreffende Stelle und sagte dann, als er das Buch wieder aus der Hand legte: „Ist die griechische Welt je tiefer und treffender geschildert worden? Und doch ist diese Schilderung nur der Übergang zu der des Christentums. Hören Sie selbst. Jede Zeile berührt mich wie Musik."

Und er las weiter: „Im Volke, das vor allem verachtet und der seligen Unschuld der Jugend trotzig fremd geworden war, erschien mit nie gesehenem Angesicht die neue Welt: in der Armut dichterischer Hülle der Sohn der ersten Jungfrau und Mutter. Einsam entfaltete sich das himmlische Herz zu einem Blütenkelch allmächtiger Liebe, und mit vergötternder Inbrunst schaute das weissagende Auge des blühendes Kindes auf die Tage der Zukunft, unbekümmert über seiner Tage irdisches Schicksal."

Der Doktor schwieg. Die beiden Freunde waren aufmerksam gefolgt. „Sonderbar," bemerkte Lewin, „es berührt mich fast, als ob diese Schilderung, innig, wie sie ist, hinter der Verherrlichung des Griechentums zurückbliebe. Sollte die Sehnsucht nach der Schönheit doch mächtiger in ihm gewesen sein als die christliche Legende samt dem Glauben an sie?"

Tubal schüttelte den Kopf. „Ich empfand Ähnliches wie du, ohne dieselben Schlüsse daraus zu ziehen. Die Kraft des poetischen Ausdrucks ist kein Gradmesser für unsere Überzeugungen, kaum für unsere Neigungen. Ich liebe den Frieden de tout mon coeur, aber ich würde den Krieg um vieles leichter und besser verherrlichen können. Alles Farbige hat den Vorzug, und selbst schwarz ist besser als weiß. Nimm unsere frömmsten Dichter; wo Gott und der Teufel geschildert werden, kommt jener zu kurz."

Dr. Faulstich, der, während Tubal sprach, in dem Novalis-Bande, als ob er eine bestimmte Stelle suche, weitergeblättert hatte, nickte zustimmend und bemerkte dann zu Lewin: „An einer allerintimsten Stellung unseres Dichters zum Christentum ist gar nicht zu zweifeln; käme dieser Zweifel aber auf, so wär' es mit seiner Suprematie vorbei. Denn es ist nicht das Maß seines Talents, sondern das Maß seines Glaubens, was ihn über die Mitstrebenden erhebt. Es gibt auch eine Romantik des Klassischen, aber die wirkliche Wiege und Wurzel alles Romantischen ist eben die Krippe und das Kreuz. In allem Schönsten, was die Schule geschaffen hat, klingt laut oder leise dieser Ton, und die Sehnsucht nach dem Kreuz ist ihr Kriterium. In keinem ist diese Sehnsucht lebendiger als in Novalis; er hat sich in ihr verzehrt. Sie nannten schon den ‚Kreuzgesang‘; aber schöner, tiefer sind die Strophen, mit denen er die Reihe seiner ‚geistlichen Lieder‘ einleitet. Ich lese Ihnen wenige Zeilen, weil ich der Wirkung derselben sicher bin:

„Wenn alle untreu werden,
So bleib' ich dir doch treu,
Daß Dankbarkeit auf Erden
Nicht ausgestorben sei.
Für mich umfing dich Leiden,
Vergingst für mich in Schmerz,
Drum geb' ich dir mit Freuden
Auf ewig dieses Herz.
Oft muß ich bitter weinen,
Daß du gestorben bist
Und mancher von den Deinen
Dich lebenslang vergißt.
Von Liebe nur durchdrungen,
Hast du so viel getan,
Und doch bist du verklungen
Und keiner denkt daran."

Der Doktor, der mit von Zeile zu Zeile bewegter werdender Stimme gelesen hatte, legte das Buch aus der Hand; dann fuhr er fort: „Seit dem Paul Gerhardtschen ‚O Haupt voll Blut und Wunden‘ ist nichts Ähnliches in deutscher Sprache gedichtet worden. Und das in diesen Zeiten des Abfalls!"

Tubal war bewegter als Lewin; er stand, wie alle sinnlichen Naturen, unter dem Einfluß schwärmerischen, sich anschmiegenden Wohllauts. So schritt er, während Lewin das Novalis-Gespräch mit dem Doktor fortsetzte, auf das Fenster zu und sah hinaus. Schulknaben und Mädchen in Pelzmützen und roten Kopftüchern kamen die Straßen herauf und jagten und schneeballten sich, während

Hunderte von körnerpickenden Sperlingen hin und her hüpften, aber nicht aufflogen. Alles atmete Frieden, und Tubal, der im Anblick dieses Bildes das in einer stillen Sehnsucht wurzelnde Glück, wie es die Vorlesung der Strophen in ihm angeregt hatte, wachsen fühlte, trat jetzt vom Fenster her wieder an den Tisch und sagte, dem Doktor die Hand reichend: „Wie beneide ich Ihnen diese Kirch=Göritzer Tage! Statt des Geschwätzes der Menschen Schönheit und Tiefe, und dabei die Muße, sich beider zu freuen."

Lewin schwieg. Er kannte zuviel von der Wirklichkeit der Dinge, um zuzustimmen; der Doktor aber antwortete: „Sie haben aus dem Becher nur gekostet; wer ihn leeren muß, der schmeckt auch die Hefen. Und immer höher steigt dieser Bodensatz. Die Bücher sind nicht das Leben, und Dichtung und Muße, wie viel glückliche Stunden sie schaffen mögen, sie schaffen nicht das Glück. Das Glück ist der Frieden, und der Frieden ist nur da, wo Gleichklang ist. In dieser meiner Einsamkeit aber, deren friedlicher Schein Sie bestrickt, ist alles Widerspruch und Gegensatz. Was Ihnen Freiheit dünkt, ist Abhängigkeit; wohin ich blicke, Disharmonie: gesucht und nur geduldet, ein Klippschullehrer und ein Champion der Romantik, Frau Griepe und Novalis."

Er war aufgesprungen und durchschritt das Zimmer. „Beneiden Sie mich nicht," fuhr er fort, „und vor allem hüten Sie sich vor jener Lüge des Daseins, die überall da, wo unser Leben mit unserem Glauben in Widerspruch steht, stumm und laut zum Himmel schreit. Denn auch unsere Überzeugungen, was sind sie anders als unser Glauben! Die Wahrheit ist das Höchste, und am wahrsten ist es: ‚Selig sind, die reines Herzens sind.'"

In diesem Augenblick erschien Frau Griepe, die sich

mittlerweile geputzt hatte, wieder in der Tür, vorgeblich, um anzufragen, ob sie abräumen solle, in Wahrheit aus Neugier und um sich zu zeigen. Ein Blick innerlichsten Grolls schoß aus dem Auge des Doktors, aber sofort seine Kette fühlend, verzog er den Mund zu einem freundlichen Lächeln. „Wir wollen es lassen, Frau Griepe; später." Damit zog sich die Frau wieder zurück.

Die Freunde hatten sich erhoben; der Nachmittag, der längst angebrochen war, mahnte zum Aufbruch. Tubal reichte dem Doktor die Hand. „Ich habe nichts überhört; Ihre Worte haben mich mehr getroffen als Sie wissen können." Der Doktor lächelte: „Novalis ist tief, aber das Evangelienwort, das ich eben gesprochen, ist tiefer. Ihnen, lieber Lewin, hat es die Mutter Natur ins Herz geschrieben. Und das ist die Gewähr Ihres Glücks."

„Berufen wir es nicht."

Damit trennte man sich. Frau Griepe stand in der Haustür, um noch einen Gruß zu erhaschen, und sah beiden Freunden nach und lachte.

XXIX.

Helpt mi!

Es schlug vier Uhr, als Lewin und Tubal den Ausgang des Städtchens erreicht hatten. Wenige Minuten später standen sie am Fluß, und Tubal, der um einige Schritte voraus war, schickte sich bereits an, das steile Ufer hinabzusteigen, als ihm Lewin zurief:

„Laß uns diesseits bleiben; wir haben hier die große Straße; erst zwischen Neu=Manschnow und dem Entenfang bei der Hohen=Vietzer Kirche gehen wir über."

Tubal war es zufrieden. Sie schritten also eine

kleine Strecke zurück, bis sie wieder inmitten einer breiten Pappelallee standen, die sie schon fünf Minuten vorher passiert hatten, und nahmen nun ihre Richtung erst auf die Rathstocker Fähre, dann auf das Neu=Manschnower Vorwerk zu. Dieses Vorwerk war halber Weg. Die Straße stieg ein wenig an. Als sie den höchsten Punkt erreicht hatten, wurden sie des Hohen=Vietzer Kirchturms ansichtig, der auf dem jenseitigen Höhenzuge wie ein Schattenriß im Abendrote stand.

„In einer Viertelstunde ist es dunkel," sagte Lewin, „aber wir können nicht fehlen; jetzt haben wir die Straße, nachher den Turm."

Tubal nickte zustimmend; aber ihn gesprächig zu machen, wollte nicht gelingen. Die Worte des Doktors von dem „Widerspruch des Daseins" klangen ihm noch im Ohr. Er war dadurch in seinem eigenen Tun getroffen worden, mehr noch in dem seines Hauses, und es lag ihm jetzt daran, die kaum angeknüpfte Bekanntschaft fortzusetzen. Denn so verhaßt ihm alles Predigerhafte war, so tief ergriffen ihn Sätze, die reicher Erfahrung und einer lebhaften Empfindung entstammten.

In Schweigen schritten die beiden Freunde neben= einander her. Als sie die Rathstocker Fähre zur Linken hatten, war es Abend geworden. Einzelne Sterne blinkten matt; in nördlicher Richtung begann ein Flimmern.

„Ich glaube, der Mond geht auf," bemerkte Lewin und wies auf eine helle Stelle am Horizont.

„So früh?" fragte Tubal gleichgültig und sah sich weiterer Antwort überhoben, als ein Fuhrwerk herankam, dessen eiserne Kummetkette an der Deichsel klapperte. Lewin kannte das Gespann. Es war der Manschnower Müller.

„Guten Abend, Kriele. Noch so spät bei Weg?"

„Man möt wull, Jungeherr. Se weten doch, wat mi passiert is?"

„Ja, Kriele. Aber wie konnten Sie nur das Geld unter die Diele legen?"

„Ja, wo sull man mit hen, Jungeherr? De een' Stell is so schlecht as de anner. Ick will nu nach Frank= furt. Morgen is Verhür."

„Haben sie denn die Diebe schon?"

„Se hebben Paschken und Papprizen, de immer mit dabi sinn. Awers Justizrat Turgany hett mi seggen laten: Papprit is et nich. Un mit Paschken wihr et ooch man so so."

„Nun, der Justizrat versteht es. Grüßen Sie ihn von mir."

„Dat will ick utrichten, Jungeherr."

Dabei zogen die Pferde wieder an; eine Weile noch hörte man das „Hü!" des Müllers und dazwischen das Klappern der Kette. Dann war alles still.

Die Begegnung, unbedeutend wie sie war, hatte wenigstens die Zungen gelöst. Tubal fragte, Lewin ant= wortete, und ehe noch die Familiengeschichte des Mansch= nower Müllers auserzählt war, hielten die beiden Freunde dem Hohen=Viezer Kirchturm gegenüber. Sie bogen aus der Pappelallee links ein, folgten dem Laufe eines kleinen Grabens, der sich quer durch den Acker hinzog, und standen alsbald an einem verschneiten, wohl zwanzig Fuß hohen Abhang, von dem aus nicht Weg, nicht Steg zum Fluß hinunterführte. Zum Gehen war es zu steil, zum Springen zu hoch, so legten sich beide, Gewehr im Arm, auf den Rücken, drückten die Schultern fest in den Schnee und glitten glücklich hinab; freilich nur, um sofort vor einem neuen, ernsteren Hindernisse zu stehen. Inmitten des Flusses ließen sich einige Tannen erkennen, die den Längsweg bezeichneten; aber kein Querweg, der sie bequem und sicher hinübergeführt hätte, war abgesteckt. Tubal schritt nichtsdestoweniger vorwärts und wollte den Übergang forcieren, Lewin indessen litt es nicht.

„Du weißt nicht, was du tust. Es ist das diffizilste Terrain. Überall hier herum hauen die Dorfleute große Löcher in das Eis; es ist der Fische halber, die sonst ersticken. Das überfriert dann, und der Schnee verweht die Stelle."

„Aber wir müssen doch hinüber?"

„Gewiß, aber nicht hier. Es wird sich schon ein Übergang finden. Tausend Schritte weiter aufwärts zweigt der Weg nach Gorgast ab. Das ist ein großes Dorf. Ich bin sicher, daß sich die Gorgaster eine Kuschelallee abgesteckt haben."

„Nun gut, du mußt es wissen." Damit schritten beide Freunde am Flußrande hin, der oft so schmal war, daß sie mit ihrer rechten Schulter den verschneiten Abhang streiften. Es war ein beschwerlicher Marsch, namentlich da, wo große Büsche von rotem Werft überklettert werden mußten. Endlich sahen sie die Stelle, wo von rechts her eine Art von Hohlweg einmündete und sich quer über das Eis hin fortsetzte.

„Unsere Irrfahrt geht zu Ende," sagte Lewin und wies auf die schwarzen zugespitzten Bäumchen, die sich bald deutlich als die Kiefern einer Querallee erkennen ließen. „Mehr Abenteuer, als ich zwischen Kirch-Göritz und Hohen-Vietz für möglich gehalten hätte."

„Und wir sind noch nicht im Hafen," antwortete Tubal. „Ein russischer Feldzug im kleinen. Schnee, Schnee. Et voilà la Bérésine."

„Aber keine Brücke wird unter uns zusammenbrechen," scherzte Lewin und bog voranschreitend in den abgesteckten

Weg ein, der die beiden Freunde nach wenigen Minuten schon sicher ans andere Ufer führte.

Hier überstiegen sie zunächst den Höhenzug, auf dem sie nach links hin den Hohen=Vietzer Kirchturm noch eben erkennen konnten, und sahen sich nun gezwungen, dieselben tausend Schritte wieder zurückzumarschieren, die sie jenseits über das Ziel hinausgeschossen waren. Der Weg, den sie noch zu machen hatten, lief zunächst am Fuße des Hügels, dann aber an einer dichten Schonung hin, von deren vordersten Eck aus höchstens ein Büchsenschuß bis zum Dorf und kaum halb so weit bis zur großen, von Küstrin auf Hohen=Vietz zu führenden Straße war.

Als sie dies Eck erreicht hatten, hörte der Fußpfad auf oder war in der Dunkelheit nicht mehr bestimmt zu erkennen. Sie schwankten noch, ob sie wieder umkehren und dem eben aufgegebenen Hügelweg (der sie in den Hohen=Vietzer Park geführt haben würde) fortsetzen oder quer über den verschneiten Sturzacker hin auf die große Straße zuschreiten sollten, als sie zwischen den Bäumen ebendieser Straße verschiedener Gestalten ansichtig wurden. Gleich darauf war es auch, als ob gesprochen, und im nächsten Augenblicke schon, als ob ein heftiger Streit geführt würde. Plattdeutsche Schmäh= und Scheltworte ließen sich unterscheiden, bis es plötzlich über das Feld hin zu ihnen herüberklang:

„He wörgt mi; helpt mi, Lüd!"

Lewin, um sich rascher zurechtzufinden, war auf einen großen Feldstein gesprungen, der hier am Waldeck als Grenzzeichen lag, aber schwerlich würd' er seinen Zweck erreicht haben, wenn nicht in demselben Augenblick der Mond aus dem Gewölk, das ihn seit einer Stunde verdeckt hatte, hervorgetreten wäre. Er sah jetzt alles deutlich.

„Das ist Hoppenmarieken!" rief er. Zugleich sprang

er von dem Steine herunter, riß das Gewehr von der Schulter und schoß den einen Lauf ab, um zu zeigen, daß Hilfe da sei. „Das wird wenigstens eingeschüchtert haben; vorwärts Tubal!" Und damit setzten sich beide Freunde quer über das Feld hin in Trab. Lewin stürzte, raffte sich aber schnell auf und war im nächsten Augenblick wieder an Tubals Seite.

Als sie den halben Weg bis zur Straße hinter sich hatten, konnten sie die Szene deutlich erkennen. Einer von den Strolchen war nach dem Dorf zu als Posten ausgestellt, während der andere mit Hoppenmarieken rang und an ihrem Halse riß und zerrte.

„Halt aus!" rief Lewin, der jetzt einen Vorsprung hatte; aber es bedurfte des Zurufes nicht mehr. Der Straßenräuber ließ von ihr ab und lief, einen weiten Bogen beschreibend, auf dasselbe Wäldchen zu, von dessen entgegengesetztem Eck aus Tubal und Lewin ihren Lauf über den Sturzacker hin begonnen hatten. Der andere, als Posten aufgestellte, verschwand nach der Dorfseite hin.

Als Lewin und dann Tubal den Fahrdamm erreicht hatten, war auch Hoppenmarieken verschwunden. Aber gleich darauf fanden sie dieselbe. Sie lag hinter einem aufgeschichteten Steinhaufen, zwischen diesem und einer Pappelweide, deren oberes Geäst voller Krähennester war. Die Kiepe war noch auf ihrem Rücken, der Stock in ihren Händen.

„Ist sie tot?" fragte Tubal.

Lewin, ohne sich vom Gegenteil überzeugt zu haben, schüttelte den Kopf, bückte sich zu ihr nieder und zog ihre beiden Arme aus den leinenen Tragebändern heraus. Als er sie so von der Kiepe freigemacht und sich vergewissert hatte, daß es nichts als eine Ohnmacht war, hob er sie

Vor dem Sturm.

vom Boden auf und setzte sie mit dem Rücken an den Baum.

„Gib etwas Schnee," rief er Tubal zu, während er selber ihr das enge Tuchmieder öffnete, dessen oberste Haken ohnehin bei dem Ringen und Zerren abgerissen waren. Er sah jetzt deutlich an dem rot und blutrünstig gewordenen Hals und Nacken, daß alle Anstrengungen des Strolches keinen anderen Zweck gehabt hatten, als ihr die Geldtasche zu entreißen, die sie herkömmlich an einem harten und engen Lederriemen um den Hals trug. Der Riemen hatte aber weder reißen noch auch sich über den Kopf fortziehen lassen wollen.

In diesem Momente schlug Hoppenmarieken die Augen auf. Ihr erstes war, daß sie nach der Tasche faßte; dann erst musterte sie die Personen, die um sie beschäftigt waren. Ein ihr sonst nicht eigenes gutmütiges Lächeln, das mit ihrer Häßlichkeit aussöhnen konnte, flog über ihr Gesicht, als sie Lewin, ihren Liebling, erkannte, den einzigen Menschen, an dem sie wirklich hing. Sie streichelte und patschelte ihn; als aber Tubal auch jetzt noch fortfuhr, ihr in einer ihr lästigen Weise die Stirn mit Schnee zu reiben, wurde sie ungeduldig, stieß ihn zurück und wies mit dem Zeigefinger immer heftiger auf die neben ihr stehende Kiepe. Lewin verstand ihr Gebaren einigermaßen und begann in der Kiepe umherzukramen. Als er, gleich in der obersten Lage, eine mit einem Sacktuche umwickelte Flasche fand, wußte er, was Hoppenmarieken gemeint hatte. Er machte Miene, während er sich über sie bog, etwas von dem Branntwein in seine Hand zu gießen; aber jetzt richtete sich ihr Unmut selbst gegen diesen, und ihm ärgerlich die Flasche aus der Hand reißend, tat sie einen tüchtigen Zug. Sofort hatte sie all ihre Lebenskräfte wieder, drückte den Kork in die Flasche und rief Lewin

zu: „Nu helpt mi up, Jungeherr." Dann setzte sie die Kiepe auf den Steinhaufen, legte den langen Krummstock daneben und fuhr mit ihren kurzen Armen durch die leinenen Kiepenbänder. So stand sie wieder marsch=
fertig da.

„Willst du nicht mit uns zurück?" fragte Lewin. „Wir begleiten dich."

Sie schüttelte den Kopf und setzte sich nach der ent=
gegengesetzten Seite hin in Marsch, im Selbstgespräch allerhand Unverständliches vor sich hinmurmelnd.

Die Freunde sahen ihr nach. Von Zeit zu Zeit blieb sie stehen und drohte mit ihrem Stock nach dem Wäldchen hinüber, in dem der eine der Strolche verschwunden war.

XXX.

In der Amts= und Gerichtsstube.

Berndt von Vitzewitz war, während Tubal und Lewin ihren Besuch in Kirch=Göritz machten, nach Hohen=Vietz zurückgekehrt. Es lagen anstrengende Tage hinter ihm, zugleich Tage voller Enttäuschungen. Der Minister, wie wir wissen, hatte sich mit glatten Worten jeder bindenden Zusage zu entziehen gewußt, und auch in anderen einfluß=
reichen Kreisen der Hauptstadt, soweit ihm dieselben zu=
gänglich waren, war er der ihm verhaßten Wendung begegnet: „Wir müssen abwarten." Nirgends ein Ver=
stehen des Moments. Nur in Guse hatte sich Hauptmann von Rutze, mit dem er unmittelbar vor dem Aufbruch noch ein Gespräch herbeizuführen wußte, seinen auf rücksichtsloses Vorgehen gerichteten Plänen geneigt gezeigt. Drosselstein schwankte; aber auf der Fahrt von Guse nach Hohen=Ziesar war er unter dem Einflusse, den Berndts

Vor dem Sturm.

Beredsamkeit ausübte, anderen Sinnes geworden, und hatte schließlich nicht nur einer allgemeinen Volksbewaffnung, sondern auch, wenn kein regelrechter Krieg erklärt werden sollte, dem Plane eines auf eigene Hand zu führenden Volkskrieges zugestimmt.

Bei seinem Eintreffen in Hohen-Vietz war Berndt angenehm überrascht, Besuch vorzufinden. Er hatte das Bedürfnis, von Zeit zu Zeit seinen ihn mit der Macht einer fixen Idee beherrschenden Plänen entrissen zu werden, und niemand war dazu geschickter als Kathinka, die, während sie die politischen Gespräche vermied, zugleich geistvoll genug war, den entstehenden Ausfall durch glückliche Impromptus oder durch Pikanterien aus den Hof- und Gesellschaftskreisen zu decken. Ihre Erscheinung wirkte mit. Er überließ sich auch diesmal ihrem Geplauder, vergaß über der Schilderung eines Ballabends bei Exzellenz Schuckmann, wo der bayrische Gesandte dies und das gesagt oder getan hatte, momentan alle Pläne und Sorgen und sah sich der heiteren Zerstreuung dieses Geplauders erst wieder entzogen, als das Erscheinen Tubals und Lewins und ihre Erzählung des eben gehabten Abenteuers seine Gedanken in das alte Geleise zurückdrängten. Er klingelte.

„Jeetze," rief er dem eintretenden Diener zu, „schicke Krists Willem zum Schulzen. Oder gehe lieber selbst. Ich müßt' ihn sprechen. Morgen früh halb elf."

Er wollte nach diesem Zwischenfall, schon um Kathinkas willen, das Gespräch in den Ton leichter Unterhaltung zurückführen, aber es mißglückte, da auch Tubal und Lewin eine rechte Heiterkeit nicht finden konnten.

Das war abends.

Am anderen Morgen finden wir Berndt in seiner im ersten Stock gelegenen Amts- und Gerichtsstube, einem großen Eckzimmer, von dem aus, nachdem eine Seitentür vermauert worden war, nur ein einziger Ausgang auf den Korridor führte. An ebendiesem Korridor lagen auch die Fremdenzimmer.

Die Amts- und Gerichtsstube zeigte nur weniges, was der Feierlichkeit ihres Namens entsprochen hätte. Sie war eine Schreib- und Arbeitsstube wie andere mehr, in die sich Berndt namentlich um die Sommerzeit, wenn die beiden großen Fenster von Spalierwein überwachsen waren, gern zurückzog. Es war dann hier luftig und schattig, und in dem dichten Weinlaub zwitscherten die Vögel und sahen in das geräumige Zimmer hinein. Denn geräumig war es geblieben, trotzdem es an Urväterhausrat, an Regalen mit Büchern und Akten, an eisenbeschlagenen Truhen und einem altmodischen, bis fast an die Decke reichenden Kachelofen nicht fehlte. Eine der Truhen stand rechts neben der Tür und hatte ein Vorlegeschloß, während auf den Simsen der Reale, in chaotischem Durcheinander, wendische Totenurnen und italienische Alabastervasen, zwei Dragonerkasketts und eine in rötlichem Ton ausgeführte Porträtbüste Friedrichs des Großen standen. Man sah deutlich, es fehlte der Schönheits- und Ordnungssinn. Es hatte sich zusammengefunden; weiter nichts.

An dem mit allerhand Schriftstücken überhäuften Schreibtische, dessen eine Schmalseite den Fensterpfeiler berührte, saß Berndt, einen großen Bogen Kartenpapier vor sich, den er mit Hilfe von Lineal und Reisfeder in Rubriken teilte. Er begann eben die nötigen Überschriften zu machen, als er draußen auf der Besendecke ein sorgliches Putzen und gleich darauf ein Klopfen an der Tür hörte, leise genug, um artig, und laut genug, um nicht ängstlich zu sein.

„Herein!" Es war der Erwartete.

„Guten Tag, Kniehase. Auf die Minute. Das sitzt

uns Alten nun einmal im Blut. Die Jungen sind nicht mehr dazuzubringen. Nehmen Sie Platz, da, den Stuhl am Ofen, und nun rücken Sie heran."

Der so Begrüßte legte Hut und Handschuh auf die große Truhe mit dem Vorlegeschloß und tat im übrigen, wie ihm geheißen.

„Ich habe Sie rufen lassen, Kniehase," nahm Berndt wiederum das Wort, „weil etwas geschehen muß. Und Sie sind der Mann, den ich brauche. Aber ich will nicht vorgreifen. Erst das Nächstliegende. Sie haben von dem Überfall gehört, der unserer alten Hexe fast das Leben oder doch die Geldtasche gekostet hätte."

Kniehase nickte.

„Fünfhundert Schritt vom Dorf, auf offener Straße, der Abend kaum angebrochen. Und wenn dies alleinstände! Aber in einer Woche der dritte Fall. Am heiligen Abend dem Golzower Schmidt die Kuh aus dem Stall getrieben, am zweiten Feiertage dem Manschnower Müller die Dielen aufgebrochen, gestern Hoppenmarieken fast gewürgt. Wohin sind wir gekommen?"

„Es ist Quappendorfer Gesindel, gnädiger Herr. Miekley war am dritten Feiertag in Frankfurt: er sah noch, wie sie Paschken und Pappritzen einbrachten."

„Nicht doch, Kniehase. Das ist es eben, was mich reizt und ärgert, dieses törichte Zugreifen ohne Sinn und Verstand. Immer dieselben armen Teufel; in fünf von sechs Fällen müssen sie wegen fehlenden Beweises wieder entlassen werden, und das heißt Justiz! Es ist zum Erbarmen. Und das alles aus Bequemlichkeit; die Gerichts= herren wollen nicht denken, und die Schulzen wollen nichts tun. Von den Bauern sprech' ich gar nicht; sie löschen immer erst, wenn das eigene Dach brennt. Das muß aber anders werden, und wir müssen anfangen. Unsere

Hohen-Vietzer sind die besten. Kein Kolonistenpack, das über Nacht reich geworden. Nichts für ungut, Kniehase; Sie sind selbst ein Pfälzer."

Kniehase lächelte. „Gnädiger Herr haben ganz recht, die alten Wendischen sind besser; störrig, aber zäh und zuverlässig."

„Und gescheit dazu; sonst hätten sie den Neu-Barnimer Pfälzer nicht zum Hohen-Vietzer Schulzen gemacht. Das ist mein alter Satz. Aber nun horchen Sie auf, Kniehase: Was Sie Quappendorfer Gesindel nennen, ist fremdes Volk, Franzosen."

„Nicht doch, gnädiger Herr. Ich war eben mit bei Pastor Seidentopf heran. Die Franzosen, so meint er, stehen oben an der Grenze, und wenn es hoch kommt, an der Weichsel."

„Es ist so. Und doch hab' ich recht. Ich spreche nicht von der klein gewordenen ‚großen Armee', nicht von den aus Moskau herausgeräucherten Korps, die jetzt wie Novemberfliegen über die weiße Wand kriechen, ich spreche von dem kleinen verzettelten Zeug, das hier an fünfzig Plätzen zurückgelassen wurde: ein paar Tausend in Küstrin, fünftausend in Stettin, die meisten aber stecken in den kleinen polnischen Nestern. Wie weit ist es bis an die Grenze?"

„Zehn Meilen, wie die Krähe fliegt."

„Da haben Sie es, Kniehase. Dieses verzettelte Zeug, das nicht in Festungen untergebracht werden konnte, das läuft jetzt weg wie Wasser, wenn die Reifen von der Tonne fallen. Neapolitaner, Würzburger, Nassauer, das hält ohnehin nicht zusammen. Und wenn erst 'mal das eiserne Band fehlt, so ist nur ein Schritt noch vom Soldaten- bis zum Räuberleben. Was hier herumspukt, sind Deserteure aus dem Polnischen, vielleicht auch Marodeurs von den Zuzugsregimentern, die der Kaiser jetzt als vorläufige kleine Münze in allen Taschen Deutschlands zusammenkratzt. Und mit diesem Gesindel, ob aus Polen oder sonst woher, müssen wir ein Ende machen; zum wenigsten darf es uns nicht über den Kopf wachsen. Und kommen dann die Reste von der ‚großen Armee‘ heran, heute hundert und morgen tausend, so haben wir's bei den Einern und Zehnern gelernt. ‚Wer das Kleine nicht achtet, ist des Großen nicht wert,‘ so sagt das Sprichwort. Also vorwärts! Und je eher, je lieber."

Der Hohen=Vietzer Schulze reckte sich in die Höhe und schien antworten zu wollen; aber der Gutsherr hatte sein letztes Wort noch nicht gesprochen.

„Was ich meine, Kniehase, ist das: wir müssen uns fertig machen; Landsturm, Dorf bei Dorf."

„Und wenn dann der König ruft . . . ."

„So sind wir da," ergänzte Berndt, zugleich mit scharfer Betonung hinzufügend: „Und wenn er uns n i c h t ruft, so sind wir a u c h da. Und das ist es, Kniehase, weshalb ich Sie habe rufen lassen."

„Es geht nicht ohne den König."

Der alte Vitzewitz lächelte. „Es geht; die Zeiten wechseln. Es gibt Zeiten des Gehorchens und Abwartens, und es gibt andere, wo zu tun und zu handeln erste Pflicht ist. Ich liebe den König; er war mir ein gnädiger Herr und ich habe ihm Treue geschworen, aber ich will um der beschworenen Treue willen die natürliche Treue nicht brechen. Und diese gehört der Scholle, auf der ich geboren bin. Der König ist um des Landes willen da. Trennt er sich von ihm, oder läßt er sich von ihm trennen durch Schwachheit oder falschen Rat, so löst er sich von s e i n e m Schwur und entbindet mich des meinen. Es ist ein schnödes Unterfangen, das Wohl und Wehe von Millionen an die Laune, vielleicht an den Wahnsinn eines einzelnen knüpfen zu wollen; und es ist Gottesläſterung, den Namen des Allmächtigen mit in dieſes Puppenſpiel hineinzuziehen. Wir haben drüben geſehen, wohin es führt: zu Blut und zu Beil. Weg mit dieſer Irrlehre, von höfiſchen Pfaffen großgezogen; es iſt Menſchenſaßung, die kommt und geht. Aber unſere Liebe zu Land und Heimat, die dauert wie das Land ſelber."

Kniehaſe ſchüttelte den Kopf. „Es geht nicht ohne den König," wiederholte er. „Der gnädige Herr ſind hier geboren und kennen das Bruch und ſeine Bauern. Aber, mit Permiſſion, ich kenne die Bauern beſſer. Der König iſt ihnen alles. Der König hat ihnen das Bruch eingedeicht, der König hat ihnen die Kirchen gebaut, der König hat ihnen die Gräben gezogen. So wiſſen ſie es von Vater und Großvater her, und ſo wiſſen ſie es von ſich ſelber. Wenn ich mit Kallies und Kümmritz und den anderen Ganzbauern drüben bei Scharwenka ſitze, ſo iſt ‚der alte Fritz‘ das dritte Wort. Er iſt ihr Herrgott, und ſie ſprechen von ihm, als wenn er noch lebte. Nur eins iſt dem Bauer noch mehr ans Herz gewachſen: ſein Haus und Hof."

„Und um Haus und Hof willen ſoll er jetzt die Waffe in die Hand nehmen. Es iſt nicht das erſte Mal in dieſem Lande. Als der Schwede jenſeits der Elbe in der Altmark hauſte, haben ſich die Bauern aufgemacht, ohne viel zu fragen. Und das iſt es, was ſie wieder ſollen."

„Ich weiß davon," antwortete Kniehaſe, „es waren Drömlinger Bauern. Aber ſie hatten Fahnen, darauf geſchrieben ſtand:

‚Wir ſind Bauern von geringem Gut
Und dienen unſerm Kurfürſten und Herrn mit unſerm Blut.‘"

Der alte Vitzewitz, der sich seines Schulzen und der Zähigkeit freute, mit der er seine Sache zu führen wußte, gab ihm die Hand und sagte: "Eine solche Fahne, Knie= hase, wollen wir a u c h haben, und wir wollen sie hoch in Ehren halten. Aber wenn uns der König diese Fahne verbietet, so müssen wir sie tragen auch ohne seinen Namen, um des L a n d e s willen, und dieser Rechtstitel ist nicht der schlechteste. Denn unser Land ist unsere Erde, die Erde, aus der wir selber wurden."

Kniehase schüttelte wieder den Kopf. "Die Erde tut es nicht, gnädiger Herr."

"Doch, Kniehase," fuhr Berndt fort, "die Erde tut es, m u ß es tun, weil sie unser erstes und letztes ist. Und, irdisch gesprochen, auch unser Bestes. Wir sind Erde, und wir sollen wieder Erde werden, und das ist es, was uns die Erde so teuer macht. Ein jeder ahnt es von Anfang an, aber das rechte Wissen davon, das kommt uns erst, das will erfahren sein. Ich h a b' es erfahren. Sie waren dabei, Kniehase, wie wir den Sarg hinauftrugen; Sie wissen schon, welchen. Es war Winterzeit, und der Schnee fiel. Als aber der Schnee schmolz und im März der erste Krokus kam, da hab' ich die Erde da oben, die mein Glück barg, mit meinen Lippen berührt und immer wieder be= rührt. Und seit dem Tage weiß ich, was eine teure und geliebte Erde ist."

Berndt fuhr bei dieser Erinnerung mit der Hand über Augen und Stirn.

Kniehase wußte wohl, warum, aber er wollt' es nicht wissen; denn er war eine schamhafte Natur und sah stumm vor sich hin.

"Das war im Frühjahr anno sieben," nahm der alte Vitzewitz nach kurzer Pause wieder das Wort; "ich sollt' es aber noch besser erfahren. Ich hatte noch nicht aus=

gelernt, was Erde sei. Es war um dieselbe Zeit, Sie entsinnen sich, Kniehase, daß sie den Kyritzer Kämmerer, der so unschuldig war wie Sie und ich, vor eins ihrer feigen und feilen Kriegsgerichte stellten und ihn aburteilten und niederschossen. Was sage ich: ‚niederschossen'? Hinwürgen war es. Denn so schlecht wie das Urteil, so schlecht war seine Vollstreckung. Er lag am Boden, der unglückliche tapfere Mann, und konnte nicht sterben. Da sprang ein mitleidiger Westfale vor und schoß ihm ins Herz: ‚Aus Liebe zu dir, du unschuldig Blut, will ich dir zum Tode helfen.'"

Kniehase nickte. Er entsann sich des Hergangs, der damals alles mit Entsetzen erfüllt hatte.

„Sehen Sie, Kniehase, von dem Tage an hörte ich immer die fünf Schüsse, und mir war, als fühlte ich sie an meinem eignen Herzen. Ich hatte keinen Schlaf mehr; aber ich wußte, was mich ruhig machen würde, und endlich macht' ich mich auf in die Priegnitz. Als ich in der kleinen Stadt ankam, fragt' ich nach und ließ mich hinausführen. Es war vor einem der Tore, eine Pappelallee und ein wüstes Feld daneben. Da schickt' ich das Kind wieder fort, das mich hinausbegleitet hatte, und als ich nun allein war, da warf ich mich nieder an den Hügel und riß eine Handvoll Erde heraus und hob sie gen Himmel. Und mein Herz war voller Haß und voller Liebe. Da hab' ich zum a n d e r e n Mal erfahren, was Erde ist, Heimaterde. Es muß Blut drin sein. Und überall hier herum ist mit Blut gedüngt worden; bei Kunersdorf ist eine Stelle, die sie das ‚rote Feld' nennen. Und das alles soll preisgegeben werden, weil ein König nicht stark genug ist, sich schwacher Ratgeber zu erwehren? Nein, Kniehase: m i t dem König, solange es geht; o h n e ihn, wenn es sein muß."

Berndt schwieg. In diesem Augenblick klopfte es,

Vor dem Sturm.

und der eintretende Jeetze übergab einen Brief, großes Format mit großem Siegel. Berndt erkannte Turganys Handschrift. Er überflog den Inhalt und las dann laut: „Ich bitte Sie, hochverehrter Herr und Freund, in Ihrer Umgegend, vielleicht auch auf dem Forstacker, recherchieren zu lassen. Alles deutet darauf hin, daß die Sippschaft, die wir suchen, irgendwo zwischen Hohen=Vietz und Manschnow steckt. Wir haben heute ein zweites Verhör: der Manschnower Müller ist vorgeladen. Aber es wird nur das Resultat des ersten bestätigen, und unsere zwei herkömmlichen Sündenböcke werden, wie gewöhnlich, wieder entlassen werden müssen. Ich behalte mir weitere Mitteilung für die nächsten Tage vor. Ihr Turgany."

Berndt lachte. „Sie sehen, Kniehase, Transport und Gefangenenkost sind abermals vergeudet. Aber Turgany ist auf falscher Fährte. Hier herum sitzen sie nicht. Es wird sich zeigen, wo. Wer brachte den Brief, Jeetze?"

„Konrektor Othegraven."

„Ist er noch da?"

„Ja; Fräulein Renate hat ihn hereingebeten. Sie sind mit dem anderen gnädigen Fräulein im Wohnzimmer."

„Ich lasse den Herrn Konrektor bitten."

Jeetze ging; der Schulze wollte folgen.

„Nein, Kniehase, Sie bleiben; ich will mir den Sukkurs, den mir ein glücklicher Zufall schickt, nicht entgehen lassen."

Gleich darauf trat der Konrektor ein, von Berndt mit besonderer Freundlichkeit empfangen. Einige kurze Begrüßungsworte wurden gewechselt. Dann fuhr der Hohen=Vietzer Gutsherr fort: „Ich will Sie, lieber Othegraven, nicht mit Aufträgen an Turgany belästigen; wir haben morgen ohnehin Frankfurter Botentag. Aber gegen meinen alten Kniehase hier möcht' ich mich Ihrer versichern. Er will mich im Stich lassen, er kennt in diesem königlichen Lande Preußen kein anderes Losschlagen, als was von obenher gebilligt worden ist. Seidentopf stimmt ihm zu. Auch Sie?"

„Nein und dreimal nein," antwortete Othegraven, „und ich schätze mich glücklich, endlich einmal statt vor tauben Ohren vor einem gleichgestimmten Herzen Zeugnis ablegen zu können."

Kniehase, der die strengkirchliche Richtung des Konrektors kannte, horchte auf; Othegraven selbst aber fuhr fort: „Es ist ein königliches Land, dieses Preußen, und königlich, so Gott will, soll es bleiben. Es haben es große Fürsten aufgebaut, und der Treue der Fürsten hat die Treue des Volkes entsprochen. Ein Volk folgt immer, wo zu folgen ist; es hat dem unseren an freudigem Gehorsam nie gefehlt. Aber es ist fluchwürdig, den toten Gehorsam zu eines Volkes höchster Tugend stempeln zu wollen. Unser Höchstes ist Freiheit und Liebe."

Berndt war im Zimmer auf und ab geschritten. Er stellte sich vor Othegraven: „Ich wußt' es. So sind wir einig, und ich darf auf Sie rechnen. Dieser Moment, der nicht wiederkommt, darf nicht versäumt werden. Ist man an oberster Stelle verblendet genug, sich der Waffe, die wir schmieden, nicht bedienen zu wollen, nun, so führen wir sie selbst."

„So führen wir sie selbst," wiederholte Othegraven. „Aber der Bruch, den wir fürchten, er wird sich nicht vollziehen. Es kommen andere, bessere Tage. Die Schwäche wird der Entschlossenheit weichen, und das sicherste Mittel, dahin zu wirken, ist, daß wir selber Entschlossenheit zeigen. Es ist, wie ich wohl weiß, ein Mißtrauen da in unsere Kraft, selbst in unseren guten Willen. Zeigen wir dem König, daß wir für ihn einstehen, auch wenn wir ihm widersprechen. Auch die Schillschen setzten sich in Wider-

Vor dem Sturm.

streit mit seinem Willen und starben doch unter dem Rufe: ‚Es lebe der König'. Es gibt eine Treue, die, während sie nicht gehorcht, erst ganz sie selber ist."

Kniehase sah vor sich hin. Er fühlte den Boden, auf dem er stand, erschüttert, aber noch war er nicht besiegt.

„Ich habe meinen Eid geschworen," sagte er, „um ihn zu halten, nicht, um ihn zu brechen oder auszulegen. Die Obrigkeit ist von Gott. Aus der Hand Gottes kommen die Könige, die starken und die schwachen, die guten und die schlechten, und ich muß sie nehmen, wie sie fallen."

„Aus der Hand Gottes," rief jetzt Berndt, „kommen die Könige, aber auch viel anderes noch. Und gibt es dann einen Widerstreit: das letzte bleibt immer das eigene Herz, eine ehrliche Meinung und — der Mut, dafür zu sterben."

„Es ist so, Schulze Kniehase," nahm Othegraven wieder das Wort, „und sich entscheiden ist schwerer als gehorchen. Schwerer und oft auch treuer. Ihr Gutsherr hat recht. Sehen Sie sich um: das Ganze versagt den Dienst; überall fast ist es der einzelne, der es wagt. Ein Mann wie Sie, Kniehase, war auch der Hofer, treu wie Gold. Aber als sein Kaiser Frieden machte, da sagte der Sandwirt: „Der Franz'l hat's gemußt; ich muß es nicht; ich halt' ihm dies alte Land Tirol." Und als er so sprach und handelte, da brach er seinem Kaiser den Frieden und war schuldig bei Freund und Feind. Er hat es mit dem Tode bezahlt. Aber glauben Sie, Kniehase, daß der Kaiser, wenn er den Namen Hofer hört, an Eidbruch und Untreue denkt? Nein, das Herz schlägt ihm höher, und gesegnet Land und Fürst, wo die Liebe lebendig ist und auf sich selber mehr hört als auf Amtsblatt und Kommandowort."

Kniehase war jetzt aufgestanden. Er streckte Berndt

seine Hand entgegen. „Gnädiger Herr, ich glaube, der Konrektor hat es getroffen. Sich entscheiden ist schwerer als gehorchen. Ich habe mich entschieden. Wir machen uns fertig hier herum, und wir schlagen los, ohne nach ‚ja‘ oder ‚nein‘ zu fragen. Denn Fragen macht Verlegenheit. Es darf keiner über die Oder. Und kommt es anders, und soll uns dies fremde Volk auf ewig unter die Füße treten, nun, so geb uns Gott Kraft, zu sterben, wie Hofer und die Schill'schen gestorben sind."

„Das dank' ich Ihnen, Othegraven," sagte Berndt; „ich allein hätte meinen Schulzen nicht bezwungen. Ich hoffe, wir sehen uns jetzt öfter. Der Plan ist mit Graf Drosselstein durchgesprochen. Ein Netz über das Land. Lebus beginnt; wir sind die Vorhut. Hier zwischen Frankfurt und Küstrin treffen die großen Straßen zusammen. Ich zähle die Stunden, bis es sich entscheidet."

Sie blieben noch eine Weile; dann verabschiedeten sich der Konrektor und Kniehase und schritten die Treppe hinunter, über den Flur. Hektor, unter Zeichen besonderer Freude, als er den Schulzen sah, begleitete beide Männer über den Hof.

Sie nahmen ihren Weg auf den Scharwenka'schen Krug zu, immer noch in lebhaftem Gespräch. Doch schien es andere Fragen als Krieg und Landsturm zu betreffen. Sie trennten sich erst, nachdem sie die Front des Krügergehöftes wohl ein Dutzend Mal ausgemessen hatten.

Als des Konrektors kleines Fuhrwerk wieder auf der Frankfurter Straße südlich trabte, saß Schulze Kniehase bei seiner Frau. Sie plauderten lange, und wiewohl Frau Kniehase Verschwiegenheit gelobte, war doch vor Ablauf des Tages alles Geplauderte in Hohen-Vietz herum.

Nur eine wußte nichts davon: sie, die der Gegenstand dieses Plauderns gewesen war.

XXXI.

Es geschieht etwas.

Sankt Jonathan, der 29. Dezember, war von alter
Zeit her der Tag der Umzüge in Hohen-Vietz: allerhand
Mummenschanz wurde getrieben, und bei Beginn des Nach-
mittags zogen außer Knecht Ruprecht und dem Christkinde
auch Joseph und Maria und die heiligen drei Könige von
Haus zu Haus. Zu diesem alten Bestande traten aber
auch neue Figuren hinzu, so heute der „Sommer" und der
„Winter", von denen jener zu seinem leichten Strohhut
Harke und Sense, dieser zu Pelz und Holzpantinen einen
Dreschflegel trug. Sie führten ein Zwiegespräch:

Ich bin der Winter stolz
Ich baue Brücken ohne Holz —

und rühmten sich ihrer gegenseitigen Vorzüge, bis zuletzt
Versöhnung und Segenswünsche für das jedesmalige Haus,
in dem sie sich befanden, ihren lang ausgesponnenen Streit
beendeten.

Ein besonderes Glück machten heute auch die Schulkinder, deren mehrere als „Schneewittchen und ihre Zwerge"
ihren Umzug hielten; Schneewittchen mit langem blonden
Haar, die Zwerge mit Flachsbärten und braunen Kapuzen.
Als sie zuletzt auf den Gutshof kamen, fanden sie die jungen
Herrschaften samt Tante Schorlemmer in derselben großen
Halle, in der auch der Weihnachtsaufbau stattgefunden
hatte, versammelt, und nach kurzer Ansprache, worin Schneewittchen für ihre Begleiter um die Erlaubnis zum Rätsel-
aufgeben gebeten hatte, traten die Zwerge vor und taten
ihre Fragen:

„Was kann kein Mensch erzählen?"

„Daß er gestorben ist."

„Wer kann alle Sprachen reden?"

„Der Widerhall."

„Wer ist stärker, der Reiche oder der Arme?"

„Der Arme; denn er hat Not, und Not bricht Eisen."

So gingen die Fragen; aber die hier gegebenen Antworten blieben aus, und Maline Kubalke, die mit in der Halle war, mußte manchen Teller voll Äpfel und Nüsse herbeischaffen, um die Quersäcke der Zwerge zu füllen.

So verging der Nachmittag. Als es dunkelte, wurd' es still in Hohen=Vietz, weil alt und jung zu Tanz und festlichem Beisammensein im Scharwenkaschen Krug sich putzte, und erst um die sechste Stunde, als von den ausgebauten Losen her, die zum Teil weit ins Bruch hineinlagen, Wagen und Schlitten unter Peitschenknall und Schellengeläut herangefahren kamen, war es mit dieser Stille wieder vorbei.

Auch auf dem Herrenhofe rüstete sich alles zum Aufbruch, Herrschaft und Dienerschaft, und wer eine halbe Stunde nach Beginn des Tanzes von der Dorfstraße her auf die lange Front des Vitzewitzschen Wohnhauses geblickt hätte, hätte nur an zwei Fenstern Licht gesehen. Diese zwei Fenster lagen neben der Amts= und Gerichtsstube und zogen die Aufmerksamkeit nicht bloß dadurch auf sich, daß sie die einzig erleuchteten waren, sondern mehr noch durch das dunkle Weingeäst, das sich von dem starken Spalier aus in zwei, drei phantastischen Linien quer über die Lichtöffnung ausspannte. Hinter diesen Fenstern, an einem mit einem roten Stück Fries überdeckten Sofatisch, saßen Renate und Kathinka, zu denen sich seit einer Viertelstunde, um den Abend mit ihnen zu verplaudern, auch Marie gesellt hatte. Allen dreien, selbst Kathinka nicht ausgeschlossen, war es eine herzliche Freude, sich einmal allein und ganz unter sich zu wissen, und um diese Freude noch zu steigern, hatten sie sich aus dem großen Gesellschaftszimmer des Erd= geschosses in diese viel kleinere Stube des ersten Stockes zurückgezogen.

Tante Schorlemmer fehlte. Sie war gegen ihre Ge= wohnheit ausgeflogen und saß plaudernd in der Pfarre, während der alte Vitzewitz, abwechselnd vom Schulzen Knie= hase und dann wieder von Lewin und Tubal unterstützt, im Kruge seinen politischen Diskurs hatte. Die Bauern zeigten sich in allem willig; es war so recht ein Abend, um das Eisen zu schmieden.

Sehr anders, wie sich denken läßt, verliefen mittler= weile die Plaudereien unserer drei jungen Mädchen, von denen Renate durch besondere Lebhaftigkeit, Marie durch besondere Zurückhaltung sich auszeichnete. Sie hatte — aller Herzlichkeit unerachtet, mit der sich ihr Kathinka wie schon bei früheren Gelegenheiten, so auch diesmal wieder genähert hatte — doch ein bestimmtes Gefühl, daß es sich für sie zieme, ihre schwesterlich=intime Stellung zu Renaten so wenig wie möglich geltendzumachen und nur bei ge= gebener Veranlassung, am liebsten, wenn aufgefordert, sich an dem Gespräche der beiden Cousinen zu beteiligen. Dieses Gespräch selbst war ihr Freude genug und wurd' es mit jedem Augenblicke mehr, seit Kathinka, die, halb sitzend, halb liegend, den rechten Fuß auf die Sofapolster gezogen hatte, von Berliner Gesellschaftszuständen und zuletzt von einer großen Soiree bei dem alten Prinzen Ferdinand zu sprechen begann.

„Das ist der Vater von dem Prinzen Louis, der bei Saalfeld fiel?" fragte Renate. „Was gäb' ich drum," fuhr sie fort, nachdem ihre Frage bejaht worden war, „wenn ich einer solchen Soiree beiwohnen könnte! Papa hat es mir für diesen Winter versprochen; aber die Zeiten sehen nicht danach aus."

„Du verlierst weniger dabei, als du meinst. Es sind Gesellschaften wie andere mehr. Du siehst Generale, Grafen, Präsidenten, als wärest du in Ziebingen oder in Guse; die Schleppen sind etwas länger, und ein paar hundert Lichter brennen mehr. Das ist alles."

„Aber der Prinz wird doch keine Krachs und Bammes um sich versammeln?"

„Nicht ausschließlich; aber ebensowenig kann er sie vermeiden. Er hat keine Wahl; Stellung und Geburt entscheiden, nicht der Mann. Du siehst auf die Auserwählten von Schloß Guse mit so wenig Respekt, weil du sie kennst; aber laß deine Neugier und Eitelkeit erst einen einzigen Winter lang befriedigt sein, und es ist mit dem Zauber dieser Hofgesellschaften für immer vorbei."

„Ich zweifle daran, wenn ich auch glaube, daß du persönlich nicht anders sprechen kannst. Du erhebst eben Ansprüche, die mir fremd sind. Ich für mein Teil würde zufrieden sein, einen Blick in diese Welt tun zu dürfen, in der jeder etwas bedeutet. Nimm den alten Prinzen selbst; er ist der Bruder Friedrichs des Großen; das allein genügt, ihn mir wert zu machen; ich könnte nicht ohne Ehrfurcht auf ihn blicken. Er würde mich vielleicht ignorieren oder ein an und für sich gleichgültiges Wort an mich richten, aber es würde mir nicht gleichgültig sein, ihn gesehen oder gesprochen zu haben."

Kathinka lächelte.

„Da lachst mich aus," fuhr Renate fort, „aber denke, daß ich das Leben eines armen Landfräuleins führe, öde und einsam, und statt der Mutter nur die gute Schorlemmer im Haus. Gib mir die Hand, Marie; du bist mir Trost und Freude, aber du kannst mir keinen Hofball ersetzen. Wie das alles blitzen und rauschen muß! Und dann der König selbst. Nenne mir ein paar Namen, Kathinka, daß ich mir eine Vorstellung machen kann."

„O da ist der alte Graf Reale, der Gemahl der Oberhofmeisterin, der vor zwei Jahren auf Besuch in Guse war, und der Hofmarschall von Massow auf Steinhöfel, und der Herr von Eckardtstein auf Prötzel und Herr von Burgsdorff auf Ziebingen, und Graf Drosselstein auf Hohen=Ziesar."

„Aber die kenn' ich ja alle."

„Ebendarum hab' ich sie dir genannt."

„Und die fremden Gesandten!" sagte Renate, der kurzen Unterbrechung nicht achtend. „Wie gern säh' ich den Grafen von St. Marsan und den Minister Harden= berg, an dem Papa beständig zu mäkeln und zu tadeln hat. Ich denke mir ihn liebenswürdig. Apropos! Ist auch dein Graf Bninski, verzeihe, daß ich ihn so nenne, bei Hofe vorgestellt worden?"

„Nein. Er lehnte es ab."

„Ach, nun weiß ich, warum die Hofgesellschaften so wenig Gnade vor dir finden. Lewin hat mir den Grafen beschrieben; aber ich möcht' ihn gern von dir geschildert hören."

„Denk ihn dir als das Gegenteil von dem Konrektor, dem ich heute vormittag das Glück hatte vorgestellt zu werden. Wie hieß er doch?"

„Othegraven!"

„Richtig, Othegraven. Ein hübscher Name, ursprüng= lich adlig. Aber diese bürgerliche Abart, welche pedantische Figur! Er hält sich gerade, aber es ist die Geradheit eines Lineals."

„Du mußt ihn auf das hin ansehen, was er ist."

„Dann kann er als vollkommen gelten; denn er ist der Schulmeister, wie er im Buche steht."

„Ich sehe doch, wie recht Tante Amelie hatte, als sie neulich von dir sagte: ‚Kathinka ist eine Polin.' Nur die Deutschen, wie mir erst gestern unser Seidentopf versicherte, verstehen es, von äußerlichen Dingen abzusehen. Meinst du nicht auch?"

„Nein, Närrchen, ich meine es nicht; es ist nur deutsch, sich in diesen und ähnlichen Eitelkeiten zu gefallen. Und ich will auch nicht daran rütteln, ebensowenig wie an den Verketzerungen, die über uns Polen von langer Zeit her im Schwunge sind. Nur zweierlei wird man uns lassen müssen: Leidenschaft und Phantasie. Und nun laß dir sagen, Schatz, wenn es etwas in der Welt gibt, das imstande ist, über Äußerlichkeiten hinwegzusehen, so sind es d i e s e beiden. Der Graf ist ein schöner Mann, aber ich versichere dich, er wäre mir derselbe, wenn er auch diesem Othegraven wie sein leiblicher Zwillingsbruder gliche. Denn bei der vollkommensten äußeren Ähnlichkeit würde diese Ähnlichkeit doch aufhören, weil er eben innerlich von Grund aus ein anderer ist?"

„Ein anderer. Aber ob ein besserer?"

„Es genügt ein anderer. Es gibt prosaische und poetische Tugenden. Laß uns über den Wert beider nicht rechten. Ich möchte dich nur dahin bekehren, daß es nicht Form und Erscheinung ist, wiewohl ich beide zu schätzen weiß, was mir den Grafen wert und angenehm macht."

„Und so wär' es denn was?"

„Beispielsweise seine Treue. Denn, unglaublich zu sagen, die Polen können auch treu sein."

„Es gilt wenigstens nicht als ihre hervorragendste Eigenschaft."

„Um so mehr ziert sie den, der sie hat. Und ich möchte Bninski dahin zählen. Als Kosciusko im letzten Treffen, das über Polen entschied, am Saume eines

Vor dem Sturm.

Tannenwäldchens lag, das er drei Stunden lang gegen Übermacht verteidigt hatte, stand ein Fahnenjunker, ein halbes Kind noch, neben ihm und deckte den vom Blutverlust ohnmächtig Gewordenen mit seinem jungen Leben. Er hätte sich retten können, aber er verschmähte es. Endlich überwältigt, bat er um eines nur: seinen gefangenen General pflegen und dieselbe Zelle mit ihm teilen zu dürfen. Dieser Fahnenjunker war der Graf."

Marie, die bis dahin von ihrer Handarbeit nicht aufgeblickt hatte, sah Kathinka mit ihren großen Augen an.

Kathinka aber, den Blick freundlich erwidernd, fuhr fort: „Siehe, Renate, das war Treue; nicht solche, wie Ihr sie liebt, die jeden heimlichen Kuß zu einer Kette für Zeit und Ewigkeit machen möchte, aber doch auch eine Treue und nicht der schlechtesten eine. Und wie der Fahnenjunker war, so blieb er. Er war mit in Spanien. Das polnische Lancierregiment, das er führte, Tubal hat mir davon erzählt, nahm einen Engpaß; den Namen hab' ich vergessen; aber sie sagen, der Fall stehe einzig da in der Kriegsgeschichte. Unter den wenigen, die den Tag überlebten, war der Graf. Nach Paris schwerverwundet zurückgeschafft, empfing er aus des Kaisers Hand das rote Band der Ehrenlegion. Und ich darf sagen, es kleidet ihn . . . Nein, Renate, du verkennst mich und dich nicht minder. Wir empfinden gleich. Alles Poetische reißt uns hin, und Steifheit und Pedanterie, auch wenn sie Othegraven heißen, lassen uns kalt. Das ist nicht polnisch, das ist weiblich. Frage Marie."

„Ich werde die Frage nicht tun," scherzte Renate, „denn du mußt wissen —."

„So will ich antworten, ohne gefragt zu sein," unterbrach Marie mit Unbefangenheit. „Alle Welt schätzt den Konrektor; unser Pastor liebt ihn —."

„Aber du, könntest du ihn lieben?"

„Nein. Nie und nimmer, und wenn er Kosciusko verteidigte oder einen Engpaß erstürmte. Er ist vielleicht mutig, aber ich kann ihn mir nicht als Helden vorstellen. Ich bedauere, wenn ich ihm unrecht tue. Wen ich lieben soll, der muß mich in meiner Phantasie beschäftigen. Er beschäftigt mich aber überhaupt nicht."

„Aber du ihn desto mehr. Othegraven hat Heimlichkeiten, flüsterte mir noch gestern unser alter Seidentopf zu. — Doch es schlägt neun, und wir vergessen über dem Plaudern unser Abendbrot."

Damit erhob sich Renate und schritt auf eine Rokokokommode zu, auf deren überall ausgesprungener Perlmutterplatte Maline, ehe sie das Haus verließ, ein großes Kabarett mit kaltem Aufschnitt samt Tischzeug und Teller gestellt hatte.

Das Sofa und die Kommode standen an derselben Wand, und zwischen ihnen war nur der Raum frei, wo sich die früher aus diesem Fremdenzimmer in die Amts- und Gerichtsstube führende Tür befunden hatte. Diese Türstelle, weil nur mit einem halben Stein zugemauert, bildete eine flache Nische und war deutlich erkennbar.

Renate, in ihrer Plauderei fortfahrend, war eben — während Kathinka die Lampe aufhob — im Begriff, das Kabarett, das nach damaliger Sitte in einer Holzeinfassung stand, auf den Tisch zu setzen, als sie etwas klirren hörte.

Sie sah die beiden anderen Mädchen an. „Hörtet ihr nichts?"

„Nein."

„Es klirrte etwas."

„Du wirst mit dem Kabarett an die Teller gestoßen haben."

„Nein, es war nicht hier; es war nebenan."

Damit legte sie das Ohr an die Wand, da, wo die vermauerte Tür war.

„Wie du uns nur so erschrecken konntest," sagte Kathinka. Aber ehe sie noch ausgesprochen hatte, hörten alle drei deutlich, daß in dem großen Nebenzimmer ein Fensterflügel aufgestoßen wurde. Gleich darauf ein Sprung und dann vorsichtig tappende Schritte, vielleicht nur vorsichtig, weil es dunkel war. Es schienen zwei Personen. Und in dem weiten Hause niemand außer ihnen, keine Möglichkeit des Beistandes; sie ganz allein. Marie flog an die Tür und riegelte ab; Kathinka, ohne sich Rechenschaft zu geben, warum, schraubte die Lampe niedriger. Nur noch ein kleiner Lichtschimmer blieb in dem Zimmer.

Renate legte wieder das Ohr an die Wand. Nach einer Weile hörte sie deutlich den scharfen pinkenden Ton, wie wenn mit Stahl und Stein Feuer angeschlagen wird; sie horchte weiter, und als der Ton endlich schwieg, war ihre Phantasie so erregt, daß sie wie hellsehend alle Vorgänge im Nebenzimmer zu verfolgen glaubte. Sie sah, wie der Schwamm angeblasen wurde, wie der Schwefelfaden brannte und wie die beiden Einbrecher, nachdem sie auf dem Schreibtisch umhergeleuchtet, das Wachslicht anzündeten, mit dem der Vater die Briefe zu siegeln pflegte. Alles war Einbildung, aber einen Lichtschein, während sie den Kopf einen Augenblick zur Seite wandte, sah sie jetzt wirklich, einen hellen Schimmer, der von der Amtsstube her auf das Schneedach des alten gegenübergelegenen Wohnhauses fiel und von dort über den dunklen Hof hin zurückgeworfen wurde.

Die Mädchen sprachen kein Wort; alle unter der unklaren Vorstellung, daß Schweigen die Gefahr, in der sie sich befanden, verringere. Sie reichten sich die Hand und lugten nach der Auffahrt und, soweit es ging, nach der Dorfgasse hinüber, von der allein die Hilfe kommen konnte.

Nebenan war es mittlerweile wieder lebendig geworden. Es ließ sich erkennen, daß sich die Strolche sicher fühlten. Sie warfen ein Bündel Nachschlüssel wie mit absichtlichem Lärmen auf die Erde und fingen an, sich an der großen, neben der Tür stehenden Truhe, darin das Geld und die Dokumente lagen, zu schaffen zu machen. Sie probierten alle Schlüssel durch; aber das alte Vorlegeschloß widerstand ihren Bemühungen.

Ein Fluch war jetzt das erste Wort, das laut wurde; dann sprangen sie, die bis dahin größerer Bequemlichkeit halber vor der Truhe gekniet haben mochten, wieder auf und begannen, wenn der Ton nicht täuschte, an der inneren, die beiden Stuben voneinander trennenden Wand hin auf den Regalen umherzusuchen. Sie rissen die Bücher in ganzen Reihen heraus und fegten, als sie auch hier nichts ihnen Passendes entdeckten, mit einer einzigen Arm=bewegung den Sims ab, so daß alles, was auf demselben stand: chinesische Vase, Büste, Dragonerkasketts, mit lautem Geprassel an die Erde fiel. Ihre Wut schien mit der schlechten Ausbeute zu wachsen, und sie rüttelten jetzt an der alten Tür, die nach dem Korridor hinausführte. Wenn sie nachgab!

Die Mädchen zitterten wie Espenlaub. Aber das schwere Türschloß widerstand, wie vorher das Truhenschloß widerstanden hatte.

Die Gefahr schien vorüber; noch ein Tappen, wie wenn in Dunkelheit der Rückzug angetreten würde; dann alles still.

Renate atmete auf und schritt auf den Tisch zu, um die Lampe höherzuschrauben; aber im selben Augenblicke fuhr sie zurück; sie hatte deutlich einen Kopf gesehen, der von der Seite her sich vorbeugte und in das Zimmer hineinstarrte.

Keines Wortes mächtig und nur mühsam an der Sofalehne sich haltend, wies sie auf das Fenster, vor dem jetzt wie ein Schattenriß eine Gestalt stand, die mit der Linken an dem Weingeäst sich klammerte, während die mit einem Fausthandschuh überzogene Rechte die Scheibe eindrückte und nach dem Fensterriegel suchte, um von innen her zu öffnen.

Alle drei Mädchen schrieen laut auf und stoben auseinander; Kathinka, aller sonstigen Entschlossenheit bar, faltete die Hände und versuchte zu beten, Renate riß an der Klingelschnur, gleichgültig gegen die Vorstellung, daß niemand da sei, die Klingel zu hören, während Marie, von äußerster Angst erfaßt, in die Gefahr hineinsprang und, ohne zu wissen, was sie tat, zu einem Stoß gegen die Brust des Draußenstehenden ausholte. Aber ehe der Stoß traf, knackte und krachte die Spalierlatte und die dunkle Gestalt draußen stürzte auf den Schnee des Hofes nieder.

Keines der Mädchen wagte es, einen Blick hinaus zu tun; aber sie hörten jetzt deutlich den Ton der Flurglocke, die Renate fortfuhr zu läuten, und gleich darauf das Anschlagen eines Hundes. Es war ersichtlich, daß Hektor seine neben der Herdwand liegende warme Binsenmatte dem Tanzvergnügen im Krug vorgezogen und, ohne daß jemand davon wußte, das Haus gehütet hatte. Er stand jetzt unten auf der Flurhalle, unsicher, was das Läuten meine, und sein Bellen und Winseln schien zu fragen: Wohin? Aber er sollte nicht lange auf Antwort warten. Renate, die Tür öffnend, rief mit lauter Stimme den Korridor hinunter: „Hektor!" und ehe noch der Ton in dem langen Gange verklungen war, hörte sie das treue

Tier, das in mächtigen Sätzen treppan sprang und im nächsten Augenblicke schon der jungen Herrin seine Pfoten auf die Schulter legte. Jegliche Angst war jetzt von ihr abgefallen; sie faßte mit der Linken das Halsband des Hundes, um Halt und Stütze zu haben, und flog dann mit ihm treppab über den Hof hin. Als sie eben von der Auffahrt her in die Dorfgasse einbiegen wollte, stand der alte Vitzewitz vor ihr.

„Gott sei Dank, Papa — Diebe — komm!"

Im nächsten Augenblick war der Alte in dem Zimmer oben, wo sich Kathinka weinend an seinen Hals warf, während Marie ihm mit noch zitternden Lippen die Hände küßte.

XXXII.
Die Suche.

Der andere Morgen sah die Familie samt ihren Gästen wie gewöhnlich im Eckzimmer des Erdgeschosses versammelt. Nur Renate fehlte; sie hatte Fieber, und ein Bote war bereits unterwegs, um den alten Doktor Leist von Lebus herbeizuholen. Das Gespräch drehte sich natürlich um den vorhergehenden Abend, und Kathinka, die sich in übertriebener Schilderung ihrer ausgestandenen Angst gefiel, suchte hinter Selbstpersiflierung ein Gefühl gekränkter Eitelkeit, das sie nicht los werden konnte, zu verstecken. Sie geriet dabei in einen halb scherzhaften Ton, der aber dem alten Vitzewitz durchaus nicht zuzusagen schien. Er schüttelte den Kopf und wurde seinerseits immer ernster.

Aus den Einzelheiten der Unterhaltung war so viel zu ersehen, daß Berndt, um den Tanz im Kruge nicht zu stören, alles Alarmschlagen verboten, selbst ein Revidieren der Amts= und Gerichtsstube hinausgeschoben und sich damit begnügt hatte, Hof und Park durch einen aus Kutscher Krist und Nachtwächter Pachaly gebildeten Wacht= posten abpatrouillieren zu lassen. Jeetze, der sich auch dazu gemeldet, war wegen Alters und Hinfälligkeit und unter Anerkennung seines guten Willens zu Bette geschickt worden.

Es schlug neun, als unser Freund Kniehase, der er= wartet war, von der Auffahrt her über den Hof kam. Tubal und Lewin, die am Fenster standen, sahen und grüßten ihn. Gleich darauf meldete Jeetze: „Schulze Kniehase."

„Soll eintreten."

Berndt ging ihm entgegen, gab ihm die Hand und schob einen Stuhl an den Tisch.

„Setzen Sie sich, Kniehase. Was wir zu sprechen haben, ist kurz und kein Geheimnis. Kathinka, bleib! Es kommt alles schneller, als ich erwartete; aber vorbereitet oder nicht, wir dürfen nichts hinausschieben. Es ist keine Stunde zu verlieren; wir müssen wissen, wen wir vor uns haben. Unser eigenes Gesindel hätte sich nicht an Hoppe= marieken gemacht. Ich bleibe dabei, es ist fremdes Volk; Marodeurs von der Grenze."

Kniehase schüttelte den Kopf.

„Gut, ich weiß, daß Sie anders denken. Es wird sich zeigen, wer recht hat, Sie oder ich. Auf wieviel Leute können wir rechnen? Haben wir zehn oder zwölf, so rücken wir aus. Heute noch, gleich."

„Bis auf zehn werden wir kommen, wenn der gnädige Herr sich selber mitrechnen und die jungen Herren. Ich habe Nachtwächter Pachaly auf die Lose geschickt, zu Schwartz und Metzke und auch zu Dames, das sind die jüngsten. Aber er kann vor Mittag nicht wieder da sein. Wir müssen also nehmen, was wir hier im Dorfe finden."

„Und das sind?"

„Nicht viele."

„Kümmritz?"

„Kann nicht, hat wieder das Reißen."

„Müller Miekley?"

„Der will nicht. Er hat etwas von Aufstand gehört und von Krieg führen ohne den König; das hat ihn stutzig gemacht: ‚Wer das Schwert nimmt, der soll durch das Schwert umkommen.‘ Wir müssen uns hinter Uhlenhorst stecken, der hat die Altlutherischen in der Tasche."

„Und Kallies?"

„Der will; aber ich kenne ‚Sahnepott‘, er hat das Zittern und kann kein Blut sehen."

„Nun, dann Krull und Reetzke?"

„Ja, die kommen, und Dobbert und Roloff auch, das sind vier gute. Und dann die beiden Scharwenkas, der Alte und der Jungsche, und auch Hanne Bogun, der Scharwenkasche Hütejunge."

„Der Hütejunge?" fragte Lewin. „Er hat ja nur einen Arm."

„Aber vier Augen, junger Herr; den müssen wir haben. Er sieht wie ein Habicht und klettert."

„Gut, Kniehase, so wären wir unser zehn. Es muß ausreichen für eine erste Suche, und nun wollen wir, ehe die Bauern kommen, die Amtsstube revidieren; vielleicht, daß wir etwas finden, das uns einen Fingerzeig gibt."

Sie stiegen in das erste Stockwerk; auch Kathinka folgte, dem alten Schulzen, neben dem sie ging, auf Flur und Treppe vorplaudernd, daß seine Pflegetochter die Mutigste von ihnen und zugleich die erste Ursache ihrer Rettung gewesen sei.

So waren sie, der alte Vitzewitz immer um ein paar Schritte vorauf, bis an die Türe der Amtsstube gekommen, die sie jetzt nicht ohne ein gewisses und, wie sich im nächsten Augenblicke zeigen sollte, nur allzu gerechtfertigtes Grauen öffneten. Eine grenzenlose Verwüstung starrte ihnen entgegen; Bücher und Scherben, alles durcheinander, über das ganze Zimmer hin Flecke von abgetropftem Wachs, und auf der Platte des großen Schreibtisches ein Brandfleck, von dem Schwamm oder Schwefelfaden herrührend, den die Strolche hier sorglos aus der Hand geworfen hatten. Neben der Truhe lag noch ein Stemmeisen und auf dem Fensterbrett ein dicker, halb zerrissener Fausthandschuh.

Es waren nicht Gegenstände, die, wie sie auch von Hand zu Hand gingen, auf eine bestimmte Spur hätten hindeuten können, und so in gewissem Sinne enttäuscht, schritten alle wieder in das Erdgeschoß zurück, wo sie jetzt die Bauern samt dem jungen Scharwenka und Hanne Bogun, dem Hütejungen, bereits versammelt fanden. Es wurde beschlossen, zunächst auch noch den Hof abzusuchen oder wenigstens die Stelle, von wo aus der Einbruch ausgeführt worden war. Hier stand noch die vom Wirtschaftshof herbeigeschleppte Leiter, deren sich die Diebe bedient hatten. Lewin stieg die Sprossen hinauf und revidierte das äußere Fenstersims, während Tubal und der junge Scharwenka unten im Schnee nachforschten; aber selbst von den zahlreichen Fußstapfen, die um den Giebel des Hauses herum nach der Parkallee und dem Parke selber führten, konnte schließlich nicht festgestellt werden, ob sie von den Dieben oder von Krist und Pachaly herrührten.

„So geben wir es auf," sagte Berndt, „und sehen, ob wir auf Gorgast und Manschnow zu etwas finden."

Jeetze brachte die Flinten, und der abmarschierende

Männertrupp war eben im Begriff, vom Hofe her auf die Dorfgasse zu treten, als sie hinter sich einen Schäferpfiff hörten und, sich wendend, des Scharwenkaschen Hütejungen ansichtig wurden, der, vorläufig noch zurückgeblieben, mittlerweile die Leiter von dem Amtsstubenfenster an das Fenster der Nebenstube gestellt und auf eigene Hand weiter gesucht hatte.

Er winkte jetzt lebhaft mit dem losen Ärmel seines Stummelarmes und gab Zeichen, aus denen sich schließen ließ, daß er einen Fund gemacht habe.

Die Männer kehrten um. Als sie dicht heran waren, hielt ihnen Hanne Bogun einen Messingknopf entgegen.

"Wo lag er?" fragte der alte Vitzewitz in lebhafter Erregung.

Der Hütejunge, ohne Antwort zu geben, sprang wieder die Leiter hinauf und legte den Knopf auf dieselbe Stelle, von wo er ihn weggenommen hatte. Es war das Querholz, das dicht unter dem Fenster hinlief, und so konnte nicht wohl ein Zweifel sein, daß bei dem Zusammenbrechen des unteren Spaliers die scharfe Kante der oberen Latte den Knopf abgestreift hatte. Er war von einer französischen Uniform. In der Mitte ein N, während der Rand der Innenseite die Umschrift zeigte: 14e Rég. de ligne.

Berndt triumphierte; seine Vermutungen schienen sich bestätigen zu sollen; die Bauern stimmten ihm bei. Nur Kniehase schüttelte nach wie vor den Kopf. Es kam aber zu weiter keinen Auseinandersetzungen, und nachdem der Knopf reihumgegangen war, brachen alle wieder auf. Der Hütejunge, der zwei Jagdtaschen trug, folgte.

Sie hielten zunächst die große Straße in der Richtung auf Küstrin zu. Als sie bis zu der Stelle gekommen waren, wo vor zwei Tagen Hoppenmarieken angefallen und fast erwürgt worden war, bogen sie rechts ab auf dasselbe Wäldchen zu, von dem aus Tubal und Lewin ihren Wettlauf über den verschneiten Sturzacker hin gemacht hatten. Die Bauern kannten aber ihr Terrain besser und wählten einen festgetretenen Fußweg, der auf die Mitte des Gehölzes zu lief.

Hier angekommen, wurde beratschlagt, ob man dasselbe absuchen solle. Der alte Scharwenka, der seit fünfundzwanzig Jahren immer nur in einem hohen Federbett geschlafen hatte, hielt es für unmöglich, daß man bei zwölf Grad Kälte unter freiem Himmel nächtigen und sich mit einer Zudecke von Schneeflocken behelfen könne; Kniehase war aber anderer Meinung und setzte, sich auf seine Feldzugserfahrungen berufend, auseinander, daß es nichts Wärmeres gebe, als eine mit Stroh ausgelegte Schneehütte. Daraufhin wurde denn das Absuchen beschlossen; aber sie kamen bis an den jenseitigen Rand, ohne das Geringste gefunden zu haben. Nirgends weggeschaufelter Schnee, kein Reisig, keine Feuerstelle.

Man mußte sich nun schlüssig machen, ob man sich auf das diesseitige, zwischen Gorgast, Manschnow und Rathstock gelegene Terrain beschränken oder aber zugleich auch auf das andere Flußufer übergehen und die ganze Strecke von den Küstriner Pulvermühlen an bis zum Entenfang und vom Entenfang bis Kirch=Göritz hin abpirschen wolle. Man entschied sich für das letztere, so daß im wesentlichen dieselben Punkte berührt werden mußten, an denen Tubal und Lewin, als sie den Dr. Faulstich besuchten, auf ihrem Hin= und Rückwege vorübergekommen waren. Dies festgestellt, einigte man sich dahin, daß, um größerer Bequemlichkeit willen, die Mannschaften in zwei, nach rechts und links hin abmarschierende Trupps geteilt werden sollten, was — wenn nichts vorfiel und an vorausbestimmter Stelle richtig eingeschwenkt wurde — zu einem Mittagsrendezvous in Nähe des Neu=Manschnower Vorwerks führen mußte. Den einen Trupp führte Knie=hase, den anderen Berndt. Bei diesem letzteren waren, außer Tubal und Lewin, der junge Scharwenka und Hanne Bogun, der Hütejunge.

Der Berndtsche Trupp hielt sich rechts. Um einen freien Überblick zu haben, gaben sie den am diesseitigen Abhang sich hinschlängelnden Fußpfad auf und erstiegen die Höhe. Das Wetter war klar, aber nicht sonnig, so daß kein Flimmern die Aussicht störte. Berndt und Tubal hatten einen Vorsprung von fünfzig Schritt und waren alsbald in einem Gespräch, das selbst die Aufmerksamkeit des ersteren mehr als einmal von den Außendingen abzog. Tubal erzählte von seinen Kinderjahren, seiner in Paris lebenden Mutter, von Kathinka und schüttete sein Herz aus über das unruhige und widerspruchsvolle Leben, das er von Jugend auf geführt habe.

„Ich habe kein Recht, die Motive zu kritisieren, die meinen Papa bestimmt haben mögen, sich zu expatriieren, aber er hat uns durch diesen Schritt, den er tat, keinen Segen ins Haus gebracht. Unser Name ist polnisch und unsere Vergangenheit und zu bestem Teil auch unser Besitz, soweit wir ihn vor der Konfiskation gerettet haben. Und nun sind wir Preußen! Der Vater mit einer Art von Fanatismus, Kathinka mit abgewandtem, ich mit zu=gewandtem Sinn, aber doch immer nur mit einer Liebe, die mehr aus der Betrachtung als aus dem Blute stammt. Und wie wir nicht recht ein Vaterland haben, so haben wir auch nicht recht ein Haus, eine Familie. Und das ist das Schlimmste. Es fehlt uns der Mittelpunkt. Kathinka und ich, wir sind aufgewachsen, aber nicht auf=erzogen. Was wir an Erziehung genossen haben, war eine Erziehung für die Gesellschaft. Und so leben wir bunte Tage, aber nicht glückliche; wir zerstreuen uns, wir haben halbe Freuden, aber nicht ganze, und sicherlich keinen Frieden."

Dem alten Vitzewitz war kein Wort verloren gegangen. Er kannte das Leben der Ladalinskis bis dahin nur in den großen Zügen, und das Ansehen, das der Vater in einzelnen prinzlichen Kreisen genoß, sein auch jetzt noch bedeutendes Vermögen, vor allem aber das jeder Eng= herzigkeit Entkleidete, das alle Mitglieder dieses Hauses gleichmäßig auszeichnete, hatte ihn eine Verbindung mit demselben stets als etwas in hohem Maße Wünschens= wertes erscheinen lassen. Heute zum ersten Male, während er doch zugleich den Bekenntnissen Tubals mit gesteigerter Teilnahme folgte, beschlich ihn ein Zweifel, ob es geraten sein würde, das Schicksal seiner beiden Kinder an das dieser Familie zu ketten.

Auch Lewin und der junge Scharwenka plauderten lebhaft. Sie waren gleichalterig, weshalb denn auch Lewin, dem Wunsche des alten Spielkameraden nachgebend, das ehemalige „Du" beibehalten hatte. Hanne Bogun schritt pfeifend hinter ihnen und unterhielt sich damit, Vogelstimmen nachzuahmen.

„Wie steht es mit Maline?" fragte Lewin.

„Schlecht oder gar nicht, sie hat mir abgeschrieben."

„Ich habe davon gehört. Aber du sollst sie ja ge= kränkt haben; du hättest ihr ihre Armut vorgeworfen."

„Das erzählt Fräulein Renate, die alles glaubt, was ihr Maline sagt. Sehen Sie, junger Herr, das ist nun das Allerhäßlichste an ihr, daß sie nicht die Wahrheit sagt und mich verschwatzt. Und ich litt' es auch nicht; bloß daß ich denke, man kann doch nicht wissen, wie es kommt. Und dann will ich die, die vielleicht doch noch meine

Frau wird, nicht schon vorher in aller Leute Mäuler ge=
bracht haben."

„Aber du mußt ihr doch etwas zuleide getan oder
ihr irgendwas gesagt haben, das sie dir übelnehmen
konnte."

„Ja, weil sie alles übelnimmt. In dem Briefe, worin
sie mir abschrieb, stand: ‚Wir Scharwenkas hätten einen
Bauernstolz'; aber, junger Herr, wenn wir den Bauern=
stolz haben, dann haben die Kubalkes den Küsterstolz.
Ihr Vater, der alte Kubalke, hat ja den Kirchenschlüssel,
und dann und wann Sonntags, wenn der Pastor Ab=
haltung hat, liest er uns auch das Evangelium vor. Und
er kann auch Grabschriften machen und Verse zu Hoch=
zeiten und Kindelbier. Daneben müssen sich denn freilich
die Bauern verstecken; wenigstens glauben das alle Kubalkes,
als ob es selber ein Evangelium wäre. Und die kleine
Eve drüben in Guse, das ist die Schlimmste; denn die
gnädige Gräfin verwöhnt sie jeden Tag mehr."

„Aber Maline?"

„Ja, Maline! Sie ist nicht so schlimm wie die Eve,
aber eitel und hochmütig ist sie auch. Und seit Martini,
wo der alte Justizrat hier war und zu ihr sagte: ‚Maline
sei ein wendisches Wort und heiße Himbeere, und sie heiße
nicht bloß so, sie sei auch eine,' seit diesem Tage ist mit
ihr kein Auskommen mehr. Und wie kam es denn? Und
was hat sie mir denn übelgenommen? Ich sollte ihr das
große karierte Tuch holen, und als ich es ihr nun wirklich
geholt hatte, da wollte sie, daß ich es ihr auch umhängen
sollte. Da sagte ich zu ihr: ‚Du bist keine Prinzeß,
Maline; du bist eines armen Schulmeisters Tochter.' Und
da verschwatzt sie mich nun und klagt den Leuten vor, ich
hätte ihr ihre Armut vorgeworfen! Und was war es?
Ihren Hochmut hab' ich ihr vorgeworfen. Aber Worte

verdrehen und Lügen aufputzen, als ob es die Wahrheit wäre, darauf versteht sie sich. Und wenn ich ihr nicht so gut wäre — denn der alte Justizrat hat eigentlich recht —, so wär' es schon lange mit uns aus gewesen. Nun ist es auch wirklich vorbei; aber ich denke doch immer noch, es soll wieder einklingen."

Unter solchem Geplauder, das den mitteilsamen Krügersjohn ganz und gar und den ihm zuhörenden, meist nur Fragen stellenden Lewin wenigstens halb in Anspruch genommen hatte, hatten beide jungen Männer nicht darauf geachtet, daß das Pfeifen hinter ihnen still geworden war. Als sie sich von ungefähr umwandten, sahen sie den eine gute Strecke zurückgebliebenen Hanne Bogun, wie er, die beiden Jagdtaschen von der Schulter streifend, eben im Begriff stand, eine Kiefer zu erklettern, die sich nach oben hin in zwei weit voneinanderstehende Äste teilte. Es war dies der höchste Punkt der ganzen Gegend, und die Absicht des Hütejungen, von hier aus Umschau zu halten, lag klar zutage. Aber jede Betrachtung über das, was er wolle oder nicht wolle, ging in dem Schauspiel unter, das ihnen jetzt die Klettergeschicklichkeit des Einarmigen gewährte. Er klemmte den Stumpf fest, als ob er den Arm selbst gar nicht vermisse, und geschickt die am schlanken Stamm hin kurz abgebrochenen Aststellen benutzend, auf denen er sich wie auf Leitersprossen ausruhte, war er noch eher oben, als die beiden jungen Männer den Weg bis zu der Kiefer hin zurückgelegt hatten.

„Was gibt es, Hanne?"

Er machte von der Gabel aus, in der er jetzt stand, eine Handbewegung, als ob er nicht gestört sein wolle, und sah dann erst die Flußufer auf- und abwärts, zuletzt auch ins Neumärkische hinüber. Er schien aber nichts zu finden und glitt, nachdem er sein Auge den ganzen Kreis nochmals hatte beschreiben lassen, mit derselben Leichtigkeit wieder hinab, mit der er fünf Minuten vorher hinauf=gestiegen war.

Er blieb nun, während die beiden jungen Männer rasch weiterschritten, in gleicher Linie mit ihnen und gab auf die kurzen Fragen, die Lewin von Zeit zu Zeit an ihn richtete, noch kürzere Antworten.

"Nun, Hanne, was meinst du, werden wir sie finden?"

Der Hütejunge schüttelte den Kopf in einer Weise, die ebensogut Zustimmung wie Zweifel ausdrücken konnte.

"Ich begreife nicht, daß die Gorgaster und Mansch=nower ihnen nicht besser aufpassen. Es gibt doch hier keine Schlupfwinkel, kaum ein Stückchen Wald; dabei liegt Schnee. Ich glaube, sie haben ihre Helfershelfer; sonst müßte man doch endlich Bescheid wissen."

"Manch cen mack et wol weeten?" sagte der Hüte=junge.

"Ja, aber wer ist ,manch een?'"

Der Hütejunge lächelte pfiffig vor sich hin und fing wieder an, eine Vogelstimme nachzuahmen, vielleicht aus Zufall, vielleicht auch, um eine Andeutung zu geben.

"Du machst ja ein Gesicht, Hanne, als ob du etwas wüßtest. An wen denkst du?"

Hanne schwieg.

"Es soll dein Schaden nicht sein. Nicht wahr, Scharwenka, wir kaufen ihm eine Pelzmütze und hängen ihm einen blanken Groschen an die Troddel! Nun, Hanne, wer ist ,manch een?'"

Hanne schritt ruhig weiter, sah nicht links und nicht rechts und sagte vor sich hin: "Hoppenmarieken."

Lewin lachte. "Natürlich, Hoppenmarieken muß alles wissen. Was ihr die Karten nicht verraten, das verraten ihr die Vögel, und was die Vögel nicht wissen, das weiß der Zauberspiegel. Dieselben Kerle, die sie gewürgt haben, werden ihr doch nicht ihren Zufluchtsort verraten haben."

Der Hütejunge ließ sich aber nicht stören und wiederholte nur mit einem Ausdruck von Bestimmtheit: "Se weet et."

Während dieses Gespräches hatten alle drei den Punkt erreicht, wo sie, nach der am Wäldchen getroffenen Verabredung, den auf der Höhe laufenden Fußweg aufgeben, nach links hin niedersteigen und über den Fluß gehen mußten. Ihnen gegenüber schimmerte schon der Kirch-Göritzer Turm, aber doch noch gute fünfhundert Schritt nach rechts hin, woran Lewin deutlich erkannte, daß der ihnen zu Füßen liegende, mit jungen Kiefern abgesteckte Weg nicht derselbe war, den er vorgestern mit Tubal passiert hatte, sondern ein Parallelweg, der wahrscheinlich auf die Rathstocker Fähre zu führte.

Der alte Vitzewitz und Tubal waren schon halb hinüber, als Lewin erst in den Kuschelweg einbog. Er sprach nicht; aber desto mehr beschäftigte ihn Hoppenmarieken. Es erschien ihm jetzt hinfällig, was er seinerseits gegen ihre Mitwissenschaft gesagt hatte; Streitigkeiten zwischen Diebsgenossen waren am Ende nichts Ungewöhnliches, und wenn ein Rest von Unwahrscheinlichkeit blieb, so schwand er doch vor der Bestimmtheit, mit der Hanne Bogun sein "Se weet et" ausgesprochen hatte. War doch der Hütejunge, so sagte sich Lewin, zu dieser Bestimmtheit mutmaßlich nur allzu berechtigt. Denn wenn es jemanden auf der Hohen-Vietzer Feldmark gab, der Hoppenmarieken in ihren Schlichen und Wegen nachgehen oder doch ihr Treiben auf der Landstraße, ihre Begegnungen und Tuscheleien beobachten konnte, so war es eben Hanne, der sommerlang das Scharwenkasche Vieh hütete und entweder in einem ausgetrockneten Graben oder versteckt im hohen Korne lag.

Unter solchen Betrachtungen hatte Lewin die Mitte des Flusses erreicht; der alte Vitzewitz und Tubal waren schon am jenseitigen Ufer und kletterten eben den steilen Rand hinauf. Zur Linken Lewins ging der junge Schar= wenka, beide nach wie vor im Schweigen und des Hüte= jungen nicht achtend, der wieder ein paar Schritte hinter ihnen zurückgeblieben war.

Aber in diesem Augenblick drängte sich Hanne, rasch über das Eis hinschlitternd, an die Seite seines jungen Herrn, zupfte ihn am Rock und sagte, mit seinem losen Ärmel nach links hinzeigend: „Jungschen Scharwenka, kiek eens."

Des Krügers Sohn blieb stehen, Lewin auch, und beide lugten nun scharf nach der Richtung hin, die ihnen Hanne bezeichnet hatte.

„Ich sehe nichts," rief Scharwenka und wollte weiter.

Aber Hanne hielt ihn fest und sagte: „Tööf en beten, grab ut, mang de Pappeln; jitzt."

Hanne hatte recht gesehen. Zwischen zwei Pappeln, die mitten auf dem Eis zu stehen schienen, wirbelte ein dünner Rauch auf. Dann und wann schwand er, aber im nächsten Augenblicke war er wieder da.

„Jetzt haben wir sie! Wo Rauch ist, ist auch Feuer. Vorwärts!"

Damit bogen beide junge Männer aus dem quer= laufenden Kuschelweg in die große, die Mitte des Stromes haltende und für Schlitten und Wagen bequem fahrbare Längsallee ein, während Hanne, zur Meldung des Tat= bestandes und mit der Aufforderung, umzukehren, an den alten Vitzewitz und Tubal abgeschickt wurde.

Lewin und der junge Scharwenka setzten inzwischen

ihren Weg fort, machten aber lange Pausen, bis sie wahrnahmen, daß Hanne die beiden bereits am anderen Ufer Befindlichen eingeholt und ihnen seine Meldung ausgerichtet hatte. Nun schritten auch sie wieder schneller vorwärts. Bald entdeckten sie, daß das, was sie kurz vorher noch für eine mit zwei hohen Pappelweiden besetzte Landzunge gehalten hatten, eine jener kleinen Rohrinseln war, denen man in der Oder so häufig begegnet. Das einfassende Rohr, wenn auch hier und dort durch die Schneemassen niedergelegt, ließ sich deutlich erkennen; alles aber, was dahinterlag, war durch eben diesen Einfassungsgürtel verborgen.

Sie gaben nun auch die große Längsallee auf, hielten sich halb links und tappten sich durch den außerhalb der Fahrstraße fußhoch liegenden Schnee auf die Insel zu. Als sie dicht heran waren, verschwanden ihnen zuerst die Rauchwölkchen, bald auch die beiden Pappeln, und im nächsten Augenblicke standen sie vor dem Schilfgürtel selbst. Lewin wollte den Durchgang forcieren, überzeugte sich aber, daß dies unmöglich sei. Auch war es überflüssig. Während seiner Anstrengungen hatte der junge Scharwenka einen mannsbreiten Gang entdeckt, der mit der Sichel durch das Rohr geschnitten war; er winkte Lewin heran, und beide drangen nun vor, nicht ohne Schwierigkeiten, da der Wind zahllose Halme in den Gang hineingeweht und diesen an manchen Stellen wieder verstopft hatte. Endlich waren sie durch den Rohrgürtel, der eine Tiefe von fünfzehn Schritt haben mochte, hindurch, und das wenige, was noch verblieb, als eine Art Schirm benutzend, sahen sie jetzt, von gesicherter Stelle aus, auf das Innere der Insel.

Das Bild, das sich ihnen bot, war überraschend genug und berührte sie, als ob sie auf einen leidlich in Stand gehaltenen Wirtschaftshof blickten. Alles war von einer gewissen Ordnung und Sauberkeit. Der Schnee lag zusammengefegt zu beiden Seiten; eine Kuh, die mit dem linken Vorderfuß an eine der beiden Pappeln gebunden war, nagte von einem durch Strohbänder zusammengehaltenen Heubündel, während in der Nähe der anderen Pappel ein hochbepackter Schlitten stand, der unter seiner mit Stricken umwundenen Segelleinwand den Ertrag des letzten Fanges bergen mochte.

So der Hof, dessen friedliches Bild nur noch von dem Anblick des als Wohnhaus dienenden Holzschuppens übertroffen wurde. Dieser Holzschuppen, von beiden Seiten her mit Schnee umkleidet, nicht viel anders, als ob er in einen Schneeberg hineingebaut worden wäre, schien aus drei Räumen von verschiedener Größe zu bestehen. Die beiden kleinen, die als Stall und Küche dienten, waren offen, während der dritte, größere Raum mit zwei alten Brettern und einer funkelnagelneuen Tür zugestellt war, deren Klinke, Haspenbeschlag und roter Ölfarbenanstrich über ihren Gorgaster oder Manschnower Ursprung keinen Zweifel gestattete. Vor dem aufgemauerten Herd, auf dem ein mäßiges Reisigfeuer brannte, stand, mit Abschäumen und Töpferücken beschäftigt, eine noch junge Frau, dann und wann zu einem Blondkopf sprechend, der auf einem Futtersack dicht an der Schwelle saß. Als Rauchfang, wie Lewin deutlich erkennen konnte, diente ein Ofenrohr, das zwei Handbreit über das Schneedach hinausragte. In dem offenen Stalle stand ein Pferd und klapperte mit der Eisenkette.

„Das ist Müller Krieles Brauner," sagte Scharwenka.

Beide junge Männer zogen sich nach dieser ihrer Rekognoszierung wieder an den äußeren Rand des Schilfgürtels zurück, um hier auf die Ankunft ihres Sukkurses zu passen. Sie hatten nicht lange zu warten. Berndt und Tubal, von dem Hütejungen gefolgt, waren bereits dicht heran, und gleich darauf drängten alle fünf durch den schmalen Gang hin wieder auf den Punkt zu, von wo aus Lewin und der junge Scharwenka ihre Beobachtungen angestellt hatten. Im Flüstertone wurde Kriegsrat gehalten und das Abkommen getroffen, daß Tubal und Hanne Bogun auf die Frau losspringen, die beiden Vitzewitze samt ihrem Krügerssohn aber in den mit den zwei Brettern und der roten Tür zugestellten Raum eindringen sollten.

Es war sehr wahrscheinlich, daß sich die Strolche, um den auf ihren nächtigen Streifzügen versäumten Schlaf wieder einzubringen, hier zur Ruhe niedergelegt hatten; erwies sich diese Voraussetzung aber auch als Irrtum, so hatte man wenigstens die Frau, mit deren Hilfe es nicht schwer halten konnte, die etwa ausgeflogenen Vögel einzufangen.

„Eins, zwei, drei!" ein Sprung über den Hof, und im nächsten Moment schrie die Frau auf, während Berndt und Scharwenka, gefolgt von Lewin (der Bretter und Tür mit leichter Mühe niedergerissen hatte) in den mit Blak- und Branntweindunst angefüllten Raum hineindrängten. Das hell einfallende Tageslicht ließ alles rasch erkennen. An den Wänden links und rechts hin standen zwei kienene Bettstellen, die, wie draußen die rot angestrichene Tür, einst bessere Tage gesehen haben mochten. Jetzt waren sie mit Strohsäcken bepackt, auf und unter denen in voller Kleidung zwei Kerle mit übrigens mehr gedunsenem als verwildertem Gesicht in festem Schlafe lagen.

„Ausgeschlafen?" donnerte Berndt und setzte dem an der rechten Wand Liegenden den Kolben auf die Brust.

Der so Angeschriene fuhr sich schlaftrunken über die Augen und starrte dann mit einem Ausdruck, in dem sich

Schreck und Pfiffigkeit zu einer Grimasse verzogen, auf den alten Vitzewitz, der, als er den guten Effekt sah, den die Überraschung ausgeübt hatte, das Gewehr wieder über die Schulter hing und beiden Strolchen zurief: „Macht euch fertig!"

Im Nu waren sie auf den Beinen; beide mittelgroß und Männer von vierzig. Der eine war nach Landessitte in eine dickwollene Tagelöhnerjacke, der andere in einen französischen Soldatenrock gekleidet, beide mit Holzschuhen an den Füßen, aus denen lange Strohhalme heraussahen. Ihren Anzug aufzubessern, dazu war nicht Zeit noch Gelegenheit. Auf einer als Tisch dienenden Kiste stand ein Blaker mit niedergeschweltem Licht; daneben zwei bauchige Flaschen von grünem Glase, drin ein Korbmuster eingedrückt war, auch ein Tschako und eine Filzmütze. Sie bedeckten sich damit, ließen die Flaschen, in denen noch ein Rest sein mochte, in ihre Tasche gleiten und stellten sich dann in eine Art von militärischer Positur, wie um ihre Marschbereitschaft auszudrücken. Berndt machte eine Handbewegung: „Vorwärts!"

Draußen drängte sich der im Soldatenrock an die Seite des jungen Scharwenka und fragte mit einer halben Vertraulichkeit: „Wohenn geiht et?"

„An den Galgen!"

Der Strolch grinste: „Na, Jungschen Scharwenka, so dull sall et ja woll nich wihren!"

„Ihr kennt mich?"

„Wat wihr' ick Se nich kennen? Ick bin ja Muschwitz von Großen-Klessin."

„So, so; und der andere?"

„Rosentreter von Podelzig."

Der junge Scharwenka warf den Kopf in die Höhe, als ob er sagen wollte: „So sieht er auch aus." Damit schritten sie über den Hof auf den schmalen Gang zu, der durch das Schilf führte.

Eine halbe Stunde später hatte die kleine Kolonne den vorausbestimmten Rendezvousplatz, das Neu=Manschnower Vorwerk, erreicht. Sie fanden den Kniehaseschen Trupp, der keinen Aufenthalt gehabt hatte, schon vor. Krull und Reetzke, nachdem alles erzählt worden, was zu erzählen war, erboten sich, den Gefangenentransport, der auf Frank= furt ging, zu übernehmen; eine Verstärkung dieser Eskorte war nicht nötig, da sowohl Muschwitz wie Rosentreter froh schienen, ihre Winterhütte mit unfreieren, aber bequemeren Verhältnissen vertauschen zu können. Die Frau, in betreff deren Zweifel herrschten, wem von den beiden sie zugehörte, folgte stumm, einen kleinen Schlittenkasten ziehend, in den sie das Kind hineingesetzt hatte.

Die Hohen=Vietzer traten gleichzeitig mit dem Ab= marsch der Gefangenen ihren Rückweg an. Und zwar über das am diesseitigen Ufer liegende Manschnow. An der Mühle vorüberkommend, teilten sie dem alten Kriele mit, in welchem Stalle er seinen Braunen wiederfinden würde; auf dem Schulzenamte aber wurde Befehl zurück= gelassen, daß die Manschnower, zu deren Revier die Insel gehörte, den Schuppen durchsuchen und durchgraben und alles geraubte Gut, das sich etwa finden würde, nach Frankfurt hin abliefern sollten.

XXXIII.

Von Lajarnak, dem Grönländer.

Um zwei Uhr waren unsere Hohen=Vietzer wieder in ihrem Dorf, und eine halbe Stunde später mußte jeder bis auf die letzten Lose hinaus, daß die Strolche ge=

funden und auf dem Wege nach Frankfurt seien. Im
Kruge, wo sich bald einige Bauern, auch Kallies und
Kümmeritz, versammelten, entsann man sich Muschwitzens
sehr wohl, der immer ein Tagedieb und Taugenichts ge=
wesen sei, und erging sich in Vermutungen, woher er den
französischen Soldatenrock genommen haben könne, Ver=
mutungen, die mit Totschlag begannen und über qualifi=
zierten Diebstahl hin einfach bei Tausch oder Kauf endigten.
Dies letztere war denn auch das Wahrscheinlichste. In
Küstrin, wo der Typhus jeden Tag die Reihen der fran=
zösischen, zum Teil aus Hessen und Westfalen bestehenden
Garnison lichtete, war zu solchen „Geschäften unter der
Hand" die reichlichste Gelegenheit gegeben. Von Rosen=
treter wußte niemand. Das Lob des Hütejungen war auf
aller Lippen.

Auch im Herrenhause riß das Erzählen gar nicht ab.
Kathinka und Tante Schorlemmer wollten alles bis auf
die kleinsten Züge wissen, und als es unten im Wohn=
zimmer nichts mehr zu berichten gab, wurde oben in Re=
natens Krankenzimmer das Berichterstatten fortgesetzt. Lewin
saß eine Stunde lang an ihrem Bett und ließ der Reihen=
folge nach erst das Absuchen des Wäldchens, dann den
Überfall und den Transport der Gefangenen an ihrem
Auge vorüberziehen. Nichts wurde vergessen; namentlich
hob er aus seinem Gespräche mit dem jungen Scharwenka
hervor, daß Maline unrecht habe, pries Hanne Boguns
Umsicht und schilderte schließlich den Eindruck, den die auf
dem Rohrwerder mitgefangene Frau auf ihn gemacht habe.

So kam die Tischstunde heran. Der alte Vitzewitz
war in bester Laune, und so unbequem es ihm sein mochte,
mit seiner Hypothese von den „Marodeurs" und „Deser=
teurs" eine arge Niederlage erlitten zu haben, so gewann
er es doch über sich, was sonst nicht seine Art war, über

sich selbst und seinen Rechnungsfehler zu scherzen. Wußte er doch, daß er schließlich recht behalten würde. Alles war nur Frage der Zeit.

Gleich nach Tisch sollte zu Graf Drosselstein nach Hohen=Ziesar hinübergefahren werden; Tubal und Kathinka schuldeten ihm ohnehin noch ihren Besuch, der, wenn er überhaupt noch gemacht werden sollte, nicht hinausgeschoben werden konnte. Denn am anderen Tage schon sollte von Schloß Guse aus die Rückkehr beider Geschwister nach Berlin angetreten werden. Krist mit den Ponies hielt schon vor der Treppe, als die Tafel aufgehoben wurde; wenige Minuten später bog der Wagen von der Auffahrt her in die Dorfstraße ein. Kathinka, einer ihrer Passionen folgend, hatte die Leinen genommen und fuhr. Als sie an Mickleys Mühle vorüberkamen, begegnete ihnen Doktor Leist von Lebus, der sich getreulich einstellte, um nach seiner Kranken zu sehen. Nur kurze Grüße wurden gewechselt.

Alte=Doktor Leist, der seit zwanzig Jahren im Hohen=Vietzer Herrenhause so gut Bescheid wußte wie in seinem eigenen, stieg, nachdem er ein paar Worte mit Jeetze gewechselt und von dem großen Ereignis des Tages gehört hatte, treppan und trat bei Renaten ein.

Nur Maline war bei ihr. Das Schlafzimmer, jetzt auch Krankenzimmer, lag auf der der Gerichtsstube entgegengesetzten Seite des Hauses und war nur durch eine Giebelwand von dem mehrgenannten alten Querbau getrennt, der ehedem als Bankettsaal, dann als Kapelle gedient und nun längst schon seine früheren Bestimmungen mit der bescheidenen einer großen Obst= und Rumpelkammer vertauscht hatte. Am Ende des Korridors befand sich eine schmale Tür, die mit Hilfe einer hochstufigen Treppe die Verbindung mit diesem alten Querbau unterhielt. Doktor Leist trat an das Bett der Kranken, fühlte den Puls und sagte dann, während er eine fieberstillende Arznei auswickelte:

„Hier bring' ich etwas. Der alte Doktor Leist ist wie der Weihnachtsmann; er bringt immer etwas mit."

„Nur der Weihnachtsmann bringt Süßes, und Doktor Leist bringt Bitteres."

„Nicht doch, nicht doch, Renatchen. Da sollten Sie den alten Leist doch besser kennen. Der weiß, was sich schickt, und kennt seine deutschen Sprichwörter. Gleich und gleich gesellt sich gern. Und für so liebe kleine Fräuleins ist das Bittere gar nicht da."

„Also sauer?"

„Sauer und süß; eine Doppellimonade."

„Das ist recht. Ich fürchte mich vor jedem Löffel Medizin. Aber eine Doppellimonade, das mag gehen. Und wie ist es mit der Diät, Doktorchen?"

„Nicht zu streng. Sagen wir: ein Biskuit und etwas gestovtes Obst."

„Nicht auch frisches?"

„Allenfalls auch frisches. Aber mit Auswahl. Etwa einen mürben Gravensteiner oder eine Kalville."

„Danke, danke. Die lieb' ich gerade sehr. Und darf ich mir auch etwas vorplaudern lassen? Von Maline?"

„Gut, gut."

„Oder von Tante Schorlemmer?"

„Noch besser. Sie wird, denk' ich, mehr kalmieren als irritieren. Und das ist genau, was wir brauchen."

Damit empfahl sich Doktor Leist und versprach, am anderen Tage wiederzukommen.

Der Alte war kaum fort, als Renate Malinen heranwinkte.

„Nun nimm eine Fußbank und setze dich zu mir; hier dicht an mein Bett. Wir haben ja des Doktors Erlaubnis.

Vor dem Sturm.

Und nun gib mir deine Hand. Ach wie schön kühl du bist. Wenn ich nur eine ruhige Nacht hätte! Aber ich habe immer Bilder vor den Augen."

„Das ist das Fieber."

„Ja, das Fieber. Und das quält mich, daß ich den Anblick der armen Frau nicht los werden kann."

„Welcher Frau?"

„Die sie heute mittag auf dem Rohrwerder mit aufgespürt haben. Lewin sagte mir, daß kein rohes Wort, nicht einmal eine Klage über ihre Lippen gekommen sei."

„Aber Fräulein, es ist ja eine Diebin. Und keiner weiß, wem sie zugehört. Krist sagte mir: ‚Sie hat zwei Männer oder keinen.' Und das ist doch schlimm, das eine wie das andere."

„Ich habe doch Mitleid mit ihr, und so recht eigentlich schlecht kann sie nicht sein; denn sieh, sie hat nicht an sich gedacht, sondern erst an ihr Kind und hat es in einen kleinen Schlittenkasten gepackt und es mit sich genommen. Und nun seh' ich immer die lange Frankfurter Pappelallee vor mir, die kein Ende nimmt und weit, weit am Horizonte zu einem Punkte zusammenläuft. Und zwischen den Pappeln geht die Frau und zieht den Schlittenkasten, in dem das Kind sitzt, und wenn sie aufwärts, abwärts an den Punkt kommt, wo die Pappeln ein Ende zu nehmen schienen, dann tut sich eine neue Allee auf, die noch länger ist und wieder in einem Punkte zusammenläuft. Und die Frau wird immer matter und müder. Es peinigt mich. Ich wollte, daß ich das Bild los werden könnte."

„Krull und Reetzke sind ja gute Leute und werden ihr nicht mehr auflegen, als sie tragen kann."

„Es sind Bauern, und Bauern sind hart und taub. Ich wollte, der junge Scharwenka hätte den Transport übernommen. Der ist schon anders und läßt mit sich reden."

„Der?" fragte Maline.

„Ja, der. Und du mußt dich nicht gleich verfärben, wenn ich bloß seinen Namen nenne. Er hat mit Lewin gesprochen und ihm seine Not geklagt."

„Er verklagt mich überall."

„Das sagt er auch von dir. Und nun höre mich an, Maline, und wirf nicht den Kopf. Wir waren immer gute Freunde; so laß dir raten und sei nicht eigensinnig."

Aber ehe Renate weitersprechen konnte, barg Maline den Kopf in ihrer Herrin Bettkissen und fing heftig an zu schluchzen.

„Und nun wirst du gar noch weinen! Aber weine nur. Es ist das erste Zugeständnis, daß du unrecht hast, und daß der kleine Trotzkopf es nur noch nicht eingestehen will."

„Er hat mir meine Armut vorgeworfen."

„Nein, das hat er nicht. Er hat dir deinen Hochmut vorgeworfen. Und da hat er recht. Und er hat auch recht in allem, was er von euch Kubalkeschen Mädchen sagt. Das ist ein ewiges Nasenrümpfen und Vornehmtun von dir und der kleinen Eve drüben, und das lassen sich die Bauern nicht gefallen. Ihr wollt beide wie Stadtmädchen sein."

Maline nickte.

„Und was hättest du denn in der großen Stadt? Ein bißchen Putz und ein paar Anbeter mehr. Aber was käme für dich dabei heraus? Ein städtisches Elend und eine Stabstrompeter= oder Kassenbotenfrau. Nein, Maline, bleib' in Hohen=Vietz; es ist ein Glück, das du machst; sind doch die Scharwenkas die reichsten Leute im Dorf, und nicht die schlechtesten. Und er liebt dich und kann nicht von dir los, trotzdem er eigentlich möchte. Und siehe, das ist so recht die Liebe, wie ich sie mir auch immer gewünscht habe, daß man einen vor Ärger umbringen und zugleich vor Sehnsucht totküssen möchte."

„Wie gut Fräulein Renate das alles beschreiben können. Aber er muß kommen."

„Nein, du mußt kommen."

Maline seufzte. Dann aber plötzlich bedeckte sie Renatens Hand mit Küssen, und aufatmend, als ob eine große Last von ihr genommen wäre, sagte sie: „Wie leicht mir wieder ums Herz ist! Ach Fräulein, Fräulein, er ist ja doch der beste Mensch von der Welt. Und es ist auch hübsch von ihm, daß er sich nicht alles gefallen läßt. Ein Mann muß doch ein Mann sein. Und eigentlich kann ich ihn ja doch um den Finger wickeln."

Es schlug sieben, und Maline erhob sich, um der Kranken ihre Medizin zu geben.

„Doktor Leist hat recht; es schmeckt wie eine Doppellimonade. Und nun hole mir noch ein paar Kalvillen. Hier schräg unter uns aus dem alten Saal. Aber nimm den Wachsstock und sieh dich vor auf der Treppe; die Stufen sind so ausgelaufen. Und versitze dich auch nicht in dem Bohnenstroh."

Maline sah vor sich hin. Dann sagte sie verlegen: „Ich möchte die Äpfel doch lieber aus der Speisekammer holen, nicht aus dem alten Saale."

„Aber wozu den weiten Weg? Wir sind ja hier Wand an Wand. Ein paar Stufen, und du bist unten. Die Kalvillen liegen links neben dem Altar."

„Ich kann nicht gehen, Fräulein Renate."

„Was ist dir?"

„Ich fürchte mich."

„Weshalb?"

„Er betet wieder."

„Wer?"

„Der alte Matthias."

Renate schloß einen Augenblick die Augen und sagte dann mit erkünstelter Ruhe: „Ich bin ihm nie begegnet. Glaubst du daran?"

„Ich weiß es nicht. Ich weiß nur, was mir die Ruschen, die alte Jätefrau, immer gesagt hat: ‚Wer den Spuk verschwört, dem erscheint er.'"

„Und wer hat ihn gesehen?"

„Nachtwächter Pachaly."

„Wann?"

„Letzte Nacht."

„Erzähle, was du gehört hast."

„Ich mag nicht. Fräulein Renate werden sich erschrecken und kränker werden."

„Nein, nein, ich will es wissen."

„Nun gut denn. Also Krist und Pachaly hatten die Wache. Jeetze kam auch; ich sah ihn, als ich um die zehnte Stunde nach Hause kam; denn es gefiel mir nicht im Krug, und ich wollte nicht tanzen. Das gnädige Fräulein werden schon wissen, warum ich nicht tanzen wollte. Aber das muß ich sagen, er tanzte auch nicht."

Renate nickte, während Maline die Hand ihrer jungen Herrin küßte und dann fortfuhr:

„Jeetze hatte sich Krists grauen Mantel angezogen und einen alten Säbel darübergeschnallt. Es war zum Lachen. Als der gnädige Herr ihn sah, wurd' er ärgerlich und sagte: ‚Das ist nichts für dich, Jeetze. Du hast deine Zeit gehabt.' Und dann trat er zu Krist und Pachaly und befahl ihnen, daß sie sich immer in Nähe des Hauses halten sollten. ‚Krist, du nimmst die Parkseite, und Pachaly, Ihr nehmt die Dorfseite, und bei dem großen Mittelfenster des alten Saales trefft ihr zusammen. Und haltet euch immer so, daß ihr euch anrufen könnt.' Das alles hört' ich noch mit meinen eignen Ohren. Aber das andere hab' ich von Pachaly."

„Nun?"

„So gingen sie denn wohl zwei Stunden. Es war ganz still. Nur vom Krug her, wo man noch nichts wußte, hörten sie Musik. Krist, den jetzt zu frieren anfing, trat in die Hoftür und schlug Feuer an, um sich eine warme Pfeife zu stopfen. Dadurch kam es, daß sie sich für dies eine Mal bei dem großen Mittelfenster nicht trafen, und daß Pachaly den langen Querbau allein passieren mußte. Als er an das letzte Fenster kam, sah er Licht; er trat näher heran und hob sich auf die Fuß= spitzen. Da sah er, daß das alte Bild erleuchtet war, und vor dem Altar kniete einer und betete. Er hatte aber keine Stimme zum Rufen. Indem kam Krist heran, und er winkte ihm. Dieser sah auch noch den Schein; als er aber an die Stelle treten wollte, wo Pachaly eben ge= standen hatte, losch alles aus, und es war wieder dunkel. Sie hörten nur noch Schritte und ein Knistern im Stroh, das vor den Stufen lag."

Renate hatte sich höher aufgerichtet. Die Wand, an der sie lag, war die Giebelwand, an deren anderer Seite — nur um eine Treppe tiefer — der alte Altar sich be= fand. Eine Herzensangst befiel sie. Sie hatte das Be= dürfnis eines Zuspruchs, den ihr Maline nicht geben konnte; so sagte sie: „Du solltest mir Tante Schorlemmer rufen."

Maline ging. Als sie aber eben die Tür öffnen wollte, rief ihr Renate nach:

„Nein, bleib!" Und dann wieder ihrer Furcht sich schämend, setzte sie hinzu: „Nein, geh; ich will mich be= zwingen."

Es vergingen Minuten. In dem nur matt erleuchteten Zimmer bewegten sich die Schatten hin und her; ihr fiebriges

Auge folgte diesem Tanz und haftete zuletzt auf der Bilderreihe, die an der anderen Wand des Zimmers hing. Es waren englische Buntdruckbilder, eines ein gotisches Portal darstellend, in dem eine Ampel hing, und durch das hindurch man auf einen Altar blickte. Alles in vorzüglicher Perspektive und der Altar nur ein Punkt. Sie sah ihn nicht; sie wußte nur, daß er da war. Und vor ihrem Auge wuchs jetzt das Portal, und der Altar wuchs, und vor den Stufen des Altars kniete wer. Es schlug ihr das Herz, und sie konnte doch von dem Bilde nicht lassen.

Da hörte sie Schritte draußen, und gleich darauf trat Tante Schorlemmer ein, noch die Wirtschaftsschürze vor, ein sicheres Zeichen, daß sie von Herd oder Küche abgerufen worden war. Maline, die wegen ihrer Spukgeschichte ein schlechtes Gewissen haben mochte, war zurückgeblieben.

„Wie gut, daß du kommst, liebe Schorlemmer. Ich habe eine rechte Sehnsucht nach dir gehabt. Du mußt ein bißchen mit mir plaudern. Aber erst gib mir deine Hand; so — und nun gib mir zu trinken."

„Gott, wie du fieberst, Kind. Man darf euch auch keine halbe Stunde allein lassen. Und ich mußte doch die Hasen spicken. Auf Stinen ist kein Verlaß; das nennt sich Köchin und weiß kaum, daß der Hase sieben Häute hat. Nun trink, mein Renatchen. Ich werde noch einen Löffel Himbeeressig hineintun; das kühlt. Hast du denn auch eingenommen?"

Renate leerte das Glas, das ihr Tante Schorlemmer gereicht hatte, und sank dann erschöpft in ihre Kissen. Aber die Angst, die sie bis dahin beherrscht hatte, war doch von ihr gewichen, und als ob sie plötzlich im Schutze guter Geister sei, sagte sie ruhig: „Glaubst du an Gespenster?"

„Dacht' ich's doch. Hat die Maline wieder nicht reinen Mund halten können. In der Küche plappert das auch den ganzen Tag schon. Und da ist einer wie der andere. Nur den Pachaly hätt' ich für gescheiter gehalten. Denn er hält sich zu Uhlenhorst; und das muß man den Altlutherischen lassen, daß sie von solcher Schwachheit und Narrheit nichts wissen wollen. Sie haben eben den Glauben, und der läßt den Aberglauben nicht aufkommen."

„Liebe Schorlemmer," sagte Renate, „du bist so gut, aber einen kleinen Fehler hast du doch. Alles, was dir nicht paßt, das ist für dich nicht da, und wenn es doch da ist, so glaubst du es mit einem guten Spruch aus der Welt schaffen zu können."

„Ja, mein Renatchen, das kann ich auch. Mit einem guten Spruch ist viel auszurichten. Und wer an Gott und Jesum Christum glaubt, der fürchtet keine Gespenster."

„Du mußt mir nicht ausweichen wollen. Ich will nicht wissen, wer sich vor Gespenstern fürchtet und wer nicht; ich will nur wissen: Gibt es Gespenster?"

„Nein."

„Und doch lebst du hier unter uns, die wir seit hundert Jahren, wie so viele alte Häuser, ein Hausgespenst haben. Wenigstens erzählen es die Leute. Lewin ist überzeugt, daß sie recht haben; du lächeltst; nun gut, das soll nicht viel bedeuten. Aber auch der Papa glaubt daran, und du weißt besser als ich, daß er fest im Glauben steht. Es ist keine sechs Wochen, daß wir den Fall mit Krists Wilhelm hatten. Und nun Pachaly! Er ist doch ein verständiger Mann. Ich sage nicht ‚ja‘, wo du ‚nein‘ sagst, aber ich mag wenigstens die Möglichkeit nicht bestreiten."

„Ich tue es. Wo es nicht Lug und Trug ist, ist es Sinnentäuschung. Die Toten sind tot."

„Laß dir etwas erzählen. Ich fand einmal ein Buch, in dem las ich, daß nichts unterginge, und daß an einem bestimmten Tage alles wiederkäme, die große und die kleine Welt, Mensch und Tier, auch die sogenannten leblosen Dinge. Ich würde also nicht nur dich wiedersehen und Malinen, auch Hektor und den englischen Buntdruck mit dem gothischen Portal und dem Altar, der dort drüben an der Wand hängt. Und diese durch ein Reinigungsfeuer gegangene Welt, diese verklärte Spiegelung von allem, was je dagewesen ist, würde die Seligkeit sein. Es war ein frommes Buch, in dem ich das alles fand, und ich habe nichts gelesen, das einen tieferen Eindruck auf mich gemacht hätte. Und nun frag' ich dich: was ist ein Gespenst anders als ein vorausgesandter Bote dieser verklärten Welt?"

„Es ist doch, wie ich sage: die Toten sind tot. Und die verklärte Welt, die kommen wird, ist eben keine Welt von dieser Welt. Sie harret unserer, aber nicht hier, nicht in der Zeitlichkeit. Nur einer ist, der wieder unter den Menschen erschienen, das war auf dem Wege nach Emmaus. Aber dieser eine war Christus der Herr, der Sohn des allmächtigen Gottes. Sieh, Renatchen, es muß doch einen Grund haben, daß sich die Gespenster nur an bestimmten Orten finden. In Hohen-Vietz gibt es ihrer, in Herrnhut nicht. Und auch da nicht, wo Herrnhut am Nord- oder Südpol seine Hütten und Häuser baut. Wenigstens in diesen Hütten und Häusern nicht. So hab' ich es selbst erfahren. In Grönland, rings um uns herum, sahen die Grönländer, die wohl hundert Spuke haben, ihre Gespenster ruhig weiter, aber in unserem Missionshause hat sich keins blicken lassen. Ein Herrnhuter und ein Spuk, das verträgt sich nicht. Und das, mein Renatchen, machen doch die Sprüche, von denen du meinst, daß ich mir einbildete, alles Böse damit aus der Welt schaffen zu können."

„Sei wieder gut, Schorlemmerchen. Und zum Zeichen, daß du es bist, erzähle mir etwas von den Grönländern. Du bist nun sechs Jahre in Hohen=Vietz, und ich weiß kaum, wie der Ort hieß, an dem du so lange gelebt und geschafft und Liebes begraben hast. Erzähle mir davon, aber nichts von den grönländischen Gespenstern; ich habe an unseren Hohen=Vietzern über und über genug. Plaudere mir etwas Stilles und Heiteres vor, etwas Frommes, das mich erhebt und mich anweht wie mit himmlischer Kühlung. Denn mich verlangt nach Kühle. Aber gib mir erst von der Medizin. Es muß acht Uhr vorüber sein."

Tante Schorlemmer tat, wie ihr geheißen; dann nach Renatens Strickzeug suchend, um Beschäftigung für ihre Hände zu haben, setzte sie sich, als alles gefunden und vorbereitet war, in den hohen Lehnstuhl und sagte: „Nun, womit beginnen wir?"

„Natürlich mit dem Anfang; also mit dem Lande selbst. Ich habe 'mal ein Bild gesehen: Felsen und Wasser und Eisberge und Schnee; am Ufer lag eine Robbe; daneben um den Vorsprung saß ein weißer Fuchs, während auf der Felsenkante kurze dickbeinige Vögel hockten. Ich glaube, sie hießen Pinguine."

„Es ist nicht ganz so, aber es mag passieren, und ich verzichte darauf, an deinem Bilde zu verbessern."

„Doch, doch, ich will nicht bloß unterhalten sein; ich will auch lernen."

„Nun gut denn. So denke dir einen endlosen Küsten= strich, viele hundert Meilen lang, aber nur wenige hundert Schritte breit. Vor diesem Streifen liegt das Meer, mit tausend Inselchen betüpfelt, und hinter diesem Streifen liegt das Gebirge, das der Quere nach geborsten und zer=

klüftet ist, und aus diesen Klüften stürzen die Wasser dem Meere zu."

„Ich möcht' es sehen."

„In einer solchen Kluft lag auch unsere Kolonie. Ich sage: lag; sie liegt aber noch da und wird, so Gott will, noch manchen Tag überdauern. Und diese Kolonie hieß Neu-Herrnhut. Zu meiner Zeit hatte sie zwanzig Häuser."

„Das ist wenig."

„Wenig und viel. Aber wie würdest du erst staunen, wenn du diese Häuser gesehen hättest. Als Lewin heute mittag den in den Schnee hineingebauten Holzschuppen auf dem Rohrwerder beschrieb, stand auf einmal das Haus vor mir, das ich mit meinem lieben Seligen zehn Jahre lang bewohnt habe. Es war auch in drei Teile geteilt, Stall und Stube, und eine Küche dazwischen. Und was nannten wir unser? Ein Bett und eine Truhe, und darüber ein paar Pflöcke und Riegel, an denen unsere Habseligkeiten hingen. Auf dem Tische stand eine Lampe, und daneben lag Gottes Wort. Das fehlte nun freilich auf dem Rohrwerder, und war doch unser Bestes, unser einziger Trost in Not und Gefahr."

„Und waret ihr denn in Gefahr?"

„Nicht vor den Menschen, oder doch nur selten. Denn die Grönländer sind ein sanftes, stilles und sittsames Volk und verstehen es, ihre Leidenschaften zu verbergen."

„Ich dachte mir, sie wären verzwergt und abergläubisch und sähen aus wie Hoppenmarieken."

„Da hast du es wieder halb getroffen. Aber zur andern Hälfte nicht. Denn Hoppenmarieken ist roh, und die Grönländer sind fein. Man hört keinen Zank und keinen Streit; ja, ihrer Sprache fehlen die Schimpf- und Scheltworte. Beleidigungen rächen sie durch Witz und Spöttereien, zu denen der Kläger den Beklagten wie zu

Vor dem Sturm.

einem Zweikampf herausfordert, und wer die meisten Lacher auf seiner Seite hat, der hat gesiegt. Es ist ihnen überhaupt die Gabe verliehen, sich leicht und zierlich auszudrücken. Sie sind gastfrei und gesellig, und zur Zeit der Wintersonnenwende gibt es Tänze und Ballspiel, und Gesänge unter Begleitung einer Trommel. Sie sind sich übrigens ihrer guten Manieren wohlbewußt, und wenn sie einen Fremdem loben wollen, so sagen sie: ‚Er ist so sittsam wie wir.'"

„Da müßt ihr ihrem Selbstgefühl gegenüber oft einen schweren Stand gehabt haben. Denn ich entsinne mich, daß Pastor Seidentopf, als wir noch zum Unterricht gingen, zu Marie und mir sagte: ‚Ein schlichter und ein großer Sinn passen gleich gut zu den Offenbarungen des Christentums; aber ein eitler Sinn widerstrebt ihnen hartnäckig.'"

„Dafür muß ich ihm eigens noch danken; denn die Wahrheit dieses Satzes haben wir manchen lieben Tag in unserer Kolonie erfahren müssen. Es ging nicht vorwärts. Wenn wir heut' einen Zoll breit gewonnen zu haben glaubten, so verloren wir ihn morgen wieder an die Angekoks."

„An die Angekoks?"

„Ja. Das sind nämlich die Wahrsager und Zauberer, meist listige Betrüger, unter denen aber auch Schwärmer vorkommen, die Visionen haben oder sich dessen wenigstens rühmen. Sie vermitteln den Verkehr mit den beiden großen Geistern; indem sie den guten Geist anrufen und den bösen Geist bannen, von denen übrigens der gute Geist männlich, und der böse weiblich ist."

„Ei, ei, das ist aber doch ein Mangel an Galanterie, der an so feinen Leuten wie die Grönländer, die nicht einmal Schimpf- und Scheltworte haben, mich überrascht."

„Und doch, mein Renatchen, geduldig von uns hingenommen werden muß; denn überall ist es Eva, die verführt und aus dem Paradiese treibt. Aber ich sprach von den Angekoks. Ihr natürlicher Scharfsinn kam ihnen in ihrem Widerstande gegen uns zustatten, und an Verspottungen, wie sie schon unser Herr und Heiland zu tragen hatte, fehlte es auch uns nicht, die wir uns in Demut zu ihm bekannten. Aber da erbarmte sich Gott unserer Not, und das ist denn nun die Geschichte von Kajarnak, die ich dir, wenn du noch Geduld hast, wohl erzählen möchte."

„Was ist Kajarnak?"

„Ein Name. Der Name eines Grönländers aus dem Süden. Denn es gibt südliche und nördliche Grönländer, die nach Art aller Halbnomaden ihre Zelte bald hier, bald dort im Lande aufschlagen, um nach einer bestimmten Zeit an ihre alten Wohnplätze zurückzukehren. Und so kam denn auf einem solchen Jagd= und Wanderzuge ein südländischer Trupp in unsere Kolonie, um einen Tag oder eine Woche unter uns zu rasten. Es waren hundert oder mehr. Wir hießen sie willkommen, und Matthäus Stach, der damals an der Spitze unserer Kolonie stand, und dem noch Friedrich Böhnisch und mein guter Schorlemmer als Gehilfen beigegeben waren, ließ bei ihnen anfragen, ob sie an einer unserer Missionsstunden teilnehmen wollten. Dies wird dich vielleicht wundern; aber du mußt wissen, daß sie es über die Maßen lieben, einen Wortstreit zu führen und sich mit Hilfe des Witzes, den sie haben, ihrer Überlegenheit bewußt zu werden. Es kamen denn auch viele. Wir hatten eben unsere Plätze eingenommen, und Matthäus Stach las ihnen ein Kapitel aus dem Evangelium Johannis vor, das er kurz vorher ins Grönländische übersetzt hatte. Sie hörten aufmerksam zu; die meisten lächelten; aber einige zeigten doch eine

Teilnahme. An diese wandte sich jetzt unser Bruder und fragte sie, ob sie an eine unsterbliche Seele glaubten."

„Aber du wolltest ja von Kajarnak erzählen."

„Ich bin schon mitten in seiner Geschichte. Also Matthäus Stach fragte sie, ob sie an eine unsterbliche Seele glaubten? Sie antworteten: „Ja!" Und nun begann er zu ihnen vom Sündenfall und von der Erlösung zu sprechen. Ich höre noch seine Stimme; denn er war ein Mann von besonderen Gaben. Da tat der Herr einem unter ihnen das Herz auf, und von so vielen Erweckungen ich auch gehört und gelesen habe, keine hat mich je tiefer bewegt. Das macht, weil sich alles so schlicht und einfach gab. Matthäus Stach, der wohl sah, daß sein Wort auf guten Boden fiel, sprach immer eindringlicher, und als er eben Christi Leiden am Ölberg geschildert hatte, da trat ein Grönländer an den Tisch und sagte mit lauter und bewegter Stimme, in der schon das Heil zitterte: ‚Wie war das? Ich will das noch einmal hören.' Diese Worte gingen uns, die wir sie mit hörten, durch Mark und Bein, und sie sind in Neu-Herrnhut unvergessen geblieben. Von der Stunde an war der Segen Gottes über unserem Tun."

„Es konnte nicht wohl anders sein. Solche Worte verklingen nicht. Empfind' ich doch in diesem Augenblick noch ihre Wirkung."

Tante Schorlemmer küßte Renatens Stirn und fuhr dann fort: „Eine Woche verging, und der Grönländertrupp war immer noch in unserer Kolonie. Dann aber brachen sie auf, um weiter nördlich ihren Jagden nachzugehen, und nur Kajarnak blieb zurück; mit ihm seine beiden Schwäger samt ihren Frauen und Kindern, alles in allem vierzehn Personen. Wir lobten ihr Bleiben und hatten Betstunde mit ihnen. Die Kinder empfingen Unter=

richt, was sehr schwer war, da die Grönländer das, was wir Erziehung nennen, gar nicht kennen. Sie lieben nämlich ihre Kinder mit äffischer Zärtlichkeit und lassen sie aufwachsen, ohne Gehorsam zu fordern oder Ungehorsam zu strafen. Als ein halbes Jahr um war, stellte Matthäus Stach die Frage, ob es Zeit sei, die nun Vorbereiteten zu taufen; aber mein guter Schorlemmer, der den Unterricht geleitet hatte, meinte doch, daß es ihm geboten scheine, noch zu warten. Und so geschah es. Erst am zweiten Ostertage wurden vier Angehörige dieser grönländischen Erstlingsfamilie von der Macht der Finsterniß losgerissen; Kajarnak erhielt den Namen Samuel, seine Frau wurde Anna, sein Sohn Matthäus, seine Tochter Anna genannt. Darüber war große Freude in der Kolonie. Aber die Freude sollte nicht lange währen. Vier Wochen später kam Nachricht, daß der ältere Schwager, der sich auf kurze Zeit von uns entfernt und einem Jagdzuge nach dem Norden angeschlossen hatte, auf eine hinterlistige und grausame Weise ermordet worden sei, weil er den Sohn eines heidnisch gebliebenen Grönländers mit Christensprüchen totgehext habe. Zugleich wurde hinzugesetzt, daß die Angekoks in einer großen Verschwörung seien, um auch dem jüngeren Schwager Kajarnaks dasselbe Los zu bereiten. Da bemächtigte sich unserer kleinen grönländischen Gemeinde, sowohl der Getauften wie derer, die noch in Vorbereitung waren, ein Zittern und Zagen, und sie beschlossen, in den Süden zurückzukehren, wo sie unter ihren Verwandten sicherer zu sein hofften. Ach, wir mußten sie ziehen lassen, so schwer es uns auch wurde, und ich sehe noch Kajarnak, wie er bitterlich weinte und immer wieder uns Festigkeit gelobte und sich dann losriß; und wie dann die Schlitten in langer Linie an uns vorüberfuhren, über Fiskenäs und Frederikshaab auf den Süden zu."

„Und hielt er Wort?"

„Wir hatten wenig Hoffnung: denn es war ein neuer Abfall über die Gemüter gekommen, und selbst solche, die sich in unserer Nähe hielten, gehorchten wieder den Angekoks. Wir waren betrübten Gemütes, auch ich, die ich nach meiner schwachen Kraft all die Zeit über meinem guten Schorlemmer getreulich zur Seite gestanden hatte. Ein Jahr verging, ohne daß Kunde von Kajarnak gekommen wäre, am wenigsten er selbst. Da feierten wir, es war am Johannistag, die Hochzeit von Anna Stach und Friedrich Böhnisch, und als wir bei unserem Mahl waren und erbauliche Lieder sangen, die, was dich vielleicht verwundern wird, von drei Violinen und einer Flöte begleitet wurden, da trat Kajarnak in den Brüdersaal und begrüßte uns. Die Freude war so groß, daß wie von selber aus dem Hochzeitsfest ein Fest des Wiedersehens wurde. Wir hatten ja unseren verlorenen Sohn wieder oder doch den, den wir schon als einen solchen betrachtet hatten. Und nun mußte Kajarnak erzählen, alles Große und Kleine, und wie die Seinen ihn aufgenommen hätten. Er verschwieg uns nichts. Sie hätten ihn anfangs oft und mit sichtlichem Vergnügen angehört; als sie dann aber seines Wortes überdrüssig geworden wären, habe er sich in die Stille begeben und seine Erbauung allein gehabt. Zuletzt habe es ihn sehr verlangt, wieder bei uns, seinen Brüdern, zu sein, immer mehr und mehr, bis ihm die Sehnsucht nicht Ruhe und Rast gelassen habe; und da sei er nun. Mein guter Schorlemmer, der ihn so recht eigentlich in das Heil eingeführt hatte, weinte vor Freuden, und Friedrich Böhnisch sagte, das sei ihm eine unvergeßliche Stunde, und sein Ehrentag habe nun eine doppelte Weihe."

„Das durft' er sagen. Es war ein Hochzeitstag, wie

ihn sich jeder wünschen mag! Mir würde dieses Wiedersehen ein Zeichen froher Vorbedeutung gewesen sein."

"Und das war es auch. Das junge Paar wurde glücklich. Auch Kajarnak. Aber seine Tage waren gezählt. Ich glaube fast, daß er sich in seiner Treue nicht genug tun konnte, und daß er sich (er war nur von schwachem Körper) in seinem Eifer übernahm. So wurd' er denn von einem heftigen Lungen= und Seitenstechen befallen, das seinem Leben rasch ein Ende machte. In den größten Schmerzen bewies er ein gesetztes Wesen, und wenn die Seinigen anfingen, um ihn zu weinen, sagte er: ‚Betrübet euch nicht. Ihr wisset, daß ich von euch der erste gewesen bin, der sich zu dem Sohne Gottes bekehrt hat, und nun ist es sein Wille, daß ich der erste sein soll, der zu ihm kommt. Wenn ihr ihm treu seid, so werden wir uns wiedersehen und uns über die Gnade, die er an uns getan hat, ewiglich freuen.' Danach schlief er ein, während unsere Gebete seine scheidende Seele dem Erbarmer empfahlen. Seine Frau bestand darauf, daß er nicht nach Landessitte, sondern nach christlicher Weise begraben würde. Und so geschah es. Nicht nur die Brüder und ihre Angehörigen, auch die Kaufleute von der Kolonie fanden sich zu seinem Begräbnis ein, mit dem unser neuer Gottesacker eingeweiht wurde. Die Grönländer wunderten sich über alles, was sie sahen. Unseren Brüdern aber ging dieser Tod sehr nahe. Denn sie verloren viel in ihm: einen erweckten, begabten und gesegneten Zeugen des Evangeliums.

Und da hast du nun meine Geschichte von Kajarnak, dem ersten Getauften."

Renate ergriff die Hand ihrer alten Freundin und sagte: „Ach, wie ich dir danke, liebe Schorlemmer. Es ist nun alle Furcht wie verflogen, und ich fühle mich, als hätt' ich nie von Spuk und Gespenstern gehört. Und nun will ich schlafen. Aber sage mir noch erst den Spruch von den vierzehn Engeln. Wir wollen ihn zusammen sprechen:

> Abends bei Zubettegehn
> Vierzehn Engel bei mir stehn;
> Zwei zu Häupten,
> Zwei zu Füßen,
> Zwei zu meiner rechten Seit',
> Zwei zu meiner linken Seit',
> Zwei, die mich decken,
> Zwei, die mich strecken,
> Zwei, die führen mich sogleich
> In das liebe Himmelreich."

Sie schwiegen eine Weile. Dann sagte Renate: „Und nun geh. Ich habe ja nun Schutz. Laß nur die Seitentür auf, daß mich Maline hört."

„Gute Nacht, Renatchen!"

„Gute Nacht, liebe Schorlemmer!"

XXXIV.

Ein Rabennest.

Der nächste Tag war Silvester.

In aller Frühe schon brach Hoppenmarieken auf, um womöglich bis Mittag wieder zurück zu sein und alles putzen und scheuern, auch ihre Vorbereitungen zu einem Silvesterpunsch treffen zu können. Sie machte heute die kurze Tour und schritt auf Küstrin zu. Es war erst sieben Uhr, als sie an dem Herrenhause vorbeikam und über den Hof hin sich mit Jeetze begrüßte, der eben die nach beiden Seiten hin einklappenden Laden des großen Eckfensters öffnete. Aus der Unbefangenheit ihres Grußes ließ sich erkennen, daß ihr die Gefangennehmung der beiden Strolche, von

der sie aller Wahrscheinlichkeit nach nur zu sehr mit=
betroffen wurde, nicht bekannt geworden war. Erst nach
Mitternacht von einer Wanderung quer durch das Bruch
in ihre Wohnung zurückgekommen, hatte sie, selbst bei den
Forstackersleuten, die doch sonst wohl die Nacht zum Tage
zu machen liebten, niemand mehr wach getroffen und war,
als sie aufstand, wahrscheinlich die einzige Person in ganz
Hohen=Vietz, die von dem Ereignis des vorigen Tages
nichts wußte.

Erst zwei Stunden später versammelten sich Wirt und
Gäste des Herrenhauses am Frühstückstisch. Auch Berndt,
wenn ihn nicht Geschäfte riefen, war kein Frühauf, und
die nicht vor vier Uhr nachmittags angesetzte Fahrt nach
Guse konnte keinen Grund bieten, die bequeme, längst zu
einer Art Hausordnung gewordene Gewohnheit zu unter=
brechen. Tante Schorlemmer, bei Renate festgehalten, er=
schien noch etwas später und beantwortete die Fragen, die
über das Befinden der Kranken an sie gerichtet wurden.

Das Gespräch, nachdem auch noch Dr. Leists be=
ruhigende Worte mitgeteilt worden waren, wandte sich
dann dem am Abend vorher in Hohen=Ziesar gemachten
Besuche zu, dessen einzelne Momente in dem Hin und Her
einer immer munterer werdenden Plauderei noch einmal
durchlebt wurden. Aus allem ging hervor, daß Drossel=
stein sich als der liebenswürdigste der Wirte, voll Ent=
gegenkommen gegen Berndt, voller Aufmerksamkeiten gegen
Kathinka gezeigt hatte. Als diese, die sich zum ersten Male
in Hohen=Ziesar befand, ihre Verwunderung über die sonst
nirgends in der Mark vorkommende Großartigkeit der
Schloßanlage geäußert hatte, hatte der Graf ohne Rück=
sicht auf die späte Stunde noch Veranlassung genommen,
sie samt den anderen Gästen durch die lange Zimmerflucht
des ersten Stockes: den Ahnensaal, die Rüstkammer und

die Bildergalerie, zu führen, während zwei Diener mit Armleuchtern voranschritten. Unter dieser halb düsteren Beleuchtung war alles, an dem man bei hellem Tageslicht gleichgültig vorüberzugehen pflegte, zu einer Art Bedeutung gekommen, und die seitabstehenden Ritter mit halb geschlossenem Visier, die über Kreuz gelegten Lanzen, dazu die Ahnenbilder selbst, die zu fragen schienen: „Was stört ihr unser stilles Beisammensein?" hatten eines tiefen Eindrucks auf Kathinka nicht verfehlt. Vor allem ein jugendliches Frauenporträt, das ihr seitens des Grafen als das Bildnis Wangeline von Burgsdorffs, einer nahen Anverwandten seines Hauses, bezeichnet worden war, war ihr in der Erinnerung geblieben.

An dies von einem Niederländer aus der Vandyck-Schule herrührende Bildnis, dessen unheimlich hellblaue Augen schon manchen früheren Besucher von Hohen-Ziesar bis in seine Träume hinein verfolgt hatten, knüpften die am Abend vorher nur flüchtig beantworteten Fragen Kathinkas wieder an, und Berndt, ein wahres Nachschlagebuch für alle Schloß- und Familiengeschichten der ganzen Umgegend, war eben im Begriff, die Neugier der schönen Fragstellerin durch eingehende Mitteilungen über „Wangeline", die von vielen märkischen Forschern als der historisch beglaubigte Ursprung der „weißen Frau" angesehen werde, zu befriedigen, als ein Klopfen an der Tür das kaum begonnene Gespräch unterbrach. Ein ältlicher Mann mit spärlichem, nach hinten gekämmtem Haar, den sein spanisches Rohr und mehr noch der lange blaue Rock mit einem Wappenblech auf der Brust als Gerichtsdiener kennzeichneten, trat ein, übergab einen Brief an den alten Vitzewitz und machte dann wieder einige Schritte zurück bis in die Nähe der Tür. Alles verriet den alten Soldaten. Berndt erbrach das Schreiben und las: „Hochgeehrter Herr und

Freund! Ich säume nicht, Ihnen von dem Resultat eines
ersten Verhörs, das ich gestern nachmittag noch mit der
durch Ihre Umsicht entdeckten und eingelieferten Diebes=
sippschaft angestellt habe, Kenntnis zu geben. Aus den
beiden Strolchen, hinsichtlich deren sich Hohen=Cleſſin und
Podelzig in den Ruhm der Geburtsstätte teilen, war, aller
Kreuz= und Querfragen unerachtet, nichts zu extrahieren;
die Frau aber, die jenen beiden erst seit kurzem zugehört
und mehr noch durch anderer als durch eigene Schuld
unter die Rohrwerder Sippschaft geraten ist, hat um=
fassende Geständnisse abgelegt, die sich einmal auf die zu=
meist in den Küstriner Vorstädten ausgeführten Diebstähle,
sodann aber auch auf die Hehlereien beziehen, die dieses
Treiben unterstützt haben. Am schwersten belastet ist unsere
Freundin Hoppenmarieken. Ich bitte Sie, eine Haus=
suchung bei ihr veranlassen oder selbst leiten zu wollen,
wobei ich mit Rücksicht auf die besondere Schlauheit der
vorläufig unter Verdacht Stehenden Ihre Aufmerksamkeit
auf Dielen und Wände des Hauses hingelenkt haben möchte.
Der Einlieferung des geraubten Gutes, an dessen Auf=
findung ich nicht zweifle, sehe ich ehemöglichst entgegen.
Ob es geboten oder in Erwägung ihrer Geisteszustände
auch nur zulässig sein wird, der Bezichtigten gegenüber die
volle Strenge des Gesetzes walten zu lassen, darüber sehe
ich seinerzeit Ihrer gefälligen Rückäußerung entgegen.

Turgany."

Berndt legte den Brief, den er mit halblauter Stimme
gelesen hatte, vor sich nieder und sagte dann, zu dem alten
Gerichtsdiener sich wendend: „Lieber Ryſſelmann, mein
Kompliment an den Herrn Justizrat, und ich würde nach
seinen Angaben verfahren." Dann zog er die Klingel.
„Jeetze, sorge für einen Imbiß. Frankfurt ist weit, und
unser Alter da wird wohl die Mitte halten zwischen dir

und mir. Nicht wahr, Rysselmann, sechzig?" Der Alte nickte. „Und dann schicke Krist zu Kniehase; er soll Nacht=
wächter Pachaly rufen lassen und mich auf dem Forstacker erwarten."

„Da klagt nun Renate," fuhr der alte Vitzewitz fort, als Zeetze und Ryssselmann das Zimmer verlassen hatten, „über öde Tage in Hohen=Vietz! Sage selbst, Kathinka, leben wir nicht, seit du hier bist, wie im Lande der Aben=
teuer? Erst ein Raubanfall auf offener Straße, dann ein Einbruch in unser eignes Haus, dann ein regelrechtes Diebs=
treiben unter Innehaltung taktisch=strategischer Formen und nun eine Haussuchung im Revier einer Zwergin, — nenne mir einen friedlichen Ort in der Welt, wo in drei Tagen mehr zu gewärtigen wäre! Im übrigen bin ich neugierig, ob sich die Aussagen, die die Rohrwerder=Frau gemacht hat, auch bewahrheiten werden."

„Ich zweifle nicht daran," bemerkte Lewin. „Nach allem, was mir Hanne Bogun gestern sagte, und noch mehr nach dem, was er mir verschwieg, konnt' ich kaum etwas anderes erwarten, als was Turgany jetzt schreibt. Wann willst du nach dem Forstacker hinaus?"

„Gleich oder doch bald. Es darf nicht über den Vormittag hinaus dauern."

„Dürfen wir dich begleiten?"

„Gewiß. Je mehr Augen, desto besser; wir werden sie der Schlauheit der alten Hexe gegenüber ohnehin nötig haben."

So trennte man sich. Berndt empfahl sich mit einigen Worten bei Kathinka, die sich nunmehr ihrerseits treppauf begab, um mit Renaten über die wunderlich widersprechendsten Themata, über Graf Drosselstein und den alten Ryssel=
mann, über Wangeline von Burgsdorff und Hoppen=
marieken zu plaudern.

Eine Viertelstunde später brach der alte Vitzewitz auf, in seiner Begleitung Tubal und Lewin. Sie gingen rasch. Noch ehe sie Miekleys Gehöft erreicht hatten, überholten sie Kniehase und Pachaly, die schon auf dem Wege waren, und bogen nun gemeinschaftlich mit ihnen in den Forstacker ein. Gleich darauf standen sie vor Hoppenmariekens Haus. Man war schon vorher übereingekommen, ganz regelrecht vorzugehen, das heißt mit dem Küchenflur zu beginnen und mit der Kammer abzuschließen, jedenfalls aber nichts übereilen zu wollen.

Die Tür war nur eingeklinkt. Sie wurde geöffnet und der Holzkloben vorgelegt, um mit Hilfe des nun einfallenden Tageslichts bis in alle Winkel hineinsehen zu können. In der steinharten Lehmdiele des Fußbodens konnte nichts vergraben sein; so blieb nur noch der Herd und gegenüber dem Herde der Kamin, von dem aus der Stubenofen geheizt wurde. Aber die Nähe des Feuers ließ ein Versteck an dieser Stelle nicht als wahrscheinlich annehmen. Ebenso war der nach innen zu liegende Schwellstein, der durch diese seine verwunderliche Lage Verdacht erwecken konnte, viel zu groß und schwer; Lewin und Kniehase mühten sich umsonst, ihn von der Stelle zu rücken.

In der Küche war also nichts; so trat man denn in die Stube. Die großen Vögel in den Bauern saßen schon an den Vorderstäben und blickten auf die fremden Besucher. Diese fingen jetzt an, ihre Aufgabe zu teilen. Pachaly, das rot und weiß karrierte Deckbett zurückschlagend, fühlte mit der Hand in den Kissen, dann in den Strohsäcken umher, während Berndt ringsum die Wände, Tubal die Fliesen des verhältnismäßig hohen Ofenfundaments beklopfte. Überall nichts. In das offen stehende Tellerschapp, in Schrank- und Tischkästen hineinzusehen, verlohnte sich kaum; die frischgescheuerten Dielen waren aus einem Stück und liefen vom Fenster bis an die Wand gegenüber; nirgends ein Einschnitt oder sonst Verdächtiges. Es mußte also in der Kammer sein.

Die Kammer, ein dunkler Alkoven, hatte nur wenig über sieben Fuß im Quadrat. Es war darum für fünf Personen fast unmöglich, sich darin zu drehen und zu bewegen, weshalb Berndt und Kniehase, beide ohnehin belästigt durch die stickige Luft des überheizten Zimmers, vor die Tür traten, wohin ihnen Lewin, nachdem er vergebliche Versuche gemacht hatte, sich mit einem schwarzen, auf der Brust rotbetüpfelten Vogel anzufreunden, einige Minuten später folgte.

Nur Tubal und Pachaly waren noch in der Kammer. Sie zündeten ein Licht an und begannen auch hier mit Klopfen an den Lehmwänden hin. An der einen Seite, wo die großen Kräuterbüschel an vier oder fünf dicken Pflöcken hingen, hatte dies seine Schwierigkeiten. Es gelang aber, freilich ohne besseres Resultat als in Flur und Stube.

„Wir werden den Scharwenkaschen Hütejungen holen müssen," sagte Tubal, „der hat die besten Augen."

„Nicht doch," sagte Pachaly, „dem ist sein Ruhm und die versprochene Pelzmütze schon zu Kopf gestiegen. Ich kenne den Jungen. Er sieht nicht besser als andere, er weiß nur besser Bescheid; denn er ist selber vom Forstacker und kennt alle Schliche und Wege, die das Gesindel geht."

„Mag sein. Aber wo sollen wir noch suchen? An den Wänden keine hohle Stelle, die Dielen aufgenagelt und in dem ganzen Alkoven nichts drin als diese rotgestrichene Kommode mit zwei leeren Schubkästen. Es kann doch nichts hier über uns in der Decke stecken? Hoppenmarieken ist ein Zwerg und reicht mit ihrer Hand keine fünf Fuß hoch."

"Nicht in der Decke, junger Herr; aber hier um die Kommode herum muß es sein. Solche Kreaturen wie Hoppenmarieken sind eitel, putzen sich und zeigen allen Leuten gern, was sie haben. Warum hat sie die Kommode in die dunkle Kammer gestellt, wo sie niemand sieht? Das bedeutet was?"

"So sehen wir nach," sagte Tubal, schob den Gegenstand von Pachalys Verdacht rechts weg gegen den großen Gundermannsbüschel, der bei dieser Gelegenheit raschelnd vom Pflock fiel, und trat nun, dicht an der Wand, auf die breite Mitteldiele, deren linkes Ende gerade hier durch die darüberstehende Kommode verdeckt gewesen war. Im selben Augenblicke senkte sich das Brett, dem an dieser Stelle die Balkenunterlage fehlte, um mehrere Zoll und hob sich, nach Art eines in der Mitte aufliegenden Wippbrettes, an der entgegengesetzten Seite in die Höhe.

"Dacht' ich's doch," sagte Pachaly, sprang herzu und stellte die Diele, die sich unschwer entfernen ließ, beiseite. Was sich jetzt zeigte, war immer noch überraschend genug. Der ganzen Länge des Brettes entsprechend, war das Erdreich herausgenommen und bildete eine ziemlich flache Rinne, die sich nur nach links hin, wo das Brett aufwippte, zu einer mehr als zwei Fuß tiefen Grube vertiefte. Zwischen beiden war alles derartig geschickt verteilt, daß sich die flache Rinne als das Schnitt= und Kurzwarengeschäft, die vertiefte Grube aber als das Kolonialwarenlager Hoppenmariekens ansehen ließ.

Pachaly begann jetzt auszupacken und reichte, was sich an Gegenständen vorfand, Tubal zu, der es in Ermanglung eines besseren Platzes auf Hoppenmariekens Bett legte. Es waren Schürzenzeuge, ein Stück roter Fries, ein Rest von geblümtem Sammetmanchester, bunte Haubenbänder und schwarzseidene Tücher, wie sie die Oderbrücherinnen als Kopfputz tragen. In der Grube fanden sich Beutel mit Zucker, Kaffee, Reis, darüber in Stangen geschnittene Seife und Talglichte, die oben an den Dochten wie zu einer großen Puschel zusammengebunden waren. Aus allem ergab sich, daß Hoppenmarieken mit Hilfe dieses Warenlagers einen Handel trieb und Gegenstände, die sie von Küstrin oder Frankfurt aus mitbringen sollte, so weit wie möglich aus ihrem eigenen Hehlervorrat zu nehmen pflegte. Das Brett wurde nun wieder aufgelegt; es paßte wie ein Deckel. Auch die Nägel, die einer rechtmäßigen Diele zukommen, fehlten nicht; sie waren aber vor dem Einschlagen mit der Zange kurz abgekniffen und hatten keinen anderen Zweck, als nach oben hin die Köpfe zu zeigen.

Die draußen auf und ab Schreitenden hatten inzwischen ihre Promenade unterbrochen und waren wieder eingetreten. Berndt musterte alles und sagte dann: „Ich kenne Hoppenmarieken: hiermit zwingen wir's nicht. Sie wird all dies für ihr Eigentum ausgeben, und es wird schwer halten, ihr das Gegenteil zu beweisen. Denn sie steckt mit allerhand schlechtem Handelsvolk zusammen, das jeden Augenblick bereit ist, ihr den rechtmäßigen Erwerb zu bestätigen. Ich bin aber sicher, daß es gestohlenes Gut ist; es fehlt nur noch das Eigentliche, so etwas ausgesprochen Privates, das ihr alle Ausflucht abschneidet. Suchen wir weiter. Muschwitz und Rosentreter, von unserem eigenen Gesindel, das wir hier auf dem Forstacker haben, gar nicht zu reden, werden sich auf Schürzenzeug und Seifenstangen nicht beschränkt haben."

Indem war Pachaly, der, während Berndt sprach, in seinen Nachforschungen nicht nachgelassen hatte, auf die Schwelle der kleinen Tür getreten und winkte Lewin, der ihm zunächststand, in die Kammer hinein. Er trat, als dieser ihm gefolgt war, ohne weiteres an den dicken Holz=

flock, von dem der Gundermannsbüschel herabgefallen war, hob das Licht in die Höhe und sagte: "Passens Achtung, junger Herr, der Pflock sitzt nicht fest; der Lehm ist rundum abgesprungen; dahinter steckt 'was."

"Das wäre!" rief Lewin lebhaft, faßte den Pflock und riß ihn ohne die geringste Mühe heraus.

Es zeigte sich ein tiefes Loch in der Lehmwand, viel tiefer, als das verhältnismäßig nur kurze Holzstück erheischte. Das mußte einen Grund haben. Lewin suchte deshalb in der Höhlung umher und fand ein Päckchen, nicht viel größer als eine halbe Faust, das erst in ein Stück blaues Zuckerpapier, dann, wie sich ergab, in einen Lappen grober Leinwand eingewickelt war. Als er beides entfernt hatte, lag der Inhalt vor ihm wie der Raub eines Rabennestes: ein silbernes Nadelbüchschen, eine Taschenuhr in einem Schildpattgehäuse, eine Kinderklapper, eine mit kleinen Rauchtopasen eingefaßte Amethystbrosche, von der die Nadel abgebrochen war, ein Petschaft mit nicht entzifferbarem Namenszug und ein kleiner ovaler Goldrahmen, in dem sich wahrscheinlich ein Miniaturbild befunden hatte. Alles ohne sonderlichen Wert, aber gerade das, dessen die Beweisführung bedurfte.

"Nun haben wir sie," sagte Berndt ruhig, wickelte die Gegenstände wieder ein und steckte sie zu sich.

Auch noch die anderen Pflöcke wurden untersucht, saßen aber fest im Lehm. Es ließ sich annehmen, daß nichts unentdeckt geblieben war, und so beschloß man von weiterer Nachsuchung abzustehen. In der Küche fand sich eine alte Kiepe vor, und Pachaly erhielt Order, alles, was aufgefunden war, in diese hineinzupacken und nach dem Herrenhause zu schaffen. Er gehorchte nicht gern, da es ihm gegen die Ehre war, an hellem lichtem Tage mit einer Kiepe über die Dorfstraße zu gehen; der Dienst aber ließ

ihm keine Wahl, und seinem Ärger in kurzen Selbst=
gesprächen Luft machend, tat er schließlich, wie ihm ge=
heißen.

Berndt und Kniehase, von den beiden jungen Männern
unmittelbar gefolgt, hatten inzwischen die Auffahrt zum
Herrenhause erreicht und waren eben im Begriff, von der
Dorfgasse her auf den Vorhof einzubiegen, als sie, keine
dreihundert Schritt mehr entfernt, Hoppenmarieken auf
der großen Küstriner Straße herankommen sahen. Die
kleine Figur, der rasche Schritt und die lebhaften Be=
wegungen ließen sie leicht erkennen.

„Da kommt sie," sagte Berndt, und sich an Pachaly
wendend, der schon vor dem Pfarrhause die Voran=
schreitenden eingeholt hatte, fügte er hinzu: „Nun eile
dich; schiebe zwei, drei Stühle vor meinen Schreibtisch
oben und baue auf, was du hast."

Hoppenmarieken grüßte schon von weitem. Sie schien
in sehr guter Stimmung und überreichte, als sie heran
war, ihrem Gutsherrn einen Brief, den sie schon, als sie
der Gruppe ansichtig geworden war, aus ihrem Mieder
hervorgezogen hatte.

„Is hüt' dis een man," sagte sie und setzte wie zur
Erklärung hinzu: „De berlinsche Post is nich to rechte
Tid infamen."

Sie wollte weiter und hatte schon einige Schritte
gemacht, als ihr Berndt nachrief: „Hoppenmarieken, ich
habe noch 'was für dich. Aber oben in meiner Stube,
komm."

Es mußte wider Willen des Sprechenden etwas
Fremdklingendes in seiner Stimme gelegen haben; jeden=
falls war der Ausdruck der Sicherheit aus dem Gesichte
der Zwergin fort, als sie über den Hof hin und dann

treppauf ihrem Gutsherrn nachschritt. Kniehase und die beiden Freunde folgten.

Pachaly hatte mittlerweile in der notdürftig wieder in Ordnung gebrachten Gerichtsstube seinen Aufbau beendet. Von den Bändern und Tüchern war nicht viel zu sehen. So recht ins Auge fiel nur das große, noch regelrecht auf ein Brett gewickelte rote Friesstück, ebenso die aus Seifenstangen und dem Lichterbündel aufgebaute Pyramide.

„Nun, Hoppenmarieken," sagte Berndt, „wie gefällt dir der rote Fries?"

„Jut, Jnädjeherr. Wat süll he mi nich jefallen? Et is ja von den ingelschen; de Ell' seben Groschen."

„Hast du dies Stück Fries vielleicht schon gesehen."

„Ick weet nich."

„Besinne dich."

„Ick seh so veel, Jnädjeherr; ick mag et wol all sehn hebben."

„Wo?"

„Bi Jud' Ephraim."

„Oder bei dir!"

„Bi mi? Jo, Wettstang, bi mi; hohoho. Nu seh ick irst. Se sinn bi mi west und hebben mi kleen Tuusch- und Kramgeschäft utfunnen. Unner de Deel; en beeten beschwierlich; awers ick bin nich sicher sünnst."

„Gut, Hoppenmarien, du mußt vorsichtig sein. Es gibt jetzt so viel Gesindel . . ."

„O, so veel!"

„Nun gut. Aber du nimmst ja den Kaufleuten das Brot. Hast du denn einen Gewerbeschein?"

„Ne, Jnädjeherr, den hebb ick nich."

„Ja, da werden wir dich am Ende in Strafe nehmen müssen."

Bei diesen mit einem heiteren Anfluge gesprochenen

Worten kehrte ihr ihre frühere Sicherheit zurück. Sie hatte plötzlich das Gefühl, daß alles einen guten Verlauf nehmen werde, und sagte halb grinsend, halb bittend vor sich hin: „Dat wihrn de Jnädjeherr jo nich dohn."

„Ja, wer weiß, Hoppenmarien. Sieh mal hier, da ist noch 'was zum Auswickeln für dich!" und dabei nahm er das Päckchen, das er bei der Haussuchung zu sich gesteckt hatte, aus seiner großen Überrockstasche und legte es dicht vor ihr auf den Tisch.

Sie fiel sofort auf die Knie und schrie: „Ick weet von nischt."

„Aber wir wissen genug."

„Ick weet von nischt. De kämen beed' in bi mi..."

„Wer?"

„Muschwitz und Rosentreter... un seggten, ick süll et man verwohren. Awers ick wull jo nich, un ick schreeg. Do nähm Muschwitz sin Taschenknif und seggt' to mi: ‚Wif, ick schnid' di [de Kehl ab, wenn du schreegst!' Un da nohm ick et."

„Du lügst, Hoppenmarieken; du bist Hehlerin, was du immer warst. Du hast ihnen Geld gegeben; ich ver= mute nicht genug; darum haben sie sich neulich auf der Landstraße noch etwas nachholen wollen. Sie waren sicher, daß du sie nicht verraten würdest. Aber sie haben dich doch verraten."

„Jo, dat hebben se. Se wullen rut ut de Schling, un ick sall rin. Awers ick will nich, un ick bruk nich. Schwören will ick; ick kann schwören. Rufens Seiden= toppen in; ja, Seidentopp sall koamen... O, du lewe Herrjott, wat et för Minschen jewen deiht! Dat is, weem eens sülwsten to good is. O Jott, o Jott." Und dabei rutschte sie auf den Knien näher zu Berndt heran und küßte ihm die Rockschöße.

„Steh auf!"

Der zwergige Unhold aber, immer noch auf den Knien, fuhr fort: „Et is allens nich so. O, dis Muschwitz, un de anner von Pobelzig! Se hebben beed logen as de Düwels. Schwören will ick; ick kann schwören. Pachaly, holens 'ne Bebel in. Un hier sinn mine Finger; un schwören will ick, in de Kirch' un ut de Kirch' un wo se sünnst wullen."

„Du sollst nicht schwören; denn du schwörst falsch. Was machen wir mit ihr, Kniehase?"

Hoppenmarieken, die nicht anders dachte, als daß man ihr ans Leben wollte, schrie jetzt jämmerlich auf und rang die kurzen stummelhaften Hände. Zuletzt sah sie Lewin, der an der Tür stehen geblieben war. Sie wollte rutschend auf ihn los, mutmaßlich, um die Szene zu wiederholen, die sie eben vor dem alten Vitzewitz gespielt hatte. Aber Pachaly hielt zurück.

„Laß es hingehen, Papa," rief jetzt Lewin, als ob Hoppenmarieken, deren Unzurechnungsfähigkeit für ihn feststand, gar nicht zugegen wäre. „Sieh sie dir an: es ist der Mensch auf seiner niedrigsten Stufe. Droh ihr; das ist das einzige, was sie versteht. Ihr ganzer Rechtsbegriff ist ihre Furcht. Und Turgany weiß das so gut wie wir; er wird nichts an die große Glocke hängen. Wenn es aber sein muß, so wird er sie schildern, wie sie ist. Und das ist ihre beste Verteidigung. Ich bitte dich, laß sie laufen."

„Hast du gehört?" fragte jetzt Berndt zu der Zwergin hinüber, die, während Lewin sprach, endlich aufgestanden war.

Sie zwinkerte mit den Augen und sagte: „Ick hebb' allens hürt; ick weet, ick weet. Jo, de junge Herr, he kennt mi, un ick kenn' em. Un ick hebb'n all kennt, as he noch so lütt wihr, so lütt. Jo, de junge Herr . . .!"

„Er bittet für dich," fuhr Berndt fort, „und will, daß ich dich laufen lasse. Warum? Weil du Hoppenmarieken bist. Ich aber kenn' dich besser und weiß, du hörst das Gras wachsen. Schlau bist du und taugst nichts; das ist das Ganze von der Sache. Nimm deine Kiepe; wir wollen diesmal noch ein Auge zudrücken. Aber paß Achtung, wenn wir dich wieder ertappen, ist es aus mit dir. Und nun geh und bessere dich fürs neue Jahr."

Sie sah sich nach Stock und Kiepe um, die sie beide beim Eintritt ins Zimmer neben der eisenbeschlagenen Truhe niedergesetzt hatte. Als sie wieder marschfertig war, glitt ihr Auge noch einmal über die auf den Stühlen ausgebreiteten Sachen hin. Es war ersichtlich, daß sie Lust hatte, Besitzrechte daran geltendzumachen. Berndt sah den Blick und empfand jetzt, daß Lewin doch recht habe.

„Geh," wiederholte er, „alles bleibt hier und wird nach Frankfurt abgeliefert. Vielleicht du auch noch!"

Sie nahm das letzte Wort als einen Scherz und grinste wieder.

Eine Minute später schritt sie, mit ihrem Stock salutierend, über den Hof hin, in einem Tempo, als ob nichts vorgefallen sei oder eine ganz alltägliche Streit-szene hinter ihr läge.

XXXV.

Hohegraven.

Der alte Ryffelmann, in Jeetzes kleiner Bedienten-stube durch einen Imbiß gestärkt und wieder aufgewärmt, passierte eben das an der großen Straße nach Frankfurt gelegene Dorf Podelzig, als ihm ein leichter Kaleschwagen

begegnete, auf dessen Lederbank er den Freund seines
Justizrats, den Konrektor Othegraven, erkannte. Othe=
graven ließ halten.

„Guten Tag, Rysselmann, gut bei Weg? Was in
aller Welt bringt Sie nach Podelzig?"

„Ich komme schon von Hohen=Vietz. Dienstsachen;
ein Brief vom Herrn Justizrat an den Herrn von Vitzewitz.
Ein guter Herr; und so ist das ganze Dorf."

„Ich will auch hin," sagte Othegraven. „Treffe ich
den Schulzen Kniehase?"

„Im Dorf ist er; aber ob der Herr Konrektor ihn
treffen werden, ist unsicher. Denn ich hörte, wie der
gnädige Herr nach ihm schickte, weil sie bei der alten
Botenfrau, die Hoppenmarieken heißt, eine Haussuchung
abhalten wollen. Es soll eine Hehlerin sein."

„Danke schön, Rysselmann; meinen Gruß an den
Justizrat. Gott befohlen!"

Damit fuhr der Konrektor in raschem Trabe weiter
auf Hohen=Vietz zu. Was ihm Rysselmann gesagt hatte,
kam ihm ungelegen, und wenn er zu den Leuten gehört
hätte, die auf Zeichen achten, so hätte er umkehren müssen.
Er war aber ohne jede Spur von Aberglauben und sah
in allem, was geschah, ein unwandelbar Beschlossenes.
Seinem Bekenntnis, noch mehr seiner Parteistellung nach
streng lutherisch, ruhte doch — ihm angeboren und des=
halb unveräußerlich — auf dem Grunde seines Herzens
ein gut Stück prädestinationsgläubiger Calvinismus.

Von Podelzig war nur noch eine Stunde. Es läutete
Mittag, als Othegraven vor dem Pfarrhause hielt. Seiden=
topf, den er bei seiner vorgestrigen Anwesenheit in Hohen=
Vietz nicht aufgesucht hatte, begrüßte ihn herzlich an der
Schwelle seiner Studierstube, die jetzt, wo die Wintersonne
schien, ein besonders freundliches Ansehen hatte. Alles

war verändert, und die Haushälterin, die sich am zweiten Feiertage durch ihr aufgeregtes Hin=und=her=fahren mit Schippe und Räucheressenz so bemerklich gemacht hatte, zeigte heute die vollkommenste Ruhe, als sie, nach dem Brauch des Hauses, und ohne daß eine Aufforderung dazu ergangen wäre, ein Frühstück vor Othegraven auf den Tisch stellte.

Beide Männer hatten auf einem kleinen Sofa in der Nähe des Ofens, unter dem verstaubten Real der Bibliotheca theologica, Platz genommen und sahen in den verschneiten Garten hinaus. Eine Esche stand vor dem Fenster, in Sommerzeit ein wunderschöner Baum; jetzt, wo seine Zweige wie geknotete Hanfstrippen nieder=hingen, ein trauriger Anblick. Aber keiner von beiden hatte ein Auge dafür, und während der Konrektor, dessen Vorhaben einem guten Appetit nicht günstig war, sich mehr an ein Glas Wein als an das Frühstück hielt, erzählte der Pastor von dem, was sich seit vorgestern in Hohen=Vietz ereignet hatte, von dem Einbruch und von dem Auffinden der Strolche auf dem Rohrwerder.

„Abenteuer und Kriegszüge, als hätten wir schon den Feind im Lande," so schloß er.

Othegraven, augenscheinlich in sehr unkriegerischer Stimmung, brachte der Erzählung dieser Dinge nur ein geringes Interesse entgegen, das erst wuchs, als der Ge=sprächsgegenstand wechselte und Seidentopf von dem zweiten Feiertage, ihrem heiteren Beisammensein an jenem Abende, von Pastor Zabels Verlegenheit beim Pfänderspiel und vor allem von Marie zu plaudern begann, wie sie so reizend gewesen sei und so Hübsches über seinen Werneuchner Amtsbruder gesprochen habe, trotzdem er ihr nicht habe beistimmen können.

„Sie könnten mir nichts sagen," unterbrach ihn

Othegraven, „das mich mehr erfreute. Denn wissen Sie, lieber Pastor, ich habe eine herzliche Neigung zu diesem schönen Kinde."

Seidentopf erschrak; um so mehr, je höher er Othegraven schätzte. Nie war an einen solchen Fall von ihm gedacht worden; jetzt, wo er eintrat, empfand er ihn als eine Unmöglichkeit. Er faßte sich endlich und fragte: „Weiß Marie davon?"

„Nein, ich habe vorgestern mit dem Schulzen gesprochen. Er hat mir geantwortet, Marie sei ein Stadtkind und gehöre in die Stadt; wenn er sie sich an der Seite eines braven Mannes, der sie liebe, denke, so lache ihm das Herz. Und eines Studierten, bald vielleicht eines Pastors Frau, das sei so recht d a s, was er sich immer gewünscht habe. Das Kind sei sein Augapfel, und mein Antrag sei ihm eine Ehre; aber sie müsse selber entscheiden. Ich konnte ihm nur zustimmen; und da bin ich nun, um mir diese Entscheidung zu holen."

„Ich wünsche Ihnen Glück, Othegraven. Aber alles erwogen, paßt Marie zu Ihnen?"

Othegraven wollte antworten; Seidentopf indessen, als er aus den ersten entgegnenden Worten heraushörte, daß sich die Antwort nur auf das „Gazekleid mit den Goldsternchen" und alles das, was damit in Zusammenhang war, beziehen werde, unterbrach den Konrektor und sagte ruhig: „Ich meine nicht das; ich meine: Haben Sie bedacht, ob zwei Naturen zueinander passen, von denen die eine ganz Phantasie, die andere ganz Charakter ist?"

„Ich habe es bedacht, aber, daß ich es Ihnen bekenne, mehr in Hoffnung als in Zweifel und Befürchtung. Eine Frau von Phantasie, ein Mann von Charakter, wenn ich diese auszeichnende Eigenschaft, die Sie mir zuerkennen, ohne weiteres annehmen darf, ist gerade das, was mir als ein Ideal erscheint. Was ist die Ehe anders als Ergänzung?"

„So heißt es in Büchern und Abhandlungen, und ich kann mir Fälle denken, oder sage ich lieber, ich kenne Fälle, wo dies zutrifft. Aber wenn ich in dem Buche meiner Erfahrungen nachschlage, so ist es im großen und ganzen doch umgekehrt. Die Ehe, zum mindesten das Glück derselben, beruht nicht auf der Ergänzung, sondern auf dem gegenseitigen Verständnis. Mann und Frau müssen nicht Gegensätze, sondern Abstufungen, ihre Temperamente müssen verwandt, ihre Ideale dieselben sein. Vor allem aber, lieber Othegraven, wir sind noch nicht bei der Ehe. Es handelt sich zunächst um den Zug des Herzens, der fast immer nach dem Gleichgearteten geht; wenigstens bei Naturen wie Mariens."

Othegraven lächelte. „So würde denn, teuerster Pastor, die Frage, die Sie vorhin an mich richteten, nicht haben lauten müssen, ob Marie zu mir, sondern ob ich zu ihr passe? Des ersteren bin ich sicher; um mir auch über den zweiten Punkt Gewißheit zu verschaffen, dazu bin ich hier. Ich bitte, mein Fuhrwerk auf Ihrem Hofe halten lassen zu dürfen; in einer halben Stunde sehe ich Sie wieder. Sie sollen der erste sein, der erfährt, wie die Würfel über mich gefallen sind. Ein unchristlich Wort das; aber ich halt' es aufrecht, weil es genau ausdrückt, was ich in diesem Augenblick empfinde, aller Überzeugung zum Trotz, daß es schließlich kein Würfelspiel ist, was über uns entscheidet. Wir sollten vielleicht vor solchen Widersprüchen, in die auch ein gläubig Herz geraten kann, weniger erschrecken, als wir gewöhnlich tun; wir gewönnen dadurch für uns selbst und für andere mehr, als wir verlieren. Was starr ist, ist tot."

Sie trennten sich, und Othegraven schritt auf den Schulzenhof zu.

Er fand in dem Zimmer links, in dem am zweiten Weihnachtsfeiertage der alte Kniehase das Kapitel aus dem Propheten Daniel gelesen hatte, nur die Frau des Schulzen vor. Sie schritt ihm unter herzlichem Gruß, aber doch in einer gewissen Befangenheit entgegen und sprach ihr Bedauern aus, daß ihr Mann abwesend sei, einer Dienstsache halber, mit der sie den Herrn Konrektor nicht behelligen wolle. Am wenigsten heute, da sie wisse, weshalb er komme. Sie werde Marie rufen. Dann rückte sie ihm einen Stuhl und stieg hinauf in die Giebelstube, wo die Tochter mit allerhand kleiner Handarbeit, mit Stopfen und Nähen beschäftigt war, um nichts Unfertiges oder Unordentliches mit in das neue Jahr hinüberzunehmen. In der resoluten Weise einer Frau, die von Vorbereiten und Überraschungen ersparen nicht viel hält, sagte sie kurz und ohne Umschweife: „Komm, Marie, Konrektor Othegraven ist unten; er hat bei dem Vater um dich angehalten. Sage nun ‚ja‘ oder ‚nein‘: uns Alten ist beides recht. Wir haben keinen anderen Wunsch als dein Glück, und du mußt selber wissen, was dich glücklich macht."

Marie war heftig erschrocken, faßte sich aber und folgte der Mutter treppab. Othegraven hatte den Stuhl, der ihm angeboten war, nicht angenommen; er stand am Fenster, mit den Fingern der rechten Hand auf den Knöcheln der linken spielend wie jemand, der voll innerer Unruhe ist.

„Hier ist sie," sagte Frau Kniehase und schritt wieder auf die Tür zu.

„Bleibe, Mutter," bat Marie.

Frau Kniehase gab ihre Absicht auf und setzte sich an das Spinnrad. „Marie, Sie wissen, weshalb ich hier bin," begann Othegraven nach einer kurzen Pause.

"Ja, die Mutter hat es mir eben gesagt."

"Hat es Sie überrascht?"

"Wir kennen uns erst kurze Zeit."

"Das Herz, wenn es überhaupt sprechen will, spricht schnell. Es ist jetzt ein halbes Jahr, Marie, daß ich Sie zum ersten Male sah; es war im Park, an der Stelle, wo das Rondeel ist. Ich entsinne mich jedes kleinsten Umstandes."

Marie nickte, zum Zeichen, daß auch ihr der Tag in Erinnerung geblieben sei.

"Es war Besuch da," fuhr Othegraven fort, "der Steinhöfelsche Herr von Massow, der junge Herr von Burgsdorff und Dr. Faulstich aus Kirch=Göritz; Sie spielten Reifen, und ich hörte schon von fern Ihr Lachen, als ich mit dem alten Herrn von Vitzewitz die große Rüsternhecke heraufkam. Fräulein Renate, in einem hellblauen Sommer= kleid, stand Ihnen gegenüber. Als ich dann an dem Spiele teilnahm und Ihnen mit ungeübter Hand die Reifen zu= warf, fingen Sie jeden auf, ob er zu kurz oder zu weit flog. Ihre Geschicklichkeit glich aus, was der meinigen fehlte. Ich habe nichts davon vergessen, und als ich an jenem Abend nach Frankfurt zurückfuhr, wußte ich, daß ich Sie liebte."

Marie schwieg; das Spinnrad surrte, man hätte eine Nadel fallen hören.

"Haben Sie mir nichts zu sagen, Marie?"

Sie schritt jetzt rasch auf ihn zu, reichte ihm die Hand und sagte mit einer Entschlossenheit, in der das vorauf= gegangene Bangen nur noch leise nachklang: "Es kann nicht sein; Sie selbst haben mir die Antwort auf die Lippen gelegt, als Sie sagten, das Herz spräche schnell, wenn es überhaupt sprechen wolle." Dann barg sie das Gesicht in ihre Hände und rief: "Ach, bin ich undankbar?"

„Ich habe keinen Anspruch auf Ihren Dank, Marie."

„Und doch bin ich undankbar vielleicht, nicht gegen Sie, aber gegen mein Geschick. Ich war nicht so jung, als ich in dieses Haus kam, daß ich hätte vergessen können, was ich vorher war. Und wenn ich es je vergessen hätte, so würde mich das Kreuz, das oben auf meines Vaters Grabe steht, jeden Tag daran erinnert haben. Die Art, wie mich Gott geführt, legt mir besondere Dankespflichten auf, und ich weiß nicht, ob ich diese Pflichten erfülle, wenn ich jetzt einfach sage: Mein Herz spricht nicht. Es sollte vielleicht sprechen; aber es schweigt. Und so muß es denn bleiben, wie es ist. Es trennt uns etwas, ein Unterschied der Naturen, den ich nicht zu nennen weiß, der aber da ist, weil ich ihn empfinde."

Marie schwieg.

„So hab' ich denn wenigstens Gewißheit empfangen," nahm Othegraven das Wort, „und das Traurigste, was es gibt, hoffnungslos zu hoffen, ist mir erspart geblieben. Sie haben es verschmäht, sich hinter Halbheiten zu flüchten; ich danke Ihnen dafür. Auch dies zeigt mir, wie richtig meine Neigung wählte, richtig, aber nicht glücklich. Und es ist ohne Bitterkeit, Marie, daß ich von Ihnen scheide; denn das Herz läßt sich nicht zwingen. Und ob ich es gleich wünschte, daß sich das Ihrige anders entschieden hätte, so weiß ich doch, daß es sich entschieden hat, wie es sich entscheiden mußte."

Er reichte erst Marie, dann der Mutter die Hand und verließ das Haus, in dem ein kurzes Gespräch über sein Glück den Stab gebrochen hatte.

Eine Stunde später fuhr er wieder auf Frankfurt zu.

„Lieber Freund," so waren des Pastors letzte Worte gewesen, „ich beobachte das Leben nun vierzig Jahre, und immer wieder habe ich wahrgenommen, daß sich Männer

Ihrer Art zu Naturen wie Mariens unwiderstehlich hingezogen fühlen, ohne daß diese Naturen die Liebe, die ihnen entgegengetragen wird, jemals erwidern können. Den Charakter zieht es zur Phantasie, aber nicht umgekehrt."

Othegraven, indem er die Seidentopfschen Worte hin und her wog, lächelte schmerzlich.

„Es ist so; der Alte hat recht. Und so werd' ich denn lieblos durch dieses Leben gehen; denn nur die Seite des Daseins, die mir fehlt, hat Reiz für mich und zieht mich an. Und so ist mein Los beschlossen. Trag' ich es; nicht nur weil ich muß, auch weil ich will. Tue, was dir geziemt. Aber ich hatte es mir schöner geträumt; auch heute noch."

Während dieses Selbstgespräches war der Konrektor in Podelzig eingefahren und passierte die Stelle, wo er dem alten Ryffelmann begegnet war. Er entsann sich der gehobenen Stimmung, in der er noch zu ihm gesprochen hatte, und wiederholte vor sich hin: „Ja, schöner geträumt; auch heute noch!"

XXXVI.

Silvester in Guse.

Der Brief, den Hoppenmarieken mit dem Bemerken „Is hüt dis een man" an Berndt überreicht hatte, war während der unmittelbar folgenden Szene vergessen worden. Erst als unsere Zwergin vom Forstacker, als sei nichts vorgefallen, in aller Munterkeit vom Dorf her in die Dorfstraße einbog, entsann sich Berndt des Schreibens wieder, das aus Kirch=Göritz war und die Aufschrift trug: „An Fräulein Renate von Vitzewitz. Hohen=Vietz bei Küstrin." Er gab den Brief an Lewin, der nun den langen Korridor hinunterschritt, um ihn Renaten persönlich zu überbringen.

In dem Krankenzimmer war es hell, Renate selbst ohne Fieber, nur noch matt. Kathinka saß an ihrem Bett, während Maline seitab am Fenster stand und eine der Kalvillen schälte, die sie sich am Abend vorher geweigert hatte, aus dem alten Spukesaal heraufzuholen.

„Ist es erlaubt?" fragte Lewin und nahm einen Stuhl. „Ich komme nicht mit leeren Händen; hier ein Brief für dich, Renate."

„Ach, das ist hübsch! Ich wollte, daß alle Tage Briefe kämen. Kathinka, nimm bir das zu Herzen, und du auch, Lewin. Ihr verwöhnten Leute habt keine Ahnung davon, was uns in unserer Einsamkeit ein Brief bedeutet."

Während dieser Worte hatte sie das Siegel erbrochen und sah nach der Unterschrift: „Doktor Faulstich." Es konnte nicht anders sein; wer außer ihm in Kirch=Göritz hätte Veranlassung haben können, an Fräulein Renate von Vitzewitz zu schreiben! Der Brief war übrigens vom 29., also um einen Tag verspätet.

„Lies ihn uns vor," sagte Kathinka, „so du keine Geheimnisse mit dem Doktor hast."

„Wer weiß; ich will es aber doch wagen." Und sie las: „Mein gnädigstes Fräulein! Ein Richterspruch, der keinen Appell gestattet, hat sie auserkoren, bei der am Silvester in Schloß Guse stattfindenden Vorstellung mit= zuwirken. Mehr noch, Sie werden die Festlichkeit zu er= öffnen und beifolgenden Prolog zu rezitieren haben, den ich, trotz des bis hierher angeschlagenen Direktorialtones in meiner geängstigten Dichtereitelkeit Ihrer freundlichen Beurteilung, speziell auch der Nachsicht der beiden Kastalia= mitglieder, die mich gestern durch ihren Besuch erfreuten, empfehle. Voll berechtigten Mißtrauens in unsere Kirch= Göritzer Postverhältnisse, habe ich geschwankt, ob es nicht vielleicht geraten sei, diesen Brief durch einen Expressen an Sie gelangen zu lassen; vierundzwanzig Stunden aber für eine Entfernung, die selbst mit dem Umweg über Küstrin nur anderthalb Meilen beträgt, sind reichlich bemessen, und so hege ich denn die Hoffnung, diese Zeilen samt ihrer Einlage rechtzeitig bei Ihnen eintreffen zu sehen. Que Dieu vous prenne, vous et ma lettre, dans sa garde! Mit diesem Wunsche, der sich in Form und Sprache fast mehr schon gegen Guse als gegen Hohen-Vietz verneigt, Ihr treu ergebenster Doktor Faulstich."

„Allerliebst," sagte Kathinka.

„Ich gebe euch auch noch die Nachschrift." Und Renate las weiter: „Die Toilette, mein gnädigstes Fräulein, darf Sie nicht beunruhigen, trotzdem es niemand Geringeres als Melpomene selbst ist, der ich meine Prologstrophen in den Mund gelegt habe. In wie vielen Beziehungen auch die neun Schwestern von Klio bis auf Polyhymnia sich beschwerlich erweisen mögen, in einem Punkte sind sie bequem: in der Kostümfrage. Der Faltenwurf ist alles. Ich vertraue übrigens, wenn wir eines Rats benötigt sein sollten, auf Demoiselle Alceste, die mit Hilfe Racines und seiner Schule seit vierzig Jahren unter den Atriden gelebt hat und die Staffeln zwischen Klytämnestra und Elektra beständig auf und nieder gestiegen ist."

„Ach, wie schade!" rief Maline vom Fenster her, ganz nach Art verwöhnter Dienerinnen, die sich gern ins Gespräch mischen.

„Ja, da hast du recht," sagte Renate, halb in wirklichem, halb in scherzhaftem Unmut, während sie den Brief wieder zusammenlegte. „Da blitzt es nun mal einen Augenblick herauf, aber nur um mir das Dunkel meiner Hohen-Vietzer Tage wieder um so fühlbarer zu machen. Verzeihe, Kathinka, daß ich undankbar deines Besuches und der Stunden vergesse, die du mir an meinem Bett und auch vorher schon weggeplaudert hast, aber daß ich um diese Fahrt nach Guse komme und um Demoiselle Alceste, und um meinen Prolog, das verwinde ich mein Lebtag nicht. Sage selbst: als Muse, als Melpomene; wie das schon klingt! Und von einer französischen Schauspielerin eigenhändig drapiert! Ich kann siebzig Jahre alt werden, ohne zu so was Herrlichem je wieder aufgefordert zu werden."

„Aber ist es denn unmöglich?" fragte Kathinka. „Du fühlst dich wohler, das Fieber ist fort. Komm mit, wir stecken dich in einen Fußsack und von oben her in einen Pelz."

Renate schüttelte den Kopf. „Das darf ich dem alten Leist nicht antun. Wenn ich ihm stürbe — das verzieh' er mir all mein Lebtag nicht. Nein, ich bleibe; und du, Kathinka, mußt die Rolle sprechen."

„Ich?"

„Ja, du hast keine Wahl. In dem Salon unserer Tante ist, wie du weißt, außer dir und mir nichts von Damenflor zu Hause, und wenn Demoiselle Alceste — ich habe die Strophen eben überflogen — nicht als ihr eigener Herold auftreten, sich ankündigen und vielleicht auch verherrlichen soll, so bleibt dir nichts übrig, als den Prolog zu sprechen. Du hast ohnehin die Melpomene=Figur. Aber ich glaube fast, du tust es ungern."

„Nicht doch, ich mißtraue nur meinem Gedächtnis."

„O! da schaffen wir Rat," sagte Lewin. „Es sind noch zwei Stunden, bis wir aufbrechen; vor allem aber haben wir noch die Fahrt selbst; ich werde dir unterwegs die Strophen rezitieren, einmal, zweimal, und im Nach= sprechen wirst du sie lernen. Die frische Luft erleichtert ohnehin das Memorieren."

Vor dem Sturm.

Kathinka war es zufrieden. So trennte man sich, da nicht nur die Tischglocke jeden Augenblick geläutet werden konnte, sondern auch das wenige, was außerdem noch an Zeit verblieb, zu Vorbereitungen nötig war, die sich für die Ladalinskischen Geschwister mehr noch auf ihre Abreise überhaupt als auf die Fahrt nach Guse bezogen. Sie hatten nämlich vor, wenn die Tante sie nicht festhielt, in derselben Nacht noch nach Berlin zurückzukehren.

Um vier Uhr hielt das Schlittengespann mit den Schneedecken und den roten Federbüschen, dasselbe, das am dritten Weihnachtsfeiertage Lewin und Renaten nach Guse hinübergeführt hatte, vor der Rampe des Hauses, und nach herzlichem Abschiede von Tante Schorlemmer, auch von Jeetze und Maline, die sich mit ihrem Schürzenzipfel eine Träne trocknete und immer wiederholte: „wie schön es gewesen sei" und: „solch liebes Fräulein," rückten sich endlich die Ladalinskis auf ihrer Polsterbank zurecht, während Lewin den Platz auf der Pritsche nahm. Der alte Vitzewitz, der noch an Turgany zu schreiben und seinen Bericht über die Resultate der Haussuchung beizufügen hatte, hatte zugesagt, in einer Viertelstunde mit den Ponies zu folgen.

„Ich überhole euch doch! Was gilt die Wette, Kathinka?"

„Du verlierst."

„Nein, ich gewinne."

Gleich darauf zogen die Pferde an, und der leichte Schlitten flog mit einer Schnelligkeit dahin, die zunächst wenigstens für die Chancen Berndts besorgt machen konnte.

Kathinka, wie am Abend vorher auf der kurzen Fahrt nach Hohen=Ziesar, hatte auch heute wieder die Leinen genommen; das Glockenspiel klang, und die roten Büsche nickten. Ihr Weg ging erst tausend Schritt auf der

Küstriner Straße zwischen den Pappeln hin, ehe sie nach links in die weite Schneefläche des Bruchs einbogen. Als sie die Stelle passierten, wo der Überfall stattgefunden hatte, zeigte Tubal scherzend nach der Waldecke hinüber und beschrieb der Schwester seinen Wettlauf über den Sturzacker hin.

„Und das alles im Ritterdienste Hoppenmariekens. Wer hielt je treuer zu seiner Devise: Mon cœur aux dames!"

„Es müssen eben Zwerginnen kommen, um euch zu ritterlichen Taten anzuspornen. Sonst laßt ihr andere eintreten in Taten und Gesang, und wenn es Doktor Faulstich wäre. Im übrigen ist es Zeit, Lewin, daß wir unsere Lektion beginnen. Ich weiß vorläufig nur, daß die erste Strophe mit einem Reim auf Guse abschließt; Muse, Guse. Ich glaube, die ganze Melpomene=Idee wäre nie geboren worden, wenn dieser Reim nicht existiert hätte."

Nun begann unter Lachen das Rezitieren, und immer, wenn eine neue Strophe bezwungen war, salutierte Lewin, und der Knall seiner Schlittenpeitsche, dann und wann das Echo weckend, hallte über die weite Schneefläche hin. So hatten sie Golzow, bald auch Langsow passiert, und der Guser Kirchturm wurde schon zwischen den Parkbäumen sichtbar, als plötzlich die Ponies, deren schwarze Mähnen von Renneiser wie Kämme standen, ihnen zur Seite waren und der alte Vitzewitz, in seinem Kaleschwagen sich auf= richtend, zu Kathinka hinüberrief: „Gewonnen!"

„Nein, nein!" Und nun begann ein Wettfahren, in dem als nächstes Objekt die Ottaverime des Doktors und gleich darauf alle Gedanken an Prolog und Melpomene über Bord gingen. Auch über die Braunen, die vor den Schlitten gespannt waren, kam es wie eine ehrgeizige

Regung alter Tage; aber der Vorteil ihrer größeren Schritte ging bald unter in dem Nachteil ihrer längeren Dienstjahre, über die nur einen Augenblick lang die jugendlich machenden Schneedecken hatten täuschen können, und um ein paar Pferdelängen voraus donnerte der Kaleschwagen über die Sphinxenbrücke und hielt als erster vor dem Schloß. Berndt hatte das Spritzleder schon zurückgeschlagen, sprang herab und stand rechtzeitig genug zur Seite, um Kathinka die Hand reichen und ihr beim Aussteigen aus dem Schlitten behilflich sein zu können.

„Da hast du die gewonnene Wette," sagte sie, dem Alten einen herzhaften Kuß gebend, während sie zugleich, zu Lewin gewandt, hinzusetzte: „Voilà notre ancien régime."

Dann traten sie in die geheizte Flurhalle, wo Diener ihnen die Mäntel und Pelze abnahmen.

* * *

In dem blauen Salon der Gräfin war heute der „weitere Zirkel", dem außer einigen unmittelbaren Nachbarn von Tempelberg, Quilitz und Friedland her auch der Landrat und der neue Selowsche Oberpfarrer angehörten, schon seit einer halben Stunde versammelt und teilte seine Aufmerksamkeiten zwischen der Wirtin und ihrem bevorzugten Gaste, Demoiselle Alceste. Diese, wie sie zugesagt, war bereits einen Tag früher eingetroffen, und in Plaudereien, die sich bis über Mitternacht hinaus ausgedehnt hatten, war der Rheinsberger Tage, der Wreechs, Knesebecks und Tauenziens, vor allem auch der prinzlichen Schauspieler, des genialen Blainville und der schönen Aurora Bursay mit herzlicher Vorliebe gedacht worden. Über Erwarten hinaus hatte das Wiedersehen, das nach länger als zweiundzwanzig Jahren immerhin ein Wagnis war, beide Damen befriedigt, von denen jede das Verdienst, sofort den rechten Ton getroffen zu haben, für sich in Anspruch nehmen durfte. Am meisten freilich Demoiselle Alceste; sie vereinigte in sich die Liebenswürdigkeiten ihres Standes und ihrer Nation. Sehr groß, sehr stark und sehr asthmatisch, von fast kupferfarbenem Teint und in eine schwarze Seidenrobe gekleidet, die bis in die Rheinsberger Tage zurückzureichen schien, machte sie doch dies alles vergessen durch den die größte Herzensgüte verratenden Ausdruck ihrer kleinen schwarzen Augen und vor allem durch ihre Geneigtheit, auf alles Heitere und Schelmische und, wenn mit Esprit vorgetragen, auch auf alles Zweideutige einzugehen. Was ihr anziehendes Wesen noch erhöhte, waren die Anfälle von Künstlerwürde, denen sie ausgesetzt war, Anfälle, die — wenn sie nicht an und für sich schon einen Anflug von Komik hatten — jedenfalls in dem als Rückschlag eintretenden Moment der Selbstpersiflierung zu herzlichster Erheiterung führten. Ihre geistige Regsamkeit, auch ihr Embonpoint, das keine Falten gestattete, ließen sie jünger erscheinen als sie war, so daß sie sich, obgleich sie beim Regierungsantritt Ludwigs XVI. die Phädra gespielt hatte, in weniger als einer halben Stunde der Eroberung erst Drosselsteins und dann Bammes rühmen durfte.

Von diesen Eroberungen mußte ihr, ihrem ganzen Naturell nach, die zweite die wichtigere sein. Drosselsteins hatte sie viele gesehen, Bammes keinen, und den Tagen der Liebesabenteuer auf immer entrückt, hatte sie sich längst daran gewöhnt, den Wert ihrer Eroberungen nur noch nach dem Unterhaltungsreiz, den ihr dieselben gewährten, zu bemessen. Sie war darin der Gräfin verwandt; nur mit dem Unterschiede, daß diese das Aparte überhaupt liebte, während alles, was i h r gefallen sollte, durchaus den Stempel des Heiteren tragen mußte. Dabei war ihr überraschenderweise auf der Bühne das Komische nie geglückt, und nur in Rollen, die sich auf Inzest oder Gattenmord aufbauten, hatte sie wirkliche Triumphe gefeiert.

Es wurde schon der Kaffee gereicht, als die Hohen-Vietzer eintraten und auf Tante Amelie zuschritten. Diese, nach herzlicher Begrüßung, erhob sich von ihrem Sofaplatz, um ihren Liebling Kathinka — die kaum Zeit gefunden hatte, von Renatens Unwohlsein und der momentan in Gefahr geratenen Melpomenen=Rolle zu sprechen — mit ihrem französischen Gaste bekanntzumachen.

Demoiselle Alceste brach ihr Gespräch mit Bamme ab und trat den beiden Damen entgegen.

„Je suis charmée de vous voir," begann sie mit Lebhaftigkeit, „Madame la Comtesse, votre chère tante, m'a beaucoup parlé de vous. Vous êtes polonaise. Ah, j'aime beaucoup les Polonais. Ils sont tout-à-fait les Français du Nord. Vous savez sans doute que le Prince Henri était sur le point d'accepter la couronne de Pologne."

Kathinka hatte nie davon gehört, hielt aber mit diesem Geständnis zurück, während Demoiselle Alceste das immer politischer werdende Gespräch in Ausdrücken fortsetzte, die, was Bewunderung für den Prinzen und Abneigung gegen den königlichen Bruder anging, selbst Tante Amelie kaum gewagt haben würde. Das Thema von der polnischen Krone bot die beste Gelegenheit dazu.

„Dem ‚grand Frédéric‘, fuhr sie mit spöttischer Betonung seines Namens fort, „sei der Gedanke, seinen Bruder als König eines mächtigen Reiches zur Seite zu haben, einfach unerträglich gewesen. Es habe freilich, wie das immer geschehe, nicht an Versuchen gefehlt, die eigent=

lichen Motive mit Gründen „hoher Politik" zu verdecken; sie aber wisse das besser, und der Neid allein habe den Ausschlag gegeben."

Kathinka, die von dem Prinzen nichts wußte als seinen Weiberhaß, nahm aus diesem krankhaften Zuge, der ihn ihr unmöglich empfehlen konnte, eine momentane Veranlassung zu Loyalität und Verteidigung des großen Königs her, bis sie sich endlich lächelnd mit den Worten unterbrach: „Mais quelle bêtise; je suis polonaise de tout mon coeur et me voilà prête a travailler pour le roi de Prusse."

Damit brach der politische Teil ihrer Unterhaltung ab und glitt zu dem friedlichen Thema der nahe bevorstehenden Theatervorstellung über. Aber auch hier kam es zu keinen vollen Einigungen. Immer wieder vergeblich wurde von seiten Kathinkas geltendgemacht, daß sie als Prolog sprechende Melpomene ein natürliches Anrecht habe, in die Geheimnisse Dr. Faulstichs und seiner künstlerischen Hauptkraft: Demoiselle Alceste, eingeweiht zu werden. Diese blieb dabei, daß es zu dem Anmutigsten des Theaterlebens gehöre, die Akteurs und Aktricen sich wieder untereinander überraschen zu sehen. Und solch heiteres Spiel dürfe nicht mutwillig gestört werden.

Während dieses Gespräch in der großen Fensternische geführt wurde, die den Blick in den Park und die untergehende Sonne hatte — nur ein Streifen Abendrot lag noch am Himmel — hatten sich Tubal und Lewin zur Seite der Tante niedergelassen, um über die jüngsten Hohen-Vietzer Ereignisse zu berichten. Der Kreis wurde bald größer. Erst Krach und Medewitz, dann der Lebuser Landrat samt dem Seelowschen Oberprediger, zuletzt auch Baron Pehlemann, der, einen Rest von Podagra mißachtend, in oft erprobter Gesellschaftstreue sich eingefunden hatte, alle rückten näher, um sich von dem Einbruch der Diebe, von dem Auffinden der beiden Landstreicher auf dem Rohrwerder und endlich von der Haussuchung bei Hoppenmarieken erzählen zu lassen. Niemand folgte gespannter als Tante Amelie selbst, die, neben einer natürlichen Vorliebe für Einbruchsgeschichten, eine herzliche Genugtuung empfand, die von ihrem Bruder vermuteten französischen Marodeurs sich einfach in Muschwitz und Rosentreter verwandeln zu sehen. Der überlegene Charakter Berndts war ihr zu oft unbequem, als daß ihr der Anflug von Komischem, der dadurch auf seine Pläne fiel, nicht hätte willkommen sein sollen.

Und doch waren es gerade wieder diese Pläne, die, während die Schwester im stillen triumphierte, den Bruder auf das lebhafteste beschäftigten. In demselben Augenblicke beinahe, wo die Vorstellung Kathinkas das zwischen Demoiselle Alceste und Bamme geführte Gespräch unterbrochen hatte, hatte sich Berndt des alten Generals zu bemächtigen gewußt, und ihn bei Seite nehmend, war er nicht säumig gewesen, ihm seine bis dahin nur flüchtig angedeuteten Gedanken über Insurrektion des Landes zwischen Oder und Elbe zu entwickeln. Der Hauptpunkt blieb immer die Volksbewaffnung à tout prix, also mit dem Könige: wenn möglich, ohne den König: wenn nötig. In betreff dieses Punktes aber war Berndt gerade dem alten General gegenüber nicht ohne Sorge. Bamme gehörte nämlich jener unter dem Absolutismus großgezogenen militärischen Adelsgruppe an, die auf eine Kabinettsordre hin all und jedes getan hätte und unter einem Lettre-de-Cachet-König so recht eigentlich erst an ihrem Platze gewesen sein würde. So kannte Berndt den General. Er übersah aber doch zweierlei: einmal seine stark ausgeprägte Heimatsliebe, die, wenn verletzt, sich jeden Augenblick bis zu dem unserem Adel ohnehin geläufigen Satze: „Wir waren vor den Hohenzollern da" hinaufschrauben konnte, dann seinen Hang zu Wagnis und Abenteuer überhaupt, der so groß war, daß ihm jede Konspiration angenehm und einschmeichelnd und ein nach oben hin gerichteter Absetzungsversuch, weil seltener und aparter, vielleicht noch anlockender als ein von oben her angeordneter Unterdrückungsversuch erschien. Ohne Grundsätze und Ideale, war sein hervorstechendster Zug das Spielerbedürfnis; er lebte von Aufregungen.

Berndt, als er ihm alles entwickelt hatte, setzte ruhig hinzu: „Da haben Sie meinen Plan, Bamme. Seine Loyalität kann bestritten werden. Wir stehen ein für das Land; Gott ist mein Zeuge, auch für den König. Aber wenn wir die Waffen wider seinen Willen nehmen, so kann es uns auf Hochverrat gedeutet werden. Ich bin mir dessen bewußt, und ich spreche es aus."

Bamme hatte während dieser letzten Worte lächelnd an seinem weißen Schnurrbart gedreht: „Es ist, wie Sie sagen, Vitzewitz. Aber was tut's! Wir müssen eben unsere Haut zu Markte tragen; das ist hier Landes so der Brauch. Ich weiß genau, wie sie es da oben machen, oder sagen wir lieber, wie sie es machen müssen; denn ich glaube, sie haben keine Wahl. Es wird damit beginnen, daß man uns verleugnet, immer wieder und wieder, immer ernsthafter, immer bedrohlicher. Aber mittlerweile wird man abwarten und unser Spiel mit Aufmerksamkeit und frommen Wünschen verfolgen. Glückt es, so wird man den Gewinn: ein Land und eine Krone, ohne weiteres akzeptieren und uns dadurch danken, daß man uns — verzeiht; mißglückt es, so wird man uns über die Klinge springen lassen, um sich selber zu retten. Es kann uns den Kopf kosten; aber ich für mein Teil finde den Einsatz nicht zu hoch. Ich bin der Ihre, Vitzewitz."

* * *

Während so an verschiedenen Punkten des Salons über die verschiedensten Themata, über die polnische Krone, Hoppenmarieken und den Volksaufstand zwischen Oder und Elbe gesprochen wurde, lag die ganze Schwere des Dienstes, zugleich die ganze Verantwortlichkeit für Gelingen oder Mißlingen dieses Abends auf den Schultern Dr. Faulstichs. Die Gräfin, nur eine alleroberste Leitung, ein letztes Ja oder Nein sich vorbehaltend, hatte alles andere mit einem leicht hingeworfenen „Vous ferez tout cela" auf den Kirch= Göritzer Doktor abgewälzt. „Was dem Ziebinger Grafen recht ist, ist der Guser Gräfin billig." Er hatte gehorchen müssen und auch gern gehorcht, aber doch in Bangen. Und dieses Bangen war nur allzu gerechtfertigt. Übersah er die Situation, so war er eigentlich nur seiner selbst sicher, und auch das kaum. Hundert Fragen drängten auf ihn ein. Wie würde, um nur eine der nächstliegenden und wichtigsten zu nennen, das Streichinstrument= und Flöten= quintett bestehen, das, die musikalischen Kräfte von Selow und Kirch=Göritz zusammenfassend, der Leitung des jungen Guser Kantors, eines nach Tante Amelies Meinung ver= kannten musikalischen Genies, anvertraut worden war? Würde Kathinka, wirklicher Deklamation zu geschweigen, die Prolog=Ottaverime auch nur fehlerfrei und ohne Anstoß sprechen können? Würde Alceste die ganze Vorstellung nicht zu sehr als Bagatelle behandeln? War Verlaß auf die Dienerschaften, Männlein wie Weiblein, die mit Dekorationswechsel, Bereithaltung einiger Requisiten, end= lich auch mit dem Zurückziehen und Wieder=fallen=lassen der Gardine betraut worden waren? Denn das Guser Theater hatte noch statt eines rouleauartigen Vorhanges den von links und rechts her zusammenfallenden Teppich. Mehr als einmal schoß dem Doktor das Blut zu Kopf und weckte die Lust in ihm, in dieser zwölften Stunde noch mit einem Demissionsgesuch vor die Gräfin zu treten; aber im selben Augenblicke die Unmöglichkeit solchen Schrittes einsehend, richtete er sich an dem Satze auf, der in ähnlichen Lagen schon so oft geholfen hat: „Nur erst anfangen." Übrigens erwuchs ihm, als die Not am größten war, eine wesentliche Hilfe aus dem plötzlichen Erscheinen der kleinen Eve. Diese hatte sich ihm kaum zur Verfügung gestellt, als auch schon ein besserer Geist in die Dienerschaften fuhr, die guten Grund hatten, es mit dem erklärten Liebling der Gräfin nicht zu verderben.

So kam neun Uhr; schon eine Stunde vorher waren Mademoiselle Alceste und Kathinka aus dem Salon abgerufen worden. Jetzt trat Eve an ihre Herrin heran, um ihr zuzuflüstern, daß alles bereit sei. Die Gräfin erhob sich sofort, reichte Drosselstein den Arm und schritt durch das Eßzimmer in den dahintergelegenen Theatersaal, der sich, ziemlich genau halbiert, in eine Bühne und einen Zuschauerraum teilte. In letzterem herrschte eine nur mäßige Helle, um die Gestalten auf der Bühne in desto schärferer Beleuchtung erscheinen zu lassen. Etwa zwanzig Sessel waren in zwei Reihen gestellt, in Front derselben fünf hochlehnige Stühle für die Musik, in deren Mitte, den Blick auf den Vorhang gerichtet und eine Notenrolle in der Hand, der als Kapellmeister funktionierende Gnser Kantor stand, Herr Nippler mit Namen. Auf den Polstersesseln lagen Theaterzettel, die auf Veranlassung Faulstichs bei dem Buchbinder und Fibelverleger P. Nottebohm in Kirch=Göritz gedruckt worden waren und jetzt, nachdem alles Platz genommen hatte, sofort einem eifrigen Studium unterzogen wurden. Der Zettel lautete:

Théâtre du Château de Guse.

Jeudi le 31 Décembre 1812.

La représentation commencera à 9 heures.

1. Ouverture exécutée sous la direction de M. Nippler, chantre de Guse par 3 violons, 1 flûte et 1 basse.
2. Prologue. (Melpomène.)
3. Début de Mademoiselle Alceste Bonnivant.
    Scènes diverses, prises de Guillaume Tell. Tragédie en cinq actes par Lemierre.
    - *a.* Cléofé, épouse de Tell, s'adressant à son mari:
        Pourquoi donc affecter avec moi ce mystère,
        Et te cacher de moi comme d'une étrangère?
    - *b.* Cléofé, s'adressant à la Garde de Gesler:
        Je veux voir mon époux, vous m'arrêtez en vain etc.
    - *c.* Cléofé, s'adressant à Gesler:
        Quoi, Gesler! quand j'amène un fils en ta présence etc.
    - *d.* Cléofé, s'adressant à Walther Fürst;
        C'était-là le moment de soulever la Suisse.
        Tu l'as perdu!
4. Finale composé pour 2 violons et 1 flûte par M. Nippler.

Le Sous-Directeur Dr. Faulstich.

Imprimé par P. Nottebohm.

relieur, libraire et éditeur à Kirch-Goeritz.

Die Mehrzahl der Anwesenden war mit dem Studium des Zettels noch nicht bis zur Hälfte gediehen, als das Zeichen mit der Klingel gegeben wurde. Nippler klopfte mit der steifen Papierrolle auf das Podium, und sofort begannen die Violinen ihr Werk; jetzt fiel die Flöte ein, während von Zeit zu Zeit des „Basses Grundgewalt" dazwischen brummte. Nun war es zu Ende, Nippler trocknete sich die Stirn, und die Gardine öffnete sich. Melpomene stand da.

Ein „Ah!" ging durch die ganze Versammlung, so

von Herzen, daß auch einer zaghafteren Natur als der Kathinkas der Mut des Sprechens hätte kommen müssen.

Ehe sie begann, fragte Rutze leise den neben ihm sitzenden Baron Pehlemann: „Was stellt sie vor?"

„Melpomene."

„Aber hier steht ja Prolog."

„Das ist ein und dasselbe."

„Ah, ich verstehe," flüsterte Rutze mit einem Gesichts= ausdruck, der über die Wahrheit seiner Versicherung die gegründetsten Zweifel erlaubte.

Kathinka trat einen Schritt vor. Sie trug ein weißes Gewand, an dem sich die Drapierungskunst Demoiselle Alcestens glänzend bewährt hatte, und stemmte ein hohes, grün eingebundenes Notenbuch — auf dessen beide Deckel eine Abschrift der zu sprechenden Strophen aufgeklebt worden war — mit ihrer Linken gegen die Hüfte. Die Rechte führte den Griffel. So sah sie einer Klio ähn= licher als einer Melpomene. Ruhig, als ob die Bretter ihre Heimat wären, das Auge abwechselnd auf die Ver= sammlung und dann wieder auf das aushelfende Noten= buch gerichtet, sprach sie:

> Ihr kennt mich! Einst ein Götterkind der Griechen,
> Irr' ich vertrieben jetzt von Land zu Land,
> Und Unkraut nur und Moos und Efeu kriechen
> Hin über Trümmer, wo mein Tempel stand;
> Ach oft in Sehnsucht droh' ich hinzusiechen
> Nach einem dauernd=heimatlichen Strand —
> Raststätten nur noch hat die flücht'ge Muse,
> Der liebsten eine hier, hier in Schloß Guse.
>
> Und fragt ihr nach dem Lose meiner Schwestern?
> Die meisten bangen um ihr täglich Brot,
> Thalia spielt in Schenken und in Nestern
> Und gar Terpsichore, sie tanzt sich tot;

So schritt ich einsam, als sich mir seit gestern
In meinem Liebling der Gefährte bot,
Ihr kennt ihn, und herzu zu diesem Feste
Bring' ich das beste, was ich hab': Alceste.

Hier unterbrach sie sich einen Augenblick, wandte mit vieler Unbefangenheit das Notenbuch um, so daß der Rückdeckel, auf dem die Schlußstrophe stand, nach oben kam, und fuhr dann fort:

Sie wünscht euch zu gefallen. Ob's gelinget,
Entscheidet ihr; die Huld macht stark und schwach;
Und wenn ihr Wort euch fremd im Ohre klinget,
Dem Fremden eben gönnt ein gastlich Dach.
Empfanget sie, als ob ihr mich empfinget,
Ihr Bitzewitze, Drosselstein und Krach,
Mein Sendling ist sie, wollt ihm Beifall spenden,
„Ich habe keinen zweiten zu versenden."

Die Gardine fiel. Lebhafter Beifall wurde laut, am lautesten von seiten Rutzes, der einmal über das andere versicherte, daß er nun völlig klar sehe und Faulstich bewundere, der dies wieder so fein eingefädelt habe. Der einzige, der bei dem kleinen Triumphe Kathinkas in Schweigen verharrte, war Lewin. Die Sicherheit, mit der sie die nur flüchtig gelernten Strophen vorgetragen hatte, hatte ihn inmitten seiner Bewunderung auch wieder bedrückt. „Sie kann alles, was sie will," sagte er zu sich selbst; „wird sie immer wollen, was sie soll?"

In dem Reichbeanlagten ihrer Natur, in dem Übermut, der ihr daraus erwuchs, empfand er in schmerzlicher Vorausahnung, was sie früher oder später voneinander scheiden würde.

Die Pause war um; die Violinen intonierten leise, nur um anzudeuten, daß die nächste Nummer im Anzuge sei. Aller Blicke richteten sich auf den Zettel: „Scènes prises de Guillaume Tell. Erste Szene: Cléofé, épouse de Tell, s'adressant à son mari." Im selben Augenblicke öffnete sich die Gardine. Eine Hintergrundsdekoration, die Berg und See darstellte, hatte sich jetzt vor den griechischen Tempel geschoben, das Kuhhorn erklang, und dazwischen läuteten die Glocken einer Herde. So verändert war die Szene; aber veränderter war das Bild, das innerhalb derselben erschien. An die Stelle der jugendlichen Gestalt in Weiß trat eine alte Dame in Schwarz: Mademoiselle Alceste, die die Kostümfrage mit äußerster Geringschätzung behandelt und, das schwarze Seidenkleid (ihr eines und alles) beibehaltend, sich damit begnügt hatte, durch einen langen Hirtenstab und einen den Gusejchen Gewächshäusern entnommenen Rhodobendronstrauß das Schweizerisch-Nationale, durch ein Barett mit blinkender Agraffe aber den Stil der großen Tragödie herzustellen. Das „Ah!" der Bewunderung, das Kathinka empfangen hatte, blieb ihr gegenüber aus, aber sie achtete dessen nicht, aus langer Erfahrung wissend, daß der Ausgang entscheide, und dieses Ausgangs war sie sicher.

Sie sprach nun, jedes falsche Echauffement vermeidend, erst die den Gatten um Mitteilung seines Geheimnisses beschwörenden Worte: „Pourquoi donc affecter avec moi ce mystère?" dann in rascher Reihenfolge die nur kurzen Sentenzen, die sich abwechselnd an die Geßlerschen Knechte und zuletzt an Geßler selbst richteten. In jedem Worte verriet sich die gute Schule, und bei Schluß dieser dritten Szene durfte sie sich ohne Eitelkeit gestehen, daß sie „ihr Publikum in der Hand habe".

Aber die vierte Szene: „Cléofé s'adressant à Walther Fürst" stand noch aus. Tante Amelie, die das Stück in allen seinen Einzelheiten kannte, versprach sich gerade von diesen Zornesalexandrinern einen allerhöchsten Effekt und äußerte sich eben in diesem Sinne gegen Drosselstein, als die Regisseurklingel hinter dem Vorhang den Fortgang des Spieles anzeigte.

Aber wer beschreibt das Staunen aller, zumeist der Gräfin selbst, als jetzt, bei dem Wiederöffnen der Gardine, statt Cléofés ein verwandtes und doch wiederum wesentlich verändertes Bild auf sie niederblickte. Was bedeutete diese neue Gestalt? Nur einen Augenblick schwebte die Frage. Der Hirtenstab, der Rhododendronstrauß, das Barett mit der Agraffe waren abgetan, und ein kurzer Rock mit grünem Kragen, der wenigstens die obere Hälfte des schwarzen Seidenkleides verdeckte, ließ keinen Zweifel darüber, daß die trotzig auf dem Felsen stehende Jäger=
gestalt niemand Geringeres sein sollte als Wilhelm Tell selbst. Mit der Spitze seiner Armbrust wies er auf den eben getroffenen Geßler. Und in deutscher Sprache, verwunderlich, aber nicht störend akzentuiert, sprach Alceste, die dieser von Faulstich geplanten Überraschung mit großer Bereitwilligkeit zugestimmt hatte, die Schlußworte des Dramas, die, hier und dort über das Schweizerische hinausgehend, als ein allgemeiner Hymnus auf die Be=
freiung der Völker gedeutet werden konnten:

> Tot der Tyrann! Er schändet uns nicht mehr,
> Bedrückte Brüder, Freunde, tretet her,
> Von seinem Schlosse, das in Flammen steht,
> Der Feuerschein wie eine Fahne weht,
> Verkündigend: es fiel die Tyrannei,
> Geßler ist tot, und unser Land ist frei.

Bei diesen Worten stieg Demoiselle Alceste die Felsen=
stufen hinunter, und dicht an den Rand des Podiums tretend, fuhr sie mit gehobener Stimme fort:

> Und denkt der Feind an einen Rachezug,
> Ihn zu vernichten, sind wir stark genug;

> Er komme nur, Soldaten sind wir all,
> Es schirmt uns unsrer Berge hoher Wall,
> Und bringt er doch in unsre tiefste Schlucht,
> Die keinen Ausgang kennt und keine Flucht,
> Dann über ihn mit Fels und Block und Stein,
> In der Verwirrung wir dann hinterdrein,
> Mit Sens' und Sichel und mit Schwert und Speer:
> „Ergib dich, Feind, du rettest dich nicht mehr!"
> So fällt sein Helmbusch, seines Stolzes Zier,
> Denn stärker war die Freiheit, waren wir.

Ein Beifallssturm, der alle Triumphe Kathinkas verschwinden machte, brach jetzt los, und: „Demoiselle Alceste" klang es, erst gemurmelt, dann immer lauter. Nach Innehaltung der den Applaus steigernden Pause erschien die Gerufene, sich würdevoll verneigend, und da weder für Kränze noch Buketts gesorgt worden war, trat Tante Amelie selbst an das Podium und reichte ihr zum Zeichen ihres Dankes auf die Bühne hinauf ihre Hand. Gleich darauf intonierte Nippler ein kurzes, von ihm selbst gesetztes Finale, unter dessen Klängen die Gäste sich erhoben, um in den Fronträumen das Souper zu nehmen.

* * *

Hier war inzwischen an kleinen Tischen gedeckt worden, an denen nun, nach dem baldigen Erscheinen derer, die die Mühen des Tages recht eigentlich bestritten hatten, wie Wahl oder Zufall es fügten, Platz genommen wurde. Auch Nippler war geladen worden. Bamme, der eine Vorliebe für Ausnahmegestalten hatte, nahm ihn in besondere Affektion, ihm einmal über das andere versichernd: „Das sei doch einmal eine Musik gewesen. Besonders die Flöte."

Der Haupttisch, auf dem sechs Kuverts gelegt waren, stand in dem Spiegelzimmer. Hier saßen unmittelbar neben der Gräfin Mademoiselle Alceste und Kathinka, den Damen gegenüber aber Drosselstein, Berndt und Baron Pehlemann, der auf dem Gebiete französischer Literatur nicht ganz ohne Ansprüche war und die „Henriade" in Übersetzung, den „Charles Douze" sogar im Original gelesen hatte. Tubal und Lewin, als Anverwandte des Hauses, machten die Honneurs in dem blauen Salon; einige der Herren hatten sich in das Billardzimmer zurückgezogen, unter ihnen Medewitz, dessen etwas fistulierende Stimme von Zeit zu Zeit an dem Tische der Gräfin hörbar wurde.

Es war dies derselbe auf vier runden Säulen ruhende Marmortisch, an dem bei Gelegenheit des Weihnachtsdiners der Kaffee genommen und schließlich in Veranlassung der alten Streitfrage „Roi Frédéric oder Prince Henri" eine ziemlich pikierte Debatte zwischen dem alten Vitzewitz und seiner Schwester, der Gräfin, geführt worden war. Auch heute sollte diesem Tisch eine geschwisterliche Fehde nicht fehlen.

Aber diese Fehde stand noch in weiter Ferne und war nur der Abschluß einer sich lang ausspinnenden Konversation, die zunächst nur das „vollendete Spiel" Mademoiselle Alcestes und erst nach Erschöpfung aller erdenkbaren Verbindlichkeiten auch das Stück selbst zum Gegenstand hatte.

Die Gräfin, die mit vieler Geschicklichkeit diesen Übergang machte, wußte dabei wohl, was sie tat. Sie war die einzige, die die Tragödie gelesen, zugleich auch mit Hilfe einer vorgedruckten Biographie sich über die Lebensumstände Lemierres unterrichtet hatte, so daß sie sich in der angenehmen Lage sah, den in Sachen französischer Literatur mit ihr rivalisierenden Drosselstein in die zweite Stelle herabdrücken und überhaupt nach allen Seiten hin brillieren zu können. Am meisten von Demoiselle Alceste selbst, die, als echtes Bühnenkind, sich mit dem Auswendiglernen ihrer Rolle begnügt und nicht die geringste Veranlassung gefühlt hatte, sich in Vor- und Nachwort oder gar in Anmerkungen und literar-historische Notizen zu vertiefen.

Es war ein anmutiges Lebensbild, das die Gräfin, indem sie Fragen von links und rechts her hervorzulocken wußte, nach und nach vor ihren Zuhörern entrollte, unter denen selbst Berndt, weil es menschlich schöne Züge waren, die zu ihm sprachen, ein ungeheucheltes Interesse zeigte. Lemierre, nach Poetenart, war immer ein halbes Kind geblieben. Anspruchslos, hatte sein Leben nur drei Dingen angehört: der Dichtung, der Entbehrung und der Pietät. Er war schon sechzig, als er zu Ruhm kam, aber auch dieser Ruhm ließ ihn ohne Mittel und Vermögen. Es waren kleine Summen, die die Aufführungen seiner Stücke ihm eintrugen; empfing er sie, so machte er sich auf den Weg nach Villiers le Bel, wo seine beinahe achtzigjährige Mutter lebte. Er teilte mit ihr, plauderte ihr seine Hoffnungen vor und kehrte dann, wie er den Hinweg zu Fuß gemacht hatte, so auch zu Fuß in die Hauptstadt und an seine Arbeit zurück.

Wie so viele Tragödienschreiber, war er heiteren Gemütes, und seine Scherze, seine Anekdoten, seine Gelegenheitsverse belebten die Gesellschaft. So arm er war, so gütig war er; selbst neidlos, weckte er keinen Neid. Ein Nervenleiden, das ihn schon monatelang vor seinem Tode befallen hatte, schloß ihm die Sinne. So starb er im Juli 1693, inmitten der Tage der Schreckensherrschaft, die er noch erlebt, aber nicht mehr mit Augen gesehen hatte.

So etwa waren im Zusammenhange die Notizen, die die Gräfin vereinzelt gab. Sie wiegte sich in dem Bewußtsein ihrer Überlegenheit und wurde deshalb wenig angenehm überrascht, als Drosselstein, den Namen Lemierres einige Male wiederholend, wie wenn er sich auf etwas Halbvergessenes besinne, mit einem leisen Anfluge von Sarkasmus sagte: „Ja, es kann nur Lemierre gewesen sein; gnädigste Gräfin entsinnen sich gewiß des Bonmots, das bei Gelegenheit der zweiten Aufführung des ‚Guillaume Tell‘ gemacht wurde? Ich fand es in den ‚Anecdotes dramatiques‘."

Die Miene, mit der Tante Amelie die Frage begleitete, ließ keinen Zweifel über die Antwort, so daß Drosselstein, um ihr die Verlegenheit eines „Nein" zu ersparen, ohne jede Pause fortfuhr: „Schon bei dieser zweiten Aufführung, trotzdem das Stück enthusiastisch aufgenommen worden war, war das Theater leer, und nur etwa hundert Schweizer hatten sich aus Patriotismus eingefunden. Einer von den anwesenden Franzosen bemerkte diese seltsame Zusammen=setzung des Publikums und flüsterte seinem Nachbar zu: ‚Sonst heißt es: kein Geld, keine Schweizer; hier würd' es heißen müssen: kein Schweizer, kein Geld.'"

Die Gräfin war selbst witzig genug, um unter dem Einfluß einer gut pointierten Wendung ihrer Verstimmung Herr zu werden, und bald wieder auf dem Vollklang Le=mierrescher Tragödientitel, auf „Idomeneus" und „Artar=xerxes" sich wiegend, steigerte sie sich in ihrem Enthusiasmus bis zu der Behauptung, daß sich die Überlegenheit des französischen Geistes in nichts so sehr ausspräche als in der Tatsache, daß selbst Erscheinungen zweiten Ranges d e m überlegen seien, was innerhalb der deutschen Literatur als ersten Ranges angesehen würde.

Berndt, der ahnen mochte, auf was die Gräfin hinaus=wollte, horchte auf und bemerkte ruhig: „Könntest du Bei=spiele geben?"

„Gewiß; und ich nehme das, das uns am bequemsten liegt, eben diesen ‚Guillaume Tell‘ dem wir mit Hilfe unseres verehrten Gastes," und hierbei machte sie eine verbindliche Handbewegung gegen Mademoiselle Alceste, „eine so schöne Stunde verdanken. Lemierre n'est qu'un auteur de second rang. Aber wie überlegen ist sein ‚Guillaume Tell‘ dem ‚Wilhelm Tell‘ des Herrn Schiller, ein Stück, in dem mehr Personen auftreten, als die vier Waldstätte Einwohner haben. Und dazu ein beständiger Szenenwechsel; ein Lied wird gesungen, und ein Mondregenbogen spannt sich aus, alles opernhaft. Zuletzt erscheint Geßler zu Pferde...."

„.... Und der Souffleur gerät in Gefahr, wie Max Piccolomini unterm Hufschlag zugrunde zu gehen. Nicht wahr, Schwester?"

„Ich akzeptiere deine Worte und überhöre den Spott, der sich nach deiner Art mehr gegen mich als gegen den Dichter richtet. Er kann übrigens meiner Zustimmung entbehren; der Weimaraner Herzog hat ihn nobilitiert."

„Das hat er. Hast du denn aber je den Schillerschen Tell mit Aufmerksamkeit gelesen?"

„Ich hab' es wenigstens versucht."

„Da bist du mir in unserem Streit um einen Pas voraus; denn ich darf mich meinerseits nicht rühmen, auch nur einen Versuch zur Lektüre Lemierres gemacht zu haben. Aber eines ist sicher: er kam und ging. Sie mögen ihm, was ich nicht weiß, einen Sitz in der Akademie gegeben, ihm Kränze geflochten, ihm in irgendeinem Ehrensaal ein Bild oder eine Büste errichtet haben, es bleibt doch bestehen, was ich sagte: ‚Er kam und ging. Er hat keine Spur hinterlassen.'"

„Und doch folgten wir vor einer Stunde erst ebendiesen Spuren und waren hingerissen durch die Schönheit seiner Worte."

„Seiner Worte, ja; aber nicht durch mehr. Er mag

Vor dem Sturm.

das Herz seiner Nation berührt haben, aber er hat es nicht getroffen. Nach solchen Balsam= und Trostes= worten, wie sie der Schillersche Tell hat:

> Wenn der Gedrückte nirgends Recht kann finden,
> Greift er getrosten Mutes in den Himmel
> Und holt herunter seine ew'gen Rechte,

wirst du den Tell deines Lemierre, dessen bin ich sicher, vergeblich durchsuchen. Ich wüßte sonst davon. Dieser „Herr Schiller", wie du ihn nennst, ist eben kein Tabulatur= dichter, er ist der Dichter seines Volkes, doppelt jetzt, wo dies arme niedergetretene Volk nach Erlösung ringt. Aber verzeih, Schwester, du weißt nichts von Volk und Vaterland, du kennst nur Hof und Gesellschaft, und dein Herz, wenn du dich recht befragst, ist bei dem Feinde."

„Nicht bei dem Feinde, aber bei dem, was er uns voraus hat."

„Und das ist in deinen Augen nicht mehr und nicht weniger als alles. Ich sehe seine Vorzüge, wie du sie siehst, aber das ist der Unterschied zwischen dir und mir, daß du von keiner Ausnahme wissen willst und der im ganzen zugestandenen Überlegenheit auch in jedem Einzel= falle zu begegnen glaubst. Erinnere dich, es gibt Frucht= bäume, die nur spärlich tragen; vielleicht ist Deutschland ein solcher. Und wenn denn durchaus gescholten werden soll, so schilt den Baum, aber nicht die einzelne Frucht. Diese pflegt um so schöner zu sein, je seltener sie ist. Und eine solche seltene Frucht ist unser Tell."

Während dieses Streites hatte sich aus dem Salon und dem Billardzimmer her ein rasch wachsender Kreis von Zuhörern um Vitzewitz gebildet, welcher, erst als er schwieg, das Peinliche der Situation empfand; nicht seiner ihn stets herausfordernden Schwester, wohl aber Mademoiselle

Alceste gegenüber. Er trat deshalb auf diese zu, küßte ihr die Hand und sagte: „Pardon, Madame, wenn ich durch eines meiner Worte Sie verletzt haben sollte. Ich fühle, was wir einem fremden Gaste, aber zugleich auch, was wir unserem Vaterlande schuldig sind. Sie sind Französin; ich frage Sie, was sie an irgendeiner Stelle Frankreichs bei Unterordnung Ihres Corneille unter einen fremden Poeten zweiten Ranges empfunden haben würden! Ich täusche mich nicht in Ihnen, Sie hätten gesprochen nach Ihrem Herzen, nicht nach der Forderung gesellschaftlicher Konvention. Madame, ich rechne auf Ihre Verzeihung."

Mademoiselle Alceste erhob sich mit einer Würde, als ob ihr mindestens eine CorneilleSzene zu spielen auferlegt worden sei, und sagte: „Monsieur le baron, vous avez raison, et je suis heureuse de faire le connaissance d'un vrai gentilhomme. J'aime beaucoup la France, mais j'aime plus les hommes de bon coeur partout où je les trouve." Dann, sich respektvoll vor der Gräfin verneigend, fuhr sie, gegen diese gewandt, fort: „Mille pardons, Madame la Comtesse, mais, sans doute, vous vous rappelez la maxime favorite de notre cher prince: la vérité c'est la meilleure politique."

Die Gräfin reichte der alten Französin die Hand und lächelte gezwungen. Den Blick des Bruders vermied sie. Sie konnte Szenen wie diese vergessen, aber nicht sogleich. Der Augenblick behauptete sein Recht über sie. —

Es war elf Uhr vorüber. Das Gespräch, das schon zu lange literarisch geführt worden war, wandte sich jetzt den alleräußerlichsten Erörterungen zu und drehte sich um die Frage: wann der Wagen oder Schlitten vorfahren, wer aufbrechen oder bleiben solle. Gegen Tubals und Kathinkas Abreise wurde seitens der Gräfin ein entschiedenes Veto eingelegt, dem sich die Geschwister unschwer

fügten. Sie willigten ein, zu bleiben, mit ihnen Dr. Faul=
stich und Mademoiselle Alceste. Kathinka verließ gleich
darauf das Zimmer, angeblich um ihren Koffer= und
Etuischlüssel an Eva zu geben, in Wahrheit um mit dieser
zu plaudern. Denn sie war auch darin ganz Dame von
Welt, daß ihr Kammermädchengeschwätz sehr viel und
Professorenuntersuchung sehr wenig bedeutete.

In immer flüchtiger werdenden Fragen und Ant=
worten setzte sich mittlerweile die Konversation fort, in die
selbst einige Bammesche Drastika kein rechtes Leben mehr
bringen konnten. Endlich schlug es zwölf; Berndt öffnete
eines der Flügelfenster, um das alte Jahr hinaus=, das neue
hereinzulassen, und rief, während die frische Luft einströmte:

„Ich grüße dich, neues Jahr; oft hab' ich dich kommen
sehen, aber nie wie zu dieser Stunde. Es überrieselt mich
süß und schmerzlich, und ich weiß nicht, ob es Hoffen ist
oder Bangen. Wir haben nicht Wünsche, wir haben nur
einen Wunsch: ‚Seien wir frei, wenn du wieder scheidest!‘"

Die Gläser klangen zusammen, auch das Mademoiselle
Alcestes. Sie teilte ihre patrotischen Empfindungen zwischen
Ancien Régime und Republik; gegen den Kaiser, der ihr
ein Fremder, ein Korse war, unterhielt sie einen ehrlichen
Haß. So war denn nichts in ihrem Herzen, das dem un=
glücklichen Lande, in dem sie so viele glückliche Jahre ge=
lebt hatte, die Rückkehr zu Freiheit und Machtstellung hätte
mißgönnen können.

Die Aufregung, die der kurze Toast geweckt hatte,
dauerte noch fort, als Kathinka wieder in den Saal trat.

„Wir haben Blei gegossen," sagte sie lachend und
legte einen blanken Klumpen, auf dem eine Moosgirlande
sichtbar war, vor die Tante nieder. „Eva meint, daß es
ein Brautkranz sei."

Alle waren einig, daß Eva richtig gesehen und sehr

wahrscheinlich noch richtiger prophezeit habe. So ging das gegossene Blei von Hand zu Hand. Es kam zuletzt auch an Lewin, auf den es bei seiner Befangenheit in abergläubischen Anschauungen einen Eindruck machte, daß der Kranz nicht geschlossen war.

Die Diener traten ein, um zu melden, daß die Wagen und Schlitten warteten. Berndt empfahl sich zuerst; dann folgten die anderen Gäste, meist paarweise oder mehr. Mit Drosselstein war der lebusische Landrat; sie hatten denselben Weg.

Nur Lewin fuhr allein. Aus den ersten Dörfern scholl ihm noch Musik entgegen; dazwischen Schüsse, die das neue Jahr begrüßten. Dann wurd' es still, und nur das Bellen eines Hundes klang von Zeit zu Zeit aus der Ferne her. Sein Schlitten schaufelte, wo die Fahrstraße schlecht war, nach rechts und links hin den Schnee zusammen; er selber aber hing träumerisch den Bildern dieses Tages nach.

Auf dem Poltersitze saß wieder Kathinka; „Nun ist es Zeit, Lewin, an unsere Lektion zu denken," und er beugte sich vor, daß ihre Wangen einander berührten, und begann ihr die Verse vorzusprechen. Dann sah er sie auf der Bühne stehen, ruhig, ihres Erfolges sicher, und es war ihm, als vernähme er den Wohllaut ihrer Stimme. „Wie schön sie war!" Ein leidenschaftliches Verlangen ergriff ihn, ihr zu Füßen zu stürzen und ihr seine Liebe, die sie verspottete, weil er nicht den Mut eines Geständnisses hatte, unter tausend Schwüren und Küssen zu bekennen; aber er schüttelte den Kopf; denn er fühlte wohl, daß es umsonst sei, und daß er sie nie besitzen werde.

Die Sterne flimmerten immer heller; er sah hinauf, und in seiner Seele klangen plötzlich wieder die Worte jener Bohlsdorfer Grabsteininschrift: „Und kann auf Sternen gehen."

Da fiel alles Verlangen von ihm ab. Er sah noch das Bild Kathinkas; aber es verdämmerte mehr und mehr, und der Friede des Gemütes kam über ihn, als er jetzt einsam über die breite Schneefläche des Bruches hinflog.

XXXVII.
Im Johanniter-Palais.

Der alte Vitzewitz war bald nach sechs Uhr früh in Berlin eingetroffen und in der Burgstraße, nur hundert Schritt von der Langenbrücke, in dem dazumal angesehenen Gasthofe „Zum König von Portugal" abgestiegen. Er gab einige Weisungen an Krist, die sich auf den „Grünen Baum", wo, wie herkömmlich, das Gespann untergebracht werden sollte, bezogen, und beschloß dann, in zwei Stunden Morgenschlaf alles, was er in der Nacht versäumt haben mochte, nachzuholen. Viel war es nicht; denn er gehörte zu den Glücklichen, denen, wenn die Müdigkeit kommt, Bett oder Brett dasselbe gilt.

Um neun Uhr, er hatte die zwei Stunden pünktlich gehalten, saß er frisch bei seinem Frühstück. Die Stutzuhr tickte, das Feuer im Ofen prasselte, die Eisblumen schmolzen: alles atmete Behagen; Berndt trat an das Fenster und sah geradeaus über den Fluß hin, auf die gotischen, im hellen Morgenschein erglänzenden Giebel des hier noch mittelalterlich gebliebenen Schlosses.

„Das kann nicht über Nacht verschwinden," sprach er vor sich hin und begann dann, aus der Fensternische zurücktretend, sich mit militärischer Raschheit anzukleiden. Er wählte statt seiner neumärkischen Dragoneruniform, die sich für die Mehrzahl der Visiten, die er vorhatte, wohl am besten geeignet hätte, den roten Frackrock der kurbrandenburgischen Ritterschaft und war eben mit seiner Toilette fertig, als ein eintretender Diener meldete, daß Geheimrat von Ladalinski vorgefahren sei. Berndt nahm Hut und Handschuh, drehte den Schlüssel im Schloß und saß eine Minute später an der Seite des Geheimrats, mit dem er sich brieflich zu gemeinschaftlicher Abmachung einiger Neujahrsgratulationen verabredet hatte.

Der Geheimrat war in Gala. Sie begrüßten sich herzlich, verzichteten aber auf ein eigentliches Gespräch, da der ihnen zunächstliegende Zweck ihre Aufmerksamkeit in Anspruch nahm.

Nur die Namen einzelner Minister und Gesandten wurden genannt, bei denen Karten abzugeben waren, bis endlich der Wagen auf die Rampe des an der Ecke des Wilhelmsplatzes gelegenen Johanniter-Palais rollte.

In diesem Palais wohnte der Herrenmeister des Ordens, der alte Prinz Ferdinand, zu dem Geheimrat von Ladalinski seit einer Reihe von Jahren beinahe freundschaftliche Beziehungen unterhielt, während Berndt von Vitzewitz, der ihn nur oberflächlich kannte, lediglich den Bruder Friedrichs des Großen in ihm verehrte. Hierin begegneten sich damals viele Herzen, und dem zweiundachtzigjährigen Prinzen wurden Huldigungen zuteil, die bis dahin seinem langen und immerhin ereignisreichen Leben versagt geblieben waren. Er hatte die „große Zeit" mit gesehen und mit durchgekämpft; das gab ihm in diesen Tagen der Erniedrigung ein Ansehen über seine sonstige Bedeutung hinaus, und manche Hoffnung richtete sich an ihm auf. Auch konnte es nicht ausbleiben, daß ihm der Heldentod seines ältesten Sohnes zu Dank und Mitruhm angerechnet wurde. Dieser älteste Sohn war der in Liedern vielgefeierte Prinz Louis, der, die hereinbrechende Katastrophe voraussehend, am Tage vor der Jenaer Schlacht bei Saalfeld gefallen war.

Vor dem Sturm.

Der alte Prinz, als ihm die beiden Herren gemeldet wurden, war bereit, dieselben zu empfangen, und ließ sie bitten, ihn in seinem Arbeitszimmer erwarten zu wollen. Als sie dasselbe betraten, wurden die Rollen zwischen ihnen dahin verteilt, daß Berndt so weit wie möglich die Konversation führen, der Geheimrat aber nur gelegentlich sekundieren solle.

Das prinzliche Arbeitszimmer schloß die Front des Hauses nach links hin ab und sah mit zweien seiner Fenster bereits auf die Wilhelmstraße. Es war von größerer Behaglichkeit, als sonst prinzliche Zimmer zu sein pflegen. Dicke türkische Teppiche, halb zugezogene Damastgardinen, Portieren und Lamberquins verliehen dem nicht großen Raume das, was er bei vier Fenstern und zwei Türen eigentlich nicht haben konnte: Ruhe und Geschlossenheit, und das Feuer im Kamin, indem es zugleich Licht und Wärme ausströmte, steigerte den wohligen und anheimelnden Eindruck. An den Fensterpfeilern befanden sich niedrige Bücherschränke und Etageren, so daß Raum blieb für Büsten und Bilder, darunter als bestes ein Landschaftsbild mit Architektur, Schloß Friedrichsfelde, den Sommeraufenthalt des Prinzen, darstellend. Sein eigenes lebensgroßes Porträt, von der Hand Graffs, hing über dem Kamin. Daneben zog sich ein breites Sofa ohne Lehne bis an die nächste Türeinfassung, während ein runder, mit einer alabasternen Blumenschale geschmückter Tisch in den durch das Sofa gebildeten rechten Winkel hineingeschoben war.

Berndt, der sich zum ersten Male an dieser Stelle sah, hatte seine Musterung kaum geschlossen, als der Prinz, die Portiere der zu seinem Schlafzimmer führenden Türe zurückschlagend, früher eintrat, als erwartet war, und die Verbeugung beider Herren mit freundlichem Gruß erwidernd, durch eine Handbewegung sie aufforderte, auf dem Sofa

Platz zu nehmen. Er selber stellte sich mit dem Rücken gegen den Kamin, die Hände nach hinten zu gefaltet und ersichtlich bemüht, so viel Wärme wie möglich mit ihnen einzufangen. In diesem Bedürfnis verriet sich sein hohes Alter; sonst ließ weder seine Haltung noch der Ausdruck seines Kopfes einen Zweiundachtziger vermuten. Berndt erkannte gleich das Eigentümliche dieses Kopfes, das ihm in einer seltsamen Mischung von Anspruchslosigkeit und Selbstbewußtsein zu liegen schien. Und so war es in der Tat. Von Natur unbedeutend, auch sein lebelang, zumal an seinen Brüdern gemessen, sich dieser Unbedeutendheit bewußt, durchdrang ihn doch das Gefühl von der hohen Mission seines Hauses und gab ihm eine Majestät, die, wenn er (was er zu tun liebte) die Stirn runzelte, sich bis zu dem Ausdruck eines donnernden Jupiters steigern konnte. Eine mächtige römische Nase kam ihm dabei zustatten. Wer aber schärfer zusah, dem konnte nicht entgehen, daß er, im stillen lächelnd, den Donnerer bloß tragierte und allen ablehnenden Stolz, den er gelegentlich zeigen zu müssen glaubte, nur nach Art einer Familienpflicht erfüllte.

„Sie kommen, mir Ihre Glückwünsche zum neuen Jahre auszusprechen," hob er an. „Ich danke Ihnen für Ihre Aufmerksamkeit um so mehr, je gewisser es das Los des Alters ist, vergessen zu werden. Die Zeitläufte weisen freilich auf mich hin." Er schwieg einen Augenblick und setzte dann, einen Gedankengang abschließend, dessen erste Glieder er nicht aussprach, mit Würde hinzu: „Ich wollte, daß ich dem Lande mehr sein könnte als eine bloße Erinnerung."

„Eure königliche Hoheit sind dem Lande ein Vorbild," antwortete Ladalinski.

„Ich bezweifle es fast, mein lieber Geheimrat. Wenn

in meinem Lande je etwas war, so war es durch Gehorsam. Nie hab' ich, im Krieg oder Frieden, die Pläne meines Bruders, des Königs, durchkreuzt; ich habe nicht einmal den Wunsch danach empfunden. Das ist jetzt anders. Der Gehorsam ist aus der Welt gegangen, und das Besserwissen ist an die Stelle getreten, selbst in der Armee. Ich frage Sie: Wäre bei Lebzeiten meines erhabenen Bruders der Austritt von dreihundert Offizieren möglich oder auch nur denkbar gewesen, ein offener Protest gegen die Politik ihres Kriegs- und Landesherrn? Ein Geist der Unbotmäßigkeit spukt in den Köpfen, zu dem ich alles, nur kein Vorbild bin." Der alte Vitzewitz, wiewohl er sicher war, daß der Prinz von seinen Plänen nichts wußte, nichts wissen konnte, hatte sich bei diesen Sätzen, deren jeder einzelne ihn traf, nichtsdestoweniger verfärbt.

„Eure königliche Hoheit," nahm er das Wort, „wollen zu Gnaden halten, wenn ich die Erscheinungen dieser Zeit anders auffasse und nach einer anderen Ursache für dieselben suche. Auch der große König hat Widerspruch erfahren und hingenommen. Wenn solcher Widerspruch selten war, so war es, weil sich Fürst und Volk einig wußten. Und in der bittersten Not am einigsten. Jetzt aber ist ein Bruch da; es fehlt der gleiche Schlag der Herzen, ohne den selbst der große König den opferreichsten aller Kriege nicht geführt haben würde, und die Maßregeln unserer gegenwärtigen Regierung, indem sie das Urteil des Volkes mißachten, impfen ihm den Ungehorsam ein. Das Volk widerstreitet nicht, weil es will, sondern weil es muß."

„Ich anerkenne den Widerstreit der Meinungen. Aber ich stelle mich persönlich auf die Seite der größeren Erfahrung und des besseren Wissens. Und wo dieses bessere Wissen zu suchen und zu finden ist, darüber kann kein

Zweifel sein. Sie müssen der Weisheit meines Großneffen, meines allergnädigsten Königs und Herrn vertrauen."

„Wir vertrauen Seiner Majestät . . . ."

„Aber nicht dem Grafen, seinem ersten Minister."

„Eure königliche Hoheit sprechen es aus."

„Ohne Ihnen zuzustimmen; denn, mein lieber Major von Bitzewitz, dieser Unterschied zwischen dem König und seinem ersten Diener ist unstatthaft und gegen die preußische Tradition. Ich liebe den Grafen von Hardenberg nicht; er hat den Orden, dem ich fünfzig Jahre lang als Herren= meister vorgestanden, mit einem Federstrich aus der Welt geschafft; er hat unser Vermögen eingezogen, unsere Kom= tureien genommen; aber ich habe seinen Maßregeln nicht widersprochen. Ich kenne nur Gehorsam. Wir leben in einem königlichen Lande, und was geschieht, geschieht nach dem Willen Seiner Majestät."

„Dem Worte nach," antwortete Berndt mit einem Anfluge von Bitterkeit. „Der Wille des Königs, — wer will jetzt sagen, wie und wo und was er ist. Unter dem großen König, Eurer königlichen Hoheit erhabenen Bruder, lag es den Ministern ob, den Willen Sr. Majestät aus= zuführen; jetzt liegt es Sr. Majestät ob, die Vorschläge, das heißt den Willen seiner Minister, zu sanktionieren. Was sonst beim Könige lag, liegt jetzt bei seinen Räten; noch entscheidet der König, aber er entscheidet nicht mehr nach dem Wirklichen und Tatsächlichen, das er nicht kennt, sondern nur nach dem Bilde, das ihm davon entworfen wird. Er sieht Freund und Feind, die Welt, die Zustände, sein eigenes Volk durch die Brille seiner Minister. Der Wille des Königs, wie er aus Erlassen und Verordnungen zu uns spricht, ist längst zu einer bloßen Fiktion geworden."

Der Prinz verriet kein Zeichen des Unmuts. Er schritt einige Male über den Teppich hin; dann wieder seinen

Platz am Kamin einnehmend, antwortete er mit einem Ausdrucke gewinnender Vertraulichkeit: „Sie verkennen den König, meinen Großneffen, Sie und viele mit Ihnen. Ich darf mich nicht rühmen, in die Pläne Seiner Majestät eingeweiht zu sein; es ist nicht Sitte der preußischen Könige, die Mitglieder des Hauses, alt oder jung, zu Rate zu ziehen oder auch nur in den Geschäftsgang einzuweihen; aber das glaube ich Ihnen auf das bestimmteste versichern zu dürfen: das persönliche Regiment, von dem Sie glauben, daß es zu Grabe gegangen sei, ist um vieles größer, als Sie mutmaßen."

„Eure königliche Hoheit überraschen mich."

„Ich glaube es wohl; auch mag ich mich in diesem und jenem irren; aber in einem irre ich mich nicht, und das ist die Hauptsache. Wie sollen wir uns zu dem Kaiser, unserem hohen Verbündeten, stellen? Das ist die Frage, die jetzt alle Gemüter beschäftigt. Sie glauben, daß es der Minister sei, der zu zögern und hinauszuschieben und durch Versprechungen Zeit zu gewinnen trachtet; ich sage Ihnen, es ist der König selbst."

„Weil ihm die Dinge derartig vorgelegt werden, daß er zu keinem anderen Entschlusse kommen kann."

„Nein, weil er in einer Politik des Abwartens allein das Richtige sieht. Die Zeit allein wird die Lösung dieser Wirren bringen. Er ist durchdrungen von der Unhaltbarkeit der gegenwärtigen Zustände, und mehr als einmal habe ich ihn sagen hören: ‚Der Kaiser ist ohne Mäßigung, und wer nicht Maß halten kann, verliert das Gleichgewicht und fällt.‘ Er hält das Kaisertum für eine Seifenblase, nichts weiter."

„Aber eine Seifenblase von solcher Festigkeit, daß Staaten und Throne bei der Berührung mit ihr zusammenstürzen."

„Ich bin nicht impressioniert, das Wort meines Groß=
neffen, trotzdem es meine eigene Meinung ausdrückt, auf=
rechtzuerhalten. Aber er sprach auch wohl von einem
Gewitter, das sich austoben müsse. Und glauben Sie
einem alten Manne, der durch fast drei Menschenalter hin
den Wechsel der Dinge beobachtet hat: es wird sich aus=
toben."

„Gewiß, königliche Hoheit, aber nachdem es vorher
die höchsten Spitzen getroffen hat."

„Wenn sich diese Spitzen nicht so zu schützen wissen,
daß der Strahl an ihnen niedergleitet."

„Durch Bündnis?" Der Prinz nickte.

Berndt aber fuhr fort: „Es mag auch das seine Zeit
gehabt haben, aber diese Zeit ist um. Ein jeder Tag
hat seine Pflicht und seine Forderung. Der eine fordert
Unterwerfung, der andere Bündnis, ein dritter Auflehnung.
Ich möchte glauben, königliche Hoheit, der Tag der Auf=
lehnung sei angebrochen."

„Womit? Wir haben keine Armee."

„Aber wir haben das Volk."

„Der König mißtraut ihm."

„Seiner Kraft?"

„Vielleicht auch der; aber vor allem dem neuen
Geiste, der jetzt in den Köpfen der Menge lebendig ist."

„Und gerade in diesem Geiste liegt das Heil, wenn
man ihn zu nutzen und ihm in Klugheit zu vertrauen
versteht."

„Ich widerspreche nicht; aber dieser Aufgabe fühlt
sich der König nicht gewachsen; sie widersteht seiner Natur.
Ihm bedeuten viele Köpfe viele Sinne. Erwarten Sie
nach dieser Seite hin nichts von ihm."

„Ich hoffe, daß ihm Zuversicht kommt und in dieser
Zuversicht der Glaube an ein gutes und treues Volk, das

Vor dem Sturm.

nichts anderes begehrt als die Gewährung, für seinen König sterben zu dürfen."

Der Prinz, seinen Platz abermals wechselnd, schob einen Fauteuil neben das Sofa, nahm, sich niederlassend, Berndts Hand in die seine und sah ihn dabei fest und freundlich mit seinen großen Augen an.

„Ich kenne das Volk; ich habe mit ihm gelebt. In meinen hohen Jahren, wo sich der Sinn für vieles schließt, öffnet er sich für anderes, und so sage ich, weil ich es weiß, es ist ein gutes Volk. Ich sehe es so klar, als ob es vor meinem leiblichen Auge stünde. Aber der König ist eingeschüchtert; er hat viel Schmerzliches erlebt und nicht das Große, das meine jungen Tage gesehen haben. Ich kenne ihn genau. Er schließt lieber ein Bündnis mit seinem Feinde, vorausgesetzt, daß ihm dieser Feind in Gestalt eines Machthabers oder einer geordneten Regierung entgegentritt, als mit seinem eignen, in hundert Willen geteilten, aus dem Geleise des Gehorsams herausgekommenen Volke. Denn er ist ganz auf die Ordnung gestellt. Mit einem einheitlichen Feinde weiß er, woran er ist, mit einer vielköpfigen Volksmasse nie. Heute ist sie mit ihm, morgen gegen ihn, und während das ihm zu Häupten stehende Napoleonische Gewitter ihn treffen, aber auch ihn schonen kann, sieht er in der entfesselten Volksgewalt nur ein anstürmendes Meer, das, wenn erst einmal die Dämme durchbrochen sind, unterschiedslos alle gesellschaftliche Ordnung in seinen Fluten begräbt. Und die gesellschaftliche Ordnung gilt ihm mehr als die politische. Und darin hat er recht."

Eine kurze Pause entstand; der Prinz erhob sich wieder, ein Zeichen, daß er die Audienz zu schließen wünsche. Er reichte beiden Herren die Hand und dankte dem Geheimrat, daß er ihm Gelegenheit gegeben habe, die nähere Bekanntschaft eines dem Vaterlande treu ergebenen Mannes zu machen.

„Es ist hocherfreulich, selbständigen und bestimmten Ansichten zu begegnen; aber erschweren Sie dem leitenden Minister nicht seine Stellung. Wir werden das Bündnis aufrechterhalten, bis es sich von selber löst, und dieser Zeitpunkt, so nicht alle Zeichen trügen, ist nahe. Der versinkende Dämon nimmt dann auch die Kette mit, die uns an ihn fesselte."

„Aber nur, um uns doch und vielleicht für immer in Unfreiheit zurückzulassen; wir werden nichts als die Herrschaft gewechselt haben. Denn unser Tun und Lassen bestimmt unser Los, und andere werden kommen, die dem, der so willfährig die Schleppe trug, eine neue Kette schmieden."

„Hoffen wir das Gegenteil."

Damit schieden sie. Beide Herren verneigten sich; der Wagen fuhr wieder auf die Rampe, und der französische Doppelposten, der vor dem Palais stand, machte die Honneurs. „Wie hat Ihnen mein Prinz gefallen?" fragte der Geheimrat.

„Gut; ich fürchte, daß er recht hat, und daß ich den Widerstand, den ich in dem Minister suchte, in dem Könige selbst zu suchen habe. Aber auch das erschüttert mich nicht. Ich habe das Bangen vor dem Volke nicht, und ich wage es mit ihm. Es ist eine Torheit, auf die Fehler oder Nachsicht eines Gegners rechnen zu wollen, wenn man die Macht in der Hand hat, ihm die Gesetze vorzuschreiben. Die Hände in den Schoß legen, heißt ebensooft Gott versuchen, als Gott vertrauen. Aide-toi même et le ciel t'aidera."

Damit bog der Wagen rechts um die Lindenecke und

hielt gleich darauf vor dem Gasthofe „Zur Sonne", wo man beschlossen hatte, das Dejeuner zu nehmen.

XXXVIII.
Auf dem Windmühlenberge.

In dem „Wieseckeschen Saal auf dem Windmühlenberge", in dem erst am Abend vorher der große Silvesterball stattgefunden hatte, waren am Neujahrstage wohl an hundert Stammgäste mit ihren Frauen und Kindern versammelt. Alles war wieder an seinem alten Platz, und auf derselben Stelle, wo sich vor kaum vierundzwanzig Stunden die Paare gedreht hatten, standen jetzt, als ob der Ball nie stattgefunden hätte, die grün gestrichenen, etwas wackligen Tische mit den vier Stühlen drum herum; und zwischen den Stühlen und Tischen, hin und her und auf und ab, preßte sich eine Schar von Verkäufern, die hier seit vielen Jahren heimisch und fast ein zugehöriger Teil des Lokals geworden waren: alte Mütterchen mit Schaumkringeln und Zimmetbretzeln, primitive Tabulettkrämer, in deren vorgebundenen Kästchen Stahl und Schwamm, Schwefelfäden und blaue Glasperlen zum Verkaufe lagen, endlich Stelzfüße, die neben den beiden Berliner Zeitungen auch allerhand Flugblätter feilboten. Über dem Ganzen lag eine angesäuerte Weißbierluft, die, durch Lichterblak und Tabaksqualm ziemlich beschwerlich werdend, nur dann und wann sich auffrischte, wenn ein Glas dampfenden Punsches vorübergetragen wurde.

An einem dieser Tische, der halb schon unter der Musikempore stand, saßen vier Berliner Bürger, zwei von ihnen im eifrigem Gespräch, die beiden anderen ebenso eifrige Zuhörer. Es waren Nachbarn aus der Prenzlauer

Straße: der Schornsteinfegermeister Rabe, der Bürsten=
macher Stappenbeck, der Posamentier Niedlich und der
Mehl= und Vorkosthändler Schnökel. Alle vier Männer
von vierzig Jahren und drüber, Niedlich und Schnökel in
demselben Hause wohnend, nur durch den Flur getrennt.

Rabe war der Angesehenste unter ihnen und hatte
nicht nur das, was die meisten Schornsteinfegermeister zu
haben pflegen: gute Haltung, frischen Teint und weiße
Zähne, sondern auch einen wundervollen Charakterkopf,
der jedem Chefpräsidenten Ehre gemacht haben würde.
Er wußte das auch und verfuhr danach, ließ sich lieber
erzählen, als daß er selber erzählte, und vermied, obschon
er aus einer alten Berliner Familie stammte, alle großen
Worte. Er war der Drosselstein dieses Kreises, das aristo=
kratische Element, wie denn die Schornsteinfegermeister,
bei denen das Geschäft von Vater auf Sohn geht, wirk=
lich eine Art Bürgeradel bilden.

Wenn Rabe der Drosselstein dieses Kreises war, so
war Stappenbeck der Bamme. Niedlich warf ihm vor,
daß er den Bürstenmacher nicht verleugnen könne, und
das traf in allen Stücken zu; denn wie sein Haar, so
war auch seine Manier und Sprechweise: die Borsten
immer nach oben. Ein echter Berliner. Er stand an
Ansehen hinter Rabe zurück, war ihm aber an Wissen und
Witz und selbst an Erfahrung weit überlegen. Er hatte
Reisen gemacht, war um seines Geschäftes willen, das er
mit Eifer und Umsicht betrieb, in Polen und Rußland
gewesen und galt seit Beginn des Zuges gegen Moskau
in allen russischen Lokalfragen als unanfechtbare Autorität.
Selbst Rabe, ohnehin zu vornehm, um lange zu streiten,
unterwarf sich seinen Weisheitssprüchen, die von dem festen
Boden der Landeskenntnis aus allerdings mit Vorliebe
in das Politisch=Militärische hinüberspielten.

Sein Gegensatz war Posamentier Niedlich, ein kleiner
artiger Mann, dessen Redseligkeit nur durch seine Ängstlich=
keit gezügelt wurde. Er trug einen hellgrünen Rock und,
weil er an Kopfreißen litt, ein Käpsel von geblümtem
Sammetmanchester mit einer Puschel daran, „dem Zeichen
seines Standes", wie Stappenbeck versicherte. Er konnte,
von Geschäfts wegen an ein beständiges Hin= und Her=
hüpfen gewöhnt, nie länger als fünf Minuten sitzen=
bleiben, ganz einem Zeisig ähnlich, der es nicht lassen
kann, die Sprossen seines Bauers auf und ab zu springen.
Auf seinen mageren Backen brannten zwei scharf abgezirkelte
rote Flecke, als ob er hektisch oder echauffiert sei; er war
aber weder das eine noch das andere.

Den Schluß machte Schnökel. Er war der Baß dieses
kleinen Männerkonzertes, in Stimme wie Figur. Ein
großer, starker Mann mit kurzem Hals; das Bild des
Apoplektikus, ein gründlicher Kenner in Sachen Berliner
und Cottbuser Weißbieres. Er schmeckte nicht nur die
Sorten, sondern auch die Lagerungstage heraus, trank,
rauchte und schwieg. Nur dann und wann, wenn das
wiederholte Klopfen mit dem Deckel nicht geholfen hatte,
rief er über alle zwischenstehenden Tische hinweg mit
Stentorstimme nach einer neuen „Weißen".

Stappenbeck hatte die „Berlinische Zeitung" unter
seinem linken Ellbogen. Es war die Nummer vom
26. Dezember, aus der er seinen drei Genossen eben die
Hauptstellen des darin abgedruckten neunundzwanzigsten
Bulletins vorgelesen hatte. Mit der Rechten fuhr er, sich
aufzufrischen, in die große Schnupftabaksdose, die zwischen
ihnen mitten auf dem Tische stand; Rabe rauchte still,
Schnökel in großen Wolken, während Niedlich, ein aus=
gesprochener Nichtraucher — der, solange die Vorlesung
dauerte, zu Stappenbecks äußerstem Mißbehagen ein ganzes

Dutzend Zuckeroblaten geräuschvoll zerbrochen und auf=
gegessen hatte — jetzt eine alte Frau heranwinkte, um sich
den Schaumkringeln zuzuwenden.

Die Schilderung des Überganges über die Beresina,
womit der in der Zeitung gegebene bloße Auszug des
Bulletins abschloß, hatte, namentlich bei Rabe, neben der
patriotischen Freude doch auch menschliche Teilnahme ge=
weckt, und es war nicht ohne Bewegung, daß er vor sich
hinsprach:

„Gerichte Gottes! Was wird aus ihm, Stappenbeck?
Kann er sich von diesem Schnee= und Eisfeldzuge wieder
erholen?"

„Wie sich ein Karpfen erholt, wenn das Eis bis auf
den Grund gefroren ist: er muß sticken. Ich sage dir,
Rabe, es is alle mit ihm. Du mußt nicht vergessen:
erstens die Gegend und dann den Schnee und dann das
Volk. Ich kenn' es. Das is ja nich so wie hier bei uns.
Nehmen wir an, du willst nach Potsdam; ja, da is erst der
‚Schwarze Adler', dann Stimmings, dann Kohlhasenbrück
un überall was Warmes. Aber nu nimm Rußland. Da
marschierst du den ganzen Tag immer gradaus, un wenn
du am Abend einen begegnest und fragst ihn: ‚Wie weit
is es noch?', so sagt er: ‚Fünf Meilen'. Aber du kannst
nicht fragen: denn du begegnest keinem."

Rabe nickte. Trotzdem er das Übertriebene wohl
heraushörte, sah er doch ebenso deutlich, daß diese Über=
treibung nur das scherzhafte Kleid für eine ernsthaft ge=
meinte Sache war. Niedlich aber sagte:

„Du vergißt bloß eins, lieber Stappenbeck; sie sind
ja schon in Wilna, und von Wilna bis an die Grenze is
bloß noch neunzig Meilen."

„Bloß noch neunzig Meilen," wiederholte Stappenbeck
in gedehntem Tone, in dem sich Ärger und gute Laune

Vor dem Sturm.

die Wage hielten. „Wie weit is es doch bis Alt-Landsberg?"

„Drei Meilen."

„Gut also, drei Meilen. Nu sage mir, Gevatter, denkst du noch an den Grünen Donnerstag — es geht jetzt ins dritte Jahr —, wo wir die Tour zusammenmachten? Du hattest einen warmen Rock an und weite Stiefel; von dem Proviant, den wir mithatten, will ich gar nich reden. Und nu besinne dich, wie der Posamentier Nieblich in den Alt-Landsberger „Blauen Löwen" einrückte! Leugnen is nich; denn ich habe dir selber den Wollfaden durch die Quesen gezogen. Und du redst von ‚bloß neunzig Meilen'."

Schnökel lachte. „Ja neunzig Meilen is eine hübsche Ecke. Aber mit dem Kaiser, Stappenbeck, is es drum noch lange nich alle. Warum soll es auch alle mit ihm sein? Is er nich heil heraus? Un sitzt er nich wieder ausgefuttert und ausgewärmt in Paris? Un seine Franzosen, die nich mitgefroren haben, die kenn' ich; die werden ihm bald wieder eine neue Armee machen."

„Nein, Schnökel, das werden sie nicht," antwortete Stappenbeck, der sich inzwischen auch eine Pfeife angezündet und den brennenden Fidibus am Tischrand ausgeklopft hatte. Nur ein paar Funken glimmten noch. „Blas an diesem Fidibus, so viel du willst, er brennt nich wieder. Ich glaube nich, daß ihm die Franzosen eine neue Armee machen, und wenn sie's tun: wer soll sie kommandieren? Da liegt der Has' im Pfeffer. Er ist ein Deibelskerl, aber er kann doch am Ende nich allens allein besorgen."

„Das braucht er auch nicht; dazu hat er seine Generale," bemerkte Rabe.

„Die hat er eben n i ch. Vorläufig stecken sie noch mit erfrorenen Zehen in Rußland, und ich sage dir, Rabe, das müßte schnurrig zugehen, wenn auch nur einer wieder nach Paris käme und seinem Empereur vermelden könnte: ‚Hier bin ich‘.“

„Sollen wir sie denn alle totmachen?" fragte Nieblich mit einem gemischten Ausdruck von Schauder und Schelmerei.

„Nein, du nicht. Deine reinen Posamentierhände sollen sich nicht mit Marschallsblut besudeln. Du kannst ihnen — denn das hast du um deine Puschelmütze verdient — meinetwegen die Quasten und Raupen liefern, wenn sie erst wieder hier sind. Aber, Nieblich, ‚wenn‘. Es sind freilich, wie du sagst, bloß neunzig Meilen von Wilna bis Memel, aber ich müßte die Russen schlecht kennen, wenn sie diesen Spaziergang nicht ausnutzen sollten. Und zwischen Memel und unsrem Prenzlauer Tor liegt auch noch gerade Erde genug, um ein Dutzend Marschälle und alles, was drum und dran hängt, zu begraben.“

„Wer soll das tun?" fragte Rabe mit ablehnender Würde. „So was is nich Mode bei uns.“

„Kann aber werden,“ fuhr Stappenbeck fort. „Die Not lehrt nich bloß beten, und die Welt besteht nich aus lauter Posamentiers. Ich sage dir, Rabe, in Litauen und Masuren werden sie schon zufassen. Aber wenn sie auch nicht zufassen, wenn sich keine Hand rührt, der liebe Gott tut es für uns. Sie fallen um wie die Fliegen. Und die paar, die bis hierher kriechen, die müssen wir irgendwo unterbringen.“

„Wo denn?"

„'ne neue französische Kolonie; aber hinter Wall und Graben.“

„Und wenn sie der Kaiser wieder haben will?"

„Dann mag er sie sich holen. Aber er wird nich; denn um die Zeit sind die Russen hier.“

„Vielleicht.“

„Nein, gewiß. Nimm mir's nicht übel, Rabe, das

verstehe ich besser. Wer in Wut is, der steht nicht still. Das is überall so. Wenn meine Frau was mit mir hat — und sie hat mitunter was mit mir — und ich geh' in die andere Stube, weil ich genug habe: was tut sie? Sie kommt mir nach. Und da geht es weiter. Das ist, was man die menschliche Natur nennt. Und der Russe is auch ein Mensch. Erst recht. Ich sage dir, Rabe, der Russe kommt, und der Kaiser wird nicht kommen. Denn die Franzosen haben ihn satt; und das kannst du mir glauben, so sehr viel is auch nie mit ihm los gewesen. Ich hab' es schon anno sechs gesagt, als er auf seiner brandroten Fuchsstute hier einritt, mit seinem gelben Gesicht und den stechenden Augen. ,Kinder,' sagt' ich, ,es ist doch man ein ganz kleiner Kerl; der alte Fritz war auch kleine, aber so kleine war er doch noch lange nich.' Ich bin nu mal für die Großen. So wie Saldern war oder Möllendorf."

Es schien, daß Stappenbeck noch fortfahren wollte, aber ein Krüppel, der mit zurückgebundenen Fußstummeln von Tisch zu Tisch rutschte, hielt ihm eben ein Blatt entgegen und sagte: „Das is was für Sie, Herr Stappenbeck; ein Groschen, aber ich nehm' auch zwei."

Es war ein löschpapierner Bogen: „Neue Lieder, gedruckt in diesem Jahr", mit zwei Holzschnitten, von denen der eine die drei Grazien in einem ovalen Rosenkranze, der andere auf der Rückseite einen kleinen Amor darstellte.

Stappenbeck gab dem Krüppel die gewünschte doppelte Löhnung und schlug den Bogen auseinander, in dem er irgendeinen franzosenfeindlichen Reim, wie sie damals mit Hilfe solcher fliegenden Blätter verbreitet wurden, zu finden hoffte. Er überflog die Überschriften: „Ännchen von Tharau", „Frisch auf, Kameraden, aufs Pferd, aufs Pferd", „Herr Schmidt, Herr Schmidt", „Das Gespenst in Tegel". Er wurde ungeduldig und drehte den Bogen um: „Die Schlacht bei Groß=Aspern", „O, Schill, dein Säbel tut weh"; sollte der Krüppel diese beiden gemeint haben? Aber das waren ja bekannte Sachen. Halt hier, **das mußt' es sein**; es hatte keine Überschrift; aber die beiden ersten Zeilen konnten als solche gelten.

„Lies," sagte Rabe, der dem Gesichte Stappenbecks ansah, daß er endlich gefunden hatte, was er suchte. Und Stappenbeck las:

>Warte
>Bonaparte;
>Warte nur, warte, Napoleon,
>Warte, warte, wir kriegen dich schon.
>
>Ja der Ruff'
>Hat uns gezeigt, wie man's machen muß:
>Im ganzen Kremmel
>Nicht eine Semmel,
>Und auf den Hacken
>Immer nur Hunger und Kosacken,
>Ja der Ruff'
>Hat uns gezeigt, wie man's machen muß.
>
>Hin ist der Blitz
>Deiner Sonne von Austerlitz,
>Unterm Schnee
>Liegen all deine Corps d'Armée.
>Warte
>Bonaparte;
>Warte nur, warte, Napoleon,
>Warte, warte, wir kriegen dich schon.

Die nächste Folge war, daß der Krüppel wieder herangewinkt wurde; jeder wollte jetzt seiner Frau den Spottvers mit nach Hause nehmen. Von dem Mitleid, das die Vorlesung des Bulletins begleitet hatte, war nichts mehr übrig, und besonders Schnökel wiederholte mit wachsendem, von Hustenanfällen begleitetem Behagen: „Im ganzen Kremmel nicht eine Semmel." Ihr Lesen und Lachen war an den umstehenden Tischen bemerkt worden, und ein alter Herr, der freilich nichts weniger als geneigt aussah, an ihrer Heiterkeit teilzunehmen, und von Rabe als „Herr Klemm", von Stappenbeck aber mit besonderer, etwas spöttischer Betonung als „Herr Feldwebel Klemm" begrüßt wurde, trat an sie heran. Die Charge, bei der ihn Stappenbeck nannte, erklärte zum Teil das Aparte seiner Erscheinung. Er hielt sich kerzengerade, hatte das spärliche weiße Haar mit einem großen Kamme nach hinten zu zusammengesteckt und trug zu seinem langen blauen Rock und schwefelgelber Weste ein Paar Reiterstiefel, die bis zum Knie hinauf blitzblank geputzt waren. Der hagere Hals steckte in einer steifen Binde.

„Wollen Sie nich Platz nehmen, Herr Klemm?" fragte Rabe.

„Haben Sie schon gelesen, Herr Feldwebel Klemm?" fügte Stappenbeck hinzu und überreichte ihm den Bogen, den er mittlerweile derart zusammengefaltet hatte, daß das Lied, auf das es ihm ankam, obenauf lag.

Klemm dankte und las den Spottvers, während er aus seiner holländischen Pfeife kleine Wölkchen blies. Er verzog keine Miene, legte, als er geendet, das Blatt wieder auf den Tisch und sagte: „Die Polizei, die sich um vieles kümmert, das sie nichts angeht, macht die Augen zu, wo sie sie aufmachen sollte. Wohin führt das? Zu Krawall und Auflehnung. Und was ist das Ende vom Liede? Wir werden statt an der linken Hand an beiden Händen gebunden werden, und an den Füßen dazu."

Er schlug mit den Knöcheln seiner rechten Hand auf das vor ihm liegende Blatt und fuhr fort: „Und sind wir nicht im Bündnis mit dem Kaiser? Leider zu spät; wären wir es immer gewesen, es stände besser mit uns. Aber der alte Fehler ist noch wieder zu reparieren, gerade jetzt.

Geschieht es, gut; geschieht es n i ch t, ertappt er uns wieder auf dem faulen Pferde, so sind wir verloren. Von Treue will ich nicht sprechen — die Politik braucht nicht treu zu sein —, aber klug, klug, meine Herren."

"Was jetzt klug ist, ist klar," sagte Stappenbeck. "Er hat nur noch Trümmer; der Russe drängt nach, wir von vorn; so klatscht es zusammen, und wir haben ihn unter der Fliegenklatsche."

"Fliegenklatsche! Sie machen die Rechnung ohne den Wirt, Herr Bürstenmacher Stappenbeck. Der Russe wird nicht nachdrängen, glauben Sie mir. Aber wenn er nach= drängt, wenn er über den Niemen geht und über die Weichsel, dann werden Sie freilich so was Ähnliches haben, aber nicht Fliegenklatsche, sondern Mausefalle. Und wer steckt drin? Der Russe."

"Das wäre. Da bin ich doch neugierig," sagte Rabe.

"Bitte, Herr Niedlich, wollen Sie mir ein Stück Kreide geben."

Niedlich sprang auf.

"Nein, ich danke Ihnen; ich finde hier noch ein Stück in meiner Tasche."

Damit schob der strategische Feldwebel die Gläser in eine Ecke zusammen und zog von oben nach unten einen Strich über den grünen Tisch hin. "Dieser dicke Strich also", hob er an, "ist die Grenze, rechts Rußland, links Preußen und Polen. Achten Sie darauf, meine Herren: auch Polen. Dieser Punkt hier links ist Berlin, und hier zwischen Berlin und dem dicken russischen Grenzstrich diese zwei kleinen Schlängellinien, das sind die Oder und die Weichsel. Nun müssen Sie wissen, an der Oder und Weichsel hin, in sechs großen und kleinen Festungen, stecken dreißigtausend Mann Franzosen, und ebenso viele stecken hier unten in Polen in einer sogenannten Flankenstellung,

Vor dem Sturm.

halb schon im Rücken. Ich wiederhole Ihnen, achten Sie darauf; denn in dieser Flankenstellung liegt die Entscheidung. Jetzt drängt der Russe nach; schwach ist er; denn wenn eine Armee friert, friert die andere auch, und schlottrig geht er über die Weichsel. Und nun geschieht was? Von den Oderfestungen her treten ihm dreißigtausend Mann ausgeruhte Truppen entgegen, von der Flankenstellung die anderen dreißigtausend Mann, legen sich ihm vor und schneiden ihm die Rückzugslinie ab. Und klapp, da sitzt er drin. Das ist, was man eine Mausefalle nennt. Ich mache mich anheischig, Ihnen die Stelle zu zeigen, wo die Falle zuklappt. Hier dieser Punkt. Es muß Cöslin sein oder vielleicht Filehne. Ich gehe jede Wette ein, zwischen Cöslin und Filehne kapituliert die russische Armee. Wie Mack bei Ulm. Was nicht kapituliert, ist tot."

„Und ich glaub' es alles nicht," sagte Stappenbeck und wischte mit dem Ärmel seines Flauschrocks die ganze Mausefalle vom Tisch weg.

„Ich kann Ihren Glauben nicht zwingen," sagte Klemm mit einer Miene ruhiger Überlegenheit. „Es ist ein eigen Ding mit der Kriegswissenschaft; Bürstenmacher können sie haben —"

„Und Feldwebel —"

„Aber auch nicht," schloß Klemm seinen Satz.

„Aber auch nicht," wiederholte Stappenbeck.

Schnökel war diesen Schraubereien mit einem schweren asthmatischen Lachen gefolgt; Rabe aber, dem alles, was zu Zank und Streit führen konnte, zuwider war, erhob sich und sagte: „Es ist Zeit, Ihr Herren, ich gehe; wer kommt mit?" Alle folgten der Aufforderung, steckten die Blätter, die sie gekauft hatten, zu sich und schritten mit einem kurzen „Guten Abend, Herr Klemm!" an diesem vorüber auf die Tür zu. Als sie diese fast schon erreicht

hatten, kam ihnen ein gelblicher mittelgroßer Hund nach=
gesetzt und schoß ängstlich, weil er sich vergessen glaubte,
dem kleinen Nieblich durch die Beine hindurch, so daß
dieser nur mit Mühe seine Balance hielt. Es war Kratzer,
Stappenbecks Spitz, der sich die ganze Zeit über an allen
Tischen, wo Kinder saßen, mit Kringelfangen beschäftigt
hatte, ein häßliches Tier, ebenso starr und widerhaarig
wie sein Herr. Jetzt sprang er an diesem in die Höhe,
winselte, bellte und jagte, als er draußen im Freien war,
kreuz und quer über das Plateau des Windmühlenberges
hin, ersichtlich froh, nach dem Gesellschaftszwang der letzten
Stunden sich wieder austoben zu können.

Die vier Bürger hielten sich auf dem ziemlich breiten
Fußwege, den die zahlreichen Gäste des Wieseckeschen Lokals
nach dem Prenzlauer Tore hin in dem dichtliegenden
Schnee gestapft hatten. Rabe, trotzdem es kalt war, be=
wahrte seine distinguierte Haltung; die drei anderen aber,
die sich wenig um ihr Aussehen kümmerten, hatten die
Mützen ins Gesicht gezogen und sich bis an die Ohren
hinauf in ihre gestrickten dicken Schals gewickelt. Schnökel,
der bei Ostwind nicht sprechen konnte, blieb etwas zurück;
Nieblich hielt Linie mit den beiden anderen, aber nur müh=
sam, da er ein Trippler war.

Das Gespräch wollte nicht gleich in Gang kommen;
endlich begann Rabe, der mehr ausdauernd als schnell von
Gedanken war:

„Ich glaube doch, Stappenbeck, du hast ihn zu de=
spektierlich behandelt. Ich hab's mir nämlich überlegt.
Erstens ist er ein alter Mann, zweitens ist er ein Soldat,
und drittens hat er die Schlacht bei Torgau gewonnen."

„Das hat er," fiel Nieblich ein, der bestimmt aus=
gesprochenen Sätzen eines anderen, besonders aber, wenn
sie von Rabe kamen, gern zustimmte.

Stappenbeck blieb stehen und pfiff seinen Hund. Kratzer kam in großen Sätzen heran, blaffte ein paarmal und jagte dann wieder, als wäre der böse Feind hinter ihm her, in wildem Zickzack über den im Schnee liegenden Windmühlenberg hin. „Seht," sagte Stappenbeck, „so hat Klemm die Schlacht bei Torgau gewonnen. Immer die Beine in die Hand. Er ist gelaufen, daß es eine Freude war."

„Aber er soll ja doch gesammelt haben," nahm Rabe wieder das Wort. „Ich entsinne mich der Sache ganz genau. ‚Wie heißt Er?' frug ihn der König, als er ihn die zerstreuten Grenadiere wieder in Reih und Glied bringen sah. ‚Klemm, Euere Majestät.' ‚Na, das ist brav, mein lieber Klemm; ich werd' es Ihm nicht vergessen.' Und dann ritt der König weiter. Ich hab' es ihn selber erzählen hören."

„Wen? Den König?"

„Nein, Klemm."

Stappenbeck lachte. „Rabe, du hast bloß einen Fehler. Du glaubst alles. Ich kenn' diesen Patron besser. Er ist nicht einer von den Grenadiers, die bei Torgau gesammelt haben, sondern einer von denen, die gesammelt worden sind. Und das mit des alten Fritzen eigenhändigem Krückstock. ‚Rackers, wollt Ihr denn ewig leben?' An diesem allergnädigsten Zuruf hat unser Klemm seinen ehrlichen Anteil."

„Du kannst ihn nicht leiden, Stappenbeck, und auf wenn du 'mal eine Pike hast —"

„Den pik' ich, aber diesen Feldwebel Klemm noch lange nicht genug. Er ist ein schlechter Kerl durch und durch. Eine Memme, ein Großmaul und ein Schnurrer."

„Ein Schnurrer?" fragte Rabe.

„Ja, ein Schnurrer ist er," fiel hier Nieblich ein, der rasch erkannt hatte, daß sich die Partie schließlich b wieder zu Stappenbecks Gunsten entscheiden werde. „Ein Schnurrer ist er. Im Sommer sitzt er auf den Gütern fest, bei den Bredows und den Rohrs, die sind gutmütig; das ist denn so seine Weidezeit; un wenn so Anfang Dezember geschlachtet wird, da kommt er schon mit langen Neujahrswünschen, bloß damit er sich wieder in Erinnerung bringt. Er kriegt auch Almosen. Un was für welche! Ich hab' ihn selber die Dukaten putzen sehen."

„Na, na," sagte Rabe, „wenn er ein hilfsbedürftiger Mann ist —"

„Ein Geizhals ist er un ein Schuft dazu," nahm Stappenbeck, immer mehr sich ereifernd, wieder das Wort und zog den dicken Schal, der ihn am Sprechen hinderte, etwas tiefer unter das Kinn. „Ich weiß, was ich sage; er wohnt bei meiner Frau Bruder im Hause; die kennen ihn; er ist ein Mantelträger, ein Spion."

„Na, na," wiederholte Rabe.

„Und wenn er kein Spion ist, was ich ihm nicht beweisen kann, wenn ich es auch fest und sicher glaube, so ist er doch eine undankbare Kreatur. Was Niedlich erzählt hat, wie er sich bei den havelländischen Abligen, die ich alle kenne von wegen der Borsten, immer wieder herausfuttert, das war vordem und das war seine gute Zeit. Ich meine seine ehrliche Zeit. Denn ich bin auch nich so und gönne jedem seine Satte saure Milch un auch noch was dazu. Aber seit anno sechs kennt unser Klemm die Havelländischen nich mehr. Un auch die andern nicht, wo er sonst sein feldwebliges Einlager hielt. Er hat die Herrschaft gewechselt. Das tut kein Hund nich. ‚Kratzer!' Seht, da kommt er schon wieder. Kusch dich, Kratzer. Es ist ein treues Tier. Aber dieser Klemm: keine acht Tage, daß die Löffelgarde durchs Hallesche Tor gezogen war, so war er schon liebes Kind mit all und jedem, drängte sich an die Generals und machte den Kompläsanten. Da gab es denn Louisdors statt der Dukaten. Ein Schweifwedler ist er und ein Gelegenheitsmacher. Und wie er vor Jena die Franzosen samt ihrem Kaiser aufgefressen hat, so frißt er jetzt die Russen auf und zeichnet uns mit Kreide die ‚Mausefalle' auf den Tisch, drin er sie fangen will. Aber ich hab' es ihm angestrichen."

In diesem Augenblicke klangen zwei französische Signalhörner, bald auch der dumpfe Ton einer Trommel herüber und unterbrachen den Redestrom Stappenbecks, der sein letztes Wort noch nicht gesprochen zu haben schien. Alle vier blieben stehen und horchten auf; denn auch Schnökel war mittlerweile herangekommen. Der letzte, der sich einfand, war Kratzer; er legte seinen Hals an das Knie seines Herrn, schnoberte in der Luft umher, winselte und gab sich das Ansehen, als ob er auch so seine Betrachtungen habe.

„Sie blasen Retraite," sagte Stappenbeck mit einem Tone, der den Doppelsinn seiner Rede ausdrücken sollte.

„Gebe es Gott!" antwortete Rabe.

Dann, während die Hörner verklangen, setzten die Männer ihren Heimweg fort. Vor ihnen lag die Stadt mit ihren tausend Lichtern, bis endlich ein Hohlweg, der vom Plateau aus nach dem Tore hinunterführte, ihnen den Anblick der Lichter entzog.

Aber die Sterne des Winterhimmels standen über ihnen und funkelten hell in das neue Jahr hinein.

XXXIX.

Geheimrat von Ladalinski.

Das Haus, das der Geheimrat von Ladalinski bewohnte, lag in der Königsstraße, der alten Berliner Gerichtslaube schräg gegenüber. Es war ein aus dem Anfange des vorigen Jahrhunderts stammender, damals auf Geheiß König Friedrichs I. aufgeführter Spätrenaissancebau, der an seiner Fassade durch mannigfache geschmacklose Restaurationen gelitten, im Innern aber seine frühere Stattlichkeit vollkommen beibehalten hatte. Namentlich galt dies, neben Hof und Treppe, von dem ganzen ersten Stock, in dem die Empfangs= und Gesellschaftsräume lagen. Hier zeigten sich noch jene Stuckornamente, die den Barockbauten Schlüters so viel Reiz und Leben liehen, und vom Plafond herab grüßten, wenn auch stark nachgedunkelt, die großen nach Giulio Romanoschen Originalen im Corte reale zu Mantua ausgeführte Deckenbilder, mit denen der prachtliebende König den ganzen ersten Stock hatte dekorieren lassen. An diese Gesellschaftsräume schlossen sich nach rechts und links hin zwei kleinere Zimmer, einfenstrig mit breiten Wandflächen, die, weil mehr benutzt, auch mehr eingebüßt und von ihrer ehemaligen reichen Ausschmückung nur die Deckenbilder, darunter ein „Nacht und Morgen" und einen „Sturz des Phaeton" gerettet hatten.

Das eine dieser beiden kleineren Zimmer war das geheimrätliche Arbeitskabinett, dessen der Tür gegenüber befindliche Längswand von zwei hohen, eine ganze Registratur bildenden Aktenrealen eingenommen wurde. Zwischen diesen Realen auf einem freigebliebenen Wandstreifen hing das Bildnis einer schönen jungen Frau, deren Ähnlichkeit mit Kathinka unverkennbar war. Dasselbe ins Rötliche spielende kastanienbraune Haar, vor allem derselbe Augenausdruck, so daß das einzige, was abwich, das minder scharfgeschnittene Profil, als etwas Gleichgültiges erscheinen konnte. Durch die halbe Länge des Zimmers hin zog sich ein großer Arbeitstisch; er stand so, daß das Auge des Geheimrats, wenn er aufsah, das schöne Frauenporträt treffen mußte. Im übrigen hatte das Kabinett manches, was an die Einrichtung eines Junggesellenzimmers erinnerte. Neben dem altmodischen, mit Bildern aus der biblischen Geschichte geschmückten Ofen machte sich ein ziemlich großer, aber flacher und mit roten Tuchflicken angefüllter Korb bemerkbar, der einem englischen Windspiel als Lagerstätte diente, während in einem in der Fensternische stehenden Glasbassin mehrere Goldfischchen ihr munteres Spiel trieben. Die halb herabgelassenen Rouleaus dämpften das ohnehin nur mäßig einfallende Licht; alles war Wärme und Behagen.

Die kleine Pendüle schlug eben zehn, als der Geheimrat eintrat, ein Sechziger, groß und schlank, das kurzgeschnittene graue Haar voll und dicht nach oben gerichtet. Er trug einen veilchenfarbenen Sammetschlafrock, unter dem er sich in bereits sorglichster Toilette zeigte. Seine Haltung, vor allem die Adlernase, gaben ihm etwas entschieden Distinguiertes. Das Windspiel drängte sich an ihn, um ihn respektvoll, aber verdrießlich zu begrüßen, und zog sich dann zitternd, während das Glöckchen an seinem Halse hin und her tingelte, wieder in seinen warmen Korb zurück. Der Geheimrat seinerseits schritt auf das Bassin zu, um die Fischchen mit einigen Krumen und Insekteneiern zu füttern; er verweilte minutenlang dabei und nahm dann Platz an seinem Arbeitstisch, auf dem amtliche Schreiben, auch mehrere Zeitungen, darunter englische und französische, ausgebreitet lagen. Er pflegte zunächst alles Geschriebene zu erledigen; heute hielt er sich zu den Zeitungen und nahm den Moniteur.

Überlassen wir ihn auf eine Viertelstunde ungestört seiner Lektüre und erzählen wir, während er sich in Empfangsfeierlichkeiten und Loyalitätsadressen vertieft, einiges aus seinem Leben.

Alexander von Ladalinski war um die Mitte des vorigen Jahrhunderts auf dem den Mittelpunkt der gleichnamigen Herrschaft bildenden Schlosse Bjalanowo geboren. Die nächste größere Stadt, aber doch mehrere Meilen entfernt, war Czenstochau. Einige der zur Herrschaft gehörigen Güter zogen sich westlich und griffen mit ihrem Hauptbestande ins Herzogtum Schlesien hinüber, das eben damals preußisch geworden war.

Der junge Ladalinski empfing eine sorgfältige Erziehung, ging, um diese zu vollenden, erst nach Paris, dann nach Wien und hatte, dreiundzwanzig Jahre alt, eben die Verwaltung seiner Güter übernommen, als die Verhältnisse des Landes ihn in die politischen Kämpfe hineinzogen. So wenig er diese Kämpfe liebte, so gewissenhaft führte er sie durch, nachdem er erst in dieselben eingetreten war. Er saß im Reichstag und zählte zu den Hervorragendsten unter den Führern der antirussischen Partei. Schon damals sprach sich in seiner Haltung eine bei mehr als einer Gelegenheit hervortretende Hinneigung zu Preußen aus. Diese Hinneigung, vielleicht auch der schon erwähnte Umstand, daß ein Teil seiner Besitzungen dem preußischen Staatsverbande zugehörte, war es wohl, was bei Veranlassung der Thronbesteigung König Friedrich Wilhelms II. seine Mission an den Berliner Hof veranlaßte. Er fand an demselben ein ihn auszeichnendes Entgegenkommen, besonders von seiten des Ministers von

Bischofswerder, in dessen Hause er sehr bald ein täglicher Gast wurde. Hier war es auch, wo er die junge Komtesse Sidonie von Pudagla kennen lernte. Was ihn vom ersten Augenblicke an mehr noch als ihre Schönheit bezauberte, war der heitere Übermut ihrer Laune, die mit graziöser Rücksichtslosigkeit geübte Kunst, den Schaum des Lebens wegzuschlürfen. Etwas Pedantisches, das ihm eigen und dessen er sich, in seinen jungen Jahren wenigstens, zu seiner eigenen Unzufriedenheit bewußt war, ließ ihm diese Kunst ausschließlich im Lichte eines Vorzugs erscheinen. Ehe er Berlin verließ, wurde die Verlobung gefeiert; in der Weihnachtswoche folgte dann die Hochzeit, die, unter Teilnahme des ganzen Prinz Heinrichschen Hofes, von dem Bruder und der Schwägerin der Braut: dem Grafen und der Gräfin von Pudagla, in Rheinsberg ausgerichtet wurde.

Hatte schon die Hochzeitsfeier einen glänzenden Charakter gehabt, so noch mehr die Hochzeitsreise. Es war wie die Einholung einer Prinzessin. An jedem Rastplatze immer neue Überraschungen, die sich steigerten, je näher man dem Ziele kam. Endlich lag Bjalanowo vor ihnen, hoch; im Abenddunkel eben noch erkennbar, und als nun der vorderste Schlitten in die breite, winterlich kahle Avenue einbog, da wurden auf den vier dicken Rundtürmen vier große Feuer angezündet, in deren Schein jetzt der alte, halb verfallene Backsteinbau dalag wie ein Schloß aus dem Märchen. Unter dem jubelnden Zuruf aller Hintersassen fuhr das junge Paar in den Schloßhof ein.

Die Freude, die der Gemahl über die glückliche Durchführung des von ihm selber angeordneten Schauspiels empfand, ließ ihn die Mienen seiner jungen Frau nicht aufmerksam beobachten. Er hätte sonst wahrnehmen müssen, daß sie für den eigentlichen Wert dieser Aufmerksamkeiten kein Verständnis hatte; was sich an Liebe darin aussprach, entging ihr oder berührte sie nicht. Sie war ohne Dank.

Und in dieser Stimmung verharrte sie. Ihr Gatte, der sie heiter sah, glaubte sie glücklich; aber sie war es nur obenhin, und keine andere Verpflichtung kennend als Genuß und Zerstreuung, erschien ihr das in Aufmerksamkeiten sich überbietende Entgegenkommen ihres Gemahls gleichförmig und ermüdend, und nur noch die von außen her herantretenden Huldigungen hatten Wert.

Es war ein Jahr nach der Hochzeit, als dem Hause ein Sohn geboren wurde. Er erhielt den Namen Pertubal, der von ältesten Zeiten her in der Familie heimisch und in jedem Jahrhundert wenigstens einmal glänzend vertreten war. Ein Pertubal von Ladalinski hatte den Zug gegen Zar Iwan mitgemacht, ein anderer dieses Namens war in der Schlacht bei Tannenberg, ein dritter unter Sobieski vor Wien gefallen. Es hieß, der Name sei syrisch und stamme noch aus den Kreuzzügen her. Alle aber, wie sich aus den Urkunden ergab, hatten die Abkürzung „Tubal" dem vollen Namen vorgezogen.

Die Geburt eines Sohnes, während alle Welt Glückwünsche aussprechen zu müssen glaubte, wurde von seiten der Mutter wenig anders als störend empfunden, die denn auch, als man ihr den Säugling reichte, von ihrem Lager aus erklärte, daß sie kleine Kinder immer häßlich gefunden habe und ihrem eigenen zuliebe keine Ausnahme machen könne. Das Kind erhielt eine polnische Amme mit einem roten Kopftuch und einem noch röteren Brustlatz und wurde samt dieser, seiner Pflegerin, in den oberen Stock verwiesen; kaum aber, daß die Mutter ihren ersten Kirchgang gemacht hatte, so begann der ausgelassene Gesellschaftsverkehr aufs neue, den das „freudige Ereignis" nur auf Wochen unterbrochen hatte.

Vor dem Sturm.

Unter denen, die auf Schloß Bjalanowo verkehrten, war auch Graf Miekusch, ein Gutsnachbar, klein, zierlich, mit langem, rotblondem Schnurrbart, eine typische polnische Reiterfigur. Die Verwandtschaft seiner Natur mit der der jungen Frau stellte von Anfang an eine Intimität zwischen beiden her, die, mit voller Unbefangenheit sich gebend, von Ladalinski wohl bemerkt, aber nicht beargwohnt wurde. Er vertraute vollkommen; einzelnes, das ihm hinterbracht wurde, wies er als Klatsch und Neid zurück, und wenn nichtsdestoweniger von Zeit zu Zeit eine leichte Wolke seinen Himmel trübte, so wußte der Übermut der jungen Frau, die solchen Regungen der Eifersucht nur mit heiterem Spott begegnete, sein Vertrauen schnell wiederherzustellen. Er war glücklich, als Kathinka geboren wurde, doppelt glücklich, als er wahrnahm, daß seine Freude von seiner Frau geteilt wurde. In der Tat sah die junge Mutter anders auf dieses zweitgeborene Kind, als sie auf Tubal geblickt hatte; es wurde nicht in das obere Stockwerk verwiesen, blieb vielmehr in ihrer unmittelbaren Nähe, ja, sie liebte es, an seine Wiege zu treten und sich, ohne daß ein Wort über ihre Lippen gekommen wäre, seines Anblicks zu freuen. Sah sie sich selbst in ihm?

Das war im Frühjahr 1792. Ein ungetrübter Sommer folgte; aber als der Herbst kam, brach ein Glück zusammen, das von Anfang an nur ein Schein gewesen war. Es geschah das, was in gleichen Fällen immer geschieht: das Verbotene, des letzten Zwanges müde, fand eine Befriedigung darin, sich vor aller Welt zu entdecken.

Die Art der Ausführung entsprach dem Charakter der jungen Frau. Es war eine Fuchsjagd bei Graf Miekusch angesagt, dessen weites, eine einzige große Fläche bildendes Gutsareal ein vorzügliches Terrain bot. Auch die Damen der Nachbargüter waren geladen, niemand fehlte; der

Graf, zu seinen anderen gesellschaftlichen Vorzügen, hatte auch den Ruf eines glänzenden Wirts. Es war ein wundervoller Septembertag, der Himmel blank wie eine Glocke, hier und dort eine Kiefernschonung und am Horizont der spitze Kirchturm des nächsten Städtchens. Dabei windstill, und die Sommerfäden zogen. Der Fuchs war bald aufgetrieben, und in glänzendem Zuge schossen Reiter und Reiterinnen über Wiesen und Stoppelfelder hin, jeder begierig, den anderen zu überholen. Nur die junge Frau von Ladalinski hielt sich zurück, Graf Miekusch an ihrer Seite; beide schienen auf die Ehren des Tages verzichten zu wollen. Aber bald änderte sich das Bild; immer mehr Paare schieden aus der vordersten Reihe aus, und ehe eine Stunde um war, waren der Graf und seine Begleiterin noch die einzigen, die der Fährte folgten oder doch zu folgen schienen. Die Zurückbleibenden, ihnen nachschauend, waren entzückt von der Ausdauer der beiden Reiter, deren Gestalten, je mehr sie sich dem in blauem Dämmer daliegenden Städtchen näherten, immer kleiner und schattenhafter wurden. Endlich schwanden sie ganz, und da Mittag heran war, beschloß man, auf das Schloß des Grafen zurückzukehren. Es verging eine Stunde, eine zweite und dritte; es kam der Abend, und man wartete noch. Die Gäste brachen endlich auf, um auf ihre eigenen Güter heimzureiten. Unter ihnen auch Ladalinski. „Also doch," klang es in hundertfältiger Wiederholung in seinem Herzen. Erst am dritten Tage wurde durch einen Boten ein versiegelter Zettel an ihn abgegeben: „Erwarte mich nicht zurück; du siehst mich nicht wieder. Es war ein Irrtum, der uns zusammenführte. Vergiß mich. Einen Kuß für das Kind.   Sidonie v. P."

Das Blatt entfiel ihm. Jedes Wort eine Demütigung, selbst ihre Namensunterschrift: Sidonie v. P. Sie hatte also den Namen ihrer eigenen Familie wieder angenommen und strich die sechs Jahre, die sie an seiner Seite verlebt hatte, wie ein unbequemes Intermezzo aus. Er war niedergeschmettert, und doch konnte er die kurze Forderung, die sie stellte: „Vergiß mich," nicht erfüllen. Zu eigener bitterster Beschämung gestand er sich, daß er sie, wenn sie zurückkehrte, ohne ein Wort des Vorwurfs oder der Erklärung, freudigen Herzens wieder aufnehmen würde. Der rätselhafte Zug der Natur war mächtiger in ihm als alle Vorstellung.

Er verfiel in Trübsinn, bis die Schicksale seines Landes ihn herausrissen. Es bereiteten sich jene Ereignisse vor, die schließlich Polen aus der Reihe der Staaten strichen. Rußland machte seine Pläne, und diese zu vereiteln, darauf waren jetzt, wie die Anstrengungen aller Patrioten, so auch die seinigen gerichtet. Er schloß sich der Kosciuskoschen Partei an und entwarf eine liberale Verfassung, die den Beifall der Whigführer im englischen Parlamente fand; endlich, als die Waffen entscheiden mußten, trat er in die Armee. Was ihm an militärischer Erfahrung abging, wußte er durch Mut und Eifer zu ersetzen. Es war keiner, dem Kosciusko mehr vertraut hätte als ihm. Bei Szekoszyn hielt er bis zuletzt aus. Als nach dem unglücklichen Treffen bei Macieowice der Rückzug auf Praga ging, wurde ihm das Kommando der nur aus vier schwachen Bataillonen bestehenden Arrieregarde anvertraut. Mit diesen deckte er den Übergang über die Pilica zwei Stunden lang und benutzte die Zeit, während er noch jenseits der Brücke mit dem Feinde bataillierte, geteerte Strohkränze um die Holzpfeiler legen und diese Kränze anzünden zu lassen. Die Brücke stand schon in Rauch und Flammen, als er die Trümmer seiner Bataillone glücklich hinüberführte. Die Russen drängten nach; eine schwache Abteilung derselben, die gleich darauf gefangen wurde, gewann gleichzeitig mit ihm das Ufer. Als aber das Gros in geschlossener Kolonne folgte, brachen die halb weggebrannten Mittelpfeiler zusammen, und alles, was auf der Brücke war, stürzte nach. Suwarow selbst hielt keine hundert Schritt von der Unglücksstätte. Es war die letzte glänzende Aktion im freien Felde; drei Tage später fiel Praga.

Ladalinski legte sein Kommando nieder. Das „Finis Poloniae" seines Kampfgenossen, wenn er es nicht sprach, so empfand er es doch. Es war ihm klar, daß das Land russisch werden würde, vielleicht mit einem Scheine von Selbständigkeit. Dieser Gedanke war ihm unerträglich. Es gab kein Polen mehr; so beschloß er, sich zu expatriieren. Er ging zunächst auf seine jenseits der Grenze gelegenen schlesischen Güter und stellte von hier aus dem preußischen Hofe seine Dienste zur Verfügung. Ein umgehend eintreffendes Schreiben Bischofswerders sprach ihm seine Freude über den rasch und mutig gefaßten Entschluß aus und berief ihn, vorbehaltlich königlicher Genehmigung, in das Auswärtige Amt. Diese Genehmigung erfolgte wenige Tage später. Die großen Flächen polnischen Landes, die gerade damals Preußen einverleibt wurden, wiesen die Staatsverwaltung darauf hin, solche Anerbietungen nicht abzulehnen.

In kürzester Frist hatte Ladalinski sich in den neuen Verhältnissen zurechtgefunden. Seine mehr preußisch als polnisch angelegte Natur unterstützte ihn dabei; dem Unordentlichen und Willkürlichen abhold, fand er in dem Regierungsmechanismus, in den er jetzt eintrat, sein Ideal verkörpert. Was darin Schädliches war, das übersah er oder erachtete es als gering, nachdem er die Nachteile eines entgegengesetzten Verfahrens so viele Jahre lang beobachtet hatte. Er war bald preußischer als die Preußen selbst. Die Auszeichnungen, die ihm zuteil wurden, seine Missionen, erst an den Kopenhagener, dann an den englischen Hof, auf denen ihn Tubal, damals ein Kind noch, begleitete, trugen das ihrige dazu bei. Von London nach dem Tode des Königs und der Amtsniederlegung Bischofswerders zurückberufen, trat er, in dem richtigen Gefühl, erst dadurch seine Staatszugehörigkeit zu beweisen, zum Protestantismus über. Er wählte die reformierte Kirche, weil es die Kirche des Hofes war. Gewissensbedenken waren der Zeit der Aufklärung fremd. In dem Ansehen seiner Stellung änderte der Regierungswechsel nichts, wennschon die Stellung selbst eine andere wurde; er schied aus dem Auswärtigen Amt, um dem General=Oberfinanzdirektorium, Abteilung für die Domänen, zugewiesen zu werden. Seine landwirtschaftlichen Kenntnisse, die bedeutend waren, konnten hier eine vorzügliche Verwendung finden. Mit Übernahme dieses Amtes war auch sein Wohnungnehmen in dem alten Palais in der Königsstraße verknüpft gewesen. Er be= wohnte es jetzt seit fünfzehn Jahren; Kathinka war in demselben herangewachsen.

Ob ihn von Zeit zu Zeit eine Sehnsucht nach Bjala= nowo und dem alten Schloß mit den vier Backsteintürmen, an das sich die schönsten und die schwersten Stunden seines Lebens knüpften, beschlich, wer wollt' es sagen! Kein Wort, das darauf hingedeutet hätte, kam je über seine Lippen. Er schien glücklich in seinem Adoptivvaterlande; vielleicht war er es auch, und fest entschlossen, in seine alte Heimat, auch wenn derselben ihre staatliche Selbständig= keit, wie es einen Augenblick schien, wiedergegeben werden sollte, nicht zurückzukehren, hielt er sich zu den prinzlichen Höfen, um von diesem festen gegebenen Punkte aus in allmählich immer intimer werdende Beziehungen zu dem

Adel des Landes hineinzuwachsen. Er lebte, mehr, als er es sich gestand, nur noch der Durchführung dieser Pläne, in denen er sich übrigens durch seine Schwägerin „Tante Amelie" unterstützt wußte, und sah deshalb nichts lieber als die Anwesenheit seiner Kinder in Hohen=Vietz. Eine Doppelheirat mit einer alten märkischen Familie stellte den Schritt erst sicher, den er getan hatte, und beruhigte ihn über die polnischen Sympathien Kathinkas, die, was immer der Grund derselben sein mochte, ihm kein Geheimnis waren.

* * *

Der Geheimrat hatte mittlerweile seine Lektüre beendet; er schob die Blätter beiseite und klingelte. Ein eintretender Diener brachte die Schokolade, und ehe er noch das Zimmer wieder verlassen konnte, kam schon das Windspiel aus seinem Korbe herbei, diesmal nicht verdrießlich, und drängte sich an die Seite seines Herrn. Der Geheimrat lächelte und warf ihm die Biskuits zu, denen diese Zärtlichkeit gegolten hatte. Erst jetzt nahm er einen Brief wahr, der auf demselben Tablett lag und die charakteristischen Schriftzüge Tante Ameliens zeigte. Er war einigermaßen überrascht. Erst am Abend vorher, zu später Stunde, waren Tubal und Kathinka von Schloß Guse zurückgekehrt; die Zeit, sie zu begrüßen, hatte sich noch nicht gefunden, und schon war ein Brief da, der also die Reise nach Berlin ziemlich gleichzeitig mit ihnen gemacht haben mußte. Der Geheimrat erbrach das Siegel und las:

„Mon cher Ladalinski! Tubal und Kathinka haben mich erst vor einer Stunde verlassen, mit ihnen, zu meinem Bedauern, Demoiselle Alceste, deren Sie sich, mein Teurer, aus alten Rheinsberger Tagen entsinnen werden. Ich empfinde, ganz gegen meine Gewohnheit, eine Lücke und fülle sie am besten aus, indem ich über die Kinder spreche, deren Anwesenheit mir die letzten Tage so angenehm gemacht hat. Je mehr ich mich ihrer freute (et en effet ils m'ont enchantée), desto lebendiger wurde mir wieder der Wunsch jener liaison double, die wir so oft besprochen haben. Ich habe mich ganz in die Vorstellung hineingelebt, Tubal in Guse schalten und walten und den alten Derfflinger-Sitz, der unter meinen Händen nur eben sein Dasein fristet, auf seine alte Höhe gehoben zu sehen. Des Beistandes, dessen er dazu bedarf, darf er von Hohen-Vietz aus sicher sein. Die schönen Frauen verschiedener Nationalität waren dort immer heimisch; meine Großmutter, avec un teint de lys et de rose, war eine Brahe, Berndts Frau eine Dumoulin, und es würde mich glücklich machen, diesen Kreis durch unseren Liebling erweitert zu sehen. Vous savez tout cela depuis longtemps. Mais les choses ne se font pas d'après nos volontés. Des jungen Hohen-Vietzer Volkes bin ich sicher, aber nicht des Hauses Ladalinski. Kathinka nimmt Lewins Huldigungen hin, im übrigen spielt sie mit ihm; Tubal hat ein Gefühl für Renate, qui ne l'aurait pas? Aber dieses Gefühl bedeutet nichts weiter als jenes Wohlgefallen, das Jugend und Schönheit allerorten einzuflößen wissen. So seh' ich Schwierigkeiten, die mir bei Kathinka in der Gleichgültigkeit, bei Tubal in der Oberflächlichkeit der Empfindung zu liegen scheinen. Et l'un est aussi mauvais que l'autre. Es ist offenbar, daß Kathinka eine andere Neigung unterhält; die Gegenwart des Grafen in Ihrem Hause stört unsere Pläne, und doch ist sie nicht zu ändern; alles, was sich ziemt, ist Achtsamkeit und Vermeidung dessen, was das Feuer schüren könnte. Ihre Klugheit, mon cher beau-frère, wird das Richtige treffen.

Ich verspräche mir am meisten von Trennungen. Lewin muß aus seinem engen Kreise heraus; er muß vor allem die literarischen Allüren abstreifen. Er nimmt diese Dinge gründlicher und ernsthafter, als sich mit dem Edelmänni=schen verträgt, das wohl ein Interesse haben, aber nicht fachmäßig sich engagieren soll. Bleiben wir in guten Be=ziehungen zu Frankreich, comme je souhaite sincèrement, so würde ich einen einjährigen Aufenthalt in Paris als ein Glück für ihn ansehen. Er würde das Weltmännische gewinnen, das ihm jetzt fehlt, und auf das Kathinka einzig und allein Gewicht legt. Et je suis du même avis.

Je faisais mention de la France. Mein Bruder würde mich auf Hochverrat verklagen, wenn er wüßte, daß ich von einer ‚Fortdauer guter Beziehungen‘ ge=sprochen habe. Und doch ist es gerade sein Gebaren, was mich diese Wünsche noch mehr betonen läßt, als es ohnehin meinen Sympathien entspricht. Il organise tout le monde. Das ganze Oderbruch auf und ab schreitet er zu einer Volksbewaffnung, für die er hundert Namen hat: Landwehr, Landsturm und ‚letztes Aufgebot‘. In seinem Eifer übersieht er, wie diese letzte Bezeichnung, anstatt Furcht einzuflößen, nur tragikomisch wirken kann. Drossel=steins hat er sich bemächtigt; von Bamme spreche ich gar nicht, der immer mit dabei sein muß, wenn es etwas gilt, in dem sich Torheit und Waghalsigkeit den Rang streitig machen. C'est son métier. Es erheitert mich, wenn ich mir seine Groß= und Klein=Quirlsdorfer als mittelmärkische Guerillas denke. Diese Dorfschaften, in denen im Durch=schnitt keine sechs Jagdflinten aufzutreiben sind, wollen sich dem Marschall Ney entgegenstellen, à Ney, le héros de la Moskwa. Quant à moi, ich habe nur den Ein=druck des Wahnsinns von diesem extravaganten Tun und hoffe, daß die Weisheit des Staatskanzlers, der ich un=

bedingt vertraue, uns vor einer Politik bewahrt, die uns vernichten und nicht einmal das Mitleid der anderen Staaten sichern würde. Car le ridicule ne trouve jamais de pitié.

Ich sehe stilleren Zeiten und stabileren Zuständen vertrauungsvoll entgegen; Rußland ist keine aggressive Macht; Frankreich wird seine Welteroberungspläne begraben und nach einer Epoche zwanzigjähriger Unruhe eine Epoche des Friedens folgen lassen. J'en suis convaincu. Paris wird wieder werden, was es immer war, und was es nie hätte aufhören sollen zu sein: le centre de la civilisation européenne. Je le désire dans l'intérêt universel et dans le nôtre. Dieu veuille vous prendre dans sa sainte garde, mon cher Ladalinski. Tout à vous votre cousine Amélie P."

Der Geheimrat legte den Brief aus der Hand, dessen politische Meinungen einen geringen, die voraufgehenden Bemerkungen über Kathinka und Bninski aber einen desto größeren Eindruck auf ihn gemacht hatten. Er las die Stelle noch einmal: „Die Gegenwart des Grafen in Ihrem Hause stört unsere Pläne, und doch ist sie nicht zu ändern; alles, was sich ziemt, ist Achtsamkeit und Vermeidung dessen, was das Feuer schüren könnte." Als er aufsah, fiel sein Blick auf das schöne Frauenbild ihm gegenüber, und allerhand Erinnerungen, in die sich zum ersten Male auch Befürchtungen für die Zukunft mischten, drängten sich ihm auf. Er kannte die Geschichte so vieler Familien. „Es erben . . . .," aber ehe er den Gedanken ausdenken konnte, grüßte ihn der Zuruf: „Guten Morgen, Papa," und auf seinem Sitze sich wendend, sah er Kathinka, die, den Kopf durch die Portiere steckend, ihm freundlich zunickte. Im selben Augenblicke war sie an seiner Seite, und unter ihren Liebkosungen schwanden die trüben Bilder, die noch eben vor seiner Seele gestanden hatten.

XL.

Bei Frau Hulen.

An demselben Abend war Gesellschaft bei Frau Hulen. Sie konnte damit, wenn sie standesgemäß auftreten und die ganze Flucht ihrer Zimmer öffnen wollte, nicht länger zögern, da Lewin für den nächsten Tag schon seine Rückkehr von Hohen=Vietz angezeigt hatte. Gleich nach Eintreffen dieses Briefes waren denn auch unter Beihilfe eines kleinen lahmen Jungen, der in dem Keller nebenan die Bierflaschen spülte und wegen seines körperlichen Gebrechens sonderbarerweise als Laufbursche benutzt wurde, die Einladungen ergangen und ohne Ausnahme angenommen worden.

Um sieben Uhr brannten die Lichter in der ganzen Hulenschen Wohnung, die neben einer kleinen, schon im Seitenflügel befindlichen Küche aus zwei Frontzimmern und zwei dunklen Alkoven bestand. Die Hälfte davon war an Lewin vermietet, der indessen in seiner Abwesenheit und bei den freundschaftlichen Beziehungen, die zwischen ihm und seiner Wirtin obwalteten, nicht das geringste dagegen hatte, seinen Wohnungsanteil in die Festräume hineingezogen zu sehen.

Und die Festräume waren es heute, ganz abgesehen von den Lichtern und Lichterchen, die bis in den Flur hinaus nicht gespart waren. In beiden Öfen war geheizt, und auf den Simsen schwelten Räucherkerzchen, schwarze und rote, während alle Kunst= und Erinnerungsgegenstände, auf die Frau Hulen die besondere Aufmerksamkeit ihrer Gäste hinzulenken wünschte, noch eine besondere, ihnen an=

Vor dem Sturm.

gemessene Beleuchtung erfahren hatten. Unter diesen Gegenständen standen die Papparbeiten ihres verstorbenen Mannes, der Werk- und Küpenmeister in einer kleinen Färberei, in seinen Mußestunden aber ein plastischer Künstler gewesen war, obenan. Das meiste lag nach der architektonischen Seite hin. Außer einem offenen und figurenreichen Theater, das die Lagerszene aus den „Räubern" darstellte, hatte er seiner Witwe einen dorischen Tempel und einen viertehalb Fuß hohen, in allen seinen Öffnungen mit Rosapapier ausgeklebten Straßburger Münster hinterlassen, der nun heute mit Hilfe kleiner Öllämpchen bis in seine Turmspitze hinauf erglühte. Dieser Münster, wie noch bemerkt werden mag, stand auf einer hochbeinigen Pfeilerkommode und verdeckte gewöhnlich einen dahinter befindlichen kleinen Spiegel; nicht aber heute, wo derselbe, um nicht den Verdacht aufkommen zu lassen, als ob es der Zimmereinrichtung an irgend etwas Standesgemäßem gebräche, um drei Handbreit höher hinaufgerückt worden war. Nur die Turmspitze sah gerade noch in das etwas bleifarbene Glas hinein.

Und wie zeigte sich Frau Hulen selber? Sie trug außer der hohen weißen Haube, ohne welche sich niemand entsann sie je gesehen zu haben, ein braunes, noch von ihrem Seligen eigenhändig gefärbtes Merinokleid, dazu ein schwarzes eng um den Hals gepaßtes Sammetband, in das abwechselnd blaue und gelbe Sterne eingestickt waren.

„Wie wird es ablaufen?" fragte sie sich und ging noch einmal alle wichtigen Punkte durch, putzte die Lichter, nur um ihre Unruhe los zu werden, und strich in Lewins Alkoven, der heute als Garderobezimmer dienen mußte, die Bettdecke glatt. Dann sah sie wieder nach dem Straßburger Münster und seiner Beleuchtung, und ihr war, als ob sie hätte eintreten sollen. „Wie wird es werden?" wiederholte sie beklommen, und zugleich einen Blick in den

Spiegel werfend, zupfte sie an dem Halsband, das sich etwas verschoben hatte.

In diesem Augenblicke klingelte es. Frau Hulen beeilte sich aufzumachen und war einigermaßen verstimmt, als sie wahrnahm, daß es nur die Zunzen war, eine alte taube Frau, die mit ihr auf demselben Flur wohnte und ihre Einladung zu der heutigen Reunion bloß aus Furcht vor ihren Klatschereien erhalten hatte. Denn sie hatte Gott in der Welt nichts zu tun und stand, so oft sie jemanden ins Haus treten und die letzte Treppe heraufkommen sah, immer hinter dem Guckloch ihrer Doppeltür, um auszukundschaften, wer und was es eigentlich sei.

„Ich bin wohl die erste, liebe Hulen. Na, einer muß der erste sein."

„Gewiß, liebe Zunz, und Sie werden doch Ihre nächste Nachbarin nicht warten lassen. Wollen Sie nicht Ihr Tuch ablegen?"

Die Alte, die die Worte der Hulen nicht recht verstanden, aber doch aus ihren Handbewegungen entnommen hatte, um was es sich handelte, schüttelte verdrießlich den Kopf, zog ihr rotes Crêpe de Chine-Tuch, ein Wahrzeichen aus alten, besseren Zeiten her, fester um sich und schritt gravitätisch, als fühle sie sich sicher in dem Furchtgefühl, das sie einflößte, in das nächstgelegene Zimmer. Es war das Lewins. Hier sah sie sich neugierig um, nickte ein paarmal, wie um ihre Überraschung über die Mitverwendung der doch vermieteten Räume auszudrücken, und fragte dann: „Der junge Herr ist wohl verreist?"

„Freilich, liebe Zunz, Sie wissen es ja."

„So, so," brummte die Alte und fuhr mit dem Zeigefinger über das kleine Klavier hin, um zu sehen, ob auch der Staub gewischt sei. Dann passierte sie, ein paarmal hüstelnd, wie wenn ihr der Räucherkerzenqualm beschwerlich falle, die Schwelle zur „guten Stube" und nahm auf dem Sofa Platz.

Dies widersprach nun aber ganz und gar den gesell=
schaftlichen Arrangements der Hulen, so daß diese, ärger=
lich über die Anmaßung der Alten, sich von der Furcht
vor ihr freizumachen begann.

„Bitte hier, liebe Zunz," damit wies sie auf einen steif=
lehnigen Großvaterstuhl, der zwischen dem Ofen und einer
Etagere stand. „Ich hole Ihnen auch das Bilderbuch."

Die Alte murmelte etwas, das fast wie Protest und
jedenfalls wie Verwunderung klang, gehorchte aber doch
und setzte sich in den Stuhl, auf den die Hulen hingewiesen
hatte. Gleich darauf kam diese wieder, in beiden Händen
ein großes und ziemlich schweres Buch haltend, auf dessen
Titelblatt (der oberste Deckel war abgerissen) in dicken
Buchstaben zu lesen stand: „Die Singvögel Norddeutsch=
lands; neunzig kolorierte Kupfertafeln."

Die Zunzen schlug auf; aber sie war noch nicht beim
dritten Blatt, als es abermals klingelte.

Die jetzt Erscheinende war Demoiselle Laacke, Musik=
und Gesanglehrerin und die besondere Freundin der Hulen,
die sich durch diesen Umgang geschmeichelt fühlte, ein
Mädchen von vierzig, groß, hager, mit langem Hals und
dünnem rotblonden Haar. Ihre wasserblauen Augen, bei=
nahe wimperlos, hatten keine selbständige Bewegung, folgten
vielmehr immer nur den Bewegungen ihres Kopfes und
lächelten dabei horizontal in die Welt hinein, als ob sie
sagen wollten: „Ich bin die Laacke; ihr wißt schon, die
Laacke, mit reinem Ruf und unbescholtener Stimme." Von
der Königin Luise hatte sie bei Gelegenheit eines Wohl=
tätigkeitskonzerts eine Amethystbrosche erhalten. Diese
trug sie seitdem beständig. Im übrigen waren Armut,
Demut und Hochmut die drei Grazien, die an ihrer Wiege

gestanden und sie durch das Leben begleitet hatten. Sie verneigte sich artig, wenn auch etwas steif und herablassend, gegen die alte Zunzen und nahm dann wie selbstverständlich auf dem Sofa Platz.

Frau Hulen setzte sich zu der Neuangekommenen, patschelte ihr die Linke und sagte: „Wie froh ich bin, Sie zu sehen, liebe Laacke. Sie sind immer so gut und machen keinen Unterschied."

„Ach, liebe Hulen, wie können Sie nur davon sprechen; das wäre ja ungebildet. Sind wir denn nicht alle Menschen?"

Hier trat eine kleine Pause ein, während welcher die Klavierlehrerin ihren Schal von der schmalen und abschüssigen Schulter herabgleiten ließ. Dann fragte sie: „Wen darf man denn noch erwarten?"

Die Hulen rückte unruhig hin und her und sagte etwas verlegen: „Die Ziebolds."

„O, die Ziebolds! Das ist ja hübsch. Ich entsinne mich; er hat eine Stimme, Tenor oder Bariton."

„Ja, er hat eine Stimme", fuhr die Hulen fort, „und ist immer spaßhaft und manierlich, aber es mag doch keiner neben ihm sitzen. Und neben der Frau erst recht nicht. Das macht die Pfandleihe. Sehen Sie, die alten Ziebolds, was also die Eltern von diesen Ziebolds waren, das waren sehr gute Leute, ja man kann sagen, es waren feine Leute. Sie hatten das Leinewand- und Strumpfwarengeschäft, Ecke der Jüden und Stralauer, und wir wohnten auf demselben Hof. Das war das Jahr vorher, als der alte Fritz starb. Und da wurde meine alte Mutter krank, und weil sie wieder zu Kräften kommen sollte und ich nicht kochen konnte, weil ich ja immer aus mußte wegen der Näherei, ja, liebe Laacken, ich habe mich auch quälen müssen, da kamen ja nun die Ziebolds, und einen Tag gab es eine Suppe und den andern Tag Braten oder

Huhn, immer Flügel und Brust, und Sonntags schickte der alte Mann, der eigentlich geizig war, aber ich kann es ihm nicht nachsagen, eine halbe Flasche Wein. Und so ging es bis an ihren Tod; ich meine meiner Mutter Tod."

Bei dieser Erinnerung fuhr die Sprecherin mit ihrem Zeigefingerknöchel über das rechte Auge.

„Das waren also die **alten** Ziebolds?" bemerkte Mamsell Laacke, die durch Betonung des Wortes andeuten wollte, daß sie eigentlich von den jungen Ziebolds zu hören gehofft hatte. Die Hulen verstand es auch und fuhr fort:

„Ja, das waren die alten, das heißt sie waren noch gar nicht alt, so um Mitte funfzig, aber sie machten es auch nicht lange mehr und starben denselben Winter noch, wo meine Mutter gestorben war. Erst sie, den dritten Weihnachtsfeiertag, wenn es nicht schon der zweite gewesen ist; er aber schleppte sich noch so bis in den März. Sie wissen ja, liebe Laacke: ‚Märzensonne und Märzenluft graben manchem seine Gruft.' Er war immer schwach auf der Brust."

„Und da kam denn wohl das Geschäft an die **jungen** Ziebolds?" fragte jetzt Mamsell Laacke mit allen Zeichen der Teilnahme an den sich rasch häufenden Todesfällen.

„Ja, an die jungen Ziebolds," bestätigte die Hulen, „das heißt an **ihn**; denn er hatte damals noch keine Frau. Er war nämlich ein sehr hübscher Mann, und weil er gut reden konnte und eine goldene Brille trug, so sagten sie immer, er sähe aus wie ein Justizkommissarius, und sie nannten ihn auch ‚Herr Justizkommissarius Ziebold'. Das schmeichelte ihm, und er war immer mit Schauspielern und ihren Mamsells zusammen, und eines Tages hatte er eine am Halse."

„Seine jetzige Frau? Ah, ich verstehe."

„Ja, seine Frau. Da hing denn nun der Himmel

voller Geigen. Aber der Krug geht so lange zu Wasser, bis er bricht, und es war noch kein Jahr um, da war alles verkauft, und sie kamen in Not, wie mir die Zunzen erzählt hat. Denn ich wohnte damals noch in der Roß=
straße."

Die Zunzen, die trotz ihrer Taubheit das meiste verstanden hatte, nickte mit dem Kopfe.

„Die junge Ziebolden aber," fuhr die Hulen fort, „das war immer eine sehr resolute Person, und sie wußte bald Rat, und als ich meinen Mann heiratete und wieder hierher in die Klosterstraße zog, da wohnten sie schon auf dem Hohensteinweg und hatten die Pfandleihe. Nun sehen Sie, liebe Laacke, die Pfandleihe, das war ja noch nichts Schlimmes, und ich sagte damals zu meinem Seligen, daß ich die alten Ziebolds gekannt hätte, und daß es sehr gute Leute gewesen wären. Und so kamen wir auch wieder zusammen und besuchten uns. Aber das dauerte ja gar nicht lange, da hieß es: das mit der Pfandleihe, das sei bloß so nebenbei, und die Ziebolds liehen Geld auf hohe Zinsen, und sie seien nicht besser als Wucherer, und bei zehn Talern müßten die Leute zwanzig Taler schreiben. Und das ist es, warum keiner neben den Ziebolds sitzen will."

„Bitte, setzen Sie mich neben Herrn Ziebold," bemerkte Mamsell Laacke mit der ruhigen Haltung einer Äbtissin, die sich hinter dem Schild ihres Rufes und ihrer Stellung gesichert weiß. „Und wen erwarten Sie noch?"

„Herrn Feldwebel Klemm."

„Ach, der steife alte Herr mit den Stulpstiefeln, der die Schlacht bei Torgau gewonnen hat. Er streitet immer und trägt eine schwefelgelbe Weste. — Und wen sonst noch?"

„Herrn Nuntius Schimmelpenning."

„Schimmelpenning!" wiederholte die Laacke, „der Bote

vom Kammergericht. Ich entsinne mich. Er soll der Sohn des alten Präsidenten Schimmelpenning sein, nur daß ihm das ‚von‘ unter die Bank gefallen ist. Wie kommen Sie nur zu d e m, liebe Hulen? Ein wenig angenehmer Mann und so wichtig."

In diesem Augenblicke zog es wieder an dem Draht, und da die Frau Hulenschen Gesellschaften wie andere Gesellschaften waren, so trat denn auch gerade derjenige ein, von dem eben gesprochen worden war: Herr Nuntius Schimmelpenning. Er war ein starker Fünfziger, mit aufgeworfenen Lippen, die er zusammenpreßte und dann wieder schmatzend mit einem kleinen Paff öffnete, wobei er weiße, wundervolle Zähne zeigte. Der alte Präsident hatte es ebenso gemacht. Übrigens hatte die Laacke recht; er konnte an Aufgeblasenheit und Wichtigtuerei mit jedem Truthahn streiten und sah in die Welt hinein, als ob er wenigstens sein Vater oder gar das Kammergericht selbst gewesen wäre. Er glaubte auch so was.

Frau Hulen stellte nun vor; Schimmelpenning aber, von der Verbeugung der ihm unbequemen Mamsell Laacke nicht die geringste Notiz nehmend, schritt auf die alte Zunzen zu, deren Namen ihm auch genannt worden war, und sagte mit lauter Stimme: „Zunz; bei Graf Voß, Wilhelmstraße? Entsinne mich; habe Ihren Mann noch gekannt."

„Ich auch," sagte die Alte, die aus Respekt vor der stattlichen Erscheinung des Nuntius aufgestanden war, im übrigen aber, gerade weil er so laut sprach, alles falsch verstanden hatte. Schimmelpenning, der nicht wußte, was er aus dem „Ich auch" der Alten machen sollte und bei seiner immer regen Empfindlichkeit nur allzu geneigt war, es für eine Verhöhnung zu nehmen, zog ein verdrießliches Gesicht und schien überhaupt durch seine ganze Haltung ausdrücken zu wollen: „Sonderbare Gesellschaft; wie komm' ich nur dazu?" Dann trat er an die hochbeinige Kommode, trommelte auf dem Dach des Straßburger Münsters und sah in den Spiegel hinein, bei welcher Gelegenheit ihn wieder seine Ähnlichkeit mit dem alten Präsidenten überraschte.

*   *   *

Von dem Garderobezimmer her — in dem, wenn nicht alles täuschte, zwei rasch hintereinander eingetroffene Paare mit dem Ablegen ihrer Sachen beschäftigt waren — hörte man jetzt ein lebhaftes Sprechen, wie es Personen eigen ist, die mit einer Art Nachdruck entweder ihre Unbefangenheit oder ihre besondere Berechtigung ausdrücken wollen, und gleich darauf trat das erste dieser Paare in Frau Hulens Zimmer ein. Es waren Herr Ziebold und Frau, er an seinen Löckchen und seiner goldenen Brille, sie an ihrer theaterhaften Haltung und einem ebenso eng anliegenden wie tief ausgeschnittenen Seidenkleid erkennbar.

Schimmelpenning drückte statt eines Grußes nur leise das Kinn nach unten und würde durch seine reservierte Haltung, die so weit ging, daß er beide Hände auf den Rücken legte, noch mehr aufgefallen sein, wenn nicht das zweite Paar, das beinahe unmittelbar folgte, die Aufmerksamkeit von ihm abgezogen hätte. Es waren Herr Deckenflechter Grüneberg und Tochter, ein hagerer, wachsfarbener Mann, der, weil er auf einem kleinen Stubenwebstuhl allerhand filzartige Tuchstreifen zu breiten und schmalen Fußdecken zusammenwebte, gelegentlich auch Herr Teppichfabrikant Grüneberg genannt wurde. Er selbst bedeutete wenig trotz seiner Eulenphysiognomie, in welcher Stirn, Kinn und Nasenspitze an derselben senkrechten Linie, Mund und Augen aber weit zurück und sozusagen wie im Schatten

lagen; desto mehr aber bedeutete seine Tochter, die groß und stark und ohne alle Ähnlichkeit mit ihm, überhaupt gar nicht seine Tochter, sondern ein angeheiratetes Kind aus seiner verstorbenen Frau erster Ehe war. Sie hieß Ulrike. Beinahe häßlich, mit großen, nichtssagenden und zum Überfluß auch noch weit vorstehenden Augen, hatte sie doch die feste Überzeugung: schön und durch ihre Schön=
heit zu etwas Höherem berufen zu sein. Ihr Umgang mit Frau Hulen erschien ihr unter ihrem Stande, mehr noch unter ihren persönlichen Ansprüchen, wurde aber doch von ihr gepflegt, weil sie wußte, daß ein abliger junger Herr bei der Alten zu Miete wohnte. Ihre Gedanken gingen immer nach dieser Richtung hin.

Herr Ziebold hatte sich neben Mamsell Laacke auf das Sofa gesetzt; Ulrike trat an das Theater und nahm einzelne Figuren, Karl Moor, Roller und den hübschen Kosinski, aus der offenen Szene heraus; von der Zunzen war keine Rede mehr. Schimmelpenning, den Rücken gegen eins der Fenster gelehnt, starrte gleichgültig auf die Decke, und nur Ziebold und Grüneberg unterhielten ein Tagesgespräch, zu dem beide sehr ungleich beisteuerten, Grüneberg in einem Schwall von Worten, Ziebold in einzelnen kurzen und mit=
unter spöttischen Bemerkungen. Die Hulen kam immer mehr in Aufregung; sie fühlte, daß es nicht so ging, wie es gehen sollte, und immer neue Versuche zur Annäherung ihrer Gäste machend, sagte sie schon zum dritten oder vierten Male: „Sie kennen sich ja schon von früher."

Die so Angeredeten schienen sich aber jedesmal nur sehr langsam und widerstrebend darauf zu besinnen. Die Widerstrebendste war Frau Ziebold. Sie spielte mit ihrer goldenen Erbskette, über deren Ursprung allerhand dunkle Gerüchte gingen, und warf ihrem Manne Blicke zu, sich mit dem dummen Menschen, dem Grüneberg, nicht zu weit einzulassen. Sonst verzog sie keine Miene. Nur wenn sie Ulrikens Wichtigkeit sah, lächelte sie. Denn sie kannte die Grünebergs „vom Geschäft her" und hatte der Tochter, die hinter dem Rücken des Vaters alles tat, was ihr bequem war, mehr als einmal aus der Verlegenheit geholfen.

Von Gästen fehlte nur noch Feldwebel Klemm; endlich kam auch er, und Frau Hulen, die Wunderdinge von ihm erwartete, atmete auf. Er war in demselben Aufzuge, Stulpenstiefel und hochzugeknöpfte schwefelgelbe Weste, in dem er sich überall präsentierte, und machte sich, nachdem er Mamsell Laacke zum Ärger Ulrikens mit besonderer Auszeichnung begrüßt hatte, namentlich mit den Ziebolds zu schaffen, sei es, weil er in seiner Eigenschaft als Zwischenträger und Gelegenheitsmacher allerhand unaufgeklärte Beziehungen zu ihnen hatte, oder weil er einfach zeigen wollte, daß er das Recht habe, sich über das Gerede der Leute wegzusetzen und seine Sonne über Gerechte und Ungerechte scheinen zu lassen. An Schimmelpenning, der mittlerweile seine Stellung mit halbrechts gewechselt und sich an einen altmodischen Eckschrank gelehnt hatte, ging er ohne Gruß vorüber; beide maßen sich mit einem Ausdruck von Geringschätzung.

„Wir sind nun alle beisammen," nahm Frau Hulen das Wort, „und ich denke, wir wollen recht fröhlich und ausgelassen sein. Nicht wahr, liebe Laacke? Sie singen uns doch nachher etwas? ‚Schweizerfamilie' oder ‚Bei Männern, welche Liebe fühlen'."

„Aber, liebe Hulen."

„Warum nicht, Laackechen? Es ist ja bloß ein Lied. Und Mamsell Ulrike hört es gewiß gern und wir andern auch. Und nicht wahr, Herr Ziebold, Sie begleiten doch? Aber nun wollen wir uns zu Tische setzen. Bitte, liebe Zunzen, helfen Sie mir den Tisch hereinbringen."

Unsere gute Hulen hatte die letzten Worte sehr laut gesprochen; nichtsdestoweniger antwortete die Alte, die vielleicht wirklich nicht gehört hatte, vielleicht auch nur ärgerlich war, zu dieser Dienstleistung wie selbstverständlich herangezogen zu werden: „Na, ich denke doch bis zehn," worauf sich Mamsell Laacke, um allen weiteren Erörterungen vorzubeugen, mit fast jugendlicher Raschheit erhob und den Eßtisch aus der Küche hereintragen half. Stühle wurden gerückt, und in kürzester Zeit saß alles: Klemm obenan, Frau Hulen unten, die Zunzen dicht neben ihr; dann kamen die Pfandleihersleute, an beiden Ecken einander gegenüber; neben Ziebold, wie sie es sich ausbedungen hatte, die Laacke.

Alle Speisen standen schon in der Mitte, als erster Gang eine große Schüssel mit Mohnpielen, daneben links ein Heringssalat und rechts eine Sülze. Alles reich gewürzt; auf dem Mohn eine dichte Lage von gestoßenem Zimmet, auf dem Salat kleine Zwiebeln, die mit Pfeffergurken und sauren Kirschen abwechselten. Ein echtes Berliner Essen.

„Bitte, so vorliebzunehmen; Mamsell Ulrike, wollen Sie nicht so gut sein und die Pielen herumgehen lassen? Gott, wie ich mich freue!"

„Ganz auf unserer Seite," antwortete Herr Ziebold und putzte erst seine Brille, dann heimlich auch die Gabel am Tischtuchzipfel ab.

Was das Gespräch anging, so konnte sich's aller Wahrscheinlichkeit nach nur darum handeln, ob es durch Klemm oder Schimmelpenning geführt werden sollte; Grüneberg war zu einfältig, und Ziebold, der in seinen jungen Jahren ein echter Berliner Vielsprecher gewesen war, hatte sich inzwischen aus diesem Geschäft zurück=

gezogen und begnügte sich damit, die Reden anderer mit einigen Schlagwörtern zu begleiten.

"Sagen Sie, liebe Hulen," nahm Schimmelpenning das Wort, "wie heißt denn eigentlich der junge Herr, der bei Ihnen wohnt?"

"Vitzewitz, Herr Nuntius."

"Vitzewitz," wiederholte dieser, "ein sonderbarer Name."

"Es kann nicht jeder Schimmelpenning heißen," sagte Klemm und wechselte Blicke mit seinem Gegner. "Übrigens, wenn ich recht unterrichtet bin, heißt er von Vitzewitz."

Schimmelpenning war gerade gescheit genug, um die Malice herauszufühlen, ignorierte die Zwischenrede aber völlig und fuhr, zu Frau Hulen gewandt, fort: "Was studiert er denn eigentlich?"

"Er studiert ... es ist so was Fremdes und Lateinisches, und wenn er noch ein paar Jahre dabei bleibt, dann kommt er ans Kammergericht."

"Nu, nu," sagte Schimmelpenning und reckte sich etwas höher.

"Aber er wird nicht dabei bleiben; er hat immer anderes vor und liest den ganzen Tag Komödienstücke von einem Mohr, der seine Frau würgte, und von einem alten König, der wahnsinnig wurde, weil ihn seine Kinder, noch dazu Töchter, im Stiche ließen. Ich höre das immer, denn er spricht so laut, daß es die Zunzes durch die Wand hören könnte, nicht wahr, liebe Zunz, und wenn ich dann anklopfe und ihm einen Brief bringe oder eine Flasche frisches Wasser, dann seh' ich mitunter, daß er geweint hat. Ja, Sie lachen, Herr Schimmelpenning, aber er hat ein weiches Herz, und ein weiches Herz ist keine Schande. Ich könnte davon erzählen, wie gut er ist."

"Nun, so erzählen Sie doch," rief Ulrike, während

Frau Ziebold und ihr Mann sich wieder verständnisvoll ansahen.

Die Hulen aber fuhr fort: „Nun gut, Ulrikchen, ich will es Ihnen erzählen. Unsere Betten stehen nämlich Wand an Wand, und die Wand hat nur einen Stein. Und nun hab' ich ja meinen Magenkrampf, und da hilft nichts, kein Doktor und kein Apotheker. Und richtig, es war so um Martini herum, und vielleicht war ich auch selber schuld, weil ich von dem Gänsebraten gegessen hatte, der immer Gift für mich ist, und siehe da, da hatt' ich ihn wieder. Und ich wußte mir nicht anders zu helfen, denn die Wehtage wurden immer größer, und ich klopfte. Erst ganz leise; und als ich das zweite Mal geklopft hatte, da rief er: ‚Gleich, Frau Hulen, ich komme schon.‘ Und als ich noch so denke, was wohl das Beste sein wird, da steht er auch schon da, gestiefelt und gespornt, und sagt bloß: ‚Magenkrampf? Ich dacht' es mir; na, da weiß ich Bescheid, Frau Hulen.‘ Und keine halbe Minute, da hör' ich in der Küche, wie er Holz spaltet und in der Asche herumklopft und an meinem Küchenschapp die Kasten aufzieht, einen nach dem andern. Un nu merk' ich ja, was er vor hat, und rufe aus meinem Bett heraus ‚Zweites Fach rechts‘. ‚Schon gut, Frau Hulen,‘ sagt er, ‚ich habe schon,‘ und nu dauert es auch gar nicht lange mehr, da ist er da. Und was bringt er? Einen richtigen Kamillentee, bloß ein bißchen zu stark und noch zu heiß. Aber da goß er ihn ja aus der Obertasse in die Untertasse zweimal, dreimal, bis er mundrecht war. Und nu trank ich. Und wollen Sie glauben, mir wurde gleich besser. Ich will nich sagen, daß es der Kamillentee war, aber die Guttat war es, die ging mir zu Herzen und der Magenkrampf war weg."

„Aber, liebe Hulen!" sagte jetzt langsam und jede

Silbe betonend die Laacke, die während der ganzen Erzählung verlegen auf ihren Teller geblickt hatte.

Die Hulen aber ließ sich nicht einschüchtern und erwiderte ziemlich scharf: „Liebe Laacke, ich sehe bloß, daß Sie noch keinen Magenkrampf gehabt haben."

„Sehr richtig," bemerkte Ziebold, indem er der neben ihm sitzenden Alten gutmütig und vertraulich auf ihrer welken Hand herumtrillerte; „ich habe die Bekanntschaft dieses Peinigers nur einmal gemacht, aber gerade gründlich genug, um zeitlebens zu wissen, was es mit ihm auf sich hat. Das war anno sechs, an dem Tage, als die Löffelgarde einzog. Es regnete leise und war schon kalt. Wann war es doch, Herr Feldwebel Klemm?"

„Ende Oktober."

„Ganz richtig; ich erkältete mich bis auf den Tod und hatte Schmerzen, daß ich schrie; aber es tut mir doch nicht leid, bei diesem Löffelgardeneinzug mit dabei gewesen zu sein."

„Warum hieß es denn eigentlich die Löffelgarde?" fragte Ulrike.

„Weil sie statt des Federstutzes einen blechernen Löffel trugen. Die anderen Herrschaften werden es damals alle gesehen haben, aber wenn Mamsell Grüneberg davon hören will ..."

„Bitte," sagte Ulrike verbindlich, und Ziebold, der sich von der ihm unbequem werdenden Kontrolle seiner Frau freizumachen begann, fuhr ohne weiteres fort: „Diese Löffelgarde, wie mir Herr Feldwebel Klemm bestätigen wird, hatte allerhand Absonderlichkeiten und schickte, wenn sie einzog, einen aus ihrer Mitte voraus, der zwanzig oder dreißig Schritt vor der nachrückenden Kolonne ging und durch sonderbare Manieren und ein absichtlich abgerissenes Kostüm ankündigen mußte: jetzt kommt die

Löffelgarde! Denn sie waren stolz auf ihren Namen und ihr Abzeichen."

Ziebold, der als guter Erzähler den Wert einer Pause zu schätzen wußte, bat hier um ein Glas Wasser und nahm erst, als Frau Hulen das Gewünschte gebracht hatte, seinen Faden wieder auf.

„Ich sehe noch den ersten, der durch das Hallesche Tor kam. Er gehörte zu dem schlimmen Davoustschen Korps, und alles, was dieses Korps bedeutete, das lag in diesem einen vorausmarschierenden Mann. Er war lang und hager, mit blassem Gesicht und pechschwarzem Haar, das ihm tief in die Stirn hing. Seine Beinkleider, von einer Art Leinenzeug, waren schmutzig und zerrissen, und die halbnackten Füße steckten in Schuhen, eigentlich nur noch Sohlen, die wie Sandalen festgebunden waren. Ein Pudel, den er an einem Strick führte, ging auf zwei Beinen nebenher und fing die Brotstücke auf, die ihm von ihm zugeworfen wurden. An seinem Pallasch aber, den er statt des gewöhnlichen Infanteriesäbels trug, hing eine Gans und auf dem kleinen fuchsig gewordenen Hut, den er schief und pfiffig aufgesetzt hatte, steckte der blecherne Löffel, das Feldzeichen der ganzen Bande."

„Ach, wie nett," sagte Ulrike, der zu Ehren die ganze Geschichte erzählt worden war, „ein blecherner Löffel, es ist doch zu komisch."

Feldwebel Klemm aber, der keine Gelegenheit vorüber= gehen ließ, seine Franzosenfreundlichkeit zu betonen und durch den wohlberechneten Appell an sein endgültiges Urteil nicht ganz gewonnen worden war, rief über den Tisch hin: „Ich möchte Herrn Ziebold nur bemerken, daß doch es am Ende keine ‚Bande' war, die damals unter dem Befehl des Marschalls Davoust, Herzogs von Auerstädt und späteren Prinzen von Eckmühl, Durchlaucht, durch das Hallesche Tor einzog. Wenn es aber eine Bande war, so war es jedenfalls eine ganz aparte, denn sie kam recte von Jena her, wo wir, um es milde zu sagen, vor dieser Bande nicht zum besten bestanden hatten."

"Nein, nicht zum besten," antwortete Frau Hulen. "Aber nichts für ungut, Herr Feldwebel Klemm, davon dürfen wir nicht sprechen, denn das ist ein schlechter Vogel, der sein eigen Nest beschmutzt, und das Unglück von damals oder die Schande von damals, ich weiß nicht, was richtig ist, das muß nun begraben und vergessen sein. Ich habe freilich auch gedacht, es wäre mit uns vorbei, weil es alle Leute sagten, und man ist doch nur eine arme Frau, die nicht ‚nein' sagen darf, wenn die andern ‚ja' sagen. Aber das kann ich Ihnen sagen, Herr Klemm, schon das nächste Jahr, als ich die zwei grünen Särge sah, da wußte ich, daß wir wieder aufkommen würden."

"Zwei grüne Särge?" fragte Ulrike und versuchte zu lachen.

"Ja, zwei grüne Särge, drin die beiden alten Sängebuschens begraben wurden. Er und sie. Haben Sie denn nicht davon gehört, Ulrikchen? Sie müssen doch damals, mit Permission, schon ein halbwachsenes junges Ding gewesen sein."

"Nein," versicherte Ulrike.

"Nun," fuhr Frau Hulen fort, "die beiden alten Sängebuschens, die hier gleich um die Ecke wohnten, zwei Häuser von der Waisenkirche, die waren es also. Er war Registrator; aber früher war er Soldat gewesen und hatte unter vier Königen gedient, und als das Rheinsberger Denkmal fertig war und Prinz Heinrich alle alten Soldaten einlud, da lud er auch den alten Sängebusch ein, daß er mit dabei sein sollte. Ich habe den Brief selbst gesehen, alles deutsch geschrieben, aber Henri war französisch. Und als er nun starb, ich meine den alten Sängebusch, da fanden sie einen Zettel, darauf geschrieben stand, daß er in einem grünen Sarge begraben werden wolle, bloß um seinen Glauben und seine Zuversicht zu zeigen, daß sein liebes Vaterland Preußen wieder auf=kommen würde.... Und nun starb ja die Frau, die auch alt und krank war, denselben Tag, und so kam es, daß zwei grüne Särge bestellt wurden. Der alte Prediger Buntebart aber, als sie begraben werden sollten, ließ eine schwarze Bahrdecke darüber decken, weil er ängstlich war und keinen Lärm und keinen Aufstand haben wollte. Aber da kannt' er die Berliner schlecht, und als der Zug sich in Bewegung setzte, rissen sie die Bahrdecke herunter, daß die grünen Särge wieder sichtbar wurden, und so trugen sie sie zwischen vielen tausend Menschen hin, und alles nahm den Hut ab und dachte bei sich: ‚Ob wohl der alte Sänge=busch recht behalten wird?' Und er hat recht behalten. Bäcker Lehweß, als ich heute das Frühstück holte, sagte zu mir: ‚Hören Sie, Hulen, Preußen kommt wieder auf.' Und der alte Bäcker Lehweß sagt nicht leicht was, was er nicht verantworten kann."

Herr Ziebold nickte der alten Hulen freundlich zu; Feldwebel Klemm aber, mit dem linken Zeigefinger zwischen Hals und Krawatte hin und her fahrend, sagte halb un=geduldig, halb herablassend: „Das ist eine rührende Ge=schichte, Frau Hulen; aber den alten Sängebusch und seinen grünen Sarg in Ehren, er könnte sich doch geirrt haben."

„Wer nicht?" antwortete Schimmelpenning, der nicht leicht eine Gelegenheit vorübergehen ließ, einer von Klemm geäußerten Ansicht zu widersprechen. „Wer nicht? sage ich noch einmal; Sie, ich, jeder. Irren ist menschlich; aber dieser alte Sängebusch hat sich nicht geirrt. Ich bitte, mich nicht mißzuverstehen; grüne Särge hin, grüne Särge her, ich bin Protestant und verachte jeden Aberglauben. Diese grünen Särge sind eine Kinderei. Aber wir müssen doch wieder aufkommen, und warum? Weil wir die Gerechtigkeit haben. Da liegt es. Justitia fundamentum imperii. Zeigen Sie mir in der ganzen alten und neuen Geschichte so etwas wie die Mühle von Sanssouci oder wie den Müller Arnoldschen Prozeß. Das Kammergericht, meine Herrschaften. Und ‚es gibt noch Richter in Berlin‘ haben selbst unsere Feinde zugestanden. Ich will nichts gegen die Franzosen sagen, aber eins muß ich sagen: sie haben keine Gerechtigkeit. Und wo keine Gerechtigkeit, da ist kein Maß, und wo kein Maß ist, da ist kein Sieg. Und wenn ein Sieg da war, so hat er keine Dauer und verwandelt sich in Niederlage. Und der Anfang dieser Niederlage ist da. Der Russe drängt nach, wir legen uns vor, und so zerreiben wir diese französische Herrlichkeit wie zwischen zwei Mühlsteinen."

„Sie sprechen von zwei Mühlsteinen," lächelte Klemm; „gut, ich lasse die zwei Steine gelten, aber was dazwischen zerrieben werden wird, das werden nicht die Franzosen sein, sondern die Russen."

„Nicht doch, nicht doch," riefen Ziebold und Grüneberg gleichzeitig und setzten dann hinzu: „Oder zeigen Sie uns wenigstens, wie."

Dieser Aufforderung hatte Klemm entgegengesehen.

„Es wäre gut, wir hätten eine Karte," sagte er; „aber ein paar Striche tun es auch. Frau Hulen, ich bitte um einen Bogen Papier."

Frau Hulen beeilte sich, den gewünschten Bogen herbeizuschaffen, auf dem Klemm nun, mit jener Sicherheit, wie sie nur die tägliche Wiederholung gibt, dieselben Linien zu zeichnen begann, die er schon am Neujahrsabend mit Kreide auf den Tisch gezeichnet hatte.

Dann hob er an: „Dieser dicke Strich also, wie ich zu bemerken bitte, ist die Grenze, rechts Rußland, links Preußen und Polen. Achten Sie darauf, meine Herrschaften, auch Polen. Hier links ist Berlin, und hier, zwischen Berlin und dem dicken russischen Grenzstrich, diese zwei kleinen Schlängellinien, das sind die Oder und die Weichsel. Nun müssen Sie wissen, an der Oder und Weichsel hin, in sechs großen und kleinen Festungen, stecken dreißigtausend Mann Franzosen, und ebenso viele stecken hier unten in Polen, in einer sogenannten Flankenstellung, halb schon im Rücken. Ich wiederhole Ihnen, achten Sie darauf; denn in dieser Flankenstellung liegt die Entscheidung. Jetzt drängt der Russe nach; schwach ist er, denn wenn eine Armee friert, friert die andere auch, und schlottrig geht er über die Weichsel. Und nun geschieht was? Von den Oderfestungen her treten ihm dreißigtausend Mann ausgeruhter Truppen entgegen, während von der polnischen Flankenstellung her andere dreißigtausend Mann heraufziehen, sich vorlegen und ihm die Rückzugslinie abschneiden. Und klapp, da sitzt er drin. Das ist, was man eine Mausefalle nennt. Ich mache mich anheischig, Ihnen die Stelle zu zeigen, wo die Falle zuklappt. Hier, dieser Punkt; es muß Cöslin sein oder vielleicht Filehne. Ich gehe jede Wette ein, zwischen Cöslin und Filehne kapituliert die russische Armee. Wie Mack bei Ulm. Was nicht kapituliert, ist tot."

Alles war erstaunt; nur Schimmelpenning, der in den Weißbierlokalen der Stadt nicht viel weniger gut zu Hause war als sein Gegner, sagte mit einschneidender Ruhe: „Es ist bekannt, Herr Klemm, daß Sie diese Sätze jetzt täglich wiederholen, buchstäblich wiederholen, wobei es nichts tut, ob sie die Weichsel mit Bleistift auf Papier oder mit Kreide auf den Tisch zeichnen. Sie werden über kurz oder lang Ungelegenheiten davon haben; doch das ist ihre Sache. Eins aber ist meine Sache, Ihnen zu sagen, daß ich alles, was Sie tun und sprechen, unpatriotisch finde."

„Muß ich bei Ihnen Patriotismus lernen?" brauste Klemm auf und schlug mit der flachen Hand auf den Tisch. „Ehe Ihnen Ihre Mutter, ich bitte um Entschuldigung, meine Damen, die ersten Hosen anpaßte, war ich schon bei Torgau. Ich habe die Grenadiers gesammelt...."

„Ich weiß davon," unterbrach ihn Schimmelpenning; „aber das waren nicht Sie, das war der Major von Lestwitz."

„Ich weiß nicht, was der Major von Lestwitz getan hat," schrie der immer aufgeregter werdende Klemm; „aber was ich getan habe, das weiß ich."

„Und behalten es in gutem Gedächtnis," höhnte Schimmelpenning weiter. „Auch ist es noch keinem eingefallen, Herr Klemm, daß Sie jemals eine von Ihren Großtaten vergessen hätten."

Bei dem Worte „Groß" machte der Nuntius eine lange maliziöse Pause; Frau Hulen aber, die den Streit aus der Welt zu schaffen wünschte, wandte sich an Herrn Schimmelpenning und bat ihn mit eindringlicher Stimme, die auf dem linken Flügel noch unberührt stehende Sülze herumgehen zu lassen. Es wurde nicht überhört, so hoch die Wogen auch gingen. Als das neue Gericht bei der Zunzen vorbeikam, die von Zeit zu Zeit an Hustenanfällen litt und deshalb vorsichtig mit reizbaren Sachen sein mußte, beugte sie sich zur Hulen und fragte leise: „Viel Pfeffer?", worauf diese antwortete: „Nein, liebe Zunz, englisch Gewürz." Diese beruhigende Erklärung schien von der Alten richtig verstanden zu werden, denn sie nahm ausgiebig von der Schüssel, die sie noch in Händen hielt. Dem ausbrechenden Streit der Gegner aber war glücklich gesteuert. Bald darauf wurde aufgestanden, und nachdem sich, mit Ausnahme von Klemm und Schimmelpenning, alles die Hände gedrückt und eine gesegnete Mahlzeit gewünscht hatte, begab man sich paarweise in Lewins Zimmer, wo nun Punsch und Krausgebackenes herumgereicht wurde.

„Und nun, liebe Laacke, singen Sie uns was; aber nichts Trauriges, nicht wahr, Ulrikchen, nichts Trauriges?" Ulrike stimmte bei, worauf Mamsell Laacke bemerkte, daß sie nichts Trauriges singen wolle, aber auch nichts Heiteres. Das Heitere widerstände ihr, weil es flach und unbedeutend sei; sie liebe das Gefühlvolle, und man solle immer nur das singen, was der eigenen Natur entspräche. Denn „in unserer Stimme ruht unser Herz".

Es wurden nun Lewins Noten einer wiederholten Durchsuchung unterworfen, bis endlich ein paar Opernarien gefunden waren, in denen der vielgerühmte Tenor des Herrn Ziebold mitwirken konnte. Mamsell Laacke überreichte ihm ein himmelblau broschiertes Heft, auf dessen Titelblatt zu lesen stand: „Fanchon, das Leiermädchen, von Friedrich Heinrich Himmel, Klavierauszug, Akt II"; darunter ein Bildnis Fanchons, kurzärmlig, mit Kopftuch und einer Art Mandoline in der Hand.

Nichts konnte, alles in allem erwogen, willkommener sein als das. Ein Duett hat immer etwas von dem Reize einer dramatischen Szene. Die Laacke intonierte und begann, während Herr Ziebold seine Linke auf die niedrige Stuhllehne legte:

> In heitrer Abendsonne Strahlen,
> Dort, wo die Alpenrose keimt,
> Laß ich die liebe Hütte malen,
> Wo meine Kindheit ich verträumt.

> Daß eine Grille nie dich lenke,
> Die nur gemeine Seelen kränkt;
> Entehren jemals die Geschenke
> Von dem, der uns sein Herz geschenkt?

Nachdem diese letzte Zeile nicht nur dreimal wiederholt, sondern seitens der gefühlvollen Laacke auch mit besonderem Nachdruck vorgetragen worden war, fiel der Tenor Ziebolds ein, und beide sangen nun die Schlußstrophe:

> Die Liebe teilet unbefangen,
> Was einem nur das Glück beschied,
> Und zwischen Geben und Empfangen
> Macht Liebe keinen Unterschied.

Ziebold hatte von alter Zeit her eine Force im Tremulando und erzielte damit auch heute eine solche Wirkung, daß die bis dahin kühle Stimmung umschlug und die Gefühle allgemeiner Menschenliebe wenigstens momentan zum Durchbruch kamen. Der Abend war jetzt entschieden auf seiner Höhe. Frau Hulen empfand dies und schlug deshalb unverzüglich eine Wanderpolonaise vor, die denn auch, durch alle Zimmer hin, unter geschickter Umkreisung des stehengebliebenen Eßtisches ausgeführt wurde. Zum Schluß aber spielte die Laacke zu hastig und ließ absichtlich einige Takte aus. "Bin ich eingeladen, um auf diesem Klimperkasten dieser froschäugigen Mamsell Ulrike zum Tanze aufzuspielen?" So drängten sich die Fragen, und der letzte Moment des Festes war wieder ein Mißakkord.

* * *

Eine Viertelstunde später gingen die Paare nach verschiedenen Seiten hin die Klosterstraße hinunter, die Ziebolds links, auf den Hohen Steinweg zu.

"Das ist nun das letzte Mal gewesen," sagte Frau Ziebold; "du bringst mich nicht mehr hin. Ich habe nicht Lust, mit Mamsell Laacke auf demselben Sofa zu sitzen. Und dies alberne Ding, die Ulrike! Sah mich an, als hätte sie mich noch nie gesehen; ich glaube gar, sie dachte, daß ich sie zuerst grüßen sollte. Und wie steht es denn? Sie hilft uns nicht, aber wir helfen ihr. Das gelbe Mohrkleid und die Zuckerzange lagern nun schon in die zehnte Woche." Hier hielt die Sprecherin, denn die Luft ging scharf, einen Augenblick inne, um Atem zu schöpfen. Dann aber fuhr sie fort: "Und nun gar diese Manns= bilder! Ich weiß wirklich nicht, wer unausstehlicher ist, dieser Klemm, der nur drei Stücke auf seiner Leier hat, oder dieser Schimmelpenning, der aussieht, als habe er die Gerechtigkeit erfunden."

Ziebold lachte und sagte: "Du vergißt Grünebergen; war er nicht dein Tischnachbar?"

"Freilich war er das; aber glaubst du, daß er ein Wort mit mir gesprochen hätte? Und warum nicht! Weil er ein alter Narr ist und immer das liebe Töchterchen angafft und auf den Prinzen wartet, der sie in einer goldenen Kutsche abholen soll. Und dann nimm es mir nicht übel, Ziebold, die Hulen ist eine gute Frau, aber was waren das für Pielen? Semmelstücke, und das bißchen Mohn kratzig und multrig."

* * *

Die Grünebergs hielten sich derweilen rechts. Als sie um die Ecke der Stralauer Straße bogen, sagte Ulrike: "Ich weiß eigentlich nicht recht, was der Hulen beikommt? Immer so, als ob sie keine arme Frau wäre; drei Ge= richte und Krausgebackenes und Punsch. Mir gefällt es nicht, und ich finde es unrecht. Und dann immer in zwei

Stuben, als ob ihr alle beide gehörten! Wenn ich eine Stube vermiete, dann habe ich sie vermietet; der junge Herr von Vitzewitz, der mir das letzte Mal aufmachte, als ich klingelte, weil die Hulen nicht zu Hause war, würde sich doch sehr wundern, wenn er diese Mamsell Laacke mit ihren langen knöchernen Fingern auf seinem Klavier hätte herumhantieren sehen. Und diese Singerei! Da hör' ich doch lieber die Kurrende. Aber es soll immer so was sein. Ein bißchen Blindekuh oder ein paar Kartenkunst=stücke, das ist ihr nicht genug ... Und was für Menschen! Er, Ziebold, das muß wahr sein, ist ein kulanter Mann, und man merkt es ihm an, daß es ihm nicht an der Wiege gesungen worden ist. Aber diese Person, seine Frau! Immer in Seide und mit Korallenohrbommeln; ich mag nicht wissen, wem sie gehören. Sie muß doch Mitte vierzig sein, und dabei ausgeschnitten wie die jüngste. Aber das weiß ich, ich gehe nicht wieder hin. Ich will mir nicht meinen Ruf verderben."

So dachten auch die anderen. Befriedigt war nur Frau Hulen selbst.

XLI.

Soiree und Ball.

Um die vierte Stunde des anderen Tages — die Sonne war eben unter — hielten die seit einer Woche kaum noch aus dem Geschirr gekommenen Hohen=Vietzer Ponies vor dem uns aus dem Beginn unserer Erzählung bekannten Hause in der Klosterstraße. Lewin hatte die Leinen genommen und wartete geduldig auf die Rückkehr des Kutschers, der abgestiegen war, um den altmodischen, mit vielen Riemen zugeschnallten Mantelsack in die Frau

Hulenſche Wohnung hinaufzutragen. Das Gefährt war nicht mehr der nur für eine Nachtfahrt geeignete Sack- und Planſchlitten, ſondern der leichte zweiſitzige Kaleſchwagen, mit dem Berndt ſeine hier und dorthin gehenden Ausflüge zu machen pflegte. Es wurde unſerem Freunde nicht ſchwer zu warten, denn der ganze nordweſtliche Himmel glühte noch, und die kleine, faſt unmittelbar zu ſeiner Linken gelegene, ringsum von Efeu umwachſene Kloſterkirche ſtand wie ein Schattenbild in dieſer abendlichen Glut und nahm ſeine Aufmerkſamkeit gefangen. Von allen Seiten kamen Krähen heran, ſetzten ſich auf die Zacken des Giebelfeldes und berieten ſich, wie ſie zu tun pflegen, für die Nacht. In der Straße war nur wenig Leben; die Laternen wurden an ihren langen Drahtketten herabgelaſſen, langſam angezündet und langſam und knarrend wieder in die Höhe gezogen. Endlich kam Kriſt zurück, und während dieſer, ohne wieder aufzuſteigen, das Fuhrwerk nach dem „Grünen Baum" hinüber dirigierte, öffnete Lewin die ſchwere, mittelſt eines innen angebrachten Steingewichts ſich von ſelbſt ſchließende Haustür und ſtieg die Treppen hinan.

Auf der dritten und letzten ſchimmerte ſchon das Licht, mit dem Frau Hulen auf den Flur getreten war, teils um ihrem jungen Herrn Lewin ihren Reſpekt zu bezeigen, aber noch mehr, um die dicke Efeugirlande über der Tür ſichtbar zu machen, die ſie zu ſeinem Empfange geflochten.

„Guten Abend, Frau Hulen." Damit trat er erſt in den Alkoven und von dieſem aus in das große Vorderzimmer, das die Liebe und Sorgfalt der Alten in ähnlicher Weiſe feſtlich hergerichtet hatte. Auf dem runden Sofatiſche ſtanden zwei kleine brennende Lichter, Kaffeegeſchirr und ein Napfkuchen, während eine zweite Girlande, auch von Efeu, aber ſchmal und zierlich und aus einzelnen

Blättern zusammengenäht, die damastne Kaffeeserviette ein=
faßte.

„Aber das ist ja, als ob ein Bräutigam einzöge, Frau
Hulen; wo kommt nur all der Efeu her?"

„Kirchenefeu, junger Herr."

„Also von drüben?"

„Ja, drüben von der Klosterkirche; ich hab' ihn an
dem linken Chorpfeiler gepflückt, wo Küster Susemihls
Johanna mit dem kleinen Würmchen begraben liegt. All
in eins, Mutter und Kind. Es sind nun drei Jahr. Können
sich der junge Herr nicht mehr entsinnen?"

„Nein. Was war es denn damit?"

„Es soll ein Marschall gewesen sein; aber Herr Kauf=
mann Ziebold hat mich ausgelacht; es sei freilich ein Mar=
schall gewesen, aber bloß ein französischer Logiermarschall,
was sie bei uns einen Wachtmeister nennen. Na, lieber
Gott, ich kann es nicht wissen, ich bin eine alte Frau, aber
das weiß ich, Marschall oder nicht, daß er einen schweren
Stand haben wird; denn es war ein gutes Kind, die
Johanna, und sie hielt auf sich, und selbst die alte Zunzen,
die von jedem was weiß, wußte ihr nichts nachzusagen.
Es war noch ein Glück, daß das Kind gleich tot war.
Einige sagen freilich, es wäre nicht tot gewesen, aber ich
glaub' es nicht, und man soll nicht sagen, was man nicht
beweisen kann. Und nun langen Sie zu, junger Herr,
und schenken sich ein, ehe der Kaffee kalt wird."

„Ja, Frau Hulen, das ist leichter gesagt als getan.
Wo denken Sie hin? So bei Gräberefeu . . . ."

„Ach, junger Herr, da kenn' ich Sie besser. Wenn
die Dienstagsherren hier sind, der dicke Herr Hauptmann,
der immer so spaßig ist, und der Herr von Jürgaß, und
der Herr Himmerlich, der solche dünne Stimme hat, und
ich höre dann von nebenan zu, da weiß ich schon, je lauter

sie lesen, und je rührender es ist, desto mehr Tassen und Gläser muß ich bringen. Und wer dann am meisten dabei ist, das ist mein junger Herr."

„Nun, Frau Hulen, wenn die Sachen so liegen, da muß ich es schon versuchen," und dabei schenkte er sich ein und machte sich's bequem, während die Alte, um ihn nicht länger zu stören, aus dem Zimmer ging.

Auf dem Tische, zu einem kleinen Fächer geordnet, lagen auch die vier, fünf Briefe, die während seiner Abwesenheit eingegangen waren. Einer von Jürgaß enthielt eine kurze Anfrage, wann und wo die nächste Kastalia-Sitzung stattfinden sollte, ein anderer, erst vor wenig Stunden geschrieben, war von Tubal. Nur wenige Zeilen. Lewin las:

„4. Januar. Seit vorgestern abend sind wir wieder hier. Papa, der uns schon früher von Guse zurückerwartet hatte, hat auf heute (Montag) eine Soiree angesetzt. So Du rechtzeitig eintriffst, laß uns nicht im Stich. Wir haben Überfluß an Herren, aber nicht an Tänzern. Die Mazurka, die vor dem Feste bei Wylichs aufgeführt wurde, und in der Kathinka, wie Du gehört haben wirst, einen ihrer Triumphe feierte, soll wiederholt werden. Du fehltest damals; sei heute da.   Dein T."

Lewin legte das Blatt aus der Hand, das ihn verstimmt hatte. Während der Fahrt war er geschäftig gewesen, sich diesen ersten Abend als ein häusliches Idyll auszumalen, alles hell und licht, in dem Frau Hulens weiße Haube, die weiße Teekanne und viele quadratisch gefaltete weiße Blätter (von denen er jedes zu beschreiben hoffte) die seinem Auge sich einschmeichelndsten Punkte waren, und nun zerrann dieser Traum in demselben Augenblicke, in dem er ihn zu verwirklichen dachte. Er hatte weder Lust zu tanzen noch tanzen zu sehen, am wenigsten Kathinka, deren Mazurkapartner, wie er sich aus begeisterten

Schilderungen der Freunde sehr wohl entsann, Graf Bninski gewesen war. Und doch war die Einladung nicht zu umgehen. Er hatte noch zwei Stunden, und müde von der Fahrt, überwand er mit Hilfe seiner Ermattung seine Mißstimmung, drückte sich in das seegrasharte Sofakissen und schlief ein.

Als er erwachte, war alles dunkel im Zimmer, die kurzen Lichter niedergebrannt. Er wickelte sich aus einer Decke heraus, mit der ihn Frau Hulen, während er schlief, zugedeckt hatte; aber es kostete ihm Mühe, sich zurechtzufinden. Wo war er? Er tappte sich auf das Fenster zu und sah auf die Straße hinunter. Da waren die Laternen, die in trübem Lichte brannten; drüben der Schatten mit den zwei kleinen Türmen, das war die Klosterkirche. Was war es doch damit? Wer hatte doch davon erzählt? Richtig, die Hulen. Da war ja die Girlande; und Johanna Susemihl und das Würmchen; und er fühlte nun, daß es eine stickige Luft in dem Zimmer war, und daß der betäubende Geruch des Efeus und der Lichterblak ihm einen dumpfen Kopfschmerz zugezogen hatten. Was tun? Er öffnete den Fensterflügel, an dessen einem Riegel er sich mechanisch gehalten hatte, und atmete erst wieder freier, als die kalte Nachtluft in sein Zimmer zog. Dann klopfte er, und Frau Hulen kam.

„Wie spät ist es?"

„Acht Uhr."

„Ei, da hab' ich mich verschlafen. Und dies Kopfweh. Ein Glas Wasser, Frau Hulen, und Licht. Ich muß mich eilen."

Die Alte lief hin und her; die Kommodenkästen flogen auf und zu, und eine Stunde später stieg Lewin die breite Steintreppe hinauf, die an Nischen mit drei, vier Perücken-Kurfürsten vorüber in das erste Stock des Ladalinskischen Hauses führte. Er warf den Mantel ab, hörte, während er in dem Garderobezimmer seine Toilette ordnete, den gedämpften Strich der Geigen und schritt dann über den mit Orangerie besetzten Vorflur in das offen stehende Entree, das, zwischen den beiden großen Gesellschaftssälen gelegen, gerade die Mitte der ganzen Zimmerflucht bildete. Es war im übrigen ein Entree wie andere mehr, schmucklos, mit einem einzigen hohen, zugleich als Balkontür dienenden Fenster, und zeichnete sich durch nichts aus als durch sein Deckenbild: Venus bei dem Untergange Trojas ohnmächtig in die Arme des Zeus sinkend. Es war das beste der Plafondgemälde und zugleich das wohlerhaltenste.

Unser Freund, wenig heimisch in der Welt der bildenden Künste, würde zu keiner Zeit ein begeistertes Auge für die Linien dieser Komposition gehabt haben: am wenigsten hatte er es heute, wo Kopfweh, Mißstimmung und ein gerade an dieser Stelle stattfindendes Gedränge ohnehin an einer eingehenden Beobachtung hinderten. Nach links hin lag der Tanzsaal. Lewin sah hinein und bemerkte, daß zwölf oder vierzehn Paare zu einer Anglaise angetreten waren; aber Kathinka fehlte. Wo war sie? Und bei dieser Frage stürmten Bilder und Gedanken auf ihn ein, die dem Versuche, sie als töricht zu verbannen, nur zögernd und widerstrebend nachgaben. Er ließ nun sein Auge die Sitzreihe niedergleiten, auf der an der Längswand des Saales hin die älteren Damen Platz genommen hatten; aber auch hier vergebens.

In der Mitte dieser Reihe saß die alte Gräfin Reale, Oberhofmeisterin der Prinzessin Ferdinand, eine Dame von siebzig oder darüber, mit einer gebogenen und doch spitz auslaufenden Nase. Alles an ihr war grau: die Robe, der Schal, das hochaufgetürmte Haar, und sie glich einem bösen Kakadu, besonders, als sie jetzt ein schwarzes Lorgnon mit zwei großen Kristallgläsern aufsetzte und Lewin, dessen hastiges Suchen ihr aufgefallen sein mochte, verwundert und beinahe strafend ansah. Dieser schlug die Augen nieder und richtete sie ziemlich verwirrt auf die Nachbarin der alten Gräfin. Dies war ein Fräulein von Bischofswerder, Tochter des ehemaligen Ministers und Dame d'atour der Königin-Witwe. Sie trug das wenige blonde Haar, das sie hatte, in zwei Locken gelegt, die jetzt aber von der Hitze des Saales ihre ohnehin spärliche Federkraft verloren hatten und in dünner, ungebührlicher Länge bis an den Gürtel hinunterhingen. Überhaupt war alles lang an ihr, der Hals und die dänischen Handschuhe, die bis zum Ellbogen hinaufreichten, und inmitten all seiner Mißstimmung überkam ihn ein Lächeln. „Mademoiselle Laacke!" sagte er vor sich hin.

Er gab endlich alles weitere Suchen und Forschen auf und schritt in den nach rechts hin gelegenen Saal hinüber, in dem Erfrischungen gereicht und in dicht umherstehenden Gruppen die Neuigkeiten des Tages ausgetauscht wurden. Es waren meist ältere Herren: Adjutanten und Kammerherren der verschiedenen prinzlichen, damals sehr zahlreichen Hofstaaten, Gesandte kleinerer Höfe, Exzellenzen aus dem auswärtigen Departement und Abteilungschefs des Oberfinanzdirektoriums wie der Kriegs- und Domänenkammer. Einige davon spezielle Freunde des Hauses, so der Intendant der königlichen Schlösser und Gärten Herr Valentin von Massow, Schloßhauptmann von Wartensleben, Generaldirektor der königlichen Schauspiele Freiherr von der Reck und Staatsrat und Polizeipräsident Le Coq. Auch Universitätsprofessoren, Ärzte, Geistliche und Berliner Stadtzelebritäten waren erschienen; in der ersten Fensternische standen Hofprediger Eylert und der Oberkonsistorialrat Sack in eifrigem Gespräch, während in unmittelbarer Nähe von Lewin Professor Dr. Mursinna, der damalige berühmteste

Vor dem Sturm.

Chirurg der Stadt, und der Schauspieler Fleck ein lebhaftes Gespräch führten. Lewin verstand jedes Wort und hörte deutlich, daß Mursinna das Hinken Richards III. nicht korrekt finden wollte. Es hätte ihn unter anderen Umständen auf das lebhafteste interessiert, dem Gange dieser Unterhaltung folgen zu können, aber in der Unruhe seines Gemüts fühlte er sich nur bedrückt, auch in diesem Saale keinem näher befreundeten Gesicht zu begegnen. Von jüngeren Männern war niemand da, den er kannte. Auch Bninski nicht, und bei dieser Wahrnehmung stieg ihm plötzlich wieder das Blut in die Stirn, und er wechselte die Farbe, freilich nur, um sich schon im nächsten Augenblicke wieder der Vorstellungen zu schämen, womit ihn seine Eifersucht in immer neuen Anfällen verfolgte.

Endlich wurde er eines holsteinischen Barons Geertz, Hofkavaliers bei der Königin-Witwe, ansichtig, der, mit Jürgaß intim und im Ladalinskischen Hause aus- und eingehend, im Laufe des Winters einigen Kastaliasitzungen beigewohnt hatte. Unser Freund näherte sich ihm und fragte nach Jürgaß und Tubal. „Ich bin eben auf dem Wege zu ihnen," damit schritt der Baron auf eine an der entgegengesetzten Schmalseite des Saales befindliche Tür zu, schlug die Portiere zurück und ließ Lewin eintreten, während er selber folgte.

Es war das uns wohlbekannte Arbeitszimmer des Geheimrats, das aber heute, um es als Gesellschaftsraum mitverwenden zu können, eine vollständige Umgestaltung erfahren hatte. Wo sonst das Windspiel und die Goldfischchen ihre bevorzugten Plätze hatten, standen Blumenkübel mit eben damals in die Mode gekommenen Hortensien, während vor den hohen, jeder Wegschaffung spottenden Aktenrealen dunkelrote, mit einer schwarzen griechischen Borte besetzte Gardinen ausgespannt worden waren. Nur das Bild der Frau von Ladalinski war geblieben. Der große Schreibtisch hatte einem vielfarbigen Diwan und einer Anzahl zierlich vergoldeter Ebenholzstühle Platz gemacht, die sich um einen chinesisch übermalten Tisch gruppierten. Hier saßen die Freunde vor einer unverhältnismäßig großen Zahl leerer Gläser der verschiedensten Form und Farbe und empfingen Lewin mit einem so freudelauten Zuruf, wie die gesellschaftliche gute Sitte nur irgendwie gestattete. Hauptmann Bummcke und Rittmeister von Jürgaß, die sich's auf dem Diwan selbst bequem gemacht hatten, nahmen ihn in die Mitte; Tubal, auf einem der Ebenholzstühle, saß gegenüber; Baron Geertz und ein Kammerherr Graf Brühl rückten ein und schlossen den Kreis. Bummcke, der vor einer Viertelstunde schon, ehe die Anglaise begann, mit Kathinka gewalzt und, dem beständigen Fächeln mit seinem Battisttuch nach zu schließen, die gehabten Anstrengungen noch immer nicht überwunden hatte, hatte das Wort.

„Es will nicht mehr gehen, Tubal, und doch tanzt es sich mit Ihrer Schwester wie mit einer Fee."

„Wo sie nur sein mag," warf Graf Brühl ein; „ich suche sie seit zehn Minuten. Aber umsonst."

„Sie kleidet sich um für die Mazurka," erwiderte Tubal.

„Und wie sie mich abgeführt hat," fuhr Bummcke fort, einen Diener heranwinkend, der mit einem Sherrytablett eben in der Türe erschien. „Ich wollte ihr etwas Verbindliches sagen — deliziöser Sherry, Baron Geertz, lassen Sie die Gelegenheit nicht vorübergehen — und so sagt' ich ihr, mein gnädigstes Fräulein, sagt' ich, wenn ich so Ihren vollen Namen höre: Kathinka von Ladalinska, da ist es mir immer wie Janitscharenmusik, ja auf Ehre, es tingelt und klingelt wie das Glockenspiel vom Regiment Alt=Larisch."

„Und was antwortete sie?" fragte Jürgaß, während Lewin und Tubal Blicke wechselten.

„Nun, sie antwortete kurz: ‚Da passen wir ja zu= sammen,' und als ich, nichts Gutes ahnend, etwas ver= legen anklopfte: ‚Darf ich fragen, wie, mein gnädigstes Fräulein?' Da sagte sie: ‚Aber, Hauptmann Bummcke, es überrascht mich einigermaßen, Ihr feines Ohr auf die musikalische Bedeutung von anderer Leute Namen be= schränkt zu sehen. Muß ich Ihnen wirklich das Instrument erst nennen, das sozusagen von Ihrer ersten Namenssilbe lebt?' Und dabei nahm sie meinen Arm, und ich mußte ihr schließlich noch dankbar sein, in dem eben wieder beginnenden Tanze meine Verlegenheit verbergen zu können."

Die ganze Tafelrunde stimmte lachend in die Heiter= keit des sich selbst persiflierenden Erzählers ein, und nur Jürgaß, während er sorgfältig ein Korkbröckelchen aus seinem Sherryglase herausfischte, gefiel sich in einer Hal= tung erkünstelten Ernstes.

„Ihnen ist nicht zu helfen, Bummcke. Warum tanzen Sie noch? Wer sich in Gefahr begibt, kommt drin um. Aber ich kenne euch, ihr Herren von der Infanterie! Das ist die Eitelkeit aller dicken Kapitäns, durch einen raschen Walzer ihre Schlankheit beweisen oder gar wieder= herstellen zu wollen. Nein, Bummcke, Sie tanzen entweder zu viel oder zu wenig. Zu viel für das Vergnügen, zu wenig für die Kur. Tanzen ist Leutnantssache. Mit neunundreißig ist man ein Mann der Dejeuners, der kurzen und der langen Sitzungen, und wenn es eine Kastaliasitzung wäre. Apropos, Lewin, wann haben wir die nächste?"

„Wenn wir den Dienstag festhalten, morgen."

„Mir recht, und ich werd' es Hansen=Grell und die anderen wissen lassen. Himmerlichs und Rabatzkys sind wir sicher. Aber wie steht es mit Ihnen, Tubal? Unseres Freundes Bummcke, der, wie ich wahrzunehmen glaube, wegen indiskreter Enthüllung seines Lebensalters mit mir zürnt, werd' ich mich persönlich zu bemächtigen wissen. Es darf niemand fehlen; denn nach wie vor beflissen, dem ermattenden Springquell der Kastalia einen neuen Sprudel zu geben, hab' ich abermals für frische Kräfte Sorge getragen. Ich sage: Kräfte; beachten Sie den Plural. Es sind eben ihrer zwei, mit denen ich komme, zwei verwundete Kameraden. Weiteres morgen, wenn ich die Ehre haben werde, Ihnen die beiden Herren vorzustellen. Heute nur noch das. Es waren ihrerzeit Poeten, wie wir deren wohl oder übel jetzt so viele unter unseren jungen Leutnants haben; aber die Kampagnen, die spanische und die russische — denn in der Tat, beide Herren treffen hier von Nord und Süd her in unserer guten Stadt Berlin zusammen — haben ihnen nach der Seite der Dichtung hin nichts abgeworfen. Smolensk und Borodino lagen nicht günstig für die Lyrik. Was sie mitgebracht haben, sind Wunden und Tagebuchblätter. Aber auch das muß willkommen sein."

„Und ist es," bestätigte Lewin, der sich jetzt erhob, um in den Tanzsaal zurückzukehren. Dies gab das Zeichen für alle; selbst Bummcke, der eben gehörten Ermahnungen uneingedenk, schob das erst halb geleerte Glas beiseite und folgte.

Sie hätten den Moment nicht glücklicher wählen können; die vier Mazurkapaare, Buinski und Kathinka, dazu die schlesischen Grafen Matuschka, Seherr=Thoß und Zierotin mit ihren jungen und schönen Frauen waren eben zum Tanze angetreten, Herren und Damen in einem

Kostüm, das, ohne streng national zu sein, das polnische Element wenigstens in quadratischen Mützen und kurzen Pelzröcken andeutete. Es waren jene vier Paare, deren Tubal in seinem Billet erwähnt, und die schon auf der Wylichschen Soiree geglänzt hatten. Und nun begann der Tanz, der, damals in den Gesellschaften unserer Hauptstadt Mode werdend, dennoch, wenn Polen oder Schlesier von jenseit der Oder zugegen waren, in begründeter Furcht vor ihrer Überlegenheit immer nur von diesen getanzt zu werden pflegte.

Alles hatte sich des graziösen Schauspiels halber herzugedrängt, so daß es schwer hielt, in Nähe der Tür noch einen Platz zu gewinnen. Bummcke, dessen Embonpoint die Schwierigkeiten verdoppelte, gab es auf, sich neben dem riesengroßen Major von Haacke und der Doppel-Konsistorialratsfigur des Oberhofpredigers Sack siegreich zu behaupten, und kehrte in das Sanktuarium zurück, wo er zu seiner nicht geringen Überraschung Jürgaß und Baron Geertz in den zwei Diwanecken bereits wieder vorfand.

„Tres faciunt collegium. Ich verzeichne diesen Tag als den Tag Ihrer Bekehrung," empfing ihn Jürgaß. „Besser spät als nie. Neben dem Tanzen ist das Tanzensehen das Schlimmste, schon um der Verführung willen, die notorisch in allem conspectus liegt."

Ein Livreediener, augenscheinlich für diesen Abend nur eingekleidet, ging vorüber.

„Alle Teufel, Grützmacher, wo kommen Sie hierher? Aber das trifft sich gut; ein Cliquot, gute Seele." Dann zu Baron Geertz sich wendend, den die Vertraulichkeit überrascht haben mochte, sagte er: „Unser ehemaliger Regimentsfriseur von den Goecking=Husaren."

Der Diener kam zurück und setzte zwinkernd eine Flasche mit blankem Kork auf den Tisch.

Lewin hatte sich mittlerweile bis in die vorderste Reihe der Zuschauer geschoben und überblickte wieder den Saal wie eine halbe Stunde vorher. Von den vier Paaren, die sich in zierlicher Bewegung drehten, sah er nur eins, und während er hingerissen war von der Schönheit der Erscheinung, beschlich ihn doch zugleich das schmerzlichste der Gefühle, das Gefühl des Zurückstehenmüssens und des Besiegtseins, nicht durch Laune oder Zufall, sondern durch die wirkliche Überlegenheit seines Nebenbuhlers. Er empfand es selbst. Alles, was er sah, war Kraft, Grazie, Leidenschaft; was bedeutete daneben sein gutes Herz? Ein Lächeln zuckte um seine Lippen; er kam sich matt, nüchtern, langweilig vor. Die alte Gräfin Reale, seiner ansichtig werdend, setzte wieder die großen Kristallgläser auf und ließ nach kurzer Musterung das Lorgnon fallen, mit einer Miene, die das Urteil, das er sich selber eben ausgestellt hatte, untersiegeln zu wollen schien. Die beiden Locken des Fräuleins von Bischofswerder hingen noch länger und trübseliger herab. Es schien ihm alles ein Zeichen.

Der Tanz war vorüber; alles drängte in den Saal, um den vier reizenden Damen Dank und Bewunderung auszusprechen; auch Bummcke und Jürgaß zeigten sich und schienen durch ihr plötzliches Wiedererscheinen ihre halb= stündige Abwesenheit verleugnen zu wollen.

Unter den Beglückwünschenden war auch der alte Ladalinski selbst; er plauderte eben mit der schönen Gräfin Matuschka, die, soweit Teint und Taille mitsprachen, sich siegreich selbst neben Kathinka behauptet hatte, als einer der Lakaien an ihn herantrat und ihm etwas ins Ohr flüsterte.

Der Geheimrat setzte noch einen Augenblick die Unter=

haltung fort, verbeugte sich dann gegen die junge Gräfin und folgte dem Diener. Auf dem Vorflur fand er einen Boten aus dem Auswärtigen Departement, der ihm ein kuvertiertes Schreiben überreichte. Der Geheimrat, in Verlegenheit, wo er von dem Inhalt desselben Kenntnis nehmen sollte, trat in das Garderobezimmer und erbrach das Schreiben. Es waren nur wenige Worte.

„York hat kapituliert. Ein Adjutant Macdonalds brachte dem französischen Gesandten die Nachricht. Der Staatskanzler fährt eben zum König."

„Wer gab Ihnen den Brief?" fragte Ladinski.

Der Bote nannte den Namen einer dem Ladalinskischen Hause befreundeten Exzellenz, die zugleich die rechte Hand Hardenbergs war.

„Ich lasse Seiner Exzellenz meinen Dank und meinen Respekt vermelden." Damit steckte der Geheimrat das Schreiben zu sich und kehrte in die Gesellschaft zurück.

Er war entschlossen, zu schweigen; als er aber an dem Mittelfenster des Saales Kathinka und Bninski und gleich darauf auch Tubal in eifrigem Gespräche sah, ließ es ihm keine Ruhe, und er schritt auf die Plaudernden zu.

„Ich hab' euch eine Mitteilung zu machen, auch Ihnen, Graf; aber nicht hier."

Ohne eine Antwort abzuwarten, wandte er sich nach dem zunächstgelegenen Seitenzimmer, das, für gewöhnlich von Kathinka bewohnt, heute, wie sein eigenes Arbeitskabinett, mit in die Reihe der Empfangsräume hineingezogen worden war. Einige Paare, deren Herzensbeziehungen vielleicht nicht älter waren als dieser Abend, hatten in der Stille dieses ohnehin nur durch wenige Lichter und eine rubinrote Ampel erleuchteten Boudoirs eine Zuflucht gesucht; jetzt aufgescheucht, verließen sie, je nach ihrem

Temperamente, heiter oder in einem Anfluge von Verstimmung, ihre Plätze.

Kathinka wies auf die Stühle, die frei geworden waren; aber Ladalinski sagte: "Nehmen wir nicht Platz, wir können uns ohnehin der Gesellschaft nicht entziehen. Was ich zu sagen haben, ist kurz: ‚York hat kapituliert.'"

"Eh bien!" bemerkte Kathinka, offenbar enttäuscht, nach all dem Ernst, den ihr Vater zur Schau getragen hatte, nichts weiter zu hören als das. Sie war durchaus unpolitisch und kannte nur Persönliches und Persönlichkeiten.

"Kathinka!" rief der Graf, in der Erregung des Moments sich einen Augenblick vergessend, verbesserte sich aber schnell und setzte mit Förmlichkeit hinzu: "Mein gnädigstes Fräulein!" In seiner Stimme klang ein leiser Vorwurf. Dann, zu dem Geheimrat sich wendend, dem der Wechsel in der Anrede, erst vertraulich, dann förmlich, nicht entgangen war, sagte er: "Kapitulation! Das heißt: er ist zu den Russen übergegangen."

"Ich vermute es."

Bninski stampfte mit dem Fuße: "Und das nennen sie Treue hierlandes!"

Dann und wann erschien ein Kopf an der Portiere, um ebenso schnell wieder zu verschwinden; der Graf aber, in seiner Erregung weder das eine noch das andere wahrnehmend, fuhr mit Bitterkeit fort:

"O, dies ewige Lied von der deutschen Treue! Jeder lernt es, jeder singt es, und sie singen es so lange, bis sie es selber glauben. Die Stare müssen es hierzulande pfeifen. Ich bin ganz sicher, daß dieser General York alles verachtet, was nicht einen preußischen Rock trägt, und das Ende davon heißt ‚Kapitulation'!"

Eine peinliche Pause folgte; keiner vermochte das rechte Wort zu finden, und während in dem alten Ladalinski sich polnisches Blut und preußische Doktrin wie Feuer und Wasser befehdeten, fühlte Kathinka, daß sie durch ihr unbedachtes „Eh bien" diesen Sturm zur Hälfte heraufbeschworen hatte.

Tubal faßte sich zuerst. „Ich glaube, Graf, Ihr Eifer verwirrt Ihr Urteil. Sie wissen, wie ich stehe; überdies sichert mich meine Geburt gegen den Verdacht eines engherzigen Preußentums."

Der Geheimrat wurde befangen; Tubal aber, der es nicht sah oder nicht sehen wollte, sprach in ruhigem Tone weiter:

„Nehmen wir den Fall, wie er liegt. Was geschehen ist, ist ein politischer Akt. Solang es eine Geschichte gibt, haben sich Umwälzungen, auch die segensreichsten, durch einen Wort- oder Treubruch eingeleitet. Ich erspare Ihnen und mir die Aufzählung. Wenn es Ausnahmen gibt, so sind es ihrer nicht viele, oder kluge Vorsorglichkeiten haben das Odium zu eskamotieren gewußt."

Der alte Ladalinski atmete auf, während Tubal fortfuhr: „Wer vor große, jenseits des Alltäglichen liegende Aufgaben gestellt wird, der soll sich ihnen nicht entziehen, am wenigsten sich zum Knecht landläufiger Begriffe von Ruf und gutem Namen machen. Er soll nicht kleinmütig vor Verantwortung zurückschrecken; denn darauf läuft diese ganze Ehrensorge hinaus. Mit Gott und mit sich selber hat er sich zu vernehmen. Er soll sich zum Opfer bringen können, sich, Leben, Ehre. Geschieht es in rechtem Geiste, so wird er die Ehre, die er einsetzt, doppelt wiedergewinnen. Das ist der ewige Widerstreit der Pflichten, zwischen deren Wert es abzuwägen gilt. Eine Treue kann die andere ausschließen. Wo die Bewährung der einen durch die Verletzung der anderen erkauft werden muß, da wird freilich immer ein bitterer Beigeschmack bleiben; aber gerade der, der diesen Beigeschmack am bittersten empfindet, wird aus den reinsten Beweggründen heraus gehandelt haben."

„Und es ist General York, an den Sie dabei denken?" fragte Bninski mit einem Anfluge von Spott.

„Gerade an ihn dacht' ich. Kurz, Graf, Sie dürfen ihn verurteilen, nicht verdächtigen. Was seine Tat gilt, wird sich zeigen; seine Ehre aber, wie sie meines Schutzes nicht bedarf, sollte gegen jeden Zweifel oder Angriff gesichert sein."

Es schien, daß Bninski antworten wollte, aber die Musik begann wieder, und die jetzt halb zurückgeschlagene Portiere ließ erkennen, daß die Paare zu einem Konter zusammentraten. Kathinka, mit dem jungen Grafen Brühl engagiert, mahnte zum Abbruch des Gesprächs, das ohnehin andere Wege gegangen und von längerer Dauer gewesen war, als der Geheimrat bei Beginn desselben vorausgesehen hatte. Manches war ihm peinlich gewesen; nur Tubals gute Haltung hatte ihn mit diesem Peinlichen wieder versöhnt.

Ehe der Konter zu Ende war, wußte die ganze Gesellschaft von dem großen Ereignis. Die Wirkung war um vieles geringer, als erwartet werden durfte. Die Herren versicherten, „daß sie nicht überrascht seien, daß sich vielmehr nur ein Unausbleibliches vollzogen habe." Die Damen dachten der Mehrzahl nach wie Kathinka und waren nur klug genug, mit einem gleichmütigen „Eh bien" zurückzuhalten. Aber wie gering die Wirkung sein mochte, sie war doch groß genug, eine gewisse Zerstreutheit hervorzurufen und dadurch die Gesellschaft zu stören. Schon um zwölf fuhren die ersten Wagen vor, und ehe eine halbe Stunde um war, hatten sich die Säle geleert.

Bummcke, Jürgaß, Lewin, zu denen sich auch Baron Geertz und der alle anderen beinahe um Haupteslänge überragende Major von Haacke gesellt hatten, gingen zusammen die Treppe hinunter. Unten trennte sich Lewin von ihnen; die vier anderen Herren aber hatten denselben Weg und schritten auf die Lange Brücke zu. Als sie die Mitte derselben erreicht hatten, sahen sie zu dem Reiterstandbild des Großen Kurfürsten auf, das in seiner oberen Hälfte vom Marstall und alten Postgebäude her, in deren Fenstern noch Licht war, beleuchtet wurde. Der prächtige Kopf schien zu lächeln.

„Seht," sagte Jürgaß, „er sieht nicht aus, als ob es mit uns zu Ende ginge."

XLII.

Im Kolleg.

Lewin schritt die Königsstraße nach links hinunter, um seine Wohnung auf nächstem Wege zu erreichen. Ein leiser, aber eiskalter Wind wehte vom Alexanderplatze her und schnitt ihm ins Gesicht; er zog den Mantelkragen in die Höh' und grüßte den Wächter, der sich Schutzes halber unter das Portal des Rathauses gestellt hatte.

„Scharfer Wind, Ehrecke."

„Ja, junger Herr; 's is Bernauscher, der geht immer bis auf die Knochen."

Damit wünschten sie sich eine gute Nacht, und Lewin hörte nur noch das Knarren der Laternen, die sich in ihren über die Straße gespannten Ketten langsam im Winde hin und her bewegten. Er passierte den Hohen Steinweg, bog in die Klosterstraße ein und sah hier, immer sich rechts auf dem Bürgersteige haltend, mit halbem Auge nach der anderen Seite hinüber, wo er seit lange jedes Haus kannte. Bei Bäcker Lehweß war Licht, und der Geruch von frischgebackenem Brot zog aus dem offen stehenden Fenster der im Souterrain befindlichen Backstube quer über den Fahrdamm hin bis zu ihm herüber. Dicht daneben, vor dem als Magazin dienenden alten „Lagerhause" (dem ehemaligen kurfürstlichen Schloß) stampfte ein französischer Wachtposten, der sein Gewehr an das Schilderhaus ge= lehnt hatte, mit beiden Füßen in den Schnee und schlug sich mit den Armen überkreuz, wie die Matrosen tun, wenn sie die Finger wieder geschmeidig haben wollen. Dann kam das „Graue Kloster" und dann die Klosterkirche, deren beide Spitztürme eine hohe Schneehaube trugen; sie saß um so fester, je zerbröckelter die Steine waren.

Lewin, als er der Kirche ansichtig wurde, fühlte plötz= lich ein Verlangen, dem Grabe Johanna Susemihls einen Besuch zu machen. Er ging von der rechten auf die linke Seite der Straße hinüber und trat durch einen zerfallenen Bogengang auf den Kirchhof. Alles war dicht verschneit. Er sah aber bald, daß ein Pfad in den Schnee getreten war, der an den Gräbern vorbei und, wo diese schon ein= gesunken waren, auch über sie hinweg um die Kirche herumführte. Diesen Weg schlug er ein, bis er an den linken Chorpfeiler kam. Da war es, das Grab. Von dem Efeu, der es überwuchs, war unter der weißen Grab= decke nicht viel zu sehen, aber an dem Pfeiler stieg er, von Schnee nur wenig überstreut, bis dicht unter das Dach empor. An ebendiesem Pfeiler lehnte auch das Holz= kreuz, das, trotzdem es kaum drei Jahre stand, schon wieder halb umgefallen war und mit seiner Aufschrift — soviel sich erkennen ließ, nur ein Name ohne Spruch und Datum — klagend oder bittend gen Himmel sah. Lewin fühlte sich erschüttert von dem Anblick und faltete unwillkürlich die

Hände; dann verfolgte er im Schnee hin den schmalen Weg weiter, bis er wieder an die Stelle kam, von der er ausgegangen war, und schritt nun über den Damm hin auf seine Wohnung zu.

Frau Hulen war noch auf; sie ging nicht gern eher zu Bett, als bis sie ihren jungen Herr unter Hut und Obdach wußte.

„Raten Sie, Frau Hulen, wo ich herkomme?"

„Von dem Geheimrat, wo das schöne Fräulein ist."

„Da war ich auch. Vorher. Aber jetzt."

„Ich kann es nicht raten."

„Von Johanna Susemihl."

„Und um Mitternacht!"

„Das ist die beste Zeit. Wissen Sie, Frau Hulen, mir tut die Johanna leid. Wer kann immer tugendhaft sein?"

„Gott, Gott, junger Herr, was ist das nur mit Ihnen!"

Lewin antwortete nicht und pfiff leise vor sich hin. Er schien zerstreut und die Gegenwart der Alten kaum zu bemerken. Endlich begann er wieder: „Ich bin noch nicht müde, Frau Hulen; das macht, ich habe heute nachmittag meinen Schlaf vorweggenommen. Bringen Sie mir noch die grüne Schirmlampe, die kleine mit dem runden Fuß; ich will noch lesen."

Frau Hulen tat, wie ihr geheißen, empfahl ihm noch, seinen Mantel über das Fußende zu legen und dreimal, ohne sich zu rühren, bis hundert zu zählen, und ließ ihn dann allein.

Er war in der Tat in einer Aufregung, die die guten, ihm von der Alten gegebenen Regeln nur allzusehr rechtfertigte. In fieberhafter Schnelle lösten sich die auf ihn einstürmenden Bilder untereinander ab, und wechselnde

Gestalten umschwirrten und umdrängten ihn: Kathinka trat zur Mazurka an; aber ihr Tänzer war nicht Bninski, sondern Bummke; dann sah er den Grafen mit Johanna Susemihl neben dem Chorpfeiler stehen, und dann wieder kam General York über ein weites Schneefeld geritten, das immer enger wurde, bis es der Klosterhof war, und drohte den beiden, die sich hinter dem Chorpfeiler zu verstecken suchten, mit dem Finger. Endlich wichen die Gestalten; das Fieber fiel von ihm ab, und ein Zustand süßer Mattigkeit überkam ihn, in dem dann und wann sogar ein Hoffnungsflämmchen aufzuckte. Zugleich regte sich der Wunsch in ihm, dieser Stimmung, in der sich Trauer und Hoffnung die Wage hielten, Ausdruck zu geben. Er schritt auf seinen altmodischen Sekretär zu, stellte vom Tisch her die kleine Schirmlampe auf die längst schräg gedrückte, bei jeder Berührung knarrende Platte, nahm aus einem der Fächer eine Anzahl immer bereitliegender weißer Blätter und schrieb:

> Tröste dich, die Stunden eilen,
> Und was all dich drücken mag,
> Auch das Schlimmste kann nicht weilen,
> Und es kommt ein andrer Tag.
>
> In dem ew'gen Kommen, Schwinden,
> Wie der Schmerz liegt auch das Glück,
> Und auch heitre Bilder finden
> Ihren Weg zu dir zurück.
>
> Harre, hoffe, nicht vergebens
> Zählest du der Stunden Schlag:
> Wechsel ist das Los des Lebens,
> Und — es kommt ein andrer Tag!

Es war ihm von Zeile zu Zeile freier ums Herz geworden. Er schob das Blatt unter die anderen Blätter, legte sich nieder und schlief ein.

* * *

Vor dem Sturm.

Es war schon acht Uhr vorüber, als Frau Hulen, die die ganze Wochen= und Tageseinteilung genau kannte und wohl wußte, daß der Dienstag „Kollegientag" war, nach mehreren gescheiterten Versuchen, ihren jungen Herrn durch Tassenklappern und Öffnen der Alkoventür zu wecken, endlich eine Blechschippe mit großem Lärm, als würden zwei Becken zusammengeschlagen, umfallen ließ. Das half denn auch; Lewin fuhr auf, suchte noch halb schlaftrunken auf dem Nachttisch umher und ließ die Uhr repetieren. Acht und ein Viertel! Er erschrak über die späte Stunde, ließ es sich aber angelegen sein, durch Eile das Versäum= nis wieder einzubringen, und stand zwanzig Minuten später marschfertig in seinen Stiefeln.

Der feste Schlaf hatte ihm wohlgetan, alle trüben Gedanken waren wie verflogen, und erst der Anblick seiner eigenen Strophen, die nur halbversteckt auf der Sekretär= platte lagen, rief ihm die Stimmung des vorigen Abends zurück. Aber nur in seinem Gedächtnis, nicht in seinem Gemüt. Er überflog die Zeilen und schloß mit halblauter Stimme: „Es kommt ein anderer Tag!" Dabei war ihm so frisch zu Sinn, als ob dieser „andere Tag" schon an= gebrochen sei. In gehobener Stimmung nahm er seinen Weg erst über die Lange Brücke, dann an der Stechbahn und Schloßfreiheit vorbei und schritt auf die Universität, das ehemalige Prinz Heinrichsche Palais, zu.

Er machte diesen Weg nur zweimal in der Woche. Bereits hoch in den Semestern, ja seit dem Herbste mit seinem Triennium fertig, fand er es ausreichend, nur noch das zu hören, was ihm besonders zusagte oder so glücklich lag, daß es ihm die Tage, die er frei haben wollte, nicht unterbrach. So hörte er bei Savigny, bei Thaer und Fichte, die alle drei am Dienstag und Freitag, und zwar in drei hintereinanderfolgenden Stunden lasen. An den übrigen Tagen hielt er sich zu Haus, Studien hingegeben, die ganz und gar seiner Neigung entsprachen. Er las viel, stand ganz in den Anschauungen der romantischen Schule, verfolgte mit besonderem Eifer die Fehden, die dieselbe führte, und nahm auch wohl gelegentlich selbst an diesen Fehden teil. Seine Lieblingsbücher, die nicht von seinem Tisch kamen, waren Shakespeare und die Percysche Balladensammlung; beiden zuliebe hatte er Englisch gelernt, das er nicht sprach, aber gut verstand. Dann und wann versuchte er sich selbst in einigen Strophen, nach Ansicht der Kastalia mit Erfolg, nach seiner eigenen Meinung aber ohne wirklich dichterischen Beruf. Indessen muß gesagt werden, daß er hierin zu weit ging und wenigstens in einem Punkte, vielleicht gerade in dem entscheidenden, in einer irrtümlichen Strenge gegen sich selbst befangen war. Das nämlich, was er sich als Schwäche auslegte, war in Wahrheit seine Stärke. Er machte keine Gedichte, sie kamen ihm, und er genoß des Glückes und Lohnes (des einzigen, dessen der Dichter sicher sein darf), sich alles, was ihn quälte, vom Herzen heruntersingen zu können.

Die erste Vorlesung war heute bei Savigny. Er sprach über „römisches Recht im Mittelalter" und schien, der völligen Ruhe nach zu schließen, mit der er begann und endigte, von dem großen Tagesereignis, das in der Tat erst im Laufe der Vormittagsstunden allgemeiner bekannt wurde, nichts gehört zu haben. Auch in dem unmittelbar folgenden Thaerschen Kolleg geschah der Kapitulation mit keiner Silbe Erwähnung, entweder weil der Professor ebenfalls noch ohne Kenntnis war oder voll feinen Taktes empfand, daß das Thema seiner Vorlesung: „Der Fruchtwechsel und die landwirtschaftliche Bedeutung

Vor dem Sturm.

des Kartoffelbaues" keine recht passende Anknüpfung gestattete.

Von elf bis zwölf las Fichte über den „Begriff des wahrhaften Krieges". Es war ein Collegium publicum, für das, ebenso mit Rücksicht auf das Thema wie auf die Popularität des Vortragenden, von Anfang an der größte der Hörsäle gewählt worden war; nichtsdestoweniger war alles längst besetzt, als Lewin eintrat, und nur mit Mühe gelang es ihm, sich auf der letzten Bank einen halben Eckplatz zu erobern. Aller Erwartungen waren gespannt, und diese sollten nicht getäuscht werden. Das akademische Viertel war noch nicht um, als der kleine Mann mit dem scharfgeschnittenen Profil und den blauen, aber scharf treffenden Augen auf dem Katheder erschien. Er hatte sich mühevoll den Aufgang erkämpfen müssen. „Meine Herren," begann er, nachdem er nicht ohne ein Lächeln der Befriedigung seinen Blick über das Auditorium hatte hingleiten lassen, „meine Herren, wir sind alle unter dem Eindruck einer großen Nachricht, die n i c h t kennen zu wollen mir in diesem Augenblick als eine Affektation oder eine Feigheit, das eine so schlimm wie das andere, erscheinen würde. Sie wissen, worauf ich hinziele: General York hat kapituliert. Das Wort hat sonst einen schlimmen Klang, aber da ist nichts, das gut oder böse wäre an sich; wir kennen den General und wissen deshalb, in welchem Geiste wir sein Tun zu deuten haben. Ich meinesteils bin sicher, daß dies der erste Schritt ist, der, während er uns zu erniedrigen scheint, uns aus der Erniedrigung in die Erhöhung führt. Es werden auch andere Worte und Auslegungen an Ihr Ohr klingen. Die Feigheit, weil sie sich ihrer selber schämt, sucht sich hinter Autoritätsaussprüchen oder einem Kodex falscher Ehre zu decken; ja, sie flüchtet sich hinter den besten Wappenschild dieses Landes. Aber das Nest des Aares ist kein Krähennest. Es kann nicht sein, daß die große Tat kleinmütig gemißbilligt worden sei, und wär' es doch, nun so kräftige sich in uns der Glaube: es ist nicht, auch wenn es ist. Seien wir voll der Hoffnung, die Mut, und voll des Mutes, der Hoffnung gibt. Vor allem tun wir, was der tapfere General tat, d. h. ent= scheiden wir uns."

Enthusiastisch antwortete das Auditorium, dann schwieg alles, und keine weiteren Demonstrationen wurden laut, auch nicht, als mit dem Glockenschlage zwölf der Vortragende abbrach und rasch das Katheder verließ. Nur wie zum Zeichen persönlicher Verehrung folgten ihm viele durch die langen Korridore hin, bis er aus dem westlichen Flügel des Gebäudes ins Freie trat.

Lewin war im Auditorium zurückgeblieben, um Jür= gaß zu begrüßen, den er während der Vorlesung auf einer der vordersten Reihen bemerkt hatte. Er fand ihn in eifrigem Gespräch mit einem jungen Manne, der nach der Beschreibung, die Tubal in seinem Weihnachtsbriefe gemacht hatte, niemand anders sein konnte als Hansen= Grell. Und in der Tat, er war es.

Nach kurzer Vorstellung, in der Jürgaß seiner Lieb= haberei für kleine Neckereien wie üblich die Zügel hatte schießen lassen, schritten alle drei erst auf das Portal, dann auf das zwischen den steinernen Schilderhäusern gelegene Gittertor zu und bogen schließlich, um einen gemeinschaftlichen Spaziergang zu machen, nach rechts hin in die Linden ein.

Diese waren, trotzdem es ein prächtiger, wenn auch kalter Tag war, wenig besucht, und nur an dem Hin= und Herfahren vieler Equipagen ließ sich erkennen, daß in den diplomatischen Kreisen eine Aufregung herrschen müsse.

An der Ecke des Redernschen Palais, das damals seine Schinkel-Renovierung noch nicht erfahren hatte, begegneten unsere drei Freunde dem Major von Haacke, der eben von seinem Prinzen kam.

„Guten Tag, Haacke. Wie steht es?"

„Nicht gut."

„Also doch."

„Der König ist indigniert; Natzmer mit Ordres, die an Schärfe nichts zu wünschen übrig lassen, geht noch heute ins Hauptquartier ab. Kleist übernimmt das Kommando. Den Alten werden sie vor ein Kriegsgericht stellen; hat er Glück, so kann es ihm den Kopf kosten."

„Alles Komödie! Es kann nicht sein. Ich kenne York: so brav er ist, so schlau ist er auch. Er hat Instruktionen gehabt."

„Ich glaub' es nicht. Dies sind nicht Zeiten für Instruktionen; sie binden nicht bloß den, der sie empfängt, sondern auch den, der sie gibt. Und das Schlimmste ist, sie kompromittieren am dritten Ort. Es lebt sich jetzt am besten von der Hand in den Mund, und die einzige Instruktion, die jeder stillschweigend empfängt, heißt: Tue, was dir gut dünkt, und nimm die Folgen auf dich."

Damit trennte man sich wieder, und unsere Spaziergänger schritten am Rande des Tiergartens hin, einem Lokale zu, das der Mewessche Blumengarten hieß. Sie nahmen an einem kleinen Tische Platz, setzten die Bedienung durch mehrere Forderungen, die sämtlich nicht ausgeführt werden konnten, in Verlegenheit und begnügten sich endlich damit, einen Kaffee zu bestellen, von dem, in Erwägung, daß es ein Uhr war, keiner recht wußte, ob

er ihn sich als einen zweiten Morgen= oder einen ersten
Nachmittagskaffee anrechnen solle.

Lewin war all die Zeit über weniger mit der
Kapitulation als mit der Kastalia=Sitzung beschäftigt gewesen.
Diese reihumgehenden Reunions in ihrem literarischen
Gehalte jedesmal so glänzend wie möglich zu gestalten,
bildete den Ehrgeiz jedes einzelnen; heute versammelte
man sich bei ihm, und noch war seinerseits nichts geschehen,
um den Erfolg des Abends sicherzustellen.

Er klagte darüber scherzhaft zu Jürgaß, der ihn in
gleichem Ton erst auf die beiden angekündigten Gäste —
wie sich bei dieser Gelegenheit ergab, die Herren von
Hirschfeldt und von Meerheimb — und, als auch das
nicht völlig ausreichen wollte, auf Hansen=Grell verwies,
der, soweit seine Wissenschaft reiche, immer etwas Frisches
und leidlich Lesbares in der Tasche habe. „Sans doute,
aujourd'hui comme toujours."

Hansen=Grell behauptete das Gegenteil, aber doch
mit einer Miene, die gegründete Zweifel in seine Ver=
sicherung gestattete. Jürgaß schüttelte den Kopf, und selbst
Lewin entschloß sich zu direkterem Vorgehen.

„Haben Sie etwas?"

„Nein."

„Ich kenne das," warf Jürgaß ein. „Suchet, so
werdet ihr finden."

Es entstand eine kleine Pause; dann endlich sagte
Hansen=Grell, indem er ein dickes Notizbuch aus der
Tasche zog: „Gut, ich habe etwas. Aber es ist nicht
eigentlich fertig und wird auch nie fertig werden."

„Nun," erwiderte Lewin, „dann ist es so gut wie
fertig oder besser als das. Es gibt ohnehin eine Literatur
von Bruchstücken. ‚Fragmente' sind das Beste, was man
bringen kann. Geben Sie her."

Grell riß das Blatt ohne weiteres aus dem Notizbuch heraus und gab es an Lewin, der, während Jürgaß herzlich lachte, „einen Dichter," wie er sich ausdrückte, „einmal wieder auf seinen Winkelzügen ertappt zu haben," die Strophen rasch überflog und durch mehrmaliges Nicken seine Freude und Zustimmung zu erkennen gab.

Der Kaffee war inzwischen gekommen; sie nippten nur, und da die etagenförmig aufgestellten Rhododendron- und Magnolientöpfe, zu denen sich als äußerste Seltenheit auch noch einige Kamelien gesellten, weder für Jürgaß noch für seine Begleiter ein besonderes Interesse boten, so brachen sie rasch wieder auf und gingen auf die Stadt zu.

An der Ecke der Leipziger und Friedrichsstraße trennten sich ihre Wege.

XLIII.
Kastalia.

Lewin ging zu Tisch. In dem sackgassenartig verbauten Teil der Taubenstraße, von dem aus damals, wie heute noch, ein schmaler Durchgang auf den Hausvogteiplatz führte, war eine altmodische Weinhandlung, in deren hochpaneliertem, an Wand und Decke verräuchertem Gast- und Speisezimmer Lewin seine ziemlich einfache Mittagsmahlzeit einzunehmen pflegte. Rascher als gewöhnlich hatte er sie heute beendet, und vier Uhr war noch nicht heran, als er schon wieder in seiner Wohnung eintraf. Zwei Briefe waren in seiner Abwesenheit abgegeben worden, einer von Dr. Saßnitz, der sein lebhaftes Bedauern aussprach, am Erscheinen in der Kastalia verhindert zu sein, der andere vom Kandidaten Himmerlich, zugleich unter Beifügung eines lyrischen Beitrags. Es waren vier sehr lange Strophen unter der gemeinschaftlichen Überschrift: „Sabbat". Lewin lächelte und schob das Blatt, nachdem er auf demselben mit Rotstift eine I vermerkt hatte, in einen bereitliegenden, als Kastalia=Mappe dienenden Pappbogen, in den er gleich darauf auch die von Hansen=Grell empfangenen Verse sowie seine eigenen Reime vom Abend vorher hineinlegte. Auch diese beiden Beiträge hatten zuvor ihre Rotstiftnummer erhalten.

Hiermit waren die ersten Vorbereitungen getroffen, aber freilich nicht die letzten. Noch sehr vieles blieb zu tun, trotzdem zugestanden werden muß, daß einzelne Fragen durch eine weise Gesetzgebung aufs glücklichste geregelt und dadurch wie vorweg gelöst waren. So beispielsweise die Bewirtungsfrage. Es hieß in Paragraph sieben des von Jürgaß entworfenen Statutes wörtlich, wie folgt: „Die Kastalia hat sich in Sachen der Bewirtung ihres Namens und Ursprungs würdig zu zeigen. Den Grundpfeiler ihrer Gastlichkeit bildet unverrückbar das reine Wasser und, was diesem am nächsten kommt: der Tee. Nur exzeptionell darf ein Rhein= oder Moselwein geboten werden. Der große Vereinsbecher bleibt den Priesterhänden unseres Mitgliedes Lewin von Vitzewitz, als Gründer des Vereins, anvertraut. Substantia, selbst in Ausnahmefällen, nicht zulässig."

Dies war Paragraph sieben. Aber seine Voraussicht hatte nicht jede Schwierigkeit aus der Welt schaffen, am wenigsten die für Lewin immer brennender werdende Platzfrage lösen können, die sich teils aus der vergleichsweisen Enge seines Zimmers, teils aus den unausreichenden Möbelbeständen Frau Hulens ergab. Ein zarter Punkt, den sich Lewin der alten Frau gegenüber nicht zu berühren getraute. Und so mußten denn auch heute wieder, unter den Mühen immer erneuten Ausprobierens, zwei runde Tische nicht bloß nebeneinandergerückt, sondern auch in der Diagonale aufgestellt werden, da bei Parallelstellung mit der Wand die Türe nicht auf= und zugegangen wäre und zu einer Störung dieser immerhin wichtigen, weil einzigen Kommunikationslinie mit Frau Hulen geführt haben würde.

Endlich war alles geschehen, und Lewin mochte sich seines Werkes freuen; Lampe und Lichter brannten. Auf dem einen der beiden Tische präsentierte sich das Symbol der Kastalia, die große Wasserkaraffe, während in der Mitte des anderen der mit Perlen gestickte Tabakskasten aufragte, dessen Haupt= und Deckelbild den Tod der Königin Dido darstellte. Zwischen Sofa und Tür, an einer Wand= stelle, die wenigstens von den meisten Tischplätzen aus mit Leichtigkeit abgereicht werden konnte, stand nach damaliger Sitte ein ständerartiger Pfeifentisch, die Weichselholzrohre, oder woraus sonst sie bestehen mochten, mit Puscheln und Quasten reich geschmückt, während einige Rheinweinflaschen und neben ihnen der in dünnstem Silberblech getriebene Kastaliabecher in einer Ecke des Fensterbrettes ihrer Zeit warteten.

Frau Hulens Schwarzwälder Uhr, deren Ticktack man auch in Lewins Zimmer hörte, hatte kaum sieben aus= geschlagen, als es klingelte. Es waren Rabatzki und Himmerlich, die sich auf der dritten Treppe getroffen und trotz der herrschenden Dunkelheit erkannt oder doch auf gut Glück hin begrüßt hatten. Waren sie doch, nach einer Art von stillschweigendem Übereinkommen, immer die ersten und benutzten die Minuten, die ihnen bis zum Eintreffen der anderen Mitglieder blieben, zur Erledigung von redak= tionellen Fragen. Rabatzki gab nämlich ein kleines Sonn= tagsblatt heraus, und ohne Übertreibung durfte gesagt

werden, daß der lyrisch=novellistische Teil desselben jedes=
mal vor Beginn der letzten Kastaliasitzung endgültig fest=
gestellt wurde.

Nur heute nicht. Rabatzki hatte kaum Zeit gefunden,
an „seine rechte Hand", wie er Himmerlich gerne nannte,
eine erste Frage zu richten, als das Erscheinen des Ritt=
meisters alle weiteren Unterhandlungen unmöglich machte.
Mit Jürgaß waren die beiden angekündigten Gäste,
von Hirschfeldt und von Meerheimb, erschienen, von denen
der letztere den linken Arm noch in der Binde trug. Lewin
sprach ihnen aus, wie sehr erfreut er sei, sie zu sehen,
doppelt, wenn, wie Herr von Jürgaß in Aussicht gestellt
habe, sie sich bereitzeigen sollten, durch Mitteilungen aus
ihren Tagebuch= und Erinnerungsblättern zu dem gelegent=
lich etwas matt sprudelnden Quell der Kastalia beizusteuern.
Beide Herren verneigten sich, während Jürgaß zwei Manu=
skripte, deren er sich schon vorher zu versichern gewußt
hatte, an Lewin überreichte.

Dieser hoffte, noch vor Beginn der Sitzung zu einem
einigermaßen eingehenden Gespräche mit den ihm bis dahin
persönlich unbekannt gebliebenen Gästen Gelegenheit zu
finden; er war aber kaum über die erste Begrüßung hinaus,
als ein abermaliges Klingeln die eben begonnene Unter=
haltung unterbrach. Es waren Tubal und Bninski, die
eintraten. Lewin erwartete, zwischen dem Grafen und
Hirschfeldt, die beide in Spanien, aber auf verschiedenen
Seiten gefochten hatten, von Anfang an ein gespanntes
Verhältnis eintreten zu sehen; aber gerade das Unerwartete
geschah. Bninski, durch Tubal vorbereitet, wandte sich
mit einer Politesse, in der fast mehr noch ein Ton der
Herzlichkeit als der bloßen Artigkeit klang, sofort an
Hirschfeldt, und wenn auch allerhand Fragen und Unter=
brechungen, wie sie namentlich Jürgaß liebte, ein an=

dauerndes Gespräch nicht aufkommen ließen, so verfehlte der Graf doch nicht, durch kleine Aufmerksamkeiten die besonderen Sympathien auszudrücken, die er für seinen Gegner empfand.

Infanteriekapitän von Bummcke war der letzte. Jürgaß konnte ihm das nicht schenken und hielt ihm die Uhr entgegen.

„Militärs, lieber Bummcke, kennen keine akademischen Viertel. In Sommerzeiten möcht' es, in Anbetracht Ihrer besonderen Verhältnisse, hingegangen sein; aber bei zwölf Grad Kälte kann ich keinem Embonpoint der Welt eine Unpünktlichkeit von beinahe zwanzig Minuten zugute halten."

„Anfangen, anfangen!" riefen mehrere Stimmen, unter denen die von Rabatzki und Himmerlich deutlich erkennbar waren. Lewin, während Mitglieder und Gäste sich, so gut es ging, um die zwei Tische her gruppierten, klopfte mit einem Zuckerhammer auf und nahm dann selber auf seinem durch ein aufgelegtes Sofakissen zu einer Art Präsidentenstuhl umgewandelten Lehnsessel Platz. Er war kein Meister in der Rede, aber Amt und Situation ließen ihm keine Wahl.

„Meine Herren," hob er an, „ich heiße Sie willkommen. Wir sind leider nicht vollzählig. Unsere beste kritische Kraft ist ausgeblieben: Doktor Saßnitz hat sich brieflich entschuldigt. Dagegen freue ich mich, Ihre Aufmerksamkeit auf eine stattliche Reihe von Vorlagen, darunter auch Drucksachen, hinlenken zu können. Unter diesen Drucksachen stehen diejenigen Publikationen obenan, die von früheren Mitgliedern der Kastalia herrühren. Es sind dies ‚Die Ahnen von Brandenburg', ein epischer Hymnus von Friedrich Graf Kalkreuth, und die vor wenig Tagen erst bei J. E. Hitzig hierselbst erschienenen ‚Dramatischen Dichtungen' von Friedrich Baron de la Motte Fouqué, unter denen sich, neben altnordischen Sachen, auch ‚Die Familie Hallersee' und ‚Die Heimkehr des Großen Kurfürsten' befinden, die während des vorigen Winters in unserem Kreise zuerst gelesen und mit so viel Jubel aufgenommen wurden."

Hier unterbrach sich Lewin, um die beiden genannten Bücher kursieren zu lassen. Dann fuhr er fort: „An neuen Beiträgen für die heutige Sitzung sind fünf Arbeiten eingegangen, sehr verschieden an Umfang: lyrische oder lyrisch-epische Dichtungen, ferner Tagebuch- und Erinnerungsblätter aus Spanien und Rußland. Es ist Regel, mit den lyrischen Sachen zu beginnen und alles, was dem Gebiete der Erzählung angehört, folgen zu lassen. Ich ersuche Herrn Kandidaten Himmerlich, uns seine, wenn ich recht gesehen habe, aus dem Englischen übersetzten Strophen vorlesen zu wollen. Sie führen den Titel: ‚Der Sabbat'."

Mit diesen Worten überreichte Lewin das Blatt.

Jürgaß war bei Nennung der Überschrift in ziemlich demonstrativer Weise mit der linken Handfläche über das Kinn gefahren.

Himmerlich, in unverkennbar nervöser Unruhe und eifrig bemüht, das mehrmals eingekniffte Blatt wieder glatt zu streichen, wiederholte zunächst: „Der Sabbat, Gedicht von William Wilberforce."

„Ist das derselbe Wilberforce," fragte Jürgaß, „der den Sklavenhandel abgeschafft hat?"

„Nein, im Gegenteil."

„Nun, er wird ihn doch nicht wieder eingeführt haben?"

„Auch das nicht. Der einen so berühmten Namen führende junge Dichter, mit dem ich Sie heute bekanntmachen möchte, ist Fabrikarbeiter. Wenn ich sagte: ‚im

Vor dem Sturm.

Gegenteil', so wollte ich damit ausdrücken, daß er selber noch in einer Art von Sklaverei steckt. Ich fühle das Unlogische meiner Wendung und bitte um Entschuldigung."

"Gut, gut, Himmerlich. Nicht immer gleich empfindlich."

"Jede Art von Empfindlichkeit ist mir durchaus fremd. Ich bitte aber, da ich einmal das Wort habe, einige Bemerkungen vorausschicken zu dürfen. Es ist Ihnen allen bekannt, daß die englische Sprache mit kurzen Wörtern überreich gesegnet ist, und daß dieselbe, nicht immer aber oft, in einer einzigen Silbe das zu sagen versteht, wozu wir deren drei gebrauchen. Weibliche Reime, um auch das noch zu bemerken, haben die Engländer so gut wie gar nicht."

"Wie verwerflich!"

"Aus diesen sprachlichen Unterschieden erwachsen Schwierigkeiten, auf die wenigstens kursorisch einzugehen Sie mir gütigst gestatten wollen."

"Nein, lieber Himmerlich, vorbehaltlich präsidieller Entscheidung ‚gütigst n i c h t gestatten wollen'. Ich habe bis hierher geschwiegen, sehr wohl wissend, jedes Huhn kakelt, ehe es sein Ei legt. Aber diesem bis zu einem gewissen Grade nachzugebenden Naturrecht steht, wenn es auszuschreiten droht, das geschriebene Recht der Kastalia gegenüber. Paragraph neun unserer Statuten regelt die Frage der Vorreden ein- für allemal und gibt diesen selber ihr zuständiges Maß. Auch von dem Redefeuer gilt des Dichters Wort: ‚Wohltätig ist des Feuers Macht, wenn sie der Mensch bezähmt, bewacht'. Ich habe den Eindruck, daß das statutenmäßig vorgesehene Maß bereits überschritten wurde, und bitte deshalb unseren Herrn Vorsitzenden, auf Vortrag der Dichtung selbst dringen zu wollen."

Lewin nickte zustimmend, und Himmerlich, indem er sich leicht verfärbte, begann mit vibrierender Stimme:

's ist Sabbatfrüh', und noch im Sinken spendet
Ein zaubrisch Licht des Vollmonds Silberpracht.
Es ist noch früh, die Mitte kaum beendet
Der stillen, sternenblassen Sommernacht;
Schon hab' ich froh mich auf den Weg gemacht
Am Rain entlang, entlang an Wald und Auen
Und harre nun, auf daß der Tag erwacht,
Um andachtsvoll dem Schauspiel zuzuschauen,
Vor dessen Majestät die Herzen übertauen.

Die Lerche wacht; mit flatterndem Gefieder
Erhebt sie sich, verschmähend unsre Welt,
Und wie sie steigt, so werden ihre Lieder
Von Luft und Wohlklang mehr und mehr geschwellt;
Das Wasserhuhn, als würd' ihm nachgestellt,
Entflieht vor mir mit hast'gem Flügelschlagen,
Sogar das Lamm erschrocken innehält,
Und statt am Grase ruhig fort zu nagen,
Reißt es vom Pflock sich los, um übers Moor zu jagen.

An dieser Stelle erfuhr die Vorlesung durch das Erscheinen der Frau Hulen, die mit dem Teebrett eintrat, eine Unterbrechung. Lewin, immer voll Mitgefühl mit Poeteneitelkeiten, schon weil er sie selber durchgemacht hatte, winkte mehrmals, daß sich die Alte zurückziehen möchte; aber es war schon zu spät, und Himmerlich hatte durch ein minutenlanges Martyrium zu gehen. Er dankte kurz, als das herumgehende Tablett auch an ihn kam, schickte der endlich wieder verschwindenden Alten einen Blick voll tragikomischen Hasses nach und fuhr dann mit gehobener Stimme fort:

Nun wird es hell, und sieh, der Berge Gipfel
Erglühen purpurn, und der Feuerball
Der Sonne selbst vergoldet schon die Wipfel
Und scheucht ins Tal der Nebel feuchten Schwall;
Und höher in die Kuppel von Kristall
Will sich der ew'ge Strahlenquell erheben,

Vor dem Sturm.

In Höh' und Tiefe Licht wird's überall,
Bis schlucht-entlang die letzten Schatten schweben —
Ein neuer Tag ist da und atmet neues Leben.

Jetzt laß mich, Gott, Gemeinschaft mit dir halten!
Quell aller Weisheit, Herr und Vater mein,
Du siehst mein Herz, dir spricht mein Händefalten,
O, laß dein Licht auf meinen Wegen sein;
Gib mir die Kraft — du gibst sie nur allein —
Aus Sünd' und Schwachheit mich herauszuschälen,
Und lehre mich an deines Auges Schein
Des eignen Auges matten Sinn zu stählen,
Auf daß die Lust ihm wird, den rechten Pfad zu wählen.

Kaum daß die letzte Zeile verklungen war, so erhob sich Buchhändler Rabatzki von seinem Platz und sagte in einem Ton, in dem Wichtigkeit und Bescheidenheit beständig miteinander rangen: „Meine Herren! Ohne Ihrem kompetenteren Urteil" („Sehr gut, Rabatzki!") „irgendwie vorgreifen zu wollen, bitt' ich nur einfach von meinem vorwiegend geschäftsmännischen Standpunkt aus bemerken zu dürfen, daß ich mich glücklich schätzen würde, diese Strophen in der nächsten Nummer meines Sonntagsblattes, und zwar ausnahmsweise an der Spitze desselben, bringen zu können. Ich bitte Herrn Himmerlich, mich dazu autorisieren, zugleich aber auch in einer Anmerkung einige kurze biographische Notizen über den englischen Dichter, der mir seines berühmten Namensvetters durchaus würdig zu sein scheint, geben zu wollen."

Über Himmerlichs Gesicht, der diese schmeichelhaften Worte Rabatzkis als ein gutes Omen für alles Kommende ansah, flog es wie eine Verklärung. Er sollte seines Triumphes aber nicht lange froh bleiben. Jürgaß klopfte den Fidibus aus, mit dem er eben eine frische Pfeife angeraucht hatte, und sagte: „Unseres Freundes Rabatzki sonntagsblattliche Begeisterung in Ehren, eines möcht' ich wissen: Ist es ein Bruchstück?"

„Nein."

„Dann gestatten Sie mir die Behauptung, daß Ihr Sabbat zwar ein Ende, aber keinen Schluß hat."

„Es wird sich darüber streiten lassen. Ich glaube nicht, daß es nötig war, meinen Morgenspaziergänger bis an seinen Frühstückstisch zurückzubegleiten."

„Und ich meinerseits möchte bezweifeln, daß Sie dem Gedichte durch eine solche gemütlich=idyllische Zutat geschadet hätten. Indessen, lassen wir das. Aber die Form, die Form, Himmerlich! Sagen Sie, was sind das für sonderbare Strophen?"

„Es sind sogenannte Spencer=Strophen."

„Spencer=Strophen?" fuhr Jürgaß fort. „Ich finde diesen Namen fast noch sonderbarer als die Verse selbst."

„Ich nehme an, Herr von Jürgaß," antwortete Himmerlich in einem immer erregter werdenden Tone, „daß Sie mit dem Bau der Ottaverime vertraut sind, jener acht=zeiligen schönen Strophen, in denen Tasso und Ariost ihre unsterblichen Werke, den Orlando furioso und das Gerusalemme liberata, dichteten."

Jürgaß, der sich auf diesem Gebiete nichts weniger als zu Hause fühlte, rauchte stärker und suchte seine wachsende Unsicherheit hinter einem mit der Miene der Superiorität gesprochenen „Und nun?" zu verbergen.

„Und nun?" griff Himmerlich das letzte Wort auf. „Die Spencer=Strophe mag als ein Geschwisterkind dieser Tasso= und Ariost=Strophe angesehen werden. Ihre Reimstellung ist freilich anders, sie hat auch nicht acht Zeilen, sondern neun und geht in ebendieser neunten Zeile aus dem fünffüßigen Jambus in den Alexandriner über . . . ."

„Ist aber nichtsdestoweniger eigentlich ein und das=

selbe. Ich beneide Sie, Himmerlich, um diese Schluß=
folgerung."

Eine gereizte Debatte schien unausbleiblich; Lewin in=
dessen schnitt sie geschickt ab, indem er bemerkte, daß es
nicht Aufgabe dieses Kreises sein könne, die größeren oder
geringeren Verwandtschaftsgrade zwischen Spencer=Strophe
und Ottaverime festzustellen. Er müsse bitten, auf die Dichtung
selber einzugehen, wenn es nicht vorgezogen würde, trotz
einiger kleiner Ausstellungen des Herrn von Jürgaß, die
warmen Worte, in denen sich ihr immer treu befundenes
Mitglied Buchhändler Rabatzki bereits geäußert habe, ein=
fach als Urteil und Dankesausdruck der Kastalia selbst
zu akzeptieren.

Hierauf wurde nicht nur überhaupt eingegangen, sondern
auch mit einer Bereitwilligkeit, deren ironischer Beigeschmack
von dem unglücklichen Himmerlich sehr wohl herausgefühlt
wurde.

„Wir wenden uns nunmehr dem zweiten der ein=
gegangenen Beiträge zu," fuhr Lewin fort. „Es sind
Strophen unseres sehr verehrten Gastes, des Herrn Hansen=
Grell, den in kürzester Frist als Mitglied dieses Kreises
begrüßen zu dürfen, ich als meinen persönlichen, übrigens
von allen Mitgliedern der Kastalia geteilten Wunsch aus=
gesprochen haben möchte. Ich bitte Herrn Hansen=Grell,
seine Strophen lesen zu wollen."

Dieser zog, um des Tabakrauches willen, der bereits
seine Schleier auszuspannen anfing, das Licht etwas näher
an sich heran und begann dann ohne Zögern mit ruhiger,
aber sehr eindringlicher Stimme: „Seydlitz; geboren zu
Calcar am 3. Februar 1721."

„Ist das die Überschrift?" unterbrach Jürgaß.

„Ja," war die kurze Antwort.

„Nun, da bitt' ich doch bemerken zu dürfen, daß mich

dieser Titel noch mehr überrascht als Bau und Reimstellung der Himmerlichschen Spencer-Strophe. ‚Geboren zu Calcar am 3. Februar 1721,‘ das ist die Überschrift eines Nekrologs, aber nicht eines Gedichtes!"

"Und vor allem eine Überschrift," erwiderte Hansen-Grell in heiterer Laune, "die niemand anders verschuldet hat als Herr von Jürgaß selbst. Ohne seine Abneigung gegen alles, was einer Captatio benevolentiae ähnlich sieht, würde der Titel meines Gedichtes einfach ‚General Seydlitz‘ gelautet haben; aber jeder Möglichkeit beraubt, das mir unerläßliche ‚geboren zu Calcar‘ auf dem herkömmlichen Vorredewege zu Ihrer freundlichen Kenntnis zu bringen, ist mir nichts andres übriggeblieben, als jene biographische Notiz gleich mit in die Überschrift hineinzunehmen."

"Und so haben wir doch wieder eine Vorrede gehabt..."

"Weil wir keine haben sollten. — Aber ich bin zu Ende." Und Hansen-Grell las nun ohne weitere Störung:

General Seydlitz.

Zu Büchern und auf Bänken,
Da war er nicht zu Haus,
Ein Pferd im Stall zu tränken,
Das sah schon besser aus;
Er trug blanksilberne Sporen
Und einen blaustählernen Dorn,
Zu Calcar war er geboren,
Und Calcar, das ist Sporn.

Es sausen die Windmühlflügel,
Es klappert Leiter und Steg,
Da, mit verhängtem Zügel
Geht's unter dem Flügel weg;
Und bückend sich vom Pferde,
Einen vollen Büschel Korn
Ausreißt er aus der Erde —
Hei, Calcar, das ist Sporn.

Sie reiten über die Brücken,
Der König scherzt: „Je nun,
Hie Feind in Front und Rücken,
Seydlitz, was würd' Er tun?"
Der, über die Brückenwandung
Setzt weg, halb links nach vorn,
Der Strom schäumt auf wie Brandung —
Ja, Calcar, das ist Sporn.

Und andre Zeiten wieder:
O kurzes Heldentum!
Er liegt todkrank danieder
Und lächelt: „Was ist Ruhm!
Ich höre nun allerwegen
Eines besseren Reiters Horn, —
Aber auch ihm entgegen,
Denn Calcar, das ist Sporn."

Ein Jubel, wie ihn die Kastalia seit lange nicht gehört hatte, brach von allen Seiten los und legte, wie Hansen-Grell, um sich dadurch weiteren Ovationen zu entziehen, scherzhaft bemerkte, ein vollgültiges Zeugnis von der kavalleristischen Zusammensetzung der Dienstagsgesellschaft ab. Er traf es hiermit richtig: Bninski, Hirschfeldt, Meerheimb waren Kavalleristen vom Fach, Tubal und Lewin gute Reiter. Aber auch die Minorität ließ es an lebhaften Beifallsbezeugungen nicht fehlen; Bummcke, wenn nicht Reiter, war doch wenigstens Soldat, Rabatzki tadelte nie, und Himmerlich fühlte sich erleichtert, seine Verstimmung hinter enthusiastischen, wenn auch kurzen und etwas krampfhaften Ausrufungen verbergen zu können. Gewann er doch für sich selbst und nebenher noch das Wohlgefühl neidloser Charaktergröße.

Endlich hatte sich die Aufregung gelegt, und Tubal bat ums Wort, was ihm zu verschaffen, bei einer zwischen Bummcke und Jürgaß über die Zulässigkeit der Wendung „halb links nach vorn" eben wieder ausgebrochenen Privatfehde, einigermaßen schwer hielt. Zuletzt aber gelang es, und Tubal bemerkte nun: „Ich bitte zunächst an einen Satz erinnern zu dürfen, den Dr. Saßnitz vor einiger Zeit an dieser Stelle aussprach: ‚Unsere Strenge ist unser Stolz.‘ Sie fühlen, daß dies die Brücke ist, auf der ich zu einem Angriff vorgehen möchte. Der Reiz des Gedichtes, das wir eben gehört, liegt ausschließlich in seinem Ton und seiner Behandlung; es ist keck gegriffen und keck durchgeführt, aber es hat von dieser Keckheit offenbar zu viel."

„Kann nicht vorkommen," warf Jürgaß ein.

„Doch," fuhr Tubal fort. „Unser verehrter Gast hat dies auch selbst empfunden."

Hansen-Grell nickte.

„Jedes Kunstwerk, so wenigstens stehe ich zu diesen Dingen, muß aus sich selber heraus verstanden werden können, ohne historische oder biographische Notizen. Diesen Anspruch aber seh' ich in diesem Gedichte nicht erfüllt. Es ist eminent gelegenheitlich und auf einen engen oder engsten Kreis berechnet, wie ein Verlobungs- oder Hochzeitstoast. Es hat die Bekanntschaft mit einem halben Dutzend Seydlitz-Anekdoten zur Voraussetzung, und ich glaube kaum zuviel zu sagen, wenn ich behaupte, daß es nur von einem preußischen Zuhörer verstanden werden kann. Lesen Sie das Gedicht, auch in bester Übersetzung, einem Engländer oder Franzosen vor, und er wird außerstande sein, sich darin zurechtzufinden."

Bninski schüttelte den Kopf.

„Unser verehrter Gast, Graf Bninski," fuhr Tubal fort, „scheint mir nicht zuzustimmen. Es freut mich dies um des Dichters willen, dem ich, von unerwarteter Seite her, einen Verteidiger erstehen sehe. Der Graf hat vielleicht die Freundlichkeit, sich eingehender über diesen Gegenstand zu äußern."

Lewin wiederholte dieselbe Bitte.

„Ich kann mich auf wenige Bemerkungen beschränken," nahm der Graf in gutem, wenn auch polnisch akzentuiertem Deutsch das Wort. „Ich kenne von General Seydlitz nichts als seinen Namen und seinen Ruhm, glaube aber das Gedicht des Herrn Hansen-Grell vollkommen verstanden zu haben. Ich ersehe aus seinen Strophen, daß Seydlitz zu Calcar geboren wurde, daß er das Lernen nicht liebte, aber desto mehr das Reiten. Dann folgen Anekdoten, die deutlich für sich selber sprechen, zugleich auch seine Reiterschaft glorifizieren, bis er in der letzten Strophe jenem besseren Reiter erliegt, dem wir alle früh oder spät erliegen. Dies wenige ist genug, weil es ein Ausreichendes ist. Hier steckt das Geheimnis. Ich habe mich in Jahren, die länger zurückliegen, als mir lieb ist, um die Volkslieder meiner Heimat gekümmert, auch vieles davon gesammelt, überall aber hab' ich wahrgenommen, daß das sprungweise Vorgehen zu den Kennzeichen und Schönheiten dieser Dichtungsgattung gehört. Die Phantasie muß nur den richtigen Anstoß empfangen; ist dies geglückt, so darf man kühn behaupten: ‚Je weniger gesagt wird, desto besser.'"

„Ich bescheide mich," erwiderte Tubal, „um den Fortgang unserer Sitzung nicht länger als wünschenswert unterbrochen zu sehen. Wenn ein unbefugter Blick in den Pappbogen unseres Herrn Vorsitzenden mich nicht falsch orientiert hat, so haben wir zunächst noch einige von ihm selber herrührende Strophen zu erwarten."

„Der Scharfblick unseres Freundes Ladalinski hat sich auch diesmal wieder bewährt. Es war meine Absicht, die lyrische Reihe heute persönlich abzuschließen, bitte aber, meinen Beitrag, der noch der Feile bedarf, zurückziehen zu dürfen."

Lewin sprach diese Worte nicht ohne Verlegenheit, da

es in Wahrheit ein sehr anderer Grund war, der ihn von seiner ursprünglichen Absicht abzustehen veranlaßte. Wußt' er doch am besten, aus welcher zaghaften Stimmung heraus die drei kleinen Strophen geschrieben worden waren, um die es sich handelte; und wie sehr sich diese Zaghaftigkeit schließlich auch in das Gewand der Hoffnung gekleidet haben mochte, doch war es ihm zu Sinn, als ob Bninski mit seinem Ohr den elegischen Grundton des Liedes heraus= hören und die Veranlassung dazu erraten müßte. Dieser Gedanke war ihm in hohem Maße peinlich, so daß er denn auch wirklich die Strophen zurückschob und das nunmehr obenaufliegende Prosamanuskript an Rittmeister von Hirsch= feldt überreichend, diesen bat, mit seinem Vortrage zu be= ginnen.

Der Angeredete, mit jener Frankheit, die der Reiz und Vorzug des Soldaten ist, rückte sich zurecht und be= gann, ohne jedes Vorwort, mit klangvoller Stimme:

Erinnerungen aus dem Kriege in Spanien.
Das Gefecht bei Plaa.

"Mein älterer Bruder Eugen, nachdem er erst unter Schill, dann unter dem Herzog von Braunschweig gefochten, auch der Einschiffung nach England sich angeschlossen hatte, hatte von dort aus spanische Dienste genommen und war im Sommer 1810 in Andalusien eingetroffen. Als ich davon hörte, folgte ich ihm und traf ihn, eben gelandet, auf dem großen Marktplatze von Cadix. Über die Freude des Wiedersehens gehe ich hinweg. Er hatte an demselben Tage das Majorspatent empfangen, und seinem Einfluß gelang es leicht, mir eine Offiziersstelle zu erwirken.

Das Treiben in Cadix mißfiel uns, so daß wir froh waren, als Meldung eintraf, daß wir der in Katalonien

Vor dem Sturm.

stehenden, täglich in Gefechten mit dem Feinde verwickelten Armeeabteilung zugeteilt seien. Wir gingen dahin ab und landeten, nach einer höchst beschwerlichen, uns den ganzen Unterschied zwischen einem spanischen und einem englischen Kriegsschiff fühlbar machenden Seereise, im Hafen von Taragona. Dies war Ende November, genau zwei Monate nach meiner Ankunft in Spanien. In Katalonien sah es besser aus als in Andalusien. Wir kamen zum Dragonerregiment Alcantara, mein Bruder als Oberstleutnant, ich als Premier. Der Empfang, den wir fanden, war kameradschaftlich; man hatte ein besonderes Vertrauen zu allen preußischen Offizieren.

Die Alcantaradragoner waren ihrerzeit ein sehr bevorzugtes und sehr prächtiges Regiment gewesen; sie trugen unter dem alten Regime dreieckige Hüte mit weißen Bandtressen, gelbe lange Röcke mit rotem Futter und rotem Kragen, dazu grüne Rabatten und blaue kurze Hosen. Eine Vertretung also sämtlicher Farben. Von dieser Pracht und Herrlichkeit war indessen nach der Neuformierung, die die ganze Armee seitdem erfahren hatte, wenig übriggeblieben, und die Alcantaradragoner, die wir vorfanden, mußten sich an einem niedrigen ledernen Tschako und einem langen blauen Rock mit Regimentsnummer und Messingknöpfen genügen lassen. Die Bewaffnung war ein sehr langer Degen mit schmaler Klinge und schwerem eisernen Korb, so daß das Gewicht in der Hand lag, dazu Karabiner und Pistole.

Unser Regiment gehörte zur Armee des Generals O'Donnell, spezieller zu der vorgeschobenen Division des Generals Sarsfield. Dieser, erst sechsundzwanzig Jahr alt, brillanter Soldat, voll eiserner Ruhe im Gefecht, faßte ein besonderes Vertrauen zu meinem Bruder, in dem er alle Eigenschaften, die ihn selber auszeichneten, sofort wiedererkannte. Jede Auskunft, die uns erwünscht sein konnte, wurde uns zuteil. Die Division war numerisch nur schwach und bestand aus zwei Infanterie- und vier Kavallerieregimentern, zusammen höchstens fünftausend Mann. Es waren das Infanterieregiment Almeria und das Schweizerregiment Baron Wimpfen, dazu Alcantara- und Numanciadragoner, Kürassierregiment Katalonien und Husarenregiment Granada.

Gleich in den ersten Tagen nach unserer Ankunft wurde eine vierhundert Pferde starke Avantgarde gebildet und dem Befehle meines Bruders unterstellt. Uns gegenüber stand General Macdonald, der das nördlich von uns gelegene Barcelona mit starken Kräften festhielt und durch Ausführung eines Umgehungsmarsches uns auch das südlich von uns gelegene Tortosa zu entreißen trachtete. Glückte das, so waren wir eingeschlossen und mußten froh sein, uns auf Taragona zurückziehen und hier wieder einschiffen zu können. Katalonien war dann verloren. Und es kam so. Aber ehe es dahin kam, hatten wir eine Reihe blutiger Gefechte.

Aus der Reihe dieser Gefechte greife ich nur das bei Plaa heraus, weil es für mich persönlich entscheidend wurde.

Es war am 7. Januar, als wir erfuhren, daß Tortosa über sei. Wir standen damals, die ganze Division Sarsfield, am Nordabhange eines hohen Bergzuges, der in einiger Entfernung von der Küste mit dieser parallel läuft, und hielten, unter täglichen Plänkeleien mit den Vortruppen des Macdonaldschen Korps, die von Lerida nach Taragona quer über das Gebirge führende Straße besetzt. Solange diese Straße, samt dem Defilee, dem sogenannten Passe von Plaa, in unseren Händen war, hatte der Verlust von Tortosa, so wichtig er war, wenigstens für unsere unmittelbare Sicherheit nichts zu bedeuten;

Vor dem Sturm.

der Besitz jenes Passes sicherte uns die Rückzugslinie bis ans Meer. Brachten wir die, im ganzen genommen, nicht große Energie mit in Anschlag, die seitens des Gegners entwickelt wurde, so lag kein Grund vor, unsere Stellung zu wechseln. Da, wo wir standen, wirkten wir offensiv; gaben wir aber unsere Stellung am Nordabhange auf und zogen uns auf die andere Seite des Gebirges, so zeigten wir jene Besorgnis, die schon einer halben Niederlage gleichkommt.

Wir hatten aber den Eifer des Gegners unterschätzt, wenigstens den des Generals Suchet, der, gemeinschaftlich mit Macdonald operierend, diesen an Rührigkeit übertraf. Am 14. Januar kam Meldung, daß eine starke feindliche Avantgarde von der Küste her, also in unserem Rücken, heranmarschiere und unverkennbar die Absicht habe, den Paß bei Plaa zu schließen. Dorf Plaa lag an der uns entgegengesetzten Seite des Gebirges, hart am Fuße desselben. General Sarsfield, als er diese Meldung empfing, war schnell entschlossen; er verstärkte die bis dahin nur aus vierhundert Pferden der Regimenter Alcantara und Granada bestehende Avantgarde durch zwei Bataillone vom Schweizerregiment Wimpfen und gab meinem Bruder Befehl, in einem Nachtmarsch über das Gebirge zu gehen und noch vor Tagesanbruch das jenseits gelegene Dorf Plaa zu besetzen. Der Aufbruch erfolgte sofort; ein entsetzliches Wetter aber, Regen und Sturm, bei dem der schmale Fußpfad nur derart passiert werden konnte, daß ein Mann dem anderen folgte, verzögerte das Eintreffen in Plaa bis um zehn Uhr morgens. Es war die höchste Zeit; schon ging die französische Avantgardendivision unter General Eugenio (so daß sich hier zwei Namensvettern gegenüberstanden) gegen Dorf Plaa vor, und nur mit äußerster Anstrengung gelang es meinem Bruder, das Dorf bis Mittag zu halten.

Um diese Stunde erschien General Sarsfield mit dem Gros und stellte das schon rückwärtsgehende Gefecht wieder her. Aber Terrain war unsererseits nicht zu gewinnen, und als eine Stunde später allerhand Verstärkungen auch beim Feinde eintrafen, ging dieser mit einem vollzähligen Dragonerregiment abermals zum Angriff über. Diesseits war momentan nichts zur Hand als ein in Ablösung unserer Avantgarde in die Front gezogenes Kürassier=regiment, die Kürassiere von Katalonien, unter ihrem Kommandeur Don Pedro Gallon. Unmittelbar hinter den Kürassieren hielten wir: Alcantaradragoner und Granada=husaren. Unsere Kürassiere, kaum zweihundert Pferde stark, waren zu schwach und kamen ins Schwanken; aber im selben Augenblicke, wo mein Bruder das Schwanken wahrnahm, gab er uns das Zeichen zum Angriff, und in langer Linie stürzten wir in die linke Flanke der feindlichen Dragoner. Sie wichen sofort und verwickelten ein hinter ihnen haltendes Chasseurregiment mit in die eigene Flucht. Die Verfolgung ging eine Meile weit, es gab viele Ge=fangene; General Eugenio, der persönlich die Flucht auf=zuhalten gesucht, wurde niedergehauen und starb am Tage darauf.

Es war ein vollständiger Sieg, und seitens der Unsrigen nicht allzu teuer erkauft; nur ich verlor viel an diesem Tage: mein Bruder Eugen, wie der General Eugenio, dem er gegenübergestanden hatte, erlag seinen Wunden. Was ich noch zu sagen habe, betrifft nur ihn und mich.

Um fünf Uhr war das Gefecht beendet, und ich führte, was ich vom Regiment Alcantara noch zur Hand hatte, wieder auf Plaa zurück. Ich war im ganzen gut davongekommen, hatte aber während des Demelées von einem französischen Dragoner, den ich packen wollte, einen Stoß mit dem Degengefäß in das Gesicht erhalten, so daß ich, schwarz und angeschwollen, einen schlimmeren Anblick gewährte als mancher Schwerblessierte. So trat ich vor meinen Bruder, von dessen Verwundung ich schon unterwegs gehört hatte. Ich fand ihn in einem Bauernhause von Plaa in Pflege guter Leute. Als er mich sah, drang er darauf, daß ich mich zunächst verbinden lassen sollte, was denn auch geschah. Als ich wieder zu ihm kam, setzte ich mich, und wir begannen zu plaudern. Zunächst von der Affäre, die nun glücklich hinter uns lag. Ich mußte ihm alle Kleinigkeiten erzählen, denen er mit größtem Interesse folgte; meinem Pferde beispielsweise, einem schönen schwarzen Hengst, war ein Ohr dicht vom Kopfe weggehauen worden, was er sehr bedauerte. Besondere Aufmerksamkeit aber schenkte er einem Tagebuche, das sich in einem Mantelsacke, der mir bei der Beuteverteilung zugefallen war, vorgefunden hatte. Es war von dem ersten Einrücken der Franzosen in Katalonien bis zum 14. Januar 1811 mit großer Genauigkeit geführt, und enthielt, von kleinen Krokis begleitet, eine Schilderung fast aller Gefechte, in denen auch wir engagiert gewesen waren. Eugen blätterte halbe Stunden lang in dem Buche und lobte die Unparteilichkeit der Darstellung. Ich glaubte nach allem an nichts weniger als Gefahr und mußte dem Doktor recht geben, der trotz heftiger Schmerzen, über die der Verwundete von Zeit zu Zeit klagte, immer nur von zwei leichten Blessuren sprach. Es waren Degenstiche in die linke Seite. Auffallend erschien mir nur seine Weichheit; er war in einer gefühlvollen Stimmung, sprach viel von Hause, von unserem alten Vater und trug mir Grüße auf, da er auf einige Wochen noch am Schreiben gehindert sein werde.

So verging der Abend. Ich hatte vor, trotz aller
Ermüdung bei ihm zu wachen. Es kam aber anders.
Bald nach Mitternacht wurde Alarm geblasen, und ich
begab mich zu meinem in Front des Dorfes biwakierenden
Regiment, das gleich darauf Befehl erhielt, gegen ein der
Küste zu gelegenes Städtchen, das den Namen Valls führte,
zu rekognoszieren. Meinen Verwundeten ließ ich übrigens
in guter Obhut zurück; ich hatte beim Schweizerregiment
Wimpfen um einige Mannschaften zu seinem Schutz ge=
beten, und es traf sich, daß der Unteroffizier, der diese
Mannschaften kommandierte, früher, als mein Bruder noch
in Halberstadt garnisonierte, mit ihm in ein und derselben
Kompagnie des Regiments Herzog von Braunschweig ge=
standen hatte. Beide freuten sich sehr, sich wiederzusehen.

Unser Ritt gegen Valls verlief ohne Bedeutung,
kostete aber Zeit und Mühe, und erst in den Nachmittags=
stunden des anderen Tages kehrten die Truppen, die die
Rekognoszierung ausgeführt hatten, nach Plaa zurück.
Mehrere Offiziere, denen ich begegnete, sagten mir: Es
ginge besser mit Eugen. Ich fand ihn auch wirklich
ruhiger, ohne Schmerzen, aber sehr matt. Nichtsdesto=
weniger ließ er sich die kleinen Vorgänge des Tages von
mir erzählen, hörte aufmerksam zu und verlangte mehr zu
wissen, wenn ich aus Rücksicht auf seinen Zustand schwieg.
Plötzlich aber unterbrach er mich und sagte: „Entsinnst
du dich noch des Abends auf der Seereise von Cadix nach
Tarragona, wo wir mit unseren deutschen Kameraden der
Heimat gedachten, und wo dann die Frage laut wurde:
‚Wer wird die Heimat wiedersehen?‘ Ich weiß jetzt einen,
der sie nicht wiedersehen wird." Ich bog mich über ihn
und bat ihn, sich nicht durch solche trübe Gedanken auf=
zuregen; er hörte mich aber nicht und fuhr dann fort:
„Es wird sich heute noch manches ereignen: ‚Ich sehe

schwarz in die Zukunft.' Nimm dich, wenn es zum Gefechte kommt, in acht. Unsere Pferde sind matt zum Umfallen. Vergiß auch nicht, daß man nicht bei jeder Gelegenheit sich rückhaltlos drangeben soll. Man opfert sich sonst leicht ohne Zweck." Dies waren seine letzten Worte. Ich hatte ihn eben aufgerichtet, um ihm einen Löffel Arznei zu geben; als ich ihn wieder auf das Kopfkissen zurücklegen wollte, schien es mir, als ob er sehr blaß würde. Ich faßte seine Hand: sie war kalt; er drückte die meinige krampfhaft, rang nach Luft und war tot.

Dies war am 16. nachmittags. General Sarsfield, als er von dem Hinscheiden hörte, ließ mir sein Beileid ausdrücken und fügte die Bemerkung hinzu: es würde gut sein, den Toten sobald wie möglich in die hochgelegene Klosterkirche von Plaa hinaufzuschaffen; jede Stunde könne ein neues Gefecht bringen, dessen Ausgang unsicher sei.

Ich ließ mir dies gesagt sein. Aus alten Dielen, „vier Bretter und zwei Brettchen," wurde schleunigst ein Sarg hergestellt und Eugen in der Uniform seines Regiments in die Totentruhe hineingelegt. So schafften ihn einige meiner Dragoner in die Klosterkirche hinauf und stellten ihn dicht an die Altarstufen.

Völlig erschöpft von den Anstrengungen und Aufregungen der vergangenen Tage hatte ich mich, als die Nacht anbrach, auf eine Schütte Stroh niedergelegt. Ich war so recht von Herzen traurig; die Bilder meiner Kindheit und ersten Jugend zogen an mir vorüber; nun war ich allein, ganz allein und der Bruder, den ich so sehr geliebt hatte, tot.

Im Begriff, einzuschlafen, wurde ich durch einen Ordonnanzoffizier geweckt. Er kam vom General und war abgeschickt, um ein Papier zu holen, das Sarsfield beinahe unmittelbar vor Beginn des Treffens bei Plaa

an Eugen gegeben hatte. Es sei von Wichtigkeit, er müsse
es haben.

Ich erinnerte mich des Hergangs sofort, war Augen=
zeuge gewesen, wie mein Bruder das Papier in seinen
Reiterkoller gesteckt hatte, und bat deshalb den Offizier,
mich bis zur Klosterkirche hinauf begleiten zu wollen, da
der Tote noch denselben Rock anhabe, den er vor Beginn
des Gefechts getragen habe. Er lehnte aber, Geschäfte vor=
schützend, ab; auch mein Diener Francesco, als ich mich
nach ihm umsah, war verschwunden. So blieb mir nichts
übrig, als allein zu gehen.

Ich nahm eine kleine Laterne, die nur ein Glas hatte,
und schritt auf das ziemlich weitschichtige Klostergebäude
zu. Ein dienender Bruder öffnete mir, erschrak aber, als
ich ihn bat, mir nun auch die Kirchentür öffnen zu wollen.
„Jetzt in der Nacht bringt mich kein Mensch hinein." Ver=
gebens sucht' ich ihn zu überreden. „Es ist nicht geheuer,"
dabei blieb er. Endlich gab er mir wenigstens den Schlüssel
zur Kirche, zugleich mit der Weisung: wenn ich zweimal
im Schloß gedreht, müßt' ich mit aller Kraft gegen die
Tür stoßen, weil sie verquollen sei und schwer aufginge.

Um bis an die Kirche zu kommen, waren noch zwei
lange Kreuzgänge zu passieren. Gerade hier hatte tags
zuvor ein erbitterter Infanteriekampf (der unsererseits durch
das Schweizerregiment geführt worden war) stattgefunden,
und alles trug noch die Spuren dieses Kampfes: die Leichen
waren zwar weggeschafft, aber die Blutlachen geblieben;
die Standbilder, von den Wänden herabgerissen, lagen zer=
trümmert am Boden; selbst die Luft war dumpf und
modrig. An diesen Bildern der Zerstörung vorbei ging
ich auf die Kirche zu, steckte den Schlüssel hinein, drehte
zweimal, stieß die Türe auf, die sich langsam und dröhnend
öffnete. Ich legte meinen Mantel ab, der mir jetzt nur

Vor dem Sturm.

hinderlich sein konnte, nahm den Degen in die eine, die Laterne in die andere Hand und schickte mich an, das hochüberwölbte Mittelschiff hinaufzuschreiten. Eine unheimliche Stille herrschte, und der Widerhall meiner Schritte erschreckte mich.

So kam ich bis an den Altar. Da stand der Sarg, vorläufig mit einem Brett nur überdeckt. Ich hob es auf, und meines Bruders gläserne Augen starrten mich an. Ich stellte, da kein anderer Platz war, die Laterne zu seinen Füßen und begann langsam Knopf um Knopf den Uniformrock zu öffnen, der sich fest und beinahe eng um seine Brust legte. Ich tat es mit abgewandtem Gesicht; aber wie ich auch vermeiden mochte, nach ihm hinzusehen, ich hatte doch sein Todesantlitz vor mir. Endlich fand ich das Papier und steckte es zu mir. Dann kam das Schwerste: ich mußte die Knöpfe wieder einknöpfen, da ich es nicht über mich gewinnen konnte, ihn in offener Uniform wie einen Beraubten liegenzulassen. Und als auch das geschehen, trat ich den Rückweg an.

Am andern Nachmittage — der Feind griff uns nicht an — wurde mein Bruder mit allen militärischen Ehren durch das Schweizerregiment Wimpfen in derselben Klosterkirche zu Plaa, in der er vierundzwanzig Stunden vor dem Altar gestanden hatte, begraben. An ebenderselben Stelle wurden sein Säbel, seine Handschuhe und Sporen aufgehängt und erst einige Monate später, auf Befehl des Generals O'Donnell, der den Toten dadurch ehren wollte, in die Kathedrale von Tarragona gebracht. Dort befinden sie sich noch."

* * *

Der Vortragende, als er bis hierher gelesen, rollte das Manuskript zusammen und legte es auf eines der

Fensterbretter; die Zuhörer, gesenkten Blickes, schwiegen. Der erste, der sich erhob, war Bninski.

„Ich bin selbst Gast in diesem Kreise und fürchte beinahe, mich eines Übergriffes schuldig zu machen, wenn ich vor Berufeneren das Wort ergreife. Aber meine Stellung, was mich entschuldigen mag, ist eine ausnahmsweise. Ich habe zwei Jahre vor Ihnen, Herr von Hirschfeldt, auf denselben Feldern, wenn auch auf der Ihnen feindlichen Seite, gekämpft; ich kenne die Plätze, von denen Sie uns gelesen; kaum verschwundene Bilder sind mir wieder lebendig geworden. Was Freund, was Feind! An gleicher Stelle die gleiche Gefahr. Ich bitte Sie darauf hin als einen mir teuer gewordenen Kameraden begrüßen zu dürfen."

Während dieser Worte hatte Jürgaß die ihm zunächststehende Rheinweinflasche entkorkt und mit einer der Situation angepaßten Raschheit den großen silbernen Kastalia=Becher bis an den Rand gefüllt. „Meine Herren, einer jener Ausnahmefälle, wie sie Paragraph sieben unseres Statuts, ich nehme nicht Anstand, zu sagen, in seiner Weisheit voraussieht, ist eingetreten. Und so trink' ich denn auf das Wohl unseres verehrten Gastes Rittmeisters von Hirschfeldt. Er lebe! Viele Ehren haben sich auf seinen Scheitel gehäuft, so viele Ehren wie Wunden; aber eines blieb ihm bis diesen Tag versagt: er hatte noch nicht aus dem Silberbecher der Kastalia getrunken. Auch diese Stunde ist da. Ich trink' ihm zu, und er tue mir Bescheid."

Und bei wiederholten Hochs kreiste der Becher.

Nach Huldigungen wie dieser konnte es Lewin nur noch obliegen, ein Schlußwort zu finden. „Die vorgeschrittene Stunde," so begann er, „mehr noch das gehobene Gefühl, das uns dieselbe gebracht hat, bringen auf Abbruch und Vertagung. Ich erwarte Ihre Zustimmung." („Ja, ja!") „Unsere nächste Sitzung soll, so sich kein Wider=

spruch erhebt" („Nein, nein!") „unter Zurückstellung aller bis dahin etwa eingehenden Lyrika, durch die Tagebuchblätter unseres verehrten Gastes, des Herrn von Meerheimb, die heute zu unserm Bedauern nicht mehr zum Vortrag gelangen konnten, eröffnet werden. Ich schließe die Sitzung."

Damit brach man auf in kleineren und größeren Gruppen. Die Mehrzahl hielt sich links; nur Jürgaß, Bummcke und Hansen-Grell gingen, als sie die Königsstraßenecke erreicht hatten, nach rechts hin auf den Alexanderplatz zu, um in den Tiefen des Mundtschen Weinkellers, natürlich die Kastalia-Sitzung als Text nehmend, unter Plauderei und Kritik den Abend zu beschließen.

XLIV.

Leichtes Gewölk.

Der andere Morgen war klar und sonnig und gab auch dem Arbeitszimmer des Geheimrats ein helleres Licht, als gewöhnlich in Wintertagen darin anzutreffen war. Ein Strahl fiel bis an den Korb in der Ofenecke, wo das Windspiel in seinem Zwischenzustande von Schlafen und Zittern lag. Die Pendüle schlug zehn, und der Geheimrat, mit der Pünktlichkeit, die ihm eigen war, trat in das Zimmer und nahm seinen Platz vor dem Arbeitstische, auf dem auch heute wieder Zeitungen und einzelne an ihn persönlich gerichtete Schreiben unter einem Briefbeschwerer von schwarzem Marmor lagen. Daneben ein elfenbeinernes Papiermesser mit geschnitztem Schlangengriffe.

Es war ein klarer Tag, aber er hatte doch sein „leichtes Gewölk", wenigstens in dem Gemüte des Geheimrats, der denn auch, die gewohnte Ordnung der Dinge verkehrend, heute seinen Frühbesuch bei den Goldfischchen hinausgeschoben und statt dessen sofort nach dem Zeitungsblatt gegriffen hatte. Er flog über die Spalten hin, aber sein Auge ließ unschwer erkennen, daß er nicht las, sondern nur bemüht war, die Unruhe, die ihn erfüllte, vor sich selber zu verbergen.

„Guten Morgen, Papa," klang es wieder wie bei einem früher geschilderten Besuche in seinem Rücken, und ehe er noch sich wenden und den Gruß erwidern konnte, war Kathinka an seiner Seite. Auch sie schien befangen, und ihm scharf nach den Augen sehend, sagte sie: „Du hast mich rufen lassen, Papa?"

„Ja, Kathinka; ich bitte dich, Platz zu nehmen."

„Nicht so. Erst mußt du mich freundlicher ansehen und nicht so feierlich, als ob sich eine Staatsaktion vorbereite."

Der Geheimrat klopfte mit der elastischen Spitze des Elfenbeinmessers auf seinen Schreibtisch und wandte sich dann, indem er seinem Sessel eine kurze Drehung gab, der Fensternische zu, in der Kathinka, den Rücken dem Lichte zu, Platz genommen hatte. Sie saß infolge davon in einem sehr wirkungsvollen Halbschatten, und der freudige Stolz über die schöne Tochter ließ den Vater auf Augenblicke das Peinliche des Momentes vergessen. Kathinka selbst war sich des Eindrucks, den sie machte, vollkommen bewußt. Sie trug ihr Haar wie gewöhnlich in den Vormittagsstunden in einem goldenen Netze, aber dies Netz hatte sich halb geöffnet, und ein Teil der kastanienbraunen Locken fiel auf den Kragen eines weiten dominoartigen Morgenkleides. Ihre Füße, leicht übereinandergeschlagen, steckten in kleinen Saffianschuhen, und schnell die Vorteile berechnend, die der Vater aus seinem Spielen mit dem Elfenbeinmesser zog, nahm sie ihrerseits die kleine neben den Goldfischchen liegende Netzkelle zur Hand, um damit zu spielen.

„Ich habe dich bitten lassen, Kathinka, um ein paar Fragen an dich zu richten, Fragen, die mich seit Wochen beschäftigen. Der Brief Tante Amelies hat mir dieselben aufs neue nahegelegt, und ich würde gleich nach deiner Rückkehr mit dir gesprochen haben, wenn nicht die Unruhe der letzten Tage mich daran gehindert hätte."

„Die gute Tante," sagte Kathinka. „Sie denkt mehr an mein Glück als ich selbst. Ich sollte ihr dankbarer dafür sein, als ich es bin."

„Ich wollte, du könntest es. Die Wünsche, die sie hegt, sind auch die meinen. Und ihre Erfüllung schien mir so nahe. Aber du selbst hast alles wieder in Frage gestellt. Daß ich es bekenne, zu meiner Betrübnis. Wie stehst du zu Lewin?"

„Gut."

„Dies ‚gut', das eine ganze Antwort zu sein scheint, ist doch nur eine halbe."

„Nun so will ich dir unumwunden die ganze geben. Ich habe Lewin lieb, aber ich liebe ihn nicht. Alles an ihm ist Phantasie; er träumt mehr, als er handelt. Dies mag als ein Grund gelten. Aber bedarf es denn der Gründe? Die Tante, die sonst so klug ist, oder vielleicht weil sie es ist, vergißt ganz und gar, wie wenig das ‚Warum?' in unseren Neigungen bedeutet. Sie will mein Glück, aber sie will es auf i h r e Art, und was mir Sache des Herzens ist, ist ihr nur Sache des Hauses. Ich fühle mich aber nicht getrieben, einer Guseschen Hof- und Hauspolitik zuliebe ein Verlöbnis einzugehen oder gar ein Bündnis zu schließen. Das sind Rheinsberger Reminiszenzen, die für Tante Amelie sehr viel, für mich sehr wenig bedeuten. Sie behandelt alles wie die Verbindung zweier regierender Häuser; das mag schmeichelhaft sein; aber Lewin ist kein Prinz, und ich bin keine Prinzessin."

„Du vergißt nur eins: Lewin liebt dich."

Kathinka klopfte, während sie den linken Fuß hin und her schaukelte, mit der Netzkelle leicht auf den Rand des Bassins; der Geheimrat aber fuhr fort:

„Lewin liebt dich, und es ist nicht lange, daß du diese Liebe erwidertest oder doch zu erwidern schienst. Erst die letzten Monate haben alles geändert, und du sprichst nun spöttisch von der Verbindung ‚zweier regierender Häuser'. Ich schätze den Grafen, aber ich fürchte, es war keine glückliche Stunde, die ihn in unser Haus führte. Hat sich der Graf dir gegenüber erklärt?"

„Nein."

„Glaubst du, daß er dich liebt?"

„Ja."

„Und du?"

Es kam Kathinka gelegen, daß das Windspiel, das sehr bald nach ihrem Eintreten seinen Korb verlassen und zur Empfangnahme von Liebkosungen und Zuckerbröckelchen sich bei ihr eingestellt hatte, inzwischen immer verdrießlicher geworden war. Es lief jetzt, weil die Bröckelchen nach wie vor ausblieben, zwischen ihr und der Etagere, in der sich die Zuckerdose befand, hin und her und begleitete die Unterhaltung durch beständiges Klingeln und Bellen. Der Geheimrat empfand dies ersichtlich als eine Störung, und Kathinka, jede seiner Mienen verfolgend, benutzte die Gelegenheit, um eine Pause zu gewinnen. Sie erhob sich deshalb von ihrem Stuhl, holte die Dose herbei, und eines der Zuckerstücke zerbeißend und zerbrechend, warf sie dem Windspiel, das sich sofort beruhigte, die Krümel zu. Dann tauchte sie den Zipfel ihres Taschentuchs in das Bassin, benetzte ihre Fingerspitzen und sagte:

"Deine Frage zu beantworten, Papa, ja, ich habe den Grafen gern."

Der Geheimrat lächelte. "Das wird dem Grafen nicht genügen, Kathinka. Wenn du glaubst, daß er dich liebt, so wirst du dir Rechenschaft geben müssen, ob du seine Neigung erwidern kannst."

"Ich kann es."

"Und du wirst es?"

Sie schwieg; man hörte den Pendelschlag der Uhr. Endlich sagte der Geheimrat:

"Du hast mir genug gesagt, Kathinka, auch durch dein Schweigen. Ich ersehe eins daraus, eins, auf das ich Gewicht lege, daß du, statt einfach dem Zuge deines Herzens zu folgen, Rücksicht nimmst auf das, was mein Wunsch ist."

Kathinka wollte antworten, der Geheimrat aber wiederholte: "Auf das, was mein Wunsch ist," und fuhr dann fort:

"Aber auch dieser Wunsch ist unbeugsam und unabänderlich, und ich kann ihn deinen Wünschen nicht unterordnen. Es verbietet sich. Höre mich. Die Tante wünscht die Partie mit Lewin; ich wünsche sie auch; aber ich bestehe nicht darauf. Worauf ich bestehe, das ist allein die Nichtheirat mit Bninski. Sie darf nicht sein, so sehr der Graf persönlich meine Sympathien hat. Die Ladalinskis sind aus Polen heraus, und sie können nicht wieder hinein. Ich habe die Brücken abgebrochen. Ob das Geschehene das allein Richtige war, ist nicht mehr zu befragen; es genügt, daß es geschehen ist."

"Es war ein Scherz, Papa," nahm jetzt Kathinka das Wort, "daß ich von ‚Prinz und Prinzessin‘ und von einer Verbindung zweier regierender Häuser sprach. Es hat dich verdrossen, und ich bedaure es. Aber hatt' ich nicht eigentlich recht? Der Graf, wie du dich eigentlich ausdrückst, hat persönlich deine Sympathien; er ist reich, angesehen, ehrenhaft, und unsere Herzen und Charaktere stimmen zueinander. Und doch ist alles umsonst, weil es, vergib mir den Ausdruck, in deine Diplomatie nicht paßt. Der gütigste der Väter, immer bereit, mir jeden kleinsten Wunsch zu erfüllen, versagt mir den größten, weil es ihm seine politischen Pläne stört, weil es ihn kompromittiert."

"Ich lasse das Wort gelten, aber in meinem Sinne. Die Furcht vor Kompromittierung ist immer kleinlich und untergeordnet, sie kann auch berechtigt und Existenzfrage sein. Sie ist es für mich. Es handelt sich nicht um Einbildungen oder einen launenhaften Einfall; all dies berührt meine Ehre mehr, als du glaubst. Ein Mißtrauen gegen mich hat nie geschwiegen, auch nicht nach meinem Übertritt. Von dem Augenblicke an, wo du nach Polen zurückkehrst, mit meiner Zustimmung und an der Seite eines Mannes, dessen preußenfeindliche Gesinnungen kein Geheimnis sind, gebe ich dem Verdachte Nahrung, in meiner jetzigen Stellung, die mich Einblick in so manches gewinnen ließ, nur ein Aufhorcher gewesen zu sein. Ich wiederhole dir, was du selber weißt, nur widerstrebend ist die Gesellschaft dem Vertrauen gefolgt, das mir der Hof entgegenbrachte, und büße ich dieses Vertrauen ein, sehe ich es auch nur erschüttert, so schwindet mir der Balken unter den Händen fort, der nach dem Schiffbruch meines Lebens mich noch trägt. Lächle, wer mag. Ich bedarf der Gunst des Königs, der Prinzen; wird mir diese Gunst genommen, so bin ich zum zweiten Male heimatlos. Und davor erschrickt mein Herz. Nenne das politisch, oder nenn' es Furcht vor Kompromittierung. Was es auch sein mag, es ist Sache meines Lebens, nicht meiner Eitelkeit."

Kathinka schritt auf den Vater zu, ihm die Stirn küssend, während sie ihren Arm um seine Schulter legte. Dann sagte sie: „Laß mich dir wiederholen, es ist noch kein Wort zwischen mir und dem Grafen gefallen. Ich glaube, daß er absichtlich eine Erklärung vermeidet; denn — um ihn auch vor dir zu verklagen — er hat wie du die Untugend, politisch zu sein. Soviel ich weiß, trägt er sich mit dem Gedanken, wieder in die polnische Armee des Kaisers einzutreten. Gerade der gegenwärtige Augenblick scheint einen solchen Schritt zu fordern. Was aber auch kommen möge, eines verspreche ich: dich für meine Person weder mit Wünschen noch Bitten zu beunruhigen. Ich werde schweigen und nichts soll durch mich geschehen, das deine Stellung nach oben hin gefährden oder deine Zugehörigkeit zu diesem Lande neuen Verdächtigungen aussetzen könnte."

Dem Geheimrat entging nicht, daß die Worte Kathinkas, trotz eines scheinbaren Eingehens auf seine Wünsche, mit besonderer Vorsicht gewählt waren. Aber er empfand gleichzeitig, daß es zu nichts führen würde, sich minder zweideutiger Zusagen versichern zu wollen. So ließ er es sich an dem halben Erfolge genügen und brach die Unterredung ab. „Es wäre mir lieb," so schloß er, „du schriebest einige Worte an die Tante. Störe ihr ihre Pläne nicht. Auch um deinetwillen nicht. Die Tage wechseln und wir mit ihnen. Das Wandelbarste aber sind Frauenherzen. Was dir heute nichts ist, kann dir morgen etwas sein. Brich nicht ab; ich brauche dir keine Namen zu nennen. Es gibt ja Halbheiten des Ausdrucks, eine Sprache, die du, wenn mich nicht alles täuscht, wohl zu sprechen verstehst."

„Ich werde schreiben. Und du magst die Zeilen lesen, Papa."

„Ich vertraue deinem Wort und deiner Klugheit. Und nun halte dich bereit. Ich habe den Wagen um zwölf bestellt. Der alte Wylich ist immer ein Pünktlichkeitspedant, doppelt bei seinen Matineen. Wir werden übrigens eine neue Zeltersche Komposition hören; Rungenhagen begleitet."
Damit trennten sie sich.

XLV.

Renate an Lewin.

Eine Woche verging, ohne daß in dem Bekannten- und Freundeskreise Lewins und der Ladalinskis etwas Berichtenswertes vorgekommen wäre. Und was von diesem Kreise galt, galt von der ganzen Stadt. Auch in dieser hatte sich die durch die Nachricht von General Yorks Kapitulation hervorgerufene Aufregung längst wieder gelegt und war einer unbestimmten, aber die Gemüter erhebenden Vorstellung von dem Anbrechen einer neuen Zeit gewichen. Wie gewaltiger Kämpfe es noch bedürfen würde, um diese heraufzuführen, das ahnten die wenigsten; die Mehrzahl lebte der Überzeugung, daß ihnen der Sieg als ein Resultat der Napoleonischen Niederlagen wie von selber zufallen würde, und selbst die vielen, immer neu wiederholten Versicherungen, daß der König in seinem Bündnis mit Frankreich auszuharren, den General York aber, der dies Bündnis gefährdet habe, vor ein Kriegsgericht zu stellen gedenke, konnten an dieser Zuversicht nichts ändern. Man sah in diesem allen ein aufgezwungenes Spiel und ganz im Einklang mit den Worten, die Professor Fichte seinen Zuhörern ans Herz gelegt hatte, eine bloße Maske, die jeden Augenblick abgenommen werden könne. Die Empfindung des Volkes, wie so oft, war den Entschlüssen seiner Machthaber weit vorausgeeilt. Und in diesem Gefühl verliefen die Tage.

Die Stille der zweiten Januarwoche war nicht einmal durch eine Kastalia=Sitzung unterbrochen worden. Jürgaß, bei dem sie stattfinden sollte, hatte sich in den Frühstunden des dazu festgesetzten Tages der Mühe unterzogen, bei den Freunden vorzusprechen und den Ausfall der Sitzung anzukündigen, zugleich bittend, eine auf den anderen Tag lautende Einladung zu einer „extraordinären Session" akzeptieren zu wollen. Diese war auf einen engeren Zirkel berechnet und sollte die Form eines Dejeuners annehmen.

Der andere Tag war nun da, aber noch nicht die festgesetzte Stunde. Lewin hatte sich's auf seinem Sofa so bequem gemacht, wie es der Bau desselben zuließ, und blätterte in Herders „Völkerstimmen", einem Buche, das ihm besonders teuer war. Es war ein Geschenk Kathinkas und hatte selbst dadurch nichts an seinem Werte verloren, daß es ihm von seiten der Geberin, die nur Sinn für das Pathetische und Komische, aber nicht für das Naive hatte, mit einem Anfluge von Spott überreicht worden war. Er las eben die Stelle:

> So geht's, wenn ein Maidel zwei Knaben lieb hat,
> Tut wunderselten gut,
> Das haben wir beid' erfahren,
> Was falsche Liebe tut —

als Frau Hulen mit einem Briefe eintrat, der von der Post her abgegeben worden war. Es waren Zeilen von Renatens Hand, trugen aber nicht den Küstriner, sondern den Selower Stempel, woraus er ersah, daß ihn ein expresser Bote behufs rascherer Beförderung quer durch das Bruch getragen haben mußte. Dies fiel ihm auf, ebenso die Länge des Briefes, als er nicht ohne eine gewisse Unruhe das Siegel erbrochen hatte. Denn unter den zwei extremen Parteien, denen alle briefschreibenden

Damen zugehören, zählte Renate für gewöhnlich zur Partei der äußersten Kurzschreiber. Was bedeutete diese Ausnahme?

Lewin las:

„Hohen-Vietz, Dienstag, den 12. Januar 1813.

Lieber Lewin! Papa, der Dir schreiben wollte, wird eben abgerufen; Graf Drosselstein ist da, um Geschäftliches mit ihm zu erledigen. So fällt es mir zu, Dir über unsere letzten Erlebnisse zu berichten. Schwere Stunden liegen hinter uns. Wir hatten diese Nacht ein großes Feuer: der alte Saalanbau ist niedergebrannt.

Du wirst Näheres wissen wollen; so laß mich denn erzählen.

Es war kaum zwölf, als ein Lärm mich weckte. Ich richtete mich auf und sah, daß die Scheiben glühten, als fiele das Abendrot hinein. Ich sprang aus dem Bett und lief an das Fenster; der Hof war noch leer, aber aus der Mitte des Saalanbaues schlug eine Flamme auf, und unter der Einfahrt, den Rücken mir zugewandt, stand unser alter Pachaly und blies auf seinem Kuhhorn in die Dorfgasse hinein, in Tönen, die mir noch jetzt im Ohre klingen.

Mich wandelte eine Ohnmacht an, und von den nächsten Minuten weiß ich nichts. Als ich mich wieder erholt hatte, saß ich aufgerichtet in meinem Bett, und Tante Schorlemmer und Maline waren um mich her, beide zitternd vor Angst und Aufregung. Sie packten immer neue Kissen in meinen Rücken; Maline hatte Riechsalz gebracht, und Tante Schorlemmer betete, während ihr die Lippen flogen: „Herr Gott Zebaoth, steh uns bei in unserer Not!"

Ich weiß nicht, wie es kam, aber alle Angst war plötzlich von mir abgefallen, wie wenn die hinschwindende Ohnmacht den Schrecken mit fortgenommen hätte. Ich verlangte aufzustehen, kleidete mich rasch an, und da gerade nichts anderes zur Hand war, setzte ich die polnische Mütze auf, die Kathinka hier zurückgelassen hatte. So ging ich hinunter.

Das Feuer hatte mittlerweile rasche Fortschritte gemacht, und noch immer war nichts da zum Löschen. Aber kaum, daß ich auf den Hof getreten war, als auch schon von der Dorfgasse her ein Rasseln hörbar wurde, und im nächsten Augenblick kam unsere Hohen=Vietzer Spritze durch das Tor; Krist und der junge Scharwenka hatten sich an die Deichsel gespannt, und Hanne Bogun, mit seinem Stumpfarm gegen den Wasserkasten gelehnt, half durch Schieben nach. Hart an dem Steindamm, aber jenseits nach dem Wirtschaftshofe hin, fuhren sie auf. Papa hatte schon vorher Mannschaften an den Ziehbrunnen und an die kleine Hofpumpe gestellt und nun in doppelter Reihe wurden die Eimer zugereicht. Alles war Eifer und Leben, und ehe fünf Minuten um waren, fiel der erste Strahl in die Flamme. Schulze Kniehase leitete alles. Sonderbar, inmitten dieses Grauses schlug mir das Herz wie vor Freude höher. Aber welch ein Anblick auch. Ich werde diese Minuten nie vergessen. Die Nacht hell wie der Tag, alle Gesichter vom Glanz beschienen, Kommandoworte, und dazwischen jetzt, vom Turme her, in langen abgemessenen Pausen das Stürmen der Glocke. Der alte Kubalke, trotz seiner achtzig, war selbst hinaufgegangen, um in das ganze Bruch hineinzurufen: ‚Feuer, Feuer!‘ Und nicht lange so hörten wir, von den nächsten Dörfern her, die Antwort ihrer Glocken darauf.

‚Das ist die Hohen=Ziesarsche,‘ sagte Jeetze, der, klappernd vor Frost, neben mir stand, und gleich darauf fiel auch die Manschnower ein. Ich erkannte sie selbst an ihrem tiefen Ton. Immer rascher gingen nun die Eimer, da jeder wußte, daß die Hilfe von den Nachbarorten her jetzt jeden Augenblick kommen müsse. Und sie kam auch wirklich. Die Hohen=Ziesarsche war wieder die erste; im Karriere mit zwei von des Grafen Pferden kam sie den Forstackerweg herunter, und wir hörten sie schon, als sie bei Miekleys um die Ecke bog. Es schütterte wie ein Donner. Mit lautem Freudengeschrei wurden sie begrüßt, und Kümmeritz, der seine Gicht eben erst los geworden war, übernahm das Kommando.

Auf dem Wirtschaftshofe, aber doch so, daß die in Front stehenden Spritzen unbehelligt blieben, hatte sich inzwischen das halbe Dorf versammelt. In vorderster Reihe standen Seidentopf und Marie; er, in seiner alten schwarzen Tuchmütze mit dem weit vorstehenden Schirm, daß es aussah, als ob er sich gegen den Feuerschein schützen wolle; sie, an seinen Arm gelehnt, und wie ich durch das aufregende Schauspiel ganz hingenommen. Wieder überraschte sie mich durch ihre besondere Schönheit. Ihr Gesicht war schmaler und länger als gewöhnlich, und aus dem rot= und schwarzkarrierten schottischen Tuch heraus, das sie nach Art einer Kapuze übergeworfen hatte, leuchteten ihre großen dunklen Augen selber wie Feuer.

Die Eimerkette ging, der Strahl fiel in die Flamme; aber bald mußten wir uns überzeugen, daß es unmöglich sei, den Saalanbau auch nur teilweise zu retten, und so gab Papa Order, den Wasserstrahl nur noch auf Dach und Giebel des Wohnhauses zu richten, um wenigstens das Übergreifen des Feuers zu hindern. Aber auch das schien nicht gelingen zu sollen; das Weinspalier fing bereits an, an mehreren Stellen zu brennen, und das am Hause niederführende Gossenrohr, als oben das Zink geschmolzen, löste sich aus der Dachrinne und stürzte auf den Hof.

In diesem Augenblick erschien Hoppenmarieken unter der Einfahrt, blieb stehen und sah auf das Feuer. Sie kam nicht von Hause, sondern war erst wieder auf dem Wege dahin. Wer weiß, wo sie bis dahin gesteckt hatte. Als Hanne Bogun der Alten ansichtig wurde, schüttelte er seinen linken Jackenärmel wie im Triumph und rief: ‚Da is Hoppenmarieken,' und gleich darauf: ‚De möt et besprefen.' Papa wußte wohl, daß die Leute, die so vieles von ihr wissen, ihr auch nachsagen, daß sie Feuer besprechen könne; es widerstand ihm aber, sich an ihre Teufelskünste, an die er nicht glaubt, oder die ihm zuwider sind, wie hilfebittend zu wenden. Seidentopf, der wohl sehen mochte, was in ihm vorging, trat an ihn heran und sagte: ‚Wer Gott im Herzen hat, dem muß alles dienen, Gutes und Böses.' Da winkte Papa die Alte heran und sagte: ‚Nun zeige, Marieken, was du kannst.'

Diese hatte nur darauf gewartet; sie marschierte zwischen den beiden Spritzen hindurch rasch auf die Stelle zu, wo der alte Saalanbau mit unserem Wohnhaus einen rechten Winkel bildete, und stellte, nachdem sie zwei, drei Zeichen gemacht und ein paar unverständliche Worte gesprochen hatte, ihren Hakenstock scharf in die Ecke hinein. Dann, während sie quer über den Hof hin wieder auf die Einfahrt zurückmarschierte, sagte sie zu den Spritzenleuten: ‚De Hohen-Ziesarschen können nu wedder to Huus foohren,' und schritt, ohne sich umzusehen, die Dorfstraße hinunter in der Richtung auf den Forstacker zu. Ihren großen Hakenstock aber hatte sie statt ihrer selbst an der Brandstätte zurückgelassen.

Das Feuer ließ augenblicklich nach; Sparren und Balken stürzten zusammen, aber es war, als verzehre sich alles in sich selbst und habe keine Kraft mehr, nach außen hinauszugreifen. Zugleich ließ der leise Wind nach, der bis dahin gegangen war, und es begann zu schneien. Ein entzückender Anblick, der dunkelrote Schein, in dem die Flocken tanzten.

Die Hohen=Ziesarsche Spritze fuhr wirklich ab, und der Hof wurde wieder leer; nur Papa und der alte Kniehase blieben noch und trafen ihre Anordnungen für die Nacht. Ich war mit unter den ersten, die sich zurückzogen, und trotzdem mein Zimmer unmittelbar an die Brand=stätte stieß, so war meine Zuversicht, daß die Gefahr beseitigt sei, doch so groß, daß ich gleich einschlief. In meinem Traume mischte sich das eben Erlebte mit jener wundersamen Feuererscheinung im alten Schloß zu Stockholm, wovon Du Marie und mir am ersten Weihnachtstage erzähltest, als wir am Kamin saßen und den Christbaum plünderten. Ich sah im Traum die Scheiben meines Fensters glühen; als ich aber aufstand, um nach dem Schein zu sehen, war ich nicht mehr allein und gewahrte nur eine lange Reihe Verurteilter, die mit entblößtem Hals an einen Block geführt wurden. Ein entsetzliches Bild, und alles rot, wohin ich sah. Aber in diesem Augenblicke trat Hoppenmarieken in die Tür des Reichssaales, und alles rief: ‚De möt et stillen.'

Da hob sie den Stock und es war kein Blut mehr; und das Bild versank und sie selber mit.

Heute früh war ich zu guter Stunde beim Frühstück; Papa und die Schorlemmer erwarteten mich schon. Ich hatte mich vor dieser Begegnung gefürchtet; die Scheune, die vor zwei Jahren niederbrannte, liegt noch als ein Schutthaufen da, und nun ein zweites Brandunglück, das wieder auszugleichen es vollends an den Mitteln fehlen wird. Ich fand aber eine ganz andere Stimmung vor, als ich gefürchtet hatte. Papa war gesprächig und von einer Weichheit, die mehr von Hoffnung als von Trauer

Vor dem Sturm. 495

zeugte. Er nahm meine Hand, und als er sah, daß ich nach einem Trostworte suchte, lächelte er und sagte:

"Und eine Prinzessin kommt ins Haus,
Ein Feuer löscht den Flecken aus —"

Ich fange an, mich mit dem alten Hohen=Vietzer Volksreim auszusöhnen. Die Prinzessin läßt noch auf sich warten, aber der Flecken ist fort, das Feuer hat ihn aus= gelöscht. Ja, meine liebe Renate, Rätsel umgeben uns, und vielleicht ist es Torheit, uns in dem Doppelhochmut unseres Wissens und Glaubens, alles dessen, was Aber= glauben heißt und vielleicht nicht ist, entschlagen zu wollen. Auch in ihm, von weither herangeweht, liegen Keime der Offenbarung. ‚Ein Feuer löscht den Flecken aus'; in= mitten all dieser Prüfungen ist es mir, als müßten andere, bessere Zeiten kommen. ‚Für uns, für alle.' Ich wollte antworten, aber Jeetze trat ein und meldete, daß Graf Drosselstein vorgefahren sei.

Da hast Du den längsten Brief, den ich je geschrieben. Einen Gruß an Kathinka, auch an Frau Hulen.

Herzlichst Deine Renate von B."

Lewin legte den Brief aus der Hand. Er war be= wegt; aber dasselbe Gefühl, das in Vater und Schwester vorgeherrscht hatte, gewann auch in ihm die Oberhand: die Freude darüber, daß etwas Unheimliches aus ihrem Leben genommen sei.

Er setzte sich schnell an sein Pult und schrieb eine vorläufige kurze Antwort, in der er diesem Gefühle Aus= druck gab. Am Schlusse hieß es: "Der Altar ist nicht mehr, und der alte Matthias, wenn er weiter ‚spöken' will, muß sich eine andere Betestelle suchen." Aber er erschrak vor seinen eigenen Worten, als er sie wieder überlas. "Das klingt ja," sprach er vor sich hin, "als lüd' ich ihn aus dem Saalanbau in unser Wohnhaus hinüber. Das sei ferne von mir. Ich mag den „Komtur" nicht zu Gast bitten." Und mit dicker Feder strich er die Stelle wieder durch.

Dann kleidete er sich rasch an, um Jürgaß, der nach dieser einen Seite hin empfindlich war, nicht warten zu lassen.

XLVI.

Dejeuner bei Jürgaß.

Nicht bloß die alte Exzellenz Wylich, wie Geheimrat von Ladalinski sich ausgedrückt hatte, war ein Pünktlichkeitspedant, sondern auch Jürgaß. Dies wußte der ganze Kreis. So kam es, daß sich eine Minute vor zwölf alle Geladenen auf Flur und Treppe trafen, selbst Bummcke, der die scherzhaft eingekleidete, aber ernst gemeinte Reprimande von der letzten Kastalia-Sitzung her noch nicht vergessen hatte.

Die Jürgaßsche Wohnung befand sich in einem mit einigen Reliefschnörkeln ausgestatteten Eckhause des Gendarmenmarktes und nahm die halbe nach dem Platze zu gelegene Beletage ein. Sie bestand, soweit sie zu repräsentieren hatte, aus einem schmalen Entree, einem dreifenstrigen Wohn- und Gesellschaftszimmer und einem Speisesalon. Schon die Größe der Wohnung, noch mehr ihre Ausschmückung, konnte bei einem märkischen, auf Halbsold gestellten Husarenoffizier, dessen väterliches Gut mit drei seiner besten Ernten nicht ausgereicht haben würde, auch nur ein Drittteil dieser Zimmereinrichtungen zu bestreiten, einigermaßen überraschen; unser Rittmeister war aber nicht bloß der Sohn seines Vaters, sondern auch der Neffe seiner Tante, eines alten Fräuleins von Zieten, die als

Konventualin vom Kloster Heiligengrabe, ihrem Liebling, eben unserem Jürgaß, ihr ganzes ziemlich bedeutendes Vermögen testamentarisch hinterlassen hatte. In diesem Testament hieß es wörtlich: „In Anbetracht, daß mein Neffe Dagobert von Jürgaß, einziger Sohn meiner geliebten Schwester Adelgunde von Zieten, verehelichten von Jürgaß, durch seiner Mutter Blut, insonderheit auch durch Bildung des Geistes und Körpers ein echter Zieten ist, vermache ich besagtem Neffen, Rittmeister im Göckingschen (ehemals Zietenschen) Husarenregiment, in der Voraussetzung, daß er das Zietensche, so Gott will, immer ausbilden und in Ehren halten will, mein gesamtes Barvermögen, samt einem Bildnis meines Bruders, des Generalleutnants Hans Joachim von Zieten, und bitte Gott, meinen lieben Neffen in seinem lutherischen Glauben und in der Treue zu seinem Königshause erhalten zu wollen."

Dieses Testament war zufälligerweise gerade am 14. Oktober 1806, also am Tage der Doppelschlacht bei Jena und Auerstädt, seitens der alten Konventualin, die noch denselben Winter das Zeitliche segnete, niedergeschrieben worden, weshalb denn auch Jürgaß bei der Wiederkehr jedes 14. Oktober in seiner Weise zu sagen pflegte: „Sonderbarer Tag, an dem ich nie recht weiß, ob ich ein Fest- oder ein Trauerkleid anlegen soll: Preußen fiel, aber Dagobert von Jürgaß stieg."

Im übrigen hatte ihn die Tante richtig abgeschätzt; es steckte ihm von der Mutter Seite her, neben einem Hange zu gelegentlich glänzendem Auftreten, auch das gute Haushalten der Zieten im Blute, so daß sich sein Vermögen, aller Zeiten Ungunst zum Trotz, in den seit der Erbschaft verflossenen sechs Jahren eher gemehrt als gemindert hatte.

In besonders reicher Weise war das schon erwähnte

Wohnzimmer von ihm ausgestattet worden, was denn auch zur Folge hatte, daß alle diejenigen Herren, die heute zum erstenmal in diesen Räumen waren, ihre Aufmerksamkeit auf Pfeiler und Wände desselben richteten. Herr von Meerheimb entdeckte sofort eine in verkleinertem Maßstab gehaltene Kopie eines großen, eine Zierde der Dresdener Galerie bildenden Tintoretto, während von Hirschfeldt sich freute, einer langen Reihe von Buntdruckbildern zu begegnen, deren Originale er in London bei Gelegenheit einer Ausstellung Josua Reynoldsscher Werke gesehen hatte. Die Fülle aller dieser Ausschmückungsgegenstände, unter denen namentlich auch bemerkenswerte Skulpturen waren, gab dem Geplauder, das ohnehin im Auf= und Abschreiten geführt wurde, etwas Unruhiges und Zerstreutes, das dem Aufkommen eines gemütlichen Tones ziemlich ungünstig war, von Jürgaß aber, so sehr ihm unter gewöhnlichen Verhältnissen die Pflege des Gemütlichen am Herzen lag, nicht unangenehm empfunden wurde, da ihm nicht entgehen konnte, daß der Grund dieser beständig hin und her springenden Unterhaltung ausschließlich eine seiner Eitelkeit schmeichelnde Bewunderung für seine Kunstwerke oder aber Neugier in betreff der sonst noch vorhandenen Sehenswürdigkeiten war.

Zu diesen Sehenswürdigkeiten gehörte vor allem der „große Stiefel", der, sechs Fuß hoch, mit einer anderthalb Zoll dicken Sohle und einem neun Zoll langen Sporn daran, seinerzeit entweder selbst eine Cause célèbre gewesen war oder doch zu einer solchen die Anregung gegeben hatte. Es hatte damit folgende Bewandnis:

Es war am Ende der neunziger Jahre, als Jürgaß, damals noch ein blutjunger Leutnant bei den Göckingk=Husaren, mit Wolf Quast vom Regiment Gensdarmes die Friedrichstraße nach dem Oranienburger Tore zu hinaufschlenderte.

Dicht vor der Weidendammer Brücke, gegenüber der Pépinière, fiel ihnen ein riesiger Sporn auf, der im Schaufenster eines Eisenladens hing. Sie blieben stehen, lachten, schwatzten und setzten fest, daß der erste, der in Arrest käme, den Sporn kaufen solle. Der erste war Jürgaß. Aber der Sporn war kaum erstanden, als ein neues Abkommen getroffen wurde: „Der nächste läßt einen Stiefel dazu machen." Dieser nächste nun war Quast, und nach Ablauf von wenig mehr als einer Woche wurde der mittlerweile gebaute Riesenstiefel unter allen erdenklichen Formalitäten prozessionsartig erst in die Kaserne und dann in Quasts Zimmer getragen. Von den jüngeren Kameraden beider Regimenter fehlte keiner. Da stand nun der Koloß, und der Riesensporn wurde angeschnallt. Aber der einmal wach gewordene Übermut war noch nicht befriedigt, und eine Steigerung suchend, wurde beschlossen, dem großen Stiefel und großen Sporn zu Ehren auch ein entsprechend großes Fest zu geben. Der Stiefel natürlich als Bowle. Gesagt, getan. Das Fest verlief zur vollkommensten Genugtuung aller Beteiligten, aber keineswegs zur Zufriedenheit des Kriegsministers, der vielmehr dem Unfug ein Ende zu machen und den großen Stiefel tot oder lebendig einzuliefern befahl.

Die betreffende Order war kaum ausgefertigt, als alle jungen Leutnants einig waren, daß es Ehrensache sei, den Stiefel coûte que coûte zu retten, der nunmehr auch wirklich bei der bald darauf stattfindenden Kasernenrevision aus einem Zimmer in das andere und schließlich in Rückzugsetappen erst auf die havelländischen, dann auf die Ruppinschen und Priegnitzschen Güter der respektiven Väter und Oheime wanderte, die sich nolens volens in das von ihren Söhnen und Neffen eingeleitete Spiel mitverwickelt sahen. So kam er schließlich nach Gantzer und war auf ein ganzes Dutzend Jahre hin vergessen, als unser Jürgaß, bei Gelegenheit eines kurzen Besuchs im väterlichen Hause, des ehemaligen Corpus delicti wieder ansichtig wurde und sofort beschloß, es als originelle Zimmerdekoration in seiner eben in Einrichtung begriffenen Wohnung zu verwenden. Er machte übrigens nicht mehr und nicht weniger von der Sache, als sie wert war, und wenn er, die Geschichte vom „großen Stiefel" erzählend, einerseits viel zu viel Urteil hatte, um einen Fähndrichsstreich als Heldentat zu behandeln, so war er doch auch keck und unbefangen genug, sich des Übermutes seiner jungen Jahre nicht weiter zu schämen.

Der eintretende Diener, die Flügeltüren des Speisesalons öffnend, meldete durch diese stumme Sprache, daß das Frühstück serviert sei, und Jürgaß, vorausschreitend, bat seine Gäste, ihm folgen zu wollen. An einem runden Tische war gedeckt. Hirschfeld und Meerheimb nahmen zu beiden Seiten des Wirtes Platz, Hansen-Grell ihm gegenüber; Tubal, Lewin und Bummcke, auf die sich aus der Reihe der Kastalia-Mitglieder die Einladungen beschränkt hatten, schoben sich von rechts und links her ein.

Die Jürgaßschen Frühstücke waren berühmt, nicht nur durch ihre Auserlesenheit, sondern beinahe mehr noch durch die Aufmerksamkeiten und Überraschungen, womit Jürgaß das Mahl zu begleiten pflegte. Auch heute war er nicht hinter seinem Ruf zurückgeblieben. Unter dem Kuverte von Hirschfeld lag, aus einem französischen Reisebuche herausgeschnitten, die „Kathedrale von Tarragona", ein kleines Bildchen, auf dessen Rückseite die Worte zu lesen waren: „In dankbarer Erinnerung an den 5. Januar 1813", während Hansen-Grell beim Auseinanderschlagen seiner Serviette eines zierlichen silbernen Sporns ansichtig wurde,

der auf dem Kartenblatt, auf dem er befestigt war, nach
Art einer Devise die Umschrift führte:

> Er trug blanksilberne Sporen
> Und einen blaustählernen Dorn,
> Zu Calcar war er geboren,
> Und Calcar, das ist Sporn.

Auch für Bummcke war gesorgt und eine Überraschung
da, die freilich mehr den Charakter einer Neckerei als einer
Aufmerksamkeit hatte. Es war eine große neben seinem
Teller liegende Papierrolle, die sich nach Entfernung des
roten Fadens, der sie zusammenhielt, als ein vielfach läbierter,
in grober Schabemanier ausgeführter Kupferstich erwies.
Darunter stand: „Einzug des Hauptmanns von Bummcke
in Kopenhagen." Und in der Tat, so wenig glaubhaft
ein hauptmännischer Einzug in die dänische Hauptstadt
sein mochte, es sah mehr oder weniger nach etwas der=
artigem aus, schon weil die Straßenarchitektur getreulich
wiedergegeben und für jeden, der Kopenhagen kannte, der
aus drei Drachenschwänzen aufgeführte Spitzturm des alten
Börsengebäudes ganz deutlich erkennbar war. Nichtsdesto=
weniger bedeutete der eigentliche Gegenstand des Bildes,
auf dem man einen offenen, mit vier Pferden bespannten
und von Militär eskortierten Wagen sah, etwas sehr
anderes und stellte weder die Entrée joyeuse Bummckes
noch überhaupt einen Einzug, wohl aber die „Abführung
der Grafen Brandt und Struensee zu ihrem ersten Ver=
höre" dar. Bummcke, der den Kupferstich aus einem alten
Antiquitätenladen her seit lange kannte, fand sich in dem
Scherze schnell zurecht oder gab sich wenigstens das An=
sehen davon, was das Beste war, das er tun konnte. Er
hatte nämlich, was hier eingeschaltet werden mag, die
Schwäche, mit einer etwas weitgehenden Vorliebe von seiner
„nordischen Reise", der einzigen, die er überhaupt je ge=

macht hatte, zu sprechen und war infolge dieser Schwäche — von der er übrigens selber ein starkes Gefühl hatte — bei mehr als einer Gelegenheit nicht bloß das Opfer Jürgaßscher Neckereien gewesen, sondern hatte auch die Erfahrung gemacht, daß Stillhalten das einzige Mittel sei, denselben zu entgehen oder doch sie abzukürzen.

Das Tablett mit Port und Sherry wurde eben herumgereicht, als Bummcke, das Blatt noch einmal auseinanderrollend, mit jener Ruhe, die einem das Gefühl, seinen Gegenstand zu beherrschen, gibt, anhob: „Der arme Struensee! Ich habe die Stelle gesehen, draußen vor der Westergabe, wo sie ihm den Kopf heruntershlugen. Was war es? Neid! Ranküne und nationales Vorurteil. Ein Justizmord ohnegleichen. Er war so unschuldig wie die liebe Sonne."

„Seine Intimitäten schienen aber doch erwiesen," bemerkte Jürgaß wichtig, dem nur daran lag, seinen Infanteriekapitän in das geliebte dänische Fahrwasser hineinzubringen.

„Intimitäten!" entgegnete dieser, der dem Köder, trotzdem er den Haken sah, nicht widerstehen konnte. „Intimitäten! Ich versichere Ihnen, Jürgaß, alles Torheit und Verleumdung. Ich habe während meines Aufenthaltes in Kopenhagen Gelegenheit gehabt, zu Personen in Beziehung zu treten, die, passiv oder aktiv, in dem Drama mitgewirkt haben. Ein Spiel war es mit Ehre und Leben, eine blutige Farce von Anfang bis zu Ende. Das Kanonisieren ist außer Mode; hätten wir noch einen Rest davon, diese Königin Karoline Mathilde müßte heilig gesprochen werden."

„Wenn es nicht indiskret ist, nach Namen zu fragen, woher stammen Ihre Informationen?"

„Vom Leibarzt der Königin," sagte Bummcke.

Vor dem Sturm.

"Nun, der muß es wissen," erwiderte Jürgaß übermütig, "aber er schafft mit seiner Autorität die Aussagen derer, die sich selber schuldig bekannten, nicht aus der Welt. Ich appelliere vorläufig an unseren Freund Hansen-Grell. Er muß doch in seinem gräflichen Hause das eine oder das andere über den Hergang gehört haben."

"Nein," antwortete dieser, "das gräfliche Haus, soviel ich weiß, hatte Ursache, über den Fall zu schweigen, und ihn aus Büchern kennen zu lernen, habe ich versäumt. Ich muß mich überhaupt anklagen, der dänischen Geschichte, von einzelnen weit zurückliegenden Jahrhunderten abgesehen, nicht das Maß von Aufmerksamkeit geschenkt zu haben, das ihr gebührt."

"Und wir hatten gerade," bemerkte Tubal verbindlich, "nach Ihrer Hakon Borkenbart-Ballade, womit Sie uns am Weihnachtsabend erfreuten, den entgegengesetzten Eindruck."

"Weil Sie aus meiner Kenntnis der halbsagenhaften Vorgeschichte des Landes allerhand schmeichelhafte Rückschlüsse auf meine gesamte dänische Geschichtskenntnis zogen. Aber leider mit Unrecht. Ich habe mehr um Dichtungs als um Historie willen im ‚Saxo Grammaticus' und in den älteren Mönchs-Chroniken gelesen, so viel, daß ich schließlich die moderne Königin Karoline Mathilde über die alte Königin Thyra Danebod vergessen habe."

"Thyra Danebod," rief Jürgaß in aufrichtigem Enthusiasmus; "das ist ja ein wundervoller Name. Er tingelt etwas weniger als Kathinka von Ladalinska; aber trotzdem! Was meinen Sie, Bummke?"

Bummke, der sich so unerwartet an den Ladalinskischen Ballabend erinnert sah, drohte gutmütig mit dem Finger; Hansen-Grell aber fuhr fort: "Ich teile ganz den Enthusiasmus unseres verehrten Wirtes, und wenn ich auf das

Gewissen gefragt würde, würd' ich bekennen müssen, aus dem Zauber dieses Namens, und vieler ähnlicher, so recht eigentlich die Anregung zu meinem Studium altdänischer Geschichten empfangen zu haben. Sigurd Ring und König Helge, Ragnar Lodbrok und Harald Hyldetand entzückten mich durch ihren bloßen Klang, und so oft ich dieselben höre, ist es mir, als teilten sich die Nebel, und als sähe ich in eine wundervolle Nordlandswelt, mit klippenumstellten Buchten, und vor ihnen ausgebreitet das blaue Meer und hundert weißgebauschte Segel am Horizont."

„Es ist der fremde Klang, der unser Ohr gefangennimmt," bemerkte Hirschfeld, der sich von Spanien her ähnlich bestechender Namenseindrücke entsinnen mochte, und Lewin und Tubal stimmten ihm bei.

„Gewiß," fuhr Hansen=Grell fort, „dieser Fremdklang ist von Bedeutung. Aber es ist, über denselben hinaus, doch schließlich ein anderes noch, was diesen altdänischen Namen ihren eigentümlichen Zauber leiht. Es spricht sich nämlich in ihnen jene der Sprichwörterweisheit der Völker verwandte Begabung aus, Menschen, Erscheinungen, ja ganze Epochen in einem einzigen Beiwort zu charakterisieren. Die Kraft in der Knappheit, das Viel im Wenigen, da haben wir den Schlüssel zum Geheimnis."

Bummcke geriet in Aufregung, so sehr, daß er — was sonst nicht seine Sache war — den Chateau d'Yquem mit ablehnender Handbewegung an sich vorübergehen ließ und zu Hansen=Grell, wie zu einem Herzensvertrauten, hinüberrief: „Ich weiß, worauf Sie hinaus wollen. Sprichwörterweisheit sagten Sie, ganz richtig. An den König Erichs, wenigstens an den ersten sechs oder sieben, läßt es sich am besten zeigen: Erik Barn, Erik Ejegod, Erik Lam, Erik Plopenning, Erik Glipping. Ich verbinde mit jedem ein Bild, eine Vorstellung, besonders mit dem Plo=

Vor dem Sturm. 505

penning und dem Glipping. Glipping, das heißt so viel wie ‚Augenplink‘ oder der ‚Wimperer‘. Und wirklich, es ist zum Lachen, aber ich sehe ihn vor mir, wie er mit dem rechten Augenlide immer hin und her zwinkert."

Jürgaß warf sich in den Stuhl zurück und sagte während eines Hustenanfalls, der sich vor lauter Heiterkeit nicht legen wollte: „Das ist denn doch das kapitalste Stück von Fremdlandsenthusiasmus, das mir all mein Lebtag vorgekommen ist. König Wimperer, ich grüße dich."

„Wenn Sie mehr von ihm wüßten, Jürgaß, so würden Sie dieser bedeutenden Figur mit mehr Respekt begegnen. Er war ein guter König und wurde zu Viborg mit sechsundfünfzig Stichen ermordet."

„Nicht mehr wie billig. Warum hat er gewimpert? Ich greife mit dem Champagner um zwei Gänge vor. Es lebe Erik Glipping!"

„Er lebe, er lebe!" Und die Gläser klangen zu Ehren des alten Dänenkönigs zusammen. Hansen=Grell aber, ehe noch der Übermut sich völlig gelegt hatte, sagte: „Halten Sie es der Pedanterie eines Kandidaten und Schulmeisters zugute, wenn er von seinem Thema nicht los kann; ich verspreche aber, kurz zu sein."

„Kurz oder lang, Grell, Sie sind immer willkommen."

„Gut, ich akzeptiere. Unseres verehrten Hauptmanns Vorliebe für König Glipping und, wenn ich mich so aus= drücken darf, die plastische Gegenständlichkeit, mit der er uns denselben vorzuführen verstand, hat uns auf einen Schlag die goldenen Tore der Heiterkeit aufgeschlossen, ich muß aber doch noch einmal ins Ernste zurück. In unserer neueren Geschichte, so weit sie uns von Kaisern und Königen erzählt, ist jetzt die Zahl in Mode gekommen; der Erste, Zweite, Dritte, auch der Vierzehnte und Fünfzehnte; die Zahl gilt, und mit ihr das nüchternste, das unpoetischste, das charakterloseste, das es gibt. Demgegenüber stehen meine alten skandinavischen Königsnamen, nach Klang und Inhalt, ich betone, auch nach Inhalt, auf dem Boden der Poesie, und das ist es, was sie mir so wert macht. Epigrammatischer als ein Epigramm, ist mancher dieser Namen doch zugleich wie ein Gedicht, rührend oder ergreifend, je nachdem. Urteilen Sie selbst. Ich will nur zwei nennen: Olaf Hunger und Waldemar Atterdag! Ist es möglich, Personen und Epochen in einem einzigen Worte schärfer und eindringlicher zu zeichnen? Es vergißt sich nie wieder. Olaf war ein guter König, aber das Land siechte hin an Mißernten und böser Krankheit, und weder seine Gebete noch sein ausgesprochener Wille, sich für das Volk zum Opfer zu bringen, konnten den Unsegen tilgen oder gar in Segen verwandeln. Und so bedeutet dieser König, auf den Blättern der dänischen Geschichte, eine Zeit des Fluchs, von Not und Tod, und sein gespenstisches Bild trägt unverschuldet die furchtbare Unterschrift: Olaf Hunger."

„Und hält uns eine Fastenpredigt bei unserem Frühstück! Lassen Sie ihn fallen, Grell. Was ist es mit dem anderen?"

„Er steht da wie sein Gegenstück."

„Gott sei Dank!"

„Er war schön und siegreich und liebte die Frauen."

„A la bonne heure."

„Aber mehr als das, er war auch heiter und gütig. In jungen Jahren hatten ihn eigene Leidenschaft und anderer Rat zu hitzigen Taten fortgerissen; als er aber ein Mann geworden war, da reute ihn die Raschheit seiner Jugend, und er schwur es sich, nichts Hartes und Strenges mehr aus dem Moment heraus tun zu wollen. Umdrängten ihn seine Hofleute und forderten einen schnellen Spruch von ihm, wohl gar Tod, so machte er eine leichte

Bewegung mit Kopf und Hand und sagte nur: ‚Atterdag'. Das heißt: Andertag. Und ein Füllhorn reicher Gnade quoll aus dem einen Wort, und ‚Atterdag' hat einen guten Klang in Dänemark bis diese Stunde."

„Das ist mein Mann, Grell. Atterdag! Und Sie haben recht, da haben wir Klang und Inhalt. Sie decken einander. Ich seh' ihn vor mir, so deutlich wie Bummcke den Glipping sah. Aber mein Atterdag zwinkert nicht. Er hat ein wundervolles blaues Auge, und hinter ihm her ziehen endlose Hochzeitszüge, und die Fahnenschwenker werfen ihre Stöcke bis hoch in den Himmel hinein. Lassen Sie den Fasan noch einmal herumgehen, Tubal; das sind wir dem Atterdag schuldig und dem Olaf Hunger erst recht."

Das Gespräch ließ nun die Dänenkönige fallen, bald Skandinavien überhaupt, und nur Bummcke machte noch einen herkömmlichen Versuch, von Kopenhagen aus in Aalborg zu landen, um dann, quer durch Jütland hin, den großen Limfjord zu befahren. Dies war seine Lieblingstour, weil er in elf Gesellschaften von zwölf darauf rechnen durfte, sie allein gemacht und somit unangefochten das Wort zu haben. Aber dieses Vorzuges ging er heute verlustig, und kaum daß er in ziemlich sentimentalen Ausdrücken von dem „Klageton" und dem „Wehmutsschleier" der nordjütischen Landschaft gesprochen hatte, als ihm auch schon der Widerspruch Grells hart auf der Ferse war, der, der hunderttausend wie weiße Nymphäen auf dem Limfjord schwimmenden Möwen ganz zu geschweigen, nie ein smaragdgrüneres Wasser und nie einen azurblaueren Himmel gesehen haben wollte.

„Nichts Gewöhnlicheres als ein solcher Gegensatz empfangener Eindrücke," nahm von Meerheimb das Wort, „und es bedarf nicht einmal zweier Personen, um Widersprüchen wie diesen zu begegnen; wir finden sie in uns selbst. Was wir die Stimmung der Landschaft nennen, ist in der Regel unsere eigene. Lust und Leid färben verschieden. Als wir auf der Smolensker Straße zogen und in die Nähe der alten russischen Hauptstadt kamen, war es uns, als marschierten wir unter einem Regenbogen, und überall, wohin wir blickten, stiegen, wie durch Spiegelung, die goldenen Kuppeln Moskaus vor uns auf. Unsere Sehnsucht sah sie, lange bevor sie sich wirklich in dem Nebelduft des Horizontes abzeichneten. Das war um die Mitte September. Und vier Wochen später zogen wir wieder dieselbe Straße. Der Rückzug hatte begonnen. Es war noch nicht kalt, und die Oktobersonne schien nicht weniger hell, als die Septembersonne geschienen hatte, aber rings umher lag Öde und Einsamkeit, und die Flüsse, statt mit uns zu plaudern, schienen hinzuschleichen wie die Wasser der Unterwelt. Das Land war nicht verändert, aber wir."

Jeder stimmte bei, selbst Jürgaß, der nur den Strich zwischen Neustadt und Gantzer ausnahm, von dem er versicherte, immer denselben Eindruck empfangen zu haben. Welchen? Darüber schwieg er, entweder aus Vorsicht, oder weil er die sich gerade jetzt bequem darbietende Gelegenheit zu einer noch ausstehenden Ansprache nicht unbenutzt vorübergehen lassen wollte.

„Herr von Meerheimb", so hob er an, während er mit dem Messerrücken an das Glas klopfte, „hat uns soeben über die Felder von Moshaisk oder ihnen nahegelegener Territorien geführt, nicht in breiter Schilderung, sondern diskursive, wenn ich mich so ausdrücken darf, in landschaftlichen Aperçus, in gegensätzlichen Stimmungsskizzen. Ich erinnere Sie daran, daß uns die vorgerückte Stunde der letzten Kastalia=Sitzung um einen Vortrag brachte, der, wenn ich recht unterrichtet bin, sich auf denselben Feldern von Moshaisk bewegt, freilich nur um auf ebendiesen Feldern sehr andere Bilder als die Kuppeln von Moskau, die wirklichen oder die visionären, vor unseren Blicken aufsteigen zu lassen. Und so erlaube ich mir, an unseren verehrten Gast die Frage zu richten, ob es ihm genehm sein würde, das in erwähnter Sitzung Versäumte nach=zuholen und vor diesem engeren Kreise den uns zugedachten Abschnitt aus seinem Tagebuche zu lesen?"

Von Meerheimb verneigte sich und sagte dann: „Ich gehorche gern Ihrer freundlichen Aufforderung, so sehr ich auch, ganz in Übereinstimmung mit Herrn von Hirsch=feldt, der mir darüber nach der letzten Kastalia=Sitzung seine Konfessions gemacht hat, das Mißliche solcher Vorlesungen fühle. Dies Mißliche wird dadurch nicht vermieden, daß man auf die Mitteilung aller persönlichen Heldentaten — ein Wort, das ich zu nehmen bitte, wie es gemeint ist — Verzicht leistet. Man bleibt eben ein Teil des Ganzen, und indem man dieses feiert, feiert man wohl oder übel sich selber mit. Keine Darstellung großer Vorgänge, bei denen man zugegen war, wird dies vermeiden können, auch die dezenteste nicht, und jeder, der es dennoch wagt, ist auf die besondere Nachsicht seiner Hörer angewiesen. Dieser Nachsicht bin ich bei Ihnen sicher. Im übrigen bitte ich, trotz des Bannes, unter dem in diesem Kreise die Vorreden stehen, noch vorweg bemerken zu dürfen, daß ich nur Erlebtes, also im Hinblick auf den großen Vorgang nichts Vollständiges gebe. Einzelnes, was jen=seits des persönlich Erlebten liegt, ebenso wie die Namen von Ortschaften und Personen verdanke ich den Mitteilungen und Aufschlüssen gefangener russischer Offiziere, mit denen ich später im Smolensker Lazarette lag. Und nun habe ich geschlossen und ersuche unseren verehrten Wirt in jedem Momente, der ihm passend scheint, über mich zu verfügen."

"Nehmen wir den Kaffee," damit hob Jürgaß die Tafel auf und schritt, Herrn von Meerheimb den Arm bietend, in das Wohnzimmer voran.

Hier waren inzwischen alle Vorbereitungen getroffen und, trotzdem es noch früh war — nach vorgängiger Schließung der schweren Fenstergardinen —, die kleinen mit Kristallglas gezierten Wandleuchter angezündet worden. In dem blanken englischen Kamin, der als Schmuckstück der Wohnung in den großen Ofen hineingebaut worden war, brannte ein helles Feuer, und um den Sofatisch herum, den ein golddurchwirktes türkisches Tuch bedeckte, standen an den frei gebliebenen Seiten hohe Lehnstühle und gepolsterte Sessel. Der Kaffee wurde serviert, und während Wirt und Gäste um den Tisch her Platz nahmen, rückte sich von Meerheimb einen Doppelleuchter zurecht und las: "Borodino".

XLVII.

Borodino.

"... Wir glaubten nicht mehr, daß die Russen standhalten würden. Sie zogen sich auf der großen Smolensker Straße zurück, vermieden jedes Rencontre mit unsern Vortruppen und schienen Moskau ohne Schwertstreich preisgeben zu wollen. Es war aber anders beschlossen; auf russischer Seite wechselte der Oberbefehl, Kutusow kam an Barclay de Tollys Stelle, und unserm Einzuge in Moskau ging ein Zusammenstoß voraus, von dem der Kaiser selbst bei hereinbrechender Nacht sagte: ‚Ich habe heute meine schönste Schlacht geschlagen, aber auch meine schrecklichste.'

Vor dem Sturm.

Das war bei Borodino am 7. September.

Schon der 5. gab uns einen Vorgeschmack. Als wir am Abend dieses Tages ins Biwack rückten, hörten wir, daß in unserer Front ein heftiges Gefecht statt=
gefunden und die Division Compans, zu der auch das 61. Linienregiment gehörte, eine russische Schanze gestürmt habe. Unmittelbar darauf sei der Kaiser erschienen und habe, die Lücken in dem genannten Regimente wahr=
nehmend, unruhig gefragt: ‚Wo ist das dritte Bataillon vom einundsechzigsten?‘ worauf der alte Compans ge=
antwortet habe: ‚Sire, es liegt in der Schanze.‘

Am 6. hatten wir Gewißheit, daß uns die Russen eine Schlacht bieten würden, und tags darauf standen wir ihnen in aller Frühe schon auf Kanonenschußweite gegenüber.

Es war ein klarer Tag. Die Sonne, eben auf=
gegangen, hing wie eine rote Kugel über einem Wald=
strich am Horizont und sah auf das kahle Plateau hin=
unter, das sich, halb Brache, halb Stoppelfeld, in bedeutender Tiefe, aber nur etwa in Breite einer halben Meile vor uns ausdehnte. Die Höhenstellung, auf der wir hielten, erleichterte es mir, mich in dem Terrain zurechtzufinden, und ich erkannte bald, daß das vor uns liegende Plateau keineswegs eine glatte Tenne sei, sondern mehrere kleine Senkungen und Steigungen habe. Namentlich eine dieser Senkungen, allem Anscheine nach ein ausgetrocknetes Flußbett, markierte sich scharf und zog sich, das voraus=
sichtliche Schlachtfeld in zwei Hälften teilend, wie ein Wallgraben zwischen unserer und der feindlichen Stellung hin. Hüben wir, drüben die Russen. Dies ausgetrocknete Flußbett hieß der Semenowskagrund. Wer angriff, mußte diesen Grund passieren, und in der Tat drehte sich die neunstündige Schlacht um den Besitz desselben und dreier

teils am diesseitigen, teils am jenseitigen Rand gelegenen Positionen. Diese drei Positionen waren die folgenden: 1. die Bagrationfleschen; 2. das Dorf Semenowskoi und 3. die große Rajewskischanze. Position zwei und drei lagen jenseit des Grundes, auf der von den Russen besetzten Hälfte des Schlachtfeldes, Position eins aber, die Bagrationfleschen, waren krückenkopfartige, bis an den Rand des Semenowskagrundes vorgeschobene Werke. Alle drei Positionen bildeten das feindliche Zentrum, an das sich ein rechter und linker Flügel anlehnte. Der rechte bei Borodino, der linke bei Utiza. In tiefen Kolonnen stand der Feind, scheinbar endlos. Wir sahen weithin das Blitzen der Bajonette und in Front seiner Stellung, am Rande des Grundes hin, die dunklen Öffnungen seiner Geschütze.

Soweit der Feind. Aber das helle Licht des Morgens, dazu die Höhen, die wir innehatten, gönnten uns auch einen Überblick über unsere eigene Aufstellung. Unmittelbar vor uns, in sechs Divisionsmassen, standen die Korps von Davoust und Ney, hinter uns Junot und die Garden, während wir selber, zehntausend Reiter unter König Murat, sowohl in Länge wie Tiefe die Mitte des diesseitigen Schlachtenkörpers einnahmen.

Der Plan Napoleons ging dahin, erst die Flügelpunkte: Borodino und Utiza, jenes durch die italienischen Garden des Vizekönigs, dieses durch die Polen unter Poniatowski, nehmen zu lassen, dann aber, und zwar unter Mitwirkung der ebengenannten von rechts und links her einschwenkenden Flügelkorps (deren rasches Vorbringen er nicht bezweifelte), die furchtbare Zentrumsposition des Feindes zu durchbrechen. Erst die Fleschen, dann Semenowskoi, dann die Rajewskischanze.

Schon vor Tagesanbruch war der erste Kanonen=

schuß gefallen; um sieben begann die Schlacht. Der Vizekönig nahm Borodino; aber Poniatowski, auf einen stärkeren Feind stoßend, als er erwartet hatte, konnte nicht Terrain gewinnen. So blieb, als namentlich auch bei Borodino der Angriff wieder ins Stocken kam, die Mitwirkung von den Flügeln her aus und zwang die zu unsern Füßen haltenden Korps von Davoust und Ney, die Durchbrechung des feindlichen Zentrums in weder von links noch rechts her unterstützten Frontalangriffen zu versuchen. Die Division Compans, dieselbe, die am 5. das erbitterte Gefecht gehabt hatte, hatte wieder die Tete. Sie warf sich auf das nächste Angriffsobjekt, die Bagrationfleschen, nahm sie, verlor sie und nahm sie zum zweitenmal, aber nur um sie zum zweitenmal zu verlieren. Der tapfere Compans fiel, Rapp und Davoust, mehr oder minder schwer verwundet, mußten das Schlachtfeld verlassen, und immer neue Divisionen wurden vorgezogen, um uns den Besitz dieses vorgeschobenen Werkes zu sichern. Erst nach dem vierten diesseitigen Sturm gaben die russischen Grenadiere, die hier unter Fürst Woronzoff gestanden und geblutet hatten, jeden Wiedereroberungsversuch auf und zogen sich, soviel ihrer noch waren, auf den jenseitigen Rand des Semenowskagrundes zurück. Zu schwach, noch selber feste Körper zu bilden, reihten sie sich in andere Truppenkörper ein, die sich hier vorfanden. Es waren ihrer noch vierhundert Mann, der Rest von sechstausend. Fürst Woronzoff, als er am Abend des Tages seinen Bericht an den Kaiser abfaßte, schloß mit den Worten: ‚Meine Grenadierbataillone sind nicht mehr; aber sie verschwanden nicht von dem Schlachtfelde, sondern auf ihm.'

Um elf Uhr hatten wir die Fleschen, und der Grund mußte nun überschritten werden, um zunächst das schon an vielen Stellen brennende Dorf Semenowskoi, dann die links daneben gelegene große Rajewskischanze zu nehmen. Aber schon begann es an den Kräften dazu zu fehlen, wenigstens in der Front. Die Divisionen des Davoust=schen Korps waren nur noch Schlacke, die des Neyschen kaum minder, und nur die Division Friant war noch in=takt. Sie erhielt Befehl zum Vorgehen und nahm jetzt die Tete, während die schon im Feuer gewesenen Divisionen aufschlossen. Die Bravour des Angriffs schien einen Augenblick einen großen Erfolg versprechen zu sollen; aber in demselben Moment, wo die vordersten Bataillone den jenseitigen Rand des Semenowskagrundes erstiegen, wurden sie von einem auf nächste Distanz hin abgegebenen Massen=feuer in langen Reihen niedergemäht; die nachrückenden Bataillone stutzten, wandten sich und suchten diesseitig der Schlucht in Ravins und Einschnitten eine Zuflucht zu ge=winnen. Der Sturmversuch war als gescheitert anzusehen, und in unserer ganzen Front, sowohl unmittelbar vor uns wie auch nach beiden Flügelpunkten hin, standen keine frischen Infanteriekörper mehr, denen eine Wiederholung des Sturmes zuzumuten gewesen wäre.

In diesem Augenblicke kam Befehl an König Murat, es mit seinen Reitermassen zu versuchen. Zu diesen Reiter=massen gehörten auch wir. Murat, nach Empfangnahme der Order, zog sofort vom linken Flügel her seine vier Kavalleriekorps staffelweise vor, erst Grouchy, dann Nansouty, dann Montbrun, dann Latour=Maubourg, und ließ sie, das letztgenannte Korps vorläufig noch zurückhaltend, mit nur kurzen Pausen gegen die Positionen des feindlichen Zen=trums vorbrechen. Grouchy führte, Nansouty und Mont=brun folgten. Das Schlachtfeld donnerte unter dem Huf=schlag von mehr als 6000 Pferden; selbst der Donner der Geschütze wurde momentan übertönt. Aber der ungeheure

Reitersturm vermochte nicht mehr, als die wiederholten Angriffe der Infanteriedivisionen vermocht hatten; am diesseitigen Rande des Semenowskagrundes stürzten die vordersten Reihen, und was übrigblieb, riß die nach= folgenden Regimenter mit in die Flucht der in Front ge= standenen hinein.

Ein neuer Mißerfolg; tausend reiterlose Pferde stoben über das Feld hin. Grouchy, Nansouty, Montbrun hatten versagt; nur unser 4. Kavalleriekorps, Latour=Maubourg, hielt noch unberührt am rechten Flügel, in seiner Front unsere Kürassierdivision unter General de Lorges. Wir nannten ihn scherzhaft, aber zugleich auch in Anerkennung seiner chevaleresken Tugenden, unseren „Ritter de Lorges,' und in der Tat, der Moment war nahe, wo die Division, die seinen stolzen Namen führte, den „Handschuh aus dem Löwengarten' holen sollte. Eine Staubwolke wurde von links her sichtbar, und König Murat selbst, der bis dahin am anderen Flügel gehalten hatte, sprengte bis in unsere Front. Er war prächtiger und phantastischer gekleidet denn je, und wahrnehmend, daß wir trotz der von Zeit zu Zeit einschlagenden Kugeln, in vollkommener Ruhe Linie hielten, warf er uns im Vorüberreiten Kußhändchen zu und salutierte mit seiner Reitgerte, die er statt des Säbels führte. Zugleich gab er Befehl zum Angriff, und in zwei großen Reitermassen jagten wir über das Feld hin, die eine dieser Massen, die sechs Regimenter starke polnische Ulanendivision unter General Roznieck (wir ver= loren sie bald darauf aus dem Gesicht), die andere, von der ich ausschließlich zu erzählen habe, unsere Kürassier= division de Lorges. Aber auch diese teilte sich wieder und wie sich eben erst aus unserer gesamten Latour=Mau= bourg'schen Korpsmasse die polnische Ulanendivision heraus= gelöst hatte, so löste sich jetzt, nur wenige Minuten später, aus unserer Kürassierdivision de Lorges die westfälische Brigade von Lepel heraus. General von Lepel galt als der schönste Offizier der westfälischen Armee; er war der Liebling Friederike Katharinens, der Gemahlin König Jeromes. Wir sahen ihn eben noch mit erhobenem Pallasch vor der Front seiner Brigade, als eine Paßkugel ihn vom Pferde warf. Auf den Tod verwundet, nannte er den Namen seiner Königin und starb. Seine Brigade aber stutzte, wandte sich seitwärts und griff erst später wieder in den Gang des Gefechtes ein.

So waren wir denn allein: sächsische Brigade Thielmann, achthundert Reiter der Regimenter Garde du Corps und von Zastrow. War unsere Stellung ohnehin am äußersten rechten Flügel gewesen, so gebot es jetzt unsere Lage, wie General von Thielmann in Beobachtung der voraufgegangenen Gefechtsmomente klar erkannt hatte, uns immer weiter nach rechts zu ziehen. Woran waren alle bisherigen Angriffe gescheitert? An der immer sich gleichbleibenden Schwierigkeit, den steil abfallenden Semenowskagrund angesichts der feindlichen Geschützreihe zu passieren. Eine Möglichkeit des Gelingens war also nur gegeben, wenn sich am Flußbett hin Übergangsstellen finden ließen, wo die Böschung minder abschüssig und das feindliche Feuer minder heftig war. Solche Stellen lagen flußaufwärts nach Utiza zu, und durch immer weiteres Ausbiegen uns mehr und mehr aus dem Kanonenbereich herausziehend, entdeckten wir endlich, keine tausend Schritt mehr von dem genannten Flügelpunkte entfernt, eine flach abfallende, vom russischen Geschütz kaum noch erreichte Stelle, die uns ein bequemes Hinabreiten in den Semenowskagrund zu ermöglichen schien. Das war, was wir suchten. Eine Minute später hielten wir in dem ausgetrockneten Flußbett, dessen Ränder, je mehr wir uns, links ein-

Vor dem Sturm.

schwenkend, dem feindlichen Zentrum wieder näherten, immer höher und steiler wurden. Aber diese höher und steiler werdenden Ränder waren zunächst unser Schutz, und das Feuer der um das Dorf Semenowskoi her in Batterie stehenden hundert russischen Geschütze ging über unsere Köpfe hinweg. Wir waren schon bis dicht an das Dorf heran, ohne nennenswerten Verlusten ausgesetzt gewesen zu sein; General Thielmanns geschickte Führung hatte uns davor bewahrt. Aber nun kam der entscheidende Moment, und dieselben steilen Böschungen, die bis dahin unsere Rettung gewesen waren, waren nun unsere Gefahr. Und doch mußten wir sie hinauf. Unser Regiment Garde du Corps führte; „In Zügen rechts schwenkt, Trab!" und im nächsten Augenblick suchten wir den Abhang und gleich darauf die Höhe zu gewinnen. Einzelne überschlugen sich und stürzten zurück; die meisten aber erreichten die Crête, rangierten sich und gingen zur Attacke vor.

Erst im Anreiten sahen wir, wo wir waren. Keine dreihundert Schritt vor uns brannte Dorf Semenowskoi; zwischen uns und dem Dorfe aber und dann wieder über dasselbe hinaus standen schachbrettartig sechs russische Karrees, Gardegrenadierbataillone, die berühmten Regimenter Ismailoff, Littauen und Finnland. Ihr Feuer empfing uns aus nächster Nähe, aber ehe eine zweite Salve folgen konnte, waren die diesseits des Dorfes stehenden Vierecke niedergeritten, und durch das brennende Semenowskoi hindurch ging die Attacke, ohne Signal oder Kommandowort, aus sich selber heraus im Fluge weiter. Innerhalb des Dorfes freilich stürzten viele der vordersten Reiter in die den ehemaligen Wohnungen als Korn- und Vorratsräume dienenden, jetzt mit glühendem Schutt gefüllten Kellerlöcher, aber die nachfolgenden Rotten passierten glücklich die gefährlichen Stellen, und alles, was jenseits stand, teilte das Schicksal derer, die diesseits gestanden hatten. Das Regiment Littauen verlor in zehn Minuten die Hälfte seiner Mannschaften.

Aber nicht die ganze Brigade Thielmann war durch das brennende Dorf geritten; ein kleines Häuflein derselben, nicht hundert Mann stark und aus Bruchteilen beider Regimenter gemischt, hatte sich vielmehr, gleich nach dem Niederreiten der ersten Karrees, nach rechts hin tiefer in die russische Schlachtordnung hineingewagt, um hier dem Angriff einer eben hervorbrechenden feindlichen Kavallerieabteilung zu begegnen. Es glückte; die feindlichen Küraffiere wurden geworfen, und in Ausbeutung des auch an dieser Stelle beinahe unerwartet errungenen Erfolges jagten wir — ich selber gehörte dieser Abteilung zu — zwischen den massiert dahinterstehenden Bataillonskolonnen hindurch und erwachten erst wieder zu voller Besinnung, als wir uns plötzlich im Rücken der gesamten russischen Aufstellung sahen.

Wir hätten von dieser Stelle aus leichter bis Moskau reiten können als bis an den Semenowskagrund zurück. Und doch mußten wir diesen Grund, die Scheidelinie zwischen Freund und Feind, wiederzugewinnen suchen.

Also Kehrt! Jeder hing an dem Wort unseres Führers, willig, ihm zu folgen, aber ehe wir noch wenden konnten, brachen aus zwei links und rechts befindlichen Waldparzellen dichte Baschkiren- und Kalmückenschwärme hervor, irreguläre Truppen, denen man, weil man ihnen in der Front nicht traute, diese Reserveposition angewiesen hatte. Im Nu saßen sie uns mit ihren Piken in Seite und Nacken, und eine Niederlage, der wir in zweimaligem Kampfe mit den Elitetruppen des Feindes glücklich entgangen waren, sie harrte jetzt unserer im Angesichte dieses

Gesindels. Oberst von Leyser wurde vom Pferde gestochen, gleich nach ihm Major von Hoyer, und ehe fünf Minuten um waren, waren von unserem ganzen Häuflein nur noch zwei übrig: Brigadeadjutant von Minckwitz und ich. Wir hieben uns aus der immer dichter werdenden Gesindelmasse heraus und jagten dann auf unseren müden Pferden durch dieselben Intervallen, durch die wir gekommen waren, wieder zurück. Was uns rettete, waren sehr wahrscheinlich die schwarzen Kürasse, die das Regiment von Zastrow trug, so daß wir beim Passieren der langen Infanterieflanken für russische Kürassiere gehalten wurden. Unsere Pferde, wunders genug, dauerten aus, und ehe eine halbe Stunde um war, hielten wir wieder in der Reihe unserer Kameraden, so viele deren überhaupt noch waren. Von unserem Todesritt zu erzählen, dazu war keine Zeit. Denn eben jetzt bereiteten die Russen zur Rückeroberung der Position von Semenowskoi (von einem Dorfe gleichen Namens war nicht mehr zu sprechen) einen großen Angriff vor, und alles, was noch jenseits des Grundes hielt, mußte wieder nach diesseits zurück. Auch wir.

Es mochte jetzt Mittag sein oder doch nur wenig später. Unsere Anstrengungen, dies konnten wir uns nicht verhehlen, waren im wesentlichen ebenso resultatlos verlaufen wie die vorausgegangenen Kavallerieangriffe Grouchys, Montbruns, Nansoutys; wir hatten die feindliche Seite des Semenowskagrundes erstiegen, sechs Gardebataillone niedergeritten, russische Reiterregimenter geworfen und die feindliche Schlachtaufstellung vom Rücken her gesehen, aber der endliche Abschluß war doch der, daß wir, wenn auch tausend Schritt vorgeschoben, abermals am diesseitigen Rande des Grundes standen und die Aufgabe, die Russen auch vom jenseitigen Rande zu vertreiben, aufs neue aufnehmen mußten. Daß dies geschehen würde, war unzweifelhaft; ein Verzicht darauf würde so viel wie Verlust der Schlacht bedeutet haben. Es war also nur die Frage: Wann?

Zwei Stunden blieben wir in Erwartung; es schien, daß man an oberster Stelle schwankte; endlich kam Befehl, alle in Front stehenden Kräfte zusammenzufassen und auf der ganzen Linie noch einmal vorzugehen. Unserer Brigade Thielmann, bis auf die Hälfte zusammengeschmolzen, war dabei der Löwenanteil zugedacht; sie erhielt Order, die gefürchtete Rajewskischanze, den festesten Punkt der feindlichen Zentrumsstellung, zu stürmen. Ein Schanzensturm mit Kavallerie!

Es war Ney selbst, der diesen Befehl überbrachte. General Thielmann zeigte statt aller Antwort auf die zertrümmerte Brigade: vierhundert Reiter auf müden Pferden. Aber Ney, in der furchtbaren Erregung des Moments, zog das Pistol aus dem Halfter und hielt es im Anschlag, zum Zeichen, daß er bereit sei, jeden Versuch eines Widerspruchs zum Schweigen zu bringen. Thielmann setzte sich vor die Front, die Trompeter bliesen, und abermals ging es gegen den Grund. Diesmal mit halblinks, weil die Rajewskischanze um fünfhundert Schritte weiter flußabwärts lag. Was und wen wir im Anreiten verloren, weiß ich nicht mehr, weil sich alles, was nun kam, in wenige Minuten zusammendrängte. Nur so viel, daß die Verluste bedeutend waren. Jetzt waren wir heran, und im nächsten Augenblick unten in der Schlucht; aber das war nicht mehr das leere Flußbett, in dem wir drei Stunden vorher, als wir in weitem Bogen von Utiza her einschwenkten, einen beinahe vollkommenen Schutz vor dem feindlichen Kreuzfeuer gefunden hatten, sondern in eben dieser schutzgebenden Vertiefung hatten sich jetzt frische, aus der Reserve her vorgezogene Bataillone eingenistet und empfingen uns, in dichten Knäueln Stellung nehmend, erst mit Flintenfeuer, dann, wenn wir die Knäuel sprengten, mit Kolben und Bajonett. Doch umsonst; wie die Windsbraut gingen wir hindurch oder dran vorüber; denn unsere Aufgabe war nicht, uns hier unten in Gruppen- und Knäuelkämpfen zu vertun, sondern drüben die hochaufragende Rajewskischanze im ersten Anlauf zu nehmen. Und jetzt waren wir den steilen Flußbettabhang wieder hinauf und hielten vor der noch steileren Böschung der Schanze selbst. Unsere vordersten Züge bogen unwillkürlich nach rechts hin aus und suchten durch eine im Halbkreis gehende Bewegung die Kehle der Schanze zu gewinnen; die nachfolgenden Rotten aber, als wäre die Schanzenböschung nur die Fortsetzung des eben im Fluge genommenen Flußbettabhanges, jagten die Redoute hinauf und sprengten von oben her mitten in die Schanze hinein. Ein Kampf Mann gegen Mann entspann sich; die Kanoniere, die nach Wischer und Hebebäumen griffen, wurden niedergehauen; was übrigblieb, warf die Waffen fort und gab sich zu Gefangenen. Nur General Lichatschew, der hier kommandierte, wollte keinen Pardon. Er hatte eine Stunde vorher die Schanze verlassen, um bei General Kutusow über den damals gut stehenden Gang des Gefechtes zu rapportieren. „Wo liegt die Schanze?" hatte Kutusow gefragt, und Lichatschew hatte die rechte Hand erhoben, um die Richtung anzugeben. Eine Sechspfünderkugel riß ihm die Hand fort; er hob die Linke, zeigte scharf gegen Süden und sagte: „Dort." Dann war er, nur leicht verbunden, in die ihm anvertraute Schanze zurückgekehrt. Nun lag er tot unter den Toten.

Das Zentrum war durchbrochen, die Rajewskischanze in unseren Händen. Als, um uns abzulösen, die Division

Morand heranrückte und General Thielmann den Befehl zum Sammeln der Brigade gab, war kein Trompeter mehr da, um zu blasen. Ein Schwerverwundeter endlich ließ sich aufs Pferd heben und blies die Signale. So gingen wir auf die andere Seite des Grundes zurück.

Es war erst drei Uhr, aber die Kraft beider Heere war wie ausgebrannt. Wir hatten ein Drittel, die Russen die Hälfte ihres Bestandes an diesem Tag gesetzt. Kutusow, in einem Kriegsrat, der abgehalten wurde, beschloß, bis hinter Moskau zurückzugehen. Er wußte, daß man's ihm nicht zum Guten anrechnen werde, und sagte: „Je payerai les pots cassés, mais je me sacrifie pour le bien de ma patrie."

Am anderen Morgen trat er den Rückzug an; Napoleon folgte den Tag darauf. Auch wir. Wir waren nur noch ein Trümmerhaufen; was wir gewesen, das lag bei Semenowskoi und in der Rajewskischanze; aber in unsere Standarten durften wir den Namen schreiben: Borodino!"

XLVIII.

Durch zwei Tore.

An „Borodino" knüpften sich hundert Fragen, und von Meerheimb, während er diese Fragen beantwortete, blieb der Mittelpunkt des Kreises. Er erzählte von dem Marsche über das aufgeräumte, die entsetzlichsten Szenen bietende Schlachtfeld, von dem Einzug in Moskau, von ihren Hoffnungen und Enttäuschungen, endlich von dem Aufgeben der verödeten und mittlerweile zu einer Brandstätte gewordenen Hauptstadt. Mit dem Bilde, das er von diesem Elend entwarf — eine Woche später war er verwundet worden — brachen seine Schilderungen ab.

Vor dem Sturm.

Es konnte dabei nicht fehlen, daß einzelner französischer Heerführer, Neys oder Nansoutys, noch häufiger Murats und des Vizekönigs, mit wenig verhehlter Vorliebe gedacht wurde; aber die Verhältnisse lagen damals in Preußen, und ganz besonders in seiner Hauptstadt, so eigentümlich, daß solcher Vorliebe ohne die geringste Besorgnis vor einem Anstoß Ausdruck gegeben werden konnte. Niemand wußte, wohin er sich politisch, kaum, wohin er sich mit seinem Herzen zu stellen hatte; denn während unmittelbar vor Ausbruch des Krieges dreihundert unserer besten Offiziere in russische Dienste getreten waren, um nicht für den „Erbfeind" kämpfen zu müssen, standen ihnen in dem Hilfskorps, das wir ebendiesem „Erbfeinde" hatten stellen müssen, ihre Brüder und Anverwandten in gleicher oder doppelter Zahl gegenüber. Wir betrachteten uns im wesentlichen als Zuschauer, erkannten deutlich alle Vorteile, die uns aus einem Siege Rußlands erwachsen mußten, und wünschten deshalb diesen Sieg, waren aber weitab davon, uns mit Kutusow oder Woronzow derartig zu identifizieren, daß uns eine Schilderung französischer Kriegsüberlegenheit, an der wir, gewollt oder nicht gewollt, einen hervorragenden Anteil hatten, irgendwie hätte verletzlich sein können.

Es schlug eben sechs, als von Meerheimb sich erhob, um den Beginn einer Opernvorstellung — die „Vestalin" wurde gegeben — nicht zu versäumen. Als sich herausstellte, daß er keine Verabredung mit anderen Kameraden getroffen habe, wurde beschlossen, ihn in die Vorstellung zu begleiten; nur Hansen-Grell und Lewin lehnten ab und schritten auf verschiedenen Wegen ihrer Wohnung zu.

Lewin hatte noch die Vorlesung im Sinn, die nicht als Schlachtbeschreibung, wohl aber als Schilderung überhaupt einen großen Eindruck auf ihn gemacht hatte. Er sah das brennende Semenowskoi, und wie die Pferde im flüchtigen Passieren der Brand- und Schwelstätte in die verräterisch mit Aschenschutt überdeckten Kellerlöcher stürzten; er sah die tiefen russischen Kolonnen, zwischen denen, als gält es eine Spießrutengasse zu passieren, Oberst von Leyser und seine Todesschar hindurchjagten, und er sah endlich, wie sich ein Wiesenstreifen plötzlich mit gelben Schafpelzreitern füllte, Baschkiren und Kalmücken, die nun nach Art eines Wespenschwarms ihre Opfer niederstachen. All das sah er, und dazwischen, wie eine Melodie, die er nicht loswerden konnte, hörte er die Worte des alten Compans: „Sire, es liegt in der Schanze."

Es klang ihm noch im Ohr, als er die Treppe zu seiner Wohnung hinaufstieg. Hier fand er alles hell und licht. Frau Hulen mußte sich die Stunde seiner Rückkehr genau berechnet oder seinen Schritt auf dem Hausflur richtig erkannt haben, jedenfalls brannte schon die kleine grüne Studierlampe auf seinem Schreibtisch und schien ihn zu sich einzuladen. Er ließ auch nicht lange auf sich warten, nahm Platz und warf einen Blick auf die Bücher, Blätter und Briefe, die noch ebenso lagen, wie er sie vormittags, als er sich für das Jürgaßsche Frühstück rüstete, zurückgelassen hatte. Renatens Brief überflog er noch einmal, ohne daß sich der Eindruck sonderlich gesteigert hätte; es blieb, wie es war; der äußere Schaden durfte neben dem inneren Gewinn nicht in Betracht kommen. Anderseits trieb es ihn auch wieder, seinen Gedanken, die das Sorgenvolle eines zweiten stattgehabten Brandunglücks innerhalb wenig mehr als Jahresfrist nicht verkennen konnten, womöglich eine freundlichere Richtung zu geben, und die zur Hand liegenden Bücher sollten ihm dabei behilflich sein. Zu oberst lag immer noch der Band „Herder". Als er ihn wieder aufschlug, fiel sein Auge auf dasselbe

Lied, dessen Schlußzeilen ihn am Vormittage so weh ums Herz gemacht hatten; und abergläubisch, wie er war, sah er darin ein Zeichen von wenig guter Vorbedeutung. Er schloß verdrießlich das Buch, das ihm die gewünschte Freudigkeit nicht geben wollte, und weiter suchend, entdeckte er endlich ein broschiertes Heft, auf dessen zitronengelbem Umschlag, neben seinem eigentlichen Titel: „Chants et Chansons populaires", noch von Tante Amelies charakteristischer Hand die Worte geschrieben standen: „Dedié à son cher neveu L. v. V. par Amélie, Comtesse de P.; Chateau de Guse, Noël 1812." Lewin, voller Mißtrauen in den literarischen Geschmack der Guser Tante, hatte sich noch nicht entschließen können, in das Büchelchen hineinzusehen; lächelnd griff er jetzt nach demselben und blätterte darin. Eine der kleineren Abschnittsüberschriften, die er sich, vielleicht nicht ganz richtig, mit „Kinderreime" übersetzte, reizte flüchtig seine Neugier, und er begann zu lesen:

> Ma petite fillette, c'est demain sa fête.
> Je sais pour elle ce qui s'apprête:
> Le boulanger fait un gâteau,
> La couturière un petit manteau . . .

„Das ist ja allerliebst," sagte er, „und ganz, wonach ich mich gesehnt habe. Wie mir diese Reime wohltun!" Und er las unter steigendem Interesse bis zu Ende. Die Zeilen hafteten sofort in seinem Gedächtnis; aber das genügte ihm nicht, er wollte sie deutsch haben, wobei dahingestellt bleiben mag, ob nicht vielleicht schon die nächste Kastaliasitzung mit aufmunterndem Winken vor seiner Seele stand. Jedenfalls war es unter dem Einfluß einer freudig erregten Stimmung, die auch dem Übersetzer rascher die Feder führt, daß er wie im Fluge die Reimpaare der zierlichen kleinen Strophe niederschrieb. Nur der „petit manteau" der couturière hatte ihm eine kleine Schwierigkeit gemacht.

Die letzte Zeile stand noch kaum auf dem Papier, als es klopfte und Frau Hulen eintrat. Sie brachte den Tee.

"Setzen Sie sich, Frau Hulen, ich will Ihnen etwas vorlesen."

Die Alte blieb an der Tür stehen und sah verlegen auf ihren jungen Herrn. Jetzt erst merkte dieser, daß er in dem Übermut plötzlicher guter Laune einen gewagten Schritt getan habe, und die Reihe des Verlegenwerdens kam an ihn. Er getröstete sich jedoch, wie so viele vor und nach ihm, mit der alten Anekdote, daß auch Molière das Urteil seiner Haushälterin zu Rate gezogen habe, und sagte deshalb, während Frau Hulen das Teebrett niedersetzte, mit ziemlich wiedergewonnener Unbefangenheit: "Hören Sie nur zu; es ist nicht schlimm."

> Zu meiner Enkelin Namenstag
> Ihr jeder etwas bringen mag:
> Der Bäcker bringt ein Kuchenbrot,
> Der Schneider einen Mantel rot,
> Der Kaufmann schickt ihr, weiß und nett,
> Ein Puppenkleid, ein Puppenbett,
> Und schickt auch eine Schachtel rund,
> Mit Schäfer und mit Schäferhund,
> Mit Hürd' und Bäumchen, paarweis je,
> Und mit sechs Schafen, weiß wie Schnee;
> Und eine Lerche, tirili,
> Seit Sonnenaufgang hör' ich sie,
> Die singt und schmettert, was sie mag
> Zu meines Lieblings Namenstag.

"Nun, Frau Hulen," schloß Lewin seine Vorlesung, "was meinen Sie dazu?"

Die Alte zupfte an ihrem Haubenband und sagte dann: "Sehr hübsch."

"Das ist mir zu wenig."

„Ja, junger Herr, ich kann es doch nicht wunderschön finden!"

„Warum nicht?"

„Es geht alles so klipp und klapp wie ein Fibelvers."

„Das ist es ja eben; das soll es ja. Ganz richtig. Sie sind doch eine kluge Frau, Frau Hulen, und wenn ich wieder einen Fibelvers schreibe, so sollen Sie auch wieder die erste sein, die ihn zu hören kriegt."

Es schien nicht, daß die Mitteilung einer derartig bevorstehenden Auszeichnung von derjenigen, an die sie sich richtete, in ihrem ganzen Werte gewürdigt wurde; Frau Hulen suchte vielmehr, während sie sonst das Plaudern über die Maßen liebte, die Rückzugslinie zu gewinnen, und erst als sie die Türklinke schon in der Hand hatte, wandte sie sich noch einmal und sagte: „Ach, da war auch der junge Schnatermann hier..."

„Von Lichtenberg?"

„Ja, von Lichtenberg. Er brachte eine Empfehlung von seinem Vater, und sie hätten morgen ein Dachsgraben in der Dalwitzer Forst. Es kämen noch andere Berliner Herren. Ob der junge Herr auch vielleicht Lust hätte? Elf Uhr am Lichtenberger Weg."

Lewin nickte.

„Das trifft sich gut; Donnerstag ist ein freier Tag. Wecken Sie mich früh, Frau Hulen."

Und damit wünschten sie sich eine gute Nacht.

Lewin war zu guter Stunde auf, und da nur mäßige Kälte herrschte, so bedurfte es für ihn, der ohnehin gegen Wind und Wetter abgehärtet war, keiner sonderlichen Vorbereitungen, um sich für die Partie zu rüsten.

Der Weg bis zum Rendezvousplatz war nicht allzu weit und hielt sich vom Frankfurter Tore aus auf derselben Pappelallee, die Lewin auf seinen Besuchs- und

Ferienreisen nach Hohen=Vietz ungezählte Male passiert hatte. Er kannte bis nach Lichtenberg und Friedrichsfelde hin jedes einzelne Etablissement und versäumte selten, wenn er an der „Neuen Welt", einem vielbesuchten Vergnügungslokal, vorüberkam, ein Glas Bernausches zu trinken und mit dem alten, blauschürzigen Wirt, der immer selbst bediente, einen langen Diskurs zu halten. Heute gebot es sich aber doch, auf solche Diskurse, die leichter anzufangen als abzubrechen waren, Verzicht zu leisten, und so schritt er denn an dem Etablissement vorüber, vor dem eben ein mit zwei großen Hunden angeschirrter Brotwagen abgeladen wurde.

Er war noch kaum dreihundert Schritt drüber hinaus, als er auf dem breiten Fahrdamm, auf dem er bequemlichkeitshalber selber ging, einen ungeordneten Trupp Menschen auf sich zukommen sah, vierzig oder fünfzig, soweit es sich in der Entfernung abschätzen ließ. Es schien, daß auch er bemerkt worden war, denn der Trupp, sei es auf ein Kommandowort oder aus Antrieb jedes einzelnen, begann sich plötzlich militärisch zu ordnen, und Lewin, der nicht wußte, was er aus dieser Erscheinung machen sollte, trat auf die Seite, um die Näherkommenden an sich vorbei zu lassen. Er hatte jedoch noch eine Weile zu warten, denn es waren keine raschen Fußgänger mehr, die da heranmarschierten. Endlich ließen sich die vordersten deutlich erkennen. Sie trugen graue Mäntel samt einem Tschako und konnten auf den ersten Blick noch als eine uniformierte Truppe gelten, aber bei genauerer Musterung zeigte sich der ganze Jammer ihres Zustandes. Die Stiefel, soweit sie deren hatten, waren aufgeschnitten, um die verschwollenen Füße minder schmerzvoll hineinzuzwängen, und wenn der Wind den Mantel auseinander schlug, sah man, wie die Gamaschen herabhingen oder völlig fehlten. Alles

Vor dem Sturm.

desolat. Ihre teils froststarren, teils längst erfrorenen Hände waren in Tuch- und Zeuglappen gewickelt und von Waffen hatten sie nichts mehr als das Seitengewehr. Sie sahen nach Lewin hin und grüßten ihn artig, aber scheu.

Nach dieser Infanterieabteilung kam Kavallerie, Kürassiere, zehn Mann oder zwölf, die Reste ganzer Regimenter. Sie waren in besserem Aufzug, hatten noch ihre weißen Mäntel, zum Teil auch noch die hohen Reiterstiefel, und trugen zum Zeichen, daß sie durch Mißgeschick und nicht durch Schuld ihre Pferde verloren hätten, die Sättel derselben über die eigenen Schultern gelegt. Einige hatten noch ihre Helme mit den langen Roßschweifen, und diese wider Willen herausfordernden Überbleibsel aus den Tagen ihres Glanzes gaben ihrer Erscheinung etwas besonders Grausiges.

Den Schluß machte wieder Infanterie, die von einem am linken Flügel marschierenden Korporal in zerschlissener, aber noch vollständiger Equipierung geführt wurde. Es war ein großer hagerer Mann mit schwarzem Kinnbart und tiefliegenden Augen, unverkennbar ein Südfranzose. Lewin faßte sich ein Herz, trat an ihn heran und sagte: „Vous venez ...," aber die Stimme versagte ihm, und „de la Russie" ergänzte der Korporal, während er die Hand an den Tschako legte.

Im nächsten Augenblick war der Trupp vorüber, ein Leichenzug, der sich selber zu Grabe trug. Lewin sah ihm minutenlang nach, und Empfindungen, wie sie seine Seele nie gekannt, durchwühlten ihn.

„Das sind sie, denen wir aufpassen und Fallen legen und die wir dann hinterrücks erschlagen sollen. Nein, Papa, das wäre schlimmer als den Schlaf morden, schlimmer als das Schlimmste."

Er hing seinen Gedanken noch eine Weile nach, dann wandte er sich wieder vorwärts, um das Rendezvous am Lichtenbergerweg zu erreichen.

Aber er hielt bald wieder inne. Ein tiefes Mitleid überkam ihn, zugleich ein unendliches Verlangen, diesen Unglücklichen ein Rat, eine Hilfe zu sein, und Rendezvous und Schnatermann, Dalwitzer Forst und Dachsgraben leichten Herzens aufgebend, beschloß er, wieder in die Stadt zurückzukehren.

Der Vorsprung, den der kleine Trupp gewonnen hatte, war nicht groß, und schon am Ausgang der Frankfurter Linden holte er die letzte Sektion desselben wieder ein. Er sah hier, daß viel Volks um die einzelnen her war, beruhigte sich aber, als er wahrnahm, daß es meist Neugier und Teilnahme war, was sie begleitete. Nur einzelne Hassesworte wurden laut; Hohn und Spott schwiegen. Er hielt sich deshalb zurück und folgte nur in einiger Entfernung dem Zuge, der erst über den Alexanderplatz in die Königsstraße, dann über den Schloßplatz in die Behrenstraße ging. Hier befand sich die französische Kommandantur, in deren großen Hof, nachdem man zuvor leise gepocht, diese Rückzugavantgarde der ehemaligen „großen Armee" eingelassen wurde. Die Menge draußen, die bald ermüdete, verlief sich in die Nachbarstraßen.

Nur Lewin blieb. Er mochte eine Viertelstunde vor dem Hause auf und ab geschritten sein, als die große Portaltür sich von innen her öffnete und fünf von den weißmäntligen Kürassieren wieder auf die Straße traten. Die Sättel hatten sie in der Kommandantur zurückgelassen. Mit dem scharfen Auge, das die Not gibt, erkannten sie Lewin sofort wieder, traten an ihn heran und hielten ihn fragend und bittend die Quartierbilletts entgegen, mit deren Inhalt sie nichts anzufangen wußten. Lewin las die Zettel, die sämtlich auf ein und dasselbe kasernenartige Haus am „Rundell", wie damals noch der jetzige Belle=Allianceplatz hieß, ausgestellt waren.

„Suivez-moi," sagte er und trat rechts neben den vordersten. Sie folgten ruhig, ohne daß ein Wort gesprochen wurde.

Als sie den Wilhelmsplatz fast schon passiert und den Eckpunkt erreicht hatten, wo die Statue Winterfeldts steht, hörten sie kriegerische Musik, die, wenn das Ohr nicht täuschte, vom Potsdamer Tor oder aus der Nähe desselben herkommen mußte. Lewin, solchen Klängen nicht gut widerstehend, setzte sich in ein schnelleres Marschtempo, hielt aber wieder inne, als er wahrnahm, daß es den ermüdeten Kürassieren schwer wurde, ihm zu folgen. Er wandte sich, wie um durch Freundlichkeit seinen Fehler wieder gutzumachen, an den unmittelbar neben ihm gehenden und sagte, mit dem Finger nach der Richtung hinzeigend, von wo die Musik kam, „Entendez-vous?"

Und über die matten Züge des Angeredeten flog ein Lächeln, als er antwortete: „Ce sont des clairons français!"

Mittlerweile waren sie bis an die Ecke der Wilhelms= und Leipzigerstraße gekommen und sahen vom Tore her, denn der Zug schien endlos, eine ganze französische Division im Anmarsch. Die Musik schwieg eben, wahrscheinlich um Atem zu schöpfen; auf dem Bürgersteige aber, zu beiden Seiten der heranmarschierenden Kolonne, drängten sich dichte Volksmassen, ja waren teilweis weit voraus, um rascher nach dem Lustgarten zu kommen, wo, wie man wußte, Truppeneinzüge und andere militärische Schauspiele abzuschließen pflegten. Lewin samt seinen Schutzbefohlenen

war unter einen Torweg getreten und konnte den lauten
Äußerungen der dicht an ihm vorüberflutenden Menge mit
Leichtigkeit entnehmen, daß es die von Italien her frisch
eingetroffene Division Grenier sei, was da jetzt in allem
militärischen Pomp die Leipzigerstraße heraufkomme. Er
hörte auch, daß General Augereau, der Gouverneur von
Berlin, der Division bis Schöneberg entgegengeritten sei,
um sie feierlich einzuholen und den Berlinern in beherzigens=
werter Weise zu zeigen, daß der Kaiser nach wie vor un=
erschöpfliche Hilfsquellen und trotz Moskau noch immer
Armeen habe.

Es waren immer dieselben Namen und Bemerkungen,
die laut wurden; jetzt aber schwieg alles, denn die Spitze
der Kolonne, General Augereau selbst, war heran, ein
großer starker Mann mit Adlernase und durchdringendem
Blick. Er trug die Uniform eines Marschalls von Frank=
reich. Die demontierten Kürassiere, als sie seiner ansichtig
wurden, rückten sich zurecht, und einer, der ihn schon vom
italienischen Feldzug her kannte, flüsterte dem andern zu:
„Violà le Duc de Castiglione!"

Eine Suite von Ordonnanzoffizieren folgte unmittel=
bar, und erst, als auch diese vorüber war, ließ sich die
Front des an der Tete marschierenden Bataillons mit
Deutlichkeit erkennen. Es war italienische junge Garde.
Vorauf ein Tambourmajor, klein und mager, aber mit
einem fuchsfarbenen Schnurrbart, der bis an die roten
Epauletten reichte. Fünf Schritte hinter ihm ein riesiger
Mohr, nur mit Kopf und Hals über die hochaufgeschnallte
Regimentspauke hinwegragend, und neben demselben ein
vierzehnjähriger Hornist, ein bildschöner und, wie sich leicht
erkennen ließ, von allen Weibern verhätschelter Junge, der
lachend und kokett seine weißen Zähne zeigte. Er trug
ein kleines silbernes Clairon in der Rechten und sah nach

den Fenstern hinauf, um wahrzunehmen, ob er auch beobachtet werde.

Die Musik schwieg noch immer. Aber jetzt, keine dreißig Schritt mehr von der Wilhelmsstraßenecke entfernt, hob der Tambourmajor seinen Stock, warf ihn in die Luft und fing ihn wieder. Im selben Moment gab der Mohr einen Paukenschlag, und der kleine Hornist neben ihm setzte das silberne Horn an den Mund und schmetterte die Signale. Dann wieder ein Paukenschlag; das Clairon schwieg, und die aus vierzig Mann oder mehr bestehende Regimentsmusik fiel ein. Im Geschwindschritt ging es vorüber; Sappeurs folgten, dann Grenadiere, und unabläffig liefen Kommandoworte die lange Reihe der Bataillone hinunter.

Als Lewin sich nach seinen Gefährten umsah, standen sie abgewandt. Von ihrem alten Stolze war nichts übriggeblieben als die Scham über ihr Elend. Er wollte nicht sehen, was er nicht sehen sollte, und richtete deshalb sein Auge wieder auf die Kolonne, die jetzt mit dem letzten ihrer Bataillone defilierte. Erst als auch dieses vorüber war, legte er seine Hand leise auf die Schulter des ihm Zunächststehenden und sagte: „Eh bien, hâtons nous!"

So schritten sie, ohne daß weiter ein Wort gesprochen worden wäre, die Wilhelmsstraße bis nach dem Rundell hinunter.

Als sie eine Viertelstunde später hier schieden, stellten sich die fünf Weißmäntel wie in Reih und Glied nebeneinander und legten salutierend die Hand an den Korb ihres Pallasch. In ihrem Auge aber lag, was ein edles Herz am meisten erschüttert: der Dank des Unglücks.

XLIX.

Ein Billett und ein Brief.

Und solche Gegensätze, wie sie Lewin an jenem Vormittage, der für ihn wenigstens die Schnatermannsche Jagdpartie scheitern sah, beobachtet hatte, brachte von da ab jeder Tag: durch die nordöstlichen Tore der Stadt zog das Elend, durch die westlichen der Glanz des Krieges herein. In den Straßen aber begegneten beide einander und sahen sich verwundert, oft beinahe feindselig an. „So waren wir," sagten die finstern Blicke der einen, aber das entsprechende: „So werden wir sein," erlosch in dem Leichtsinn und der Eitelkeit der anderen.

Unter den Berlinern, die nach ihrer Gewohnheit nicht leicht einen Truppeneinzug der einen oder anderen Art versäumten, nahm sich jeder aus diesem Gegensatz der Erscheinung das heraus, was ihm paßte, und auch in dem Kreise unserer Freunde, das Ladalinskische Haus mit eingeschlossen, gingen die Ansichten darüber weit auseinander, ob der in seinem schmutzigen, am Wachtfeuer halb verbrannten Mantel heranmarschierende Veteran oder der riesige, goldbetreßte und paukenschlagende Mohr des Grenierschen Korps als das richtigere Bild des Kaiserreiches anzusehen sei. Bninski, der mit Hilfe einer nach Polen hin lebhaft geführten Korrespondenz von den bedeutenden Truppenmassen unterrichtet war, die sich eben damals, unter dem Befehl des Vizekönigs, in den Weichselfestungen, im Warschauschen und Posenschen zusammenzogen, sah durch das Eintreffen frischer Divisionen aus dem Süden, von deren Existenz er selbst keine Ahnung gehabt hatte, nicht nur jede momentane Gefahr des Kaiserreichs beseitigt, sondern knüpfte auch an diese scheinbare Unerschöpflichkeit

Vor dem Sturm.

aller Hilfsquellen die weitgehendsten Hoffnungen, während andererseits Jürgaß, Hirschfeldt und von Meerheimb — besonders dieser letztere, der die totale Deroute vor Augen gehabt hatte — an ein Wiederaufgehen des napoleonischen Sternes nicht glauben wollten.

„Er mag neue Armeen aus der Erde stampfen," sagte Meerheimb, „aber nicht solche, wie zwischen Smolensk und Moskau begraben liegen."

Lewin, unpolitisch und seiner ganzen Natur nach abhängig vom Moment, kam zu keiner bestimmten Überzeugung und sah das Kaiserreich sinken und sich wieder erheben, je nach den heiteren oder tristen Szenen, deren zufälliger Augenzeuge er sein durfte.

Eine Woche war vergangen, wieder ohne Kastaliasitzung, was in der peinlichen Akkuratesse seinen Grund hatte, mit der seitens aller Mitglieder an ihrem „Dienstage" festgehalten wurde. Dieser letzte Dienstag aber hatte, mit Einrechnung der Gäste, so ziemlich den halben Kastaliabestand: Jürgaß, Bummcke, Tubal, dazu Hirschfeldt und Meerheimb nach Potsdam entführt, wo am darauf folgenden Tage die Konfirmation des Kronprinzen in der Schloßkapelle und daran anschließend ein Gottesdienst in der Garnisonkirche stattfinden sollte. Tubal machte den Ausflug in Begleitung seines Vaters, der eine direkte Einladung, der Feierlichkeit beizuwohnen, erhalten hatte. Auch die Gegenwart Kathinkas wäre dem Geheimrat erwünscht gewesen, war aber, zu sichtlichem Verdruß desselben, von der an selbständiges Handeln gewöhnten Tochter abgelehnt worden. Sie kannte nichts Ermüdenderes als Zeremonien, namentlich kirchliche, und zog es vor, „zu festlicher Begehung des Tages" sich für Mittwoch abend — an dem, zu später Stunde erst, die nach Potsdam hin Geladenen zurückerwartet wurden — bei der schönen

Gräfin Matuschka anmelden zu lassen. Für den dann folgenden Donnerstag war seit Anfang der Woche schon eine kleine, nur den engsten Freundeskreis umfassende Reunion bei Ladalinskis festgesetzt, zu der selbstverständlich auch Lewin eine Einladung empfangen und angenommen hatte. Er durfte deshalb einigermaßen überrascht sein, am Morgen dieses Tages ein zierliches, in ein Dreieck zusammengefaltetes und mit blauem Lack gesiegeltes Billett nachstehenden Inhalts zu erhalten: „Lieber Lewin! Ich glaubte Dich vorgestern oder gestern, wo Papa und Tubal in Potsdam waren, erwarten zu dürfen, aber Du verwöhnst mich nicht durch Aufmerksamkeiten. Siehst Du Gespenster? Sei nicht töricht, Lewin. Ich schreibe Dir, weil ich den Wunsch habe, Dir einen Morgengruß ins Haus zu schicken, und im übrigen nicht sicher bin, ob Du Deine Zusage für heute abend noch im Gedächtnis hast. Poeten sind vergeßlich; Verse an mich hast Du schon längst vergessen. Kathinka v. L."

Lewin las zwei-, dreimal, sich die Worte wiederholend: „Siehst Du Gespenster?" und „sei nicht töricht, Lewin." Es war ihm einen Augenblick, als schlösse sich ein tropischer, in berauschendem Dufte schwimmender Garten vor ihm auf, und Kathinka, von einem Boskett her, hinter dem sie sich versteckt gehalten, spränge ihm mit ausgebreiteten Armen entgegen und riefe ihm übermütig zu: „Schlechter Sucher, der du bist! Warum konntest du mich nicht finden?" Aber dann las er wieder: „Poeten sind vergeßlich; Verse an mich hast Du längst vergessen;" und er lachte bitter.

„Dies ist der echte Ton, weil es der spöttische ist! Was sind ihre Verse? O, ich verstehe sie ganz. Ein glücklicher Liebhaber ist ihr nicht des Glückes genug, sie bedarf noch eines unglücklichen, um den Vollgeschmack des

Glückes zu haben. Deshalb hält sie mich fest. Das ist die Rolle, die sie mir zudiktiert! Folie für einen glänzenderen Stein!"

Er wollte das Billett zerknittern, und fühlte doch, daß ihm die Hand versagte. Eine weichere Stimmung überkam ihn, und er berührte die Stelle, die, auf Augenblicke wenigstens, neue Hoffnungen in ihm angefacht hatte, mit seinen Lippen. Dann faltete er das Blatt zusammen und steckte es zu sich.

Es war ihm klar, daß die nächsten Stunden, wenn er sie an seinem Schreibtische zubrächte, doch für ihn verloren sein würden; so brach er auf, um in der Stadt Zerstreuung zu suchen. Er fand sie rascher, als er erwarten durfte. An der Ecke des Rathauses standen Hunderte von Personen, um einen in französischer und deutscher Sprache abgefaßten, auf große gelbe Zettel gedruckten Straßenanschlag zu studieren. Er trat hinzu und las über die Köpfe der vor ihm Stehenden hinweg: „Seine Excellenz der Herr Marschall, Kommandant en Chef des eilften Armeecorps, ist benachrichtigt, daß zu Berlin viele Subalternoffiziere, auch Employés der großen Armee angekommen sind, die ihre Korps, ohne dazu ermächtigt zu sein, verlassen haben. Seine Excellenz befiehlt allen vorgenannten Personen, die Stadt zu verlassen, widrigenfalls alle diejenigen, die diesem Befehl nicht genügt haben, durch die Gendarmerie verhaftet, ihre Namen aber dem Herrn Kriegsminister notificirt werden sollen. Alle Gastwirte sind angewiesen, keine der in nachstehender Ordre bezeichneten Offiziers bei sich aufzunehmen, und werden im Betretungsfalle in eine näher zu bestimmende Geldstrafe genommen werden. Gez. Augereau, Herzog von Castiglione."

Dieser Straßenanschlag, mehr noch als das neun=

undzwanzigste Bulletin, das in den Weihnachtstagen er=
schienen war, enthielt das Zugeständnis einer vollkommenen
Auflösung der großen Armee; die Disziplin war hin,
und mit ihr das zusammenhaltende Band. Jeder, der die
Bekanntmachung las, empfing diesen Eindruck, und ließ
es nach Berliner Art nicht an spitzen Bemerkungen fehlen:
„Employés und Subalternoffiziere! Von den Generälen
ist keine Rede," sagte der eine; „und von den Marschällen
erst recht nicht," fügte ein anderer hinzu. „Gewiß nicht;
eine Krähe kratzt der andern die Augen nicht aus." So
ging es hin und her, und dazwischen die mehr als einmal
wiederholte Versicherung, daß die Berliner Gastwirte keine
französischen Polizeibeamte wären.

Lewin löste sich bald aus dem Menschenknäuel heraus
und traf in der Nähe der Stechbahn ein paar Kommili=
tonen, die sich leicht bereden ließen, ein Kolleg zu opfern
und an einem Spaziergang nach Charlottenburg teil=
zunehmen. Es war ein Marwitz und ein Löschebrand,
Landsleute und alte Bekannte schon von den Schulbänken
des grauen Klosters her. Sie schritten erst die Linden,
dann die große Chaussee hinunter auf das „türkische Zelt"
zu, wo sie, da zwölf Uhr mittlerweile herangekommen war,
ein Dejeuner bestellten.

Unter lebhaftem Geplauder, das sich abwechselnd um
York und das Augereausche Plakat, um Spontinis Vestalin
und die Konfirmation des Kronprinzen drehte, wurde
Lewin der Verstimmungen Herr, die der Vormittag mit
sich gebracht hatte, und sah sich nur flüchtig wieder daran
erinnert, als er beim Herausnehmen seiner Brieftasche das
seiner Form und Farbe nach einigermaßen auffällige Billett
Kathinkas zur Erde fallen ließ.

„Ei, Vitzewitz," sagte Löschebrand, „ein Billet=doux!
Immer neue Seiten, die wir an ihm kennen lernen; nicht

wahr, Marwitz?" Dieser bestätigte, und im nächsten Augenblicke war der Zwischenfall vergessen.

Es mochte vier Uhr sein, oder nur wenig später, als Lewin wieder in den Flur seines Hauses trat und sich an dem alten, längst spiegelglatt gewordenen Treppengeländer die halbweggelaufenen Stufen hinauffühlte.

Er fand oben einen Brief vor, in dessen Aufschrift er, trotz des schon herrschenden Halbdunkels, leicht die Hand seines Vaters erkennen konnte. Die Scheiben glühten noch im Abendrot. Er trat deshalb an das Fenster und las:

"Hohen=Vietz, den 20. Januar.
Lieber Lewin!

Das Hohen=Vietzer Ereignis der vorigen Woche hat Dir Renate mitgeteilt, und Deiner umgehenden Antwort hab' ich entnehmen können, daß Du das Unglück, denn ein solches bleibt es, mit derselben geteilten Empfindung ansiehst, wie wir alle. Eine niedergebrannte Scheune des Wirtschaftshofes und nun ein in Asche gelegter Flügel des Herrenhauses gewähren freilich keinen erfreulichen Anblick, am wenigsten den der Ordnung; aber sind es denn Zeiten der Ordnung überhaupt, in denen wir leben? Und so stimmen die Brandstätten zu allem übrigen. Nichts mehr davon. Es steht mehr auf dem Spiel als das.

Unsere Organisation ist beendet. Ich sehe Drosselstein, der mehr Eifer entfaltet, als ich bei seiner reservierten Natur erwarten konnte, beinahe täglich, ebenso Bamme, mit dem ich mich auszusöhnen beginne. Er ist Feuer und Flamme, und seinen beleidigenden Zynismus, von dem er auch jetzt nicht läßt, paart er mit einer Selbstsuchtslosigkeit, ja, ich muß es sagen, mit einer gelegentlichen Höhe der Gesinnung, die mich in Erstaunen setzt. Nächst ihm ist Othegraven der tätigste. Er hat einen großen

Einfluß unter den Bürgern, und die Schüler der beiden oberen Klassen hängen an jedem seiner Worte. Das Pedantische, das ihm sonst eigen ist, hat er entweder abgestreift, oder weil es in einem starken Glauben an sich selber wurzelt, unterstützt es wohl gar die Wirkung seines Auftretens.

Wenn ich sagte, unsere Organisation sei beendet, so hatte ich dabei nur unser Barnim und Lebus im Auge; an anderen Orten fehlt noch manches, so namentlich in den durch ihre Lage so wichtigen Dörfern jenseits der Oder. Wir diesseits haben eine Landsturmbrigade gebildet, vier Bataillone, die sich nach ebensovielen Städten unserer beiden Kreise benennen: Bernau, Freienwalde, Müncheberg und Lebus. Die Ordre de bataille des letzteren wird Dich am meisten interessieren, weshalb ich sie hier folgen lasse:

Landsturmbataillon Lebus.

1. Kompagnie Hohen-Ziesar: Graf Drosselstein.
2. Kompagnie Alt-Medewitz-Protzhagen: Hauptmann von Rutze.
3. Kompagnie Hohen-Vietz: Major von Vitzewitz.
4. Kompagnie Neu-Lietzen-Dolgelin: (Vakat.)

Nach dem Prinzip, das Du hierin erkennen wirst — Bamme hat das Kommando der Brigade übernommen — verfahren wir überall. An Offizieren ist noch kein Mangel, weil die Zahl derer, die nur mit Wind von oben segeln können, auch bei uns überwiegt. In zehn oder zwölf Tagen muß trotz alledem alles schlagfertig sein, auch da, wo man am meisten zurück ist.

Dies ist in gewissem Sinne zu spät, um so mehr, als es für das, was ich in den Weihnachtstagen vorhatte, auch heute schon zu spät sein würde. Die gesamte französische

Generalität, wie mir Othegraven aus Frankfurt, und Krach, der in Küstrin war, von dorther schreibt, ist glücklich über die Oder. In Zobelpelzen und mit immer erneutem Vorspann, an dem es unsere Dienstbeflissenen nicht haben fehlen lassen, sind sie dem Kaiser, der ihnen das Beispiel gab, gefolgt. Der Nachteil, der uns daraus erwächst, ist unberechenbar; die Beseitigung der Generäle, so oder so (von diesem Satze geh' ich nicht ab) war eben wichtiger, als es die Beseitigung der Armeereste je werden kann. Vieles ist versäumt, unwiederbringlich verloren. Unsere Politik des Abwartens ist daran schuld.

Aber eben dieses Abwarten, das uns so vieles versäumen ließ, hat uns vor ebensovielem bewahrt, und wenn nun schließlich zwischen guten und schlimmen Folgen abgewogen werden soll, so ist es möglich, oder — ich zögere nicht, dies Zugeständnis zu machen — selbst sehr wahrscheinlich, daß sich die Wage nach der guten Seite hin neigt. Vor drei Wochen glaubte ich, daß es ohne den König geschehen müsse, jetzt weiß ich — und gesegnet sei dieser Wandel der Dinge —, daß es mit ihm geschehen wird. Wir werden einen Krieg haben nach alten preußischen Traditionen. Ich wäre vor einem Volkskriege nicht erschrocken, denn erst das Land und dann der Thron, aber wie unser märkisches Sprichwort sagt: ‚Besser ist besser'.

Ja, Lewin, ein Wandel der Dinge, an den ich nicht mehr zu glauben wagte, er ist da, und die nächsten Tage schon werden ihn der Welt verkünden. Leicht möglich, daß, wenn Du diese Zeilen erhältst, der erste der beabsichtigten Schritte bereits geschehen ist.

Und nun höre. Der Hof verläßt Potsdam und geht nach Breslau. Dieser Schritt ist wichtiger, als Du ermessen kannst. Was ihn veranlaßt hat, darüber gehen nur Gerüchte. Es heißt, daß Napoleon beabsichtigt habe, sich des Königs zu bemächtigen und ihn als Geisel, als Gewähr für die friedliche Haltung des Landes, auf eine französische Festung abführen zu lassen. Ich untersuche nicht, wie viel Wahres oder Falsches an diesem Gerüchte ist; es genügt, daß ihm der König Glauben geschenkt hat. Unmittelbar nach der Konfirmation des Konprinzen, die heute stattfindet, wird der Aufbruch erfolgen. Es geht in fünf Etappen; das Regiment Garde wird diese Übersiedelung begleiten oder decken. Breslau, Schlesien sind gut gewählt; die Provinz ist die einzige, die keine französische Besatzung hat, und Österreich, auf das wir rechnen, ist nahe.

Und nun höre weiter!

Auf den 26. ist das Eintreffen des Königs in Breslau festgesetzt; eine Woche später wird er sein Volk zu den Waffen rufen. Der Entwurf zu diesem Aufruf ist in meinen Händen gewesen; er spricht die Sprache, die jetzt gesprochen werden muß, und es ist nur eins, was ihm fehlt: der Feind wird nicht genannt. Aber, Gott sei Dank, es bedarf dessen nicht mehr, Yorks zum Schein verworfene, aber wie ich jetzt mit aller Bestimmtheit weiß, in allen Stücken gebilligte Kapitulation, dazu der wahrscheinlich morgen schon stattfindende Aufbruch des Hofes, um sich den Launen eines unberechenbaren Bundesgenossen zu entziehen, alles das läßt keinen Zweifel darüber, wem es gilt.

Und in die leere Luft verhallen wird dieser Aufruf nicht. Ich kenne unser Volk. Es ist wert, daß es besteht, und es wird sich für sein Bestehen einsetzen. Das ist alles, was es kann. Keiner hat mehr als sich selbst. Wir haben viele Fehler, aber auch viele Vorzüge; es trifft sich, daß wir den Gegensatz von schwarz und weiß nicht bloß in unseren Farben haben. Der Sinn fürs Ganze ist seit des großen Königs Tagen in uns lebendig geworden, und sehen wir das Ganze hinschwinden, so schwindet uns auch die Lust an der eigenen Existenz. Denk an den alten Major, der am Tage nach Kunersdorf in unserer Hohen=Vietzer Kirche verblutete. Sein Blutfleck erzählt von ihm bis diesen Tag. Er dachte, daß Preußens letzte Stunde gekommen sei; "ich will sterben, Kinder," rief er, als sie ihn nieder= legten, und riß sich den Verband von seiner Wunde.

Und solcher leben noch viele bei uns!

Im übrigen, wir werden einen ordentlichen Krieg haben, Lewin, und ordentliche Fahnen. Hörst Du: ordent= liche, preußische, königliche Fahnen. Du sollst mit mir zu= frieden sein. Bin ich doch mehr in Dein ·Lager über= gegangen als Du in das meine. Schreibe bald; noch besser, komm! Alles grüßt: die Schorlemmer, Renate, Marie. Selbst Hektor, der mich groß ansieht und zärtlich winselt, scheint sich melden zu wollen.

Wie immer Dein alter Papa B. v. V."

L.

Kleiner Zirkel.

Die Einladung zu Ladalinskis hatte auf sechs Uhr gelautet; der alte Geheimrat, wenn er es vermeiden konnte, liebte nicht die späten Zusammenkünfte. So war es denn hohe Zeit für Lewin, sich zu rüsten. Und er tat es; aber nicht in bester Laune. Immer wieder bestürmte ihn die seit Stunden vergebens zurückgedrängte Frage, was Kathinka mit ihrer zweiten so rätselvoll zugespitzten Einladung eigent= lich bezweckt habe, und immer wieder lautete die Antwort: "Kokettes Spiel! Sie bedarf meiner; ich bin ihr wertlos und wertvoll zugleich; sie hält mich wie den Vogel am Faden und gefällt sich darin, den Faden nicht aus der

Hand zu lassen." Das war der Grundton in seiner Betrachtung, in der nur leise Hoffnungsstimmen mitklangen.

Es schlug eben sieben vom Marien= und gleich darauf auch vom Nikolaiturm, als unser Freund in das Ladalinskische Haus eintrat.

Die Gesellschaft war schon versammelt, und zwar in dem uns bekannten kleinen Damenzimmer, das heute, wo statt der rotdämmerigen Ampel eine große und helle Astrallampe brannte, um vieles heiterer wirkte als an jenem Ballabend, der nur zwei große Momente gehabt hatte: die Mazurka und die Nachricht von der Kapitulation.

Kathinka, trotzdem sie beim Eintreten Lewins in einer intimen Flüsterunterhaltung mit der schönen Matuschka war, begrüßte den wie gewöhnlich um eine Stunde zu spät Kommenden mit ebensoviel Unbefangenheit wie Freundlichkeit, und während dieser einen Stuhl nahm, um in den aus Tubal, Bninski, Jürgaß und dem alten Ladalinski gebildeten Halbkreis einzurücken, unterließ sie nicht, über das „Zuspätkommen" der Poeten zu spötteln, das übrigens nicht wundernehmen könne, da die „Unpünktlichkeit" die Schwester der „Vergeßlichkeit" sei. Dem letzteren Wort gab sie nicht nur einen verstärkten Ton, sondern auch einen besonderen Vertraulichkeitsausdruck, als ob sie sich dadurch noch einmal zu dem ganzen Inhalt ihres Vormittagsbilletts, das mit einem leisen Vorwurf über seine „Vergeßlichkeiten" geschlossen hatte, habe bekennen wollen. Er seinerseits unterließ jede Antwort darauf, entweder weil ihn das Spiel verdroß, oder weil er in ebendiesem Augenblicke, vom Sofa her, die beiden großen Kristallgläser der alten, auch heute wieder neben dem Fräulein von Bischofswerder sitzenden Oberhofmeisterin=Exzellenz scharf auf sich gerichtet fühlte, doppelt scharf und böse, weil er sie durch sein verspätetes Eintreffen in einem begonnenen Vortrag unter=

brochen hatte. Voll Verlangen, sie, wenn irgend möglich, wieder zu versöhnen, erhob er sich von seinem Stuhl, auf dem er kaum erst Platz genommen hatte, um in etwas wirren Worten eine Entschuldigung zu versuchen; die alte Exzellenz schlug aber mit unverkennbar absichtlichem Geräusch ihre Lorgnette zusammen und lächelte hochmütig, wie um auszudrücken, daß Schweigen und Dulden um vieles schicklicher gewesen sein würde, und fuhr dann, an der Bischofswerder rücksichtslos vorbeisprechend, in ihren Mitteilungen mit schnarrender Stimme fort: „Ich wiederhole Ihnen, lieber Ladalinski, daß Seine Majestät morgen mit dem frühesten Potsdam verlassen werden. Das nächste Nachtquartier wird in Beeskow genommen, einer kleinen Stadt, die besser ist als ihr Ruf; sie hat ein ehemalig bischöfliches Schloß. Die Garden begleiten den König. Tippelskirch hat an Kessels Stelle das Kommando übernommen. Kessel bleibt in Potsdam. Seine Majestät gedenken am 26. in Breslau einzutreffen."

„Ich empfing eben eine gleichlautende Nachricht von meinem Vater aus Hohen-Vietz," bemerkte der in seiner Verlegenheit abermals fehlgreifende Lewin, und mußte sich — da Blicke wirkungslos bleiben zu sollen schienen — nunmehr eine direkte Reprimande von seiten der alten Gräfin-Exzellenz gefallen lassen.

„Es ist nicht Art der preußischen Oberhofmeisterinnen," erwiderte dieselbe spitz, „Nachrichten über Seine Majestät den König in Umlauf zu setzen, die noch der Bestätigung bedürfen. Es freut mich indessen, Ihren Herrn Vater so gut unterrichtet zu sehen. Ich bitte, mich ihm bei nächster Gelegenheit in Erinnerung bringen zu wollen. Seine Schwiegermutter, die Generalin von Dumoulin, war eine Jugendfreundin von mir."

Lewin, der nicht wußte, was er aus diesen Worten

machen sollte, in denen sich neben aller Überhebung doch auch wieder ein leiser Anflug von Teilnahme aussprach, hielt es für das geratenste, alles Unliebsame darin zu überhören, und verbeugte sich artig gegen die alte Gräfin, während diese mit Wichtigkeit fortfuhr:

„Augereau hat strikten Befehl, sich in bestimmt vorgezeichneten Fällen, namentlich im Fall eines Aufstandes, der Person des Königs zu bemächtigen, und Seine Majestät, die seit länger als drei Wochen von diesem strikten Befehle weiß, würde sich der drohenden Gefahr schon früher entzogen haben, wenn nicht der Wunsch vorgeherrscht hätte, die bevorstehende Konfirmation des Kronprinzen, die nun gestern, wie wir alle wissen, wirklich stattgefunden hat, abzuwarten. Übrigens haben Seine Königliche Hoheit, was Ihnen, lieber Geheimrat, trotz Ihrer Anwesenheit bei der Feier entgangen sein dürfte, zur Erinnerung an diesen hochwichtigen Tag, aus den Händen Seiner Majestät einen kostbaren Ring erhalten."

„Sans doute," bemerkte Bninski.

„Sans doute?" wiederholte fragend und gedehnt die alte Oberhofmeisterin, der der spöttische Ton in der hingeworfenen Bemerkung des Grafen nicht entgangen war. „Warum sans doute, Graf Bninski?"

„Weil der Ring," erwiderte dieser, „das Zeichen ewiger und unverbrüchlicher Treue ist, und eine Feier in diesem Lande, am wenigsten eine kirchliche, ohne dieses Zeichen nicht wohl gedacht werden kann."

Der Geheimrat rückte verlegen hin und her. Es war ihm im höchsten Maße peinlich, in seinem Hause, noch dazu in Gegenwart zweier Damen vom Hofe, Worte fallen zu hören, deren ironische Bedeutung trotz des Ernstes, mit dem sie vorgetragen wurden, niemandem entgehen konnte. Er sah deshalb zu dem Grafen hinüber, ersicht=

Vor dem Sturm.

lich bemüht, diesen, wenn nicht zu einem Wechsel des Gesprächs, so doch wenigstens zu einem Wechsel des Tones zu veranlassen. Bninski aber ignorierte diese Bemühungen, und fuhr in demselben Tone fort: „Es zählt dies zu den Eigentümlichkeiten deutscher Nation. Immer ein feierliches in Eid- und Pflichtnehmen, dazu dann ein entsprechendes Symbol, und ich darf sagen, ich würde überrascht sein, wenn dem kostbaren Ringe, den Seine Königliche Hoheit aus den Händen des Königs, seines Vaters, empfangen hat, nicht noch eine direkte Aufforderung zum Treuehalten, entweder in Form einer eingravierten Devise oder eines Bibelspruches beigegeben sein sollte. Etwa: ‚Sei getreu bis in den Tod‘, oder dem Ähnliches."

Die alte Gräfin preßte die Lippen zusammen. Es war ersichtlich, daß sie schwankte, in welcher Art sie replizieren solle; aber sich rasch für eine versöhnliche Haltung entscheidend, sagte sie mit erzwungener guter Laune: „Ich sehe, Graf, daß Sie von dem Ringe wissen. Wenn durch Inspiration, so beglückwünsche ich Sie und uns. Der innere Rand trägt allerdings die Umschrift: ‚Offenbarung Johannis 2. V. 10.‘ In diesem Punkte haben Sie recht behalten; aber nicht darin, daß dieser Konfirmationsring eine Hof- oder Landessitte sei. Im Gegenteil; es ist der erste Fall der Art."

„So wird es Sitte werden. Gute Beispiele pflegen einen fruchtbaren Boden in dem loyalen Sinn des Volkes zu finden."

Sehr wahrscheinlich, daß die fortgesetzten Sarkasmen Bninskis doch schließlich alle friedlichen Entschlüsse der Oberhofmeisterin, die fast ebenso heftig wie hochfahrend war, in ihr Gegenteil verkehrt hätten, wenn nicht in diesem Augenblicke Kathinka ihr bis dahin mit der schönen Matuschka geführtes Gespräch abgebrochen und zwei Taburetts, für sich und ihren Plauder=Partner, in den Halbkreis, zwischen Lewin und Bninski, hineingeschoben hätte.

„Welche Blasphemien, Graf!" wandte sich Kathinka an diesen. „Sollte man doch meinen, wenn man den Ton Ihrer Worte vor Gericht stellen könnte, daß Sie geneigt seien, den Ring für ein überflüssiges Ding in der Weltgeschichte zu halten. Aber darin irren Sie. Nichts ohne Ring. Nicht wahr, Herr von Jürgaß?"

„Sans doute," sagte dieser, der, ohne Furcht dadurch anzustoßen, das fast zum Zankapfel gewordene Wort wiederholen durfte. „Ich stimme Fräulein Kathinka bei: Nichts ohne Ring! Um ihn dreht sich alles in Leben, Sage, Geschichte; der liebste war mir immer der des Polykrates, denn ich schätze Leute, die Glück haben. Nun haben wir auch noch die Ballade dazu. Mit Hilfe eines Ringes vermählte sich der Bischof seiner Kirche, der Doge dem Meere, und selbst Heinrich VIII. seinen sechs Frauen, dieser geniale Hazardeur mit dem six-le-va. Beiläufig, eine Kollektivausstellung seiner sechs Trauringe müßte zu sonderbaren Betrachtungen führen."

„O nichts von diesem König Oger, der es vergessen zu haben schien, daß unschuldige Frauen auch eines natürlichen Todes sterben können."

„Aber Anne Bulen, meine Gnädigste, war überführt."

„Ach, ich bitte Sie, Jürgaß, haben Sie je von einer überführten Frau gehört? Ich glaube gar, Sie wollen ernsthaft seinen Verteidiger machen; da hätt' ich Sie doch für galanter gehalten. Erzählen Sie mir lieber von besseren Ringen, als von den sechs Trauringen König Heinrichs."

„Dann kann ich nur noch von den drei Ringen der Puttkammers erzählen."

„Sie scherzen. Von den Tudors auf die Puttkammers! Das ist denn doch ein Sprung. Im übrigen

Vor dem Sturm.

bin ich neugierig genug. Was ist es damit? Aber es muß etwas Heiteres sein."

„Ich weiß nicht. Es beginnt gleich damit, daß diese drei Ringe nur noch zwei sind. Und diese zwei sind wieder unsichtbar."

„O, das ist ein guter Anfang; etwas gespenstisch. Aber wir haben ja noch früh. Also nur weiter."

„Nun gut. Es waren also drei Ringe, die die Wichtelmännchen oder die ‚kleinen Leute‘, oder die Unter= irdischen den Puttkammers zum Geschenke machten, vor langen, langen Jahren, als Pommern eben fertig geworden war."

„Wann war das?"

„Sagen wir hundert Jahre nach Fertigwerdung der Mark; diese Differenz müssen Sie meinem Lokalpatriotis= mus zugute halten. Also die Puttkammers hatten ihre drei Ringe, die sie, so hatten die Wichtelmännchen ge= sprochen, wahren und in Ehren halten sollten, das würde dem Hause Glück und Segen bringen. Und es kam auch Segen ins Haus, namentlich an Kindern, bis plötzlich, niemand weiß wie, der eine Ring verloren ging und der Segen sich minderte."

„Ah!" sagte Tubal.

„Sie sagen ‚Ah‘ und atmen auf," fuhr Jürgaß fort. „Die Puttkammers aber mochten auf den Segen nicht verzichten. Und weil sie sichergehen wollten, so baute der reichste von ihnen ein schönes Schloß, und in den Schloßturm hinein, da wo die Wände am dicksten sind, vermauerte er die beiden verbliebenen Ringe. Und da sind sie noch und bergen wie sich selbst, so auch das Glück des Hauses."

Das Fräulein von Bischofswerder, das bis dahin steif und unbeweglich auf dem Sofaplatz gesessen hatte,

hatte, während Jürgaß sprach, immer lebhafter und zu=
stimmender ihr Kinn an den Hals gedrückt. Jetzt nahm
sie das Wort: „Auch wir hatten einen solchen Ring,"
sagte sie, „der der Sage nach das Glück der Familie be=
gründen sollte."

„Und es wohl auch begründet hat," unterbrach die
alte Exzellenz. „Es war, denk' ich, der Geisterring Ihres
Herrn Vaters, der die Lebendigen einschläferte und die
Toten zitierte."

„Gewiß," erwiderte die Bischofswerder, die bei diesem
Hohn ihre sonstige Devotion hinschwinden fühlte, „gewiß
Exzellenz. Und unter diesen Toten befanden sich ganze
Familien, die ohne den Ring meines Vaters immer tot
geblieben wären. Ist nicht die Dankbarkeit auch eine
deutsche Tugend, Graf Bninski?"

Dieser, einigermaßen überrascht, von so unerwarteter
Seite her seine Ketzereien unterstützt zu sehen, verbeugte
sich gegen die Bischofswerder, während der Geheimrat
von dem Gedanken geängstigt, die kaum erst überstandene Ge=
fahr in neuer Gestalt heraufziehen zu sehen, sich mit der
Frage an Lewin wandte: „Was war es doch, Lewin, mit
dem Bredowschen Erbringe, von dem du mir vor Weih=
nachten erzähltest? Nur der Eindruck ist mir geblieben.
Ich hört' es gerne noch einmal. Exzellenz Reale wird es
gestatten, und Kathinka, die so lebhaft für Ringe plädiert,
muß dir dankbar sein, etwas zur Verherrlichung ihres
Themas zu hören."

„Gewiß," bemerkte diese, „ich würde schon dankbar
sein, unseren schweigsamen Freund sich überhaupt an
unserem Gespräche beteiligen zu sehen, doppelt, wenn es
in Verteidigung des Ringes und seiner welthistorischen
Mission geschieht. Denn jedes Ding braucht seinen Mann,
und ich wüßte nicht, was besser zusammenpaßte als ein

Ring und Vetter Lewin. Vor allem, wenn es ein Trauring ist. Es ist ein stiller natürlicher Bund zwischen beiden, und es ließe sich ein Märchen darüber schreiben; ja, ich glaube, ich könnte es, unpoetisch wie ich bin. Ich würde den Trauring als einen kleinen runden, in seiner Mitte ausgehöhlten König auffassen, der alle guten Leute beherrscht, die Ehrbaren und die Tugendsamen. Und an den Stufen seines Thrones stände sein erster Minister, als ehrbarster und tugendsamster, und er hieße Lewin."

Lewin wurde blaß und rot, faßte sich aber rasch und sagte ruhig: „Nach einer Charakterschilderung wie dieser werd' ich mich freilich der an mich ergangenen Aufforderung nicht entziehen können, um so weniger, als es von König Pharaos Tagen her zu den Aufgaben und Vorrechten eines Tugendministers gehört, Träume zu deuten und Geschichten zu erzählen. Und so beginn' ich denn:

„Es war also wirklich ein Erbring, breit und mit allerhand Zeichen, und eine junge Frau von Bredow, deren Eheherr, Josua von Bredow, Rittmeister und Amtshauptmann von Lehnin war, trug ihn am Ringfinger der linken Hand. Den Winter über lebte das junge Paar in der kleinen Perleberger Garnison, wenn aber der Mai kam, gingen sie, wie sich's gebührte, nach Lehnin, um in dem geräumigen Abthause, dem einzigen, das aus alten Klostertagen her noch geblieben war, ihre amtshauptmannschaftliche Wohnung und zugleich auch eine Sommerfrische zu nehmen. Das waren dann glückliche Wochen, und sie fuhren nach Plessow, Göttin, Rekahne, um die verschiedenen Rochows, und ebenso nach Groß-Kreuz, um den alten Herrn von Arnstedt zu besuchen, ihr liebstes aber blieb doch immer, an dem schönen Klostersee spazieren zu gehen, besonders wo zwischen Brombeer- und Haselsträuchern hin der Weg über die dicht in Blumen stehende Wiese läuft."

„Wie hübsch," sagte Kathinka. „Ich hätte mit von der Partie sein mögen."

„Und eines Abends," fuhr Lewin fort, „machten sie wieder ihren Spaziergang, und weil gerade die Hagerosen blühten, wandelte die junge Frau die Lust an, eine derselben zu pflücken. Sie drückte deshalb, um die Rose leichter abreißen zu können, einen dicht umherstehenden Haselstrauch beiseite, aber im selben Augenblicke, wo sie die Linke nach der Rose hin ausstreckte, schlug die stärkste der Haselruten wieder zurück und streifte ihr den Ring vom Finger. Sie sah den goldenen Bogen, den er in der Luft beschrieb, und wie er dann auf den Wiesenstreifen dicht hinter der Hecke niederfiel. Ein leiser Schrei kam über ihre Lippen; dann teilten beide sorglich die Hecke, bückten sich und begannen zu suchen. Sie suchten noch, als schon die Mondsichel am stillen Abendhimmel stand; sie suchten in der Frühe des Morgens und als es Mittag war. Aber umsonst, der Ring war fort. Du wolltest mit von der Partie sein, Kathinka; vielleicht daß deine glückliche Hand ihn gefunden hätte."

„Keine Diversionen," lachte diese. „Die Geschichte, die Geschichte."

„Und mit dem Ringe war das Glück des jungen Paares dahin; nicht langsam und allmählich, sondern unmittelbar. ‚Du hättest vorsichtiger sein sollen,' sagte der Eheherr im Tone des Vorwurfs, und mit diesem Worte war es geschehen. Aus dem ersten Vorwurf wurde der erste Streit, und alles, was den Frieden eines Hauses stören kann, brach in Jahresfrist herein: Krankheit und Kränkung, Mißerten und Eifersucht."

„Auch Eifersucht? Nicht doch. Du darfst deine Helden nicht mutwillig um die Gunst deiner Hörer bringen."

Vor dem Sturm.

„Nur um sie neu zu gewinnen. Allerdings erst für spätere Zeiten."

„Dann überschlage, was zwischen liegt."

„So wollt' ich auch. Die silberne Hochzeit war endlich nahe, und Josua von Bredow, der längst den Dienst quittiert und sich auf seine Amtshauptmannschaft in die Lehniner Einsamkeit zurückgezogen hatte, dachte trotz manchen Unfriedens, der nach wie vor in seinem Hause herrschte, den Tag zu feiern. Es waren doch immer fünfundzwanzig Jahre! Er hatte deshalb einen großen Bogen Papier vor sich und schrieb eben die Namen derer auf, die zu dem Tage geladen werden sollten, als ihm Frau von Bredow, die trotz ihrer fünfundvierzig immer noch eine hübsche und stattliche Frau war, über die Schulter sah und auf das bestimmteste forderte, daß der alte Arnstedt, der sich auf dem letzten Potsdamer Ball ungebührlich benommen habe, gestrichen werden sollte.

„Eine Szene schien unvermeidlich. Da trat in großer Aufregung die Wirtschafterin ins Zimmer und sagte: ‚Gnädiger Herr, da is er, die alte Holzendorffen hat ihn eben gefunden.' Und dabei legte sie eine große Frühkartoffel vor ihn hin, die beim Ansetzen, mit ihrer Spitze in den goldenen Erbring hineingewachsen war. Da war er also wieder. Die gnädige Mutter Natur gab ihn heraus, und Josua von Bredow und seine geborene von Ribbeck wußten nun, daß wieder bessere Tage kommen würden. Er gab ihr einen Kuß und strich den alten Arnstedt ohne Widerrede aus. Und als in der Woche darauf die silberne Hochzeit wirklich gefeiert wurde, da traten sie zum zweitenmal vor den Altar, und der alte Lehniner Pastor Krokisius, der aber damals noch bei mittlern Jahren war, hielt eine wunderschöne Rede über den Spruch: ‚Wen Gott lieb hat, dem müssen alle Dinge zum Besten dienen'. Und als seine Rede, denn er konnte sich nicht kurz fassen, endlich zu Ende war, da nahm er die Hand der Silberbraut und steckte den Ring an denselben vierten Finger, von dem ihn die böse Haselrute abgestreift und dadurch eine lange Zwischenzeit des Unfriedens geschaffen hatte. Am Tage nach dieser Feier aber, denn sie mochten sich von ihrem Schatz nicht wieder trennen, ließen sie von Berlin her einen Graveur kommen, der mußte den Tag des Verlustes und des Wiederfindens in den Ring eingraben und die schöne Bibelstelle, über die Pastor Krokisius gepredigt hatte. Und wenn sie nicht gestorben sind, so leben sie heutigentags noch."

Die Gräfin-Exzellenz hatte während der Erzählung mehr und mehr ihre hautaine Haltung abgelegt und tippte jetzt Lewin, wie zur Besiegelung ihrer jungen Freundschaft, mit der Lorgnettenspitze auf die Hand.

Kathinka versprach, sobald sie Königin geworden sein würde, ihn als Traumdeuter und ersten Erzähler an ihren Hof zu ziehen, und nur die Bischofswerder konnte sich nicht darüber beruhigen, daß dieser entzückende Ring gerade in eine Kartoffel hineingewachsen sei, „die Poesie leide darunter", eine Bemerkung, der Lewin ohne weiteres zustimmte, weil er die Unmöglichkeit einsah, in diesen ästhetischen Anschauungen Licht zu schaffen.

Der alte Geheimrat, seiner Natur entsprechend, verweilte bei Nebensächlichkeiten, und wollte namentlich wissen, welcher Bredowschen Linie der Erbring angehört habe. Dann kam er auf Lehnin, verbreitete sich über die Weissagung, deren erste und letzte Zeilen er im lateinischen Original auswendig wußte, und schloß mit einem Seufzer darüber, daß ihm während voller siebzehn Jahre ein Besuch dieser alten Kulturstätte, zugleich des

Begräbnisplatzes so vieler Markgrafen und Kurfürsten, versagt geblieben sei.

„Aber warum versagt?" unterbrach ihn Tubal, und ehe der alte Ladalinski antworten konnte, fiel Kathinka mit aller Bestimmtheit ein:

„Machen wir die Partie. Wer ist unser Reisemarschall? Tubal, nein; Lewin, zweimal nein. Aber Sie, Herr von Jürgaß! Ich will nicht so viel Menschenkenntnis haben, um einen Attaché von einem Professor zu unterscheiden, wenn Sie nicht der geborene Reisemarschall sind."

„Ich würde sofort meine Unfähigkeit beweisen, wenn ich widerspräche."

„Also angenommen?"

„Ja."

„Und wann?"

„Nicht vor Dienstag. Wir haben in Potsdam Relais; so ist es Zeit, wenn wir um Mittag aufbrechen. Rendezvous: Schöneberg, am ‚Schwarzen Adler'. Zwölf Uhr pünktlich. Au revoir."

Pierersche Hofbuchdruckerei Stephan Geibel & Co. in Altenburg.